国际商务
Guoji Shangwu

主　编　郭羽诞
副主编　邵来安

图书在版编目(CIP)数据

国际商务 / 郭羽诞主编. —上海：立信会计出版社，2007.3
ISBN 978 - 7 - 5429 - 1749 - 2

Ⅰ.国… Ⅱ.郭… Ⅲ.国际贸易—高等学校—教材 Ⅳ.F74

中国版本图书馆 CIP 数据核字(2007)第 028661 号

国际商务

出版发行	立信会计出版社	
地　　址	上海市中山西路 2230 号	邮政编码　200235
电　　话	(021)64411389	传　真　(021)64411325
网　　址	www.lixinaph.com	电子邮箱　lxaph@sh163.net
网上书店	www.shlx.net	电　话　(021)64411071
经　　销	各地新华书店	
印　　刷	常熟市梅李印刷有限公司	
开　　本	787 毫米×1092 毫米　1/16	
印　　张	23	
字　　数	558 千字	
版　　次	2007 年 3 月第 1 版	
印　　次	2016 年 2 月第 3 次	
印　　数	6 001—7 100	
书　　号	ISBN 978 - 7 - 5429 - 1749 - 2/F	
定　　价	33.00 元	

如有印订差错　请与本社联系调换

前　言

自从1978年中共十一届三中全会决定改革开放以来,我国的社会经济体制发生了巨大的变化,具有中国特色的社会主义市场经济体制,经过二十多年来的发展,已经初步确立。与此同时,我国的社会经济发展也取得了令世界瞩目的成就。我国在长达二十多年的时间里,国内生产总值以每年8%～9%的速度持续增长,人均国内生产总值已接近2 000美元的水平,我国的贫困人口大幅度减少。目前,我国正在党中央的领导下向着高水平的全民小康型社会发展。这种稳定的社会政治环境和强劲的经济增长势头,使我国成为当今世界上吸引外商直接投资最多的国家之一,我国的外贸也以前所未有的速度增长。在改革开放以前,我国的外贸额世界上排名在第三十位左右,改革开放以来,我国外贸额在世界的排名一路靠前,特别是2001年,我国加入世界贸易组织之后,融入经济全球化的步伐加快,我国的对外贸易进入了一个新的高速发展时期,2004年,我国的对外贸易额已超过日本,成为世界上排名第三位的贸易大国。按照目前这样的势头,我国成为世界上数一数二的贸易大国也不是遥不可及的事了。

在这样的背景之下,中国的企业已经越来越认识到实行"走出去"战略的重要性,不少企业凭借在国内市场积聚起来的经营实力,开始了主动拓展国际市场的进程。无论是联想集团收购国际商业机器公司个人电脑业务、中石油收购哈萨克斯坦石油公司,都在国际市场上引起了巨大的反响。中国的海尔、华为等品牌的产品在国际市场上的影响也日益扩大。在经济全球化的潮流面前,中国企业只有走国际化经营,才能为自己的成长壮大找到足够的空间。

但是,我们也应当清醒地认识到,虽然我国已是当今世界上的贸易大国,但还不是一个贸易强国,我国的出口产品结构基本上还是以劳动密集型产品为主,以自主知识产权技术生产的高附加值产品所占比例太小,出口产品中使用自主品牌的比例也很低,这就使我国处在当今国际生产价值链的低端;而且,目前我国经济高速增长是以各种矿产资源、环境资源的大量消耗为代价的,这是难以持续的。因此,党中央及时提出用科学的发展观指导我国的各项工作,使我国走上人和自然和谐相处的可持续发展的道路,这就要求我们更加重视教育和科技创新的作用,更加重视环境保护和可持续发展的要求。怎样在经济全球化的条件下做到这一切,这是摆在我们面前的一项重要任务。

西方发达国家的企业有着开展国际化经营的丰富经验,它们在这方面的经验教训都是值得我们借鉴和汲取的。我国已翻译出版了一些国外的国际商务著作，国内也有不少学者编写了有关国际商务的教材。但是，由于国际商务涉及企业进行国际化经营的各个方面，从世界经济一体化的发展进程，到世界各国的政治、文化、经济、法律、环境特点；从国际贸易、国际金融的理论体制和政策的变化到企业的战略、组织和业务运营的调整以及对研发、人才资源和财务的管理，这些都是随着时间的推移而可能随时变化的，这也是为什么一本国际商务著作出来以后不久，又会出一个新版本的国际商务专著的原因。因为国际生产的实践不断丰富着有关国际商务的内容。另外，不同的作者又可以依据自己研究的侧重点或根据读者对象的不同，写出不同的国际商务专著或教材。

  这是一本集体完成的作品，我们在编著的过程中贯彻一个原则，那就是尽量把国际商务涉及的各个领域里的最新成果吸收进来，同时又避免使全书篇幅显得过于庞大。本书适合于我国高校教学的需要，也适合于那些打算涉足国际化经营的企业人员及有关部门或单位的人员自学所需。

  本书由郭羽诞拟定写作大纲，然后由大家分别写出有关章节的草稿，最后郭羽诞在邵来安的协助下对各章内容进行统稿，在统稿过程中对各章内容有所调整。本书的第一、第五、第六章由王芳编著，第二章由郭羽诞编著，第三、第十七、第十八章由邵来安编著，第四、第十五、第十六章由朱振良编著，第七、第八、第九章由贺亮编著，第十、第十二章由王田编著，第十一、第十三、第十四章由方涛编著。

  由于编者的水平有限，书中不当之处在所难免，还望读者批评指正。

郭 羽 诞
于上海财经大学国际工商管理学院
2007 年 1 月

目　录

第一章　经济全球化 ··· 1
　第一节　经济全球化的含义 ··· 1
　第二节　经济全球化的推动因素 ··· 4
　第三节　经济全球化下全球经济发生的变化 ··· 7
　第四节　经济全球化中的国际机构 ··· 12
　第五节　经济全球化的争议 ··· 13
　本章小结 ··· 19
　复习思考题 ··· 20
　章末案例　沃尔玛公司的全球化战略 ··· 20
　案例讨论题 ··· 22

第二章　世界各国经济体制、法制和文化上的差异 ··· 23
　第一节　现代国家中的经济体制类型 ··· 23
　第二节　法律体制方面的差异 ··· 24
　第三节　文化和风俗方面的差异 ··· 29
　第四节　影响经济发展的宗教因素 ··· 31
　第五节　国家体制、文化方面的差异对企业的启示 ··· 34
　本章小结 ··· 36
　复习思考题 ··· 36
　章末案例　迪斯尼乐园在法国 ··· 36
　案例讨论题 ··· 37

第三章　国际商务理论 ··· 39
　第一节　国际贸易理论 ··· 39
　第二节　企业国际化理论 ··· 55
　本章小结 ··· 59
　复习思考题 ··· 59
　章末案例　竞争力测度指标——显示性比较优势指数 ··· 60
　案例讨论题 ··· 61

第四章　国际贸易政策和国际贸易体制 ··· 62
　第一节　国际贸易的政策措施 ··· 62

第二节　政府对贸易的干预 …………………………………………………… 65
　　第三节　国际贸易体系的发展 …………………………………………………… 68
　　第四节　世界贸易组织 …………………………………………………………… 69
　　第五节　贸易政策对企业家的启示和政府的贸易政策 ………………………… 75
　　本章小结 …………………………………………………………………………… 76
　　复习思考题 ………………………………………………………………………… 76
　　章末案例　我国浓缩苹果汁的反倾销案 ………………………………………… 77
　　案例讨论题 ………………………………………………………………………… 78

第五章　对外直接投资及其政治经济学分析 ……………………………………… 79
　　第一节　世界经济中对外直接投资的发展状况 ………………………………… 79
　　第二节　有关对外直接投资的不同观念 ………………………………………… 82
　　第三节　对外直接投资的形式 …………………………………………………… 83
　　第四节　对外直接投资理论 ……………………………………………………… 85
　　第五节　对外直接投资对于资金流入国的利弊分析 …………………………… 96
　　第六节　对外直接投资对投资国的利弊分析 …………………………………… 100
　　本章小结 …………………………………………………………………………… 101
　　复习思考题 ………………………………………………………………………… 102
　　章末案例　对外直接投资和爱尔兰的奇迹 ……………………………………… 102
　　案例讨论题 ………………………………………………………………………… 103

第六章　地区经济一体化 …………………………………………………………… 105
　　第一节　不同层次的区域经济一体化组织 ……………………………………… 105
　　第二节　推动与阻碍区域经济一体化的因素 …………………………………… 107
　　第三节　欧洲区域经济一体化 …………………………………………………… 109
　　第四节　北美洲的地区经济一体化 ……………………………………………… 115
　　第五节　其他地区的区域经济一体化 …………………………………………… 119
　　本章小结 …………………………………………………………………………… 122
　　复习思考题 ………………………………………………………………………… 123
　　章末案例　《北美自由贸易协定》对美国纺织业的影响 ……………………… 123
　　案例讨论题 ………………………………………………………………………… 124

第七章　外汇市场 …………………………………………………………………… 126
　　第一节　外汇市场的性质和作用 ………………………………………………… 126
　　第二节　汇率的决定理论 ………………………………………………………… 132
　　第三节　汇率预测 ………………………………………………………………… 135
　　第四节　货币的可兑换性 ………………………………………………………… 137
　　本章小结 …………………………………………………………………………… 139
　　复习思考题 ………………………………………………………………………… 139

章末案例　巴西结售汇制度的"放"与"持"……………………………… 140
　　案例讨论题 …………………………………………………………………… 142

第八章　国际货币体系 ……………………………………………………… 143
　　第一节　国际货币体系概述 ………………………………………………… 143
　　第二节　金本位制度 ………………………………………………………… 144
　　第三节　布雷顿森林体系 …………………………………………………… 146
　　第四节　牙买加体系 ………………………………………………………… 152
　　第五节　实际实施的汇率制度 ……………………………………………… 155
　　本章小结 …………………………………………………………………… 158
　　复习思考题 ………………………………………………………………… 159
　　章末案例　布雷顿森林机构在困顿中改革 ………………………………… 159
　　案例讨论题 ………………………………………………………………… 160

第九章　全球资本市场 ……………………………………………………… 162
　　第一节　全球资本市场的益处 ……………………………………………… 162
　　第二节　全球资本市场的发展 ……………………………………………… 164
　　第三节　欧洲货币市场 ……………………………………………………… 166
　　第四节　全球债券市场 ……………………………………………………… 169
　　第五节　全球股票市场 ……………………………………………………… 173
　　第六节　外汇风险和资金成本 ……………………………………………… 173
　　本章小结 …………………………………………………………………… 174
　　复习思考题 ………………………………………………………………… 174
　　章末案例　美国证券市场 …………………………………………………… 175
　　案例讨论题 ………………………………………………………………… 176

第十章　国际企业的战略 …………………………………………………… 177
　　第一节　国际企业的基本竞争战略 ………………………………………… 177
　　第二节　国际企业的经营战略选择 ………………………………………… 183
　　本章小结 …………………………………………………………………… 188
　　复习思考题 ………………………………………………………………… 189
　　章末案例　音乐电视网的全球扩张战略 …………………………………… 189
　　案例讨论题 ………………………………………………………………… 191

第十一章　国际企业组织管理 ……………………………………………… 192
　　第一节　组织构架 …………………………………………………………… 192
　　第二节　组织结构 …………………………………………………………… 194
　　第三节　整合机制 …………………………………………………………… 204
　　第四节　控制系统 …………………………………………………………… 207

第五节　奖励机制 …………………………………………………………………… 209
第六节　流程 ………………………………………………………………………… 211
第七节　组织文化 …………………………………………………………………… 213
第八节　战略与组织构架 …………………………………………………………… 215
第九节　组织变革 …………………………………………………………………… 217
本章小结 ……………………………………………………………………………… 218
复习思考题 …………………………………………………………………………… 219
章末案例　壳牌公司的组织变革 …………………………………………………… 219
案例讨论题 …………………………………………………………………………… 220

第十二章　企业进入国际市场的方式和战略联盟 …………………………………… 222
第一节　企业进入国际市场的方式 ………………………………………………… 222
第二节　国际战略联盟 ……………………………………………………………… 227
本章小结 ……………………………………………………………………………… 232
复习思考题 …………………………………………………………………………… 233
章末案例　福特公司的全球战略 …………………………………………………… 233
案例讨论题 …………………………………………………………………………… 235

第十三章　进出口与对等贸易 …………………………………………………………… 236
第一节　国际货物买卖合同 ………………………………………………………… 236
第二节　进口的一般程序 …………………………………………………………… 237
第三节　出口的一般程序 …………………………………………………………… 240
第四节　常用的进出口单据与凭证 ………………………………………………… 242
第五节　贸易术语 …………………………………………………………………… 243
第六节　国际结算 …………………………………………………………………… 246
第七节　对等贸易 …………………………………………………………………… 248
本章小结 ……………………………………………………………………………… 250
复习思考题 …………………………………………………………………………… 250
章末案例　阿特斯气象监测器公司 ………………………………………………… 250
案例讨论题 …………………………………………………………………………… 251

第十四章　国际企业的生产与原材料管理 ……………………………………………… 253
第一节　生产与原材料管理的战略目标 …………………………………………… 253
第二节　国际企业的生产 …………………………………………………………… 254
第三节　国外工厂的战略地位 ……………………………………………………… 256
第四节　自制和外包 ………………………………………………………………… 257
第五节　全球供应链管理 …………………………………………………………… 261
第六节　衡量和评价供应链的绩效 ………………………………………………… 265
本章小结 ……………………………………………………………………………… 267

复习思考题 ··· 267
　　章末案例　利丰公司 ··· 268
　　案例讨论题 ··· 269

第十五章　全球营销与研发 ··· 270
　　第一节　市场全球化及其细分 ··· 270
　　第二节　不同国家对产品特性要求的差异 ··································· 272
　　第三节　全球营销中的分销策略 ·· 274
　　第四节　全球营销中的沟通策略 ·· 276
　　第五节　全球营销策略的定价策略 ··· 279
　　第六节　国际营销组合的设计 ··· 282
　　第七节　国际企业新产品开发 ··· 283
　　本章小结 ·· 286
　　复习思考题 ··· 286
　　章末案例　可口可乐公司在中国的营销 ······································· 286
　　案例讨论题 ··· 287

第十六章　国际企业的人力资源管理 ··· 288
　　第一节　人力资源管理及其战略作用 ·· 288
　　第二节　国际企业的人力配备政策 ··· 289
　　第三节　国际企业经营人员的培训和管理 ··································· 292
　　第四节　对外派经理人员的业绩评估 ·· 295
　　第五节　外派人员的薪酬政策 ··· 297
　　第六节　国际企业的劳工关系 ··· 299
　　本章小结 ·· 302
　　复习思考题 ··· 302
　　章末案例　LFC 公司面临的难题 ·· 302
　　案例讨论题 ··· 303

第十七章　国际会计 ·· 304
　　第一节　国际会计概述 ··· 304
　　第二节　外币报表折算 ··· 307
　　第三节　合并会计报表 ··· 316
　　本章小结 ·· 331
　　复习思考题 ··· 331
　　章末案例　外币报表折算实务操作 ··· 331

第十八章　国际企业财务管理 ··· 333
　　第一节　国际财务管理概述 ·· 333

第二节 国际融资管理	337
第三节 营运资金管理	339
第四节 国际企业资金内部转移机制	343
第五节 外汇风险管理	349
本章小结	353
复习思考题	354
章末案例 "亏损经营"与"转移定价"——透析外资企业的"亏损经营"	354
案例讨论题	356

第一章 经济全球化

第一节 经济全球化的含义

一、什么是经济全球化

对于全球化并无统一的定义,经济学家多指世界经济一体化,市场的一体化,指大企业的跨国经营、金融的国际化,各国经济相互之间依赖程度的加深。政治学家指的是国际干预的不断扩大,建立世界新格局的全球战略。文化学家多指商业文化、大众文化、消费主义占领文化市场的世界现象。社会学家、未来学家更多关注的是全球性问题。在本书中所讲的全球化就是指经济全球化。

国际货币基金组织为经济全球化下的"权威"定义是:跨国商品、服务贸易及国际资本流动规模和形式的增加,以及技术广泛迅速传播使世界各国经济的相互依赖性增强。

而马克思主义经济学观点则认为,经济全球化是生产社会化扩大的结果,是资本主义经济体系对于世界的支配和控制的过程。国内有的学者认为,由于中国经济不断发展,宁愿将它看成是一个动态的过程,强调互相依存性与竞争性,而不愿将其认定为一种结果、一种制度或体系,以便为中国未来的国际经济活动预留足够的空间。总之,经济全球化是世界经济发展一个非常重要的趋势,它伴随现代经济的出现而出现,伴随着现代经济的发展而发展。

二、经济全球化的表现

经济全球化是一个整体的概念,它有着不同侧面的表现,主要有以下几方面内容。

(一) 市场全球化

市场全球化是指通过向世界提供标准化的产品,把本来独特的和分离的国家市场合并成一个巨大的全球市场。在这个全球市场中,各个国家市场不分国界,是一个统一体。这种全球大市场形成的前提条件是商品的国际销售成为现实,并且存在很小的障碍。而跨国贸易壁垒的降低无疑使得全球市场的国际销售更加容易了。而且,能够在全球市场中销售具有统一标准的商品,这也说明不同国家中消费者的嗜好和偏爱正趋于某些全球标准,这样更有利于创建一个统一性的全球市场。另外,技术创新也促进了市场全球化,由于全球通信网络和全球媒体的发展,一种世界性的文化在全球扩张。美国电视网络如CNN、MTV和HBO现已为许多国家所接受,好莱坞的电影也在世界各地上映,这些都有助于全球市场的形成。

市场全球化将各个国家的市场联系起来,无论企业大小都有参与市场全球化的权利,因而市场全球化又为各行各业的企业提供了竞争平台。同行业的企业在全球市场展开了激烈的竞争。当一家企业进入了一个新的市场后,其竞争对手为了避免先入企业占先,也会很快地跟进。百事可乐公司与可口可乐公司,福特公司与丰田公司,柯达公司与富士公司等大型跨国公司的竞争从未停止过。虽然市场全球化的发展会导致各个企业之间展开竞争,但是又得益于企业的竞争。当全世界的企业争相进入国外市场时,他们同时也会把本企业一套成功的生产体系或者经营管理体系带入这个国家,这又会在跨国市场产生一定的共性,更加推动市场全球化的发展。

市场全球化把原来独立和分离的国家合并成一个全球性的大市场,但是不是可以认为国家市场能完全让位于全球市场了呢?当然不能。虽然在全球销售的标准化产品可以为许多国家接受,但世界上不同国家市场之间仍然存在着巨大的差异。各国有着各自深厚的文化根源和习俗,而与之相联系的整个国家的法律法规体系,消费者的价值观念、嗜好和偏爱也会各不相同,不同国家的企业制度、生产方式、经营策略、分销渠道等各个方面也会产生很大的差异。而这些差异往往就是为了更好地适应一国国内市场进行调整的结果,这一调整在全球市场内确实很难做到。所以,国家市场和全球市场是并行不悖的,国家市场不可能让位于全球市场。虽然像沃尔玛这样的全球企业有利地占据了全球市场,但沃尔玛公司每到一个国家仍需要根据当地人的兴趣爱好,一国一国地调整其产品组合。韩国的三星公司,专门针对中国的市场展开了调查,以制造出符合中国国内市场需求的产品,迎合中国消费者的口味。

(二) 贸易自由化

经济全球化的另一个重要表现就是贸易自由化。世界各国经济联成一体应当是以贸易联系的密切程度为基础的。德国经济学家卡尔·海因茨·巴奎指出:"世界出口率越高,跨国界的贸易额在世界生产中所占的比例越高,世界经济就越强烈地全球化。"①

贸易自由化就是在国际贸易领域内,各民族国家之间普遍出现的全面减少或消除国际贸易障碍的趋势。第二次世界大战后,西方发达国家为了从国际市场获得满足国内市场的必需品,纷纷提出实行贸易自由化的主张。贸易自由化以《关税与贸易总协定》的正式实施为标志,在一系列的谈判和协议签订后,进入了快速发展的时期。随着世界贸易组织(WTO)新一轮的谈判,贸易自由化的进程不断加快,这就带动了全球贸易规模的不断扩大,引起了贸易结构的不断优化。从国际贸易规模看,1950 年,世界进出口贸易额仅为 610 亿美元,1970 年增加到 3 150 亿美元,1990 年又增加到 34 470 亿美元,1997 年达到 67 000 亿美元,而且,增长速度是逐年加快的。1950 年至 1970 年的 20 年间,国际贸易规模增长约 5 倍,1997 年的贸易额比 1950 年增长了 100 多倍。

同时,贸易的种类也在拓宽。国际贸易的覆盖面从有形贸易扩大到无形贸易,结构明显升级,货物贸易比重日益下降,服务贸易比重上升。据世界银行统计,国际服务贸易出口额在 1960 年到 1970 年之间增长了 1 倍,1970 年到 1980 年间增加了 5 倍。服务贸易规模 1970 年为 1 087 亿美元,1980 年为 6 498 亿美元,1990 年达到 8 022 亿美元,1994 年突破万亿美元大关,达到 10 550 亿美元,1998 年达到 12 900 亿美元。② 国际服务贸易的发展速度一般都超过了国际货物贸易的发展速度。20 世纪 80 年代,世界服务贸易以高于货物贸易 1 倍的速度发展,前者为 5%,后者为 2.5%,90 年代以来,货物贸易年平均增长率为 6%,而服务贸易的年平均增长率达到 8%。目前,服务贸易在世界贸易总额中的比重已由 80 年代初的 15% 提高到 20%。另外,在服务贸易中,传统的劳动密集型服务出口比重下降,而金融、保险、电信等信息

---

① 卡尔·海因茨·巴奎:《世界经济结构变化与后果》,《政治经济学》1995 年第 49 期。
② 张汉林、刘光溪:《经济全球化世界组织与中国》,北京大学出版社 1999 年版。

服务业,知识密集型服务产品出口比重迅速上升,这说明国际贸易结构在不断优化。

(三)生产全球化

生产全球化是指企业为了降低生产成本、运输成本和经营成本,基于各国在生产要素禀赋上的不同,将自己的生产活动分散到各个区位以达到最优化配置资源的最终目标。当进行全球化生产的企业将这么多的生产外包给国外的生产商或供应商时,不仅节约了大量的生产成本,而且将本企业所拥有的资源分配到效率最高的环节,最终结果就是在全球市场上的竞争力大大增强。据福特公司估计,通过使产品开发、采购、供应和其他经营活动的全球化,它每年至少要节约30亿美元。

当今,生产全球化的例子有许多。以波音公司为例,其波音747飞机是由450万个零件装配而成,这些零部件的生产厂家遍及美国在内的6个国家,包括1 500家大企业与15 000家小企业;日本本田公司在美国制造的协和汽车有25%的零部件是由海外制造的;美国联合技术公司为开发电梯新产品,充分利用各国的优势,在法国制造电梯门系统,在德国制造电子器件,在日本设计电机驱动装置,最后又在美国组装。

其实生产全球化的过程就是有关国家参与国际分工的过程。这种国际分工是建立在各国生产要素(如劳动力、能源、土地和资本)成本和质量的差异基础上的。其理论根据就是大卫·李嘉图的比较优势说。通过参与国际分工,一些公司可以降低其总成本构成,并提高其产品的质量和功能,从而可以提高竞争力。当今世界,由于技术革命的推动,生产力的国际化大大加快,不仅国际分工越来越细,而且跨国专业化协作也越来越多,进而使各国的生产逐步形成一种互相依赖,联成一体,共同发展的状态,全球化生产体系由此形成。

全球化生产的结果导致了具有全球性质产品的出现,即"全球产品"。一些企业在生产过程中将不同的生产环节大量地外包给不同国家的生产商,使得一种产品的生产跨越了不同的国家,成了真正意义上的无国界产品。美国杜邦公司董事长伍拉德就说:"现在最终产品属于哪个国家的问题已经毫无实际意义,真正有竞争力的产品无一不是世界性产品。"美国前劳工部长赖克在《国家的任务》一书中也有一段广为引用的话:"当一个美国人用1万美元买下通用汽车公司的庞蒂克—莱曼牌车时,3 000美元是给韩国装配工人的,1 750美元付给日本制造先进零件的厂商,700美元付给车的设计师,400美元用来购买新加坡的各种零件,250美元付给美国的广告与营销服务,余下的近4 000美元才是给底特律与纽约的银行家、保险公司的。这代表了今天的全球产业的复杂关系网。"①

最后,需要指出的是,在企业推进生产全球化的过程中,由于各国间存在着正式与非正式的贸易壁垒,运输成本与各种经济、政治风险相关的问题,使得企业的活动在国内、国外仍然有很大的区别。

(四)金融全球化

市场全球化和生产全球化必然带动货币流通和资本流动的全球化,引起金融全球化。随着国际资本的大量迅速流动,各国之间相互开放金融领域,许多国家的金融机构和金融业务跨国发展,国与国之间的金融相关性不断地增强。巨额国际资本通过国际金融中心在全球范围内迅速运转,一国国内的金融体系与国际金融体系的联系越来越密切。金融全球化成为经济全球化的重要载体之一。

---

① 胡适耕、曾庆豹:《全球化,世界经济贸易大趋势》,湖南大学出版社1998年版。

20世纪90年代以来,随着国际贸易和国际投资壁垒的大大减少,世界贸易和世界投资自由化进程迅速加快。对外直接投资的跨国流量也是持续快速增长,这又进一步加快了金融全球化的进程。具体可以从以下几方面描述:一是银行业务实现了全球化运作。由于国际资本跨国流动规模大,这就需要银行在全球范围内调度资金,跨国银行机构通过其在国外分支行办理其总行所在地不能经营的业务,使国内业务国际化。二是金融机构兼并促进了金融全球化的发展。为了降低成本,增强竞争力,金融产业的集中度越来越大,金融机构的规模也向巨型企业发展,通过兼并,超巨型的银行不断涌现。例如,1994年美国大通银行与化学银行合并,1995年日本三菱银行和东京银行合并成日本最大的银行。这些在全球范围内追求利润最大化的超大型金融机构的经营战略完全是全球性的。它们既是金融全球化的结果又推动了金融全球化的进一步发展。三是随着金融国际化和自由化的发展,国内证券市场与国际证券市场日益联成一体。如今,在大多数发达国家,隔离国内与国际证券交易的大量障碍已经消除,全球范围内的融资证券化和资产证券化的趋势发展迅速,国际资金大量集中于证券市场,有利于提高国际资本市场效率,方便于全球资金的流动,也将各国的金融市场紧密地联系在了一起。

但是,应当看到,金融全球化在促进经济发展的同时,还具有潜在的危险。由于各国之间的金融活动的相互依存度提高,金融现象的关联性也日益紧密,国际金融的传递机制不断地加强。金融全球化下,这种传递机制的一种典型表现就是国际金融危机的传递。20世纪80年代在拉美国家发生的具有传递效应的连锁性危机最终使得整个拉美地区陷入困境长达10年之久。1992年首先在芬兰爆发的欧洲货币体系危机,其扩散性和传递效应都是很明显的。1997年始发于泰国的亚洲金融危机进一步显现金融全球化条件下金融危机在国际间传递的特点。当今国际金融体系的这些潜在的危险亟待人们去克服。

第二节 经济全球化的推动因素

一、贸易和投资障碍的减少,推动了贸易和投资自由化的发展

历史上,各国出于保护本国利益的目的,曾防止本国资金流向外国,限制本国的进口。早期的重商主义就是典型表现。20世纪20年代到30年代,贸易保护主义盛行,各国对国际贸易和投资都筑起了强大的壁垒:对国外商品征收高额关税,对本国商品进行出口补贴,或者实行进口配额制、进口许可证制等数量限制措施。这种为了保护本国利益而对外国实行的敌对贸易政策导致了各个国家贸易壁垒战越演越烈,最终抑制了整个世界的需求,出现了30年代资本主义国家的经济大萧条。

第二次世界大战后,为了尽快恢复经济,同时也为了从贸易壁垒战造成的严重后果中汲取教训,以发达国家为主导的世界性贸易自由化的谈判就此展开。各国互相承诺它们将撤销彼此间的妨碍商品、服务和资本自由流动的壁垒,以促进贸易和投资的发展。1947年10月,相关各国签订了《关税与贸易总协定》(以下简称《关贸总协定》),它既是一套关于关税和贸易措施的国际通行法则,又是各国进行多边贸易谈判和解决缔约方贸易争端的国际机构。在《关贸总协定》的基础上,各成员国又先后进行了8轮多边贸易谈判,达成了范围越来越广的贸易自由化协议。

《关税总协定》对制造产品的平均关税率的影响,如表1-1所示。自从1950年起,发达国

家的关税率已大幅度下降,到 2000 年时关税率约为 3.9%左右。

表 1-1

制造产品按价值百分比计算的平均关税率(%)

国　　家	1913 年	1950 年	1990 年	2000 年
法国	21	18	5.9	3.9
德国	20	26	5.9	3.9
意大利	18	25	5.9	3.9
日本	30	—	5.3	3.9
荷兰	5	11	5.9	3.9
瑞典	20	9	4.4	3.9
英国	—	23	5.9	3.9
美国	44	14	4.8	3.9

除了发达国家的关税降低外,发展中国家和经济转轨的国家也纷纷降低了关税,如表 1-2 所示。

表 1-2

乌拉圭回合协议实施前后世界各类国家工业品加权平均关税的变化(%)

	乌拉圭回合协议实施前	乌拉圭回合协议实施后
发达国家	6.3	3.8
发展中国家	15.3	12.3
经济转轨国家	8.6	6.0

值得注意的是,根据乌拉圭回合协议,以贸易自由化为根本宗旨的世界贸易组织于 1995 年 1 月 1 日正式成立,它不仅极大地加强了国际贸易体制的法制化和规范化,强化了全球性的多边贸易机制,而且还扩大了与贸易有关的领域的自由化,世界各国先后在金融、电信和信息技术等领域达成了贸易自由化的协议,世界贸易自由化的进程又进一步加快。

(1) 1995 年 7 月,世界贸易组织成员方在全球金融服务谈判中对银行业、保险业、证券业和其他金融服务领域就改善市场准入作出了承诺。

(2) 1997 年 2 月,各成员方达成了基础电信服务协议,该协议 69 个成员方就逐步开放各自的电信市场达成了协议,承诺更广泛的实现基础电信服务的自由化。

(3) 1997 年 4 月 10 日,各成员方又重新启动了全球金融服务贸易自由化的谈判。

(4) 1997 年 12 月,各成员方达成了一项永久性的金融服务协议,涉及 95%以上的有关银行、保险、证券和金融信息等方面的贸易。

贸易与投资相互促进,贸易的自由化必然带来投资的自由化。随着各国减少贸易壁垒,许多国家也取消了对国外直接投资的限制。从第二次世界大战后到 20 世纪 60 年代中期,在私人投资总额中,约有 90%采取直接投资形式。60 年代到 80 年代,对外直接投资仍占较大的比重,90 年代以来,由于发达国家和发展中国家都放松了金融管制,国际自由投资障碍不断减少。从国家直接投资与间接投资的比例看,直接投资的规模和增长速度在 90 年代以前一直领先于间接投资；到90年代以后，国际间接投资增长速度大大高于直接投资的增长速度。另外，各国也都加强了立法来管制对外直接投资。据联合国统计，1991年至2001年间，世界上治理对外直接投资的立法所作的1 393项改变中，有95%都为对外直接投资创造了更为有利的环境。为了保护和促进各个国家之间的投资，国家之间所签订的双边投资协议的数量也大幅度增加，到2002年，这类协议在全世界共有2 099项，涉及160多个国家，比1981年的181项增加了10倍。在全球经济中，对外直接投资的流量日益增大，不管是规模较大的公司还是规模较小的公司都增加了它们的跨国界投资。对外直接投资的年平均流量从1975年的250亿美元增至2000年创纪录的1.3万亿美元。在1996年到2000年间各国对外直接投资的总流量增长了约5倍，而世界贸易则增长了82%，世界产出增长了23%。作为强势的对外直接投资的结果，到2001年全球对外直接投资的存量超过6.06万亿美元。

二、技术变革的推动

当今世界，科技已成为第一生产力，每一次科技革命的出现都大大促进了社会生产率的提高，加快了经济的发展，因而科技革命和技术进步为经济全球化提供了客观的物质基础。第二次世界大战后，特别是20世纪90年代以来，各个国家在通信、信息处理和运输技术上取得了长足的进步，互联网在这一时期得到了迅猛的发展，这一切成为经济全球化的根本动力。正如约翰·奈斯比特说的："跨国界的计算网络和信息高速公路的建立，使电视、电话、计算机联成一体，将整个世界变成了一个地球村。"

（一）信息技术的进步，通讯设备的变革大大降低了全球的通讯成本，促进了国际交往的信息传递

微处理器的开发在信息技术的进步中成为最重要的创新，它实现了复杂计算的高功率、低成本，增加了企业和个人所能处理的信息量，大大提高了企业运行的效率。同时，许多电信技术的新发展，如卫星、光纤和无线技术，以及互联网的发展，使得全球通讯发生了革命性的变革。据统计，1994年1月，全世界铺设的光纤总量达到5 470万公里，到目前，世界光纤总量早已经超过1亿公里。光纤通讯技术的发展，带来了通讯效率的提高，大大降低了通讯基础设施建设的成本。光纤的铺设越普及，遍布全球各地的人们通讯效率越高，通讯费用就越低。

（二）信息技术的进步，促进了互联网在全球的迅速扩张，使其成为全球经济的信息支柱

微处理器的出现，使计算机运算速度飞速上升，产量的急剧增加和生产成本的快速下降，大大拓宽了互联网使用的空间。1990年，连接互联网的使用者不到100万人，至1995年这数字已上升至5 000万人。在2002年它发展到近6亿5 500万人。迈克尔·曼德尔在其《互联网经济：世界发展的新引擎》（《商业周刊》1999年10月4日）中说："我们已经进入互联网时代，互联网是一种覆盖全球的技术，它以惊人的速度飞快地控制全球，就像数据通过易收取的信息包在互联网上流动一样，从最广意义上来说，知识如今可以被地球上各个角落的人们轻松地输入并交流，其结果是，经济和生产力的增长急剧升高。"

由于互联网在商业上的发展，企业不分大小，均可以借助互联网降低它们的生产成本和交易成本，将其业务活动向全球扩张，因而跨国交易中的网上交易价值激增。现在，已经有越来越多的企业建立了自己的网站，开拓了本企业的电子商务系统，利用互联网为自己开辟了全球市场，从中获得了丰厚的利润。例如，作为全球最大的网络书店，亚马逊书店（Amazon.com）在所有零售网站中依然排名第一，仅1999年11月就有180万用户在亚马逊书店上购物，光顾

过的顾客多达1 300万人,是美国上网人数的1/5。还有英特尔公司,1998年7月1日,英特尔从互联网上接到了第一批订单,现在英特尔的电子商务平均月收入高达20亿美元,并且正在迅速向机器自动化转变。从自动化到以客户为中心,英特尔已经站到了电子商务应用和供应链自动化的最前沿。据统计,截至2000年7月,共有60多个国家的大约1 000家单独客户使用18 000多个独立的英特尔电子商务站点。①

(三) 运输技术的进步,提高了运输效率,降低了运输成本

第二次世界大战以来,伴随着通讯技术的发展,运输技术也发生了重大创新,其中最为重要的包括超级货轮及集装箱的引进以及商用大型喷气式客机的出现,这就大大简化了从一种运输模式转换到另一种运输模式的装卸活动,提高了运输效率。

运输业中的集装箱革命大大降低了远距离运输的海运价格。集装箱没有出现前,装卸货物是高度劳动密集型的,搬运转换时间长,成本高,而且当码头工人从船上卸货并重新装到另一种运输工具上时,还容易损坏货物,这使得货物进出口的具体困难很多。在20世纪70年代和80年代,集装箱化的推广以及海运港口的改进使得整个装卸过程大大简化,不仅节省了人力,而且节省了时间,从1980年至今,世界的集装箱货运船队增加了4倍多,大大促进了国际贸易量的增长。"集装箱革命"使得全球运输商品变得更为经济。在1920年与1990年间,美国进口每吨货物平均海运与入港费从95美元下降到29美元。由于集装箱的推广使用,美国每吨英里的铁路货运成本从1985年的3.04美分下降到2000年的2.3美分。现在货物空运的份额也在增加,在1955年至1999年期间,每吨英里的空运平均收入下降超过了80%。由于空运成本的降低,在1965年空运占美国贸易价值的7%,至2000年,这一比例已升为28%。

商用喷气式客机的出现,不仅使从一地到另一地所需的费用减少,而且还缩短了所需的旅行时间,从而有效地使地球"缩小了"。

总之,技术变革大大推动了经济全球化的发展。我们可以说"技术变革是经济全球化的引擎"。信息技术的发展大大降低了信息处理和通信的实际成本,这使得企业有可能创建和管理分散在全球各地的生产系统,并进一步推动了生产全球化的发展。

由于运输成本的下降,使得企业的生产在地理上按区域分布变得更为经济,有利于推动生产全球化。同时,低成本运输使世界的产品装运更加经济,企业可以扩大出口,使自己的产品销往更加广阔的全球市场,这又促进了全球市场化的发展。例如,在空运成本降低的情况下,戴尔公司能使用空运来加速关键零部件的传送,不但满足了难以预料的需求变化,而且也可以保证最终产品能及时运送到消费者的手中。

当代通讯和运输技术正在把我们引入"全球村"时代。伴随着经济全球化的发展,也会出现一种全球化的文化。消费者的口味和偏好也会在一定程度上趋同。但是,我们要意识到在这些方面各民族的巨大差异仍然存在,这对于企业的跨国经营尤为重要。

第三节 经济全球化下全球经济发生的变化

在经济全球化这股浪潮的猛烈冲击下,整个世界的各个方面发生了深刻的变化。在20世纪60年代,由于英国等国受到战争重创,经济难以迅速恢复,这一时期美国主宰了世界经济和

---

① 龚炳铮:《电子商务案例》,东北财经大学出版社2001年版。

世界贸易,并且支配了当时世界的对外直接投资。在国际商务舞台上,美国的大型国际企业占据着统治地位。地球上大约一半的计划经济国家排斥西方国际企业。但是,随着经济全球化的深入,以上事实的性质已经发生了变化或正在迅速发生变化。

一、世界产出和世界贸易发生变化

美国今天仍是世界上最强大的工业国,但与20世纪60年代相比,其经济发展的相对规模已经大大降低。这种经济地位相对下滑的国家除了美国外,还有德国、法国和英国等一些最早实现工业化的国家,如表3-1所示。

表1-3

世界产出和贸易变化的格局

国　　家	世界产出份额 1963年 （%）	世界产出份额 2001～2002年 （%）	世界出口份额 2002年 （%）
美国	40.3	21.5	11.9
日本	5.5	7.55	6.5
德国	9.7	4.64	9.3
法国	6.3	3.27	5.2
英国	6.5	3.23	4.4
意大利	3.4	3.0	3.9
加拿大	3.0	1.96	4.2
中国	（无数据）	12.77	4.6
韩国	（无数据）	1.98	1.5

美国位置的相对下降同时反映了世界上其他国家或地区经济增长速度的加快,特别是亚洲的一些国家。从表1-3中就可以看出,在世界产出份额中,增长最快的是中国,1963年至2002年间,其占世界的产出份额从无足轻重上升至12.77%。同期,其他有显著增长的国家或地区包括日本、韩国、泰国、马来西亚以及中国台湾。

展望未来,中国、印度、印尼、泰国、韩国、墨西哥和巴西等国在世界产出中的份额将继续扩大,而英国、德国、日本、美国等富裕国家享有的份额有可能会进一步减少。据世界银行估计,如果当前的趋势再继续下去,至2020年,中国的经济将超过美国,而印度的经济也将接近德国水平。世界银行还估测,今日的发展中国家到2020年将占世界经济活动的60%以上,而当今的富裕国家目前占世界经济活动的55%以上,届时将只占38%左右。当然,这些预测可能不准确,但却说明了整个经济布局的变化已经发生,并且最具有经济增长潜力和未来最具有竞争力的国家或地区将会集中于发展中国家。

二、对外直接投资状况的变化

20世纪60年代,美国对全球经济的主宰还反映在对外直接投资上。从1960年和1965年两年来看美国公司占世界国际直接投资的比重分别为71.1%和69.8%,排名第二的英国公司占到17.1%和12%,美国远远高于英国,日本也只有1.9%和1.1%,可以看出,美国拥有绝对的领先地位。

第二次世界大战结束后,随着阻碍商品、服务和资本自由流动壁垒的消除,许多国家加强了经济贸易的往来,促进了各自经济的发展和产出的增长,因而其占世界产出的份额就会增大。为了把生产活动分散到最佳区位,并在主要的外国市场上直接建立一个立足点,一些非美国公司如日本、德国的公司逐步开始从事跨国界的投资。同时,20世纪60年代末70年代初,布雷顿森林体系逐步瓦解,美元的主导地位发生了逆转,日本和欧洲国家经济的复苏使得它们有实力进行对外直接投资。这样,20世纪70年代和80年代,日本和欧洲的一些企业开始大规模进入全球市场。他们把劳动密集型的企业从本国市场转移到了劳动力成本低的国家和地区,一方面可以降低生产成本,绕过贸易壁垒;另一方面还可以降低由于国际货币市场的不稳定带来的风险。例如,日本的丰田公司,在80年代后期至90年代初,迅速增加在美国和英国的汽车生产厂的投资。其原因是:一方面,因为日元的不断升值将使日本的汽车出口因价高而受到外国市场的排斥;另一方面,由于美国与欧洲的企业要求日本限制汽车出口到它们的国内市场,丰田公司进行直接投资也缓解了这方面的压力。

这样,由于其他国家的公司从事对外直接投资的数量增大,世界对外直接投资的布局发生了根本性的变化。

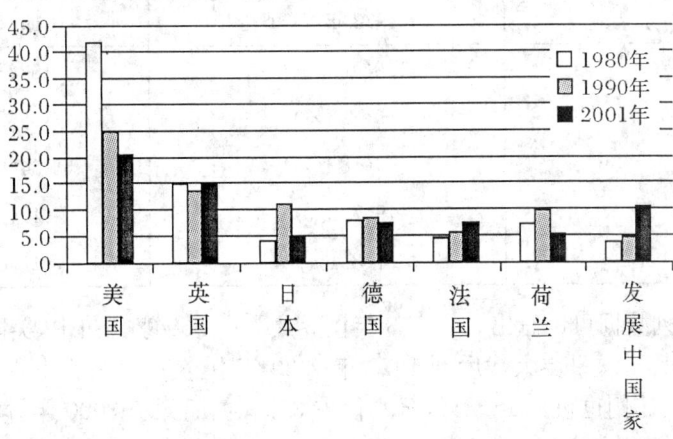

图1-1　1980年至2001年对外直接投资总存量中各主要国家和发展中国家占有的百分比
资料来源:United Nations, *World Investment Report*, 2002(New York and Geneva: United Nations, 2002)。

图1-1反映了在1980年至2001年间,美国、英国、日本、德国、法国和荷兰6个最为重要的对外直接投资来源国对外直接投资存量的变化状况。从1980年至2001年,美国对外直接投资所占总存量的份额大幅度下降,英国公司所占总存量的份额也有所下降,其下降幅度要小于美国,与此形成对比,日本、法国等其他发达国家及一些发展中国家的对外直接投资占总投资的份额呈明显上升的趋势。发展中国家的对外直接投资在1980年仅占总对外直接投资存量的3.1%,而到了2001年占到了11.8%左右,发展中国家份额的上升反映了一些国家,如中国、韩国等国的公司境外投资的增长趋势。

同时,国际直接投资国别变化的特征不只是反映在发达国家之间,发展中国家接受的对外直接投资也有大幅度的增加。主要是因为第二次世界大战后,国际企业为降低生产成本,纷纷将生产转移到劳动力成本低的国家和地区,开拓了发展中国家的市场。但值得注意的是,自改革开放以来,中国吸收对外直接投资流量也是有增无减。在2002年,中国吸收的外商直接投资量超过美国,成为世界上吸收外资最多的一个国家。

三、国际企业国别和规模发生了变化

简单来说,国际企业就是指在两个或两个以上的国家从事生产性活动的企业,一般也称为跨国公司。国际企业已经成为国际经济活动的主要载体,其成长也经历了一个由弱到强,由小到大的阶段。20世纪60年代以前,国际企业数目很少,且大多是美国实力雄厚的大企业。20世纪60年代以来在从事生产的国际企业中出现了两个值得注意的趋势:① 国际企业国别多元化趋势加强。② 小型国际企业数目增多。

(一)国际企业的国别多元化

20世纪60年代,美国经济居于主导地位,全球的商务活动被美国的大型国际企业所主宰。美国的对外直接投资约占世界总量的70%,从事跨国经营的实力雄厚的企业大都为美国企业。

表1-4

最大的国际企业的国家构成

国　　家	1973年260强	1997年500强
美国	126(48.5%)	162(32.4%)
日本	9(3.5%)	126(25.2%)
英国	49(18.8%)	34(6.8%)
法国	19(7.3%)	42(8.4%)
德国	21(8.1%)	41(8.3%)

从表1-4中所列数据可以看出,在1973年世界最大的260家公司中,美国公司占48.5%,这一比例也反映了第二次世界大战后到1973年这30年中,美国经济在世界上的主导地位;排在第二名的英国,其比例也仅为18.8%,日本仅占3.5%。而到了2000年,情况发生了重大变化,在世界上最大的100家跨国公司中,美国占了24%,日本排名第二,为16%,英国排名第三,为14%。可见,美国和日本、英国的差距在缩小。

当然发展中国家的力量也是不容忽视的。由于一些发展中国家经济增长迅速,其国内企业也是纷纷向国外投资,逐渐成长为有一定实力的跨国公司,改变了美国公司一统天下的局面。同时,随着经济实力的提高,发展中国家企业进入世界级大企业的数量有逐渐增加的趋势。在1997年的"全球500强"中,发展中国家的企业仅有22家,而2000年入围的企业增加到33家,在这33家企业中,亚洲占到22家,其中中国就有12家(含香港特区1家)。除了数量上的增加外,发展中国家大企业总体实力和盈利能力也都有较大的提高。2000年年初,发展中国家的最大50家跨国公司的国外销售在总销售4 530亿美元中占1 030亿美元,母国国外的雇佣人数约483 129人,这些公司中约22%来自中国香港,16.7%来自韩国,8.8%来自中国内地,7.6%来自巴西。这一切都反映了发展中国家的企业正在崛起,而且将以重要的竞争者出现于全球市场。

(二)小型国际企业崛起

在国际企业发展中的另一个趋势就是小型国际企业的发展。由于现代信息技术、通讯技

术和运输技术的发展,小型企业在进行跨国生产和跨国销售方面面临的障碍大大减少,越来越多的中小企业正在不断地介入国际贸易和国际投资中,其经营状况并不比国际大企业差。例如,日本阿拉发电子株式会社是一家小企业,员工仅150人,但其却依靠高新技术做精了市场前景非常好的金属箔电阻器。该产品是把铌合金加工成2.5微米长,大约是一根头发丝的1/30薄厚的箔片,在上面点一个电阻点,然后制成电阻器,这是很多企业难以做到的。由于阿拉发的电阻器稳定性好,耐温差性强,可广泛用于多种自动控制装置,不仅在日本市场供不应求,国外客商也纷纷前来订货。1989年,阿拉发电阻器开始在美国组装生产,1994年该产品被美国宇航局正式采用。据称,在美国发射的土星探测卫星中,装有1万个以上的阿拉发电阻器。现在,阿拉发电阻器已占日本市场的85%,世界市场的23%。

四、世界秩序发生了变化

经济实力决定了政治,也决定了一个国家在世界上的地位。20世纪60年代,美国经济实力和军事实力居世界第一,这也决定了美国在世界上的霸主地位。那时唯一能与美国相抗衡的就是新兴起的社会主义国家——苏联。所以,第二次世界大战后一直到80年代末,出现了美苏争霸的局面。1989年至1991年间,苏联和东欧发生剧变,苏联最终解体。当今世界军事上是美国一霸超强,经济上虽然美国仍然是最强,但其相对地位已大不如前。

第二次世界大战以后,出现了一些新兴的工业化国家或地区,如韩国、新加坡、中国台湾、中国香港等。这些新兴经济体发展速度相当惊人,很快成了经济增长最快的地区。除此之外,中国也经历着一系列的变革。改革开放以来,中国经济的发展取得了巨大的成就,GDP增长率一直在8%左右。并且,中国的新企业也正在被证明,在世界市场上,它们是很有力量的竞争对手。中国是一个很有潜力的市场,这对于国际企业而言意义重大。现在,越来越多的国际企业在中国投资设立其分公司。据商务部统计,到2004年,世界500强国际企业中,已经有400多家企业在我国投资,这不仅为国外的国际企业提供了机会,还有利于中国的发展。另外,俄罗斯也进行了一系列的社会改革,经济发展迅速,在国际社会中的地位有很大的提高。加上欧洲、拉丁美洲和非洲一些国家经济发展步伐的加快,当今的世界已经是一个多极的世界,没有哪一国家有足够的实力可以改变这个多极化发展的趋势。

总之,经济全球化在促进发达国家经济发展的同时,也推动了发展中国家的经济繁荣。由于经济全球化进程加速所带来的资本、技术、人才等生产要素的国际流动也加大,这给众多发展中国家提供了跳跃性发展的国际经济环境和条件,发展中国家经济增长的步伐要大大快于发达国家。因此,美国哈佛大学教授塞缪尔·亨廷顿指出:"20世纪后半叶,技术的扩散和非西方国家的经济发展正在使历史上的格局再现,这将是一个缓慢的过程,但是即使不是在21世纪中叶之前,那么到21世纪中叶,经济生产和制造业产值在主要文明之间的分布也可能与1800年的情况类似。西方对世界经济为时200年的'垄断'行为将结束。"

五、21世纪的全球经济

任何事物都有两面性,经济全球化本身也带来了巨大的风险。由于世界各国处于统一的全球经济系统中,各国经济联系密切,相互依赖,这样就会出现一种传导机制,使得一些经济波动从一国传导到另一国。当一个国家的经济出现动荡时,其国内经济遭到破坏,这很可能对与其经贸往来密切的国家或经济结构相似的国家也造成不利的影响。1997年至1998年的亚洲金融危机就说明了这一点。1997年,金融危机首先在泰国爆发,先是扩展到其他的东亚国家,然后又扩展到俄罗斯和巴西,最后危及到美国等发达国家。这场危机甚至使发达国家的经济也出现了衰退的迹象。所以,在经济全球化的大背景下从事国际商务活动,不仅仅要看到经济全球化所提供的大好发展机会,还应当时刻考虑到全球经济中存在的潜在危险,并通过适当的防范措施来降低风险。

第四节 经济全球化中的国际机构

随着经济全球化的不断深入,各国之间的经济交往越来越密切,跨国商务活动不断增加,世界经济的规模日益扩大,世界经济结构也越来越复杂,为了使世界经济有秩序地运行,就需要有机构对世界经济进行规范和监管,通过制定多国协议来治理全球商务秩序。早在第二次世界大战的后期,国际机构的建立就已经提上了各国的议事日程,在战后的年代里,这些机构作为经济全球化的组织者与监督者肩负着协调各国贸易、金融与经济发展的重任。下面具体介绍几个重要的全球机构。

一、联合国

联合国成立于1945年10月24日,总部设在纽约,在日内瓦和维也纳设有联合国机构的常驻中心。根据联合国宪章,联合国有四项宗旨:维护国际和平与安全;各国发展友好关系;共同解决国际问题和促进解决尊重人权;成为协调各国行动的中心。为了实现联合国的宗旨,宪章规定了联合国及其成员国必须遵守的基本原则:① 会员国主权平等原则;② 履行宪章规定的义务;③ 和平解决国际争端;④ 禁止以武力相威胁或使用武力;⑤ 集体协助;⑥ 确使非会员国遵守宪章原则;⑦ 不干涉内政原则。按照联合国宪章第7条规定,它设有6个主要机构,即:联合国大会、安全理事会、经济及社会理事会、托管理事会、国际法院和秘书处。在这些机构下面还根据工作需要分别设有常设的辅助或临时性机构。

联合国成立初期有51个成员国,如今世界上绝大多数国家都加入了联合国,联合国的成员国都有接受联合国宪章的义务。在对世界事务进行管理时,联合国要维护世界和平,其中心任务就是为提高人民的生活水平,促进充分就业,推动经济与社会进步而提供条件,最终就是为了创造一个充满活力的全球经济。联合国还与其他国际机构,如国际货币基金组织、世界银行等密切合作,以帮助贫困地区消灭贫困,提高各个地区人们的生活水平,为维护永久的世界和平创造条件。

二、世界贸易组织

第二次世界大战后,出于战争的教训和自身经济利益的考虑,以美国为首的西方发达国家要求减少各国间商品、服务和资本自由流通的障碍,以促进贸易和投资的自由化发展。在它们的倡议下,1947年签订了《关贸总协定》,在此基础上,各成员国进行了8轮谈判,大大推动了贸易和投资自由化的进程。在1986年至1994年进行的乌拉圭回合的最后一次谈判中,最终达成了在1995年1月1日成立世界贸易组织的协议。

世界贸易组织作为全球贸易协调和管理的机构,旨在建立一个完整的包括货物贸易、服务贸易、与贸易有关的投资措施以及知识产权保护等内容的更具活力的多边贸易体系,以包容

《关贸总协定》贸易自由化的成果和乌拉圭回合多边贸易谈判的所有成果。世界贸易组织的宗旨是：提高生活水平，保证充分就业，大幅度稳步提高实际收入和有效需求；扩大货物、服务的生产和贸易；各成员应促进对世界资源的最优利用，保护和维护环境，并以符合不同经济发展水平下各成员需要的方式，并采取各种相应的措施；努力确保发展中国家尤其是最不发达国家在国家贸易增长中获得与其经济发展水平相应的份额和利益。

世界贸易组织是根据《维也纳条约法公约》正式批准生效并成立的国际组织，具有独立的法人资格，是常设性、永久性的国际组织，而《关贸总协定》则仅仅是"临时适用"的协定，因而世界贸易组织和《关贸总协定》相比，无论是管理范围还是解决争端的权威性都有很大的飞跃。并且世界贸易组织发展迅速，到2003年4月，世界贸易组织已有146个成员，而这146个成员的贸易总额占据了世界贸易总额的约97%。可以看出，世界贸易组织具有巨大的影响力，如果没有世界贸易组织这样的机构，经济全球化进程不会如此顺利。

三、国际货币基金组织

1944年7月1日，联合国44国代表在美国新罕布什尔州的布雷顿森林举行了"联合国货币金融会议"，通过了《国际货币基金协定》，决定成立国际货币基金组织与国际复兴开发银行。1946年3月，国际货币基金组织（IMF）正式成立，总部设在华盛顿，1947年3月，国际货币基金组织开始运行，并成为联合国的专门机构。按照国际货币基金组织的宗旨，其主要责任是帮助成员国调节国际收支，稳定国际金融秩序，最终推动了世界经济的发展。

从第二次世界大战后的长期实践看，国际货币基金组织在治理世界性通货膨胀，解决发展中国家债务危机和帮助各国克服金融危机等方面发挥了重要作用。但是在一些具体环节上，国际货币基金组织的做法产生了较大的争议。比如，国际货币基金组织的贷款常常是附带条件的。为了扭转贷款国家混乱的经济，使其经济回归稳定和增长，国际货币基金组织要求贷款国采取特定的经济政策作为贷款的交换。有些人指出这种做法剥夺了一些国家的主权，是不合理的，所以国际货币基金组织的运行中，成功和挫折是并存的。

四、世界银行

世界银行和国际货币基金组织可以说是一对孪生子。在1944年7月的联合国货币金融会议上，与《国际货币基金协定》一起通过的还有《国际复兴开发银行协定》，据此协定，1945年12月建立了"国际复兴开发银行"，简称"世界银行"，1946年6月正式运行，1947年被批准为联合国的专门金融机构。世界银行的主要任务是向会员国提供中长期贷款，用以促进第二次世界大战后各国经济的复兴，并协助发展中国家开发资源，发展经济，以提高成员国人民的生活水平。世界银行还有若干个附属机构，主要是国际开发协会与国际金融公司；此外，还有国际投资仲裁委员会，多边投资担保局等。世界银行在全球舞台上也发挥了巨大的作用。由于其工作重点在于向资金短缺的穷国政府发放低息贷款，以资助他们进行重大基础设施项目的投资，因而与国际货币基金组织相比，世界银行的做法引起的争议较少。

第五节 经济全球化的争议

经济全球化席卷整个世界，不同的人对此有着不同的看法。支持者认为这是一种进步，由于国际贸易和国际投资壁垒的减少,整个世界的贸易和投资自由化加快,各个国家经济交往密切,互相提供商品满足各自国内市场的需要,有利于提高消费者的生活水平。生产全球化还可以为一些国家创造就业机会,提高国民收入。所以,支持者认为经济全球化无疑将推动全球经济走向更大的繁荣,而反对者则提出许多责难。他们认为经济全球化造成了发达国家的工人失业,工资降低,使工人的生活失去保障,并且对环境造成了严重的破坏。而且在这个过程中富国和穷国的差距越来越大,富国越来越富,穷国越来越穷。

一、反全球化的抗议

随着全球化趋势的发展,反全球化的各种力量也在滋生、会聚、增强,成为一种蓬勃发展的世界力量。

1999年11月底12月初,世界贸易组织在西雅图启动"千年回合"谈判时爆发的群众抗议活动,被公认为反全球化运动兴起的象征。1999年11月30日,世界贸易组织第三届部长会议在西雅图开幕。与此同时,世界反全球化人士云集西雅图,对全球化进行抗议。有4万人组成的全球化抗议者队伍与警察在整个西雅图发生全面冲突,被视为全球化象征的麦当劳公司的快餐店(有一种说法是,全球化就是麦当劳化)被捣毁。防暴警察试图用催泪弹和橡胶子弹驱散示威群众,但效果不大。世界贸易组织部长会议被迫推迟5小时开幕,不少代表团未能出席第一天会议。警方宣布进入紧急状态并实行宵禁。到12月1日,警察已逮捕310人,另有多人受伤。克林顿的贸易保护主义的讲话遭到普遍反对,会议未能达成协议。

从西雅图一路走来,反全球化似乎成功地动员了群众,将许多具有不同文化背景、不同政治色彩乃至追求不同利益的群体,集于"反全球化"旗帜之下。

最近的一次反全球化事件发生在2005年12月13日,当时世界贸易组织第六次部长级会议正在中国香港召开。149个国家的代表与全球80多个非政府组织的4 000多名反全球化示威人士齐集香港。在6天的会议期间,这些来自不同国家的多个民间团体天天在会场外举行反全球化示威活动,表达对世界贸易组织的不满和诉求。抗议活动的激烈程度在17日晚间一度升级。除了猛烈冲击会场与警察大打出手外,上千名韩国农民还冒着寒风举行跪叩式游行。

二、反全球化所争议的主要问题

(一)全球化与就业和收入

国际贸易壁垒的减少加强了各国之间的贸易往来,尤其是发达国家和发展中国家之间的贸易活动。一方面,发展中国家大量廉价商品的输入,给发达国家的相关产业造成了冲击,减少了国内就业机会,等于是输入了失业;另一方面,发达国家企业把制造活动转移到海外工资率低得多的国家,这就等于把本国的就业机会输往别的国家。所以,反全球化者提出全球化远非创造了就业,而是破坏了富裕发达国家,如英国和美国的制造工业。进而他们把发达国家严重的失业状况归因于经济全球化。

美国学者约翰·M·考伯森认为:"在国与国之间,工资的竞争使得合意的产业和就业机会由高工资高生活水平国家流向低工资低生活水平国家,这是不公平的竞争形式,它解释了美国近年来产业和就业机会外流的现象,也削弱了美国的生产。"

另外，经济全球化的反对者还认为，经济全球化导致了发达国家工人工资率特别是非技术工人的工资率下降，进而降低了工人的生活水平。例如，经济合作与发展组织的数据指出，自1980年以来，美国最低端10%的工人的实际工资（通货调整后）下降了20%；而位于高端10%的人的实际收入增加了约10%。类似的观点，如联邦储备委员会的一项研究发现，在1996年之前的7年中，美国收入最高的10%工人的所得每年实际增长为0.6%，而低端10%的人其收入则下降了8%。在某些领域中，情况更糟。在许多其他国家也能看到类似的趋势。他们把工人工资率的降低归咎于经济全球化的理由有两点：第一，根据国际贸易中的斯托尔玻—萨缪尔森定理，自由贸易将降低一国相对稀缺的生产要素的价格，从而损害该生产要素的所有者。对于发达国家来说劳动力是相对稀缺的生产要素，其价格即工人的工资自然就高，而发达国家企业为了降低生产要素成本，就与别国开展贸易，进口大量的劳动密集型产品，或进行对外投资，将生产活动转移到劳动力成本低的国家或地区。这种自由贸易的结果必将导致发达国家工人工资的降低和生活水平的下降。第二，发达国家企业向其他国家进行大量的投资，巨额资本就从发达国家转移到了发展中国家，也导致了发达国家工人收入的减少。

美国学者保罗·斯特里藤指出："理论和事实都表明，南方和北方之间贸易的增长，减少了南方国家内部熟练和非熟练工人在工资上的不平等，却使北方国家在这方面的不平等加剧。这是因为，在南方国家生产出口产品的制造业增加了对不熟练工人的需求；北方国家的情况正好相反：服务业和技术要求较高的行业向高级职员支付可观的薪水，同时却让那些不熟练的劳动力吃闭门羹。"

面对经济全球化反对者的这种"声势浩大"的责难，经济全球化的支持者认为，坚持自由贸易的国家所获得的收益最终是要大于其成本的。按照大卫·李嘉图的比较优势论，自由贸易导致的国家间生产商品和服务的专业化分工对于提高发达国家的生产率，改善发达国家的总体经济情况是很有用的，根本不会像反对者说得那样"破坏了富裕发达国家的制造业"。全球化的支持者还指出失业并非是经济全球化的产物。理由如下：第一，虽然发达国家会把生产活动转移到劳动力成本低的国家和地区，但是，这种劳动力成本低的生产活动也仅限于发达国家中数量很少的劳动密集型制造业和无技术的非熟练劳动力行业，所以这种生产活动的转移对发达国家所造成的失业程度是很小的。第二，发展中国家会向发达国家出口大量的低廉商品，与发达国家的同类产品竞争市场，但这对发达国家并不会造成严重的失业。一方面，当代世界贸易的一个基本特征是以水平型分工为基础的发达国家之间的贸易占世界贸易的绝大部分比重。发达国家之间互为主要的贸易伙伴，而同发展中国家之间的贸易量则很小。另外，出口大国也就是进口大国，随着发展中国家出口的扩大其进口也在以几乎同样快的速度增加，所以，当发展中国家出口的增加提高了该国的收入水平时，它反过来又会增加对发达国家商品和服务的购买，这必然会对发达国家的经济和就业带来积极的影响。因而综合以上两方面，发展中国家出口的扩大对发达国家就业的不利影响是很小的，不像反对者所说的那样严重。

经济全球化的支持者也对所谓的"经济全球化导致了工人工资收入的下降"这一论点提出了反驳。一方面，发达国家劳动力有限，为了降低成本，发达国家会将生产转移到劳动力成本低的国家或地区进行，或者是发达国家从发展中国家进口廉价的商品来满足本国市场的需求。但是正如我们前面讲过的，发达国家向国外转移的生产活动的比重是很小的，在国民收入中所占的比重同样很微小，因此对于发达国家的不利影响也很小。另一方面，发达国家从国外进口廉价商品就相当于提高了发达国家消费者的实际收入，这对于受冲击的非熟练的劳动力来说非常重要。因为来自发展中国家的廉价商品多数是生活必需品,而非熟练劳动力收入水平较低,生活必需品支出占总支出的比重很大,进口商品较低的价格意味着其实际收入水平的提高。

经济全球化的支持者还指出,虽然近年来许多发达国家工人工资率尤其是非技术工人的工资率下降,但这并不能归咎于经济全球化,其原因要复杂得多。随着发达国家经济发展和科学技术的进步,各种行业对工人的要求也越来越高,除了一般的工作能力外,还要求工人有受过有效的教育和掌握必要的技术。许多发达国家的状况就是缺少高技能的工人,而低技能的工人则过剩。这样,高技能工人供不应求,工资自然高,低技能工人供过于求,工资就会下降。因此,这种收入日益不平等的现象是劳动力市场对于技术工人工资哄抬的结果,而并不是由于经济全球化的影响。还有研究表明,收入不均扩大的说法也是值得怀疑的。例如,在20世纪90年代最后几年,工人中收入最低10%的人口其实际收入额增长为一般工人的2倍,表明在这些年里由于就业水平的提高已引起最低收入阶层的工资的上升。

(二) 全球化与劳工政策和环境

经济全球化的反对者认为,当制造企业在生产过程中遵守劳动法规和环境法律的时候,其生产成本就会提高,从而使他们在竞争处于劣势地位。而在一些发展中国家或地区很少有健全的保护劳动和环境的措施。如果将生产转移到这些地方,将大大减少企业的生产成本。于是,自由贸易便鼓励企业把制造厂从发达国家转移到了海外欠发达的国家。在那里企业无须遵守管制或完全有可能回避明文规定的有关管制,这样企业在全球市场上就获得了竞争优势,所以,全球化的反对者最终得出结论:自由贸易带来的将是整个世界污染的增加和导致发达国家的企业加大剥削欠发达国家的劳动力。基于这一结论,很多人一直反对1994年在加拿大、墨西哥和美国间形成的自由贸易协定,他们描述了这样一幅景象:大批美国制造企业涌入墨西哥,以便能肆无忌惮地污染环境,雇用童工,不顾工作场所安全和工人健康等问题,所有这一切都是打着更高利润的旗号。许多人士就直接指出发达国家发动的全球化浪潮依然是剥削和掠夺发展中国家的工具,是发展中国家的陷阱。甚至一些西方学者也以为,经济全球化对于发展中国家是深渊和灾难。反对者还认为经济全球化对环境造成了大量的破坏:第一,不加限制的自由贸易和投资将导致污染产品在全球范围内的转移和扩散,这样会造成对海洋、大气层等公共环境的污染。第二,经济全球化促进经济的增长,而经济活动的增加将通过经济系统消耗更多的原料和能源,这将给全球的资源和环境造成一定的压力,加剧资源的枯竭和环境的恶化。最后,自由贸易的开展还会带来运输的大量增加,而一方面交通运输设施的修建会破坏其附近的生态环境,造成大量动植物资源的灭绝;另一方面交通运输工具要排放大量的废气和其他污染物及产生严重的噪声污染,这对周围的环境会造成不同程度的损害。

德国《明镜》杂志的两位著名记者在其撰写的《全球化陷阱——对民主和福利的进攻》一书中,更为犀利地指出:"一个全球范围内的时代转折正在开始,不是繁荣和福利,而是衰落、生态摧残、文化蜕变明显地影响着人类大多数的日常生活。"

自由贸易和更大全球化的支持者则提出了完全不同的说法。一方面,他们认为,严格的环境管制和劳动标准是与经济的进步伴随而来的。当国家更为富裕时,他们就会采取更多的措施去关注环境和劳工方面的情况,这对于发展中国家同样适用。这可以从以下几方面来说明:首先,自由贸易能够使发展中国家提高他们的经济增长率,并变得更为富裕,这将导致发展中国家会制定更为严格的环境法和劳工法规;其次,自由贸易和投资通过促进经济增长导致国民收入的增加,这又可以为环境保护和改善劳工的工作条件提供更多的资金支持;再次,国际贸易和投资是现代经济中世界各国技术进步的必要条件,环保技术也不例外。有些国家可以通过自由贸易进口环境保护技术,打破本国环境保护过程中资源和技术的瓶颈限制,促进本国环境保护能力的增强。通过自由贸易,还可以引进先进的生产技术,减轻工人工作中的劳动强度和时间强度,这对于工人是有利的。所以,综合以上三点来看,自由贸易带来的环境污染和劳工剥削不是更多而是更少。自由市场制度和自由贸易可以促进财富创造和鼓励企业进行技术创新,这会使世界更易对付污染和人口增长问题。

另外,自由贸易的支持者们也指出把自由贸易协议和在欠发达国家执行较严格的环境和劳工法结合起来是可能的。例如,《北美自由贸易协定》只是在谈妥了由墨西哥承诺实施更严格的环保法规的附带协议后才获得正式通过。因此,自由贸易支持者们论证现在设在墨西哥的工厂比没有通过《北美自由贸易协定》前的工厂要更为干净。全球化的支持者还指出,所谓贪得无厌的管理者把生产转移到低工资的国家去"剥削"劳工的看法根本就是不可信的。他们认为发达国家绝大多数的管理者都是讲职业道德的,他们不至于专门为了污染环境或剥削劳动力而把生产转移到海外进行,而且,对于一个企业来讲,影响成本的一个重要因素是生产率而不是工资率,一支优秀的企业队伍其生产效率肯定是高的。所以,污染、劳工剥削和生产成本之间并不存在像批评者所认为的那种关系。

(三)经济全球化与国家主权

经济全球化使得国际经济组织和国际企业的作用不断地增强,"超国家权力"日益膨胀,从而会在一定程度上导致其与国家的主权发生冲突。国家主权的作用、权威和完整性越来越受到各种国际经济组织的严峻挑战,这也正是经济全球化的反对者所责难的。他们认为,在日益相互依存的全球经济中,经济权力正在从各国政府转入诸如世界贸易组织、欧盟和联合国等超国家组织。比如欧盟,其成员国为了形成在统一货币基础上的欧洲统一大市场,作出了一系列涉及国家经济主权的重大决定,以实现经济主权的共享,这无疑破坏了这些国家整体意义上的主权。

进入全球化时代,世界性的经济组织将日益发挥其经济协调和解决争端的职能,这必然会对成员国的主权提出一定的要求和约束,就可能会对成员国的主权造成破坏。例如,国际货币基金组织在向成员国发放贷款时,会提出一系列的条件,让贷款国家遵守,并对这些条件的具体实施进行监督和管理。1997年7月,泰国爆发金融危机时,国际货币基金组织出面援助的条件就是紧缩银根,调整结构,提高银行利率,压缩开支,推动企业私有化,关闭部分银行和企业,严格贷款条件,开放资本市场等等,而这些条件无一不是关系国家经济命脉的国家主权。格拉德·博克斯贝尔和哈拉德·克里门塔就指出:"对于国际货币基金组织和世界银行的苛刻条件,不论是民主国家(泰国)还是独裁国家都无力抗争,贷款条件迫使它们屈从。泰国政府进行了改组,由国际货币基金组织任命的顾问作为监督者凌驾于政府之上。"世界贸易组织也是经济全球化的反对者攻击的一个目标。世界贸易组织仲裁120余个《关贸总协定》缔约国之间的争端,世界贸易组织的仲裁小组能够发布裁决。当一成员方违反了《关贸总协定》规则时,仲裁小组裁决其必须改变这种贸易政策,如果违反者拒绝服从裁决,世界贸易组织就让其他国家对违反者进行适当的贸易制裁。因此,一位著名的批评家,美国环保主义者和消费者权益的倡导者拉尔夫·纳德(Ralph Nader)说:"在新的制度下,许多影响亿万人民的决策不再由地方或国家政府作出,取而代之的是,假如有任何世界贸易组织的成员方敢于挑战的话,得听从一小批在日内瓦(世界贸易组织总部的所在地)坐在紧闭门后未经选举的官僚。这批老爷们能决定加州人究竟能否阻止毁坏最后一片原始森林或者确定能否禁止对他们的农作物使用会致癌的杀虫剂,或者欧洲国家是否有权禁止使用由生物技术加工而成的带有危险激素的肉食品……这是在拿民主的基础和负责的决策去冒险。"

经济全球化对国家主权的挑战还表现在国际企业的生产活动上。随着规模的快速膨胀和经济技术实力的不断增强,全球化时代的国际企业势力越来越大,他们对东道国,特别是作为发展中国家的东道国的国家主权的冲击和影响就更大。发展中国家为了发展本国的经济,急需国外资金和先进的技术,而国际企业正是利用发展中国家这种"弱点",迫使东道国政府为其在当地的生产与经营活动创造便利,甚至国际企业直接介入政治活动,侵蚀发展中国家的主权。格拉德·博克斯贝尔和哈拉德·克里门塔写道:"发展中国家把自己出卖给了跨国康采恩:为了吸引外国资本而保持着很低的生产成本(应该受到国家政府和法律保护的),工会遭到禁止,劳动保护也变得困难。""正在发挥作用的这支强大力量前所未有地改变着世界。康采恩公司推动着这个越来越快的变化,民族国家束手无策,只能眼巴巴地看着,他们越来越多地失去了制约这些真正的'全球赌徒'的权力。"

对此,全球化的支持者认为,像世界贸易组织,国际货币基金组织和世界银行等超国家组织的权力也是要受到限制的。这些经济组织实体的建立是基于成员方共同达成协议的基础之上的。这些机构是为成员方的集体利益服务,而不是破坏它们的利益。而且当这些机构作出某些决议时也是成员方集体商议的结果,并非是独裁。如果这些实体违背了成员方的集体利益,那么这些超国家组织将迅速瓦解。根据这个观点,超国家组织的权力仍将属于单个国家,而不属于超国家组织。另外,国际企业的影响的确是越来越大,但其在发展中国家进行生产,毕竟还是要遵守东道国的法律法规,其所进行的活动都必须是在政府政策所允许的范围内,而不可能超越政府,而且就算国际企业为了方便其生产经营活动,会向东道国政府提出一些条件,但这些条件大部分也是限于经济方面的,很少会涉及政府的政治问题。所以,这对国家主权造成的不利影响是很小的。

(四)全球化与世界上的贫困

全球化的批评者认为,伴随着贸易自由化和投资自由化而来的经济全球化实质上是资本主义的全球化。其进程就是以美国为首的西方发达资本主义国家在全球范围内推行其经济霸权的过程,这只是有利于发达资本主义国家对外经济贸易,妨碍了发展中国家的经济发展。美国为首的西方国家凭借其资本和技术上的优势以及国际企业的强大,利用全球化进程在全球范围内实施资源的不平等分配,致使南北国家的不平等差距越来越大。2000年,人均GDP最高的5国卢森堡、瑞士、日本、挪威和丹麦的数字为36 524美元,而人均GDP最低的5国莫桑比克、埃塞俄比亚、扎伊尔、坦桑尼亚和布隆迪的数字为116美元,两者相差315倍。在国别范围内,国内的社会收入分配不公,贫富差距悬殊。例如,收入排名前20%的美国家庭平均收入与收入排名后20%的美国家庭平均收入相比,差距已从1966年的7.3倍扩大到2000年的10倍。这一切数据都给了全球化批评者足够的证据来支持"经济全球化造成了世界上越来越多的贫困"这一论点。

但是,经济全球化的支持者指出,造成世界上很多国家出现贫困或经济停滞的原因很多,但不一定就是自由贸易或经济全球化的结果。有些国家实行政府专制独裁统治,其经济政策破坏了社会财富并使本国人民大受其苦,这显然不利于社会经济的发展;还有些国家或地区战争不断,大大破坏了人们的正常生活和社会的稳定,根本无法为经济的发展提供和平的环境。

另外,不加节制的人口增长大量地消耗着社会资源,给社会造成很大的压力,经济增长难以继续。自由贸易的倡导者认为,改变这些国家贫困状况,促进其经济增长的最佳政策就是减少其贸易和投资的障碍,从国外市场引进资金和先进技术,支持国内经济的发展,并进口国外的商品和服务,满足本国人民的需要。还要实行自由市场经济政策,提高社会效率,促进经济增长。

20世纪90年代,世界上较富裕国家的一些政治组织开展了大规模的债务免除运动。它们认为,穷国的民主政府不应当支付其前任政府所欠下的债务。这一债务免除运动还得到了许多名人的支持。国际货币基金组织和世界银行也积极地进行着系统的债务免除计划。债务的免除对于减轻债务国的负担是有好处的,但这必须配以明智的公共项目投资,如道路、教育的投资,这样才能推动经济的发展。同时还要采取积极的经济政策来促进投资和贸易的发展。富裕的发达国家也可以帮助穷国推动其经济的发展。如在贸易过程中,可以减少从贫穷国家进口产品的贸易壁垒,特别是减少农产品和纺织品的进口关税,促进穷国的出口,增加其外汇收入。其实,很多国家之所以陷入了严重的债务危机,就在于政府部门没有很好地利用外债,而是为了短期利益浪费了大量的资金。它们把这些外债投资于军事基础设施或奢华的非生产性投资项目,从长远看,这对于经济的发展毫无益处。80年代的拉美国家债务危机就是由于这些国家没有很好地利用外资引起的。拉美国家将大量的外资用于非生产性开支,如弥补财政赤字,进口消费品以及军事开支等。阿根廷在1981年至1982年间共花了139亿美元用于购买军火,占其同期GNP的11%;秘鲁的军火进口则占了其外债的1/5。而有些国家即使将外债用于生产领域,也主要是投资于那些管理不善、效益低下的国营企业,结果企业破产,资金被浪费。债务国利用外债的失败经验再次证明:必须将外债用于最需要资金的领域。要将大量的资金用于国内的生产性建设,这样由于投资的乘数效应,可以带动国民经济成倍地增长,促进贫穷国家经济更快的发展,使他们更早地摆脱贫困。

本 章 小 结

远古时代国家或地区之间都是相互孤立的世界,几乎无任何经济往来。随着时代的变迁,世界经历着一个根本性的变化,各国之间的跨国贸易和投资的障碍正在崩溃,各国经济交往密切。科技革命大大推动了生产力的发展,各国经济逐渐消失在相互依存的全球经济制度之中。经济全球化的趋势势不可挡。

经济全球化作为世界经济发展的总体趋势,必然有着不同侧面的表现,即:市场全球化、贸易自由化、生产全球化和金融全球化。这四个方面又是相互联系相互促进的。同时,经济全球化的出现有其深刻的背景,其中两个最重要的推动因素应当归结为贸易和投资壁垒的减少以及科学技术的进步。在经济全球化的影响下,全球经济也发生了一系列的变化。目前,世界贸易、国际直接投资、国际企业的性质及整个世界秩序与20世纪60年代完全不同。随着经济全球化的深入,为了更好地协调世界经济的发展,迫切需要建立全球性机构。联合国、世界贸易组织、世界银行及国际货币基金组织在国际事务的处理中发挥着不可替代的作用。全球经济朝着更加健康的方向发展。

但是,经济全球化也是一把"双刃剑",它在带来一系列好处的同时,也引起了一系列严重的问题。例如,经济全球化造成了发达国家的失业问题及工人工资下降;经济全球化使得发达国家对发展中国家的劳工剥削更加严重;跨国工厂的建立,破坏了落后地区良好的生态环境;

经济全球化中世界机构的建立和跨国公司影响的加大,对一些国家的主权构成了威胁;经济全球化中,社会财富分配不均,各国各地区经济发展很不平衡,富国和穷国的差距也越来越大。以上一系列问题引起了全球化反对者的严重抗议,他们与全球化的支持者展开着激烈的论战。

复习思考题

1. 经济全球化的含义是什么?
2. 经济全球化背景下世界经济发生了哪些深刻的变化?
3. 如何评价国际机构在经济全球化中的作用?
4. 经济全球化争议的主要问题包括哪些?
5. 经济全球化背景下企业面临的挑战有哪些?
6. 中国应当如何应对经济全球化?

章末案例

沃尔玛公司的全球化战略

作为全球最大的零售商,沃尔玛公司(Wal-Mart)2000年的营业收入达到了1 650亿美元,2002年更是达到2 178亿美元,跃居"全球500强"首位。

沃尔玛公司自1991年开始从美国向海外拓展以来,一直大力推行全球化。1993年,沃尔玛公司海外商店的数量仅占全部商店的1%,到2000年已经增长到25%,两年之后又增长到27%。从1996年至2000年,该公司销售增长中有27%来自海外经营。即使是全球经济不景气的2001年和2002年,海外经营对公司销售的贡献也达到了17%。

沃尔玛公司为什么要实行全球化?因为国内市场的饱和,因为国际市场的广阔,还因为新兴市场为廉价折扣零售提供了巨大的发展空间。

一、准产品与市场的突破口

沃尔玛公司认为,在全球化的初始阶段,最好先挑选一个或少量的产品系列作为开辟市场的先头部队。这是因为全球化拓展要求企业必须至少具备三个方面的能力:了解国外市场的能力、管理国外分支机构的能力以及人员的技术能力。如果缺少这三方面的能力,企业很难被当地的环境所接受,企业的海外拓展也将面临高风险。对市场的选择必须坚持"利润最大,风险最小"这两个基本原则。对企业来说,初始阶段的行动是一个大量吸取经验的试验过程。而且,成功带来的现金流又为进一步全球化提供了动力。

到了1996年,沃尔玛公司已经做好准备,挺进亚洲市场,并把发展方向锁定中国市场。这一选择非常明智,因为中国消费者相对较低的购买力为沃尔玛这样的廉价折扣零售商提供了巨大的发展空间。

1997年,沃尔玛公司最终打入欧洲市场,收购了拥有21家商店的Wertkauf超级连锁店系统。

二、进军模式循"市"而变

在确定打算进入的市场以后,沃尔玛公司面临的下一个决策就是制定相应的市场进入模式。这一决策面对几种选择:要么收购一家现成的当地企业,要么同当地企业联营,要么从头开始建立独立的经营系统,或者是综合使用这三种方式。沃尔玛公司进入不同市场的经验表明,市场进入的模式应该因市场而异。

例如,1994年,沃尔玛公司完全通过整体收购进入加拿大市场。这一选择的合理性主要来自三个方面:第一,加拿大是一个成熟的市场,从头开始创建独立的经营系统无利可图,增加新的商店只会加剧当地已经非常激烈的竞争。第二,美国与加拿大市场在收入与文化方面情况极为接近,因此沃尔玛公司几乎不需要积累什么新经验。第三,当时的加拿大市场上正好有一家经营不善的零售商Woolco,完全可以低价收购。而在打入墨西哥市场时,沃尔玛公司考虑到美国与墨西哥市场在收入与文化方面差异较大,采取了另外一种方式。当时,企业需要深入了解当地的市场状况,并根据当地的环境对经营手段进行调整。因此,沃尔玛公司与墨西哥最大的零售商Cifra通过对等投资组建了一个合资企业,依靠Cifra提供的经营经验,应对墨西哥动荡多变的经营环境。

三、灵活应对本地化与竞争

对沃尔玛公司来说,赢得当地市场需要两个步骤:了解当地情况,确定需要进行本地化调整的规模与内容;还要对当地竞争对手的行动与反应做出应变。要想在新打入的市场立足,企业必须了解当地市场的特殊性,这样才能确定企业的经营模式中有哪些部分可以原封不动地保持下来,哪些部分需要进行本地化,还有哪些部分必须彻底改变。沃尔玛公司进入中国市场的经历就是一个明证。

沃尔玛公司在中国市场中进行了多种尝试,寻找最受顾客欢迎的商店形式。其中之一就是深圳超级购物中心,它采用了一种集商业中心与仓储购物商店特点的混合形式,既采用会员制销售,同时又对非会员提供"当日特价商品",力求把握中国运输与购物的发展趋势,适应中国人的购物习惯。

需要进行调整的另外一个方面是产品进货。在进货方面,沃尔玛公司有三种选择:一是从国际供应商在世界其他地区的厂家进货;二是从国际供应商设在中国的厂家进货;三是从中国当地的厂家进货。沃尔玛公司最终选择了85%的产品从中国市场上进货。这样,一方面满足了当地顾客购买美国生产的高档消费品的愿望;另一方面又缓解了当地政府鼓励购买本国产品而给商店带来的压力。

四、有控制地全球化

沃尔玛公司全球化的速度是否可以更快一些?在一些人看来,沃尔玛公司进入新兴市场的步伐有些缓慢、保守。但是,请记住,要大举进入中国或印度等发展中国家的新兴市场需要采用完全不同的方式。以印度为例,在那里只有很少一部分消费者的年收入在2万美元以上,但是这些消费者却非常偏爱也有能力购买国际知名品牌的产品。沃尔玛可以充分利用自己在国际供应商中的影响力,为这些顾客提供满意的服务。

实施全球化战略并把全球网络转化为竞争优势,离不开系统的分析、专项的运筹和精密的配合。如果没有科学严密的方法,全球化很容易变成一条拖得过长的战线,造成管理的分散和资源的浪费,最终甚至会使国内市场中的竞争优势都丧失殆尽。在这种情况下,如果不对企业的全球化进行有效控制,就会出现企业总体业绩不进反退的局面。

资料来源:http://www.3cn.com.cn/info/tail.jsp?infoid=4277。

案例讨论题

1. 查阅相关资料,具体阐述沃尔玛公司采取全球化战略的原因。
2. 讨论沃尔玛公司的全球化战略并评价这些战略的有效性。
3. 沃尔玛公司的全球化战略对于中国企业有什么启示。

参考文献

1. 查尔斯·W·L·希尔.国际商务.北京:中国人民大学出版社,2002
2. 刘力,章彰.经济全球化,福兮?祸兮?.北京:中国社会出版社,1999
3. 韩保江.全球化时代.成都:四川人民出版社,2000
4. 马陵.疆界的终结 全球化.北京:新华出版社,2001
5. 伍贻康,张幼文等.世纪洪流:千年回合与经济全球化走向.上海:上海社会科学出版社,北京:高等教育出版社,2001
6. 胡适耕,曾庆豹.全球化 世界经济贸易大趋势.长沙:湖南大学出版社,1998
7. 塞缪尔·亨廷顿.文明的冲突与世界秩序的重建.周琪译.北京:新华出版社,1999
8. 博克斯贝尔,克里门塔.全球化的十大谎言.胡善君,许建东译.北京:新华出版社,2000
9. 郁方.金融癌症——全球金融风险与秩序重整.广州:广东人民出版社,2002
10. 龚炳铮.电子商务案例.大连:东北财经大学出版社,2001

第二章　世界各国经济体制、法制和文化上的差异

第一节　现代国家中的经济体制类型

现代国家的国民经济管理体制大体上可以分为以下三种主要类型：市场经济、指令经济以及混合经济。

一、市场经济

所谓市场经济是指其中所有的生产性活动都是由私人而不是由国家来实施的，而不是由国家来实施。在这种市场经济中，一个国家生产的商品和服务的数量是由供求关系来决定，通过价格机制传递给生产者。如果某商品的需求超过供给，该商品的价格上升，生产者就会增加该商品的生产；反之，如果供给超过需求，该商品的价格下降，生产者就会减少该商品的生产。市场的供求力量就像一只"看不见的手"那样通过价格机制指挥生产者，让他们知道生产什么和生产多少。

如果一个市场被某企业垄断，市场机制调节社会生产的效率便会大打折扣。例如，当市场需求增加时，垄断者不一定因为价格上升而扩大生产，它可能会限制产量从而进一步提高价格，以便获得更大的利润。在这种情况下，消费者必然要支付更高的价格。同时，由于不存在竞争对手，垄断者也就没有动力去寻求降低生产成本，它只需通过简单的提高价格的办法，把增加的成本转嫁给消费者。最终结果是垄断者将越来越无效率，它所生产的产品价格高而质量低，从而使整个社会的福利下降。

因此，在市场经济体制下，政府通常会用反垄断法来限制企业垄断市场的行为，并鼓励私人生产者之间的竞争。私人所有制则可以起到鼓励竞争和提高经济效率的作用，使企业通过更好地为消费者服务的方式来获得自己的利润。例如，发明新产品，开发更高效的生产工序，更好的市场营销和售后服务，或采用更有效的管理模式等这些创新活动。

二、指令经济

所谓指令经济又称中央计划经济，是指一国生产商品和服务的数量及销售价格都是由政府计划来指定。指令经济的目标是由政府通过合理分配资源以求社会整体利益。在纯指令经济中，一切企业均归国家所有，政府可以按照国家的最大利益直接进行投资，而不是由私人按照个人的利益来进行投资。指令经济体制又被称为战时经济体制，西方发达国家在战争年代多采用指令经济的体制。历史上，社会主义国家在和平时期也采用过指令经济体制。就是资本主义国家在和平时期也有过采用指令经济的尝试。如第二次世界大战之后，法国和印度都经历过广泛的政府计划和国有化运作，国家直接拥有大量企业，由政府部门直接指令这些企业

从事生产活动,尽管它们做的结果不尽如人意。

指令经济的本意是为公共利益而利用经济资源。应当说,在一段时期内集中国家资源办大事方面来看它是很有效的,但从长期来看,它在社会资源配置的效率方面不太理想。由于国营企业由国家发指令来进行生产和分配,基本上不存在市场竞争的压力,因此往往在控制成本和提高效率方面缺乏动力;此外,国有企业内部也缺乏激励机制,不利于创新活动。总的来看,指令经济体制不适合于国民经济的长期的、有效率的增长。

三、混合经济

混合经济是指介于市场经济与指令经济之间的一种经济体制。在混合经济中,一部分是私有制的企业和自由市场机制;另一部分是国有制企业和政府计划机制。混合经济在当今世界相当普遍,不少欧洲国家,如法国、意大利和瑞典都可以看作是混合经济,在这些国家中,政府干预那些其认为实行私有制不能使社会利益最大化的部门。例如,英国和瑞典都实行全面的国有医疗保健制度,政府通过较高的税收来保证对所有公民提供免费的医疗保健。人们认为政府对公民的健康负有道义上的责任,在这些国家,私人医疗保健机构是受到严格限制的。美国的国有经济的比重要比大多数欧洲国家小许多,但萨缪尔森认为,美国经济也可算作是一种混合经济。我国所实行的社会主义市场经济,也可以看作是一种混合经济,是以公有制为主体,多种所有制经济共同发展的经济制度。

在混合经济中,政府有时会把一些困难企业收归国有,政府认为这些困难企业的继续经营事关国家利益。例如,法国雷诺公司在经营上发生一系列财务困难时,政府接收了它。原因是政府认为雷诺公司的倒闭会带来大量的失业,所造成的社会成本无法承受,因此就将该公司国有化以免遭破产的结果。有时候国家也会根据政治、经济形势将一部分国有企业私有化,缩小国家企业在整个国民经济中的比重,以提高整个社会资源配置的效率。

第二节 法律体制方面的差异

一、大陆法、普通法以及宗教法

一国的法律体制指的是它所实行的法令或法律制度,它们规定人们的行为要合乎实施的法律规定和程序,并且通过法律来纠正违法行为。法律体制对于国际商务是极其重要的。法律制度的不同可能影响一国作为投资场所和市场的吸引力。

各国之间的法律体制的差异是一个很大的问题,需要有关专家去作专门的深入研究。我们在这里主要介绍世界各国的法律体系可以分为哪几个大类,以及各国在与国际商务有关的法律有哪些主要特点。

世界上常见的法律体系一般可以分为三大类,即:大陆法(又称成文法),普通法(又称判例法)和建立在宗教信仰基础上的宗教法。

大陆法的主要渊源之一是法国大革命时所制定的《拿破仑法典》,该法典由于法国大革命的影响而对欧洲大陆各国有深刻的影响,因而被称为大陆法。该法的一个主要特点是强调成文法的作用。法律制度体现为一套系统化、条理化、详尽的法律条文。法官的任务就是根据这些法律条文去判决案子。实行大陆法的国家和地区主要是欧洲大陆、拉丁美洲、非洲的一部分及亚洲的一部分国家和地区。从全球角度来看,实行大陆法的国家和地区占多数。由于大陆法的法律条文系统化、条理化,因此实行大陆法的各国在法律领域的共性比较强。

普通法体系的特点是强调判例的作用,而把成文法看作是对判例的补充和修正。实行普通法的主要有英国以及原英国殖民地国家和地区,如美国、加拿大、澳大利亚、新西兰、印度、巴基斯坦等。有时人们也把普通法系称为英美法系。实行普通法的国家和地区,判例形成以后即具有法律效力,不过下级法院须受到上级法院判例的约束,最高法院则可不受以前判例的约束。换句话说,在普通法体系下,法官有权解释法律。随着新判例的产生,法规就可能发生变化,以应对新出现的情况。与大陆法相比较,普通法具有相对的灵活性。因此,有人认为,在实行普通法的国家,真正生效的不是法律条文本身,而是经过法院判例予以解释的法律规则,在这样的条件下,法律被认为是一门不精确的政治艺术。由于判例数量巨大,而且对判例的理解和解释常常因人而异,事实上也很少会出现完全相同的案件,这就给律师工作提供了较大的工作空间。在实行普通法的国家,律师的地位和作用要比实行大陆法的国家更重要。法律条文通常由律师和法官撰写,法官的职位只能由具有律师资格的人担任。

宗教法体系是以宗教教义为基础的一种法律制度。伊斯兰法是现代世界使用最为广泛的宗教法律制度。印度教和犹太教法律也曾被应用到20世纪,但总的来说这两种宗教法现在已没有多大的影响,只有伊斯兰法在伊斯兰教盛行的国家中具有很大的影响。伊斯兰法是以《古兰经》以及伊斯兰教规或伊斯兰教祖穆罕默德的言论为基础形成的。由于伊斯兰教徒认为《古兰经》和伊斯兰教规是神的旨意,所以伊斯兰法的基本精神是不能变更的。不过在现实中,伊斯兰法官和学者也经常就伊斯兰法律如何在现代社会应用的问题进行讨论,伊斯兰国家会有一种变通的办法来处理与伊斯兰教义冲突的现实问题。比如伊斯兰教义不允许收取利息,因此伊斯兰国家的银行在吸收存款的时候便不发放利息,但伊斯兰教义允许合股经营者分红利,因此,在实行伊斯兰法的国家中的银行便以分红的名义给存款者发放报酬。事实上,现在许多伊斯兰国家所采用的法律制度是伊斯兰法和普通法或者大陆法的混合体。

总的来看,当今世界上占主导地位的还是大陆法和普通法这两类。由于这两类法律体制各有其优劣,很难说一种法律体系会被另一种法律体系所取代。倒是现在可以看到这两种法律体系有一种互相融合的趋势。即在英、美等国,成文法的比重在不断上升,而实行大陆法的国家也日益重视判例的作用。不过,当前各国在法律体系上的差别仍然十分明显。各国在遇到争端时究竟是倾向于通过法律诉讼的办法去解决,还是通过其他方式去解决,会有很大的区别。英、美等国由于实行判例法,其人口中每10万人所拥有的律师人数要比大陆法系的国家要高得多。特别是美国,由于许多律师事务所实行"条件收费"制度,即"打不赢官司不收费",所以就使人感到打官司是一件风险小而潜在收益高的事,从而促使人们更多地采取法律诉讼的方式去解决有关损害赔偿的争端。相比之下,英国法律规定起诉方一旦败诉,要负担胜诉一方的法律费用,这样就使英国人在提起诉讼时比美国人更慎重一些。对于那些打算进入美国市场的厂商来说,应该对美国法律作仔细的研究,既要避免在法律上不慎而遭受损失,也要充分利用法律武器来保护自己的合法权益。

二、各国有关商务方面的法律

(一)在国外设立企业的法律地位

一个企业如果要到国外设立企业,就必须考虑如何为国外设立的企业选择其法律地位问题。这方面有两种选择：一种是把在国外设立的企业作母公司的分支机构（Foreign Branch），这种分支机构即分公司的行为可以视为母公司行为，其法律责任可以直接追溯到母公司。一般情况下，国外分公司的税负会比当地公司高一些。但是国外分公司也有可能得到一些法律上的优惠。经贸关系比较密切的国家政府之间通常会订有双边友好协定，虽然具体内容因国家而异，但大体上会包含这样一些内容：允许对方在本国办企业、设分公司，允许居留、旅行、买卖和占有房地产、资金的自由流动以及在管理活动上的一定自主权。比如，美国和韩国之间的双边友好协定规定，双方企业在有关管理人员的聘用上，可按企业的需要录用。因此，韩国航空公司在美国的分支机构决定用韩国公民取代其原先雇用的一名美国职员时，可以免遭触犯美国反歧视法之诉，该法律不允许美国企业以种族和国别来源作为雇用标准。另一种是由母公司控股而在当地注册，成为母公司在国外的子公司。这种子公司作为独立法人，受到注册地法律管辖，母公司和子公司的法律责任可以分开，子公司的税负会比分公司低一些，但它们失去了政府之间双边协定对于对方企业的某些优惠和保护。

如果母公司在国外设立的子公司是合股的，则企业的法律责任与企业控股程度有关。比如欧盟规定，如果母公司控股在51%以上，则子公司的行为可以追溯到母公司。由于股权的分散，许多公司实际上并不需要50%以上的股权就能获得控制权，因此不少国际企业在国外不一定采用占全部股份50%以上的办法来获得控制权，而是采用以低于50%的股权，但却实际控股的办法来获得控制权，这样可以减轻母公司对子公司的责任。

（二）代理商的法律地位

许多企业在国外开展业务时会通过代理商来进行。由于代理商是当地的，对于当地的环境和市场比较熟悉，因此对于开展业务比较有利。在法律上，可以把代理关系分为两大类：一类代理商（Agent）是根据委托人（Principal）的指令行事的，代理商不能离开委托人独立地与第三方建立合同关系，代理商可以看作是被委托人所雇用的，因此代理商在委托任务的执行过程中，如果与第三方发生争端或纠纷，第三方可以向代理商的委托人起诉。另一类称为独立承包商（Independent Contractor）或独立代理商（Independent Agent）。这类独立代理商是根据委托人的要求相对独立地完成所委托的任务。从法律上讲，独立代理商对自己所从事的业务负完全的责任，如果有第三方与独立代理商发生争端和纠纷，一般不能追究委托人的法律责任。

各国对代理制的立法会有较大的差异。比如法国的法律把代理关系视作为是委托人雇用代理商，因此代理关系可看作是就业关系，代理关系适用就业法的有关条款。而埃及的法律则禁止外国人在其国内充任代理商。美国的法律对于代理关系的限制比较少，委托人和代理商之间在委托范围、双方责任、义务、权利等方面就看他们之间的代理合同如何规定。但在实行大陆法的国家，法律通常对代理商和委托人的权利、义务有详细的具体规定，以便于本国代理商在与外国的委托人打交道时保护本国代理商。欧盟规定延续3年以上的代理关系不能随意终止，如果要终止的话，必须提前3个月书面通知对方。这就表明，当一个企业到别国开展业务需要利用代理关系时，必须对当地有关代理的法律规定进行了解，否则，很可能在不经意中违反了当地法律而陷于被动地位。

（三）关于产品责任的立法

产品责任立法是经济法体系中一个重要组成部分，现代社会的各国都很重视产品责任法。任何打算把自己产品打入外国市场的企业，必须对目标市场国的产品责任法有很好的了解。

目前世界上关于产品责任立法模式，大体有三种：一是通过在合同法、侵权法中增加有关条款,或者对原条款扩大解释来对产品责任作出规定。采用这种方式的有法国、荷兰等国。二是在消费者保护法或其他有关法律中对产品责任作出若干规定,采用这种方式的有英国、加拿大等国。三是制定专门的产品责任法,采用这种方式的有德国、意大利、丹麦、挪威、日本等国。

在我国有关产品责任的法律是由《民法通则》、《产品质量法》、《消费者权益保护法》、《工业产品质量责任条例》、《药品管理法》、《食品卫生法》等一系列立法来规范的。另外,最高人民法院的有关司法解释也是产品责任法律制度的内容之一。

美国是一个诉讼案件高发的社会,其有关产品责任的诉讼案件呈不断上升的趋势,赔偿金额也越来越大。据有人调查,美国联邦法院受理的有关产品过失诉讼案件在1974年是1 520件,到1986年已上升为12 000件。兰德公司在1986年的一项抽样调查显示,产品过失案的赔偿金额在1960年至1964年间是平均每起26.5万美元,在1980年至1984年间平均每起82.8万美元。据报道,1994年美国道化学品公司(Dow Chemical)因为其生产的乳房增大剂发现可能致癌和其他重大副作用,被法院判罚42.5亿美元的赔款。1997年6月,美国烟草行业与美国各州政府达成协议,同意为因吸烟而造成的健康问题支付前所未有的3 860亿美元的巨额罚金。

美国的产品责任法就其发展趋势看,是不断强调生产厂商的责任。在1916年以前,美国在有关产品责任的案件中,根据"当事人原则",受害方只能向直接出售问题产品的零售商起诉,而不能起诉该产品的生产商。1916年,纽约州上诉法院在一起产品责任案件中判定,只要产品缺陷是由生产厂商的疏忽造成的,不管消费者从什么商店购买,均可向生产厂商提起诉讼,从而取消了产品责任案的"当事人"限制。不过,提供"厂商疏忽"证据的责任却需要受害者承担。以后美国的一系列判例显示,在产品责任方面,美国实行"严格责任"原则(Strict Liability),只要是因产品缺陷引起了人身伤害事故,不管这种产品缺陷是否由于厂商疏忽所造成的,厂商就有责任,哪怕这种产品缺陷在当时的科技水平下是难以发现和无法预防的。而且这里的"厂商"不一定是指生产企业,也包括流通环节的进口商、批发商和零售商。美国有些州的法院在判例中强调"绝对责任"或"完全责任"(Absolute of Total Liability)原则,也就是说,只要人们在使用产品的过程中造成人身伤害,就可以判定产品是有缺陷的,从而可以判定厂商应当负责。这种"绝对责任"或"完全责任"原则打破了传统上人们那种"有错才负责赔偿"的观念,现在,厂商即使没有错,只要产品在使用中给消费者造成了伤害就应当赔偿,这实际上是一种不可预见的费用。把这种由产品缺陷引起的不可预见费用推给处于弱势地位的消费者,显然是不合理和不公正的。美国的法律把这类费用归入厂商的经营成本有其内在的合理性。

相比于美国的产品责任法,欧盟的规定稍显宽松一些。欧洲共同市场在1985年通过了有关产品责任法的规定,但可由成员选择采用。目前欧盟成员国在产品责任法方面与美国的一个很大的差异是,厂商只对根据目前科技水平可以预见到的问题负责,而不是像美国那样实行"严格责任"原则。许多欧盟国家规定,随着科技水平的发展和提高,人们对产品的安全标准也会相应提高,但人们不能根据最新科技发展而制定的新标准来要求已经生产出来的产品。只要产品在被生产时符合当时所能达到的安全标准,即使它和以后新发展起来的产品相比安全性要差,厂商可以不承担因此而引起的缺陷的责任。欧盟有些国家对产品责任案的赔偿有最高金额的限制。有的国家在规定赔偿消费者因产品缺陷而受损失时,包括精神上的损失;但有些国家则只限于物质上的损失,这一切都以市场国的法律为准。

(四) 关于劳工和就业的立法

当一个企业到国外去发展业务时,就可能涉及在国外招工、解雇以及员工福利等事宜,这就要求从事国际经贸活动的企业必须了解相关国家有关劳工就业的法律。目前西方发达国家已形成了一套保障劳动者权益和福利的法律制度,但各国经济发达程度差别很大,因此它们对劳动者权益的保护程度也就各不相同。

西欧一些国家法律规定,企业的员工有权参与企业的管理。比如,德国、荷兰、卢森堡等国的企业通常实行两级管理制。企业监委会负责企业的重大政策制定和关键人事任命。而企业的管理执委会负责企业的日常经营管理。德、荷、卢等国的法律规定,工人有权参加企业监委会,从而有权参与包括人事任命和企业重大决策的制定。德国的《劳资共同决定法》规定,凡是雇员超过2 000人的企业监委会成员的一半必须是由雇员组成,另一半由股东代表组成。监委会的主任从股东代表中产生。负责企业日常经营管理的执委会成员人选,需要监委会2/3以上多数票通过才能任命,企业的最高层管理人员,如总经理、执行总经理不参加企业监委会。另外,德国1952年通过的《企业组织法》规定,任何雇员超过5人的工厂或企业必须成立代表雇员利益的工委会,工委会成员是从企业所有雇员中通过选举产生。如果企业面临"关、停、并、转"或削减雇员这类重大问题,企业的管理部门必须与工委会协商讨论,取得工委会的同意。这样就从法律上和制度上保证了企业雇员对企业的重大决策有知情权和参与权。

美国的情况和西欧国家有些不同,从制度上看,美国企业的董事会相当于西欧的监委会,但美国企业的总经理通常兼任董事长,董事会成员的1/3是企业的高层管理人员,其余是股东代表或从社会上聘来知名人士任独立董事,但法律没有规定雇员参加董事会。因此在美国的企业里,工人的地位远没有西欧国家那么高。美国企业的总经理的职责就是向股东负责,以创造尽可能多的利润。因此工人的利益受法律保护的程度要比西欧各国低。

德国法律对于企业解雇职工的程序有比较严格的规定,比如,企业不能突然宣布关闭,而应当在关厂以前通知工委会,说明关厂的原因。一切解雇决定必须提前告诉工委会,如果企业的管理部门和工委会不能达成协议,可由政府的就业委员会来批准。如果就业委员会认为企业确实难以维持下去,但对工人的再就业培训、补贴一时有困难,则可以下令企业推迟关闭和解雇员工,推迟的时间最长不超过2个月。

英国的法律规定,企业解雇工人必须与工会协商,如果解雇工人多于10人的,必须提前60天与工会协商。

美国的企业在有关关闭企业、解雇员工的决定通常是由企业的管理部门单方面作出的,法律并没有规定必须事先与雇员商量。

在有关企业兼并以后,被兼并企业原有员工的就业责任问题,各国的法律规定也有很大的区别。许多欧洲国家规定某个企业兼并另一个企业的时候,在接受被兼并企业的资产的同时,也继承了被兼并企业原有的劳动人事协议关系。如果要解雇被兼并企业的员工,其程序与解雇本企业员工相同。而美国的情况是兼并企业通常并不承担被兼并企业原有员工的雇用责任,因此紧跟兼并行动之后的事往往是对被兼并企业的全面裁员。

在企业雇用人员方面,各国也有许多具体的规定,不得在招工、内部升迁提拔等方面采用歧视性做法,现代大多数国家在这方面均有反歧视法。例如,美国1964年制定的《民权法》规定,美国企业无论在美国国内还是在国外,都不允许在其管理实践中实行基于年龄、性别、国别、种族和宗教的歧视政策。1997年,美国埃克森石油公司在人事提拔工作中违反了种族歧视法,导致在埃克森石油公司工作的黑人管理人员升迁困难,曾被美国法院判决赔偿1.7亿美元,就是这方面的一个案例。任何企图到美国或欧洲发达国家去开办企业的中国企业,必须了解目标国的有关法律,否则,用国内劳动市场上惯用的招工广告用语到外国去招工,如注明招聘要求为男性,年龄为几岁以下等等,很可能触犯当地法律而惹官司上身。

第三节 文化和风俗方面的差异

一、社会文化方面的差异

国际商务中的"文化"概念不同于我们平常所说的"文化"水平或"文化"修养中的"文化"。人类学、社会学、心理学和组织行为学中对文化都各有各的定义。大致说来,文化可以被视为一种并不成文的"规矩",是社会成员约定俗成、共同遵守的行为指南,外在的表现为群体成员的行为共性。

有学者将文化大致分为五个部分:物质文化(科学技术、经济结构)、社会结构(社会组织、教育体系、政治制度)、社会价值观、美学观念(包括文学艺术,风俗习惯等)和语言。这五个部分基本概括了社会生活从物质基础到上层建筑的各方面,以及作为思维工具、传播媒介的语言。

(一)物质文化

物质文化是指人们所创造的物质产品以及用来生产产品的方式、技术和工艺。物质文化对生活方式和消费方式具有强烈的影响,物质文化是可以感知的,也是与国际企业生产经营活动有密切联系的。当国际企业进行对外投资决策时,应知道东道国的物质文化特征。例如,欧洲许多家庭由于冰箱的容量有限,所以冷冻食品在这里的市场就相对狭小。在非洲,炎热的天气似乎是空调、冰箱、电扇的好市场,但由于许多国家缺乏足够而稳定的供电系统,这就大大限制了对这些国家的家电产品出口。

(二)社会结构

社会结构指的是人际关系的组织方式。例如,社会组织的基本单位是家庭,在有的社会是父母加子女的小家庭,有的社会则是几代同堂的大家庭,而在很多非洲国家,以血缘种族为基础的部落则是社会的基本组织结构。美国的天主教教会内部有严密的组织,而中国的宗教组织则历来是松散的。这既有随一定生产力水平而决定的社会分工方式的因素,也有种种历史的、非经济的因素。例如,同样是发达工业国的荷兰、英国至今仍然保留着封建社会的王室制度,对王室成员而言,血统的因素在很大程度上主宰着人的命运,阶级界限很难逾越。而美国社会的阶层区别相对模糊,突破阶层界限的自由流动也较普遍。

(三)社会价值观

社会价值观在不同国家会有很大差别。从各种职业在社会结构中的地位来看,美国医生的地位远在大学教授之上,而在日本却相反;政府职员的地位在亚洲国家很高,在美国却很低。妇女的地位,青少年、老年的社会地位在各种文化中也不相同。在澳大利亚和加拿大,管理阶层中的女性占40%以上,而在日本和韩国的同类职位中,女性比例连5%都不到。在美国,年轻是财富,而在沙特,老年人往往更有地位。

(四) 美学观念

美学观念在不同民族之间的差异也很大。爱美之心,人皆有之。然而美的标准在不同的文化中并不一样。说起建筑,法国的巴黎圣母院、中国的故宫、印度的泰姬陵,都是美的,但是不论是建筑材料还是设计风格,这三者都迥然不同。要说饮食,蜗牛是法国菜中的顶尖极品,但在别的国家饮食文化中,倒贴钱有没有人吃也难说。忽视这种美与丑的文化差别,就要受到惩罚。美国一家牙膏公司在东南亚某国做广告推销牙膏,宣传它的牙膏的"增白"牙齿的作用,却忽视了当地以嚼槟榔为身份和地位象征的"黑齿"美学,结果当然不行。

审美观念对国际商务的意义体现在很多方面。例如,特定的色彩在不同的国家有不同的含义。西方国家以黑色代表哀伤;东方国家却以白色来表示。所以,在涉及企业产品的设计、包装或广告时,应该尽量适应当地人的审美观念。不善于审美和不采用迎合销售对象的审美标准,国际企业就不可能同时在各个目标市场取得成功,甚至会因为冒犯顾客而不受欢迎。

(五) 语言

语言是人们进行思想、感情、信息和文化交流的工具。不同民族在语言方面的差异对国际商务活动有重要影响。作为人们互相沟通的工具,语言可分口头和非口头两种。

据统计,口头语言方面世界上共有 3 000 多种,其中超过 5 000 万人口使用的语言有 13 种之多。有些国家还流行几种语言文字,如:加拿大有英法两种语言;瑞士有 3 种语言;南美国家虽然通行西班牙语,但土著语言有十几种。一种语言就代表一种文化,加拿大有说英语和说法语的两种文化。同样的现象在别的国家也可以看到。当然,语言不同也并不必然导致不同的文化。

汉语是使用人数最多的一种语言;其次是英语和印地语。英语是世界使用最广泛的语言;其次是法语、西班牙语和汉语。英语逐渐成为国际商务用语,一个日本商人和德国商人一起进行商务洽谈时,几乎可以肯定他们会用英语交流,而且,日本商人不喜欢用日语草拟合同,因为日语太含混,不能精确表达意图,他们会选择用英语草拟合同,因为英语词汇意义不容易混淆。但是,在英语被广泛使用的同时,学习地方语言在关键时刻仍然有很大优势。大多数人愿意使用自己的母语进行交谈,如果在国际商务活动中能够说对方的地方方言必定会产生亲和力,有时甚至会有意想不到的效果。相反,不懂地方语言的国际企业,由于翻译上的不如意可能会导致一些重大失误。例如,阳光公司用英语单词 Mist-stick 表示用来喷雾定型的卷发棒,当进入德国市场并花费了大量广告宣传费用后,公司发现 Mist 在德语中的意思是粪便。中国的白象牌电池在打入美国市场时直接使用 White Elephant 作为商标,忽视了 White Elephant 在英语中意思是大而笨重且无用的东西。这些都是由于不熟悉当地语言造成的国际商务上的失误。

非口头语言也就是无声语言,包括身体语言、空间语言、财富语言、时间语言等。身体语言如面目表情、身体姿势、手势、眼神等。空间语言如办公室、会议室的室内陈设、格调甚至公司所处的地理位置、楼层等,这些都可以传达一些重要信息——经济实力、企业形象、经营范围等;另外,空间语言还包括个人空间,即谈话人之间的适当的距离。在美国,两人之间商务谈话的习惯距离是 1.5~2.5 米,如果不了解这种习惯,两人商务洽谈时,离得太近或太远都可能产生令人遗憾的隔阂。财富语言如使用的文具、皮包、穿戴用品的品牌等,都可以显示企业的素质、档次与品位等。时间语言如对等待接见时间、洽谈时间、答复时间、签约时间的遵守与否等。

非口头语言是文化的集成,不懂得另一文化的非口头语言含义,往往会导致交流的障碍甚至失败。例如,在美国大拇指和食指做一圆圈表示友好,而在希腊和土耳其则是粗俗的含义,同样,大多数美国人和欧洲人用大拇指向上指时表示好,而在希腊该姿势表示猥亵。英美人对于赞成与否愿意明确表示,而日本人很少当面作出否定的表示;英美人守时观念较强,而非洲人与阿拉伯人的时间观念相对淡薄一些。

二、风俗习惯方面的差异

一个社会、一个民族的饮食起居、婚丧仪式、劳动分工、社团活动等都与人们的文化素养和传统习惯分不开,对其消费嗜好、消费方式起着决定性作用。例如,平均每个法国男子所使用的化妆品数量几乎是妻子的两倍;中国人的主食是米、面制作的米饭、馒头、面条、饺子等,而西方人则主要是面包,中国炒菜讲究色香味形,多是用明火煎炒烹炸,而日本则清淡为主,主要吃鱼,鱼的做法也和我们不大一样,以吃生鱼片、清蒸为主。各国或地区的饮食习惯不同,相应地对一些商品的需求就不同。

风俗习惯还体现在对事物的评价上。中国人喜欢荷花,认为它出淤泥而不染,但日本人只是在丧事上使用它;中国人认为菊花不畏风寒,值得称颂,但意大利人却视之为不祥之物;西方人不喜欢数字13,因为与耶稣遇害的典故有关;日本人不喜欢"4"和"9",因为与"死"与"苦"谐音。

以上这些受各种文化习俗影响形成的消费习惯,必然影响人们的消费行为,企业在进行国际商务活动时,应注意这些细微差别。

此外,一个国家的社会文化因素,还影响并形成了各国不同的商业习俗和商业惯例,即受各国不同文化背景的影响,在漫长的历史发展过程中,各国商业方面形成了许多各自不同的习俗和惯例。任何一个企业想要顺利进入他国市场,必须首先学会适应和遵循他国的商业惯例,以对方经理人乐于接受的方式与之谈判。

拉丁美洲人在商业关系中主要靠友谊,但建立友谊的方式只能是通过慢慢地交往,在真正相互尊重的关系和友谊建立之前,一个典型的拉丁美洲人是很拘礼的。即使这种友谊关系建立以后,业务也要慢慢地进行,不能着急。

如果与中东商人做生意,谈正事之前的闲聊和造访是绝对必要的。而这对西方人来说,似乎是浪费时间。但在中东是必须遵守的习俗。中东商人更重视个人接触,接触和取得中东商人的信赖是发展和保持有效的商业关系的基本文化前提。

在社交礼仪方面,中国人收礼时,喜欢稍作推让,并且认为当着客人的面打开所受礼物是不礼貌和贪婪的,但欧美人则在收礼时表示高兴,还当着客人的面打开礼物并称赞它,以表示对客人的谢意。在社交场合交换名片时,日本人讲究接递名片都要站立,但中国人则不拘一格。西方人习惯遵循"女士优先"的宗旨,在演讲时先称呼女士再称呼先生,在坐车时男士打开车门让女士先上等等,而东方人则没有这些规矩,有的国家甚至还有浓厚的大男子主义。中国人喜欢给人敬烟,并且常常未征得对方同意就吸烟;西方人则不敬烟,自己要吸烟也应先征得对方同意,在公众场合,多数会控制不吸烟等。

第四节 影响经济发展的宗教因素

当今世界上存在着数千种宗教,它们各有自己的教义。从信徒的数量来看,基督教、伊斯兰教、印度教、佛教无疑是信徒最多的几个大宗教。宗教产生的历史背景以及它随着社会的发展而演变的过程是一个十分复杂的问题,需要有关专家进行专门的研究,我们这里主要讨论这四大宗教对商务活动的影响。

一、基督教

从宗教信徒而言,该宗教是当今世界第一大宗教。基督教徒约占世界人口的20%左右,遍布全球各地,但主要分布于欧洲、南北美洲以及大洋洲等国家。基督教产生于犹太教,在11世纪时曾经历过一次分裂,从那以后就分为天主教和东正教两大分支。现在天主教主要分布于欧洲南部和拉丁美洲各国,而东正教主要分布在希腊、俄罗斯等一些国家。16世纪欧洲的宗教改革运动进一步促使基督教分裂,于是耶稣教产生了,耶稣教的新教义实际上是对原来的天主教严格等级制度的反叛,因而又被称为新教。在新教之内,又有许多宗教派别。

不少学者认为,在基督教的几个分支中,新教和现代资本主义的发展关系最密切,新教强调努力工作和创造财富,强调俭朴和节约,这些都反映了资本主义对资本积累和扩大再生产的要求。新教强调在今世努力工作以自救,而不是如天主教那样只寄希望于未来,更符合积极进取的资产阶级的要求,因而在一些具有很强新教传统的国家,如英国、德国、美国等确实是资本主义工业革命的先行者,它们一直到现在仍然是世界上先进的发达国家。当然,现代经济的发展历史表明,其他宗教传统的国家的经济也能快速增长,过分强调新教在经济中的作用并不一定恰当。

二、伊斯兰教

作为世界第二大宗教,它拥有10亿信徒。伊斯兰教创建于公元610年。伊斯兰教的信徒称为穆斯林,在当今世界上,有35个国家中穆斯林人口占总人数的一半以上。穆斯林主要分布于亚洲和非洲等国家。伊斯兰教是一神教,它认为存在着一个唯一万能的真主,伊斯兰教徒必须无条件接受这个真主的权力和权威,教徒生命的目标就是执行真主的意志,这样死后便能进入天堂。伊斯兰教义认为,世俗的利益和权力都是虚幻的,那些追求世上财富的人也许能得到它,但并无实际意义。真正值得追求的事是放弃世俗的欲望而寻求得到真主的恩惠,即死后进入天堂。

伊斯兰教的主要原则有:尊敬父母、尊重别人的权利、慷慨和不浪费、不通奸、与别人公平公正地进行交易、净化自己的心灵、保护孤儿的财产、恭顺而谦逊等。很显然,这些原则也是其他宗教或世界上各文明民族所要求的原则。不过伊斯兰教是通过一套严格的宗教仪式和教规来促使人们做到这些原则的。许多人为伊斯兰教的这种严格宗教仪式而惊讶,比如说,穆斯林祈祷仪式一天需要举行五次,经常会遇到这样的情况:正在进行的商务会议因穆斯林需要按时祷告而中断。

伊斯兰教的圣经《古兰经》赞同经商和通过贸易去赢得利润,也强调诚实守信和绝不欺诈的重要性,认为利润要赚得公正,不能为了自己的利益而去剥削别人,那些得利的人应当乐于帮助穷人。不过,伊斯兰教义禁止支付和收取利息,因而有些伊斯兰国家宣布利息是非法的,但允许银行以分红利的形式给存款储户支付报酬。

三、印度教

印度教起源于印度,已有4000多年历史,是世界上最古老的宗教。现有教徒大约为7.5

亿人,主要分布在印度次大陆。印度教并没有大家公认的创立者,也没有像其他宗教那样有自己的宗教典籍,它认为社会通过一种道德力量去要求人们接受一定的责任。印度教认为世界存在着因果报应,一个人的善良品行,可以使其升天,邪恶则能令其来世堕为畜类。印度教认为人死后会再投生于另一个肉体,通过修行,可以使自己再生于更好的一种状态。如果通过修行达到功德圆满状态,那就是叫做涅槃的一种永生的完善状态,不再需要再生了。

印度教中轻视物质而着重追求精神境界的原则,不鼓励人们积极从事生产活动和创造财富。因而印度教徒很少投身于创业活动。而且传统上印度教支持等级制度,认为一个人在今世要突破其所属的等级是不可能的,只能通过今生苦行修炼,才能在来世进入较高的种姓等级。显然这种等级观念抑制了人们的创造积极性,不利于社会经济的发展。目前印度的种姓等级制度已被废除,但千百年来印度教残存在人们意识中的东西仍会起作用。当然,随着印度现代化的发展,人们的观念已有很大发展,当今印度社会不乏积极进取的企业家和努力工作的劳动者,他们认识到只有通过努力工作,才能改善他们今天的生活水平。

四、佛教

这是公元前6世纪由释迦牟尼所创立的宗教。现在全球大约有3.5亿佛教徒,大多数居于中国、韩国、日本、泰国、缅甸等国家。佛教认为人们生活中的苦难与不幸都源于人们追求物质享受的欲望,它和印度教有些类似,相信因果报应,强调信徒通过修行达到精神上的完美和来世的再生。不过佛教不支持种姓等级制度,也不像印度教那样强调极端的苦修行为,因此有学者认为,佛教社会缺乏鼓励人们在今世积极进取、创造财富的动力,因而不利于现代企业的发展。但相比于强调种姓等级制度和极端苦修行为,佛教社会更容易为企业家活动提供空间。

五、儒家学说

此外,有必要提及我国的儒家学说。这是公元前5世纪由孔子创立的学派,又称孔子学说。许多人并不认为它是宗教,因为孔子并不敬鬼神,他只是系统地阐述了一种伦理准则,并且在二千多年的时间里,这些伦理准则一直获得历代统治阶级的认可和重视,并已深深地渗透到中国文化之中。由于历史上的文化交流,儒家学说也传到朝鲜、日本等国,并在那里拥有很大的影响力。考虑到儒家学说对中国人民思想、行为的深刻影响,有人认为儒家学说也可以看作是一种宗教。可是把儒家学说和其他几种宗教教义比较一下的话,可以看到,儒家学说不相信鬼神,不承认有上帝,也没有来世的概念,不关心有超自然的事物,但相信自然力的作用。因此,它和一般被称为神学的宗教学说是有很大区别的。

儒家学说提出的为人处世之道是强调忠、义、信。在儒家思想里,忠于自己的上司被看作是一种神圣的责任。因此,在儒家学说流行的社会里,企业里员工对于领导者的忠诚,可以大大降低管理层与工人之间合作的成本。而"义"这个概念强调一个人应该对别人的善意有好的回报。如果在一个企业里员工对雇主忠诚,而雇主没有对这样的员工赐以恩惠,则这样的雇主便是不义,对于不义的雇主,员工不忠也就是正当的了。因此,儒家文化占主导的企业里,雇主与员工之间强调忠义,就是强调双方的和谐合作。这可以解释日本企业中的终身雇用制,劳资双方经过多年的合作,彼此熟识,可以更有效地工作和提高企业的经营绩效。

儒家伦理中非常重视"信"。认为言而无信者,不能与之交往。这个概念非常适用于现代商业社会。虽然现代商业社会不乏无信用者,但这种不守信用者最多只能得到一时的好处,甚至一时的好处也不一定能得到,而从长期来看,不守信用的人是肯定得不到好处的。现代的法律制度,以及社会诚信制度,都致力于营造一个诚信社会,只有人与人之间,企业与企业间遵守信用,按合同约定行事,商务活动成本才会降低,并给交易双方带来好处。

第五节　国家体制、文化方面的差异对企业的启示

各国社会在经济体制、法律制度、文化宗教等方面的差异,对从事国际商务的企业来说有以下几方面的启示。

一、对企业投资地的选择

一国的政治、经济和法律制度的变化会明显影响到其对外资的吸引力,这是毫无疑问的事。问题是企业如何在这些因素刚开始发生变化时就作出恰当的反应,这是至关重要的。韩国曾经是一个贫穷落后的不发达国家,当时的韩国市场容量不大,购买力很小,但从1960年起,它实行了一系列外向型经济发展政策,使其经济迅速起飞,仅几十年时间就跻身于新兴工业化国家的行列。2000年,韩国的GDP总量已居世界第十二位,是一个不容忽视的经济大国。类似地,我国自1978年中共十一届三中全会决定实行改革开放政策以来,使整个国民经济体制向着社会主义市场经济方向发展,在二十多年的时间里,国民经济高速增长,到2005年中国的GDP已居世界第四位,对外贸易总额则居世界第三位,已成为拉动世界经济增长的火车头之一,是一个举足轻重的经济大国。如果一个企业在1960年时就认识到韩国经济发展战略的变化而进入韩国市场,相信它在韩国的商务活动可能会获得很好的收益。

一般认为,对于外国市场存在着第一进入者优势,即早进入市场者拥有优势。如果一个企业较早认识到并投资于一个有潜力的未来经济的后起之秀,就可以较早地在该国市场上建立起自己的品牌信誉和竞争优势。如该国保持稳定高速经济增长,则该企业必定能从中获益匪浅。相反,后进入市场者则处于劣势地位,因为后进入一国市场的企业会发现,由于缺少自己的品牌信誉,对当地市场环境了解不够,与先进入者相比就处于不利地位。

二、对商务活动成本的估计

政治、经济体制和法律因素都会严重影响在一国从事商务活动的成本。到别国去从事商务活动的企业会认识到,为获得当地政府的支持,可能需要给当地政治势力以一定的经济资助。在一些法制不太健全的落后国家里,企业需要向政府官员支付的贿赂通常比较大,甚至有的国家因这种贪污腐败的环境而使外资企业难以生存。在经济方面,当地基础设施的完备程度以及企业所需原材料的供应情况等,都会对外国企业的经营活动成本产生重大影响。法律对国际商务活动成本的影响更是不能忽视,到一个法制健全,在产品安全、工作场所安全、环境保护、劳工就业保护等方面制定了严格标准的国家去进行商务投资,可能需要很高的成本。例如在美国,伤害赔偿费是不封顶的,虽然通过保险可以应付这类赔偿,但也同时意味着责任保险费的不断上升。因此,到外国去进行投资的企业,绝不能根据在本国的经营经验来估算海外的经营成本。另外,在一个缺乏健全法制的国家里投资,也可能需要很高的成本。因为在这里一旦出现经济纠纷或争端,由于缺乏必要的法律规范,企业可能找不到满意的解决渠道而遭受

巨大的损失。至于在知识产权保护不完善的国家和地区,到那里开展业务的企业可能因自己的知识产权遭到侵犯而蒙受损失。

三、对商务活动风险的估计

各国不同的政治、经济与法律体制给商务活动带来的风险也是各不相同的。一般认为,在一个社会发生剧烈变革、产生动乱、骚乱或武装冲突的国家里,企业的经营活动和利润会受到负面影响。有些国家由于国内阶级利益没有得到很好的调节,或者国内的种族、宗教关系处理不当,或者某项社会措施施行不当,都有可能引起社会动乱,如罢工、示威游行、恐怖活动、种族冲突,甚至暴乱和武装冲突。这在第三世界的一些国家和地区中比较容易遇到,特别是中东和波斯湾地区,由于当地石油资源丰富,引起全球各种势力插手其间,那里的局势长期动荡不安,在那里经营的外国企业风险极大。例如,伊朗曾经和美国维持很好的关系,但到 1979 年伊朗发生伊斯兰革命以后,伊朗新政权持强烈的反美态度,许多美国公司在伊朗的资产遭到伊朗新政府的没收并不给补偿。

一国由于宏观经济管理不当,也会引起该国商务环境的大变,从而影响到在该国从事商务活动的外国企业。不少发展中国家曾经通过利用外资来发展经济,并且也取得过一些成绩。但是一旦外债太多或国内某项措施不当,损害了该国的偿债能力,就有可能引发债务危机,使该国通货膨胀率急升。墨西哥、阿根廷等拉丁美洲国家就曾发生过债务危机,对在当地从事经营活动的企业利润产生负面影响。1997 年,东南亚各国由于宏观经济政策的不当而引发的金融危机,也使当地的经济环境严重恶化,从而殃及当地的外国企业。

当一国法律制度不完善,不能对违反合同或侵犯财产权的行为进行有效制裁时,就意味着在这样的国家里从事商务活动的法律风险是比较高的。因为在这种情况下,公司的财产安全和合同权益以及知识产权不能得到有效保护。

四、跨文化管理的知识与能力培养

当一家企业进入到不同文化背景的国家中去开展商务活动时,必须要学会适应当地的社会价值观和道德准则,必须使企业经营的各个方面适应当地的文化环境。比如,洽谈生意的方式、销售人员的激励制度、企业的组织结构、管理层与工人之间的关系,以及产品的名称、促销的方式等等都不要与当地的文化环境相冲突。很可能企业在本国行之有效的方法到了另一种文化的外国就不灵验了。在本土文化中习以为常的事可能在另一种文化中会遭到激烈的排斥。

为了避免在国外经营时引起文化习惯上的冲突,一个打算到外国去开拓业务的企业领导就应当增强对自己跨文化管理的知识与能力培养。特别是一些大的跨国公司会很注意培养一批具有世界性的管理眼光的经理人员。它们会经常定期地培训自己的经理人员,使他们熟悉不同种类的文化,认识到不同文化环境对企业经营的影响,并使他们定期调整工作地,以便实际接触不同文化。另外,跨国公司也很注意雇用当地人来协助管理企业。这些当地人熟悉本地环境,在对他们进行企业内部文化培训之后,他们就可以发挥帮助跨国公司适应当地文化环境的作用,而且这样做了以后,常常也大幅度降低跨国公司外派高级管理人员所产生的巨额费用。

一个企业在拓展国外市场的时候一定要注意克服种族中心主义。所谓种族中心主义是一种对自己民族团体或文化具有优越感的信念,同时漠视其他国家的文化,粗暴地认为其他国家应当接受自己的文化。美国、日本、法国等发达国家的民众有很强的民族自豪感,这是正常的,但如果这种民族自豪感扩大为民族自大感而不尊重其他国家的文化,那就是不可取的了。种族中心主义是与全球经济一体化背道而驰的,致力于国际商务的企业必须对它保持警惕。各民族的文化各有其自己的长处,正确的态度应该是尊重文化的多元性,同时又注意学习其他民族文化中的长处,在相互学习中促进发展,取得和谐共赢的结局。

本 章 小 结

一家企业在开展国际商务活动时,必须对不同国家之间的国家体制和文化上的差异给予足够的重视。一个国家经济体制是什么类型?它的法律制度有什么特点?它的文化、风俗、习惯是怎样的?这些都会给国际商务活动带来极大的影响。

各国在劳工就业和企业组织上的立法会有很大差别。总的来看,西欧各国雇员参与企业管理和就业保障的程度要比美国高得多,企业管理部门在企业重大问题方面的决策自由度比美国小,因而到西欧去办企业的经营成本会比较高。另外,许多发达国家在就业方面用法律形式反对种族歧视和基于年龄、性别、宗教等因素的歧视,这些对于即将走出去开展国际商务活动的中国企业特别需要引起重视。

各国产品责任法的规定各不相同,与我国相比,发达国家的产品责任法要严格得多,特别是美国在这方面更是执行"严格责任"原则,厂商对其产品的责任越来越大,对于打算到发达国家去开拓市场的中国企业来说,应对此有足够的认识。

文化的差异可能会影响人们的行为模式,从而影响人们之间的交流和理解。由于在这些方面的疏忽而导致国际商务活动失败的例子不胜枚举。在国际商务活动中,应当了解别国的文化特点,理解、尊重别国的文化,互相学习对方的长处,才能获得和谐并存、共同发展的双赢结局。

复 习 思 考 题

1. 世界各国的法律体制有哪三大类?它们的特点是什么?
2. 一个企业为其在外国设立的企业选择法律地位时,有哪两种选择?各有什么优缺点?
3. 美国和欧盟在产品责任法方面有哪些差异?
4. 美国和欧盟在劳工和就业方面的立法有哪些差异?
5. 文化可以分哪五个部分去理解?它们对人们的商务活动有哪些影响?
6. 当今世界上有哪几种主要宗教?它们对于现代商务活动的影响是什么?

章 末 案 例

迪斯尼乐园在法国

1955年,第一个迪斯尼乐园在美国加利福尼亚州的阿纳海姆创立,获得很大的成功。到了20世纪70年代,迪斯尼公司在佛罗里达建立的第二个迪斯尼乐园以及1983年在日本东京建立的迪斯尼乐园都取得了成功,于是迪斯尼公司开始考虑到欧洲去建一个迪斯尼乐园。当时世界上有大约200个地方要求建造迪斯尼乐园,但迪斯尼公司最终选择了被自我标榜为欧洲高尚文化和风格之都的巴黎。这是因为大约有1700万人居住在离巴黎不到2小时车程的范围内,另外有3.1亿人可以在2小时内飞到巴黎。而法国政府也答应向迪斯尼公司提供10亿多美元的各种不同优惠措施,期望该项目能创造3万个就业机会。

不过法国知识分子中有一部分人认为建造迪斯尼乐园是对法国文化的一个威胁,法国文化部长宣称这是美国陈腐思想和消费者社会的一个不受欢迎的象征。1992年夏,耗资50亿美元的巴黎迪斯尼乐园建成开放了,不久,就出现了法国农民驾驶着拖拉机堵住巴黎迪斯尼乐园大门的事件。因为美国一直要求法国政府削减农业补贴,而法国农民则把迪斯尼乐园看作是美国的代表。

迪斯尼公司的服务方针包括不准在乐园内出售酒类,但法国人却感到不方便,因为法国人午餐时来一杯酒是再平常不过的事。迪斯尼公司认为周一是游客较少的一天,而周五是游客较多的一天,并按此配置职工,但巴黎的事实却刚好与此相反。迪斯尼公司原来认为欧洲用早餐的人很少,结果来吃早餐的人大大超过原先的预计,而且他们不是像这些美国人所想的那样要典型的法国早餐羊角面包和咖啡,而是要熏肉和鸡蛋。午餐也是个问题,大家都想在12:30时吃午餐,结果餐厅挤得厉害。

迪斯尼公司想利用在美国和日本成功的经验采用团队工作模式,但这方面也遇到了麻烦。在巴黎迪斯尼公司开放的前9个星期,约1000名雇员(占总数的10%)先后离开了。1名前雇员是附近医学院22岁的学生,他签约周末来工作,经过2天的"洗脑"(他这样称呼迪斯尼公司的培训)后,他与主管因午餐时间问题争吵后离开。另1名雇员指出,"我想他们不知道欧洲人喜欢什么?我们提出问题,但思考方式不一样。"

然而,一个最大的问题是欧洲人在乐园的逗留时间不如迪斯尼公司期望的那么长,虽然迪斯尼公司成功地如预期的那样1年接待900万游客,但游客逗留时间只有一两天,很少有人如迪斯尼公司所期望的那样逗留四五天,似乎大多数欧洲人认为主题公园是一天活动的场所,一个主题公园不应该被看成是一个长假日的目的地,这对迪斯尼公司震动很大。公司投资几十亿美元建造了豪华的旅馆和公园,而旅馆大多数时间是半空的,更糟的是游客中法国人并没有预期的那么多,1994年只有40%的游客是法国人,令经理们感到奇怪的是许多游客都是住在欧洲的美国人和在欧洲度假的日本人。结果到1994年年末,欧洲迪斯尼乐园累计亏损20亿美元。

为此,欧洲迪斯尼乐园改变了它的策略,第一,公司改名为迪斯尼巴黎乐园,企图强化公园标志上的象征意义。第二,食品及提供方式有所改变,引用一位经理的话,"开始我们餐馆提供法国式食品服务,但我们发现顾客要求像美国乐园一样的自助服务。类似地,商店物品最初是法国市场的风格,但后来进行了改变,赋予它一种更鲜明的迪斯尼乐园形象。"第三,一天门票和旅馆房间的价格削减1/3,结果,游客从1994年的880万人上升到1996年的1170万人。

资料来源:http://www.disney.com。

案例讨论题

1. 迪斯尼乐园对法国消费者的兴趣和偏好的假设是什么?哪些假设是对的?哪些是

错的?

2. 迪斯尼怎样才能在法国有一个更为良好的开端?采取什么步骤可使欧洲迪斯尼在午餐供应上少犯错误?

3. 法国是否是欧洲迪斯尼选址的最佳选择?

参考文献

1. 查尔斯·W·L·希尔.国际商务.北京:中国人民大学出版社,2005
2. 梁能.国际商务.上海:上海人民出版社,1999
3. 彭有轩.国际直接投资理论与政策研究.北京:中国财政经济出版社,2003
4. 张纪康.跨国公司与直接投资.上海:复旦大学出版社,2004
5. 李东阳.世界直接投资与经济发展.北京:经济科学出版社,2002

第三章 国际商务理论

第一节 国际贸易理论

一、重商主义

(一) 重商主义基本内容

重商主义(Mercantilism)是15世纪产生的代表早期商业资产阶级利益的经济思想和政策主张,是资产阶级对资本主义生产方式的最初理论考察。其理论观点总括起来有以下几点。

1. 只有金银才是真正的财富

重商主义者认为,任何其他商品都只能满足人们的一种欲望,而金银则可以用来换取任何商品,可以满足任何欲望;有了金银,可以用于发展工商业,可以增加投资和就业,因而只有金银才是真正的财富。

2. 对外贸易是一国增加财富的源泉

重商主义者认为,除金银矿开采之外,只有对外贸易是一国增加财富的真正源泉。国内贸易是必要的,但国内贸易活动只是金银货币从一人之手转移到另一人之手,并不会使一国的金银货币量增加。而对外贸易则不同,一国通过输出商品,输回货币可以使一国的金银货币增加。因此,一个国家要想富强,就必须发展对外贸易。

3. 坚持少买多卖的原则

重商主义者认为,通过对外贸易来增加一国金银货币,关键是坚持少买多卖、多出口少进口、多收入少支出的原则,在对外贸易中保证贸易顺差,以使金银货币不断流入本国。

4. 主张国家干预经济,实行贸易保护政策

重商主义者认为,要保证实现贸易顺差,就必须借助国家的力量。国家可以通过扶持本国民族工业的发展,实行出口奖励的措施鼓励出口。同时,通过积极的航海和开拓殖民地政策来带动出口,并对进口商品实施高关税甚至禁止某些商品的进口来保持外贸顺差,增加本国金银货币的积累。

重商主义经历了两个发展阶段:大约从15世纪到16世纪中期为早期重商主义阶段,16世纪后期至17世纪为晚期重商主义阶段。

早期重商主义者主张国家采用行政或法律手段禁止货币出口以防止货币外流。在对外贸易上鼓励出口,多卖少买,最好是只卖不买,要求每笔贸易都能使外国金银流向本国,以便既保有国内原有的货币又增加从国外输入的货币。由于早期重商主义学说把眼光盯在货币收支上,因此又称重货币主义、重金主义或货币差额论。

晚期重商主义者则和以"守财奴"眼光看待货币的早期重商主义不同,他们已经能用"资本家"的眼光看待货币,认识到货币只有在运动中、在流通中才能增值自己。因此,晚期重商主义

者不但主张多卖,而且主张多买,以扩大对外贸易。但是有一个底线必须守住,即一定要在总体上保持贸易顺差。所以,后期的重商主义被称作"贸易差额论",是名副其实的重商主义。

(二)重商主义政策

基于上述理论观点,重商主义者提出了一系列关于贸易政策方面的主张。可以说,重商主义对后世的深远影响,与其说是理论方面的成就,倒不如说是外贸政策方面的主张。由于当时西欧各国的具体情况不同,因此各国所奉行的政策也不尽一致,但综观这些政策,都有一个特点,即都属于奖出限入的贸易保护政策。这些政策措施主要有以下几个方面。

1. 货币政策

重商主义的货币政策,可追溯到中世纪,但到16世纪才相当普遍。当时奉行重商主义的国家都颁布过各种法令,规定严厉的刑罚,禁止货币输出。例如,西班牙曾规定输出金银者处死,检举者有赏,并禁止外国人购买金条。英国也曾规定输出金银为大罪。在禁止货币输出的同时,各国都想方设法吸收国外货币,政府通过法令,规定外国人来本国进行贸易时,必须将出售货物所得到的全部款项用于购买本国货物,以免货币外流。到了重商主义的晚期发展阶段,货币政策有所放宽,准许输出适量货币,以期获得更多的货币。

2. 奖出限入政策

重商主义者极力主张国家管制对外贸易,通过奖出限入政策促进出口,减少进口,实现贸易顺差,积累货币财富。在进口方面,实行重商主义的国家不仅禁止奢侈品输入,而且对一般制成品的进口也严加限制。因为奢侈品、工业制成品价格昂贵,进口这些商品要输出大批金银,影响货币积累。英、法等国就曾制定过禁止奢侈品进口的法令。在出口方面,由于原料价格低廉,加工后产品增值、价格变贵,所以重商主义者主张出口制成品代替出口原料。并且认为输出廉价原料,再用高价购买其制成品是一种愚蠢的行为。另外,国家还用现金奖励在外国市场上出售本国商品的商人。例如,当时英国曾禁止输出羊毛、皮革和锡等原料品,奖励那些不输出原料及在英国制造并出口工业品的生产者。

3. 保护关税政策

保护关税政策在重商主义的早期发展阶段便开始实行,晚期阶段已成为扩大出口、限制进口的重要手段之一。这种政策,对进口的制成品设置关税壁垒,课以重税,使进口的商品价格提高,售价昂贵,从而达到限制进口的目的;对进口的原料和出口的制成品,则减免关税或出口制成品时退还进口原料所征的关税,以支持和鼓励本国制成品的生产和出口。例如,法国1667年实行保护关税政策,把从英国、荷兰进口的呢绒税率提高一倍,花边等装饰品的进口税率也提高一倍,阻止了这些产品的进口,而对法国急需的工业品原料如羊毛、铁、锡、铅等的进口及工业制成品出口则加以鼓励。

4. 发展本国工业政策

重商主义者认为,保持贸易顺差的关键在于本国能够多出口竞争力强的工业制成品,因此他们主张实施鼓励国内工业发展的政策。当时实行重商主义各国都围绕着发展本国工业制定并执行了种种政策措施。为了发展制造业和加工工业,有的国家高薪聘请外国工匠,禁止熟练技工外流和机器设备输出,鼓励原料和半成品输入,还向工场手工业者发放贷款和提供各种优惠条件;为了为工业发展提供充足的劳动力,鼓励增加人口;为了降低工业生产成本,实行低工资政策;为了提高产品质量,制定工业管理条例,加强质量管理。例如,英国政府通过职工法鼓励外国技工移入,通过行会法奖励国内工场手工业者。法国则采取免税、补贴、给予特权,乃至皇家基金自由投资等措施,促进制造业发展,并依靠国营企业,大力发展"皇家制造业",为扩大商品输出创造雄厚的经济基础。

(三)重商主义简评

重商主义是西方最早的国际贸易学说,它在历史上曾起过进步作用,并具有一定的现实意义。

首先,在理论上,重商主义冲破了封建思想的束缚,开始了对资本主义生产方式的最初考察,指出了对外贸易能使国家富足。马克思曾肯定过重商主义是对资本主义生产方式的最初的理论探讨。同时,重商主义(晚期)认识到了货币不仅是流通手段,而且具有资本的职能,只有将货币投入流通,尤其是对外贸易,才能取得更多的货币。重商主义的理论观点代表了资本原始积累时期处于上升阶段的商业资本的利益,因而具有历史进步意义。

其次,在政策上,重商主义提出了关于国家干预对外贸易的一系列主张,当时西欧各国实行重商主义贸易政策的结果,促进了商品货币关系的发展,加速了资本的原始积累,促进了资本主义生产方式的建立,推动了历史的进步。

但是,由于商业资产阶级的历史局限性和国际贸易实践的限制,重商主义的对外贸易学说存在许多缺陷和不足。首先,重商主义的对外贸易学说的理论观点是不成熟的、肤浅的,没有形成系统的理论。许多观点是以专题或小册子的形式阐发的,而且除少数人(如托马斯·孟等)外,绝大多数重商主义者都只针对某个具体问题一事一议,虽然各种观点之间存在一些联系,但并不紧密。其次,重商主义对国际贸易问题的研究是不全面的、不科学的。它只研究如何从国外取得金银货币,而未探讨国际贸易产生的原因以及能否为贸易参加国带来实际利益。而且,它对社会经济现象的探索仅限于流通领域,而未深入到生产领域,因而无法揭示财富的真正来源。第三,重商主义的对外贸易学说包含着明显的错误。重商主义者把货币与财富混为一谈,并错误地认为货币是衡量一个国家富强程度的尺度,因而得出对外贸易是财富的源泉,对外贸易的目的就是从国外取得货币,而货币有限,此得彼失等错误结论,当然也就无法认识到国际贸易有促进各国经济发展的重要意义。

二、绝对优势论

亚当·斯密(Adam Smith)是资产阶级古典经济学派的主要奠基人之一,也是国际分工——国际贸易理论的创始者。他在1776年发表的《国民财富的性质和原因的研究》(简称《国富论》)一书中,批判了重商主义,创立了"自由放任"的自由主义经济思想理论。在国际贸易方面,提出了主张自由贸易的绝对优势论(Absolute Advantage Theory)。

(一)对重商主义的批判

亚当·斯密对重商主义的批判主要从以下三个方面展开的。

1. 关于财富的定义

斯密认为重商主义关于金银的多寡是一国财富多少的唯一标准的观点是错误的,其错误的根源是重商主义者把金银和真实财富混淆起来了。他认为一国的真正财富不应当用金银货币来衡量而应当用生产出来的商品和劳务来衡量,因为商品除了用来交换货币外,还有许多用途,而货币除了购买商品以外,不能用于其他用途。相应地,一个真正繁荣昌盛的国家是通过对外贸易不断扩大国内生产的国家,而不是仅仅为了获得金银货币而通过禁令限制贸易的国家。

2. 关于增强国家力量的观点

重商主义认为只有国家对经济的强有力的干预才能保证增强国家力量。但是亚当·斯密认为这是完全错误的,国家只有实行自由放任的经济政策,才能充分发挥人们的聪明才智,保证自然资源和生产要素得到最合理的配置,使国家物质财富的产出达到最大,才能增强国力。

3. 关于积累金银货币的政策

亚当·斯密根据大卫·休谟的"价格—铸币流动机制"理论,认为一国如果长期保持贸易顺差,金银源源不断地流入本国,那么国内的货币流通量就会增加,在商品量没有增长的情况下,价格趋于上涨。当价格上涨时,本国商品在国外的吸引力降低,而国外商品在本国的价格相对地便宜,因而进口增加,贸易顺差减少,甚至出现逆差,必须输出金银以偿付差额,因此,企图通过持续顺差来为本国积累金银的想法是枉费心机的。

(二) 绝对优势论的主要内容

1. 分工可以提高劳动生产率

亚当·斯密首先分析了分工的利益。他认为分工可以提高劳动生产率。原因是:① 分工能提高劳动的熟练程度;② 分工使每个人专门从事某项作业,可以节省与生产没有直接关系的时间;③ 分工有利于发明创造和改进工具。他还以制针业中手工工场的例子来说明分工可以提高劳动生产率。根据亚当·斯密所举的例子,在没有分工的情况下,一个粗工每天至多只能制造 20 枚针。而在分工之后,平均每人每天可制针 4 800 枚,每个工人的劳动生产率提高了二百多倍,这显然是分工的结果。因此,他认为在生产要素不变的条件下,依靠分工劳动生产率可以得到提高。

2. 分工的原则是发挥绝对优势或绝对利益

亚当·斯密认为,分工既然可以极大地提高劳动生产率,那么每个人都专门从事他最有优势的产品的生产,然后彼此进行交换,则对每个人都有利。他指出:"如果一件东西在购买时所费的代价比在家内生产时所花费的小,就永远不会想要在家内生产,这是每一个精明的家长都知道的格言,裁缝不想制作他自己的鞋子,而是向鞋匠购买。鞋匠不想制作他自己的衣服,而雇裁缝裁制。农民不想缝衣,也不想制鞋,而宁愿雇用那些不同的工匠去做。他们都感到,为了他们自身的利益,应当把他们的全部精力集中使用到比别人处于某种有利地位的方面,而以劳动生产物的一部分或同样的东西,即其一部分的价格,购买他们所需要的任何其他物品。"[①]

在亚当·斯密看来,适用于一国内部不同个人或家庭之间的分工原则,也适用于各国之间。他认为,每个国家都有其适宜于生产某些特定产品的绝对有利的生产条件,如果每个国家都按照其绝对有利的生产条件(即生产成本绝对低)去进行专业化生产,然后彼此进行交换,则对所有交换国家都是有利的。

3. 国际分工的基础是有利的自然禀赋或后天的有利条件

亚当·斯密认为,自然禀赋(Natural Endowment)和后天的有利条件(Acquired Endowment)因国家而不同,这就为国际分工提供了基础。因为有利的自然禀赋或后天的有利条件可以使一个国家生产某种产品的成本绝对低于别国而在该产品的生产和交换上处于绝对有利地位。各国按照各自的有利条件进行分工和交换,将会使各国的资源、劳动力和资本得到最有效的利用,将会大大地提高劳动生产率和增加物质财富,并使各国从贸易中获益。这便是绝对

---

① 亚当·斯密:《国民财富的性质和原因的研究》,商务印书馆 1979 年版。

优势论的基本精神。

综上所述,亚当·斯密绝对优势论的基本含义是:一国生产上的绝对优势来源于该国的自然优势和获得性优势。如果一国在某种产品的生产成本方面相对于对方国家的同样产品来说处于绝对优势,就应该专门生产并出口这种产品;如果一国在另一种产品的生产成本方面相对于对方国家的同样产品来说处于绝对劣势,就不应该进行该种产品的生产,本国所需应从对方国家进口。其结果是参加贸易的双方都能从中获得利益。

(三)绝对优势论举例

假设两个国家英国和葡萄牙,各自分别生产两种商品:布(C)和葡萄酒(W)。又假设英国和葡萄牙各有3个单位的劳动,并且英国生产1个单位的布耗费1个单位劳动,生产1个单位的葡萄酒需要耗费2个单位劳动;葡萄牙生产一个单位的布耗费2个单位劳动,生产1个单位葡萄酒需要耗费1个单位劳动。则英国和葡萄牙分别在布和葡萄酒的生产上具有绝对优势。按照亚当·斯密绝对优势理论,英国应专门生产布而葡萄牙专门生产葡萄酒,然后进行国际贸易,双方都能获利,如表3-1所示。

表3-1

绝对优势论举例说明

	生产1单位产品需要的劳动	
	布(C)	葡萄酒(W)
英国	1	2
葡萄牙	2	1
	分工后的生产	
	布(C)	葡萄酒(W)
英国	3	0
葡萄牙	0	3
总产量(增加)	3(1)	3(1)
	英国以1单位布与葡萄牙1单位葡萄酒交换后的消费	
	布(C)	葡萄酒(W)
英国	2	1
葡萄牙	1	2

在表3-1中,英国将3个单位劳动都用于布的生产,产出了3个单位的布和0个单位的葡萄酒。葡萄牙将3个单位劳动都用于葡萄酒的生产,生产出3个单位的葡萄酒和0个单位的布。在全部劳动耗费不变的情况下,与分工前相比,两国布的总产量增加了1个单位,葡萄酒的总产量增加了1个单位。当英国以1单位布与葡萄牙1单位葡萄酒交换后,英国葡萄酒的消费数量不变而布的消费数量增加了1个单位;葡萄牙布的消费数量不变而葡萄酒的数量增加了1个单位。即两国的消费均有所增加,福利水平得到提高。

(四)绝对优势论简评

亚当·斯密的绝对优势论是建立在劳动价值论基础上的,是对国际贸易问题的第一次科学的解释,具有十分重要的意义。亚当·斯密绝对优势论指出了分工对提高劳动生产率的重要意义;阐明了国际贸易并不像重商主义所说的一方的获利是另一方的损失,而是贸易双方都能获利,贸易利益的普遍性为自由贸易政策提供了理论基础。亚当·斯密极力主张自由贸易,而不是重商主义采取的奖励出口、限制进口的保护贸易政策。亚当·斯密还指出了绝对优势来源于先天的自然禀赋和后天的有利条件。

但是,绝对优势论本身有一定的局限性,它不能解释国际贸易的全部情形,而只说明国际贸易中的一种特殊情形,即具有绝对优势的国家参加国际分工和国际贸易能够获益。如果现实生活中,有的国家没有任何一种产品处于绝对有利的地位,那是不是这个国家就不能参加国际贸易呢?对于这一重要问题,亚当·斯密的绝对优势论并未论及,这不能不说是绝对优势论的一大缺憾。

三、比较优势论

针对亚当·斯密绝对优势论的不足,大卫·李嘉图(David Ricardo)在他 1817 年出版的《政治经济学及赋税原理》中提出了比较优势论(Comparative Advantage Theory)。

(一)比较优势论的前提条件

李嘉图的比较优势论是建立在一定的假设条件上的,具体说来包括以下九个方面:

(1)假设世界上只有两个国家,各自生产两种商品(即 2×2 模型)。
(2)劳动时间决定商品的价值,即劳动价值论,并假定所有的劳动都是同质的。
(3)生产是在成本不变的情况下进行的,即不存在规模收益的递增和递减。
(4)不考虑运输费用。
(5)包括劳动在内的生产要素在国内完全流动,在国际之间不能流动。
(6)生产要素能自由地进出任何市场,从不占优势的行业自由地进入具有优势的行业,产品市场也是完全竞争的市场。
(7)收入分配不因分工和自由贸易而有变化。
(8)贸易是以物物交换的方式进行的,而不是以货币为媒介进行的。
(9)不存在技术进步和经济发展,不论有没有发生贸易,每个国家的技术水平都是固定不变的。

这些假设条件也同样适用于亚当·斯密的绝对优势论。在这些假设条件下,李嘉图开始了对比较优势论的分析。

(二)比较优势论的内容

大卫·李嘉图发展了亚当·斯密的观点,认为各国不一定要专门生产劳动成本绝对低(即有绝对优势)的产品,而只要专门生产劳动成本相对低(即利益较大或不利较小)的产品,便可进行对外贸易,并能从中获益和实现社会劳动的节约。

在阐述比较优势论时,大卫·李嘉图是从个人的情况谈起的。他论述道:"如果两个人都能制造鞋和帽,其中一个人在两种职业上都比另一个人强一些,不过制帽时只强 1/5 或 20%,而制鞋时则强 1/3 或 33%,那么这个较强的人专门制鞋,而那个较差的人专门制帽,岂不是对双方都有利么?"①

---

① 大卫·李嘉图:《政治经济学及赋税原理》,商务印书馆 1976 年版。

李嘉图由个人推及国家,认为国家间也应按"两优取其重,两劣取其轻"的比较优势原则进行分工。如果一个国家在两种商品的生产上都处于绝对有利地位,但有利的程度不同,而另一个国家在两种商品的生产上都处于绝对不利的地位,但不利的程度也不同。在此情况下,前者应专门生产比较最有利(即有利程度最大)的商品,后者应专门生产其不利程度最小的商品,通过对外贸易,双方都能取得比自己以等量劳动所能生产的更多的产品,从而实现社会劳动的节约,给贸易双方都带来利益。

(三)比较优势论举例

大卫·李嘉图用了下面这个例子对这一原理进行了说明。假设英国拥有 220 人/年的劳动,葡萄牙拥有 170 人/年的劳动,他们生产呢绒和葡萄酒的劳动生产率如表 3-2 所示。

表 3-2

比较优势论举例说明

	分 工 前	
	呢绒(1 单位)	葡萄酒(1 单位)
英 国	100 人/年	120 人/年
葡萄牙	90 人/年	80 人/年

	分 工 后	
	呢 绒	葡 萄 酒
英 国	$\frac{100+120}{100}=2.2$ 单位	
葡萄牙		$\frac{80+90}{80}=2.125$ 单位

在表 3-2 中,英国生产呢绒和酒的劳动生产率都比葡萄牙低,用生产单位产品需投入的要素(人/年)计算,两国生产呢绒的比率为 100:90,两国生产酒的比率为 120:80。

从表 3-2 中可以看出在呢绒和葡萄酒这两种产品的生产上,葡萄牙都处于绝对优势地位,而英国都处于劣势地位,如果按照绝对优势论的观点,他们之间是不能进行国际分工和国际贸易的,因为英国在所有商品的生产上都是落后的,它不能生产任何东西来同葡萄牙进行交换。

大卫·李嘉图认为英国虽然在两种商品的生产上都处于不利的地位,但是落后的程度是不一样的,其中呢绒的生产成本约为葡萄牙的 1.1 倍(100/90),葡萄酒的生产成本则是葡萄牙的 1.5 倍(120/80)。英国在呢绒的生产上落后程度要小一些,那么呢绒就是英国具有比较优势的商品;葡萄牙虽然在两种商品的生产上都处于领先地位,但是领先的程度是不同的,其中在葡萄酒的生产上领先更多一些,葡萄酒就是葡萄牙具有比较优势的商品。

假设在没有新的劳动投入的情况下,两国进行专业化分工,英国用 220 人/年生产呢绒,可以生产 2.2 单位的呢绒;葡萄牙用 170 人/年生产葡萄酒,可以生产出 2.125 单位的葡萄酒。从世界角度看,呢绒的总产量增加了 0.2 单位,葡萄酒的总产量增加了 0.125 单位。如果英国以 1 单位的呢绒与葡萄牙 1 单位的葡萄酒进行交换,与分工前相比,英国的消费者比分工前多获得 0.2 单位的呢绒,葡萄酒的消费不变;葡萄牙比分工前多获得 0.125 单位的葡萄酒,呢绒不变,即相对于分工和贸易前,两国的福利水平得到提高。

综上所述,大卫·李嘉图比较优势论的基本含义是:最有效和最有利的国际分工是各国集中生产比较成本最有利的产品。如果一个国家在两种产品的生产成本上都具有绝对优势,或者在两种产品的生产成本上都处于绝对劣势,那么通过劳动成本的相对比较,按"两优取其重,两劣取其轻"的比较优势原则进行国际分工,其结果,劳动生产率不同的两个国家,通过对外贸易都能取得比自己以等量劳动所能生产的更多的产品,福利水平都得到提高。

(四) 比较优势论简评

大卫·李嘉图的比较利益论具有合理的和科学的成分和历史的进步意义。

首先,比较优势论比绝对优势论更全面、更深刻。它认为一国只要按照比较优势原则参与国际分工和国际贸易,即专业化生产和出口本国生产成本相对较低(即具有比较优势)的产品,进口本国生产成本相对较高(即比较不利)的产品,便可获得实际利益。这一理论为世界各国参与国际分工和国际贸易提供了理论依据,成为国际贸易理论的一大基石。

其次,比较优势论在历史上起过重大的进步作用。它曾为英国工业资产阶级争取自由贸易提供了有力的理论武器,而自由贸易政策又促进了英国生产力的迅速发展,使英国成为"世界工厂",在世界工业和贸易中居于首位。可见,比较优势论在推动自由贸易的事业中成效十分显著。

但是,比较优势论仍有一定的局限性,主要是以下几个方面:

其一,大卫·李嘉图和亚当·斯密一样,研究问题的出发点是一个不变的世界,因而所揭示的各国获得的贸易利益是静态的短期利益,这种利益是否符合一国经济发展的长远利益则不得而知。大卫·李嘉图虽然偶尔也承认,当各国的生产技术及生产成本发生变化之后,国际贸易的格局也会发生变化,但遗憾的是,他并没有进一步阐发这一思想,更没有用来修正他的理论。

其二,大卫·李嘉图的比较优势论在泛泛地论证了按照比较优势原则差展专业化生产和贸易,对所有参加国都有利之后,对于更复杂的问题,诸如引起各国劳动成本差异的原因、互利贸易利益的范围以及贸易利得的分配等问题,却没有触及。

其三,比较优势论虽然以劳动价值论为基础,但就整体而言,大卫·李嘉图的劳动价值论是不完全的、不彻底的。根据大卫·李嘉图的劳动价值论,劳动是唯一的生产要素或劳动在所有的商品生产中均按相同的固定比例使用,而且所有的劳动都是同质的,因此,任何一种商品的价值都取决于它的劳动成本。显然这些假设和观点是不切实际的,甚至是错误的,所以,仅用劳动成本的差异来解释比较利益是不完整的、不完全的。

四、要素禀赋论

要素禀赋论(Factor Endowment Theory)是由瑞典经济学家赫克歇尔(Eli Heckscher)和俄林(Bertil Ohlin)提出的。1919年,赫克歇尔发表题为《对外贸易对收入分配的影响》一文,第一次运用要素密集的分析来解释国际贸易。赫克歇尔认为,产生比较成本的差异必须具备两个前提条件:一是不同的国家生产要素禀赋不一样;二是不同产品生产过程中使用的要素比例不同。只有满足了这两个条件,才会存在比较利益的差异,各国之间才会生产贸易往来。赫克歇尔的学生俄林发展了赫克歇尔的观点。1933年,俄林出版了《地区间贸易与国际贸易》一书,提出了要素禀赋论,产生了巨大影响。由于他的理论与赫克歇尔的理论有密切的渊源关系,这一理论被称为赫—俄理论或赫—俄模型(H—O Model)。

俄林以后,雷布辛斯基、萨缪尔森、斯托尔珀等人在赫—俄理论的基础上,又作了进一步完善和补充,形成了被称作 H—O—S 模型的新古典主义国际贸易理论。

(一) 几个重要概念

生产要素是指生产活动必须具备的主要因素或在生产中必须投入的或使用的主要手段,通常指土地、劳动、资本三要素,如果加上企业家才能则称为四要素,也有人把技术知识、经济信息也当作生产要素。要素禀赋是指一个国家所拥有的生产要素状况。要素价格(Factor Price)则是指生产要素的使用费用或要素的报酬。例如,土地的租金,劳动的工资,资本的利息,管理的利润等。

国家间的要素禀赋不同并不是指某种生产要素在两个国家间的绝对量不同,而是指各种生产要素的相对量在两个国家不同。我们可以运用两种方法来衡量一个国家的要素丰裕程度。

一种方法是物理量来计量,假设有两个国家(A 国和 B 国)的资本/劳动禀赋比例分别为 K_A/L_A 和 K_B/L_B,并且有 $K_A/L_A > K_B/L_B$,则相对于 B 国而言,A 国是资本丰裕型国家,相对于 A 国而言,B 国是劳动丰裕型国家。鲍恩(Harry P. Bowen)等人提供了许多国家 1966 年的数据,用三种生产要素的三个物理量的比例来实证分析各国或地区的要素禀赋状况(见表3-3)。

表 3-3

不同国家或地区的要素禀赋比较

国 家	资本/劳动 (每个劳动力比美元数)	资本/土地 (每公顷土地比美元数)	劳动土地 (每公顷土地比劳动人数)
澳大利亚	7 415.00	67.00	0.00
巴 西	1 151.00	43.00	0.03
加 拿 大	10 583.00	198.00	0.01
日 本	3 358.00	5 286.00	1.57
中国香港	1 368.00	90 739.00	66.30
美 国	10 260.00	1 058.00	0.10

表 3-3 中数据表明,不同角度的衡量,结果不一样。美国的资本拥有量一般被认为是最多的,但是用资本/劳动比例来衡量,加拿大的资本要比美国丰裕;如果以资本/土地比例来衡量,中国香港的资本丰裕程度要比美国大得多。

另一种方法是用相对价格来计量。如果 A 国和 B 国的利率工资比分别为 r_A/w_A 和 r_B/w_B,如果有 $r_A/w_A < r_B/w_B$,则可认为相对于 B 国而言,A 国是资本丰裕型国家,相对于 A 国而言,B 国是劳动丰裕型国家。

衡量要素丰裕程度的两种方法之间的主要区别是:采用物理量来计量只是建立在供给的基础上,而完全忽略了需求方面的影响;而采用相对价格计量则考虑了供给和需求两方面的影响。

要素密集度(Factor Intensity)是指产品生产中某种要素投入比例的大小,如果某要素投入比例大,称为该要素密集度程度高。根据产品生产所投入的生产要素中所占比例最大的生产要素种类不同,可把产品划分为不同种类的要素密集型产品。例如生产小麦投入土地比例最大,便称小麦为土地密集型产品;生产纺织品劳动投入所占的比例最大,则称之为劳动密集型产品;生产电子计算机资本所占的比例最大,于是称为资本密集型产品,以此类推。

在只有两种商品(X 和 Y)、两种要素(劳动 L 和资本 K)的情况下,生产中资本/劳动比例分别是 K_X/L_X 和 K_Y/L_Y。如果 $K_X/L_X > K_Y/L_Y$,则称 X 为资本密集型产品,Y 为劳动密集型产品。

(二) H—O 模型

1. 要素禀赋论的基本假设条件

要素禀赋论基于一系列简单的假设前提下,主要包括以下九个方面:

(1) 贸易中只有两个国家,两种商品,两种生产要素。
(2) 两国在生产中都使用相同的技术。
(3) 在两国中,商品 X 都是劳动密集型产品,商品 Y 都是资本密集型产品。
(4) 在两个国家中,两种商品的生产都是规模报酬不变的。
(5) 两国在分工中均为不完全分工。
(6) 两国需求偏好相同。
(7) 在两个国家中,两种商品与两种要素市场都是完全竞争的。
(8) 要素可以在一国内自由流动,但不能在国际间自由流动。
(9) 没有运输成本、没有关税或其他壁垒。

2. 核心内容

俄林论证要素禀赋论的论点和逻辑思路如下:

(1) 国际间商品价格的绝对差异是国际贸易产生的直接原因。各国之间为什么会发生贸易呢?直接原因就在于同样的商品在各国之间的价格是不同的。自由贸易条件下,每个国家都会进口比国内生产更便宜的商品,而将国内生产价格低廉的商品拿到国际市场上去出售。这相当于亚当·斯密的观点。

(2) 各国商品价格比例不同是国际贸易产生的必要条件。商品价格的国际绝对差异只是国际贸易产生的直接原因,而不是根本原因,而只有各国商品价格比例不同才是国际贸易产生的真正原因,这相当于大卫·李嘉图的观点。

(3) 各国商品价格比例不同是由要素价格比例不同造成的。商品是各种生产要素组合在一起生产出来的,要素报酬之和就构成商品的成本。在技术水平相同的假设前提下,各国商品生产的成本比例实际上就反映了该国各种要素的价格比例关系。因此,可以说各国商品价格比例不同是由要素比例不同造成的。

(4) 要素价格比例不同是由要素供给比例不同造成的。各国生产要素的供给丰裕程度决定了要素的价格,一般说来供给丰裕的要素价格就低些,供给稀缺的要素价格就高些。而各国在要素供给方面是存在巨大差异的,不同的国家所拥有的各种生产要素的数量、质量种类是各不相同的,这就构成了生产要素价格差异的基础。因此,各国的生产要素的禀赋程度决定了各国要素价格的差异,要素价格比例不同造成各国商品价格比例的不同,进而导致了国际贸易的产生,这就是 H—O 模型的主要内容。

根据要素禀赋论,一国要扩大生产和出口的产品应该是它在生产上密集使用该国相对丰裕而便宜的生产要素,进口的产品则是它在生产上密集使用该国相对稀缺而昂贵的生产要素。简言之,劳动丰裕的国家出口劳动密集型产品,进口资本密集型产品,相反,资本丰裕的国家出口资本密集型产品,进口劳动密集型产品。

3. H—O模型举例

下面用一个例子来说明H—O模型,如表3-4所示。

表3-4

H—O模型的举例说明

		美 国(US)		英 国(UK)	
生产函数 (要素组合)	小麦(W)	5T	1L	5T	1L
	棉布(C)	1T	10L	1T	10L
要素价格	地租(t)	US$1		US$4	
	工资(w)	US$2		US$1	
商品价格	小麦(P_W)	5×1+1×2=US$7		5×4+1×1=US$21	
	棉布(P_C)	1×1+10×2=US$21		1×4+10×1=US$14	
商品相对价格(P_W/P_C)		1/3		3/2	

在表3-4中,假设美国和英国都生产小麦和棉布两种产品,并且两国的技术水平相同,即两国生产小麦和棉布的要素组合相同,也即两种商品的要素密集度在两国都一样[如表3-4所示,生产一个单位的小麦需要5个单位的土地(T)和1个单位的劳动(L);生产1个单位的棉布需要1个单位的土地和10单位的劳动]。但是英美两国的要素价格比例存在差异,美国的地租和工资分别为1美元和2美元,英国的地租和工资分别折算为4美元和1美元。这样小麦和棉布在美国的价格(成本)分别是7美元和21美元,在英国的价格分别折算为21美元和14美元。由此可见,美国小麦的相对价格较低,英国棉布的相对价格较低,它们分别是该国具有比较优势的产品。于是美国出口小麦进口棉布,英国出口棉布进口小麦,彼此都得到贸易利益。显然两种产品的相对价格不同是由生产要素的国内相对价格不同所带来的。美国的土地价格相对便宜,于是土地密集型产品(如小麦)的成本较低和价格较低。它的劳动力价格相对较昂贵,则劳动密集型产品(如棉布)的成本和价格就较高。英国的情况恰好相反。

(三)里昂惕夫悖论及解释

根据H—O模型的结论,一个国家应当是生产并且出口大量使用本国丰裕要素生产的商品,进口密集使用本国稀缺要素生产的商品。人们普遍认为,美国是一个资本要素丰裕而劳动要素稀缺的国家,所以它应当出口资本密集型产品,进口劳动密集型产品。事实是否果真如此呢?里昂惕夫在1953年发表的论文《国内生产与对外贸易:美国的资本单位再审查》中,运用美国1947年的投入—产出和贸易结构数据对此进行了验证。里昂惕夫对美国大约200个行业中每100万美元商品和进口替代品的生产过程中所需要的资本和劳动的投入量进行了统计分析,得到如表3-5所示的结果。

表 3-5

1947 年美国进出口产品的资本/劳动投入量

1947 年投入—产出和贸易结构	每 100 万美元产品的要素投入量		
	出口产品	进口替代品	进口替代/出口
资本(美元)	2 550 780	3 091 339	
劳动(人/年)	182	170	
资本/劳动	14 010	18 180	1.30

从表 3-5 中可以看出,1947 年,美国每生产 100 万美元的出口商品需要投入 2 550 780 美元的资本和 182 人/年的劳动,其资本劳动比是 14 010;而生产 100 万美元的进口商品则需要投入 3 091 339 美元资本和 170 人/年的劳动,其资本劳动比是 18 180。显然美国进口商品的资本劳动比高于出口商品的资本劳动比,也就是说,在贸易过程中,美国是在出口劳动密集型产品进口资本密集型产品,这一结果大出里昂惕夫的预料。里昂惕夫得出的这一与 H—O 模型对美国贸易结构预测截然相反的结论就是著名的里昂惕夫之谜,又称为里昂惕夫悖论。

里昂惕夫试图解释他的结果。他认为,在 1947 年,美国工人的劳动生产率是外国工人的 3 倍,如果我们把美国的劳动数量乘以 3,再和国内可用资本进行比较,我们就会发现美国实际上是一个劳动丰裕型国家。但这只在美国出口商品比美国进口替代品的劳动密集度更高时才成立。这一解释并没有被广泛接受,里昂惕夫自己后来也否定了它。原因是当美国的劳动生产率比它国更高时,资本的生产力也比他国的资本生产力要高。美国的劳动和资本都应乘以差不多的系数,这就使美国的资本相对丰裕程度变化不会太大。

其他许多经济学者对这一问题作了各种解释,主要有以下几种:

(1) 人力资本理论。这种观点认为,体现在受过专门技术训练的专业劳动中的人力资本在经济上有重要意义。事实上,美国最充裕的要素不是里昂惕夫所注意的物质资本,而是其报酬被里昂惕夫计入劳动成本中的人力资本。由于技能和追加的有形资本一样能提高劳动生产率;那么,这种无形的,对人的累积投资应该看成是资本的一部分。当把人力资本追加到有形资本上时,产品的要素密集度就会发生变化,这样,原来以为是劳动密集的产品就可能变成资本密集的产品,就会使美国的出口高于其进口替代品的资本密集度。

(2) 要素密集度逆转。罗纳德·琼斯(Ronold Jones)认为,不同国家生产同一产品时,所使用的生产方法是不同的,因而生产要素的投入比例也不同。所以在一个国家是资本密集的产品,在另一个国家可能是劳动密集的产品,例如同样是农产品,在美国由于资本比较丰富,所以就运用大量的机械进行耕作,表现为资本密集型商品;而在中国由于劳动要素非常丰富,所以采用手工作业的方式进行生产,表现为劳动密集型商品。这种生产技术上的差异被认为是"生产要素的密集度逆转"。

(3) 美国的需求偏向于资本密集的产品。这种解释认为,需求偏好的差异也能成为国际贸易的基础,如果需求的影响,超过由原来比较成本决定的供给的影响;那么,就会改变美国原有的贸易结构,也就是说,如果在美国市场上消费者对资本密集型产品的需求非常旺盛,美国就有可能改变原来的贸易结构,而多进口资本密集型产品,出口劳动密集型产品。但是,这一解释受到了一些学者的抨击,他们认为,在美国市场上并不存在消费者对资本密集型产品有什么特殊的需求,需求力量不足以改变美国原有的对外贸易结构。

(4) 贸易保护。还有些西方经济学家从贸易保护的角度来解释里昂惕夫之谜,他们认为,美国是运用高关税的手段限制劳动密集型商品的进口,以对国内的生产进行保护,维持就业水平,这就使得美国进口商品的劳动密集度降低;同时美国还对高技术产品的出口设置了障碍以力图保持其技术优势,而高技术产品基本上都属于资本密集型商品,这又会使其出口商品的资本密集度降低。这两个方面结合在一起就会形成里昂惕夫之谜。

(5) 俄林和里昂惕夫对"生产要素丰裕度"的定义可能有所不同。这个观点由日本经济学家小岛清提出,根据他的理解,俄林指的是考虑了价格因素以后的要素丰裕度,而里昂惕夫指的是单纯的生产资料的技术配比。小岛清认为,这两种含义不仅在意义上不同,在量的计算上也有差别。

总之,里昂惕夫的研究在一定程度上发现了 H—O 模型的理论缺陷,从而激励着人们对国际贸易理论作更深入的研究。然而,也应该看到,H—O 模型仍然是解释比较利益来源的重要理论,最近出现的其他一些解释国际贸易基础的理论并没有能够取代 H—O 模型,而只是对它进行补充、修正而已。

五、产品生命周期理论

产品生命周期理论(The Product Life Cycle Theory)由美国哈佛大学教授雷蒙德·弗农(Raymond Vernon)于 1966 年在《经济学季刊》5 月号上发表的《生命周期中的国际投资与国际贸易》一文中首先提出,以后又经威尔斯(Louis T. Wells)、赫希哲(Hirsch)等人不断地进行完善。该理论认为工业产品就像人或其他有机体一样,存在着生命周期。弗农把产品的生命周期分为创新阶段(The Phase of Introduction)、成熟阶段(The Phase of Maturation)、标准化阶段(The Phase of Standardization)。每一阶段都有不同的特点,这些特点可以从技术特性、产品要素特性、产品成本特性、进出口特性和产品价格特性等角度进行考查。

(一) 产品生命周期各阶段的特点

1. 创新阶段的特点

创新阶段也称创始阶段,或新产品阶段。这一阶段上的特点是:从产品技术特性看,创新国的企业发明并垄断着制造新产品的技术,但技术尚需改进,工艺流程尚未定型。从产品生产地特性看,由于新产品的设计和设计的改进要求靠近市场和供应者,因此新产品生产地确定在创新国。从产品要素特性看,这一阶段中产品设计尚需逐步改进,工艺流程尚未定型,需要科学家、工程师和其他高级技术熟练工人的大量劳动,因此产品是技术密集型的。从产品成本特性看,由于这时没有竞争者,所以成本对于企业来说不是最重要的问题。从产品价格特性看,这一阶段,生产厂商数目很少,产品没有相近的替代品,因此产品价格比较高。从产品进出口特性看,制造新产品的企业垄断着世界市场,国外的富有者和在创新国的外国人开始购买这种产品,出口量从涓涓细流开始,逐渐增大。

2. 成熟阶段的特点

产品成熟阶段的特点是:从产品技术特性看,生产技术已经定型,且到达优势极限,由于出口增大,技术诀窍扩散到国外,仿制开始,技术垄断的优势开始丧失。从产品生产地特性看,创新国从事新产品制造的公司,开始在外国设立子公司进行生产,因为它们知道,它们若不在外国生产这种产品,外国的公司就会组织生产。从产品要素特性看,由于产品大致已定型,转入正常生产,这时只需扩大生产规模,使用半熟练劳动力即可,因此生产的产品由技术密集型转变为资本密集型。从产品成本特性看,随着出口增加及技术的扩散,其他发达国家也开始制造这种新产品,由于其他发达国家不需支付国际间运费和交纳关税,也不需要像创新国在创始阶段花费大量的科技开发费用,因而,成本要比创新国的进口产品低。从产品价格特性看,由于这一阶段是产品增长时期,产品有了广泛的市场,参加竞争的厂商很多,消费需求的价格弹性加大,厂商只有降低价格才能扩大自己的销路。从产品进出口特性看,其他发达国家的厂商在本国生产新产品的成本虽然能够和创新国进口货相竞争,但在第三国的市场上就不一定能和创新国企业的产品相竞争,因为这些厂商除了和创新国企业一样要支付国际间运费和关税外,在开始生产时,还无法获得创新国企业所获得的规模经济效益。因此,在成熟阶段,创新国虽然可能对其他发达国家的出口有所下降,但对其他绝大多数国家的出口仍可继续。当然出口增长率要减慢。

3. 标准化阶段的特点

标准化阶段的特点是:从产品技术特性看,产品已完全标准化,不仅一般发达国家已掌握产品生产技术,就是一些发展中国家也开始掌握这种产品的技术;从产品生产地特性看,产品生产地已逐渐开始向一般发达国家,甚至发展中国家转移,范围在不断扩大。从产品要素特性看,这时的产品要素特性,由于劳动熟练程度已经不是重要因素(产品已标准化造成的),因而更具资本密集型的特点。从产品成本特性看,由于其他国家的厂商产量不断增加,生产经验不断积累,加之工资水平也低,所以产品成本开始下降。从产品价格特性看,由于产品成本开始下降,导致厂商之间价格竞争日益激烈,价格不断下降。从产品进出口特性看,其他国家的同类产品开始在一些第三者市场上和创新国产品竞争,并逐渐替代了创新国而占领了这些市场。当这些国家成本下降的程度足以抵补了向创新国出口所需的运费和关税,则这些国家的产品还能与创新国的产品在创新国市场上竞争。则创新国的产品开始从出口转变为进口。

(二)产品生命周期与国际贸易的发展

同一种产品,在不同的产品生命周期上,各国间的贸易显出不同的特点,这些不同的特点来自于不同类型的国家在不同阶段中具有不同的相对优势。

1. 不同阶段中各类型国家的相对优势

创新国(特别是像美国那样的创新国)工业比较先进,技术力量相当雄厚,国内市场广阔,资源相对丰富,在生产新产品和增加产品方面具有相对优势;国土较小而工业先进的国家,由于拥有相对丰富的科学和工程实践经验,在生产某些新产品方面具有相对优势,但是由于国内市场狭小,生产成熟产品缺乏优势;发展中国家拥有相对丰富的不熟练劳动力弥补了相对缺乏的资本存量的不足,因此生产标准化产品具有优势。

2. 不同类型国家的贸易演变过程

当创新国推出新产品后,出口逐渐增加。随之而来的是,一些发达国家也开始跟随生产这种产品,这时创新国就会从出口的高峰上降下来,而这些发达国家开始从进口的谷底逐渐上升。当一些发达国家的产品打入创新市场并具有一定份额后,创新国出口极度萎缩,并逐渐走向净进口的阶段;与此同时,这些发达国家开始走向出口的高峰。当产品生命周期进入标准化阶段,一些发展中国家开始向创新国和一些发达国家出口产品,原来处于出口高峰的发达国家也开始滑向进口这些产品的阶段。这时这些发达国家要想挽救销售,以免丧失市场,必须改进技术,使产品升级换代,才能在竞争中取胜,保住市场。但是,与其花力气在国内研究改进技术,不如将一些标准化的产品转移到技术水平较低、劳动力价格低廉、地价便宜的发展中国家生产。这样,这些发展中国家就开始把产品出口到创新国家和一些其他发达国家,并开始从进口的阶段走向出口的高峰。

(三)产品生命周期理论简评

产品生命周期理论首次从营销学的角度用动态的方法分析了贸易的产生和演变过程。能够比较合理地解释工业制成品贸易的产生和演变,为国际贸易理论增添了新的内容。

但是产品生命周期理论存在一些不足之处:首先,产品生命周期理论只能解释工业制成品的贸易,对于其他产品的国际贸易则无法解释;其次,对产品分为几个发展阶段不同的学者存在不同的认识;再次,根据该理论,在标准化阶段,创新国成为净进口国,但是从实践来看,通过技术改造,创新国在产品的标准化阶段仍然可以是该产品的净出口国。

六、国家竞争优势理论

国家竞争优势理论(The Theory of Competitive Advantage of Nations)是由迈克尔·波特(Michel E. Porter)在他的《国家竞争优势》一书中提出的。该理论从企业参与国际竞争这个微观角度来解释国际贸易现象,正好弥补了比较优势论的不足,在赫克歇尔—俄林理论与产品生命周期理论的基础上,迈克尔·波特试图赋予国家的作用以生命力,提出了国家具有竞争优势的观点。

迈克尔·波特的国家竞争优势理论内容十分丰富,既有国家获取整体竞争优势的因素分析,也有产业参与国际竞争的阶段分析以及企业具有的创新机制分析,迈克尔·波特的理论对于国际贸易有着重要的影响。

迈克尔·波特认为,财富是由生产率支配的,或者它取决于由每天的工作、每一美元的所投资本以及每一单位所投入的一国物质资源所创造的价值。生产率根植于一国或地区的竞争环境,而竞争环境则产生于某一框架,这一框架在结构上如同一枚四个基本面所构成的钻石,因而通常被称为"钻石理论"。钻石理论认为,生产要素、需求因素、相关和支持产业以及企业战略、组织结构和竞争状态所构成的不同组合是一国在国际贸易中取得成功的决定因素。激烈的国内竞争对国际竞争成功具有特别重要的意义,从而获取国家整体竞争优势,如图3-1所示。

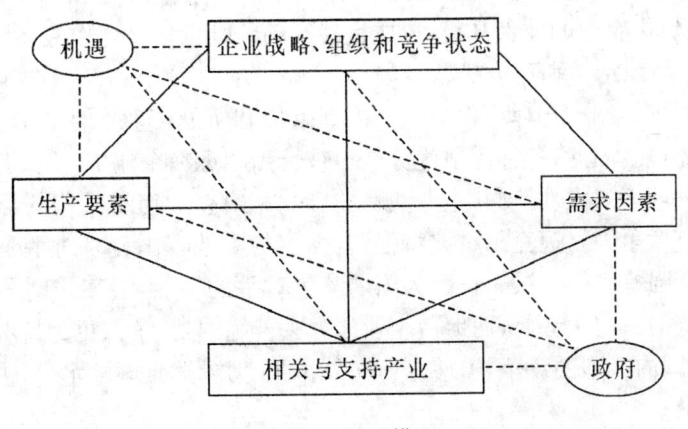

图3-1 钻石模型

1. 生产要素

迈克尔·波特把生产要素分为基本要素(Basic Factors)和高等要素(Advanced Factors)

两类。基本要素包括自然资源、气候、地理位置、非熟练劳动力、债务资本等一国先天拥有或不需太大代价便能得到的要素;高等要素包括现代化的电信网络、高科技人才、高精尖技术等需要长期投资和后天开发才能创造出来的要素。对于国家竞争优势的形成而言,后者更为重要。在特定的条件下,一国在某些基本要素上的劣势反而可能刺激创新,使企业在可见的瓶颈、明显的威胁面前为提高自己的竞争地位而奋发努力,最终使国家在高等要素上更具竞争力,从而创造出动态竞争优势。但这种转化需要条件:一是要素劣势刺激创新要有一定限度,不可以各方面都处于劣势,否则会被淘汰;二是企业必须从环境中接受正确信息;三是企业要具有相对有利的市场需求、国家政策及相关产业。

2. 需求因素

一般企业的投资、生产和市场营销首先是从本国需求来考虑的,企业对本国需求作出反应而建立起来的生产方式、组织结构和营销策略是否有利于企业进行国际竞争,是企业是否具有国际竞争力的重要影响因素。所谓有利于国际竞争的需求,取决于本国需求与别国需求的比较:一是需求特征的比较,这包括:① 本国需求是否比别国需求更具有全球性;② 本国需求是否具有超前性,具有超前性需求会使为之服务的企业能相应走在其他同行业企业的前面,具有领导者的地位;③ 本国需求是否是最挑剔的,往往最挑剔的购买者会迫使当地企业在产品质量和服务方面具有较高竞争力。二是需求规模和需求拉动方式的比较,当地需求规模大的某一产品有利于提高该行业的国际竞争力;而在需求拉动方式中,消费偏好是很重要的,一国居民的普遍特殊消费偏好容易激发企业的创新动力。三是需求国际化的比较,一国的需求方式会随着本国人员在国际上的流动而传播到国外,反过来本国人员在异国接受的消费习惯也会被带回本国并传播开来。因此,只要一国对外开放程度越高,其产品就越适应国际竞争。

3. 相关和支持产业

对一国某一行业的国际竞争力具有重要影响的另一因素是该国中该行业的上游产业及其相关和支持产业的国际竞争力。相关和支持产业的水平之所以对某一行业的竞争优势具有重要影响,其原因有:有可能发挥群体优势;有可能产生对互补产品的需求拉动;有可能构成有利的外在经济和信息环境。显然,是否具有发达而完善的相关和支持产业,不仅关系到主导产业在地域范围上的邻近,而且使得企业互相之间频繁而迅速地传递产品信息、交流创新思路成为可能,从而极大地促进企业的技术升级,形成良性互动的既竞争又合作的环境。

4. 企业战略、组织结构和竞争状态

良好的企业管理体制的选择不仅与企业内部条件和所处产业的性质有关,而且取决于企业所面临的外部环境。因此,各种竞争优势能否被恰当匹配在企业中,很大程度上取决于国家环境的影响。国家环境对人才流向、企业战略的影响和对企业组织结构的形成的影响都决定了该行业是否具有竞争力。迈克尔·波特强调,强大的本地本国竞争对手是竞争优势产生并得以长久保持的最强有力的刺激。正因为国内竞争对手的存在,会直接削弱企业相对于国外竞争对手可能享有的一些优势,从而促使企业努力去苦练内功,争取更为持久更为独特的优势地位;也正是因为国内激烈的竞争,迫使企业向外扩张,力求达到国际水平,占领国际市场。

5. 附加因素

上述四种因素是国家竞争优势的决定因素,它们的情况如何直接导致了国家竞争地位的变化。但除了上述四种因素以外,还有两个重要变量对国家的竞争优势产生重要影响,这就是机遇和政府。

(1) 机遇。包括重要的新发明、重大技术变化、投入成本的剧变（如石油危机）、外汇汇率的重要变化、突然出现的世界或地区需求、战争等。机遇的重要性在于它可能打断事物的发展进程，使原来处于领先地位的企业的竞争优势无效，落后国家的企业如果能顺应局势的变化，利用新机会便可能获得竞争优势。但机遇对竞争优势的影响不是决定性的，同样的机遇可能给不同的企业带来不同的结果。能否利用机遇以及如何利用，还是取决于四种决定因素。

(2) 政府。政府对国家竞争优势的作用主要在于对四种决定因素的影响。政府可以通过补贴、对资本市场加以干预、制定教育政策等影响生产要素；政府可以通过确定地方产品标准、制定规则等影响买方需求（政府本身也是某些产品或服务的大买主）；政府也能以各种方式决定相关和支持产业的环境，影响企业的发展战略、组织结构和竞争状况等，因此政府的作用十分重要。但由于政府的影响主要是通过对四种决定因素的影响实现的，所以它没有被归入决定因素。

第二节 企业国际化理论

企业国际化是20世纪70年代中期以后国际商务领域研究热点。它主要从理论上探讨企业国际化发展的规律，研究一个国内企业如何发展成为一个国际企业，具体包括：企业国际化的道路选择、国际市场进入方式比较以及国际化经营战略等。下面介绍目前比较有代表性的几种理论。

一、企业国际化发展阶段理论

(一) 罗宾逊六阶段理论

美国学者罗宾逊在他1976年和1989年所作的论述中，将企业国际化进程分为六个阶段。

1. 国内阶段

在国内阶段，企业的经营重点完全放在国内市场，但当国内原材料市场供货紧张、价格昂贵，而国外市场的原材料充分且价廉时，企业就会采取以部分产品换取国外原材料的方式，解决企业的生产问题。在这种条件下，企业开始涉足国际市场。但其目的不是为了经营的国际化，而仅是为保证国内企业生产的正常运转及降低生产成本。

2. 出口阶段

在出口阶段，国内市场竞争加剧并有饱和迹象，企业开始逐步开发国际市场以争取更多的市场份额。在这一阶段，企业会设立专门开发国际市场的部门，统一管理产品的出口事宜。

3. 国际经营阶段

在国际经营阶段，随着出口规模的进一步扩大，企业不再满足于单纯出口且利润较低的局面，而开始转向对外直接投资，在国外创建子公司。在此情况下，企业组织结构也会有所调整，开始增设海外事业部门，专门负责海外直接投资业务。但此时，企业对国内市场的依赖仍然很大。

4. 多国阶段

在多国阶段，企业开始在多个国家建立子公司和分公司，经营规模日益扩大，而国内市场的地位逐步下降，只占其世界市场的较小份额。企业开始在占有世界市场的基础上，全球性地调配资源,在组织形式上也作出相应调整,设立了全球性产品结构或地区结构等。但在这一阶段,各子公司间的衔接并不紧密,合作性差,企业尚未成为统一的经营整体。

5. 跨国经营阶段

在跨国经营阶段,企业开始从全球战略的角度对整个经营过程进行调整,通过加强统一管理,使母公司和子公司的关系从松散型向紧密型过渡,从而进入到完全的跨国经营阶段。

6. 超国家阶段

在超国家阶段,企业的经营范围遍及全球,企业的组织形态发生某些根本性的变化:许多企业可能会出现无国别的约束,在国际机关注册登记,在法律上并无国籍的存在,也就是达到企业国际化的最高形态。但罗宾逊认为,超国家企业在当今企业界并不存在,它只是国际企业未来的发展方向。

(二)小林规威的五阶段论

日本学者小林规威用定量的分析方法,对拥有五个以上国外经营机构且投资额在10亿日元以上的89家美、欧、日企业的经营情况进行调查后,提出了五阶段论,认为跨国公司的发展可划分为五个阶段。

(1)以母公司为中心的经营阶段。在此阶段,企业的海外营销只是出口的延伸,子公司的经营仍被直接控制在母公司手中,子公司缺乏自主权。

(2)当地经营阶段。在此阶段,企业用海外就地生产取代了传统的海外营销。子公司的经营权力得以加强并逐渐独立运作。母公司与子公司间的联系由"单向联系"转为"双向联系",但子公司间仍处于相互封闭状态。

(3)区域联系经营阶段。在此阶段,母公司对子公司的组织控制方式进行了调整,即由母公司与子公司之间的"双向联系",转为母公司与区域总部的联系,而子公司则只能服从其直接上级——区域总部。至此,组织层次变为:母公司—区域总部—子公司。

(4)全球经营阶段。在此阶段,企业经营视野转向世界市场,各区域总部之间的协作更加紧密,资源的配置趋于国际化。

(5)全球调配式经营阶段。在此阶段,企业形成全球性的统一调配模式,母公司能有效地协调全体子公司、分公司的有关业务。

(三)泊尔穆特四阶段论

美国学者泊尔穆特(H. Perlmuter)在罗宾逊理论的基础上,从国际企业直接投资、子公司与东道国社会文化背景的适应过程以及母公司与子公司之间的权限划分上,提出了四阶段论:

(1)国内指向阶段(又称种族阶段或本国中心阶段)。与罗宾逊不同,泊尔穆特认为企业国际化经营的第一阶段是在国外建立子公司。子公司的管理贯彻与母公司一样的价值观、方针、观点等,而忽视管理环境的差异。子公司的经营行为完全由母公司决定,自主性较少,子公司的高层管理人员均由母公司人员担任。

(2)当地化阶段(又称多元中心阶段)。随着子公司业务的发展,文化冲突的加剧,完全照搬母公司的管理模式无法适应东道国的政治、经济与社会文化环境,导致经营的困难。此时要进入第二阶段,母公司认识到环境差异,允许子公司按照东道国的环境进行经营模式的调整,并积极使用当地人员进行管理,子公司的自主权增加。

(3)区域指向阶段。随着母公司权力的下放,各子公司各行其是,经营分散,在管理上出现一定程度的失控。因而,母公司为加强统一管理,将经济与文化环境相似或地理接近的几个国家或地区组成区域性管理单位,设立区域性管理机构。母公司通过区域性管理机构对子公司进行控制,既强化了母公司的统一领导,又可使区域性管理机构能根据本区域的特点有效地管辖所属各子公司。

(4) 全球一体化阶段。随着国际分工的不断深化,为了更加强调公司的整体利益,国际企业开始推行一体化战略,要求各所属机构必须按母公司的战略意图进行经营,以寻求整体利益的最大化。

(四) 安索夫的三阶段论

美国学者安索夫(Ansoff)的理论与上述理论基本相似,只是把国际企业的发展进程简化为三个阶段,即出口阶段、国际阶段(直接投资)、跨国阶段(全球性经营)。

(1) 出口阶段。企业参与国际化经营的第一步是通过国外代理商在当地市场销售自己的产品。随着出口规模的扩大,为降低成本,了解当地市场的变化,企业开始在国外建立自己的销售机构。

(2) 国际阶段。由于企业在国外的市场规模日益扩大,进口该产品的东道国可能会设置贸易壁垒,从而导致出口产品的成本大幅度提高,丧失市场竞争力。为保住已有的市场份额,企业开始采取直接投资方式,在当地设厂,就地生产,就地销售,以绕开贸易壁垒。

(3) 跨国经营阶段。随着企业国际化经营的范围日益扩大,为了提高整体竞争力,追求利益的最大化,跨国公司开始寻求子公司之间经营资源的合理配置,将整个公司纳入全球一体化的经营战略中。

上述理论虽然从不同角度描述了企业国际化的发展过程,但其共同之处在于将企业国际化看作一个自身渐进的发展过程。国际经营是一个动态过程,企业积极学习内部、外部的各种知识,获得来自外部的技术、市场方面的信息,并将其反馈到企业的经营运作之中去。但应看到,上述理论仅限于生产制造型企业,而对于不存在生产活动的服务型企业并不适用,也无法解释其国际化过程。而且,该理论只是一般性地描述,不能排除某些企业不依据线形发展路径,跳跃式地发展成为国际企业。

二、企业国际化网络理论

企业国际化的网络模型由一些瑞典学者提出,主要代表人有哈格和约翰逊(Hagg & Johanson)、哈马克维斯特(Hammarkvist)、约翰逊(Johanson)、梅茨逊(Mattsson)等人,他们应用网络理论分析产业内企业的跨国经营行为。约翰逊和梅茨逊在一篇题为《产业系统的国际化——网络研究方法》中,详细地论述了在网络关系中企业的国际化问题。

网络模型认为,产业系统是由众多从事生产、销售、服务等活动的企业组成。这个产业系统也可称为"企业间的关系网络"(a Network of Relationships)。企业在网络中的分工,说明企业之间存在着彼此相互依赖的关系。企业之间会发生合作,这种合作是通过企业在网络中的相互作用进行的。

从关系网络的性质看,它既是稳定的,也是变化的。网络中每个企业都是在一个既定条件下与其他企业保持联系。但这种联系会随着时间的推移和经营环境的变化而改变。网络模型强调网络内的"互补性"。网络关系存在意味着企业间有"特殊的依存关系",这种依存关系与传统理论描述的市场中的企业有所区别。

网络模型认为,企业在产业内的活动,企业建立、维持、发展的网络关系是一种不断积累的过程,正是这种"网络积累"决定了企业的"市场地位"。① 从微观层次看,企业的"市场地位"有三个特征:① 对于其他企业而言所扮演的角色;② 对其他企业的重要性;③ 与其他企业关系的紧密程度。

因此,网络模型的关键命题是:"单个厂商的生存依赖于其他企业所控制的资源,企业是通过其在网络中的地位来得到这些外部资源。"② 根据网络模型,企业的国际化是企业在国际市场网络中建立、发展网络关系的过程。主要有三个途径:① 通过国际贸易、国际投资活动,扩大网络范围;② 地区经济一体化,消除经营障碍;③ 全球经济一体化。企业国际化程度决定了其在国际生产(市场)网络中的地位。一个高度国际化的生产网络,意味着拥有众多在国际分工下的企业间的紧密联系。市场的国际化程度与企业的国际化程度的关系,如表3-6所示。

表3-6

网络模型与国际化

企业国际化程度	市场的国际化程度	
	低	高
低	早期国际化企业	晚期国际化企业
高	孤独的国际化企业	全球企业

企业国际化网络模型从生产网络中的企业这一角度出发,强调在生产网络中,企业间的竞争与合作关系,对企业国际化的影响。它把研究的视线从企业本身,扩展到企业之间的关系及其相互作用。从这个意义上说,企业国际化网络模型对于网络经济条件下的企业国际化行为,具有较强的解释力。另外,企业国际化网络模型从动态的角度论述了企业与市场的关系,怎样影响企业的竞争地位,这为企业制定发展战略提供了新的分析视角。

三、企业国际化四要素理论

国际化四要素模型由丹麦学者托宾·佩德森(Torben Pederson)和本特·比特森(Bent Petersen)于1998年提出。

托宾·佩德森和本特·比特森坚持了"企业的国际成长是一个逐渐发展的过程"这样一个基本观点。但他们提出的国际化四要素模型在以下两点上与其他理论相比有所不同:第一,他们认为企业国际成长的逐渐发展过程是由"企业内部的资源因素"和"企业外部的市场因素"共同决定的。第二,企业海外市场扩张的"速度"(The Pace of Resource Commitment)表现出很大的差异,但这种"速度"上的差异可归结为"渐进发展的程度"问题。③

---

① Johanson, Jon and L. G. Mattsson(1985):Marketing Investments and Market Investments in Industrial Networks, International of Research in Marketing 2(3),185~195.

② Johanson, Jon and Lars-Gunnar Mattsson(1988):Internationalisation in Industrial Systems—A Network Approach in Neil Hood and J. E. Vanune(eds), Strategies in the Global Competition, Beckenham, Kent:Croom Helm for the Institute of International Vusiness, Stockholm School of Economics.

③ Torben Pederson, Bent Petersen:Explaining Gradually Increasing Resource Commitment to a Foreign Market, International Business Review 7(1998).

托宾·佩德森和本特·比特森的国际化模型建立在以下四个命题基础上:
(1) 一个企业的海外市场扩张是与其对特定海外市场知识的积累同步发展的。
(2) 企业的海外市场扩张是随着其所掌握资源的扩大而扩大的。
(3) 企业的海外市场扩张是与其产品销售量或市场占有份额的扩大而同步发展的。
(4) 企业的海外市场扩张受该企业所处产业竞争程度的影响。

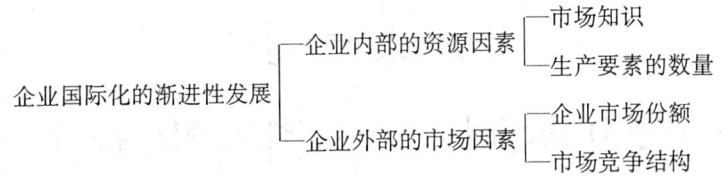

图 3-2　影响企业国际化的因素

如图 3-2 所示,托宾·佩德森和本特·比特森认为企业国际化的渐进性发展是受"市场知识"、"生产要素的数量"、"企业市场份额"和"市场竞争结构"四个因素的直接影响。企业掌握海外市场知识需要一个逐渐积累的过程,不可能一蹴而就。海外市场知识和经验积累速度的快慢取决于经营者自身的学习能力和学习意识。企业对特定海外市场条件的认识和了解(如市场规模、市场特征、运行机制、相关的法律法规等)是其进行海外经营的首要条件。因为通过对海外市场的了解,企业可以有效地降低经营的不确定性,从而降低经营风险。

除经验、知识以外,企业的海外经营(速度、方式、绩效)还直接受企业所有权的影响。企业自身的生产规模和所掌握的生产要素的数量决定了企业是否有剩余的能力去从事国际化经营。从企业的外部环境看,企业市场占有的份额越大,它就越有能力向海外市场扩张。而产业内竞争程度的加剧,也促使企业加紧对全球市场的争夺。

本 章 小 结

本章主要介绍国际商务理论,包括国际贸易理论和企业国际化理论。这些理论从不同侧面阐述了国际商务发展的一般规律,构成国际商务活动的理论基础。

国际贸易理论解释了为何一国从事国际贸易是有益的,试图解释国际贸易模式,提出某些要素的重要性。如比较优势论指出劳动生产率差异的重要性,要素禀赋论指出要素禀赋的重要性,产品生命周期理论告诉我们新产品从哪里引入的重要性,而国家竞争优势理论则指出涉及影响国家竞争优势的所有要素都是重要的。

企业国际化理论研究一个国内企业如何发展成一个国际企业,从理论上论述了企业国际化发展的一般规律,主要介绍企业国际化发展阶段理论、企业国际化网络理论和企业国际化四要素理论。

复 习 思 考 题

1. 重商主义的政策主张主要有哪些?
2. 试述绝对优势论的基本观点。

3. 试述比较优势论的基本观点。
4. 试述要素禀赋论的基本观点。
5. 试述国家竞争优势理论的主要内容。
6. 企业国际化理论有哪些?其主要观点是什么?

章 末 案 例

竞争力测度指标——显示性比较优势指数

显示性比较优势指数(Revealed Comparative Advantages,RCA)是美国经济学家贝拉·巴拉萨(Bela Balassa)于1976年提出的一个具有较高经济学价值的竞争力测度指标,它是用来衡量一国某类产品比较优势的一个指标。一般认为,若RCA指数大于2.5,表明该国该产品具有极强的国际竞争力;若RCA指数小于2.5而大于1.25,表明该国该商品具有较强的国际竞争力;若RCA指数小于0.8,则表明该商品的国际竞争力较弱。

按联合国的标准国际贸易分类(Standard International Trade Classification,SITC)对中国出口产品进行分类。按1位数的标准国际贸易分类(SITC),出口产品包括10大类。SITC0(食品及活动物)、SITC1(饮料及烟类)、SITC2(非食用原料)、SITC3(矿物燃料、润滑油及有关原料)、SITC4(动植物油、脂及蜡)、SITC5(化学成品及有关产品)、SITC6(按原料分类的制成品)、SITC7(机械及运输设备)、SITC8(杂项制品)、SITC9(未分类产品)。通常将SITC0-4类初级产品定义为资源密集型产品,SITC6、SITC8类制成品定义为劳动密集型产品,而SITC5、SITC7类制成品定义为资本密集型产品,SITC9类为未分类的其他产品。下表是我国各类商品RCA指数变化时间序列。

我国各类商品RCA指数变化时间序列

年 份	SITC0	SITC1	SITC2	SITC3	SITC4	SITC5	SITC6	SITC7	SITC8
1980	1.72	0.49	1.42	0.89	0.53	0.82	1.27	0.11	1.89
1983	1.47	0.51	1.55	1	0.82	0.71	1.29	0.11	2.06
1985	1.94	0.46	2.01	1.79	0.79	0.69	1.24	0.10	1.48
1987	1.88	0.54	2.1	1.36	0.63	0.77	1.67	0.16	1.67
1990	1.46	0.48	1.23	0.83	0.64	0.70	1.26	0.49	2.26
1993	1.22	0.81	0.87	0.6	0.57	0.55	1.15	0.44	3.03
1995	0.94	0.83	0.72	0.54	0.60	0.64	1.35	0.54	2.82
1996	0.97	0.78	0.72	0.47	0.55	0.64	1.25	0.59	2.92
1997	0.93	0.53	0.64	0.51	0.77	0.62	1.28	0.61	2.96
1998	0.88	0.48	0.56	0.45	0.33	0.59	1.19	0.66	2.91
1999	0.86	0.37	0.63	0.32	0.16	0.64	1.19	0.71	2.81
2000	0.91	0.33	0.58	0.29	0.16	0.53	1.25	0.80	2.76

资料来源:傅朝阳:《中国出口商品比较优势的实证分析:1980~2000》,《世界经济研究》2005年第3期。

案例讨论题

1. 当前我国在三类产品上的比较优势如何?
2. 我国资源密集型产品、劳动密集型产品和资本密集型产品的比较优势有何变化?
3. 试分析我国产品比较优势的格局和变化的原因。

参考文献

1. 亚当·斯密.国民财富的性质和原因的研究.北京:商务印书馆,1979
2. 胡涵钧.新编国际贸易.上海:复旦大学出版社,2000
3. 赵春明.国际贸易学.北京:石油工业出版社,2003
4. 鲁桐.WTO与中国企业国际化.北京:中共中央党校出版社,2000
5. 张海东.国际商务管理.上海:上海财经大学出版社,2002

第四章 国际贸易政策和国际贸易体制

第一节 国际贸易的政策措施

一、国际贸易的政策

国际贸易政策是指世界各国或地区在对外贸易中所制定和实行的各项管理措施的总称。从单个国家或地区的角度来看，就是指该国或该地区的对外贸易政策，它是一国或一地区在一定时期对进出口贸易进行管理的原则、方针以及措施、手段的总称。一般来说，制定和执行对外贸易政策的宗旨是保护本国或本地区市场和促进本国或本地区产业的发展，扩大本国或本地区的出口，维护它的对外政治、经济、贸易关系和利益。

按照不同的分类方法，可以对贸易政策进行不同的分类。由于贸易政策的研究注重的是其经济功能，传统的方法把贸易政策分为自由贸易政策和保护贸易政策两大类，后来又增加了管理贸易政策和战略贸易政策。

自由贸易政策是指政府对贸易行为不加任何干预，允许商品自由流通，并在国内外市场上自由竞争的一种贸易政策。自由贸易政策产生于18世纪初，是新生资产阶级自由放任思想在对外经济关系上的延伸。但历史证明完全意义上的自由贸易政策是不存在，各国都在不同程度的使用保护贸易政策。

保护贸易政策是指政府广泛利用各种限制进口的措施，保护本国或本地区的产品和服务在国内或地区内市场上免受外国产品和服务的竞争，并对本国或本地区出口的产品和服务给予优待和补贴，以鼓励商品出口的一种贸易政策。它始于15世纪至17世纪的重商主义时期，是一系列干预贸易行为的各种政策措施的组合。政府主要采取奖出和限入的贸易政策。

管理贸易政策是指政府制定各种对外经济贸易法规和条例，加强对本国进出口贸易有秩序发展的管理；对外通过协商，签订各种对外经济协定，对本国或本地区与他国或他地区之间的双边贸易关系进行协调和管理的一种对外贸易政策。1974年、1978年和1988年美国先后制定了综合贸易法案，开始了由自由贸易政策向管理贸易政策的转变。

战略贸易政策是指在不完全竞争和规模经济的市场条件下，政府通过干预扶持本国或本地区战略性产业的成长，使国际贸易朝着有利于本国或本地区企业获取最大限度利润的方向发展的一种对外贸易政策。在20世纪70年代，发达国家的经济增长普遍停滞或下降时，各国均逐步制定并产生了战略贸易政策，90年代以后开始对国际贸易产生重大影响。

二、国际贸易的措施

国际贸易政策需要通过一定的手段和工具才能实现，而当前最为普遍使用的保护贸易政策主要是以下七种措施：关税、补贴、进出口配额、自愿出口限制、国产化条件和行政管理政策以及反倾销政策。其中,关税是最为古老也是最简单的国际贸易措施,但它同时也是最为有效的一种限制措施。

(一) 关税

关税是最传统的国际贸易措施。虽然自第二次世界大战以来,关税在政策工具中的地位下降,但它仍然是市场经济条件下政府调节对外经济的有效手段。

关税(Customs Duties, Castoms Tariff)是指进出口货物经过一国关境时,由政府所设置的海关向进出口商所征收的一种税,具有强制性、无偿性和固定性的特点。按照征税商品的流向课征的方法、税率等不同的标准,关税可以有不同的分类。当前比较重要的分类是按关税税基进行分类。关税税基是指征收关税的依据、标准或基础,又称征税方法。以此分类,关税可分为从量税、从价税、混合税和选择税。

从量税(Specific Duties)是以商品的重量、数量、长度、容积、面积等计量单位为标准计征的关税。从量税的税额是商品数量与单位从量税的乘积。各国征收从量税大多以商品的重量为单位。

从价税(Ad Valorem Duties)是按进口商品的价格为标准计征的关税,其税率表现为货物价格的百分率。

混合税(Mixed or Compound Duties)亦称复合税,是对同一种商品同时采用从量、从价两种标准计征的关税。

选择税(Alternative Duties)是对同一物品,同时订有从价税和从量税两种税率,由海关选择其中一种计征的关税,通常按税额较高的一种征收。

我们了解了关税的一些概念后,就要知道关税到底是怎样保护本国或本地区的贸易。很明显地可以看出,关税使得政府得益,因为关税增加了政府的收入;国内的生产者也是得益的,因为关税增加了进口产品的成本,从而给予国内产品某种保护;而消费者却是受损的,因为他们必须为进口产品支付更高的价格。现在要考虑的问题就是到底国家和生产者的得益和消费者的损失哪个更多?这就取决于各种因素,比如关税总额、进口商品对国内消费者的重要性、被保护行业从中得到保护的就业人数等等。

如果对关税进行更深层次讨论的话,我们可以得出以下两个结论:第一,关税无疑是保护本国或本地区生产者而不利于消费者,当它们保护生产者免受外国竞争时,对供给的限制也提高了国内产品的价格;第二,关税降低了整个世界经济的总体效率,这是因为保护性的关税使得将理论上在国外生产效率更高的产品放在国内来生产,从而不能使资源在全球范围内有效配置。

(二) 补贴

补贴是当今国际贸易中运用最为广泛的干预形式之一,它是由政府对国内生产者的一种支付。补贴有很多形式,包括直接补贴和间接补贴。直接补贴也就是现金补贴,是一种传统的奖励出口的手段,其金额一般是国内价格和国外价格之差;间接补贴是政府给予出口商其他优惠待遇,比如财政、运输商的优惠等,常见的主要形式有亏损补贴、优惠收费、减免税收、提供廉价资源、优惠贷款和出口担保、信息服务和优惠汇率。通过降低成本,补贴在两方面对国内生产商有帮助:一是有助于生产商产品与国外进口产品竞争;二是有助于生产商赢得出口市场。

在多数国家,农业是补贴措施的最大受益部门之一。21世纪初,日本的农业补贴总数达到农业总产值的62%,或平均每个农场主得2.1万美元;欧盟的共同农业政策也是长期为农场主提供补贴,补贴总数达到农业总产值的 43%,或平均每个农场主得 1.9 万美元;加拿大的农业补贴总数也达到了农业总产值的 18%,或平均每个农场主得 8 000 美元。

补贴的主要好处就是帮助国内生产商加快成长,其结果是它们的国际竞争力增强了。战略贸易政策的倡导者主张用补贴帮助国内企业在某些产业内获取优势地位,而这些产业中规模经济相当重要,只有少数的企业能够从中获利。补贴能够帮助企业在新兴产业内取得第一进入者的优势。企业一旦成功,国内经济就能获得就业和税收增加的好处。

但补贴也要付出代价,政府支付的补贴来自于个人的税收,所以,补贴给国家带来的利益是否超过成本也是有争议的。事实上,许多补贴并没有使国内生产者成功地增强其国际竞争力,而是倾向于保护低效率和促进过量生产,农业补贴就是其中典型的一例。农业补贴允许低效率的农场主留在市场上,鼓励过量生产接受大量补贴的产品,鼓励国家生产那些本该在其他国家或地区以更低成本生产并从那些地方进口的农产品,因此减少了农产品的国际贸易。据估计,如果放弃农业补贴,全球农产品的贸易将上升 50%,世界整体经济状况将得到改善,得益总数能达到 1 600 亿美元以上。

(三)进口配额和自愿出口限制

数量限制是指对某些特定的商品和劳务的国际贸易在某一时期内严格限制在一定的金额或数量之内,它的保护效用最大而且直接。进口配额和自愿出口限制都是数量限制的主要形式。

进口配额(Import Quota)又称进口限制,是指一国政府在一定时期内对于某些商品的进口数量或金额加以直接限制。在规定期限内,配额以内的货物予以进口,超过配额的不准进口或者加征高额关税甚至罚款以后才准许进口。进口配额主要有两种形式:超过配额不准进口的是绝对配额,而超过配额就征收高额关税的是关税配额。这种限制通常是进口国通过向机构团体或企业发放进口许可证强制进行。有时,也会将这种权力给予出口国。

与进口配额不同的数量限制是自愿出口限制(Voluntary Export Restraints),它指出口国家或地区在进口国的要求或压力下,自动规定某一时期内(一般为 3~5 年)某些商品对该国出口的数量或金额的限制,在限定的配额内自行控制出口,超过配额即禁止出口。自愿出口限制主要有两种形式:非协定的自动出口配额,它是迫于进口国的压力,出口国自行规定配额;协定的自动出口配额,它是进口国与出口国双方通过谈判签订协议规定出口配额的。其目的在于避免因这些商品出口过多而严重损害进口国生产者的利益,招致进口国采取严厉措施限制进口。

进口配额和自愿出口限制既有与关税和补贴不一样的地方,它们主要是通过限制进口竞争从而保护国内相关厂商;又有与关税和补贴一样的地方,提高了进口商品的国内价格,损害了消费者的利益。当通过进口配额或自愿出口限制把进口数量限制在市场份额的一个很低比例的时候,价格被哄抬上涨。例如,1981 年,日本汽车生产商自愿限制对美国汽车的出口,使得美国的消费者 1981 年至 1985 年每年都不得不多花 10 亿美元买汽车。纺织业是一个长期实行进口配额的行业。在这个行业,对进入美国的产品配额限制了某些服装产品的供给,使其价格提高了 70%。2005 年 1 月 1 日,世界贸易组织取消了纺织品配额制度,但是这并没有带来人们所想象的纺织品的全球自由配置。以中国为例,迫于美国和欧盟的压力,对本国的纺织品实行了自愿出口限制。

(四)国产化条件

国产化条件是要求一商品的某特定部分必须在国内生产,可表述为实物条款或者价值条款(比如产品全部部件或价值的80%要在当地完成)。该手段在发展中国家已经被广泛采用,以便它们的制造业基地从简单装配其他地方制造的部件产品转变为装配当地制造的部件产品,从而提高本国制造业的核心竞争力。为试图保护当地就业和产业免受国外竞争,发达国家也采用该手段。例如,美国的购买美国货法案就要求政府机构在通过招标签订设备采购合同时必须优先考虑美国产品,除非外国产品有相当大的价格优势。它还规定,如果一产品原料价值的51%是在国内创造的,那么该产品就是美国货。这也相当于一个国产化条件。

从零部件的国内生产商的角度来看,国产化条件提供了与进口配额同样方式的保护:限制外国竞争。总的效果也是相同的:国内厂商得益,但进口限制提高了进口部件的价格。反过来,较高的进口部件价格又会通过较高的成品价格的形式转嫁到消费者身上。所以,国产化条件也是对消费者不利的。

（五）行政管理政策

除了正式的贸易措施外,所有国家的政府有时利用广泛的行政管理政策来限制进口和促进出口。行政管理政策是通过繁琐的政府规章来增加进口产品进入一个国家的难度。日本就是使用该政策的典型国家。虽然日本的关税属于世界上最低的一档,但是它给进口产品实行行政管理壁垒所带来的进口限制程度要比关税带来的大得多。例如,日本海关都要通过垂直切割荷兰郁金香球茎中部来检查每一个郁金香球茎,从而使得该产品在出口到几乎全世界每个国家时,却偏偏不能出口到日本。与所有的贸易措施一样,行政管理政策有利于生产商而有损于消费者。

（六）反倾销政策

倾销是指低于正常价格销售且对进口国相关产业造成实质性损害的行为。倾销被看作是企业在外国市场上卸掉过剩产品的方式。有些倾销可能是掠夺行为的结果,生产商利用国内市场的大量利润补贴国外市场的低价,在将竞争对手挤出市场后可以抬高价格从而赚取大量的利润。

反倾销措施是世界贸易组织所认可的用于维护国际经贸秩序的贸易政策,它旨在惩罚从事倾销的外国企业,其根本的目标是保护国内企业摆脱不公平的竞争。大部分国家的反倾销政策与美国相似,而美国的具体做法是:如一国内厂商认为外国企业在美国市场倾销产品,则可以向两个政府机构,即商务部和国际贸易委员会提出申诉,然后政府机构调查申诉理由;如经调查情况属实,商务部会对该进口商品征收一项反倾销关税。在下文中,还将对反倾销作进一步的介绍。

第二节 政府对贸易的干预

总的来说,政府干预有两种理由:政治理由和经济理由。干预的政治理由是保护本国生产商的利益,但通常是以牺牲消费者的利益为代价的;干预的经济理由通常则是为了增加本国的财富,对消费者和生产商都是有利的。

一、干预的政治理由

从政治角度考虑,政府对贸易的干预无非是为了保护就业、保护有关国家安全的产业、保护国内产业免遭国外不公平的竞争、保护消费者免遭"危险"产品的危害、推动对外政策目标和保护出口国公民的人权等原因。以下介绍这些干预理由。

（一）保护就业、产业和消费者

其实，政府干预贸易最为普遍的理由就是保护就业、相关产业以及消费者的利益，但是相互之间又是经常冲突的。

为了保护本国国内农业部门的劳动力就业，日本对大米实行进口配额；出于相同的目的，欧盟建立了共同农业政策，希望通过限制进口和稳定价格以保护欧洲有政治势力的农场主。前面提到美国要求日本汽车生产商的自愿出口限制就是出于保护美国汽车产业的目的。虽然这些干预保护了国内的就业和产业，却损害了消费者的利益。欧盟的共同农业政策导致的较高价格带给消费者的却是高昂费用，日本汽车产业的自愿出口限制也提高了美国进口的日本汽车的价格，使美国消费者每年多花费了10亿美元的代价。

当然，政府在实施干预措施时，也会考虑本国消费者的利益的。比如许多国家的政府一直有规定，为了保护消费者免遭"不安全"产品的损害，禁止"不安全"产品的进口。

（二）国家政治安全和国土安全

国家利益原则一直是国际贸易保护的根本原则。很多国家在制定自己的贸易政策时并不单纯地考虑经济利益，还会考虑到国家的政治安全、国土安全。如美国在"9·11"事件后，对于多边贸易谈判也变得积极起来，其中不仅仅是打算把"9·11"事件对经济的影响减至最低，阻止本国经济下滑的势头，还有其政治上的考虑。如果彼此是贸易合作伙伴关系，自然经济上一亲近，政治上也就变得亲近起来，美国国土相对这些国家来说就安全了。美国贸易代表承认，美国签署的很多双边贸易协议，是推动新一轮多哈全球贸易协议谈判以及2005年建立美洲自由贸易区这一宏大战略的关键所在。

扩张贸易和投资的背后也有政府利用贸易协定巩固外交联系，建立新的联盟和达到其他地缘政治的目的。

（三）对外目标的要求

随着全球经济的发展，经济手段也日益成为发达国家尤其是美国实现对外目标的重要方式，国际贸易政策的政治作用日益"显性化"。美国在调整其贸易政策时，通过贸易政策政治化，以制造贸易纠纷实现其政治需要。

一国政府可以通过同意对另一个国家实施优惠的贸易政策来加强两国的关系。同样，它也可以对另一个国家施压，不给予优惠的贸易措施甚至封锁与该国的经济往来，从而达到惩罚该国的目的。伊拉克就是一个例子，制裁被看成迫使它遵守联合国决议的手段。政治学家们认为，通过贸易上制裁的压力，可以达到说服受制裁国"改过自新"或者加速政府的变更。

美国竭力用美国意识形态来改造世界，利用国际贸易政策作为实现其政治目标的重要工具。这种影响在美国的对华政策中反映明显。在中美经贸关系中，美国更多地从非经济的角度出发，一方面，表示支持中国的对外开放；另一方面，又强调"中美关系的战略与安全利益"，反映在两国贸易关系上就是把对华贸易与两国政治紧密联系，对华贸易政策更有着典型的政治化倾向。

国际政治方面也服从于整个国家的利益原则，不会也不可能因为任何其他原因而背离国家利益原则。

（四）保护国内利益集团和政党的利益

一国的对外贸易不可避免地要触及到国家内部不同阶级和集团的利益，而不同阶级和集团必然通过其拥有的政治资本影响国家对外贸易政策的制定,以达到更有利于自己阶级或集团利益的目的。所以各国在制定贸易政策时必然要考虑到国内利益集团的需要,或者是迫于国内利益集团的压力,制定某些不利于国家利益或者其他团体利益的政策,如挑起贸易争端、坚持贸易保护主义。美国贸易保护的最大压力就来自于纺织工业等传统部门。

而当贸易政策涉及政党或者政治家私利的时候,政党也会采取不利于国家利益的做法,维持本政党的政治生命,而之所以考虑国内利益集团的压力也是为了本政党的利益。比如,日本的贸易政策就是服务于政治的。中日间"蔬菜摩擦"、"毛巾摩擦"就是面对即将到来的日本参议院选举,政治家想通过保护产业的主张来收买相关产业的人心,从而获得更多的选票。西雅图会议失败的原因之一就是美国国内的政治气氛在一定程度上减弱了克林顿政府的谈判能力,使其无法在一些重大问题上作出妥协。会议期间,西雅图发生大规模的抗议示威游行,给克林顿政府造成了很大的压力。2000年是美国的大选年,克林顿政府出于政治考虑和争夺选民的需要,不得不在一些敏感问题上采取强硬的态度。

二、干预的经济理由

20世纪80年代以来,大多数经济学家认为政府干预没有多少好处,推崇自由贸易政策。近年来,越来越多的经济学家认识到政府必须给予适当的干预,政府干预的经济理由也有所改变。当然,坚持自由贸易观点的也是大有人在的。

(一) 保护幼稚工业论

保护幼稚工业论最早由美国第一届的财政部长汉密尔顿提出来的。在美国独立初期,国内产业结构以农业为主,工业也仅限于农产品加工和手工业品的生产,处于十分落后的水平。汉密尔顿认为,美国必须实行贸易保护政策的原因在于本国的幼稚工业经不起外来竞争,主张用征收关税的办法鼓励幼稚工业发展,主张只对本国能生产的但竞争力差的进口商品实施严厉的限制进口政策。从保护幼稚工业论中可以看出,在新兴产业或者弱势产业没有发展壮大到足以参与国际竞争时,政府应该暂时通过关税、进口配额和补贴等支持新兴产业。

保护幼稚工业论在过去的许多年间被发展中国家广泛使用,也被《关贸总协定》认为是保护主义的一个合法理由。毋庸置疑,保护幼稚工业论确实在一些国家的经济发展中起到了积极的作用。但是,仍有许多的经济学家批评保护幼稚工业论。他们认为对幼稚工业进行保护,经常会造成这些产业的低效率。而一旦取消了对这些产业的保护,对这些产品的打击就会很大。如巴西在关税和配额的保护下,建立了世界第十大汽车工业;到20世纪80年代末,这些壁垒取消之后,进口汽车剧增,竞争日益激烈,巴西汽车工业受到了重创,这是因为经过近30年的保护,巴西汽车工业成为世界上效率最低的汽车工业之一。

(二) 战略贸易政策论

战略贸易政策论是在20世纪80年代初应运而生的。战略是指政府通过某种干预手段改变或者维持不完全竞争企业利益的某种行为。而这些手段无非包括关税、配额等进口保护政策和出口补贴等鼓励出口的措施。

实施战略贸易政策有两个原因。一是"经济租"的存在。一国政府可以通过某些方法使原本属于别国企业的垄断利润(经济租)变成本国企业的利润或者消费者的福利或者政府的收入。在这个论点的支持下,政府如果要帮助企业进入已由外国企业获得第一进入者优势的产业,就需要对该产业进行干预。我们都知道空中客车公司和波音公司是全球最大的两家飞机生产商。空中客车公司的飞机是由英、法、德和西班牙四国企业共同合资开发的,它在20世纪70年代只占据世界商用飞机5%的市场份额;但是在2002年,它的市场份额猛增到超过50%,开始威胁到波音公司的统治地位。空中客车公司能够发展到这一步,就是因为四国政府给它提供了135亿美元的补贴。如果没有这些补贴的话,空中客车公司永远也不会达到这个成就。二是外部经济。如果一个部门的发展有利于经济中其他部门或产业的发展,而这个部门又没有办法从其他产业的发展中得到好处,它就是一个有外部性的产业,它的发展应该得到扶持,因为它为这个经济所作的贡献应该有所补偿。外部性之所以成为外贸政策的一个关注焦点,是因为当某一国家政府对某一个有外部性的产业进行支持的时候,这个产业就得到发展并占据国际市场,该国的相关产业也会得到促进和带动,并发展起来。

战略贸易政策的论点为政府干预国际贸易提供了一个经济方面的正当理由。

第三节 国际贸易体系的发展

从国际贸易开始发展至今,一直就有各种支持自由贸易的理论和论据。但是,如何才能让这种不受限制的自由贸易在两国间真正实现呢?可以由两国协商制定一套贸易规则来管理两国之间的贸易;同时,也要有一个组织来对两国进行监督,保证双方能够根据规则办事,一旦有谁违反规则,就会受到强制性的制裁。而这个组织就是维持世界贸易的一个体系。下面我们将考察这个起监督作用的机构是如何演变过来的。

1815年,欧洲莱茵河沿岸的国家组建了莱茵河委员会,这是世界上第一个官方国际经济组织。该组织成员包括莱茵河全流域的各国,具体负责航行管理、征税、处理航行事故的立法和司法。该委员会也成为以后国际经济组织构建的成功范例。

自莱茵河委员会诞生后,世界上出现了第一次国际经济组织发展的高潮,到1909年总数达到了37个。但是,这期间组建的国际经济组织往往只限于某一特定的技术性领域的协调管理,主要为"国际行政联盟"型组织。如1865年由20个国家参加的万国电报联盟和1875年22国参加的万国邮政总联盟,它们对国际邮件电报收发、传递管理所设置的机构、职权范围和运作程序,为现代国际经济贸易组织构建提供了重要的依据。这类国际贸易组织还包括了1875年成立的国际度量组织、1883年设立的国际保护工业产权联盟、1886年建立的国际保护艺术作品联盟等等。

在这段时间,国际贸易组织的发展有其特定的背景。第二次科技革命的冲击和国家间联系交往不断增加,使得越来越多的行政活动在客观上突破了国家边界,主权因素的限制使任何国家政府不能独自承担相应的管理,从而使实行国际管理成为必要。然而,国家主权的意识又抵制任何方面对国家权威的侵蚀和对各国政府职能的剥夺。所以,避免介入政治事务,不侵犯国家主权,不影响国家当局的权威,而专事于行政技术性事务的协调,这是国际行政联盟组织成功的关键。

然而,在两次世界大战期间,国际间政治、军事的冲突使得国际贸易体系的发展处于停滞,甚至倒退。两次世界大战使得全球经济趋于崩溃,德、意、日战败,传统经济强国如英国、法国受到了重创,而美国却成为超级大国。第二次世界大战结束后,美国的工业生产占资本主义世界的1/2,出口贸易占1/3,黄金储备占3/4。强大的经济实力,使得美国的全球扩张梦想急剧膨胀起来。为了达到称霸全球的梦想,美国积极推行自由贸易主义,主张重新构建世界经济体系。在它的倡导下,1947年,由美国、英国、法国、中国、印度等23个国家签署了《关贸总协定》。

《关贸总协定》的宗旨是"缔约国各国政府,认为在处理它们的贸易和经济事业的关系方面,应以提高生活水平,保证充分就业,保证实际收入和有效需求的巨大持续增长,扩大世界自愿的充分利用以及发展商品生产与交换为目的。期望达成互惠互利协议,导致大幅度地削减关税和其他贸易障碍,取消国际贸易中的歧视待遇,以对上述目的作出贡献"。可以看出,它的目的就是为了降低关税、补贴、进口配额等保护措施以促使贸易自由化。自《关贸总协定》成立以来的近50年,其内容及活动所涉及的范围不断扩大,正式成员不断增加,在国际贸易领域内的作用也日益加强。

《关贸总协定》先后进行了八次谈判,逐步减少关税。其中最后一次是"乌拉圭回合"谈判,于1986年开始,到1993年12月才结束。也正是在这次谈判中,成员国决定由世界贸易组织取代《关贸总协定》。

在这些回合中,相互减让关税在所有成员之间协商,然后自我约束使进口关税不超过协定税率。《关贸总协定》也制定了相互监督的实施机制:如果某成员国觉得另一个成员国违反了《关贸总协定》,可以要求《关贸总协定》设在日内瓦的机构调查;如果调查发现情况属实,那么被申诉的成员国就必须改变其政策;如果违规成员国不改变其政策的话,就可能被取消其《关贸总协定》成员国所应享受的优惠待遇。

实践也证明,《关贸总协定》制定的这些措施还是有一些效果的。例如,美国的平均关税从日内瓦回合到东京回合下降了近92%。在《关贸总协定》约束下,自由贸易措施明显刺激了经济增长。1953年至1963年,世界贸易年增长率达6.1%,世界收入年增长率为4.3%。而在1963年至1973年之间,世界贸易年增长率达到8.9%,世界收入的年增长率也达到了5.1%。

经过7年的"乌拉圭回合"谈判,各国于1994年4月15日在摩洛哥的马拉喀什签署了"乌拉圭回合"的最后文件《马拉喀什宣言》和《成立世界贸易组织协定》。

"乌拉圭回合"取得了历史性的成就。第一,为国际贸易制定了更便于操作、更明了的法律框架,其中包括更为有效而又可信的争端解决机制。第二,关税全面降低。发达国家成员承诺总体关税削减幅度在37%左右,对工业品的关税削减幅度达40%,加权平均关税率从6.3%下降到3.8%。发达国家成员承诺减让关税的商品占全部关税商品的93%,涉及约84%的贸易额。第三,非关税壁垒措施得到了约束与规范。反倾销、补贴措施、卫生与动植物检疫措施、保障措施、技术贸易壁垒措施、进口许可证程序等一系列非关税壁垒措施受到了多边贸易体制的约束,有关货物贸易市场的开放范围更广,预见性和稳定性提高。第四,制定了服务贸易和与贸易相关的知识产权的多边规则框架,农产品和纺织品与服装贸易终于回归到多边贸易体制中。

随着世界贸易组织的建立,标志着世界经济合作进入到一个新的时代。世界贸易组织是《关贸总协定》的继承和发展,对整个国际贸易体系的发展产生了重大影响。

第四节 世界贸易组织

一、世界贸易组织的产生

"乌拉圭回合"谈判过程中,发达国家越来越意识到现有的《关贸总协定》难以把"乌拉圭回合"的各项协议付诸实现,必须变革和扩大《关贸总协定》体制的职能和作用。1990年年初,当时任欧共体主席的意大利首先提出了建立多边贸易组织代替《关贸总协定》的倡议。同年7月,欧共体将这一倡议以12个成员国的名义向"乌拉圭回合"体制职能小组正式提出,得到美国和加拿大的支持。1990年12月形成的《关于建立多边贸易组织协议》草案,经过两年的修改和完善,于1993年形成协议正式文本,成为《"乌拉圭回合"协议》整体的一部分,并根据美国倡议,将组织更名为"世界贸易组织"(World Trade Organization,WTO)。该协议于1994年4月15日在马拉喀什会议上得以通过,被104个参加方政府代表签署,1995年1月1日正式生效,并规定1995年为《关贸总协定》向世界贸易组织转换期,因此也是它们的并存期。到1996年1月1日,《关贸总协定》正式被世界贸易组织所代替。截至2005年7月,该组织共有成员成立148个,包括在2001年年底加入的中国。

二、《成立世界贸易组织协定》的主要内容

1993年11月15日,在日内瓦达成的《成立世界贸易组织协定》(草案),包含序言、主要条款和附件三部分内容。该协定是世界贸易组织(WTO)最基本也是最为重要的纲领。

(一) 序言

序言部分是该协定的宗旨和目标,规定全体成员方在处理贸易和经济领域的关系时,应以提高生活水平,确保充分就业,稳定地增加实际收入和有效需求,以可持续发展的方式开发世界资源并加以充分利用,拓展货物和服务的生产和贸易为目的,要求各国必须积极努力,确保发展中国家在国际贸易增长中,得到与其经济发展相适应的份额;通过大幅度削减关税和其他贸易壁垒,通过签订取消这些歧视待遇的议定书和互惠安排,为达到这些目标作出贡献;维护《关贸总协定》的基本原则和进一步完成《关贸总协定》的目标,建立一个综合性的、更加有活力的、持久的多边贸易体系,包括遵守修改后的《关贸总协定》和它主持下达成的所有守则和协议,以及"乌拉圭回合"谈判达成的全部协议。

(二) 主要条款

(1) 规定世界贸易组织提供的共同机构框架,是为了处理世界贸易组织成员方之间的关系。

(2) 规定世界贸易组织的职能是:对《成立世界贸易组织协定》及其附件中的协议进行管理;为实施附件中各项协议和主持以后的多边协议谈判提供一个框架;为其成员方根据部长级会议决定的,有关多边贸易关系方面进一步的谈判提供场所;管理综合性争端解决制度和政策审议机制;与国际货币基金组织和世界银行及其所属机构进行合作,使全球经济决策更趋和谐一致。

(3) 规定设立向所有成员方代表开放的部长级会议和总理事会。部长级会议是世界贸易组织的最高权力机构,具有立法权,有权修改世界贸易组织的有关协定和条款。总理事会的任务是在部长级会议闭幕期间,履行世界贸易组织的职能,在它下面建立一个贸易政策审议机制和若干附属机构。

(4) 规定由总理事会任命工作人员,在世界贸易组织和总理事会正式生效时,原《关贸总协定》的秘书处、总干事,将分别自动成为世界贸易组织的秘书处、总干事。

(5) 规定接受《成立世界贸易组织协定》和多边贸易协定的《关贸总协定》缔约方,包括按《关贸总协定》议定条件的接受者,为世界贸易组织创始成员方;凡是接受本协定和附件1、附

件2和附件3中的多边贸易协议者,均可根据它与总理事会约定的条件加入本协定。

(6) 规定世界贸易组织在履行职能和任务时,应尊重《关贸总协定》的规则、决定和习惯做法;在对国内法做修改时,所有成员方都应努力采取一切必要步骤,使其国内法实施附件中协议的规定,适用于附件4中"东京回合"4个多边贸易协议外的所有多边协议,以及该4个多边贸易协议的签约方。

(三) 附件

《成立世界贸易组织协定》有4个附件。附件1包括"乌拉圭回合"的全部成果、"东京回合"6个非关税措施的守则和协议、《服务贸易总协定》及其有关法律文件、与贸易相关的知识产权问题,包括冒牌货贸易的协议。附件2是综合性争端解决协议。附件3是贸易政策审议机制。附件4包括"东京回合"另外4个多边贸易协议。根据有关规定,以上4个附件是《成立世界贸易组织协定》的组成部分。附件1的多边贸易协议的任何条款均不允许提出保留,附件4中的个别条款可以根据有关规定提出保留。在加入世界贸易组织时,未签署附件4中某项协议的任何成员方,都被鼓励成为该项协议的签字方。

三、世界贸易组织的职能

在《成立世界贸易组织协定》第三条中,规定世界贸易组织作为一个正式国际组织为处理和协调成员方间的多边贸易关系提供了一个重要的完善的机制,以下是它的主要职能。

(一) 促进《成立世界贸易组织协定》和多边贸易协议的执行、管理和运作

《成立世界贸易组织协定》中规定,世界贸易组织应为本协定和多边贸易协议的执行、管理、运作和进一步目标的实现提供方便,并对多边贸易协议的执行、管理和运作提供框架。"乌拉圭回合"通过的《成立世界贸易组织协定》和各项多边贸易协议是由120多个国家或地区经过多年艰苦谈判而达成的,它们构成了国际贸易制度和秩序的基本法律框架和世界贸易组织法律体系的主要内容,是各成员在进行国际贸易活动中必须遵循的国际贸易法律文件。

(二) 为各成员方多边贸易关系的谈判提供场所

《成立世界贸易组织协定》规定,世界贸易组织应为本协定及其附件有关各成员方的多边贸易关系的谈判提供场所,世界贸易组织还应为成员方有关多边贸易关系的进一步谈判提供场所,并在部长级会议决定下,为谈判结果的执行提供便利。

多边贸易关系谈判是由多个国家同时彼此相关的各种贸易问题所举行的洽商。与双边贸易谈判不同,由于多边贸易参与国家比较多,虽然谈判过程比较长,但是一旦达成协议,其成就也较双边谈判更为广泛,更能促进全球贸易的自由化。世界贸易组织成立后的新一轮贸易谈判称为"多哈发展议程"的谈判,其谈判内容和议程是2001年11月世界贸易组织第四届部长级会议通过的多哈部长级会议宣言所确定的。

(三) 贸易争端的解决职能

《成立世界贸易组织协定》规定,世界贸易组织应对本协定附件2有关《关于争端解决规则和程序的谅解协议》进行管理。应当指出,《关于争端解决规则和程序的谅解协议》的签订及世界贸易组织争端解决机构的确立,建立了一个比较合理的多边贸易争端解决制度,对多边贸易体制的深入发展起着提供安全保障和行为预测的重要作用。

在世界贸易组织成立以来的几年里,作为争端解决机构的作用越来越明显。1995年至2003年年初,有280多起贸易争端被带到世界贸易组织中寻求解决。与此相比,《关贸总协定》

在将近半个世纪里才处理了总共196起。在这280多起争端中,经过相关国家间的非正式磋商,3/4已于2002年年底前解决。其余问题的解决已更多地起用正式的程序,但都非常成功。

(四)贸易政策的评审职能

《成立世界贸易组织协定》规定,世界贸易组织根据其附件3的规定,应当对贸易政策评审机制进行管理。

建立贸易政策评审机制的目的是提高各成员方贸易政策和惯例的透明度,监督和改善各方履行世界贸易组织有关协定的规则、纪律及其承诺的条件,要求各成员方更严格地执行各协定的规定和纪律。

(五)与其他国际组织进行合作

《成立世界贸易组织协定》还规定,为了在全球性的经济决策方面进行较大程度的协调,世界贸易组织应和国际货币基金组织及世界银行及其附属机构进行适当的合作。此外,还规定总理事会有权作出适当的安排,与其他政府间或非政府间组织谋求协商和合作。加强世界贸易组织的协商合作职能,目的是使这些国际经济组织在全球性的经济决策方面更加协调,避免法律文件和决策发生不必要的冲突,从而使世界经济贸易更加协调发展。

四、WTO与《关贸总协定》的主要区别

(1)世界贸易组织是正式的组织,它是根据《维也纳条约法公约》成立的、常设的、永久性的国际组织,具有独立的国际法人资格;而《关贸总协定》则仅是一个"临时性"的多边贸易协定,它不是一个正式的国际组织。这是两者的一个本质区别。

(2)《关贸总协定》管辖的仅仅是部分货物贸易,世界贸易组织的管辖范围从《关贸总协定》的货物贸易扩展到众多领域。

《服务贸易总协定》(GATS)提供了对服务贸易的适当规制,规定了最惠国待遇地位、国民待遇、市场准入、透明度、款项和转拨资金的自由流通以及"特许计划"制度的一体化。每一成员国可以有选择地列出哪些服务将被认可进入《服务贸易总协定》的特许计划并得到其待遇。《与贸易有关的知识产权协议》(TRIPS)第一次确立了规则,要求签约国对专利、版权、工业设计、商标、商业秘密、集成电路、地理标志以及与知识产权相关的物品等提供最低限度水平的保护;它对禁令、损害赔偿的裁决及证据的收集都有特殊的规定。《与贸易有关的投资措施协议》(TRIMS)第一次将与货物贸易有关的投资措施纳入多边贸易体制的管辖范围。还努力通过加强贸易与环境保护的政策对话,强化各成员方对经济发展中的环境保护和资源的合理利用。

世界贸易组织实行政策的巨大延伸表现为以国际贸易为中心,与环保、投资、知识产权、劳工甚至社会保障条款相连;而《关贸总协定》则主要致力于国际货物自由化。

(3)世界贸易组织以法律形式确立了争端解决机制的权威性;《关贸总协定》在争端解决机制上有严重缺陷。

《关贸总协定》的争端解决机制采取"全体一致同意"的原则,导致争端解决结果无法有效地得到实施,其争端解决过程冗长,且监督等后续行动不力,这大大削弱了其有效性和权威性。

世界贸易组织的争端解决机制有6个特点:一是鼓励成员方通过双边磋商解决贸易争端;二是以保证世界贸易组织规则的有效实施为优先目标;三是严格规定争端解决的时限;四是实行"反向协商一致"的决策原则;五是禁止未经授权的单边报复;六是允许单边报复。

(4)世界贸易组织成员承担义务的一致性。成员方不分大小,对世界贸易组织所管辖的

多边协议必须以"一揽子"方式接受,不能选择性地参加某一个或某几个协议,不能对世界贸易组织管辖的协定、协议提出保留。《关贸总协定》在这方面存在着不统一和不完整。

(5) 世界贸易组织更具规范性。世界贸易组织机构的设置及职能在世界贸易组织的协议中都有明确的规定,并且每一机构的职权范围都有相应的规则。《关贸总协定》的组织机构设置是在实践中不断形成的习惯性做法,大部分机构的设置并未明确规定。

(6) 世界贸易组织完善了贸易政策审查机制,除定期地审查每一成员方的贸易政策,并就事实认定作出报告外,还对成员方加入世界贸易组织过渡期的贸易政策进行审查。而《关贸总协定》只是对成员方完全加入后才审查贸易政策。

(7) 世界贸易组织成员更具广泛性,其成员达到148个,其成员的经济贸易约占世界经济贸易的95%。

由此可见,世界贸易组织是对1947年《关贸总协定》的继承和发展,它将《关贸总协定》中成功和有效的做法以协议的方式进行了规定,使其成为了一个法律地位明确、管辖范围更加全面、运行更加高效、为世界各国广泛接受的国际贸易组织。

五、世界贸易组织的未来

世界贸易组织自成立以来,到现在已经有10年多了。它在完善和实施乌拉圭回合协定、建立健全多边贸易体制构架、推动贸易自由化进程以及加强有效解决贸易争端等方面发挥了积极的作用,并且在很大程度上树立了它在国际经贸关系中的权威,为继续强化国际贸易体制和进一步完善与制定国际贸易纪律奠定了基础。

但是,世界贸易组织同样也面临着巨大的挑战,还有许多悬而未决的问题迫切地需要解决。这些问题的解决与否影响着世界贸易组织的发展趋势。目前,受到关注最多也是最急需解决的问题是反倾销诉讼、对农业的高度保护和很多国家对于知识产权缺乏保护。

(一) 反倾销诉讼

反倾销是指世界贸易组织规定当一国能够证明外国商品在本国进行倾销,并对本国生产造成了伤害,允许该国对国外商品征收反倾销税。然而,由于世界贸易组织对"倾销"这个概念的定义很模糊,在实践中也被证明有很多的漏洞,许多国家抓住这些漏洞来推行保护主义。这在美国、欧盟和印度三个国家或地区中表现尤为明显。这三个国家或地区的反倾销诉讼呈现出逐年上升的趋势。

1995年1月至2002年12月,世界贸易组织成员向世界贸易组织报告了大约2160项反倾销诉讼,其中印度开展的最多,约有331个;欧盟有267项,居次席;美国也有242项,位居第三。这三个国家的反倾销诉讼在2000年至2002年期间占据了总数的一半。在相关的资料中,我们也可以看到,反倾销诉讼集中在特定的行业中,它们分别是基础金属工业、化学制品、塑料以及机械和电力设备。这四个行业也恰恰是公认为竞争最为激烈、生产力过剩以及企业利润下降的四个行业。由此,可以看出,这些行业的反倾销诉讼案件之所以如此多,是因为那些受进口产品竞争的生产者试图利用世界贸易组织所允许的合法方式来寻求保护。而国内的政治家为了在选举中获得更多的选票,也是奋力为这些行业争取反倾销诉讼。

(二) 对农业的保护主义

农业问题向来都是世界贸易组织争论的焦点,也是南北对话不可避免的话题。发达国家长期以来对农业部门实行高关税和高补贴。农产品的关税税率普遍高于非农业产品的关税税率。例如,2000年,非农产品的平均关税税率,加拿大为4.4%,欧盟为4.5%,日本为4.0%,美国为4.7%;与此相对应的农产品的平均关税税率分别为22.9%、17.3%、18.2%、11%。长期的高关税反映了这些国家保护本国农业的强烈愿望。

另外,农产品还获得了大量的补贴。根据经济合作与发展组织的估计,政府补贴占农产品生产成本的比例大致是加拿大20%、日本64%、欧盟49%、美国24%。

发达国家对于农业的高关税和巨额补贴已经严重扭曲了农产品的生产和国际贸易。如果将发达国家对农业的补贴取消,就将使发展中国家目前从经济合作与发展组织国家得到的外国援助增加三倍。总之,农业的自由贸易将有助于实现发展中国家启动经济增长以及减轻全球贫困。

(三)保护知识产权

在世界贸易组织的乌拉圭回合协定中,包括《与贸易有关的知识产权协议》。该协议规定,世界贸易组织成员方对专利的保护期至少20年,对版权的保护期至少50年。发达国家必须在该协议生效1年内遵守这些规定,而这类保护做的差一些的发展中国家5年内达到这些规定,最不发达的国家也要在10年内达到这些规定。

如果没有这样的一个协议,我们就会看到一国的生产者可能在市场上销售另一个国家开发拥有专利的创新产品的相似品。而这将影响两国间的国际贸易:一方面,减少模仿专利产品的国家从拥有专利的国家进口产品的数量;另一方面,模仿专利产品的国家可能将产品发展到一定规模后出口该产品到第三国家,从而减少了拥有专利的国家向这些国家出口产品的机会。这样不但影响两国的贸易,还会减少世界上总体创新者的规模,使创新者不愿开发有风险的创新产品,从而减少了增加社会的经济和福利、提高全球经济增长率的机会。所以,确保知识产权得到保护,符合世界贸易组织全体成员方的利益。但是在实际上真正落实该协议,还需要各成员方进一步努力。

(四)多哈回合谈判

由于1999年的西雅图会议脱离了原定的议程,原本希望在该会议上解决的问题,诸如反倾销诉讼、农产品贸易以及更好地实行知识产权保护等,最后都不了了之。并且因为当前世界经济发展缓慢,贸易保护主义增强,世界贸易组织现有的体制受到了挑战等原因,世界贸易组织发起了所有成员方新一轮的多边谈判,即多哈回合谈判。这次谈判的议题有15个。从目前谈判的进展情况来看,争论最为激烈的谈判议题为:农业谈判、非农产品市场准入谈判和新加坡议题的谈判。

在正式启动了多哈回合谈判之后,2003年5月,世界贸易组织第五次部长级会议在墨西哥的坎昆举行。但是这个被各方寄予厚望的会议却未取得任何结果,这是世界贸易组织自西雅图会议以来受到的又一次沉重的打击。而导致会议失败的直接原因是在农业谈判和新加坡议题上发达国家和发展中国家的利益冲突,但是更深远的原因在于世界贸易组织决策机制中的不民主性。

目前,世界经济发展形势尚不确定,还有很多不稳定因素,多哈回合谈判如能成功将有助于世界经济的复苏和长期发展。现在,世界贸易组织正处在一个十字路口,多哈回合谈判将在很大程度上决定世界贸易组织将何去何从。如果在未来几年内世界贸易组织的成员方能够吸取坎昆会议的教训,竭尽全力来解决世界贸易组织规则和体系中的问题和不平等,将有助于推动世界贸易组织和全球贸易的顺利发展。否则,如果各国之间仍然无法达成妥协和合作,现有多边贸易体系的扭曲程度将进一步加剧,全球经济的不平衡程度也会进一步恶化。

第五节 贸易政策对企业家的启示和政府的贸易政策

一、贸易政策对企业家的启示

以上我们所论述的内容,对企业活动有什么意义呢?为什么国际管理人员应该关心有关自由贸易的政治经济,关心与自由贸易和保护贸易观点相关的各种理论?对于这些问题的回答,有两种答案:一是涉及贸易壁垒对企业战略的影响;二是涉及工商企业在促进自由贸易或主张贸易壁垒中所能起的作用。

我们在前面论述过,如果企业的产品设计和策划在一个国家,零部件制造在另一个国家,组装又在一个国家,最后将最终产品销售到世界其他国家或地区,那么对企业来说可能是最有效率的。然而,在实际生活中,并没有什么企业能够这样做,这是因为各国间存在着贸易壁垒。第一,正如上文我们所讲,关税提高了出口产品的价格或者说是出口的半成品的成本,这就使得出口企业在同当地企业的竞争中处于劣势。但是如果企业能够把产品的生产转移到进口国家,那么就可以避开关税来同当地产品进行竞争了。第二,倘若生产国作出了自愿出口限制,那么生产国企业向国外提供服务的能力也受到了限制。应对这个壁垒的方法就是将生产设施移到进口国。当年日本和美国签订自愿出口限制协议,限制日本汽车对美国的出口时,日本企业就采取该策略,扩大了在美国生产汽车的能力。第三,面对国产化规定时,企业就不得不将更多的生产活动放在一个特定的场所内。这样的结果可能是企业的生产成本高于将各个生产环节分散到最有效率的地方的生产成本。有时即使不存在贸易壁垒,企业也会将生产活动安排在特定的场所,以避免可能存在的贸易壁垒。

从上面的分析可以看到,贸易壁垒提高了企业的生产成本。但是,如果进口国对所有出口到该国的产品的国家实行贸易壁垒,对于出口国企业来说,高成本未必就对应着严重的竞争劣势,因为所有的出口国家都面对着这样的高成本。可当对某一特定的国家实行贸易壁垒的时候,该国的出口商无疑处于竞争劣势,例如自愿出口限制就是这样的情况。当面对这种情况时,特定国企业的对策是将生产转移到进口国国内,或者将生产转移到进口国没有对之实行贸易壁垒的国家。

企业还应该注意反倾销诉讼对于企业的影响。对企业运用价格优势获取一国的市场份额时,就有可能招致该国同行有策略的运用反倾销诉讼抵制企业低成本的侵略性竞争,从而限制了企业的对外扩张战略。美国的钢铁工业就经常对国外的钢铁生产商进行反倾销诉讼,尤其当全球钢铁需求减弱、生产能力过剩的时候。1998年至1999年间,由于亚洲金融危机使得亚洲的生产能力过剩,有大量的低价进口钢铁进入美国市场。对此,美国钢铁生产商对国际贸易委员会多次提起反倾销诉讼。

二、政府的贸易政策意义

众所周知,工商企业是国际贸易的主要角色,在国际贸易中发挥着重要的作用。所以,政府的贸易政策受到工商企业的强烈影响。这一影响可能鼓励保护主义,也可能促动政府支持世界贸易组织并推动开放市场和自由贸易。反过来,政府的贸易政策也会对企业产生直接影响。

政府可以采取各种各样的政策、措施来保护本国企业和产业在全球经济中建立竞争优势,但是,政府的干预会带来三个缺陷:一是干预可能弄巧成拙,因为它倾向于保护低效率而不是帮助企业变成有效的全球竞争者;二是干预是危险的,因为它可能遭到报复并引发贸易战;三是干预不一定会被很好地执行。

大多数经济学家认为,国际企业的最大利益来自于自由贸易的环境。政府积极推动自由贸易的更大发展,强化世界贸易组织的作用,可能符合企业最大的长期利益。政府努力扩大进口和对外国直接投资开放被保护的市场,比政府以倡导战略贸易政策的方式支持某些国内产业可能使企业获益更大。

在过去 20 年世界经济一体化和生产国际化的迅速发展中,我们就生活在这样一个世界中,不同国家的许多企业的竞争优势日益依赖于全球性分布的生产体系,这种体系就是自由贸易的结果。自由贸易给企业带来了更大的利益,给消费者带来了更低的价格。工商企业必须认识到游说政府采用保护主义的后果,他们这样做就等于拒绝通过构建全球性分布生产体系来建立一种比较优势的机会。而且,由于鼓励他们的政府采取保护主义政策,这些企业在海外的活动和销售可能受到其他政府报复的损害。但这并不意味着企业不应该寻求反倾销诉讼之类的保护,而是应该仔细地考虑自己的选择以及它所带来的更严重的后果。

本 章 小 结

首先,阐述了国际贸易的政治现实。许多国家名义上承诺自由贸易,实际上倾向于干预国际贸易,以保护那些重要政治集团的利益。这就是通常所讲的各国所采用的贸易政策。国际贸易政策实际上先于贸易理论的发展。早在 15 世纪到 17 世纪的重商主义时期,占统治地位的商人资本将贸易视为增加国家财富的唯一手段,特别重视贸易政策对于增加财富的作用。而在现代贸易的发展中,国际贸易政策又有了其自身的发展和特征。另外,论述了政府是如何干预国际贸易以及它们的经济和政治理由,从阐述政府用于干预国际贸易的政策措施开始,详细考察政府干预所具有的各种政治和经济动机。还论述了现代贸易体系的形成,并对《关贸总协定》的后继者——世界贸易组织作简单介绍。

复 习 思 考 题

1. 试述对外贸易政策的概念和内容。
2. 常见的国际贸易措施有哪些?它们是如何影响本国的对外贸易的?
3. 国际贸易体系的发展先后经历了哪些阶段?各有什么特点?
4. 《关贸总协定》和世界贸易组织有什么区别和联系?为何《关贸总协定》最终会被世界贸易组织所取代?
5. 世界贸易组织的发展正经历着一个相当艰难的阶段,多哈会谈的目标始终未能达成,并一度陷入僵局。试述你对世界贸易组织未来发展的看法及如何走出目前的困境。
6. 通过对本章的学习,你认为企业家能够从中学到什么?

章末案例

我国浓缩苹果汁的反倾销案

近些年来我国屡遭国外反倾销。从1979年至今针对我国提起的反倾销指控、反补贴和保障措施案件累计已达466起,涉及我国4 500多种出口产品,直接影响了我国10%左右的出口,涉案金额超过百亿美元,而且使得我国很多重要的出口产品失去了大片的国际市场,所造成的潜在损失更是难以估计。

我国浓缩苹果汁年产量近20万吨,其中85%出口欧美市场。近年来我国苹果汁生产发展很快,对美国的出口也直线上升,可是由于国内企业大都各自为政,生产和出口缺乏协调、统一,使得出口至美国的浓缩苹果汁价格从1995年的吨价1 800美元下跌到1998年的每吨600美元以下。这么低的价格不仅令我国企业力不从心,同时也引起了美国苹果汁生产厂家的恐慌,美国苹果协会主席纳斯于1998年年底开始酝酿联合美国同类企业起诉中国苹果汁低价倾销,并在1999年年初向美国商务部递交申请,诉我国苹果汁倾销,要求对其征收高达91.84%的反倾销税。该消息很快传到我国国内,在中国食品土畜进出口商会的组织和联合下,我国近50家苹果汁生产厂家于1998年年底和1999年年初两次聚会商讨对策,会上大家一致同意把对美出口价格上调,不再相互恶性竞争,会后我方对美出口苹果汁每吨价格上调100美元,团结就是力量,这两次会议在一定程度上拖延了美方的起诉步伐。

按美国反倾销法规定,起诉书必须先经由美国国际贸易委员会初审,通过后才能由商务部再审,应诉时间不超过20天,终裁时间为1年后。由于中、美两国政府协调,美国商务部初裁立案时间从1999年1月推迟到当年6月。美商务部6月27日上午正式对美国苹果协会的投诉立案,立案通知和给我国有关企业的问卷随即寄到国内。面对美方起诉,以烟台北方安德利、青岛南南等为首的10家国内企业决定应诉,其余30余家企业没有参加。1999年7月,应诉的中方企业从美国聘请到富有反倾销经验的米歇尔律师,负责协助打这场官司。由于美国不承认我国为市场经济国家,我国应诉企业又是首次面对国际反倾销诉讼,这无形中加大了应诉难度。在这种情况下,米歇尔律师不得不从最基本的国际商务报表等知识给我国应诉企业"补课",以尽快达到商务部要求的标准,并在世界各地搜集对我方最有利的苹果替代价格。在这期间美国苹果协会成员四处游说美国国会里来自美国苹果主产区的议员,使得一些议员给美国商务部部长写信、打电话,表示对此案的关注,在重重压力下,商务部拒绝了中方企业要求延期审理的合理请求,并准备从重判罚我国有关企业。在此危急关头,我国外经贸部向我国应诉企业伸出了援助之手,去函给美国商务部表示"强烈希望中方企业能在此次诉讼中得到合理、公正的对待!"美商务部迫于中方的压力才不情愿地批准了中方的延期申请。后来经过5个多月的反复较量,1999年11月初裁结果出来了,我国应诉企业中,烟台北方安德利的进口税率初裁为0,其余企业的初裁税率为9.85%~38.86%不等,所有应诉企业的平均关税为14.88%,这些税率远低美国苹果协会所要求的91.84%的水平。

可是美国企业并不甘于失败,他们接着着手在苹果替代价格和生产成本上做起了文章,并很快就向商务部递交了终裁申请,要求改判。由于我国未在美国获得市场经济国家地位,在计算和裁定倾销时须寻找第三替代国产品作为审查、核算依据。美诉方经多方寻找最高替代价格,最后选择了并非苹果主产区的印度北方苹果价格。得知上述情况后,我国应诉企业在律师的悉心指导下,把苹果价格替代国锁定在东南欧国家,并派专人赴印度搜集到了美方认定的苹果产地相关情报和浓缩苹果汁生产情况。2000年1月,美国商务部派出了4位专家到中国进行实地考核,他们分两组赴我国苹果主产区山东和陕西,对应诉的企业实地进行了细查,最后给予我方充分的肯定,并被我方的诚意和认真态度打动,都在中方的应诉报告上签了名,回国后将意见提交给商务部。在2000年4月美国商务部举行的该案的终裁听证会上,我方由于准备非常充分、有理有据,终于胜诉,美国商务部作出了终裁结果:应诉的中国企业的终裁税率不增反降,不同程度地调低了各应诉企业的相关税率,其中有家企业税率下降幅度达13.31%。当年我国出口美国浓缩苹果汁达4万吨左右,吨价在800美元以上。如果没有我国有关企业的积极应诉,我国肯定已基本失掉美国这个苹果汁大市场,而且高关税率按照"落日条款"很可能将维持5年,因为虽然允许申请年度复审,但必须由曾经应诉的当事人提出。

资料来源:中国贸易经济信息网。

案例讨论题

1. 中国生产的浓缩苹果汁企业对于美国的反倾销,做了哪些工作来应对?
2. 美国对中国的浓缩苹果汁进行倾销的理论依据是什么?
3. 从本案例,我们可以看出中国企业在应对国外反倾销时有哪些启示?

参考文献

1. 喻志军,聂利君.国际贸易.北京:中国金融出版社,2005
2. 岳咬兴.国际贸易政策论.上海:上海财经大学出版社,1997
3. 曹建明,贺小勇.世界贸易组织.北京:法律出版社,2004
4. 孙新雷,温太璞.国际经济理论与政策.成都:西南财经大学出版社,2001

第五章　对外直接投资及其政治经济学分析

第一节　世界经济中对外直接投资的发展状况

20世纪80年代以来,由于科技革命的推动,生产力水平有了很大提高,国际分工日益深化,各国之间的经济交往日益密切。各国之间不仅贸易频繁,相互之间的投资也发展迅速,这使得对外直接投资(FDI)在世界经济中的地位进一步提高。对外直接投资已经成为推动世界经济、投资国经济和东道国经济发展的重要动力。

对外直接投资又称国际直接投资。据经济合作与发展组织和国际基金组织的定义:"对外直接投资是指一国或地区的居民和实体(直接投资者或母公司)与在另一国的企业(国外投资企业、分支企业或国外分支机构)建立长期关系,具有长期利益,并对其进行控制的投资。"这里强调的是一种控制权。

一、对外直接投资的总体发展趋势

早在17、18世纪,由于国际商品资本、国际货币资本的发展,国际分工进一步加深,促进了社会生产力的发展,资本在国际间的流动要求采取更高级的形式,于是对外直接投资就产生了。基于当时国际政治、经济格局,对外直接投资主要表现为资本主义宗主国凭借其政治、经济、军事优势,对其殖民地国家的垂直投资,具有浓厚的资本输出的色彩。到了20世纪30年代,资本主义国家出现了经济大萧条。由此整个世界的经济发展缓慢,对外直接投资严重受阻。但是到了第二次世界大战后,各国为了发展本国经济,尽快恢复国力,纷纷取消了国际贸易和投资的壁垒,贸易和投资的自由化步伐加快,国际政治经济格局也相对稳定。随着各国经济发展速度的不断加快,对外直接投资在总体上呈现出高速增长的态势,无论是流量还是存量都获得了长足的发展。在过去的20年里,对外直接投资的年平均流出量从1975年的250亿美元左右增长到2000年的13 000亿美元。1975年至2001年间,对外直接投资不仅加速发展,而且其发展速度远远超过世界贸易的增长。如1990年至2001年间,全球对外直接投资总流量增长了365%,而同期的世界贸易增长了约75%,全球的产出增长了26%。由于对外直接投资强有力的增长势头,到2001年,全球对外直接投资总量超过66 000亿美元。总共有6.5万个母公司在国外市场拥有85万个分支机构,共计达到约190 000亿美元的全球销售额。

有哪些因素导致了对外直接投资的如此高速的增长?

第一,在过去的几十年里,各国之间贸易壁垒不断下降,使得国际贸易自由化的进程加快,但是贸易保护主义的压力仍然存在。所以企业就可以把对外直接投资看作是绕过贸易壁垒的一种手段。比如,当东道国的关税水平威胁到投资国企业的出口时,出口企业就可以在东道国当地投资设厂,绕过关税壁垒,从而把出口变为当地的生产。20世纪80年代与90年代,日本很多汽车公司为避开美国的贸易壁垒,纷纷将对美国的出口转为对美国的投资,从而缓和了美日两国紧张的贸易关系。

第二,投资国企业在国外投资设厂的另一个目的是为了寻求廉价的成本要素即获得稳定供应的战略资源。由于投资国国内企业的成熟和各生产企业生产规模的扩大,国内市场竞争加剧,为了在同行业中赢得竞争优势,并扩展国外市场,一些企业纷纷投资于土地、劳动力等生产成本廉价的国家和地区,加快国内产业的转移,这样就降低了本企业的生产成本,提高了产品的竞争力。对于一些战略性资源,如石油、天然气等,对外直接投资的发生更具有普遍性。特别是在大多数国家经济都高速发展的今天,这种具有战略意义的自然资源的供应尤为重要,取得了稳定供应的资源,企业就会处于有利的地位。

第三,许多发展中国家发生的政治经济上翻天覆地的变化也是推动对外直接投资迅速发展的又一大动力。有些国家实行了民主政治体制,实现了自由市场经济,大大鼓励了本国的对外直接投资。20世纪80年代以来,亚洲、东欧、拉美的一些国家,经济逐渐恢复,国内基础设施和投资环境得到很大的改善,放松了经济管制,撤销了在对外直接投资方面的很多限制,这在一定程度上吸引了外来投资者。根据联合国统计,1991年至2001年,世界范围内在管制对外直接投资的立法上所作的1393项改变中,95%为对外直接投资创造了更为有利的环境。2002年全球共有2 099个旨在保护和促进两国间投资的双边条约,涉及160多个国家,比1980年的181个增长了10倍。

第四,世界经济全球化及区域经济一体化也大大推动了对外直接投资的发展。世界经济全球化加大了各国间贸易和投资的密切程度。国际企业在全世界范围内从事对外直接投资以增强在全球市场中的影响力。区域经济一体化通过在各成员国间实行一系列的优惠政策,极大地方便了成员国之间的贸易、投资。如北美自由贸易区,东南亚国家联盟,亚太经济合作组织,都在一定的程度上推进了各国的对外投资。

2004年,中国吸收外商直接投资610亿美元,继续成为发展中国家中最大的外资流入国,在全球范围内仅次于美国(960亿美元)和英国(780亿美元),居第三位,并且连续12年实际使用外资金额位居发展中国家和地区首位。

二、对外直接投资的流入方向

从历史上看,大多数的对外直接投资都是流向了世界上的发达国家。而且由于美国具有易于进入的巨大的经济规模,有可以利用的高新技术和较高素质的劳动力,有最为成熟的市场经济结构,再加上良好的政治环境和国家对外直接投资的开放政策,美国通常是对外直接投资流入的最佳目标国。1990年至1998年,美国对外直接投资的流入额由484.22亿美元增加到1 933.75亿美元,其中约90%的投资来源于西欧、日本和加拿大等发达国家,其余约10%的投资来源于发展中国家。

虽然发达国家尤其是美国在总体上占据了对外直接投资流入量的大部分份额,但同时也出现了对外直接投资向发展中国家流入的浪潮。1985年至1990年间,发展中国家对外直接投资的流入量,平均每年为274亿美元,占全球的总流量的17.4%,到1997年发展中国家对外直接投资的流入量上升到1 490亿美元,占全球总量的37%,2001年,发展中国家的流入量占总量的27%,2002年增至1 850亿美元,占全球总量的35%。虽然发展中国家吸引外资的规模远不及发达国家,但增长速度却高于发达国家。近期流入发展中国家的投资多数以南亚、东亚、东南亚新兴国家为目标,如中国、韩国、新加坡、印尼、泰国、马来西亚、菲律宾、印度等国,由于这些国家经济发展速度较快,市场潜力大,使得它们成为美、日、欧等国开拓国外市场的重点国家,尤其是中国。1978年我国改革开放以后,外国在中国的投资热一直都未减退。几乎从零开始,1985年至1990年间,外商在华投资达到了年均27亿美元,20世纪90年代末剧增至年均400亿美元,从而使中国成为当时继美国之后的世界第二大对外直接投资接受国。尽管2001年、2002年世界对外直接投资流量暴跌,中国每年吸引外资仍接近500亿美元。在过去的20年里,这些外资流入使得17万家外商投资企业建立起来。对外直接投资流入已成为开放后中国投资和经济增长的主要来源之一。

拉美地区也正在成为发展中国家中对外直接投资的重要吸收国。1994年,拉美国家爆发了金融危机,但是随着其经济体制的改革及政策的调整,拉美地区经济已有所好转,外资流入也趋于恢复。2000年,流入这个地区的总投资量达到860亿美元,2001年,继续保持这一水平。其后,由于美国的"9·11"事件,世界经济总体发展缓慢,2002年,拉美地区吸收外资也降至620亿美元。外国对拉美地区的对外直接投资中有很多集中在墨西哥和巴西。流入拉美的外资主要来自美国。1996年,美国对发展中国家的直接投资占美国对外直接投资总额的28.7%,其中,拉美地区就吸收了美国对发展中国家的直接投资的65%。1996年,巴西吸收的直接投资为94亿美元,其中70%来自美国。与拉丁美洲地区相比,非洲所吸收的对外直接投资量是最少的,主要原因在于政局不稳,武装冲突,经济政策多变等因素长期困扰着该地区。2002年,对外直接投资在该地区的流入量仅为60亿美元,但是,该地区资源丰富,劳动力便宜,经济发展与地区合作势头在加强,而且许多邻国掀起了市场改革的浪潮,所以潜力十分巨大,这将有利于更多的外部资金流入该地区。

三、对外直接投资的来源

美国作为世界上第一位的投资大国开始于1945年,标志是美国对外直接投资超过了英国。除了个别年份外,美国的这种地位一直延续至今。20世纪70年代后期,美国占所有工业化国家对外直接投资流出量的47%,英国位居第二位,只占18%。60年代和70年代,美国企业主宰了对外直接投资的增长,到1980年,全球最大的382家跨国公司中有178家为美国公司,40家为英国企业。1985年至1990年间,美国的对外直接投资放慢,在日本和英国之后,90年代起又重现新的活力。从1990年至1998年,美国的对外直接投资量从239.32亿美元增加到1 328.29亿美元,增长了4.55倍。1999年至2000年,美国对外直接投资流出量一直保持着较高的水平,主要是被一些有利的因素所驱动。美国经济增长强劲,新兴产业加快成长,企业利润和现金流大幅度上升,出口市场继续扩大,繁荣的股票市场使得对对外直接投资融资更为容易,美元的坚挺也增加了投资者投资到国外的信心,这些都有利于美国企业向海外投资时提供资金。

正如日益成为对外直接投资重要的接受国一样,发展中国家也成为对外直接投资的重要输出国。这些国家由于吸收了大量的外资,经济发展迅速,又由于大力发展出口导向型经济,资本积累越来越多,经济、金融和投资实力增强,较快地卷入了对外直接投资的队伍中。《1995年世界投资报告》指出,发展中国家不仅仅是对外直接投资的目标,而且正以"令人震撼的速度向全球扩张",1980年至1984年,发展中国家对外直接投资的流出量占世界总额的5%。而1994年1年间就占到15%,随着发展中国家对外投资活动的迅速发展,其跨国公司也迅速成长。不少国家和地区的企业已经成为具有全球意义的大企业,如韩国的大宇集团,三星集团,

LG集团,还有墨西哥水泥公司。

第二节 有关对外直接投资的不同观念

由于国际直接投资对于东道国和投资国有利有弊,所以不同的国家和地区对于国际直接投资的态度差异很大,主要有以下三种观念:第一种,激进观点,这是一种极端的思想,对所有的对外直接投资都存有敌意。第二种,自由市场的放任态度,这是另一种极端的观点。第三种,就是处于这两种极端之间的实用民族主义的观点。

一、激进观点

这种激进观点是根植于马克思主义政治经济学理论的。马克思主义政治经济学反对资本主义和帝国主义,崇尚社会主义和共产主义。激进派人士认为跨国公司在东道国投资设厂后,剥削了东道国的劳动力,严重破坏了东道国的环境,它们只是从东道国榨取巨额利润返回母国,并没有给予东道国任何有价值的东西作为交换,这就使得世界上不发达国家陷入越来越贫穷的恶性循环中。根据激进派的观点,跨国公司是帝国主义统治的工具,任何国家都不应允许外国公司在本国从事对外直接投资活动,如果一国已经存在跨国公司,该国就应该迅速地将其国有化。

在20世纪40年代中期至80年代期间,激进观点在世界经济中具有非常大的影响力。许多国家独立之后的首要任务就是将外国的企业进行国有化改造;另外一些意识形态接近于民族主义而不是社会主义的国家也持这种激进的观点,例如伊朗和印度就曾采取这种强硬的政策限制对外直接投资流入本国,并将许多外国企业国有化。

二、自由市场观点

这一观点是和激进观点持一种完全相反的态度。它所提倡的就是鼓励积极吸收国际企业的对外直接投资。自由市场观点发端于亚当·斯密和大卫·李嘉图的古典经济学说和国际贸易理论。自由市场观点认为,根据比较优势的原理,每个国家都有生产特定产品的比较优势,各个国家应该专门从事在本国最具有效率的生产活动,整个国际化的大生产应当在各国之间进行分工,这样才能够实现资源的优化配置。要做到这一点,就必须依靠国际企业。国际企业可以通过对外直接投资,将产品和服务分配到世界最有效率的地点,进而提高世界经济的总体效率。

最近几年来,自由市场的观点在全球范围内的影响力日益上升,全球对待对外直接投资的态度有所转变,许多国家和地区在对内对外两方面取消了对外来直接投资的限制,并制定了一系列的政策鼓励外来直接投资。

最后需要指出,并没有一个国家实际上会采纳纯粹的自由市场观点,各国都有自己的经济利益,各国企业也都有自己的竞争弱势,如果对外来投资企业不加限制,这必然会威胁到国家的经济安全和本国企业的成长。英国和美国对待对外直接投资持有最为开放的态度,但这两个国家政府也都会采取一些干预措施。例如,美国政府规定,外国资本不得购买美国任何一家航空公司25%以上的股份,不得在任何一家电视广播公司获得控股地位。自1989年以来,美国政府还获得了以"国家安全"的名义对外来投资进行检查的权利。

三、实用民族主义

实际上许多国家对待对外直接投资既没有采取激进政策也没有采取自由市场政策,而是采取了介于两者之间的实用民族主义政策。实用民族主义者认为对外直接投资有利有弊,应当全面看待。对外直接投资可以带来资金、技术和就业机会,从而有利于东道国。但是东道国要获得这些利益就必须付出代价,比如为吸引外国直接投资,东道国政府会承诺提供一定的优惠条件,这有可能会威胁到国家主权;而且外国公司的进入会加剧国内市场的竞争,可能会对本国企业造成不利影响;如果外资工厂从母国进口许多零部件,这对东道国的国际收支也有负面的影响;如果某种产品是由外国公司制造而不是由本国公司制造,这项投资利润将最终流向国外。

实用民族主义的观点认为对待外资有两种方式:第一种方式,限制性的使用外资,即制定相关政策,对外资的进入加以限制。国际企业投资于国外时,会将丰富的管理资源和先进的技术转让给东道国的企业,这虽然有利于国内企业本身的发展,但是这种先进技术的转让有可能使东道国本地企业产生惰性,最终抑制了东道国企业的技术创新能力,这显然不利于东道国本国企业技术的发展和成长。20世纪80年代以前,在采用实用民族主义的国家中,日本应该是对外资进入限制最严格的国家之一。如果拥有重要技术的外资企业坚持不将技术转让给日本的企业,也不与日本的企业建立合资企业,那就能够获准在日本从事直接投资活动。IBM和得克萨斯器具就是通过采取这样的谈判立场,从而得以在日本建立了全资子公司。从日本政府的观点看,这些外资企业对日本经济可能带来的刺激作用超过了所考虑的成本。第二种形式就是,在外来直接投资对本国有利的情况下,东道国就会采取一系列的措施积极地吸收外资,比如以减税或补助的形式向外国国际企业提供补贴。许多欧盟国家常常会相互竞争,提供巨额的税收减免或补贴以吸引来自美国和日本的直接投资。

第三节 对外直接投资的形式

一、对外直接投资的两种形式

一般来讲,企业进行对外直接投资主要采取两种形式:一是新建投资,也称为绿地投资(Greenfield Investment),即国际企业以"一揽子"生产要素投入的方式在东道国建立新的企业,形成新的生产能力。二是跨国并购,即国际企业通过购买或兼并东道国现有企业的股权而获得对该企业的经营控制权。

过去的直接投资主要是通过新建投资来实现的,因为这样有利于选择适合投资企业全球发展战略所需要的生产规模和投资区位。随着科技革命和信息技术的进步,世界经济发展迅速,经济全球化使得参与对外直接投资的国际企业纷纷调整发展战略,跨国并购就得到了极大的发展。20世纪90年代以来,全球掀起了新一轮的跨国并购浪潮。在过去的20年里,全球并购额以年平均42%的速度迅猛上升,成为当前国际直接投资的主要方式。从全球的外资流入来看,如表5-1所示,90年代跨国并购在全球外资流入中一直占有很高的比重,1999年,跨国并购占国际直接投资的比重高达83.2%,并在2000年达到顶点。企业跨国并购的交易额巨大也是一个重要特点,如1999年全世界超过1亿美元的跨国并购达109笔,前10笔跨国并购交易额高达 2 205 亿美元,其中最大的一笔是英国沃达丰集团的(VG)斥资 603 亿美元收购美国空中通讯(ATC)。

表 5-1

全球跨国并购在对外直接投资流入中所占比重

年　　度	1990	1995	1996	1997	1999	2000	2002
全球对外直接投资流入(10 亿美元)	209	317	349	400	865	1 271	651
全球跨国并购(10 亿美元)	151	141	163	236	720	1 144	370
跨国并购在对外直接投资中所占比重(%)	72.2	44.5	46.7	59.0	83.2	90.0	56.8

注:全球跨国并购额只包括取得目标企业控制权的并购。

资料来源:http://www.tsinghuaren.com.cn/Article/Show Article.asp? Article ID=46 837。

如果按照对外直接投资的流入国家分类的话,流入发达国家的对外直接投资主要是采用并购的方式,发展中国家则新建投资占到了80%以上。主要是因为发展中国家企业生产经营水平不高,外国投资者很难发现值得其收购的目标企业。但是,如果外国企业对发展中国家的某些行业进行新建投资,再输入先进的管理方式和科学技术,反而可以形成自己的竞争优势,提高投资企业在发展中国家同行业中产品的市场占有度,这要比跨国并购获利大。

二、跨国并购和直接投资办厂的比较

(一)跨国并购的优点

在当今世界中,跨国并购已经成了对外直接投资的主要实现途径。与新建投资相比,跨国并购有其独特的优点。

(1)跨国并购比新建投资执行起来快,企业可以更为迅速地进入东道国的市场。相对于新建投资来说,跨国并购无需建设期,可以直接参与企业的生产经营,因而进入时间快。如通讯业、航空运输业和基础设施,由于对机器设备等硬件的投资巨大,所以这些行业的新建需要巨额资金,而且建设周期长,利益回报期也就长,如果通过并购,进入东道国市场就容易得多,这是跨国并购迅速发展的重要外部因素。而实现全球战略目标,迅速扩大生产规模和市场份额则是促使国际企业选择并购进入途径的重要内部原因。

(2)通过跨国并购不同业务的公司可以扩大本企业产品的种类。当被并购的企业与国际企业产品不同时,并购就可以迅速增加国际企业产品的种类,使之开拓新的生产领域。如美国电话电报公司(AT&T)在脱离电话业务后,通过收购方式进入了电子计算机行业。该公司还收购了英国的 Inmos 半导体公司,使 AT&T 获得了具有电脑处理、技艺、通信功能的微晶片的生产技术设备和专门人才,进一步促进了 AT&T 开发新一代电脑的能力。

(3)跨国并购可以获得被收购企业有价值的战略资产,例如品牌忠诚度,客户关系,商标或专利,分销系统,生产体系等等。就商标来说,大型跨国并购交易的被并购企业一般也是国际知名大公司,通过跨国并购可以在很短的时间内获得国际知名的商标。中国联想集团成功收购美国 IBM 公司的 PC 业务就是一个很好的例子。美国 IBM 公司是继戴尔公司、惠普公司之后排名第三的 IT 巨商,联想在收购 IBM 公司的 PC 业务初期,其商标品牌还是用 IBM 公司的,这就提高了联想集团在世界上的知名度。对于联想集团来说,IBM 公司的商标品牌就是一项重要的战略资产。

（4）进行并购的企业有信心管理好被收购的企业。凡是进行跨国并购的大型企业都有强大的经济实力和一套成功的生产经营管理体系，它们相信自己能够通过转移资金、技术或管理技能来提高被收购企业的效率。还是以联想集团收购 IBM 公司的 PC 业务来说，PC 业务是联想集团的传统业务，联想集团在这一领域具有相当的技术优势。而对于 IBM 公司来说，其 PC 业务已经处于亏损的境地，成为其整个 IT 业务的重负。所以要急于将其出售。联想集团既然决定将其收购，就是相信自己可以通过先进的技术或管理经验将其扭亏转赢。

（5）一些大型的国际企业为了逃避母国政府的管制实行跨国并购。有些国际企业的产品在母国市场上处于垄断地位，母国政府往往运用反垄断的法律，对其进行干预，所以，为了逃避本国政府的管制，一些国际企业就采取并购的方式将企业的核心资产转移到国外被并购的企业。

（二）跨国并购的负面影响

虽然跨国并购有一系列的优点，但是跨国并购从定义上看是将资产从国内转向国外，并且至少在初始阶段不增加被投资国的生产能力。《2000 年世界投资报告》认为，与新建投资办厂相比，跨国并购会给东道国经济发展带来一定的负面影响，特别是在市场进入时或进入后不久，表现在：

（1）虽然跨国并购和直接投资办厂都能给东道国注入资金，但跨国并购带入的资金并不总是能够增加生产的资本存量。因此一定数量的跨国并购直接投资为生产发展做出的贡献只相当于很少的新建投资办厂方式的直接投资作出的贡献，甚至根本就没有贡献。

（2）与新建投资办厂相比，跨国并购转移的高新技术较少，至少在市场进入初期是这样。另外，跨国并购还会造成本地企业的生产和其他活动（如研发）层次下降或完全停止，或迫使它们迁址。新建投资办厂则不会直接降低东道国的技术水平和生产能力。

（3）跨国并购在东道国不会增加就业，因为并购过程中生产能力没有增加。并且，跨国并购还会引起裁员，或许收购方如果不至于破产，可能会同意保留原有员工。而新建投资办厂肯定会增加东道国的就业。

（4）跨国并购会增加东道国市场的垄断程度，不利于培育竞争。事实上，可以故意用跨国并购的方式来减少或消除竞争。但如果跨国并购中收购的是即将倒闭的企业，那它还有利于防止市场垄断度的提高。而新建投资办厂从定义上看，能增加市场上企业的数量，不会在初始时造成市场垄断度的提高。

第四节　对外直接投资理论

一、垄断优势理论

垄断优势理论也称为特定优势论，是产业组织理论在国际企业和直接投资领域应用研究的结果，是关于国际企业凭借其特定的垄断优势从事国外直接投资的一种国际企业理论。1960 年，美国经济学家海默（S. H. Hymer）在他的博士论文《一国企业的国际经营：对外直接投资研究》中，提出了以垄断优势论来解释美国对外直接投资的理论。20 世纪 70 年代中，由海默的导师金德尔伯格（Charles P. Kindleberger）修正发展而形成了现代国际企业理论的基础——垄断优势理论,被称为"海默—金德尔伯格传统"(H—K Tradition)。

(一)垄断优势理论的主要内容

1. 市场不完全

传统的国际贸易理论是以完全竞争理论为前提的,即传统理论认为,企业所面临的国际市场是完全的(即市场具有效率、信息不产生费用、没有贸易障碍、公平竞争等),国际贸易是企业参与国际市场或对外扩张的唯一方式,企业将根据比较利益从事出口活动。海默认为完全竞争是一种理想的状态,现实中更多存在的是不完全竞争的市场条件。海默把国际企业对外投资动机与不完全竞争理论结合起来,他认为以不完全竞争为前提的市场不完全性为对外直接投资打开了大门。海默认为至少存在四种类型的市场不完全性:

(1)产品市场的不完全。如商品的特异化、商标、特殊的市场技能等。

(2)要素市场的不完全。如专利、技术诀窍、获得资本的不同难易程度等。

(3)由规模经济引起的市场不完全。如同种产品企业由规模递增引起的成本递减或收益递增等。

(4)由于政府的干预而引起的市场不完全。如政府的干预程度及关税、税收、利率、汇率等政策的差异。

2. 国际企业拥有的垄断优势

传统的解释国际资本运动的理论是要素禀赋论。该理论认为,各国的产品和生产要素市场是完全竞争的;资本从"资本过剩"国流向资本短缺国;国际资本运动的根本原因是各国间利率的差异,对外投资的主要目标是追求高利率。而海默认为对外直接投资与对外证券投资有着不同的行为表现,传统的理论无法解释第二次世界大战后迅速发展的国际直接投资。在他的博士论文中,海默首先明确指出大企业到国外直接投资的主要原因在于其特定优势。

国际企业在东道国进行直接投资,会遇到诸多障碍(如语言、法律、文化、经济制度的不同,非国民待遇,汇率风险等)。与东道国企业相比,国际企业在这些方面处于不利地位。既然如此,国际企业为什么还要进行对外直接投资呢?垄断优势理论认为,国际企业之所以能够进入东道国市场并与当地企业进行竞争,主要原因是国际企业拥有垄断优势,具体体现在:

(1)技术优势。这是垄断优势的核心内容,它包括技术、知识、信息、诀窍、无形资产等范围广泛的要素。其中新产品、新生产工艺和产品特异化能力是最具有实质性的构成部分,因为它们既造成了投资企业的独占性,又常常是东道国市场最需要的东西。

(2)先进管理经验。与拥有的先进技术相适应,国际企业在长期的生产经营过程中总结出了一整套适应现代化生产的先进管理经验,对生产经营活动实行高效率的管理和控制,这是东道国企业所无法比拟的优势。

(3)雄厚的资金实力。首先,国际企业本身具有雄厚的资金实力,并且公司总部可以在内部的各子公司之间灵活调度数额庞大的资金,这是一般东道国企业无法与之相比的。其次,国际企业可以在国际金融市场上利用企业良好的资信顺利融资,大大地降低了融资的成本。有了大量的资金就可以在世界范围内寻找最有利的投资项目,以保证国际企业获得高额利润。

(4)灵通的信息。大型国际企业拥有先进的通讯设备,分支机构遍布世界各地,信息灵通。

(5)国际声望。大型国际企业历史悠久,声名显赫,其影响面广,产品更容易打入国际市场。

(6) 全球性的销售网络。大型国际企业有自己独立的销售系统,遍布全球各地且与国际包销商有长期而稳定的业务联系,在销售成本和速度方面占有优势。

(7) 规模经济。一般来讲,企业生产规模越大,越具有规模经济优势。国际企业可以利用国际专业化生产,避免本国和东道国市场对规模经济的限制。国际企业利用各国生产要素的差异,通过横向一体化取得内部规模经济的优势,通过纵向一体化取得外部规模经济的优势,并使之转化为公司内部的利润。

3. 结论

企业对外直接投资必须具备两个基本条件:一是企业自身必须拥有垄断优势,以抵消在与东道国当地企业竞争中的不利因素;二是市场不完全性的存在,企业利用市场不完全性来拥有和保持这种垄断优势。

(二) 垄断优势理论简评

海默—金德尔伯格的垄断优势理论,以垄断代替完全竞争,第一次把国际资本流动的研究从流通领域转向生产领域,并将直接投资与证券投资分门别类地进行探讨,从而突破了传统的研究方法,开创了对外直接投资理论研究的先河。其许多内容具有科学性,首次提出了不完全竞争市场是导致对外直接投资的根本原因,并论述了市场不完全的类型;提出了国际企业拥有的垄断优势是其实现对外直接投资获得高额利润的条件,并分析了垄断优势的内容等。这些对于对外直接投资理论和实践的发展都具有十分重要的意义。

垄断优势理论也存在着许多局限性:垄断优势理论主要是对美国对外直接投资研究的成果,并且研究的对象是技术经济实力雄厚、独具对外扩张能力的大型国际企业,对于发展中国家的对外直接投资及中小企业的对外直接投资没有进行分析。

二、内部化理论

(一) 理论产生

内部化理论亦称市场内部化理论,是当代西方较为流行的、较有影响的、关于对外投资的理论。所谓内部化是指把市场建立在公司内部的过程,以内部市场取代原来的外部市场,公司内部的转移价格起着润滑内部市场的作用,使之与外部市场一样有效地发挥作用。

该理论出现于20世纪70年代末、80年代初,其代表人物是英国里丁大学的巴克莱(P. J. Buckley)、卡森(M. Casson)和加拿大经济学家拉格曼(A. M. Rugman),主要著作有《国际企业的未来》(巴克莱和卡森,1978年)、《国际企业的选择》(卡森,1979年)、《国际企业内幕》(拉克曼,1982年)。

内部化理论的思想渊源可追溯到"科斯定理"。早在1937年,科斯就在一篇题为《企业的性质》的论文中提出了内部化理论的雏形。科斯认为,市场交易过程不是没有代价的。由于价格信息是不充分的、不确定的,因此,市场的交易过程并不顺利,交易人之间常会发生纠纷、冲突,因此就需要谈判、履约,并诉诸于法律,所有这一切都要花费一定的交易成本。科斯将市场交易成本分为四类:① 寻找和确定合适的贸易价格的活动成本;② 确定合同签约人责任的成本;③ 与接受这种合同有关的风险成本;④ 从事市场贸易所支付的交易成本。他认为企业的出现和存在正是为了节约市场交易成本,企业的内部组织是一种低成本的有效的生产联系方式。

科斯还进一步分析了市场与企业的边界问题。他认为企业组织也是有成本的,只要企业能在内部组织交易并花费比公开市场交易更低的成本,企业就会自己来从事这些交易并使之内部化。企业也正因此而产生并扩大到一个均衡规模。

(二) 主要内容

1. 假设前提

内部化理论也承认市场的不完全,但内部化理论将其原因归结为市场机制的内在缺陷,从中间产品(特别是知识产品)的性质与市场机制的矛盾角度来论述内部化的必要性,内部化的目标就是要消除外部市场的不完全。巴克莱和卡森认为,不完全竞争并非由规模经济、寡头行为、贸易保护主义和政府干预所致,而是由于某些市场失效,导致企业市场交易成本增加。市场失效是指由于市场的不完全,使企业在让渡自己的中间产品时无法保障自身的权益,也不能通过市场来合理配置其资源,以保证企业利润的最大化。所谓中间产品不仅包括半加工的原材料和零部件,更主要的是指专利、专用技术、商标、商誉、管理技能和市场信息等知识产品。这些中间产品在实现其专用权价值时,会因不完全竞争的市场而受阻。比如信息,在外部市场让渡时极易扩散,使所有者失去垄断优势,这就是市场失效的典型,也正是这种市场失效导致国际企业将外部市场内部化。

2. 影响交易成本的因素

交易成本是指为克服外部市场的交易障碍而付出的代价。巴克莱和卡森认为,影响企业交易成本的主要因素有:

(1) 行业因素,主要包括产品的特性、产品外部市场的竞争结构、规模经济等。

(2) 国别因素,主要包括东道国政治制度、法律制度、经济制度和财政金融政策等对国际企业经营的影响。

(3) 地区因素,主要包括由于地理位置、社会心理、文化环境等的不同所引起的交易成本的变化。

(4) 企业因素,主要包括企业的组织机构、管理经验、控制和协调能力等。

在以上四个因素中,行业因素最为重要,其中又以知识产品因素最为关键。

3. 市场内部化的动机

基于市场的不完全,企业往往乐于实行市场内部化。企业实行市场内部化的动机与其产品的性质和相应的市场结构密切相关。

内部化理论认为,知识产品具有特殊的性质,知识产品的市场结构和知识产品在现代企业经营管理中的重要地位决定了其市场内部化的动机最强。知识产品及其交易具有如下特点:

(1) 知识产品的形成耗时长、费用大。在知识产品的研究与开发过程中,企业要投入大量的人力和财力,如西方一些大型国际企业每年要投入大量的技术人员和数十亿美元的研究开发费用,用于新产品的开发(即生产知识产品)。同时,要花费较长的时间,短则几年,长则十几年或几十年。亦即企业要花费巨大的代价,但其研究与开发的结果具有不确定性,并不一定能保证生产出预期的知识产品。一次性在外部市场转让知识产品,并不一定能全额补偿最初的研究与开发费用。

(2) 知识产品可以给拥有者提供垄断优势。知识产品的拥有者如在外部市场将其转让,无疑等于扶持了竞争对手,削弱了自身的竞争能力,而利用差别性定价则比通过发放许可证更能有效地利用这些优势,给知识拥有者带来更大的收益。

(3) 由于存在市场的不完全,知识产品的价格不易确定。在各类市场中,知识产品市场的不完全表现得尤为突出。这种不完全可能导致在外部市场很难协调知识产品的价格,其出路在于市场内部化。

(4) 知识产品的市场外部化可能导致增加额外的交易成本。知识产品还具有"共享性特点",其外部化时一般只涉及使用权的转让,交易双方都无法保证对方不向第三者泄密,也就是有可能额外增加交易成本。

基于上述四方面原因,企业对其拥有的知识产品实行内部化,即控制在内部使用,达到长时期保持对知识产品的独占优势,最大限度地回收研发费用,并最大限度地实现价值的增值。

对于资本密集型制造业的中间产品、受自然因素影响较大的农副产品和矿藏分布集中的原材料产品等,企业也具有较强的市场内部化动机,至于其他一些中间产品,拥有者对其实行内部化的动机要差一些。

4. 市场内部化的收益与成本

企业实行市场内部化的目标是获得内部化本身的收益,但市场的内部化也会增加企业的成本。企业市场内部化的进程取决于其对内部化的收益与成本比较的结果。

市场内部化的收益来源于消除外部市场不完全所带来的经济效益。具体包括六个方面:

(1) 统一协调企业各项业务带来的经济效益。企业通过建立内部市场,可以将相互联系的各种生产经营活动置于统一的控制之下,协调不同生产阶段的长期供需关系,从而可以给企业带来经济效益。

(2) 制定有效的差别价格所带来的经济效益。企业通过纵向一体化和横向一体化,建立内部市场,运用差别价格,充分发挥其在中间产品方面的优势,进而带来经济效益。

(3) 消除买方不确定所带来的经济效益。通过建立内部市场,可以将中间产品的买卖在所有权上合二为一,消除买方的不确定性。在其他产品的买卖上,也可以全部或部分消除外部市场"独买"或"独卖"交易形成的市场不稳定性,进而带来经济效益。

(4) 减轻或消除国际市场的不完全所带来的经济效益。建立内部市场,可以减轻或消除国际市场的不完全,缓和出口贸易的不稳定,进而可以带来经济效益。

(5) 保持企业在全世界范围内的技术优势所带来的经济效益。建立知识产品的内部市场,知识产品仅限于在总公司与各子公司之间转移,可以避免外国竞争者的仿制,确保国际企业在世界范围内的技术优势,进而带来经济效益。

(6) 避免政府干预所带来的经济效益。市场内部化后,国际企业可以运用划拨价格避开政府的干预,获得诸如逃避税收、转移资金等益处。

从全社会的角度来看,实行市场内部化并不是资源有效配置的最佳途径,却可以给行为主体带来利润的最大化。当然,国际企业实行市场内部化,还需格外支付一些成本,例如:① 资源成本。市场是一个完整的体系,国际企业实行市场内部化,则将一个完整的市场人为地分割成为若干个独立的小市场(即内部市场)。显而易见,这些独立的小市场迫使国际企业在低于最优经济规模的水平上从事投资和生产经营活动,造成资源的浪费。② 通讯联络成本。为避免泄密,国际企业都建立有独立的通讯系统,必然引起通讯联络成本的增加。③ 国家风险成本。国际企业在东道国的投资和生产经营活动有可能造成对当地市场一定程度的垄断和对当地企业的生产经营活动产生不利影响,往往导致东道国政府的干预,使国际企业在东道国的投资和生产经营活动面临着风险,有可能遭受一定的损失。④ 管理成本。建立内部市场,国际企业必然要在监督管理方面增加人力和财力的投入,进而增加管理成本。

（三）对内部化理论的评价

内部化理论从国际企业所面临的内部、外部市场的差异,国际分工、国际生产组织的形式等方面来研究对外直接投资的行为和动机,较好地解释了国际企业的性质、起源,以及对外投资的形式等。它既可以解释发达国家的对外投资行为,又可以解释发展中国家的对外直接投资行为。该理论对国际经济学界产生了较大的影响。而且内部化理论较好地解释了国际企业在选择对外直接投资、出口贸易和许可证安排这三种参与国际经济方式上的依据。

但是内部化理论也具有一定局限性。国际企业实行内部化主要是对高技术含量的知识产品实行内部化,这就势必阻碍了新技术、新产品在全世界范围的迅速普及,从而在一定程度上阻碍了生产力的发展。内部化理论未能科学地解释国际企业对外直接投资的区域分布,因而常常受到区位优势论经济学家的抨击。

三、边际产业扩张论

1977年,日本一桥大学的小岛清发表了其专著《对外直接投资论》。他在发展了贸易互补型对外直接投资理论的基础上,运用比较优势原理,并根据对日本和美国企业跨国投资经营的实证分析,进一步提出了如何实现与贸易互补的对外直接投资。小岛清将自己的理论称为"边际产业扩张论",又称为"比较优势原理"。小岛清认为,垄断优势理论对国际企业的分析忽略了对宏观因素的分析,尤其是忽略了国际分工原则的作用。实际上国际分工原则和比较成本原则是一致的,就是说国际分工不仅能解释对外贸易,也能解释对外直接投资。

（一）边际产业扩张论的内涵

1. 边际产业扩张论的基本命题

小岛清对外直接投资理论的基本命题有三个:

(1)生产要素的差异导致比较成本的差异。小岛清认为赫克歇尔—俄林理论中的劳动和资本要素可以用劳动和经营资源来替代。经营资源是生产要素,包括实物资产、技术和劳动力等。如果两国的资本和劳动的比率存在着差异,结果必将导致比较成本的差异。

(2)比较利润率的差异与比较成本的差异有关。凡是具有比较成本优势的行业,其比较利润率也较高,比较成本与比较利润率是相对应的。因此,应该根据比较成本和比较利润率来分析一国的对外贸易和对外直接投资。

(3)美国与日本的对外直接投资方式不同。美国的对外直接投资人为地把经营资源作为一种特殊的生产要素,并在此基础上产生了寡头垄断性的对外直接投资;而日本型的对外直接投资是将经营资源作为一般的生产要素,并在此基础上产生了处于劣势的产业即边际产业的对外直接投资。

小岛清的对外直接投资理论就是围绕这三个基本命题展开的。

2. 对外直接投资的类型

小岛清根据不同企业的投资动机不同,将对外直接投资划分为四种类型:

(1)自然资源导向型。投资国的国际企业通过对外直接投资,在东道国建立资源开发型企业,开发油田、矿业、林业、水产等自然资源,其产品既可以向投资国出口,也可以在东道国当地市场销售或向其他国家出口。其结果是促进制成品与初级产品生产国之间的垂直专业化分工。

(2) 市场导向型。投资国的国际企业为了绕过东道国设置的贸易壁垒,对东道国进行对外直接投资,在东道国生产并销售,从而实现了由向东道国出口最终产品改为向东道国出口中间产品和机器设备的转换。另外,当一国出口商品市场的开辟进行到一定程度时,出于规模经济效益的考虑在东道国建立企业,在当地进行生产和销售,这样对生产者更有利。这种投资的类型可分为两类:一类是由于进口国贸易障碍等因素的作用,使得继续扩大出口受到限制或成本增加,从而导致对外直接投资,这种投资称为贸易导向型;另一类是寡头垄断性质的对外直接投资,在美国的新兴制造业特别是知识产品产业中表现得尤为突出,这种投资称为反贸易导向型。

(3) 生产要素导向型。各国的生产要素如原材料、零部件、机器设备、技术,特别是劳动力在国际间的流动要受到许多政治、经济和法律上的限制,土地更是完全没有流动性。因此,利用东道国廉价的生产要素是国际企业对外直接投资的重要目标。由于发达国家的劳动力成本不断上升,因此将劳动密集型产业,特别是已经标准化的、传统的劳动密集型产业转移到劳动力成本比较低的国家,建立向本国或其他国家出口的生产基地,对生产者是极为有利的。

(4) 生产与销售国际化型。这种类型的对外直接投资是通过国际企业的水平一体化和垂直一体化实施的,其是否构成反贸易导向型对外直接投资,取决于这类投资是否具有寡头垄断性质。

3. 边际产业扩张论的核心

边际产业扩张论的核心是:对外直接投资应从投资国已经或即将处于比较劣势的产业(即边际产业)依次进行,这些边际产业是东道国具有比较优势或潜在比较优势的产业。并且投资企业和东道国的技术差距越小越好,这样有利于当地比较优势产业的建立,两国可以在对外直接投资及其引致的贸易中互补,并能更大程度地受益。小岛清称这一原则为"补充比较优势原则"或"对外直接投资的边际产业原则"。

小岛清认为,对外直接投资如果不以"边际产业"为序,而是像美国那样,从本国最具比较优势的产业开始,即逆贸易导向的对外直接投资,将导致投资对贸易的替代,这对投资国和东道国都是不利的。一方面,将那些本国具有比较优势的产业过早地转移到国外,会使投资国的经济趋于中空;同时这种逆贸易导向的对外直接投资本质是以国外生产替代本国出口,它非但不能节约成本,反而会造成生产资源的浪费,结果会使本国丧失了应该通过出口而得到的巨额贸易顺差,不利于贸易收支的平衡,也限制了贸易的进一步扩大。另一方面,这种对外直接投资也不符合东道国(特别是发展中国家)经济发展的需要,因为资本密集型、技术密集型的投资对于解决发展中国家的就业问题没有多大帮助。

(二) 边际产业扩张论简评

1. 理论贡献

(1) 小岛清的理论从投资国的角度而不是从企业或国际企业角度来分析对外直接投资动机,克服了以前传统的国际投资理论只注重微观而忽视宏观的缺陷,能较好地解释对外直接投资的国家动机,具有开创性和独到之处。

(2) 边际产业投资理论用比较成本原理从国际分工的角度来分析对外直接投资活动,从而对对外直接投资与对外贸易的关系作了有机结合的统一解释,克服了垄断优势理论把两者割裂开来的局限性,较好地解释了第二次世界大战后日本的对外直接投资活动。

2. 理论局限性

(1) 理论分析以投资国而不是以企业为主体,这实际上假定了所有对外直接投资的企业之间的动机是一致的,都是投资国的动机。这样的假定过于简单,难以解释处于复杂国际环境之下的企业对外投资的行为。

(2) 小岛清提出的对外直接投资和国际分工导向均是单向的,即由发达国家向发展中国家的方向进行,无法解释发展中国家对发达国家的逆贸易导向型直接投资。

(3) 比较优势理论产生的背景是第二次世界大战后初期日本的中小企业对外直接投资的状况。而今天日本的对外直接投资情况早已发生变化,对发达国家的逆向投资迅速增加,以进口替代型的投资为主。因此,边际产业扩张论具有极大的局限性,不具有一般意义。

四、国际生产折衷理论

国际生产折衷理论也称国际生产综合理论,由英国里丁大学邓宁(Dunning)教授于20世纪70年代末在其论文《贸易、经济活动的区位与我国企业:折衷方法探索》中首次提出,并于80年代初在其《国际生产与多国企业》著作中较为全面地阐述和完善的。他主张把对外投资的目的、条件以及对外投资能力的分析结合起来,然后在采纳海默的垄断优势理论和巴克莱、卡森的内部化理论基础上再引入区位优势理论,由此形成了国际生产折衷理论。

(一) 国际生产折衷理论的主要内容

国际生产折衷理论的核心内容是它的三优势模型。

国际生产折衷理论认为企业同时具有"所有权特定优势"、"内部化特定优势"和"区位特定优势"才能从事对外直接投资,或者说对外直接投资行为是由所有权优势、内部化优势和区位优势三者综合作用的结果。

1. 所有权优势

所有权优势又称为厂商优势或竞争优势或垄断优势,是指一国企业拥有或者能够获得的、其他企业所没有或无法获得的资产及其所有权。邓宁认为,国际企业所拥有的所有权优势主要包括两类:第一类是通过出口贸易、技术转让和对外直接投资等方式均能给企业带来收益的所有权优势,这类优势几乎包括企业拥有的各种优势,如产品、技术、商标、组织管理技能等;第二类是只有通过对外直接投资才能获得的所有权优势,这种所有权优势无法通过出口贸易、技术转让的方式给企业带来收益,只有将其在企业内部使用,才能给企业带来收益,如交易和运输成本的降低、产品和市场的多样化、产品生产加工的统一调配、对销售市场和原料来源的垄断等。具体地说,这些所有权优势又可以分为四类:

(1) 技术优势,主要包括专利、专用技术、管理经验、销售技巧、研究与开发能力等。

(2) 企业规模优势。有两方面的含义:一是公司规模越大,则研究与开发能力越强,越有利于技术创新;二是公司规模越大,越能在国外市场上获得规模经济优势。

(3) 组织管理优势。体现为组织人才优势、组织的协调管理优势等。

(4) 金融和货币优势。大公司实力雄厚,资信好,能以较低的成本获得贷款,并且具有广泛的渠道获得资金来源。

国际企业拥有的所有权优势的大小直接决定着其对外直接投资的能力。但是,企业拥有所有权优势只是其能够对外直接投资的必要条件,而非充分条件。

2. 内部化优势

内部化优势是指国际企业将其所拥有的资产加以内部使用而带来的优势。邓宁认为，国际企业将其所拥有的各种所有权优势加以内部化动机在于避免外部市场的不完全所产生的不利影响，以实现资源的最优配置，继续保持和充分利用其所有权优势的垄断地位。邓宁将市场不完全划分为结构性市场不完全和知识性市场不完全两类，前者是指由于竞争壁垒、交易成本高而导致的市场不完全；后者是指由于不易或需支付较高的代价获得生产与销售的有关信息而产生的市场不完全。此外，政府的干预也会导致市场的不完全。

3. 区位优势

区位优势是指国际企业在投资区位上具有的选择优势。区位优势是由投资国和东道国的多种因素决定，具体可以包括生产投入和市场的地理分布状况；生产要素成本；运输成本和通讯成本；基础设施状况；政府干预经济的程度和范围；金融市场发展和金融制度；国内市场和国际市场的差异程度；文化环境的差异程度；贸易壁垒等等。根据区位优势理论，区位优势包括了直接区位优势和间接区位优势。

（1）直接区位优势。东道国的某些有利因素所形成的区位优势，比如广阔的产品销售市场，政府的各种优惠投资政策，低廉的生产要素成本，相对充分可供的当地原材料和其他投入品。

（2）间接区位优势。由于投资母国某些不利因素所形成的区位优势，如商品出口运输费用过高，商品出口受到东道国贸易保护主义限制，生产要素成本过高等。

在邓宁看来，所有权优势、内部化优势、区位优势是形成国际直接投资的三个最关键因素。这三方面因素的组合，不仅可以确定各种类型的直接投资，而且可以解释厂商关于直接投资、出口销售和许可经营这三种经济活动的选择行为，如表5-2所示。

表 5-2

企业优势与国际经营方式的选择

优势类型 经营方式	所有权优势 (O)	内部化优势 (I)	区位优势 (L)
对外直接投资	有	有	有
出口贸易	有	有	无
许可证安排	有	无	无

所有权优势是厂商以各种方式参与国际市场活动的必要条件，区位优势是进行直接投资的充分条件。只具备所有权优势和内部化优势而不具备区位优势时，厂商选择出口；如果只具备所有权优势，即没有能力使之内部化，也不能利用国外区位优势，那就只能采取许可经营的方式；当三个条件同时具备时，厂商才有可能进行直接投资。

（二）国际生产折衷理论简评

邓宁的国际生产折衷理论具有较强的解释能力，既可以解释发达国家的对外直接投资行为，也可以解释发展中国家的对外直接投资行为。该理论还将对外直接投资、对外贸易和对外技术转让结合起来，被认为是当代最完备、被广泛接受的国际直接投资理论，许多文献将其称为国际直接投资的"通论"。

国际生产折衷理论也存在局限性：该理论是根据西方私人对外直接投资行为提出来的，难以对社会主义国家和一些发展中国家国有企业的对外直接投资行为作出科学的解释,因为这些企业的对外直接投资行为往往受国际经济合作协议和本国国民经济发展总体规划的支配,与其所讲的三种优势可能并无多大关系。此外,该理论将利润最大化作为国际企业对外直接投资的主要目标,与20世纪60年代以来国际企业对外直接投资目标多元化这一事实也不完全相符。

五、发展中国家对外直接投资理论

(一)小规模技术理论

这一理论是美国经济学家威尔斯提出的。威尔斯认为,传统对外直接投资理论的最大缺陷是把竞争优势绝对化。发展中国家跨国企业的竞争优势是相对的,主要来自低生产成本。这种低生产成本是与其母国的市场特征紧密相关的。

1. 理论要点

威尔斯主要从三个方面分析了发展中国家跨国企业的相对比较优势:

(1)拥有为小市场需要提供服务的小规模生产技术。低收入国家制成品市场的一个普遍特征是需求量有限,大规模生产技术无法从这种小市场需求中获得规模效益,而这个市场空档正好被发展中国家的跨国企业所利用,它们以此开发了满足小市场需求的生产技术而获得竞争优势。

(2)发展中国家在民族产品的海外生产上颇具优势。发展中国家对外投资的另一特征表现在鲜明的民族文化特点上,这些海外投资主要是为服务于海外某一种团体的需要而建立的。一个突出的例子是华人社团在食品加工、餐饮、新闻出版等方面的需求,带动了一部分东亚、东南亚国家和地区的海外投资。而这些民族产品的生产往往利用母国的当地资源,在生产成本上占有优势。

(3)低价产品营销战略。与发达国家国际企业的产品相比,物美价廉是发展中国家产品最大的特点。当然,这一特点自然成为发展中国家跨国企业提高市场占有率的有力武器。而发达国家的国际企业的营销策略往往是投入大量的广告费用,树立产品形象,以创造名牌产品效应。美国学者巴斯基特(Busjeet)对毛里求斯出口加工区外国制造业公司的调查发现,发展中国家国际企业推销产品的广告费用大大低于发达国家的同行公司。在被调查的企业中,96%的发展中国家的公司广告费用占其销售额的比例低于1%,而在发达国家的同行公司中,21%的子公司广告费用占其销售额的比例超过2%。

2. 理论贡献

威尔斯的小规模技术理论被西方理论界认为是该领域研究的具有代表性的理论之一。他把发展中国家跨国企业竞争优势的产生与这些国家自身的市场特征结合起来,在理论上给后人提供了一个充分的分析空间。世界市场是多元化、多层次的,即使对于那些技术不够先进、经营范围和生产规模不够大的小企业,参与国际竞争仍有很强的经济动力。这不仅有利于实现企业的经营战略和长期发展目标,而且企业的创新活动大大增加了发展中国家企业参与国际竞争的可能性。

(二)技术地方化理论

这一理论是英国经济学家拉奥提出的。拉奥在对印度跨国企业的竞争优势和投资动机进行了深入研究后指出,即使发展中国家跨国企业的技术特征表现在规模小、使用标准技术和劳动密集型,但这种技术的形成却包含着企业内在的创新活动。正是这些创新活动使发展中国家的跨国企业形成了、具有了和不断发展着自己的"特有优势"。

1. 理论要点

拉奥认为,发展中国家跨国企业"特有优势"的形成,是由四个条件促使和决定的:

(1) 在发展中国家,技术知识的当地化是在不同于发达国家的环境下进行的,这种新的环境往往与一国的要素价格及其质量相联系。

(2) 发展中国家生产的产品适合于他们自身的经济和需求。换句话说,只要这些企业对进口的技术和产品进行一定改造,使它们的产品能够更好地满足当地或邻国市场需要的话,这种创新活动就会形成竞争优势。

(3) 发展中国家企业竞争优势不仅来自于其生产过程与当地的供给条件和需求条件紧密结合,而且来自创新活动中所产生的技术在规模生产条件下具有更高的经济效益。

(4) 在产品特征上,发展中国家企业仍然能够开发出与名牌产品不同的消费品,特别是国内市场较大、消费者的品位和购买能力有很大差别时,来自发展中国家的产品仍有一定的竞争能力。

2. 理论贡献

拉奥的技术地方化理论不仅分析了发展中国家企业的国际竞争优势是什么,而且更重要的是,强调了形成竞争优势的原因是企业特有的创新活动。拉奥认为,企业的技术吸收过程是一种不可逆的创新活动,这种创新往往受当地的生产供给、需求条件和企业特有的学习活动的直接影响。与威尔斯相比,拉奥更强调企业技术引进的再生过程。发展中国家对外国技术的改进、消化和吸收不是一种被动的模仿和复制,而是技术的改进和创新。正是这种创新活动给企业带来了新的竞争优势。它把对发展中国家的企业跨国经营研究的注意力引向微观层次,以证明落后国家企业以比较优势参与国际生产和经营活动的可能性。

(三) 技术创新产业升级理论

20世纪80年代中期以后,发展中国家对外直接投资出现了加速增长的趋势。特别是一些新兴工业国家和地区的对外直接投资把触角直接伸向了发达国家,并成为当地企业有力的竞争对手。如何解释发展中国家国际企业的新趋势,是国际企业理论界面临的重要挑战。坎特威尔教授是英国里丁大学研究技术创新与经济发展问题的著名专家,他作为托兰惕诺的博士生导师,与托兰惕诺共同对发展中国家对外直接投资问题进行了系统的考察,提出了第三世界国家技术创新产业升级理论。该理论提出以后,受到经济理论界的高度评价,托兰惕诺本人的博士论文《技术创新与第三世界国际企业》也因此获得了1989年度理查得·法默国际商务学会最佳博士论文奖。

第三世界国家国际企业技术创新产业升级理论提出了两个基本命题:

第一,发展中国家产业结构的升级,说明了发展中国家企业技术能力的稳定提高和扩大,这种技术能力的提高是一个不断积累的结果。

第二,发展中国家企业技术能力的提高是与他们对外直接投资的增长直接相关的。现有的技术能力水平是影响其国际生产活动的决定因素,同时影响发展中国家国际企业对外投资的形式和增长速度。

在以上两个命题的基础上,得出的基本结论是:发展中国家对外直接投资的产业分布和地理分布是随着时间的推移而逐渐变化的,并且是可以预测的。

坎特威尔和托兰惕诺认为,从历史上看,技术积累对一国经济发展的促进作用,在发达国家和在发展中国家没有什么本质上的差别。技术创新仍然是一国产业、企业发展的根本动力。与发达国家相比,发展中国家企业的技术创新表现出不同的特性。发达国家企业的技术创新表现为大量的研究与开发投入,处于尖端的高科技领域,引导技术发展的潮流。而发展中国家企业的技术创新并没有很强的研究与开发能力,主要是利用特有的"学习经验"和组织能力,掌握和开发现有的生产技术。

新兴工业化国家的竞争优势表现在工业产品、轻工业消费品(如纺织、服装和鞋帽、玩具)以及电子产品。这些企业的技术创新最初来自外国技术的进口,并使进口技术适合当地的市场需求。随着生产经验的积累,对技术的吸收、消化带来了技术创新。这种技术创新优势又随着管理水平、市场营销水平的提高而得到加强。因此,发展中国家国际企业的技术积累过程是建立在它们"特有的学习经验基础上的"。

坎特威尔和托兰惕诺还分析了发展中国家国际企业对外直接投资的产业特征和地理特征。他们认为,发展中国家国际企业对外直接投资受其国内产业结构和内生技术创新能力的影响。在产业分布上,首先以自然资源开发为主的纵向一体化生产活动;然后是以进口替代和出口导向的横向一体化生产活动为主。从海外经营的地理扩张看,发展中国家企业在很大程度上受"心理距离"的影响,遵循先周边国家→发展中国家→发达国家的渐进发展轨道。随着工业化程度的提高,一些新兴工业化国家或地区的产业结构发生了明显变化,技术能力也得到迅速提高。在对外投资方面,它们已经不再局限于传统产业的传统产品,开始从事高科技领域的生产和开发活动。如中国台湾国际企业在化学、半导体、计算机领域;新加坡国际企业在计算机、生物技术、基因工程、电子技术领域;韩国、中国香港企业在半导体、软件开发、电信技术等领域都占有一席之地。这些国家或地区对发达国家的投资也表现出良好的竞争力。

第五节 对外直接投资对于资金流入国的利弊分析

对外直接投资也是一把"双刃剑",对东道国既有利又有弊,应当全面看待。

一、对外直接投资对东道国的裨益

对外直接投资对于东道国经济发展的促进作用主要源于直接投资流入的各种效应。这里主要介绍五种效应:资源转移效应、就业效应、国际收支效应、竞争和经济方面的效应以及产业结构优化效应。

(一)资源转移效应

对外直接投资对东道国的经济有积极的贡献,它不仅提供了东道国建设所需要的资金,还将先进的技术和管理经验传入东道国,从而提高了该国的经济增长速度。

1. 资本

在许多发达国家的经济成长初期,外资曾发挥过重要作用。如在1870年至1914年间,加拿大国内总资本形成中流入的外国资本约占40%;在1861年至1900年间,澳大利亚的该比例约为37%;在1920年至1929年间,挪威的该比例为29%。即使像日本、美国这样的国家,尽管在其经济成长初期这一比例较低,但外资仍起过重要的作用。现在许多发展中国家不同程度地处于发达国家18世纪和19世纪所经历过的那种经济成长阶段。

2. 技术

整个世界经济在最近几十年里获得如此巨大的进步,技术革命起到了关键作用。由于对外直接投资会带动技术在国际间的直接或间接流动,所以发展中国家就可以通过吸收外资从发达国家获得先进的技术,提高生产率。又由于技术存在着乘数效应和外溢效应,不仅可以刺激东道国经济增长,还可以推动东道国企业的技术进步。

3. 管理

当国际企业对东道国进行了对外直接投资,无论是通过收购企业还是建立新的投资项目,它都要采用先进的技术来管理该企业,以提高经营效率。受到最新管理技能训练的外国经理常常有助于提高东道国企业的管理水平。例如,当一个外国国际企业的子公司雇用东道国的本地人员担任管理、财务或者技术职位时,这个本地人员由于受到了先进管理理念的培训,掌握了高效率的管理技术,当他离开了国际企业的子公司并创建本地企业时,这就会产生有益的附加效应,也可以说是管理技术的扩散效应或外溢效应。同样,外国国际企业先进的管理技术可以刺激当地的供应商、分销商以及竞争者提高其自身的管理技术,由此也会产生类似的效应。

(二) 就业效应

对外直接投资的另一个有益影响就是为东道国提供了原来所没有的就业机会。国际企业在东道国投资设厂后,会雇用当地的劳动力,这是直接就业效应。这种效应多存在于新建投资中。国际直接投资还会为东道国创造间接的就业效应:一方面,外资企业具有广泛的前向和后向联系,可以为供应商、销售商和服务代理商创造就业机会,尤其是国际企业在东道国投资设厂后,会促进东道国中与之有密切联系的生产资料供应行业和消费性行业的发展,从而增加了就业机会。如1992年,日产公司设在英国的日产汽车制造(英国)有限公司直接创造的就业机会为4 600个,而通过前向和后向联系间接创造的就业机会达3 429个。

另外,对外直接投资对于东道国的就业效应,不只是增加了东道国的就业数量,而且提高了东道国劳动力的质量。邓宁指出:"对外直接投资的流入与流出对就业的最基本的影响似乎都不在于就业的数量,而在于就业的产业构成,技能组合,质量及其生产力。"[1]对外直接投资对于东道国就业质量的效应主要体现在以下三个方面:第一,为东道国就业人员提供较高的报酬和较好的工作条件;第二,通过培训当地雇员而为东道国开发人力资源,在一定程度上提高了东道国就业人员的素质;第三,改变了东道国就业人员的构成,为妇女创造了更多的就业机会。

但是有些批评者承认,对外直接投资可以为东道国提供新的就业岗位,但这并不意味着就业岗位的净额增加。国际企业投资于东道国的某一行业时,虽然创造了就业,同时也造成对东道国国内同一行业其他企业的排挤,使这些企业的工人丧失了工作岗位。特别是国际企业采取并购的方式时,会导致立即或滞后的裁员,直接减少就业机会。据《日本经济新闻》1999年1月20日报道,1998年,美国跨国和国内购并导致的裁员大约73 000多人,为美国当年失业人数的11%。所以就业岗位增加的净额也成为希望从事对外直接投资的国际企业与东道国谈判的要点。

---

[1] Dunning, J. H.: Multinational Enterprises and the Global Economy, Addison-wesley Publishing Company, 1993.

(三) 国际收支效应

一国的国际收支平衡有两部分来调节：经常项目和资本项目。当国际收支平衡时，两者之和为零。若经常项目出现逆差，就要使大量的资本流入，即用资本账户来弥补。因而外国资金的流入就变得尤为重要。对外直接投资对国际收支有三个方面的潜在影响：

第一，当国际企业在海外投资设厂时，大量的资金流入东道国中，东道国的资本项目就会从中受益。

第二，如果对外直接投资成为货物和劳务进口的替代品，它就可以改善东道国的国际收支的经常项目。例如，当日本汽车在美国投资设厂生产汽车时，其所需要的生产设备都是来自于美国，而不是再从日本进口这些生产设备，这就意味着，日本的对外直接投资代替了美国从日本的进口，于是美国国际收支的经常项目将得到一定程度的改善，美国就无需通过向国外出售资产以筹措资金来弥补经常项目逆差了。

第三，当国际企业在东道国投资设厂进行生产活动时，它也会向其他国家出口这种商品和劳务，这就促进了东道国的出口，改善了东道国国家的国际收支。

前两点主要是从国际收支平衡表的经常账户和资本账户角度来分析的，第三点主要是对外直接投资对出口的影响。其实，在研究对外直接投资的国际收支效应时，主要关注点就在于直接投资对贸易尤其是对出口贸易的推动作用。以我国为例，外来直接投资对于我国出口的影响越来越大。我国所吸引的外来直接投资从1984年的14.2亿美元增加到2003年的535.1亿美元，相应的外贸出口额由1984年的261.4亿美元增加到2003年的4 383.7亿美元，增长了近20倍。除了这些数量关系，对外直接投资对东道国的出口商品竞争力、出口商品结构也都有重要的影响，很多学者都对这一问题作了相关论证。

(四) 竞争和经济方面的效应

亚当·斯密提出，经济的运行是靠"看不见的手"来调节的，这只"看不见的手"就是指市场，而市场的高效运行又依赖于生产者之间的充分竞争。完全竞争市场的效率最高，而完全垄断市场的效率最低。如果在一个市场上各个企业之间可以达到一种充分竞争的状态，那么这个市场会为整个社会带来最大的福利。国际企业的对外直接投资就有利于这种竞争市场的形成。当国际企业在东道国的某个领域进行投资设立一家新的企业时，该领域的市场参与者数量就增加了，消费者的选择也增加了，它们就可以通过对各家企业进行比较，选择自己更满意的商品，这必然会带来企业之间的相互竞争，提高国内市场的竞争水平。各企业为了吸引消费者，纷纷降低价格，就会提高消费者的购买力，增加消费者的经济福利。有的企业为了在与竞争对手的竞争中占据优势地位，在降低价格的同时，会扩大生产规模，引进先进的生产设备，加大研究与开发的力度。所以竞争的加剧往往又刺激企业在工厂、设备以及研究与开发方面加大资本投资，由此造成的长期结果是劳动生产率的提高、产品和生产过程的革新，以及更快的经济增长速度。

服务行业是一个特殊的行业，其服务性产品无法出口，只能在产品的交付地进行，所以对外直接投资对于国内市场竞争的影响在服务行业表现得尤为显著，因而大大提高了诸如电子通讯业、零售业以及许多金融服务业等领域的运作效率。例如，在1997年世界贸易组织发起的一项协议中，占世界电子通讯收入的90%以上的68个国家宣布开始向外来投资和竞争开放市场，并遵守电子通讯公平竞争的共同准则。这样，原来大部分由国有企业垄断的世界电子通讯市场的竞争水平得到很大提高，该协议也收到了良好的效果：首先，外来投资促进了竞争，刺激了整个世界范围通讯网络实现现代化的投资,并提高了服务水平。其次,竞争的加剧使价格下降。再次,促进了其他商品和劳务的跨国界贸易。由于其他商品和劳务的贸易会受到买卖双方信息流动的影响,随着电子通讯服务质量的改善和价格的下降,国际贸易的成本就会下降,数量就会上升。

(五)产业结构优化效应

产业结构是经济结构最重要的组成部分,大多数发展中国家的产业结构大都表现在传统部门与现代部门的分割上。传统部门在经济中占有绝对的比重,现代部门发展缓慢,也就是刘易斯所谓的"二元经济结构"。这种不合理的产业结构使得发展中国家产出水平低,经济发展缺乏活力甚至是畸形发展。而国际企业的对外直接投资有助于改变东道国这种"二元经济结构",带来产业结构的优化效应。

对外直接投资对于产业结构的优化效应主要通过以下途径实现:第一,国际企业在东道国建立子公司,会带来"一揽子"资源的流入,尤其是技术资产和管理技能,不仅有助于东道国建立新兴产业,还可以升级传统产业,是内向型的产业转向出口导向型,向更具有国际竞争力的产业演进。第二,对外直接投资的流入可以带来经济增长效应,使得东道国居民的收入水平提高,改善了东道国的消费结构,从而间接地促进了东道国结构的优化。第三,国际企业进入东道国市场,可以对当地企业形成竞争与示范的双重效应,也在一定程度上促进了东道国投资结构的优化。

产业结构的优化不仅体现在制造业内部,还体现在高质量服务业的发展上。20世纪90年代以来,对外直接投资的一个显著特点就是流向服务行业的资金大量增加。由于服务行业难以分解,又不易进行内部跨国贸易,国际企业总部就要通过在国外设立分支机构的方式,将服务方面的技术传递给其子公司,这就能明显提高东道国相关行业的水平。

二、对外直接投资对东道国造成的成本

对外直接投资在给东道国带来了一系列裨益的同时,也带来了一系列的成本。这些成本主要体现在三个方面:东道国国内竞争可能出现的负面效应,国际收支的负面效应及国家主权与独立性丧失的威胁。

(一)国内竞争的负面效应

对外直接投资尤其是新建投资可以增加市场参与者数目,推动市场竞争,但是当外国国际企业子公司的实力强于国内竞争者时,必然会带来负面效应。很多大型国际企业拥有雄厚的资源和资金优势,有能力在东道国进行巨额投资建立经济实力很强的子公司,而且还可以利用有利的融资渠道从其他地区调拨资金对其子公司进行补贴,在较短的时期内大幅度扩大其在东道国市场的份额,最终会将本地企业赶出市场,达到垄断该市场的目的。

当国际企业采取收购的方式进行对外直接投资时,又必然会减少了市场的参与者数量,提高了市场的集中度,进而降低了市场的竞争水平。如果合并后的企业有很强的资金实力和生产份额,这就会导致外国企业对东道国市场的垄断,不但减少了消费者的选择,而且随着企业价格的提高,消费者福利水平就会降低,最终对于东道国整体经济福利造成不利的影响。当然,现在很多国家的竞争管理机构都对此进行审核并限制任何对竞争有不利影响的并购,所以国外的国际企业不会轻易地垄断一国的市场。

(二)国际收支的负面效应

对外直接投资对于国际收支产生的负面效应有以下几个方面：

第一、国际企业在东道国进行国际直接投资设立子公司后，子公司所创造的利润最终又会流出东道国，流入其外国的母公司。这种资本的流出不利于东道国的资本项目的改善，从而对东道国国际收支平衡产生影响，所以很多国家都限制外国子公司流向母国的利润数额，以减少资本的流出。

第二，在对外直接投资最初流入东道国时（即建设期）由于大量资本的流入，东道国的国际收支状况会有所改善，但进入生产期或经营期后，子公司就有可能从国外进口大量的半成品、零部件和原材料，这又会对东道国国际收支平衡带来不利的影响。为此，东道国也会对外国子公司进行限制，使其使用当地的原材料或者零部件。例如，当日本的汽车公司——尼桑公司在英国投资时，就承诺将使用当地零部件的比重提高到60%，最后提高到了80%以上。

第三，国际企业会利用汇率进行投机从而存在加剧东道国国际收支不稳定的可能性。由于各国普遍实行浮动汇率制以及国际金融市场上其他不稳定因素的影响，汇率很不稳定。国际企业有可能越来越多地围绕着不稳定的因素不断地变动其流动资产，以保证其资产的安全，或通过这些变换来寻求短期的金融收益。这样外汇在短期内频繁的汇入汇出，给东道国本币的汇率稳定增加了压力，并会进一步影响到其国际收支的平衡。

(三)国家主权与独立性丧失的威胁

随着生产规模的快速膨胀和经济、技术实力的不断增强，国际企业对全球经济的影响日益广泛，势力也越来越大。当国际企业在东道国进行直接投资时，它们可能会施加一定的压力，迫使东道国政府为其在当地的生产与经营活动创造便利，这就有可能威胁到东道国的国家主权与独立性。当然，如果这种潜在的危险成为现实，东道国政府为了维护国家主权将会放弃这种投资的引进。

第六节 对外直接投资对投资国的利弊分析

一、对外直接投资对母国的裨益

第一，有利于投资国的国际收支状况。在对外直接投资的初始阶段，国际企业在国外设立分支机构，通常会有一部分货币资本流出，有可能构成投资国资本项目逆差的一部分。但是如果其资本流出采取的不是资金流出方式而是向国外分支机构提供原材料、零部件、中间产品和生产设备等，对外直接投资就能够改善投资国的国际收支状况；另外，当国际企业的子公司进入赢利阶段后，会不断地向总公司汇入利润、特许费和管理费等，进一步改善母国的国际收支。

第二，对外直接投资也会为母国带来就业效应。当国外的子公司形成对母国的生产设备、中间产品和辅助产品等类似产品的出口需求时，在一定程度上会刺激投资国的出口增长，进而增加就业机会。另外，国际企业总部一般设在投资国，高层管理职位也集中于投资国，对外直接投资就会增加投资国非生产性的就业机会。国际企业国外分支机构经营业务的扩大会不断地为投资国在法律和公共关系、管理及工程咨询等领域创造需求，从而增加投资国相关行业的就业机会。

第三，逆向的资源转移效应。国际企业因为身处外国市场学到了有价值的技能之后，就可以将这种技能转移到母国,这就产生了逆向的资源转移效应。通过接触国外市场,国际企业能够学到更先进的管理技术和更先进的产品和流程工艺。这些资源都可能流回母国,有利于母国的经济增长速度。有很多的对外投资者就以获得国外先进技术为直接投资的投资目标。它们投资于发达国家的高新技术产业以了解和把握国外相关技术发展的最新动态,并把这种技术传到国内辅助本国企业技术的开发。例如,韩国现代集团早在1980年就在美国硅谷设立了现代电子系统公司,雇用当地技术人员,研究与开发商业电脑和工程电脑所需要的半导体技术。通用公司和福特公司投资于日本的汽车公司的一个重要理由就是学习它们的生产流程,然后再将这些技术秘诀转移至美国,使得美国经济获益。

二、对外直接投资对母国造成的成本

对外直接投资对于母国造成的成本有多个方面,最主要的就是集中在对外直接投资的国际收支效应和就业效应上。

（一）对外直接投资对母国的国际收支造成的损害

第一,由于国际企业对东道国进行对外直接投资,大量的资金必然从母国流向资本接受国,这会对母国的国际收支造成损害。但是,这个效应只是存在于投资的初期,而且完全可以被后来的对外投资收益流入所弥补。

第二,当国际企业投资于具有廉价劳动力的国家或地区时,由于生产成本降低,其产品价格就会低于在母国的生产价格。一方面,会导致母国国内同行业的其他企业失去市场竞争力,在世界市场上的出口受阻;另一方面,由于其价格低于母国价格,母国企业有的就会减少生产,从东道国进口此种产品,这就损害了母国国际收支的经常项目。

第三,国际企业的分支机构在东道国进行生产,会形成对母国生产设备、原材料和辅助产品的需求,母国可以向东道国出口这些产品来满足分支机构的需求。但是,有些国际企业迫于东道国政府的压力,会以对外直接投资替代这些直接出口,也就恶化了母国的国际收支。

（二）就业的负面效应

许多国际企业进行对外直接投资的目标就是降低生产成本,劳动密集型行业更是如此。利用外国廉价的劳动力可以使国际企业的产品更具有竞争力。为此,国际企业就会在劳动力成本低的国家和地区设立分支机构进行生产。这样对外直接投资就取代了投资国的生产和出口,就相当于将母国的一部分就业机会转移到了东道国,造成了母国就业机会的减少。如果母国的劳动力已经非常紧俏,几乎没有失业,那么这种就业岗位的减少不会造成太严重的后果。但是,如果母国正承受着高失业率,那么这种就业转移无疑会对母国劳动力市场造成很大的压力。

本 章 小 结

随着贸易壁垒的减少,各国加强了经贸往来,经济全球化步伐加快,资本在国际间自由流动的趋势加强,各国际企业都投入到对外直接投资的潮流中,世界经济中对外直接投资的增长速度大大超过了贸易的增长速度。在对外直接投资的发展过程中,出现了对待外资的三种不同的意识形态：激进观点、自由市场观点和实用民族主义。在简要回顾了这三种不同的观念后,介绍了对外直接投资的两种基本形式：新建投资和跨国并购。自20世纪90年代以来,跨

国并购发展迅速,先后出现了五次跨国并购的浪潮。现在跨国并购已经成为对外直接投资的主要形式。

面对对外直接投资迅速发展的趋势,许多经济学家都给出了不同的理论解释。本章主要论述了以下几种理论:垄断优势理论、内部化理论、边际产业扩张论、国际生产折衷理论以及发展中国家对外直接投资理论。每一种理论都有其说服力,但是随着对外直接投资的不断发展,许多新的情况出现,这些特点很难得到现有投资理论的解释,因而各个理论又存在着各自的不足点。

作为国际企业进入国外市场的一种重要手段,对外直接投资带给东道国和母国的不只是有利的一面,也会带来不利的一面。本章从资源转移效应、就业效应、国际收支效应、竞争和经济方面的效应、对国家主权和独立性的影响等方面讨论了对外直接投资对东道国和母国造成的利弊。既然利弊皆有,各国就应该采取相应的措施管理对外直接投资,最大限度地发挥其促进经济的作用。

复习思考题

1. 世界经济中的国际直接投资有哪些主要特征?
2. 对外直接投资几种主要理论的主要观点。
3. 出口、许可、对外直接投资三种进入方式的比较。
4. 跨国并购与新建投资的比较。
5. 对外直接投资对于东道国有哪些积极的效用?
6. 中国利用对外直接投资有哪些政策?如何评价这些政策?

章末案例

对外直接投资和爱尔兰的奇迹

从20世纪90年代到21世纪初,爱尔兰是经济增长最快的发达国家之一。长期以来作为一个经济停滞并以人口输出和相对贫穷著称的西欧国家,爱尔兰在1990年到2001年的国内生产总值年平均增长率竟达到了7.24%。这段增长期刚开始的时候,爱尔兰以购买力平价计算的人均国内生产总值为12 678美元,而到了这段期间的末尾,这个指标达到了32 133美元,甚至超过了英国(24 421美元)、德国(25 715美元)和法国(25 074美元)。增长的驱动力主要来自于爱尔兰迅速扩张的出口。1985年,爱尔兰的产品和服务的出口值为100亿美元。到2001年,这个数字达到了828亿美元。这段时间中,爱尔兰出口的商品种类也发生了巨大的变化,初级产品(农产品)占出口总额比重从先前的20.5%下降到了6%,高科技制成品的出口比重则从23%上升到了36%。

这种出口引起的经济繁荣是由外来直接投资带动的。外来直接投资从1985年的1.64亿美元上升到了2000年创纪录的240亿美元,虽然2001年降到97.8亿美元(这主要是因为2001年全球对外直接投资活动的普遍骤减)。一些大型国际企业把爱尔兰看成向其他欧洲国家出口的理想基地,大部分外来直接投资就是由它们带来的。在那些主要的投资者中,许多都是来自美国的高科技国际企业,其中包括英特尔公司、戴尔公司、微软公司、Gateway 公司、苹果公司、IBM 公司和 EMC 公司,另外还有一些大制药企业,如强生公司、百时美施贵宝公司和礼来公司。到 21 世纪初,在爱尔兰的子公司的出口额已经占到了爱尔兰出口总额的 80% 以上,其中英特尔公司和戴尔公司在爱尔兰的分厂的出口值各自达到 40 亿美元,微软公司将近 25 亿美元,礼来公司和强生公司各自都超过了 10 亿美元。爱尔兰的主要出口商品中有 2/3 是外国国际企业的子公司生产的。

爱尔兰何以在吸引外来直接投资方面如此成功?首先,爱尔兰受益于一些有利的地区因素。爱尔兰是欧盟的成员国,那里的子公司能够获得进入欧洲市场的有利途径。其次,爱尔兰拥有受过良好教育的劳动力,包括各种工程师,相对低廉的工资水平和公司税率、良好的基础设施(如道路、供水、电力、通信设施等)、英语作为主要语言的优势(这对美国的国际企业特别重要)以及友好对待外商的政府。

最后,爱尔兰成功的关键是,从 20 世纪 80 年代起,爱尔兰就采取了依靠直接投资促进出口并驱动经济增长的工业化战略。这一战略的核心步骤是建立获得大量资金以吸引直接投资的投资开发署(IDA)(在 2000 年投资开发署获得了 1.6 亿美元的授权进行吸引外国国际企业投资活动)。在投资开发署的努力之下达成的关于对外国投资者的各项税收减免和无条件补贴,再加上其他特定的地域优势,吸引了众多国际企业进入爱尔兰。投资开发署还积极寻找高科技行业的投资者,并且很早就意识到爱尔兰是国际企业呼叫中心集中地的适宜之选,戴尔公司等国际企业就在爱尔兰设立了重要的客户服务呼叫中心。投资开发署更重要的贡献可能是其于 1990 年曾说服英特尔公司在爱尔兰开设了第一个分厂。之后,英特尔公司的投资鼓励了更多其他高科技企业在爱尔兰设厂。爱尔兰政府制定了一项政策:对在爱尔兰开发的专利产品的收入免税。这一政策刺激了外国国际企业在爱尔兰设立研发中心。到 20 世纪 90 年代中期,这一引资过程开始了自我推动,高科技企业的集中吸引了其他高科技企业的到来。在这里,它们离自己的供应商和辅助产品提供者很近,甚至离自己的竞争对手也很近。

资料来源:United Nations,World Investment Report,2002 (Geneva:United Nations,2002);L. Bowman,"Irish Revival,"Strategic Direct Investor,April 2002;World Bank Online database and E. R. E. O Higgins,"Government and Creation of the Celtic Tiger,"Academy of Management Executive 16 (2002)。

案例讨论题

1. 总结一下爱尔兰吸引外来直接投资的有利因素。
2. 除了对爱尔兰的经济有很大的推动作用外,外来直接投资还会对爱尔兰的其他方面有什么影响?
3. 与爱尔兰相比,中国有哪些独特的优势吸引外来直接投资?中国又制定了哪些相关的政策吸引外来直接投资?爱尔兰的做法对于中国有哪些借鉴作用?

参考文献

1. 李东阳.世界直接投资与经济发展.北京:经济科学出版社,2002
2. 张海东.国际商务管理.上海:上海财经大学出版社,2002

3. 张岩贵.国际直接投资及其波动性.北京:经济科学出版社,2001
4. 金芳.双赢游戏——外国直接投资激励政策.北京:高等教育出版社,1999
5. 王元龙.外商直接投资宏观调控论.北京:中国人民大学出版社,1998
6. 彭有轩.国际直接投资理论与政策研究.北京:中国财政经济出版社,2003
7. 张纪康.国际企业与直接投资.上海:复旦大学出版社,2004

第六章 地区经济一体化

第一节 不同层次的区域经济一体化组织

区域经济一体化是指地域上相邻的两个或两个以上的国家或地区,为了利用区域内部的共同市场,促进区域专业分工,发展规模经济,各国或地区之间通过相互协商,制定经济政策和措施,并缔结经济条约或协定,在经济上结合起来形成一个区域性经济联合体的过程。在这一经济联合体中,由于减少或消除了关税和非关税壁垒,商品、服务和生产要素可以在各国之间自由流通,这就增进了各成员国之间经济的依存度,有利于增强整个区域组织在世界经济中的地位和作用。

区域经济一体化联合体以一定的组织形式存在,不同的组织形式反映了经济一体化的不同发展程度,反映了成员国之间经济联合的深度和广度。具体来讲,主要有以下几种层次。

一、优先贸易安排

成员国之间通过贸易条约或协定,对其全部贸易品或部分贸易品互相提供特别的关税优惠,对来自非成员国的进口商品,各成员国按自己的关税政策实行进口限制。这是区域经济一体化中最低级和最松散的一种组织形式。例如,历史上,英国与其自治领成员加拿大、澳大利亚等国于1932年建立的英联邦特惠制。印尼、马来西亚、菲律宾、新加坡和泰国等东南亚国家联盟(ASEAN)成员从1977年起在成员国间实施的特惠贸易安排协议等,就是这种经济一体化组织形式。但是由于优先贸易安排一体化的发展程度较低,现在许多区域经济集团大多以自由贸易区为起点进行经济一体化。

二、自由贸易区

各成员国之间签订自由贸易协定,相互彻底取消商品和服务贸易的所有壁垒,不允许有任何扭曲成员国之间贸易的歧视性关税、配额、补贴或者行政干扰的存在。这样商品和服务就可以在成员国之间自由流动。在自由贸易区内,虽然各成员国之间实行自由贸易政策,但是各成员国仍然保持自己对来自非成员国进口商品的限制政策。有的自由贸易区只对部分商品实行自由贸易,如欧洲自由贸易联盟的重点就是工业品的自由贸易,对农产品则没有作出安排,所以这种自由贸易区又称作"工业品自由贸易区",而且,各成员国还可以自己决定针对来自欧洲自由贸易联盟以外国家的商品的保护力度。还有的自由贸易区对全部商品都实行自由贸易,如"拉丁美洲自由贸易协会"和"北美自由贸易区"对区内几乎所有的工农业品的贸易往来都免除关税和数量限制。

世界上持续时间最长的自由贸易区是欧洲自由贸易联盟(EFTA)。该联盟创立于1960年1月,现在共包括欧盟及4个国家——挪威、冰岛、列支敦士登和瑞士。另一个典型的例子就是由美国、加拿大和墨西哥在1994年订立的北美自由贸易协定(NAFTA)。

三、关税同盟

各成员国之间彻底取消了贸易障碍，商品可以在各成员国之间自由流动，并且成员国之间对来自非成员国的商品采取统一的对外贸易政策。关税同盟外的商品不论进入哪一个同盟内的成员国，都将被征收相同的关税税率。如欧盟的前身"欧洲经济共同体"就是一个关税同盟，现在欧盟已经超越了这个阶段。新的安第斯条约（成员国为玻利维亚、哥伦比亚、厄瓜多尔和秘鲁）也是关税同盟，各成员国之间实行自由贸易，而对从其他非成员国进口的商品征收统一的关税。

关税同盟意味着撤除了成员国各自原来的关境，组成了共同的对外关税，使成员国在关税方面形成了一体化，这样成员国的商品在内部自由流动的同时，排除了来自非成员国商品的竞争。关税同盟开始具有了超国家的性质，是实现全面经济一体化的基础。

四、共同市场

各成员国之间不仅完全取消了关税和非关税等贸易壁垒，实行了统一的对外贸易政策，实现了自由贸易；而且还实现了服务、资本和劳动力等生产要素在各成员国之间的自由流动。共同市场的建立需要各成员国让渡多方面的权利，包括进口关税的制定权，非关税壁垒的制定权，国内间接税税率的调整权，干预资本流动权，等等。这就需要各成员国政府在财政政策、货币政策、就业政策和外贸政策等方面的高度协调和合作。"欧洲共同体"在1992年年底建立了统一大市场，不过欧盟现在也已经超越了这个阶段。还有阿根廷、巴西、巴拉圭和乌拉圭组成的南美集团也希望最终能够建立起一个共同市场。

五、经济联盟

各成员国之间不仅废除了贸易壁垒，建立了统一的对外贸易政策，实现了商品、生产要素的自由流动，而且在协调的基础上，各成员国还要制定和执行某些共同的经济政策和社会政策，废除政策之间的差异，使各个方面的经济都统一协调地运行。

经济同盟的成员方之间在形成共同市场的基础上，进一步协调它们之间的财政政策、货币政策和汇率政策。一些超国家的机构开始出现并行使职能，这就意味着各成员方必须把许多的经济主权让渡给超国家机构统一管理。它们不仅让渡了建立共同市场所需让渡的权利，更重要的是成员国让渡了使用宏观经济政策干预本国经济运行的权利；不仅让渡了干预内部经济的财政政策和货币政策，保持内部均衡的权利，也让渡了干预外部经济的汇率政策，保持外部均衡的权利。现在的欧盟就是一个经济联盟，但是由于有些成员国还没有采用欧盟的货币——欧元，不同国家的税率差异也依然存在，所以，作为一个完整意义上的经济联盟来讲，欧盟还不算完善。

六、完全的经济一体化

各成员国在实现了经济联盟的基础上全面实行统一的经济制度、政治制度和法律制度，使各成员国在经济上形成单一的经济实体。完全的经济一体化是经济一体化的最终和最高阶段。在完全经济一体化的组织中，要有一个中央政治机构来协调成员国的经济、社会和对外政策,以实现整个组织内部经济的稳定发展,这也是对各个成员国的公民负责。

从结果上看,完全经济一体化的形式主要有两种:一是邦联制,其特点就是各成员方的权利大于超国家的经济一体化组织的权利;二是联邦制,其特点是超国家的经济一体化组织的权利大于各成员方的权利。联邦制的国际经济一体化组织类似于一个联邦制的国家。

目前世界上还没有完全经济一体化的组织,欧盟正在向这一方向努力。它正在走向某种程度上的政治联盟。在20世纪70年代后期,由欧盟各国公民直接选举产生的欧洲议会,以及由欧盟各成员国的政府部长组成的部长理事会在欧盟内部发挥着越来越重要的作用,组织和协调着各成员国之间的经济发展。加拿大和美国也在走向更为紧密的政治联盟。

第二节 推动与阻碍区域经济一体化的因素

一、推动区域经济一体化的因素

(一)推动区域经济一体化的经济因素

根据国际贸易理论,当各国之间存在着贸易壁垒和投资障碍时,各国商品、服务和资本无法进行自由流通,这对于各国经济的发展和人民生活水平的提高都是无益的。而当实行自由贸易和自由投资后,各国可以利用自己的比较优势,专门生产最有效率的某种商品和服务,并与其他各国进行相互交换,获得额外的收益。而且通过吸收对外直接投资,又可以吸收国外先进的管理经验和技术,这对于刺激一国的经济发展起着很强的推动作用。这种自由贸易和自由投资的最终结果会使整个世界的产出增加,促进整个世界经济的发展。经济理论和现实都在证明,贸易和投资的自由化是一种正和博弈,所有的参与国都将获得利益。

既然贸易和投资自由化对于推动一国经济发展有着极其重要的作用,各国政府也都在逐步地取消对商品、服务和生产要素自由流动的壁垒,但是各国毕竟都有自己的利益,政府干预国际贸易和国际投资也有其依据,所以不受任何限制的自由贸易和国际投资只能是一种理想的状态,现实中不可能存在,于是区域经济一体化的出现就有了必然性。虽然在世界范围内难以建立一套高度统一的规则,但在区域范围内却是可行的,由于相邻的国家或地区在地理位置上的相近,所以在经济、文化、政治上也都会往来密切,形成了共通点。在这样有着相似背景的国家和地区之间建立一种统一的自由贸易和投资制度,要比在世界范围内建立类似的制度容易得多。

(二)推动区域经济一体化的政治因素

建立区域经济组织的国家或地区不只是为了从自由贸易和投资中获得额外的经济收益,而且还有政治上的需要。当与邻国建立了密切的经济往来时,相邻国家也会产生政治上合作的需要,这样各国之间产生暴力冲突的可能性也就会减少。另外,通过经济和政治上的双重合作,各国或各地区就会形成团结的国家集团或地区集团,由此可以提高它们在世界上的政治地位。第二次世界大战后,世界政治经济格局发生了重大的变化,为增强本国的经济实力和竞争力,提高自己在国际舞台上的地位,许多发展中国家纷纷联合起来组成区域经济一体化组织或加入已有的区域经济一体化组织,通过借助区域集团的力量来争取更大的发言权,参与有关的国际事务和对外关系,维护了自己的合法权益。一些强大的西方发达国家为了争取世界格局与国际经济秩序的主导地位,加强政治影响力,也积极地将自己所在的区域经济一体化组织向其他地区扩张。

在第二次世界大战中,欧洲各国损失惨重。欧洲各个单一民族国家已经不再是一个能在世界市场和世界政治领域中坚持自己独立地位的强国。许多欧洲人士希望欧洲不再爆发战争,并且呼吁欧洲各国之间应当加强团结,进行经济和政治上的密切合作,以建立一个统一的欧洲与美国和前苏联抗衡。1957年欧洲共同体建立,最终演变成了今天的欧盟。迄今为止,欧盟经过了数次扩大,已经有25个成员国,并且还有进一步扩大的计划。

二、阻碍区域经济一体化的因素

(一)特定集团的利益受损

区域经济一体化的成员国通过自由贸易和投资可以在整体上获得巨大的收益,但是某些特定的国家或集团却有可能受到损害。在区域集团内各国实行自由贸易和投资也是按照比较优势原则来进行的。在生产某种产品时,一个国家或地区为了降低成本就会将生产从本国转移到别国,结果本国生产该产品的行业及工人就会受到损害。例如,1994年,北美自由贸易协定生效后,为了降低生产成本,利用墨西哥的廉价劳动力,美国和加拿大的一些企业将生产迁到了墨西哥进行,而它们国内的雇用低成本和低技术劳动力的行业,如纺织业,工人失业率增加。虽然美国和加拿大经济在整体上获得巨大利益,但是本国某些行业的工人却因该协议失去了工作。因而,会有一些集团始终反对类似协定的签订及这类协定的扩大。

(二)国家主权受到影响

区域经济一体化的另一个障碍就是对于国家主权的影响。在前面讲到区域经济一体化的层次时也提到,加入区域经济一体化组织就意味着将国家一部分的主权让渡出去。越紧密的经济一体化就要求各成员国放弃的国家主权越多。比如在经济联盟这一经济一体化组织中,各国必须放弃自己的一些关键政策,如货币政策、财政政策和对外贸易政策,不仅让渡了干预本国内部经济的权利,也让渡了管理本国外部经济事务的权利,这种对国家主权的影响使得一些区域集团化的进程受阻。如墨西哥在与美国和加拿大签订协议时,坚决保持其对石油利益的控制权,使其石油工业不受北美自由贸易中任何取消外国投资管制条约的约束。欧盟中的一些成员国也不满于这种对国家主权的让渡。为了形成一个完全的经济联盟,欧盟内要实行一种由欧盟中央银行控制的统一货币,许多成员国都已经同意,但英国却反对统一货币,因为这意味着英国要将其货币控制权上交给欧盟。1992年,英国获得了选择处身单一货币协定之外的权利,至今英国仍然流通和使用着自己的英镑。

(三)存在贸易转移的风险

区域经济一体化所引起的贸易转移的风险也是阻碍区域经济一体化进程的一个因素。尽管区域自由贸易协定受到很多国家和地区的支持,但一些经济学家认为区域经济一体化的收益被过于夸大,而成本却被忽略了。这主要是从贸易创造效应和贸易转移效应两方面来看。

贸易创造效应是指各成员国加入了区域经济一体化组织,取消了相互之间的贸易壁垒,实行自由贸易后,组织内部的贸易规模扩大与生产要素重新优化配置所形成的经济福利水平提高的结果。在此,贸易创造表现为由于各成员国实行了自由贸易,产品就会从国内成本高的企业生产转移到成本较低的成员国生产,从而使进口增加,新的贸易得以"创造"。由于贸易创造一方面重新优化配置了资源,提高了生产要素的产出率;另一方面又使消费者能购买到廉价的商品,扩大了消费量,所以从生产和消费两方面提高了福利水平。贸易转移效应是指各成员国缔结区域经济一体化组织后,由于对内消除了贸易壁垒,对外实行一致的贸易保护政策而导致了某成员国从世界成本最低的国家进口转向组织内成本较高的国家进口所造成的整个社会财富的浪费和社会福利水平的降低。在此,贸易转移表现为由于区域经济一体化成员国之间的贸易取代了成员国与非成员国之间的贸易,导致了从外部非成员国较低成本的进口转向从成员国较高成本的进口,发生了"贸易转移"。这种转移使得生产要素和资源不能得到有效的配置,导致了生产效率的降低和生产成本的提高,产生了消极的生产效应,整个世界的福利水平降低。另外,它还阻止了从外部低成本的进口,而以高成本的供给来源代替了低成本的供给来源,使得消费者由原来购买外部的较低价格的商品转向购买成员国较高价格的商品,增加了开支,造成了福利水平的损失。

通过以上对贸易创造效应和贸易转移效应的比较可以看出,区域经济一体化的收益是由贸易创造的程度来决定的。只有当所创造的贸易数额超过了所转移的贸易数额时,区域自由贸易协定才会使整个世界受益。

第三节 欧洲区域经济一体化

欧洲有两个贸易集团——欧洲联盟(EU)和欧洲自由贸易联盟(EFTA)。无论是在成员国方面还是在对全球经济和政治的影响方面,欧洲联盟的重要性都大于欧洲自由贸易联盟。

一、欧盟

欧洲联盟简称欧盟,由位于欧洲的25个国家组成,总部设在比利时首都布鲁塞尔,有自己的盟旗、盟歌、货币及外交政策。

欧盟是当今世界上一体化程度最高的区域政治、经济集团组织,从区域化合作开始到一体化进程,开启和引领了世界区域经济一体化的浪潮,也是当今全世界各种区域经济一体化组织中最成功的典型,在全球事务中的影响正与日俱增。欧盟的合作模式可以归纳为"共同稳定、同步发展的区域化模式"和"可持续发展模式",将生态与环境保护视为经济长期增长的前提,使"可持续"成为一个经济与社会协调发展的综合性目标。这在全球化不断发展的当今世界,无疑具有十分重要的借鉴意义,这也使欧洲一体化成为世界各国和地区争相仿效的国家间合作的新模式。

(一)欧盟的演变

欧盟是特定历史条件的产物:① 两次世界大战对西欧造成了严重的破坏。人们反对战争,渴望永久的和平。② 欧洲各国希望尽快恢复被战争破坏的经济,保持其在世界经济政治中原有的地位。③ 欧洲各国团结起来,结合成紧密的经济一体化可以带来潜在经济利益。

欧盟最初的组织形式是欧洲煤钢共同体。1951年4月,西欧6国(法国、联邦德国、意大利、荷兰、比利时、卢森堡)政府在法国巴黎签订了《欧盟煤钢联营条约》(也称《巴黎条约》),建立了欧洲煤钢共同体。《巴黎条约》规定:逐步取消成员国间煤钢产品的进出口关税和限额,成立煤钢共同市场;通过控制投资,产品价格,原料分配,企业的兴办和合并等,调节共同体成员国的煤钢生产。1957年3月,西欧6国政府在意大利罗马签订了《建立欧洲原子能共同体条约》和《欧洲经济共同体条约》,这两个条约统称为《罗马条约》。《罗马条约》于1958年1月1日生效,欧洲原子能共同体和欧洲经济共同体正式成立。1967年7月1日,欧洲煤钢共同体、欧洲原子能共同体和欧洲经济共同体的主要机构合并,统称为欧洲共同体,但这一名称的出现并不意味着欧洲共同体的诞生,它的诞生之日仍然是1958年1月1日,因为它的实质内容仍然是《罗马条约》所规定的内容。1991年12月,欧洲共同体理事会在荷兰的马斯特里赫特举行了成员国首脑会议,决定正式签署《马斯特里赫特条约》(简称《马约》,又称《欧洲联盟条约》)。这个条约由《经济和货币联盟条约》和《政治联盟条约》组成。1993年11月1日《马约》得到所有成员国的认可,欧洲共同体正式更名为"欧洲联盟"。

欧洲共同体随着许多国家的加入也变得越来越强大了。1973年,英国、爱尔兰和丹麦的加入,使欧洲共同体得到巨大的发展;希腊于1981年,西班牙和葡萄牙于1986年,奥地利、芬兰和瑞典于1996年相继加入洲共同体,使欧洲共同体(欧盟)成员国总数达到了15个;2004年5月1日,欧盟又成功实现了其东扩计划,成员国又增加到25个,欧盟成为世界上一个潜在的超级强权实体。

(二)欧盟的政治结构

作为一个大的区域贸易集团,欧盟有着复杂的并且仍在不断演变的政治结构,以便协调各成员国的关系。在这个政治结构中,欧洲理事会、欧盟委员会、部长理事会、欧洲议会和欧洲法院是五个重要机构。

1. 欧洲理事会

欧洲理事会是欧盟的决策机构,会址位于比利时首都布鲁塞尔。理事会由欧盟各成员国政府首脑和欧盟委员会主席组成,每位理事都配有两名助理协助工作,一名为该国的外交部长,另一名为该国驻欧盟委员会的委员。欧洲理事会每年至少召开两次会议,会议由欧洲理事会的轮值主席主持,按规定轮值主席一般都是成员国的政府首脑。

欧洲理事会的议题经常是解决主要的政策问题和确定政策方面,一般包括六个方面:① 作为欧盟立法机构,与欧盟委员会共同制定涉及欧盟事务的政策和法规,并行使立法权。② 协调各成员国之间的经济政策。③ 作为欧盟的代表,在世界范围内与其他国家或国际组织签署协议和条约。④ 与欧洲议会共同负责财务预算。⑤ 根据理事会确定的总方针,制定和实施共同的外交与安全政策。⑥ 协调成员国之间的公安与司法活动,采取措施打击犯罪。

2. 欧盟委员会

欧盟委员会简称欧委会,诞生于20世纪50年代的欧洲煤钢共同体,总部设在比利时首都布鲁塞尔。欧委会职责最为广泛,是欧盟各机构中最大的一个,共有雇员15 000人。欧委会由20多名委员组成,在执法过程中,每位委员都要宣誓恪守中立,不受任何派别的影响。欧委会委员任期5年,可以连任。大多数国家只能任命1个委员,而一些人口较多的国家——英国、法国、德国、意大利和西班牙则任命了2个委员。在这些委员中选举产生1位主席和6位副主席,任期2年,可以连任。主席由欧盟理事会产生,主席产生后,再由成员国的政府首脑与新当选的欧委会主席提出委员的名单,新当选的主席和新任命的委员要经过欧洲议会集体投票进行表决。

欧委会的功能就是负责提出和执行欧盟的法律,并监督各成员国服从欧盟的法律。欧委会首先通过递交提案来启动立法程序。提案必须有利于欧盟成员国的全体公民,而不能只代表局部利益或个别成员国的利益。有关的提案首先递交到部长理事会,然后是欧洲议会。如果没有欧委会事先的提案,部长理事会不能立法。欧委会还负责将欧盟制定的法律政策付诸实施到各个方面,虽然在实际上许多法的实施必须委托给各成员国。欧委会的另一个功能就是维护欧盟协议,确保欧盟的政策与法律在各个成员国得到实施。如果有必要,欧委会可以对违反协议条款的政府或私人企业采取行政措施。比如,可以对不遵守欧盟法律的成员国或公司提起诉讼,甚至可以把它们告上欧洲法院。除以上功能外,欧委会还可以代表欧盟与非欧盟国家或组织进行贸易谈判与签约。全世界有100多个国家与欧盟签订了相关协议。欧委会还参加了乌拉圭回合自由贸易谈判,在创立世界贸易组织过程中,代表欧盟进行谈判。

欧委会的宗旨是促进欧盟各成员国紧密团结,确保物质、服务、资金和人员能够在欧盟成员国内自由流通,同时还要确保国家和地区之间,商家和消费者之间,以及公民的整体利益之间保持平衡。作为欧盟的核心机构之一,近年来,欧委会在涉及商业活动的竞争政策方面的作用也越来越重要。自1990年以来,欧委会正式获得了制定竞争政策的权限。欧盟负责企业竞争事务的委员成为欧盟成员国竞争政策的管理者,其影响也不断扩大。竞争委员主要来自联邦贸易委员会和司法部,其职责是制止企业运用市场力量排挤竞争对手和垄断市场。竞争委员们还审核并购提议,以免其形成具有强大市场力量的主导企业。在1990年至2001年间,欧委会审核了大约1857宗并购案,其中有18宗被否决,在欧委会提出大量反对意见后另有20宗被撤回。例如,在2000年,美国时代华纳公司和英国的EMI公司提出并购申请,而两大企业都属于全球五大唱片公司之列,如果并购成功,这会使其成为价值400亿美元的全球音乐产业中的超大型企业,而且主要的音乐制作公司从5家减少到4家,这无疑会降低音乐出版行业的竞争水平,基于这一考虑,欧委会最终否决了这一申请。同样,欧委会还否决了2家美国电讯公司——世通公司和Sprint公司的并购提议,因为这会造成欧洲的互联网基础设施的股权合并,使合并后的公司获得强大的市场力量,并有可能主宰市场,造成垄断。

3. 部长理事会

欧委会提交的提案只有得到部长理事会的同意后才能形成欧盟法律,所以部长理事会显然有欧盟内部最终的控制权。部长理事会所代表的是每个成员国的利益。在处理具体事务时,每个成员国都要派出部长级代表出席会议,每个代表都有各自的政府授权,对自己的国家负政治责任。按照这种方式,各成员国每次都根据会议的不同议题选派不同的部长级代表出席会议。当讨论农业议题时,各国农业部长将参与理事会会议,这种会议称作农业事务理事会;讨论对外关系及其外交政策时,派出外交部长出席会议,处理外交事务的会议称作综合事务理事会;召开财经会议时,派出负责经济和财政问题的部长出席,这种会议称为财经事务理事会,会议的时间与期限取决于议题的紧密程度。综合事务理事会、财经事务理事会与农业事务理事会每月举行一次会议,交通运输、环境和工业事务理事会每年举行2次至4次会议。1993年之前,所有理事会议题必须由各成员一致同意,这就使得会期持续时间特别长,而且有时对欧委会递交的提案经常不能取得任何进展或达成任何一致意见。为了解决这个问题,在讨论"单一市场的建立和运作目标是什么"的议题时,"单一欧洲法案"就采用了多数票决定的原则。但是,在大多数的其他议题上,如税收法规和移民政策问题上,仍然要求理事会成员的一致通过。

4. 欧洲议会

欧洲议会位于法国东北部的城市斯特拉斯堡,它是欧盟成员国国民意志的体现,议会的议员经全民选举产生,按规定每5年举行一次民选。欧洲议会由1位主席,14位副主席和5位财务官员组成。欧洲议会议员的资格根据代表人选进行直接的公选,可以以地区、国家或混合方式进行选举。无论采取哪种方式,均实行共同的民主原则:18周岁以上的成年人均有投票权,实行男女平等的政策,采用无记名投票表决法。

欧洲议会主要是一个咨询机构而非立法机构,负责讨论欧委会递交并由欧洲理事会转交的立法议案,它能够对这种法律提出修正意见,然后欧委会及享有最终决策权的欧洲理事会再决定是否接受这种修正意见。欧洲议会现在拥有任命欧盟委员会的表决权,以及对一些法律的否决权。其权力在不断地增强。欧洲议会特别重视其共同外交政策与安全政策。每当涉及共同外交政策与安全政策的核心问题时,欧洲理事会主席都要和欧洲议会进行商议,以确保议会的观点得到重视。欧洲理事会主席和欧委会主席定期向欧洲议会通报欧盟外交和安全政策的发展情况。欧洲议会还对欧洲中央银行实行监管。欧洲议会章程明确规定,在任命欧洲中央银行总裁、副总裁和董事会执行成员的过程中,由欧委会召开听证会,提名者必须先得到欧洲议会的批准,然后才有欧盟理事会任命。

5. 欧洲法院

欧洲法院由15位法官和8位总辩护律师组成。法官和总辩护律师须经成员国政府一致通过才能任命。每届任期6年。欧洲法院的院长从法官中产生,任期3年。院长对法院的工作负全面的责任,主持案件的审理和协商。欧洲法院的法官以独立官员的身份履行职责,而不是国家利益的代表。欧洲法院是欧盟成员国共同的司法机构。欧洲法院的作用在于确保欧盟法律在各成员国得到一致的解释和实施,确保欧盟法律的一致性。为了履行这些义务与职责,欧洲法院有权审理欧盟范围内的各种纠纷,包括成员国,欧盟各机构,各企业以及个人作为当事人的各种纠纷。欧洲法院是关于欧盟法规的最高上诉法院,欧委会或成员国可以将违背条约义务的其他成员国告到欧洲法院。同样,若欧委会或欧洲理事会不根据欧盟条约行事,各成员国、公司或其他机构也可以将其送上法庭。

(三) 欧元的建立

第二次世界大战后期,布雷顿森林会议的召开确立了美元的霸主地位,为稳定国际货币铺平了道路。到20世纪50年代末,这一货币体系的弱点暴露出来。1969年2月,欧共体通过《巴雷报告》,提议加强和密切在经济与货币政策领域的工作。1969年12月,各成员国政府首脑在海牙召开高峰会议,把建立经济与货币联盟作为欧洲一体化的主要目标之一。1989年6月,欧共体理事会马德里会议决定启动经济与货币联盟实施方案,从1990年7月1日起,在8个成员国中实行资本的自由流动。1991年12月,欧共体成员国首脑在荷兰的马斯特里赫特会晤,讨论欧共体下一步进程,会议达成一致意见:成立欧洲联盟,并在1992年2月签订了《马斯特里赫特协议》,该协议为未来欧洲政府的雏形列出了主要的元素:一种单一货币——欧元;共同的外交和防务政策;统一的公民权;以及欧洲议会。这份条约不仅承诺在1999年1月1日采用统一的货币,而且为更紧密的政治合作铺平了道路。1995年12月,欧洲理事会把将要推行的欧洲统一货币的名称确定为欧元,并提前公示了转用欧元的程序。1996年12月,经济与货币协会向欧洲理事会提交了欧元纸币样板,然后又向公众进行了展示,该纸币已于2002年1月1日投入了使用。

使用了欧元的成员国被称为欧元区国家。欧元的建立不仅需要参与国政府放弃本国的货币,更要求放弃货币政策的自主权。而政府在常规情况下绝对不会牺牲国家主权以获得更多的好处,所以欧盟的成员国中有些国家不同意使用欧元。英国、丹麦和瑞典不愿意放弃本国的货币自主权,对于欧元仍然持观望态度。到2002年中,欧元区国家的所有价格和常规经济交易都已采用欧元。

1. 欧元带来的益处

欧洲国家在欧盟中建立单一货币体系，统一使用欧元，无论是对消费者、企业或政府，都带来了一系列的好处。

第一，欧元的使用可以促进统一的金融市场的形成，降低企业和个人的交易成本并减少风险。而当实行统一的欧元时，在欧元区各国之间的贸易中，消费者和企业就不会再支付外汇汇兑的手续费，而且金融市场会更加稳定，欧元区内的消费者和企业就不必为汇率风险而提心吊胆。依据欧盟委员会的说法，个人和企业因无需进行货币的汇兑而节省下来的金额将相当于整个欧盟国内生产总值的0.5%，即每年400亿美元。

第二，由于统一使用欧元，欧洲各国之间的价格更容易进行比较，消费者可以通过价格的对比更方便地在别国进行购物，这必然使市场竞争更加激烈。各企业之间为了保持自己的市场份额就必然降低产品的价格，这将使欧洲消费者获得很大的收益。

第三，统一货币加强了欧洲市场的竞争，这在长期内有利于提高企业的经济效率，从而有利于提高欧洲经济在全球市场上的竞争力。

第四，欧元将会扩大成员国的生产和相互之间的贸易。在没有统一货币的情况下，货币汇率的变化及其风险会影响到欧盟不同国家企业间的竞争条件，有时会对企业的盈利产生无法预测的影响，而货币联盟的实现结束了成员国之间由汇率问题引起的贸易障碍，必然使整个市场的规模和经济活动的规模得以扩大，增加成员国之间的贸易额。

第五，统一货币的建立将大大促进具有高度流动性的泛欧洲资本市场的发展，真正发挥出欧洲统一市场的优势。欧元的使用可以增强资本的流动性，增加市场的透明度和资本的利用效率。由于在各国投资的回报、期限及投资风险都变得可以相互比较，市场的透明度增加，人们更喜欢在资本市场上投资。欧洲企业在市场筹资将变得更加容易，这可以使它们降低资本成本。

第六，欧元还会减少投机的可能性。欧元启动后，欧洲货币市场上的差异减少，投机商无法进行投机，国际货币市场上投机的可能性就会减少，这样各中央银行就可以减少对付货币投机而要保留的外汇储备，可以节省出许多资金来进行公共工程投资，刺激经济增长。

最后，欧元启动还可以带来更加稳健的政府财政。财政政策对欧元区的稳定具有极端重要的意义。如果欧元区参加国缺乏财政自律，将给欧元区和欧元的稳定留下隐患。欧元启动后，统一的金融市场将给各国发债创造更便利的机会，欧洲中央银行及其他成员国政府可能被迫提供援助，这些都将使各国政府很容易产生"搭便车"的思想。所以，启动欧元在一定程度上存在着使各成员国放松财政自律的可能性。为了防止各国"搭便车"，欧盟对各国的财政状况作了严格约束，从而使各国政府财政趋于稳健。

2. 使用欧元的代价

从1999年1月1日起，欧元区各国中央银行制定货币政策和货币法律的权利将要上缴给欧洲中央银行。《欧洲中央银行体系章程》第108条规定，"每个成员国要保证，在欧洲中央银行体系建立初期，各国法律包括各国中央银行章程应与马约和欧洲中央银行体系章程一致。"而且按照第14.3条规定，各国中央银行是欧洲中央银行体系的重要组成部分，各国中央银行要按照欧洲中央银行的指导原则和操作指令进行操作。所以对于一些国家来说，实行欧元的代价就是一国货币当局将失去货币政策的控制权，这就意味着欧元区的国家放弃了部分国家主权。

还有人认为,欧元的另一个缺陷就是欧盟并非经济学家所指的最优货币区。最优货币区是指采用单一货币或者几种货币、汇率永久固定、对外统一浮动的区域。"最优"是从保持经济的内外均衡的角度定义的。最优货币区理论是在有关固定汇率制和浮动汇率制孰优孰劣的争论中发展起来的。根据这一理论,如果一个国家在金融交易、要素流动或商品贸易等方面与外部世界高度融合,那么固定汇率制在协调内外均衡时将比浮动汇率制更有效。在最优货币区中,经济结构的相似性使得推行单一货币并使用单一汇率作为宏观政策工具是可行的,然而,欧元区内的许多国家之间存在着很大的差异。比如芬兰和葡萄牙的经济状况差别就很大,两国的经济活动结构就非常的不同,它们有不同的工资水平、税制和商业周期,并且对外来经济的冲击反应也很不同。对芬兰有益的欧元汇率变化可能对葡萄牙就很不利。显然这些差别使得宏观经济政策的制定非常复杂困难。当欧洲各国增长不一致时,共同货币政策可能意味着利率对经济萧条国过高,而对经济繁荣国过低。所以一些批评者认为单一货币在欧盟并不可行。如果要推行欧元,在欧盟内实行单一的货币,就应该先建立政治联盟。他们认为过去货币联盟失败都是因为缺少政治联盟:由于各成员国都要维持本国的经济主权,所以遇到危机时,各国政府免不了各自为政,最后导致了货币联盟的垮台。要解决这种问题就必须建立适当的政治结构,而欧盟现在所缺少的就是一个统一的政治联盟。

3. 欧元使用的现状及前景

1999年1月1日,欧元进入账面流通。2002年1月1日,欧元现金开始流通,从2002年3月1日起,欧元作为惟一的法定货币开始在欧元区12国流通。虽然在欧元进入流通以前,人们对欧元寄予厚望,但是自从欧元进入流通以来,却对美元的汇率一路下滑。1999年12月跌破1美元,到2000年5月3日,1欧元仅能兑换88美分,比16个月前刚启动时下跌了约1/4,到了2000年10月又下跌到了83美分。

2001年后期,欧元的汇率开始回升而美元开始走弱,一项对欧元和欧洲中央银行管理欧元区货币政策的信心调查发现,许多外国中央银行在2002年到2003年的外币供给中增加了欧元的数量。近几年来欧元对美元的汇率总的来看是在持续走高。但欧盟的决策者出于维护经济较快增长的现实需要,实际上并不愿看到欧元对美元大幅升值,而更倾向于保持欧元的一种相对弱势,以保持出口的高增长势头,进而确保经济的较快发展。客观上看,鉴于欧盟内部的结构调整及相关的社会体制改革短期难以完成,欧元区各国经济发展的不平衡及欧盟层面对财政、税收、社会保障等政策的协调还不可能完全到位,而且美元与欧元之间的利差仍然会使投资者获得一定的利益回报,因此,只要美国近期不出现明显经济衰退或连续大幅下调利率,国际投资者就仍将会看好美元,美元的相对强势地位短期仍不易改变。

(四)欧盟的扩张

1957年,《罗马条约》建立了欧洲原子能共同体和欧洲经济共同体,当时的成员国只有6个,即比利时、法国、德国、意大利、卢森堡和荷兰。1973年1月1日,英国、爱尔兰和丹麦作为欧盟第一批扩展的成员国正式加入欧洲共同体,成员国增加到了9个。欧共体的第二次扩大开始于1981年,希腊加入了欧洲共同体,成为欧盟第二批扩展的成员国。1986年葡萄牙和西班牙也加入了欧洲共同体,成为欧盟的第三批扩展的成员国。1995年,奥地利、芬兰和瑞典成为了欧盟的第四批扩展的成员国,欧盟的正式成员国已经达到15个。但是,欧盟一体化的雄心和目标是还要把东欧也纳入它的版图。1993年6月,欧盟首脑会议批准了《东扩白皮书》,2002年12月13日,欧盟正式同意接受10个候选国家的入盟申请。2004年5月1日,欧盟成功实现了其东扩计划,这是欧盟的第五次大规模的扩展。10个新成员国分别是波兰、匈牙利、捷克、爱沙尼亚、斯洛伐克、斯洛文尼亚、拉托维亚、立陶宛、塞浦路斯和马耳他。这也是欧盟历史上最大的一次扩大。此次扩大后的欧盟成员国从15个增加到了25个。这个新欧盟是继中国与印度之后全球第三大人口居住地,总人口为4亿5千5百万。新欧盟领土西起大西洋,东至波罗的海,北起北冰洋,南抵地中海,总面积超过369万平方公里,经济总量与美国不相上下。

如今欧盟东面的罗马尼亚和保加利亚被推荐在2007年加入欧盟,土耳其自1995年起与欧盟建立了关税同盟,它要求加入欧盟,但现在还没有一个具体的入盟时间。

2004年5月1日,正式加入欧盟的10个国家在2007年之前,不能采用欧元为本国的货币,也不允许其劳动力在新加入国与原成员国之间自由流动。

欧盟在努力进行东扩的同时,又积极进行"南下",制定了所谓的"新地中海战略",提出建立欧洲—地中海自由贸易区的构想。1994年10月,欧盟首次提出地中海南岸国家建立"伙伴"关系的倡议,年底这一倡议得到了欧盟成员国首脑会议的一致通过,并得到地中海南岸国家的响应。欧盟的"新地中海战略"由此出台。1995年11月27日,欧盟15个成员国和地中海南岸12个国家在巴塞罗那召开了第一次欧洲—地中海27国首脑会议,会议涉及双方经贸、政治和社会工作等方面的内容,并且一致确认在2010年建立欧洲—地中海自由贸易区的宏伟目标。这一自由贸易区在地缘上包括东西欧及北非和中东大约40个国家在内,人口将达到6亿到8亿,欧洲—地中海自由贸易区一旦建立,将成为世界上最大的南北混合型地区经济集团。

二、欧洲自由贸易联盟

1959年7月,英国、瑞士、丹麦、挪威、瑞典、奥地利、葡萄牙7国在瑞典首都斯德哥尔摩举行了部长级会议,会上通过了成立欧洲自由贸易联盟的计划草案,同年11月又签订了《欧洲自由贸易联盟条约》。1960年5月3日,欧洲自由贸易联盟正式成立。以后芬兰、冰岛、列支敦士登相继加入,但随着英国、丹麦、瑞典、奥地利、葡萄牙、芬兰加入欧洲共同体,现在只剩下挪威、瑞士、冰岛和列支敦士登四国。

欧洲自由贸易联盟的宗旨是:实现成员国之间工业品贸易自由化。《欧洲自由贸易联盟条约》规定,自1960年7月起10年内,逐步消减直至完全取消成员国之间的工业品贸易关税和数量限制,这一目标已提前于1966年年底实现。

第四节 北美洲的地区经济一体化

北美洲的地区经济一体化中主要包括《美加自由贸易协定》和北美自由贸易区。相对于美加自由贸易协定来说,北美自由贸易区在其重要性及影响力上要大得多,而且可以说美加自由贸易协定是组建北美自由贸易区的第一步。

一、《美加自由贸易协定》

(一)《美加自由贸易协定》签订的过程

美国与加拿大由于地域上的邻近,1854年,在美国的促使下,两国签订了《1854年互惠贸易协定》,在农业及其他自然资源产品及染料、服装等制成品贸易中实行自由贸易。1935年,两国开始互相减让关税。第二次世界大战期间两国签订了《国防生产分项协定》,20世纪60年代以后,随着美国和加拿大在汽车的生产、贸易和投资领域的矛盾越来越大,两国于1965年签署了《汽车协定》,该协定规定绝大部分汽车及零部件的贸易将相互给予关税减让。为了进一步适应两国经贸关系的发展,1985年3月,加拿大总理马尔罗尼同美国总统里根会晤,首次正式提出了美加实行自由贸易的主张。同年5月开始,两国为此进行了谈判,并在1987年10月达成协定。1988年1月,里根和马尔罗尼正式签订《美加自由贸易协定》。此协定于1989年1月1日生效。《美加自由贸易协定》规定两国在10年内逐步取消全部关税。

(二)《美加自由贸易协定》的主要内容

《美加自由贸易协定》由序言和八个部分组成。序言指出美加两国政府在签署协议中的政治承诺,阐明两国缔结本协定的共同目的和愿望。第一部分包括第1、第2章,内容包括协定的具体目标和范围,并在这一部分阐明了具体的基本原则:在协定所规定的范围内,双方将对对方的商品、服务、投资、供应者和投资者提供国民待遇。第二部分内容是商品贸易规则,包括有关双边商品贸易的第3章到第12章,共10章。第三部分主要是关于对政府采购方面的规定,包括第13章。第四部分主要内容涉及劳务、投资和临时入境。第五部分内容主要是金融服务业。第六部分是制度性条款,包括解决两国之间与反倾销税和反补贴税有关的贸易争端的条款。第七部分为其他条款,一部分是关于特定问题,或针对双边关系中存在的敏感问题,其余部分的则为影响到协定其他章节规定的使用问题而确立的一般规则。第八部分为最终条款,两国政府同意为促进协定的实施和管理交换必要的统计资料,发表必要的信息,对协定的附录、修订、有效期作了规定。

二、北美自由贸易区

(一)北美自由贸易区诞生的动因

1. 世界经济政治出现的深刻变化是北美自由贸易区成立的大背景

首先,世界一体化趋势加强。第二次世界大战结束以后,西欧各发达国家为了恢复被战争破坏的经济,重塑往日西方大国在世界上的地位,同时美国为了加强自己的霸主地位,以更强的实力对抗前苏联,它们都提倡互相取消关税壁垒,加强各发达国家之间的经济交往。为此,它们推动各国签订了《关贸总协定》,相互承诺各国在进出口贸易中实行关税的互相减让。在关贸总协定的基础上,又进行了一系列的谈判,大大推动了贸易和投资的自由化发展。世界经济一体化成为经济发展的一大突出特点。为了适应激烈的国际竞争,提高自己在国际上的地位,许多国家加入了区域经济一体化的组织。这引起了美国的关注,它认识到要保持自己在世界中的经济地位,就必须融入到世界经济一体化的潮流中去。

其次,在世界政治多极化的发展中,美国从自身的利益考虑,积极推进建立北美自由贸易区。第二次世界大战后,随着西欧、日本各国经济的恢复和发展,世界政治经济不平衡越来越严重,表现为西欧和日本的经济实力增强,美国经济大国的地位受到威胁。20世纪70年代,美国外贸出现逆差,世界经济形成美、日、欧三足鼎立的局面,世界朝多极化方向发展。另外,随着亚洲和拉美地区各民族国家取得独立,发展中国家和地区经济持续快速地发展,已经成为世界上最有发展潜力的新兴力量。美国由于经济实力的相对下降,其在世界中的政治地位也进一步下降。为了保持在世界中的霸权地位以及对国际事务的控制权,美国不断地调整其全球的战略,积极与欧洲和亚太地区发展经贸关系,并且加强同拉美地区的经济往来。为了有效地应对来自西欧和日本的挑战,美国认为建立以自己为中心的区域经济一体化组织,以整体的力量与其他组织相抗衡是很有必要的。

2. 创建北美自由贸易区也符合加拿大、墨西哥的利益

加拿大与美国经贸关系历史久远,美国已是加拿大最大的贸易伙伴。加拿大认为,与美国签订自由贸易协定可以加强与美国经贸关系,有利于彼此的贸易进一步增长和国内经济的发展。同时,虽然墨西哥经济发展水平低,但其所进行的一系列经济改革已经取得了成效,国民收入在不断地增加,这对于加拿大来说无疑是一个很有潜力的市场。加拿大可以通过对墨西哥的出口和投资,扩大本国生产厂商的市场规模,而且还可以利用墨西哥廉价的劳动力以降低生产成本,增强其产品的竞争力。经过各方面的利弊权衡,北美自由贸易区的建立对于加拿大的利益要大于其损失。所以,加拿大也积极倡导建立美、加、墨自由贸易区。墨西哥在地理上与美国和加拿大接近,交通运输便利,语言、文化、风俗与社会制度方面也有相似之处,三国经济上具有互补性,长期以来就有着密切的经贸往来。相对于美国和加拿大来说,墨西哥经济发展水平要落后的多。建立了自由贸易区后,美国和加拿大取消对墨西哥的关税和非关税壁垒,将大大刺激墨西哥的出口,促进墨西哥经济的发展。墨西哥也可以获得美、加的进一步投资,解决国内资金不足及债台高筑的困境。同时,通过引进外资,墨西哥也可以更多地引入美、加先进的技术和管理经验,改造产业结构,创造就业机会,较快地振兴经济,这对于解决国内严重的社会问题是很有帮助的。

(二) 北美自由贸易区建立的过程

北美自由贸易区的设想最早由美国提出,这一构想首先得到了加拿大的赞同。1989年1月,美、加两国签订的《美加自由贸易协定》生效。一年之后,美国决定将这一自由贸易区扩大到南部的墨西哥。1990年6月,在美墨的最高会晤中,美国总统布什提出了这一建议。1991年6月,美、加、墨三国在加拿大的多伦多就北美自由贸易协定举行首轮谈判,谈判的主要内容包括以下六个方面:① 市场准入;② 贸易规则;③ 劳务;④ 投资;⑤ 保护知识产权;⑥ 解决纠纷的途径。在经过了14个月的紧张谈判后,1992年8月12日,三国外贸部长终于达成了《北美自由贸易协定》,布什宣称这是"标志着北美大陆一个新时代的开创"。1992年12月17日,美、加、墨三国首脑举行会晤,布什、马尔罗尼和萨利纳斯在该协定上签字。1993年11月,《北美自由贸易协定》最终被三国国会先后批准。1994年1月1日,美、加、墨三国签订的《北美自由贸易协定》开始生效,这不仅标志着在大西洋西岸,一个拥有3.6亿人口和近7万亿美元GNP的巨大的地区性贸易集团的形成,而且标志着一种典型的南北经济区域集团的诞生,它打破了传统的区域集团化和一体化理论。开创了发达国家和发展中国家共处同一经济集团的先例。

(三)《北美自由贸易协定》的主要内容

《北美自由贸易协定》的序言概述了协定的基本原则和要求,美、加、墨三国保证,通过在自由贸易区内扩大贸易和增加投资机会来扩大就业和促进经济增长。序言还强调,《北美自由贸易协定》的三个成员国保证推动持续发展,保护、扩大和实现劳工权利,以及改善三国的劳动条件。《北美自由贸易协定》的宗旨是:消除贸易壁垒,促进平等竞争的条件,增加投资机会,保护知识产权,确定执行协定的有效程序,解决贸易争端以及促进三边区域性和多边合作。根据《北美自由贸易协定》规定,北美自由贸易区将在15年内分三个阶段取消三国间的关税和其他

贸易限制，实现商品和服务的自由流通。

《北美自由贸易协定》一共包括19个主要条款，主要涉及美、加、墨三国之间的商品、劳务贸易和投资自由化、知识产权保护、贸易争端解决等方面。后来应美国的要求又加上了有关环境保护和劳工平行协议方面的内容。下面将介绍几个主要方面的内容：

（1）商品贸易。为了保证商品在各成员国之间的自由流动，各国在进行贸易时有必要遵循下列原则：

第一，国民待遇原则。在自由贸易区内，商品从一成员国进入另一成员国时不得受到歧视。

第二，市场准入原则。对根据原产地原则被视为北美的商品，逐步取消所有关税。大多数商品的现行税率将立即取消，有些产品关税在5年到10年内取消，若干敏感的产品关税可在15年内取消。除关税外，美、加、墨三国还将取消数量上的禁止和限制，如取消进出口许可和配额，但为了保障人和动植物的生命健康或为了保护环境，各成员国保留在边境实行有限制的权利。另外，对农牧产品、汽车、能源和纺织品还实行了特殊的规则。

第三，原产地原则。原产地原则规定，凡全部在北美地区制造的商品即为原产地产品，凡非该地区原料所制造的商品，只要在北美自由贸易区任何一个成员国国内加工，也可以列为原产地产品，但这种加工后的产品须足以改变其税号分类。

第四，《北美自由贸易协定》对海关手续费、退税等也作了详细的规定。美国和墨西哥最迟从1999年6月30日起取消北美原产地产品的海关手续费。美国对加拿大的原产地产品从1994年1月1日起取消海关手续费。《北美自由贸易协定》还对生产成品出口到其成员国去而使用的原料退税或免税计划作了规定，并禁止采用新的这类计划，现行退税计划到2001年1月1日取消，加拿大的退税计划于1998年1月1日取消。

（2）农业。《北美自由贸易协定》分别规定了墨西哥和美国以及墨西哥和加拿大之间的农牧产品贸易的双边承诺。这两种情况下均承认农牧部门结构的差异，包括设立有关保护的特别过渡机制。《北美自由贸易协定》规定，美、墨农场主可以自由地向对方出售农产品，但在15年内要受到数量限制，以便双方都有足够的时间进行农业生产结构调整。墨西哥和加拿大之间将单独订立农业贸易协议，而对于美、加农牧产品的贸易则按照《美加自由贸易协定》中的有关规则执行。

（3）投资。墨西哥将改变对外国投资的许多限制，在大多数经济领域将平等对待美、加公司。到1996年允许外资搞独资经营，拥有100%的所有权。同时，美、加也将进一步放松对墨西哥资本的限制，允许它在大多数领域进行投资，并给予适当的优惠条件，但是对于一些敏感的部门，如石油部门、基础电信、海洋运输等，各国对外资的进入还是有一定的限制的。另外，《北美自由贸易协定》还规定，任何国家不应为吸收投资而降低其环境标准。各成员国可根据本国规定的投资条款，采取适当的行动保护环境。

（4）金融保险业。《北美自由贸易协定》规定，各国政府要确保本国金融保险市场的开放，以为其他两国的进入提供方便。某一成员国的金融服务提供者可在另一缔约国开业，从事银行保险、证券的交易和提供其他金融性质的服务。当其他成员国的金融保险商进入本国市场时，要享受国民待遇而不应当受到歧视。

（5）服务业。《北美自由贸易协定》所规定的服务业包括：会计、设计、陆地运输、出版、咨询、商业教育、环境服务、电讯、广告、广播、建筑、旅游、工程、健康服务管理和法律服务等。《北美自由贸易协定》规定，各成员国要开放自己的服务业，并且对来自其他成员国的服务提供者给予国民待遇,不得歧视。

(6) 知识产权。《北美自由贸易协定》按照世界贸易组织的规定和其他重要的国际性协议,确定了对知识产权的主要保护条款。各国将在遵循国民待遇原则的基础上,适当和有效地保护知识产权,并保证在国内和北美地区有效地落实这些权利,如对于成员国登记的药品及其他专利产品至少保护20年。

(7) 争端解决。各方同意建立公平而迅速解决经济争端的机制,保证自由贸易的顺利进行。为此,成立了一个三边自由贸易委员会,定期评审各国之间的贸易关系,研究特定的问题,并监督检查《北美自由贸易协定》的实施,根据《北美自由贸易协定》条款解决纠纷。若争端涉及免责条款或保障措施,则有专门小组研究裁决。有关反倾销和反补贴税的诉讼及金融服务业的争端由各自的机制和程序来解决,在《北美自由贸易协定》范围内发生的其他争议,从提出申诉到裁决不能超过8个月。

(四)"北美自由贸易区"与"美洲自由贸易区"

美国推动建立北美自由贸易区的目标不仅限于贸易区本身,它要在《北美自由贸易协定》的基础上将自由贸易区扩大至中、南美洲,建立一个包括北美、中美、南美34个国家(除古巴外)在内的美洲自由贸易区。早在1991年,美国政府就提出"开创美洲事业倡议",宣称要建立一个"北起安克雷奇港,南到火地岛的大自由贸易区"。在《北美自由贸易协定》生效后的当年年底,即1994年12月,美国总统克林顿正式邀请拉美各国(除古巴外)首脑到美国迈阿密举行会晤,提出了建立美洲自由贸易区的主张,这一主张得到了拉美国家的响应。在这次美洲首脑会议上签订的《原则宣言》就宣称:"美洲国家虽然在发展方面面临着不同的挑战,但是在通过开放市场半球一体化和持续发展寻求繁荣方面都是一致的。我们决心加强并促进更紧密的合作关系。"

此后,美洲34国举行了多次贸易部长会议和副部长会议来商议这一问题,但美洲自由贸易区并没有按原来的设想在2005年年底启动。

在推进美洲自由贸易区建立的过程中,美国一直处于积极主动的地位。广大拉美国家也希望建立自由贸易区后,通过取消贸易壁垒,扩大对美国的出口,更多地利用美国的资金和技术,推动本国经济的发展。但是在许多具体的问题上,拉美国家与美国存在着许多分歧。例如,在时间表上,大多数拉美国家希望规定出一个具体的日程,以便逐步建立起美洲自由贸易区;在建立途径方面,拉美国家希望是从小地区一体化到拉美国家共同体,而不是像美国所主张的一个一个地加入;由于自身的经济发展水平低,拉美国家也担心,如果过快地实现自由贸易,开放金融市场会对本国经济造成过大的冲击;另外,在劳工和环境保护问题及古巴问题上,拉美国家和美国也难以取得一致的看法。

在谈判的进程中,美国的反倾销法和农业补贴一直是并且仍将是美洲自由贸易谈判的重大障碍。美国的政治决断也是影响谈判进程的重要因素。以上提到的拉美国家在有关问题上的分歧也阻碍了谈判的顺利进行。可见实现美洲自由贸易区并非一帆风顺。

第五节 其他地区的区域经济一体化

一、亚太经济合作组织

亚太经济合作组织(APEC)是20世纪80年代在澳大利亚建议下建立起来的。1989年

11月,亚太地区的12个国家在澳大利亚堪培拉举行了第一届部长会议,拉开了亚太地区广泛开展区域经济合作的序幕。1991年,中国、中国香港、中国台北开始参加亚太经济合作组织部长级会议。1993年和1994年,墨西哥、巴布亚新几内亚和智利三个亚太地区发展中国家也相继加入。越南、秘鲁、俄罗斯于1998年被吸收为正式成员。所以,APEC现有成员21个,即美洲的5个:加拿大、美国、墨西哥、秘鲁、智利;大洋洲的3个:澳大利亚、巴布亚新几内亚、新西兰;亚洲的12个:中国、日本、韩国、中国香港、中国台北、泰国、马来西亚、新加坡、印尼、文莱、菲律宾、越南;还有一个俄罗斯。从1993年开始,亚太经济合作组织每年举行一次非正式首脑会晤。

亚太经济合作组织自从1989年在堪培拉成立后,多次举行了部长级会议。1991年,在汉城举行的部长级会议是亚太经济合作组织发展历程中的一个里程碑。在这次会议上通过了《汉城宣言》,它对亚太经济合作组织的原则、目标、含义作出了清晰的说明。亚太经济合作组织的根本目的是通过贸易自由化和投资自由化,通过经济和技术合作,促进地区经济发展,实现共同繁荣。具体目标是,该组织中的发达国家或地区不迟于2010年,发展中国家或地区不迟于2020年实现自由、开放的贸易和投资。大阪会议通过的《大阪行动议程》提出了实现贸易投资自由化和便利化的九项原则,包括:全面性,与世界贸易组织一致性,可比性,非歧视性,透明性,维持现状,同时起步,灵活性,合作。亚太经济合作组织的主要决策机构是每年一次的成员经济体领导人非正式会议和部长级会议,行政和功能机构则包括秘书处,贸易投资委员会,行政预算委员会等。此外,亚太经济合作组织还有贸易促进、产业科技、人力资源开发、地区能源合作、海洋资源保护、电信通讯、交通运输、旅游及渔业发展等方面的工作小组。

从严格意义上说,亚太经济合作组织不是一个地区经济集团,而是一个区域性的以促进贸易、投资和技术合作的开放性国际组织。这与欧盟和北美自由贸易区是不同的。地区经济集团是通过签订条约,或是达成协议,在规定的时期内统一地实现目标。而亚太经济合作组织则是在自主、自愿的基础上,协商一致,采取灵活渐进的方式,集体制定目标,各成员方努力实现目标,即它是由各成员方自己制定计划实现目标。亚太经济合作组织的性质可以说是一个开放的、灵活的、讲求实效的经济合作论坛,是一个松散的协商机构。

二、东南亚国家联盟

东南亚国家联盟(ASEAN)的前身是马来亚(现在的马来西亚)、菲律宾和泰国于1961年7月在泰国曼谷成立的东南亚联盟(ASA)。1967年8月,东南亚联盟3国加上新加坡、印尼共5国在曼谷举行会晤,发表了《东南亚国家联盟宣言》(也称《曼谷宣言》),成立了东南亚国家联盟(简称东盟)。1984年,文莱加入东盟。1995年越南成为东盟的第7个成员国。1997年7月,缅甸、老挝入盟。1999年柬埔寨加入东盟。

在东盟成立的最初10多年里,其合作内容主要集中在政治领域,目标是促进本地区的和平和提高本地区在国际社会中的政治地位。进入20世纪70年代后期,随着经济因素在国际关系中的地位越来越重要,东盟的合作领域就从政治合作转向为以经济合作为主。1992年10月,东盟达成协议,决定在2008年前建立东盟自由贸易区。1993年1月1日,协议正式生效。东南亚自由贸易区的主要内容是:从1993年1月起,东盟内部消减关税的20%,经过15年到2008年关税税率下降至5%,基本建成自由贸易区。后来,东南亚自由贸易协议又经过修订,其目标是在2010年,最早参加的6国全部取消关税和非关税壁垒,到2015年,10国全部取消关税和非关税壁垒,建成自由贸易区。

东盟的宗旨是"通过共同努力,加速本地区的经济增长,社会进步和文化发展","促进东南亚的和平与发展"。东盟总部设在印尼首都雅加达,常务委员会主席由每年主持会议的东道国外长担任,任期1年。东盟秘书长由东盟各国根据资历和条件轮流提名,任期5年。东盟每3年召开1次正式首脑会议,2次正式首脑会议期间每年召开一次非正式会议。东盟外长会议是制定东盟基本政策的机构,由东盟各国外长参加,每年在成员国轮流举行。而东盟与对话国外长会议在每年的外长会议后召开,由东盟国家外长与其对话国外长出席,就重大的国家政治和经济问题交换意见。目前东盟已发展成为一个重要的具有活力的区域性组织,在地区和国际事务中发挥着越来越重要的作用。

三、中国—东盟自由贸易区

2000年11月,在中国—东盟领导人会议上,中国国务院总理朱镕基提出了中国与东盟建立自由贸易安排的设想。2001年6月,中国—东盟高官会议就建立自由贸易区达成共识。同年11月,双方领导人会议宣布支持中国—东盟经济合作专家小组的研究报告,同意在10年内建立"中国—东盟自由贸易区"。2002年11月4日,中国和东盟10国签署了《中国—东盟全面经济合作框架协议》(简称《框架协议》),从而标志着中国—东盟自由贸易区正式启动。《框架协议》是未来自由贸易区的法律基础,共有16条,总体确定了中国—东盟自由贸易区的基本架构。根据《框架协议》,中国—东盟自由贸易区将包括货物贸易、服务贸易、投资和经济合作等方面。关于货物贸易的谈判从2003年年初开始,2004年6月30日前结束;关于服务贸易和投资的谈判从2003年开始;在经济合作方面,双方商定将以农业、信息通讯技术、人力资源开发、促进投资和湄公河流域开发为重点,并逐步向其他领域扩展。

中国—东盟自由贸易区一旦建立,将是世界上人口最多的自由贸易区,也将是发展中国家间最大的自由贸易区。中国—东盟自由贸易区不仅仅局限于贸易自由化领域,而是一个全方位、多领域的区域合作组织。

四、南方共同市场

1991年3月26日,阿根廷、巴西、乌拉圭、巴拉圭四国总统在巴拉圭首都亚松森签订了《亚松森条约》,决定建立有4国参加的南方共同市场。经过近4年的艰苦谈判,于1994年12月17日签署了《黑金城协定》,宣布1995年1月1日南方共同市场正式启动运转。南方共同市场主要有以下方面的内容:① 成员国内部贸易相互免税;② 实施共同对外关税政策的问题;③ 关于原产地规则的规定。

五、中美洲共同市场

中美洲共同市场的前身是根据1956年的《中美洲自由贸易协议》而成立的中美洲自由贸易区。1962年8月,有中美洲的危地马拉、萨尔瓦多、洪都拉斯、尼加拉瓜和哥斯达黎加五国在尼加拉瓜首都马那瓜共同签署了《中美洲经济一体化条约》,成立中美洲共同市场。但是由于这5国资源有限,经济结构单一,加上战乱频繁,债务负担沉重,合作进展非常缓慢。1990年以来,5国频繁磋商。1990年6月,5国总统签订《中美洲经济行动计划》。1993年5国达成"最终多边协议",并建立了关税同盟。

六、加勒比共同体

加勒比12国于1973年成立共同体,其主要任务是推动本地区经济一体化和经济发展,加强各方面的合作,协调各成员国的对外政策。1990年和1991年,成员国先后两次举行首脑会议,决定1992年1月起实行对外统一关税,7月起取消成员国间的贸易壁垒,实现人员的自由流动,建立统一货币政策,最终在1993年建立加勒比共同体。

七、安第斯集团

1966年,玻利维亚、智利、哥伦比亚、厄瓜多尔、秘鲁5国签订了《安第斯条约》,以开展自由贸易和加强成员国之间的经济合作,不久委内瑞拉加入,智利退出。5国首脑先后于1990年5月在马丘比丘会晤,发表《马丘比丘纪要》,同年11月在拉巴斯、1991年12月在卡塔赫纳举行会议,签署《巴拉契约纪要》,决定1992年1月1日正式建立自由贸易区和1993年建立共同关税同盟,1994年,《安第斯条约》成员就四级共同关税结构达成一致,并于1995年1月正式对外实施。

八、非洲共同体

1991年6月,非洲32个国家的首脑在尼日利亚的首都阿布贾签订了《非洲经济共同体条约》,1994年6月开始生效,该共同体决定在34年里分六个阶段建成全非共同体。第一阶段为5年,巩固已有的地区经济集团,建立新的集团;第二阶段为8年,协调各集团间的各种活动;第三阶段为10年,逐步消除32个国家之间的关税和非关税壁垒;第四个阶段为2年,建成关税同盟;第五个阶段为4年,实施共同的经济、金融政策,实现人员的自由往来;第六个阶段为5年,统一货币,建立货币联盟。如果这一协议能顺利按计划完成,那么全非洲将建成一个完全一体化的经济同盟。

本 章 小 结

第二次世界大战结束后,特别是20世纪90年代以来,随着科技的突飞猛进,国际分工的不断深化,全球贸易和投资迅速发展,世界各国经济的相互依存不断加强,为打破国家边界对资源配置和市场的地理限制,实现对资源的跨国配置以及对客观经济和市场运作的规则的联合调控,以促进经济的持续发展,世界上几乎所有的国家纷纷组建或加入已有的区域性的一体化组织。区域经济一体化已经成为当代世界经济发展的一个显著趋势。区域经济一体化组织有着不同的层次,从低到高依次是:优先贸易安排、自由贸易区、关税同盟、共同市场、经济联盟和政治联盟。在区域经济一体化组织中,各个国家或地区签订贸易自由化协议,不仅促进了本国经济的发展,还可以借助区域集团的力量提高自己在国际社会中的政治地位。这些也就成为区域经济组织发展的推动因素。区域经济一体化在发展过程中也会遇到一系列的阻碍因素,如特定集团的利益受损,国家主权受到负面影响以及贸易转移的风险。

在迄今所建立的区域经济一体化的组织中,欧盟应当算是最成功的一个。1993年1月1日开始,欧洲共同体开始实行单一市场,1993年11月1日,欧洲共同体正式更名为欧洲联盟(简称欧盟)。1999年1月1日,欧元正式诞生,欧盟大部分成员国加入欧元区,欧洲单一货币市场已形成。2004年5月1日,欧盟成功实现了东扩,这是欧盟历史上最大一次规模的扩展。其他地区的国家也积极组建区域经济一体化组织。美国、加拿大、墨西哥签订了《北美自由贸易协定》,成立了北美自由贸易区。在此基础上,美国和拉美的其他国家也正积极组建美洲自由贸易区。1989年成立的亚太经合组织随着新成员的不断增加,已经是最广泛意义上的区域经济合作组织。东盟自成立以来也在不断地扩大。中国—东盟自由贸易区的建立更是区域经济一体化进程中的新秀。拉丁美洲、非洲的一些区域经济一体化集团也一直在增加。

复习思考题

1. 区域经济一体化组织有哪几个层次?
2. 区域经济一体化有哪些风险?
3. 如何评价欧元?
4. 区域经济一体化对企业有哪些启示?
5. 在区域经济一体化中应当如何发挥政府的作用?
6. 经济全球化与区域经济一体化的关系是什么?

章末案例

《北美自由贸易协定》对美国纺织业的影响

1994年,当《北美自由贸易协定》生效时,许多人就担心由于公司把工厂从美国迁到了墨西哥,美国的纺织业将会失去大量的工作岗位。该协定的反对者就声称,这个协定不该被采用,因为它将对美国的就业产生负面影响,但是他们的做法没有取得成功。

《北美自由贸易协定》通过8年之后,如果我们浏览一下数据,或许会认为这些批评者有一定的道理。1993年至2002年间,美国纺织业的就业人数从大约100万人减少到了43.2万人,下降了57%。在1993年至2001年,墨西哥出口到美国的服装从16亿美元增加到了89.5亿美元。这些数据似乎表明,就业的下降是因为服装生产从美国转移到了墨西哥。这样的例子很多,1995年,美国最大的内衣生产商——Fruit of the Loom公司宣布,它将关闭6家国内工厂,而且还要削减另外2家工厂的生产,解雇3 200名工人,占其雇用的美国劳动力的12%。这家公司宣布,关闭工厂是它将生产经营转移到更加低廉的海外工厂,尤其是转移到墨西哥的行动的一部分。在关闭工厂之前,只有不到30%的缝纫工作是在美国境外完成的,但是现在Fruit of the Loom公司计划将绝大部分的缝纫工作转移到墨西哥。同样,面料制造商也把生产转移到了墨西哥。南卡罗莱纳的Cone Mills公司自1994年以来已将其在美国的工作岗位削减了1/3,并在墨西哥投资2亿美元建造了2个新的工厂。Burlington Industries公司在1999年削减了其在北卡罗莱纳的牛仔布工厂的2 900个工作岗位,占雇员总数的17%,并在墨西哥大量投资,以提高生产能力。

对纺织品制造商来说,在墨西哥生产的好处包括较低的劳动力成本和较低的投入成本。墨西哥纺织工人的日平均工资是10~20美元,而美国是10~12美元一个小时。对Cone Mills公司这样的牛仔布制造商来说,另一个好处是水费低(水对于用靛蓝对棉织品染色至关重要)。在墨西哥 Cone Mills 付的水费为每立方米30美分,是南卡罗莱纳的1/5。此外,Cone Mills 公司和其他面料制造商一直在墨西哥生产产品,因为其许多客户——服装生产商已经在那里设厂,在同一地区生产可以节约运输成本。

然而,美国纺织业就业人数的减少并不意味着《北美自由贸易协定》的总体影响是负面的。1994年以来随着纺织生产由高成本的美国制造商转移到低成本的墨西哥制造商之后,美国服装的价格也下降了。这有利于美国消费者,他们现在可以将更多的钱花在其他方面了。牛仔布的价格以前是3.2美元一码,现在是2.4美元一码。例如,一条典型设计的牛仔裤的成本由1994年的5.5美元降低到了今天的4.8美元。在1994年白色T恤衫的批发价是24美元一打,现在是14美元一打。

除了低价格以外,纺织品的生产转移到墨西哥对美国经济还有其他的好处。首先,面料和服装的生产转移到墨西哥后,使美国化工行业的许多面料和纤维厂商出口急剧增长。在《北美自由贸易协定》通过之前,美国纤维生产商,例如,杜邦公司(E. I. Du Pont)仅仅向亚洲的厂商提供少量的面料和纤维。然而,当服装生产由亚洲转移到墨西哥之后,向墨西哥出口的面料和纤维迅速增加。美国的生产商向墨西哥的缝纫企业供应大约70%的原材料。1994年至2001年间,向墨西哥出口的面料和纤维,大部分是可用于缝纫的衣片,从7.6亿美元增加到30亿美元。另外美国纺织设备的制造商也由于墨西哥服装厂订购纺织设备而增加了销售量。2000年向墨西哥出口的纺织设备几乎比1994年翻了一番,金额达3 550万美元。

尽管美国的纺织业丧失了很多就业岗位,《北美自由贸易协定》的拥护者认为,由于服装价格的下降,以及纤维和纱线厂商和纺织设备厂商出口的增加,对于美国经济还是有好处的,更不用说对美国其他部门的好处了。签订《北美自由贸易协定》的结果是创造了贸易。而得到贸易收益的则是美国消费者和某些行业的厂商。与以往一样,自由贸易区的建立总有人获利,有人损失,受到损失的是纺织业的雇员,但是拥护者认为得到的利益远远大于损失。

资料来源:Sources:C. Burritt,"Seven Years into NAFTA,Textile Makers Seek a Payoff in Mexico ,"Atlantia Journal-Constitution December 17, 2000, P. Q1;J. McAllister ,"Trade Agreements ,How they Affect U. S. Textile ,"Textile World ,March 2000;J. Millman,"Mexico Weaves More Ties ,"Wall Street Journal ,August 21,2000;J. R. Giermanski,"A Fresh Look at NAFTA. What Really Happened ?"Logistics ,September 2002;and American Textile Manufactures Institute at。

http://www.atmi.org/index.asp

案例讨论题

1. 如何看待《北美自由贸易协定》对于美国纺织业的影响?该如何评价这些影响?
2. 除了对美国产生一定的影响外,《北美自由贸易协定》会对墨西哥带来哪些影响?
3. 举例说明中国所加入的区域经济组织,并分析该组织对于中国的影响。

参考文献

1. 查尔斯·W·L·希尔. 国际商务. 北京:中国人民大学出版社,2002
2. 王俊宜,李权. 国际贸易. 北京:中国发展出版社,2003
3. 海闻,P·林德特,王新奎. 国际贸易. 上海:上海人民出版社,2003

4. 朱钟棣.国际贸易教程新编.上海:上海财经大学出版社,1999
5. 赵春明.国际贸易学.北京:石油工业出版社,2003
6. 伍贻康,周建平.区域性国际经济一体化的比较.北京:经济科学出版社,1994
7. 周圣奎.21世纪与南北经济区域集团化.北京:社会科学文献出版社,1998
8. 管新平,何志平.欧盟概况.广州:华南理工大学出版社,2003
9. 钟鑫,吴华.欧元的诞生与影响——挑战,对策,实务.北京:经济管理出版社,1999
10. 丁一凡.欧元时代.北京:中国经济出版社,1999
11. 赵秀臣,汤传峰.欧元解析.北京:对外经济贸易大学出版社,2000
12. 郑耀东.欧元.改变世界经济格局的跨国货币.北京:中国财政经济出版社,1998
13. 廖少廉,陈雯,赵洪.东盟区域经济合作研究.北京:中国对外经济贸易出版社,2003
14. 宫占奎,陈建国,佟家栋.区域经济组织研究——欧盟.北京:经济科学出版社,2000

第七章 外汇市场

第一节 外汇市场的性质和作用

一、外汇市场的概况

外汇市场是进行外汇交易的场所,通过该场所可以将一个国家的货币换成另一个国家的货币。其形态主要有两种:一是指具体的、有固定场所的有形市场,即由外汇交易的参与者在每个营业日的规定时间内集合于该场所进行交易,如外汇交易所;二是指抽象的、无形的市场,即由电话、电报、电传、互联网等现代通讯工具所构成的交易网络,交易双方通过该网络进行外汇交易,这些交易主要是以外汇银行为中心进行的。

以下是外汇市场的主要构成要素。

(一) 市场交易工具

外汇市场的市场交易工具就是外汇。外汇是指以外国货币或以外国货币表示的能用来清算国际收支差额的资产。我国《外汇管理条例》中规定,外汇是指以外币表示的可以用作国际清偿的支付手段和资产,具体的范围包括:① 外国货币,包括纸币和铸币;② 外币支付凭证,包括票据、银行存款凭证、邮政储蓄凭证等;③ 外币有价证券,包括政府债券、公司债券、股票等;④ 特别提款权、欧洲货币单位;⑤ 其他外汇资产。

(二) 外汇市场主要参与者

1. 外汇银行

外汇银行是指由本国中央银行批准,可以经营外汇业务的商业银行或其他金融机构,主要包括专营或兼营外汇业务的本国商业银行和开设在本国的外国商业银行的分支机构以及其他兼营外汇业务的金融机构。商业银行是外汇市场上最重要的机构,通常其在国外以流动资金形式持有外汇。如果客户需要外汇,商业银行就从流动资金中提取外汇;如果客户出售外汇,商业银行就增加外汇的持有量。由于商业银行经常需要增加和减少外汇持有量,同时为改善自身的资产和负债的货币结构而在外汇市场上买卖外汇,所以商业银行在外汇市场的交易非常活跃。

2. 外汇经纪人

外汇经纪人是指介于外汇银行之间、外汇银行和外汇其他参与者之间进行联系、接洽外汇买卖的经纪人公司或个人。在英美等一些西方国家,商业银行并不直接从事外汇交易,而是通过作为银行交易中介的外汇经纪人。外汇经纪人的主要职能就是安排需要外汇和供应外汇的双方进行交易,本身并不持有外汇,不承担外汇盈亏风险。一般客户愿意让外汇经纪人代理进行外汇的买卖,因为外汇经纪人熟悉外汇供求情况和市场行情,有现成的外汇业务网络,而且具有丰富的外汇买卖经验,在外汇市场上起着非常重要的作用。

3. 顾客

外汇银行的顾客包括：① 交易性的外汇买卖者，如进出口商、国际投资者、旅游者等；② 保值性的外汇买卖者，如套期保值者；③ 投机性的外汇买卖者，如投机商。进出口商由于进行进出口贸易活动，是外汇的实际需求者和供给者。出口商出口商品后需要把外汇收入转换为本币收入；进口商进口商品时需要将本币转换为外汇支付货款。其他外汇供求者是指运费、旅费、留学费、汇款、外国有价证券买卖、外债本息收付、政府及民间私人借贷以及其他原因而形成的外汇供给者和需求者，包括有劳务外汇收入者、有国外投资收益者、接受国外援助者、接受外国贷款者和在国外发行有价证券者等。

4. 中央银行

中央银行一般在外汇市场并不进行直接的、经常性的交易，而是通过商业银行和外汇经纪人进行外汇的买卖。中央银行在外汇市场的行为和作用是根据各国不同的汇率体制而不同，但一般而言中央银行主要为了防止国际短期资金冲击本国的货币市场，维护本币的汇价稳定，并执行本国的货币政策。

（三）世界主要外汇市场的介绍

目前，世界上的各主要国际金融中心都有大规模的外汇市场。但日交易量比较多，比较重要的外汇市场主要有以下六个。

1. 英国伦敦外汇市场

伦敦外汇市场是一个典型的无形外汇市场，完全通过电话、电报或网络完成交易，包括英国的商人银行、清算银行和外国银行设在伦敦的分行，一共有250多家外汇指定银行和90多家外汇经纪商在此市场运作。伦敦外汇市场的外汇交易为即期交易和远期交易，汇率采取间接标价法报价，交易的货币种类最多达80余种。

尽管英镑作为国际贸易支付手段和国家储备货币的地位已经被美元替代，但由于伦敦外汇市场交易类型齐全，交易结构完备，具有现代化的电讯网络设备，加上伦敦横跨欧、亚、美洲三个时区，这些得天独厚的条件使得伦敦外汇市场的交易规模长期以来居世界各大外汇市场之首。

2. 美国纽约外汇市场

随着美国经济实力的增强和对外贸易、资本输出的飞快发展，美元逐渐取代英镑成为关键货币，加上美国实行的外汇开放政策，纽约外汇市场的地位不断提高，外汇交易量仅次于伦敦，是世界最重要的外汇市场之一。

纽约外汇市场也是一个无形市场，汇率的报价既采用直接标价法（对英镑），又采用间接标价法（对欧洲各国货币和其他国家货币），主要交易货币为欧洲大陆、加拿大、中南美洲、日本等国货币。由于美国对经营外汇业务不加限制，政府不指定专门的外汇银行，几乎所有在美国的银行和金融机构都可以经营外汇业务，因此，各国的商业银行在此市场迅速扎根和成长。目前，纽约外汇市场主要包括180多家美国商业银行，200多家外国银行在纽约的分支机构、代理行及代表处。

3. 日本东京外汇市场

东京外汇市场作为一个新兴的主要国际外汇市场，是亚洲地区最大的外汇交易中心。由于汇率的变化与日本贸易状况密切联系，日本中央银行对美元兑换日元汇率的波动尤其关注，频繁地干预外汇市场。此外汇市场的交易货币主要是美元和日元，美元和日元的交易几乎占到该市场总的外汇贸易量的七成,如果就美元和日元的交易量而言,东京外汇市场足以超过伦敦、纽约外汇市场。东京外汇市场的汇率有两种:一种是挂牌汇率,包括利率风险、手续费等的汇率;另一种是市场连动汇率,以银行间市场的实际汇率为基准标价。

4. 瑞士苏黎世外汇市场

苏黎世外汇市场是一个有历史传统的无形外汇市场,与伦敦和纽约外汇市场最大的不同是它不通过外汇经纪人或外汇中间商。此市场采用的是直接标价法标价,美元在苏黎世外汇市场具有特别重要的地位,这反映在苏黎世外汇市场买卖的对象大部分是美元,市场汇率以美元对瑞士法郎的汇率为主要汇率,其他货币对瑞士法郎的汇率是通过其他外汇市场对美元的汇率套算出来的。

瑞士一直以来坚持对外开放,其货币瑞士法郎也是重要的自由兑换货币,而且在第二次世界大战期间是中立国,外汇市场基本上没有受到战争的影响,所以瑞士自然而然地成为资金的庇护地,对国际资金有着非常大的吸引力。众所周知,瑞士银行能够为客户的资金往来提供严格的保密,因此,瑞士通过其外汇市场吸引了大量资金到国内。

5. 新加坡外汇市场

新加坡外汇市场是20世纪70年代随着新加坡成为一个新型国际金融市场而发展起来的。外汇经纪人在新加坡外汇市场的交易中起着重要作用,大部分的外汇交易都由他们办理,并通过他们的国际网络把新加坡和世界其他各个金融中心联系起来。新加坡外汇市场上交易的币种不受限制,但是以美元为主,新加坡外汇市场上的汇率均以美元报价,非美元货币间的汇率通过套算求得;大部分交易是即期交易,掉期交易和远期交易合计约占总交易额的1/3。

新加坡外汇市场的地理位置适中,上午可与东京、悉尼、中国香港等外汇市场进行交易,下午可与伦敦、苏黎世、法兰克福等欧洲外汇市场进行交易,中午还可同中东的巴林市场进行交易,晚上可同纽约市场进行交易,时区差距优越性使其成为亚太地区乃至全球的重要外汇市场之一。

6. 中国香港外汇市场

中国香港外汇市场与伦敦、纽约外汇市场一样是一个无形市场,有一个由外汇交易的银行、其他金融机构以及外汇经纪人组成,电话、电传、互联网等通讯工具联系起来的网络。自20世纪70年代以后,随着中国香港外汇市场的国际化以及港币同英镑脱钩、与美元挂钩后,美元逐步取代英镑成为中国香港外汇市场交易的主要外币。中国香港外汇市场上的交易可以划分为两大类:一类是港币和外币的兑换,以港币和美元兑换为主;另一类是美元兑换其他外币的交易。在中国香港外汇市场上,港币实行货币局制度,主要交易的品种就是美元交易。

二、外汇市场的作用

外汇市场是国际贸易和国际金融体制的重要组成部分,其主要有三个作用:一是货币的汇兑;二是规避外汇风险;三是货币投机。

(一)货币的汇兑

如今,每个国家基本上都有自己独立的货币(除欧盟内的欧元区国家外),国内商品和服务的价格都以本国货币标识,国境内通常都使用本国货币。随着经济的国际化,对外经济活动逐渐频繁化,当对外贸易、对外投资、对外借贷、出国旅游或留学等活动发生时,就对外汇产生了需求,就涉及了外汇市场。

(1) 对外贸易的需要。如果对外贸易的结算货币不是本币,则出口商在取得货款后会利用外汇市场将其兑换成本币,进口商则需要利用外汇市场将本币兑换成结算货币用于支付货款,这将产生对外汇的需要,对外汇市场的需要。

(2) 对外投资的需要。对外投资的形式有很多,可以到国外投资建厂,可以购买国外的股票和债券等,无论哪种投资形式,都需要将本国货币或他国货币兑换成投资所在国的货币,这就需要利用外汇市场。如 20 世纪 80 年代末期,美元持续下降导致日本投资者大量购买美国的股票、债券、企业等,这些投资都需将日元兑换成美元,而投资所获得的收益也需要再兑换成日元。

(3) 对外借贷的需要。当一国在购买进口设备、原材料、技术等方面缺乏外汇时,可以通过向国外借款的方法来弥补,如果借入的外汇与进口付汇的货币不同,就需要货币的转换,也就产生了对外汇市场的需要。当贷款到期时,如果债务人没有足够的还贷货币,也需要通过外汇市场,将其他货币转换为还贷货币。

(4) 出国旅游或留学的需要。随着人民生活水平的提高,越来越多的人到外国旅游或学习,当他们手中没有足额的外汇时,就需要在外汇市场进行外汇交易获得目标国的货币。

(二) 规避外汇风险

汇率的变化可能使持有或运用外汇的经济主体(如进出口商、对外投资商、外汇银行等)遭受损失,它们就通过不同类型的外汇交易方式在外汇市场为所持有或运用的外汇进行保值。外汇交易主要使用以下几种方式。

1. 即期外汇交易

即期外汇交易,又称现汇交易,是指买卖双方成交后,在两个营业日内办理交割的外汇交易。在买卖即期外汇时所使用的汇率就是即期汇率。即期外汇交易是外汇市场上最常见、最普通的交易形式,约占外汇交易总额的 1/3。即期汇率是外汇市场最重要和最基本的汇率,构成了所有外汇汇率的基础,其他外汇交易的汇率都在此基础上计算得出的。

汇率有两种标价方法:① 直接标价法,是以本币表示的一定单位的外币,中国采用直接标价法,如 1 美元 = 8.1370 元人民币;② 间接标价法,是以外币表示一定单位的本币,采用间接标价法的货币主要有美元、英镑、澳大利亚元、新西兰元、欧元等少数货币。

即期外汇交易的报价采用"双价"原则,即外汇市场银行报价时必须报出买入价和卖出价。在直接标价法下,前一个是买入价,后一个是卖出价;在间接标价法下,前一个是卖出价,后一个是买入价。具体案例如下:

某日,巴黎外汇市场和伦敦外汇市场的报价如下:

巴黎 USD 1= FRF 5.7415 ~ 5.7605 直接标价法
　　　（银行买入美元价）（银行卖出美元价）
伦敦 GBP 1= USD 1.8850 ~ 1.8950 间接标价法
　　　（银行买入美元价）（银行卖出美元价）

2. 远期外汇交易

远期外汇交易,又称期汇交易,是指买卖双方预先签订远期合约,规定交割的币种、金额、汇率、时间和地点等条件,然后按约定的汇率和时间(成交后两个营业日以上)进行交割的外汇交易。在买卖远期外汇时所使用的汇率就是远期汇率。一般而言,远期交易的预约时间以月计算,有 1 个月、2 个月、3 个月、6 个月、9 个月、12 个月不等。在某些情况下,远期外汇买卖可能超过1年,这时称为超远期外汇交易。通过远期外汇交易这种方式,交易者可以将以后需要兑换外汇的成本固定下来,达到防范汇率风险的目的。只要远期交易双方同意,远期交易可以延期,也可以在规定的期限内提前交割。

当即期汇率如1美元=8.1370元人民币与30天的远期汇率如1美元=8.0370元人民币有所不同时,则反映了外汇市场对这两种货币将来变动的预期。1美元用即期汇率比30天的远期汇率可以买到更多的人民币,这说明外汇交易者预期在30天内美元对人民币的汇率将下跌,这时,我们称美元在30天远期市场上出现贴水(即指远期比即期市场的价值低)。当然相反的情况也可能发生,如果30天的远期汇率是1美元=8.2370元人民币,则1美元用远期汇率可以比即期汇率买到更多的人民币,说明外汇交易者预期在将来的30天内美元对人民币的汇率将上升,这种情况我们称美元在30天的远期市场出现升水。

3. 掉期外汇交易

掉期外汇交易是指将货币相同、金额相同的而交易方向相反、交割期限不同的两笔或两笔以上的外汇交易结合起来进行,也就是在买进某种货币时,同时卖出金额相同的这种货币,但买进和卖出的交割期不同。大多数的远期外汇交易都是掉期外汇交易的一部分,掉期外汇交易可以在合同有效期内任何一天办理,而远期外汇交易必须在合同到期日办理交割。掉期外汇交易的主要目的是利用不同交割期外汇的汇率差来规避汇率风险,可以在国际企业同银行之间、不同银行之间,以及政府之间进行。通常的掉期外汇交易是即期对远期的外汇交易,还有两个类型是即期对即期的外汇交易和远期对远期的外汇交易。例如,中国银行因业务需要,以美元购买200万英镑存放在伦敦外汇市场3个月。为防止3个月后英镑汇率下跌,中国银行利用掉期外汇交易,在买进200万英镑现汇的同时,卖出3个月英镑的期汇,从而转移这3个月内因英镑汇率下跌而承担的风险,这就是一笔即期对远期的掉期外汇交易。

4. 外汇期货交易

外汇期货交易是指交易双方在外汇交易市场上通过公开竞价的方式,买卖在未来某一日期以既定的汇率交割一定数额货币的标准化期货合约的外汇交易。显而易见,外汇期货交易并不是实际外汇的交换,而是合约的买卖。签订外汇期货合约,交易者需要向清算公司交付足额保证金,随着期货合约的涨跌,与原来汇率价格相比,如有盈余,交易者可以从清算公司提走,如有亏损,则要弥补。外汇期货市场只提供有限的货币品种,而且相对固定的数额和交割期限,例如,英镑的标准合约数为62500英镑,交付日期为3月、6月、9月、12月的第三个星期三。

世界上第一张外汇期货合约是1972年5月16日由美国芝加哥商业交易所的分部——国际货币市场推出的。目前,世界上主要的金融中心都引进了外汇期货交易,其中,比较著名和成功的除了上述的国际货币市场之外还有伦敦国际金融期货交易所、新加坡国际货币交易所、东京国际金融期货交易所和法国国际期货交易所等。

5. 外汇期权交易

除了远期合同和期货合同,另一个可以对将来的外汇资金和负债进行套期保值的市场就是期权市场。外汇期权交易最早是由美国费城证券交易所于1982年12月推出的,是指交易双方签订一种买卖远期外汇合约选择权的合同,该合同赋予买者或卖者在规定期限内按协定的价格买进或卖出外汇合约的权利。为了获得上述买或卖的权利,期权的买方必须向期权的卖方支付一定的费用,称作期权费或保险费。

例如,某人以 1 000 美元的期权费买入一张价值 10 万美元的欧元/美元的欧式看涨合约,合约规定期限为 3 个月,执行价格是欧元/美元汇率为 1.1500。在 3 个月后的合约到期日,欧元/美元汇率为 1.1800,则此人可以要求合约卖方以 1.1500 卖给自己价值 10 万美元的欧元,然后他可以在外汇市场上以 1.1800 抛出,所得盈利减去最初支付的 1 000 美元就是他最后的盈利。如果买入期权合约后,欧元/美元汇率为 1.1200,此时执行合约还不如在外汇市场上直接兑换,于是此人可以放弃执行合约的权利,最多损失为 1 000 美元。

期权合同较期货合同和远期合同而言,具有较大的灵活性。期货合同或远期合同有义务按固定汇率买卖货币,期权合同则是提供买卖货币的选择权,而不是一种义务。

(三)货币投机

保值者为了规避外汇风险而轧平各种外汇头寸,而投机者却有意识地持有外汇多头或空头,主动承担外汇风险,希望从汇率变动中获得利益。投机者根据自己的专业知识和各方面信息进行判断,利用汇率的涨跌和对汇率变化的预测,大规模地进行外汇交易,当预测某种货币的汇率将要上升时,就事先买入该种货币,等价格上升后再卖出,这种先买后卖的投机交易称为买空(也即做多头);反之,当预测某种货币的汇率将要下降时,就事先卖出该种货币,等价格下降后再买入,这种先卖后买的投机交易称为卖空(也即做空头)。有时,外汇银行、进出口商、投资者、借贷者预测未来的汇率变化对自己的外汇头寸有利时,故有意地持有外汇头寸而不进行保值,这时他们也属于投机者。

投机交易与保值交易的主要区别在于:投机交易没有实际的商业或金融业务为基础,投机者买卖外汇不是为了商业或金融业务的需要,而是希望从汇率的差价中获取利润。投机交易在外汇市场中起着润滑和平衡的作用,没有投机者对风险的承担,保值交易就无法实现,保值者的风险就无法转移。

三、外汇市场的特征

目前,所谓的外汇市场并非是固定在某一地方的市场,而是一个包含无数外汇经营机构和个人的计算机网络系统,从事外汇业务的银行、外汇经纪人和客户等通常是通过这网络系统来进行外汇的报价、询价、买进、卖出、交割和清算的。由于外汇交易系统的存在,世界范围内因时间、地点、信息和主观判断等因素而时刻发生变动的汇率水平在庞大的交易中不断地波动和趋同。这就是目前全球外汇交易市场的重要特征,即"有市无场"。现阶段,外汇市场以较快的速度在发展,反映了国际贸易和跨国投资总量整体的增长,也体现了世界经济的不断向前推进的步伐。

外汇市场的第二个重要特征是全球一体化。全球各个金融中心的地理位置不同,如美洲、欧洲、亚洲的市场,因时间差的关系,使得全球统一的外汇市场永不休眠。从我国的时间看,凌晨 5 时起,新西兰、惠灵顿、澳大利亚悉尼相继开市,8 时日本东京开市,10 时中国香港、新加坡开市,下午 3 时法国巴黎、德国法兰克福、英国伦敦相继开市,晚上 9 时美国纽约开市,凌晨 4 时纽约收市而惠灵顿、悉尼又相继开始,周而复始。所有的交易中心通过先进的计算机网络连成一体,市场的交易者可以在世界各地进行外汇交易。这样,为投资者提供了没有时间和空间障碍的投资场所,投资者可以寻找最佳时机进入市场进行外汇交易。同时,由于金融中心的一体化,各交易中心的汇率报价不会出现很大的差异。举例来说,如果在伦敦下午 3 时日元对美元的汇率报价为 120 日元 = 1 美元,在纽约同一时间(当地上午 10 时)日元对美元的汇率报价将是相同的。如果在纽约日元对美元的汇率是 125 日元 = 1 美元,交易者可以通过套汇行为赚取利润,即将货币低买高卖:在纽约市场以 100 万美元买进 12 500 万日元,并立即在伦敦市场抛出这 12 500 万日元,换取 104.1666 万美元,赚得 41 666 美元的利润。如果大量的交易者都利用这个差价获取利润,那么在纽约市场对日元的需求就会上升,造成日元对美元汇率的上升,使得两个市场的汇率差异很快消失。

外汇交易的币种集中是外汇市场的第三个特征。世界的外汇交易量日益庞大,但是交易的货币种类却只有几种。1999 年欧元产生前,重要的货币是美元、马克、英镑、瑞士法郎、日元、加元、法国法郎、荷兰盾、比利时法郎和意大利里拉,其中美元占 80% 以上的交易量,其次是马克、英镑、日元和瑞士法郎。现在德国马克和法国法郎等币种已经退出外汇市场,被欧元取代。在我国的外汇交易中,绝大多数也是美元,其次是日元、港币、欧元和英镑,这些主要是与我国经济密切相关的国家的货币。

总而言之,外汇市场不仅决定了远期汇率和即期汇率的水平,为投资者或投机者提供了规避汇率风险或赚取利润的机会,还为汇率理论的形成奠定了宏观的基础。

第二节 汇率的决定理论

一、价格与汇率

(一)一价定律

一价定律是由美国经济学家米尔顿·弗里德曼提出的,他认为汇率是货币的价格,两国货币的相对供求关系决定了两国货币之间转换的比率。一价定律的主要内容是指在自由贸易条件下,扣除运输费用后,同样的商品无论在世界什么地方出售当其价格以同一种货币表示时,都是一致的。例如,如果英镑和美元的汇率是 1 英镑 = 1.5 美元,在伦敦售价为 50 英镑的鞋子在纽约应卖 75 美元,表明相同的商品在两地的实际价格相同。

一价定律是国际贸易理论的延伸,它把国内商品的国内价格和汇率联系起来,可用下式表示:

$$P = E \times P^*$$

式中 P——贸易商品的国内价格;

P^*——同一商品用外币表示的外国价格;

E——即期汇率(一单位外币兑换的本币数额)。

套利是保证一价定律实际成立的过程。假定上述例子中,在纽约鞋子的售价为 60 美元(相当于 40 英镑),那么贸易商将纽约的鞋子运到伦敦销售,每双鞋子可获得 10 英镑(相当于 15 美元)的利润。但是大量的鞋子运到伦敦后,使得伦敦鞋子市场的供给大于需求,导致价格的下跌;同时,大量的鞋子运出纽约后,使得纽约鞋子市场的需求大于供给,导致价格的上升。这种状况会一直持续到两地的价格相等才停止。

但是在现实生活中,商品在不同国家的价格联系不一定与上述分析的结论相同。首先,在进行套利活动时,除了商品的买卖之外,还要进行不同货币之间的兑换,产生了外汇市场上相应的交易活动和由此产生的汇率风险。再者,跨国套利活动还存在着许多的障碍,例如进出口关税或非关税壁垒。所以,与一国内部情况相比较,各国间的套利活动更加困难,套利成本也更加高。

(二) 购买力平价理论

购买力平价理论是建立在一价定律的基础上的,一价定律是就个别商品而言的,如果它制约了所有商品的价格水平,这就是购买力平价。促使市场均衡的原因就是购买力平价,表明在开放的经济条件下,市场力量使本国价格与转换成本国货币的外国价格是一致的。

购买力平价理论阐述了纸币流通制度下价格水平与汇率决定和变动的关系,它是西方国家汇率理论中最具有影响力的一种理论,是由瑞典经济学家卡塞尔于1916年至1922年间提出的。

1. 绝对购买力平价理论

在某一时点上,两国货币之间的兑换比率即均衡汇率由两国货币在本国的购买力之比决定,此均衡汇率称为绝对购买力平价。一国货币的购买力和该国的价格水平有关,即与有代表性的"一篮子"消费品的货币价格有关。价格水平高意味着有代表性的"一篮子"消费品价格高,同量货币只能购买较少的消费品。绝对购买力平价理论表明,如果一国货币的购买力下降,必使得该国货币在外汇市场上同比例地贬值,而一国货币的购买力提高,必使得该国货币在外汇市场上同比例地升值。

设 P_{us} 表示美国的价格水平,P_E 表示英国的价格水平,绝对购买力平价理论可用下式表示:

$$E_{\$/£} = P_{us} / P_E$$

如果有代表性的一篮子消费品在美国值 150 美元,在英国值 100 英镑,根据绝对购买力平价理论,美元/英镑的汇率是:

$$E_{\$/£} = 150 \text{ 美元} / 100 \text{ 英镑} = 1.5 \text{ 美元/英镑}$$

购买力平价理论的另一个结论是,如果相对价格发生变动,汇率也将发生变动。如果美国价格水平上升,从一篮子消费品的 150 美元上升到 200 美元,美元价格上升 33.3%,按购买力平价理论,美元在外汇市场上将贬值 33.3%,即美元/英镑汇率变为 2 美元/英镑。

2. 相对购买力平价理论

汇率在一定时期内的变动取决于两国同期的货币购买力或价格水平的相对变动,新的均衡汇率称为相对购买力平价。相对购买力平价阐明一定时期内两种货币之间汇率百分比变化的差和国内价格水平百分比变化之间的差相等。如果美国的价格水平 1 年间上升了 10%,而英国价格水平上升了 5%,根据购买力平价理论,美元对英镑应贬值 5%。如果用 $E_{\$/£,t}$ 表示现在的汇率,$E_{\$/£,t-1}$ 表示 1 年前的汇率,用 $\pi_{us,t}$ 表示美国的通货膨胀率,就得到下式:

$$\pi_{us,t} = (P_{us,t} - P_{us,t-1}) / P_{us,t-1}$$

用 $\pi_{E,t}$ 表示英国的通货膨胀率,得出下式:

$$\pi_{E,t} = (P_{E,t} - P_{E,t-1}) / P_{E,t-1}$$

因此,相对购买力平价可以用下式表示:

$$(E_{\$/£,t} - E_{\$/£,t-1})/E_{\$/£,t-1} = \Pi_{us,t} - \Pi_{E,t}$$

要注意的是,相对购买力平价与绝对购买力平价不同,相对购买力平价只限于价格水平和汇率变动的时段。由于造成偏离绝对购买力平价的因素在一定时期内是相对稳定的,所以相对价格的百分比仍然接近绝对购买力水平的变化。

绝对购买力平价反映的是两国价格水平与汇率水平之间的关系,而相对购买力平价反映的是价格变动与汇率变动之间的关系。因此,绝对购买力平价是相对购买力平价的基础,绝对购买力平价成立则相对购买力平价必成立。

二、利率与汇率

为了理解利率与汇率的关系,首先要了解关于利率的两个概念,即名义利率和实际利率。名义利率是在市场上实际观察到的,各国国内的货币市场以及国际货币市场上的利率都是名义利率。实际利率是一种将通货膨胀考虑在内并经过调整后对收益进行衡量的利率。

(一) 费雪效应

当资本在国际间能够自由流动时,各国的实际利率不会有太大的差异,否则套利活动就会使它们相同。例如,中国的实际利率是8%,而美国的实际利率只有6%,那么全世界的投资者都会在美国借钱后在中国投资,因为在中国可以获得更多的收益。这些投资活动必增加美国的货币需求,使得美国的实际利率提高,同时导致在中国的货币供应增加,进而降低中国的实际利率,这一过程将持续到两国的实际利率相等。但是,名义利率上却存在着不小的差异,其实,名义利率都在一定程度上包含了对物价水平变动的预期,也就是对通货膨胀的预期,这个差异就在于预期通货膨胀率的不同。这个理论最早是由美国经济学家欧文·费雪正式提出,并被称为费雪效应。费雪效应表明,一国的名义利率(i)是实际利率(r)与让渡资金这一段时期的预期通货膨胀率(Π)两者之和。用下式表示:

$$i = r + \pi$$

例如,如果一国的实际利率是8%,而年通货膨胀率预期为2%,那么名义利率则是10%。当预期通货膨胀率上升到7%,名义利率就会提高到15%。

(二) 国际费雪效应

购买力平价理论已经告诉我们汇率和通货膨胀两者之间的关系,而名义利率又预期了通货膨胀率,那么利率与汇率之间必然存在着紧密的联系。国际费雪效应就说明了利率和汇率的关系,即任何两国的汇率应随着两国的名义利率的不同,作相反方向的等量变化。沿用上面的例子,国际费雪效应可用下式表示为:

$$(E_{\$/£,t} - E_{\$/£,t-1})/E_{\$/£,t-1} = i_{us,t} - i_{E,t}$$

欧文·费雪认为,在开放的经济环境下,如果市场是有效率地运行的话,投资者会利用所得到的所有信息对未来的汇率变化进行无偏估计,并积极地赚取国家之间的利润差,投资者的这些理性活动反过来促进了市场的重新均衡。然而欧文·费雪的理论忽略了交易成本、资金在国际间流动会受到外汇管制和外汇市场不发达等因素的影响。交易成本的存在使得套利行为受到影响,从而国际间的实际利率会有较小的差异。而且,目前只有少数的国际金融中心才存在完美的外汇市场,资金流动也不受政府干预。因此利用利率差异预测未来货币汇率的波动,与实证的结果并不一致。

三、投资者心理与利率

法国经济学家阿夫塔里昂于1927年根据法国在1924年至1926年间法国法郎汇率的反常变化提出了汇兑心理说，以主观边际效用论为基础，分析投资者心理预期对汇率变动的影响。

汇兑心理说的主要观点是：人们需求外汇，是因为外汇能够满足他们购买、支付、投资、投机等的欲望，这些欲望是外汇具有价值的基础。所以，外汇的价值取决于外汇供需双方对外汇边际效用所作的主观评价。人们对外汇边际效用的主观评价高，就愿意用较高的价格购买外汇，那么外汇的汇率自然就比较高；反之，人们对外汇边际效用的主观评价低就会抛售外汇，则外汇的汇率就比较低。换句话说，人们对外汇效用的主观评价，即心理预期，具有自我实现的性质。心理预期多种多样，包括对经济、政治、政策、汇率变动等的预期。例如，当一国发生或预期发生国际收支巨额逆差、较高通货膨胀、较大经济衰退、战争、动乱、外汇管制、外汇储备短缺等，表明该国经济实力下降或经济动荡，影响持币者的信心，人们预期该国货币将贬值，于是在外汇市场抛售该国货币，使外汇市场上该国货币供给大于需求，导致该国货币的汇率下降；反之，当人们预期某国经济实力上升或经济前景良好，则会加强持币者的信心，于是在外汇市场上抢购该国货币，导致该国货币在外汇市场上的供不应求，引起该国货币的汇率上升。

同时投资者的跟风效应会加快和增强汇率变化这一预期的实现。在1992年9月大投机商索罗斯卖空英镑时，大量的投资者跟风抛出英镑买进德国马克，这一强大的抛售行为使得英镑对马克的汇率迅速下跌，当时宏观经济基本面并没有任何大的调整，而是索罗斯的预期和投资者们的跟风效应导致这一现象。

研究表明，投资者的预期和跟风效应只在短期汇率的变动上有明显的作用，对远期汇率的变动却不显著。但是，这两个效应何时作用又很难预测。各个投资者的预期，即对外汇边际效用的主观评价，受许多因素影响，如外汇的购买力、政治稳定性、资本外逃和投机状况等。而跟风效应的引发或强化却可能是因为某一重要人物的特别行为或者某一特殊的重要事项发生。1997年的东南亚金融危机中就出现此类现象。韩国货币的崩溃并非是由于韩国通货膨胀率高于美国，而是由于韩国的一些公司以美元计值的债务过量积累所造成。到了1997年中期，这些公司显然在偿付债务时遇到困难，外国投资者由于担心出现公司破产的浪潮，将钱款转移到国外，把韩元换成美元。当这种情况开始对汇率形成抛压时，外汇投机商加入了跟风队伍，参与了对韩元的投机（卖空韩元）。

第三节 汇率预测

外汇汇率的预测是指人们对外汇汇率，即两国货币之间的比价的变动进行预测，预测未来某一时期将出现的实际汇率的结果，这包括汇率变动的原因、变动方式、变动幅度以及选择预测方法和预测渠道等内容。针对公司是否值得在汇率预测方面投资以减少汇率风险，理论界产生了两个学派——效率市场学派和无效率市场学派。

一、效率市场学派

如果市场上的价格能够反映所有可获得的公开信息，那就认为该市场是有效率的。在外汇市场上，这就意味着远期汇率将根据新信息迅速作出调整，无偏地估计未来的即期汇率。这里无偏地估计并不是意味着在任何时刻的预测都是精确的。在有效的外汇市场上,远期汇率与预期的未来即期汇率之间仅仅相差一个风险升水。如果不是这样的话,如在远期汇率大于预期的未来即期汇率与风险升水之和的情况下,投资者就可以通过现在卖出远期货币获得一定的收益,因为他将来能够以低于远期汇率的价格买进货币。

效率市场学派认为有效的外汇市场本身具有前瞻性,远期汇率是未来即期汇率最佳的可用预测指标,否则,公司就不可能通过汇率预测方面的投资来战胜市场,那么公司花费额外的经费和精力去预测短期的汇率波动是多此一举的。

但是,最近的一些研究对这一观念提出了挑战。不少历史证据显示,外汇市场并非是有效的,远期汇率对于未来的即期汇率不是有效的无偏预测,通过公开可获得的信息可以对未来的即期汇率作出更精确的估计。

二、无效率市场学派

无效率市场学派与效率市场学派持相反的观点,认为外汇市场是无效率的,远期汇率并不是未来即期汇率最佳的预测指标。远期汇率会随着不断变化的经济状况作出调整,而经济状况可根据未来即期汇率走势发生的种种变化以及相关货币风险的变化而改变。

如果真如无效率市场学派所言,那么公司就应该在外汇预测方面进行投资专业预测业务。实际上不少公司正是如此,它们相信通过专业预测可以获得比远期汇率更精确的未来即期汇率预测。不过,现实表明有些专业预测也并不是那么有效。

三、预测方法

目前,在国际上汇率预测有五种可供选择的方法:基本预测、技术预测、判断预测、市场预测和混合预测。但是,没有一种方法能够保证一定成功,下面介绍主要的两种汇率预测方法。

(一) 基本预测

基本预测是根据经济理论采用经济计量模式把同汇率变动有关的主要经济变量组成变量集来预测汇率。与汇率变动有关的主要经济变量包括国际收支状况、通货膨胀率、利率、国民收入、储蓄率、货币供给、资本利用率和劳动生产率等。

用一个例子说明基本预测在汇率预测中的应用。假如某银行应某家跨国公司的要求,准备预测下个月日元与美元汇率变动的百分比,为了方便,假定这家银行的预测只有两个经济变量:美国与日本的通货膨胀率的差异,美国与日本的利率差异。银行的预测过程如下:

第一步:收集美国与日本以前各月通货膨胀率和利率的资料。

第二步:确定经济计量方程。假定通货膨胀率差异的变动率为 P,利率差异为 I。日元汇价的变动率为 JPY,再假定 P, I 和 JPY 是线性相关关系,则可选择两元线性回归方程为其经济计量的方程,表示如下:

$$JPY = a + b \times P + c \times I + U$$

式中　a、b、c——待定系数;

a——P 和 I 为 0 时日元的变动率;

b——JPY 对 P 的反应程度;

c——JPY 对 I 的反应程度;

U——随机误差。

第三步：利用最小二乘法确定 a、b、c 的具体数值。假定结果为：$a=0.02$、$b=0.8$、$c=1$，说明在通货膨胀差异变动率、利率差异变动率为 0 时，日元汇率也会升值 0.02%；在其他因素不变条件下，两国通货膨胀差异每变动 1%，日元将同方向变动 0.8%；两国利率差异每变动 1%，日元将同方向变动 1%。

第四步：利用预期的 P、I 数值来预测汇率水平。假定下个月 P 预期将变动 6%，I 预期将变动 3%，则 JPY 变动的估计如下：

$$JPY = 0.02 + 0.8P + I$$
$$= 0.02 + 0.8 \times 6\% + 1 \times 3\%$$
$$= 9.8\%$$

即下个月日元将升值 9.8%。

(二) 技术预测

技术预测是通过分析历史汇率的变动，从中找出规律性的模式，并由此估计将来即期汇率的一种预测方法。在某些情形下，较复杂的统计预测可应用于技术预测法，如开发计算机程序来预测历史趋势，还可以用时间序列模型观察汇率的移动平均值。汇率的技术预测法同股票价格的技术预测方法很类似，但若货币币值是随机变动的，则技术预测法不再适用。除非确有历史趋势，否则过去变动对未来预测是无效的。

尽管技术预测模型在不同时期的外汇市场中曾帮助过不少投机者，但许多外汇买卖的参与者认为，即使某一技术预测模型被证明总能产生投机利润，但其他参与者一旦也使用时这一模型就不会再有用。因为技术预测法一般不能准确地估计未来汇率，所以其本身对跨国公司的财务主管来说并非完美的预测工具。

第四节 货币的可兑换性

一、可兑换性和政府政策

(一) 货币可兑换性

货币自由兑换是指在外汇市场上，一国的居民和非居民可以自由地将本币与外币进行相互的兑换。当只有非居民可以自由地进行这种兑换活动时，这种货币我们称是可对外兑换的。如果一国的居民与非居民都不能无限制地用本币兑换成他国货币，或者不能将他国货币兑换成本币，那么这个国家的货币是不可兑换的。

按对货币兑换产生需要的国际间经济交易的性质看，货币自由兑换可以分为经常账户下的自由兑换和资本与金融账户下的自由兑换。经常账户下的自由兑换是指对经常账户外汇支付和转移的汇兑实行无限制的兑换；资本与金融账户下的自由兑换是指对资本流入和流出的兑换均无限制。

(二) 外汇管制

并不是每种货币都可以自由兑换，每个国家对外汇都有不同程度的管制。所谓的外汇管制就是指一国为了防止资金外逃或流入，维持国际收支平衡和本国货币汇率水平稳定，通过法律、法令、条例等形式对外汇资金的收入、支出、输出、存款和放款，对本国货币的兑换和汇率所进行的管理。比如，有的国家将一切外汇集中在中央银行，对付出外汇的性质、用途、数额都加以严格控制;有的国家本国的货币不能自由兑换成国际通用的货币,需要经过本国货币管理当局的批准;有的国家对某些渠道的收入和支付外汇采取某种汇率结算,而对另一些渠道收付的外汇采取另一种汇率进行结算,等等。

（三）外汇管制的目的

外汇管制的目的主要有以下几点。

1. 改善国际收支失衡

实行外汇管制的最基本原因就是改善国际收支。通过限制用汇、限制外国商品和劳务的输入,同时采取措施鼓励本国商品和劳务的输出,争取更多的外汇资金流入,扩大国内生产。

2. 稳定汇率、抑制通货膨胀

通货膨胀与外汇汇率变动有着密切的联系。本币汇率下降,会导致外汇收入剧增,而扩大对本币的需求规模,将导致流通中的货币量增多,引发通货膨胀。实行外汇管制,可以对一切外汇交易加以限制,在汇率波动时由政府进行干预,以保持汇率的稳定,抑制通货膨胀的发生。

3. 促进本国经济的发展

政府实施的外汇管制政策对提高本国产业的竞争力是有力的配合和支持,特别是本国新兴工业刚起步的阶段。实现外汇管制,可以对影响本国民族工业发展的商品限制进口,对本国急需的商品鼓励进口;对国内紧缺的资源限制出口,对不影响国内经济发展又有国际竞争力的商品鼓励出口。这样既有利于保护新兴工业和民族工业,又可以促进本国经济健康地发展。

4. 增加外汇储备

对于一些发展中国家而言,外汇缺口是持续制约其经济发展的主要因素。通过实行外汇管制,规定出口产品所创外汇必须出售给国家经营外汇的专业银行;进口使用外汇由国家有关部门统一审批,使有限的外汇用到急需项目上,在一定程度上缓解外汇供给的矛盾,同时增加国家的外汇储备,有利于增强本币的币信,加强一国的国际经济地位。

5. 限制资本外逃

所谓资本外逃,是指由于恐惧、怀疑或为规避某种风险和管制所引起的资本向其他国家的异常流动。从短期看,大规模的资本外逃会带来经济的混乱与动荡;从长期看,资本外逃降低了本国可利用的资本数量,减少了政府从国内资产中可获取的税收收入,增加了本国的外债负担,从而会引起一系列严重的经济后果。实行外汇管制,就可以通过一些管制的政策性措施,在一定程度上限制资本外逃的现象,减少它给本国经济带来的不利影响。

二、对等贸易

公司可以通过对等贸易这种贸易方式,规避本国的外汇管制措施,应对货币不可兑换的问题。在以后的章节会对对等贸易作详细的阐述,这里先简单地介绍一下概念。对等贸易,也称易货贸易、换货贸易,是指一国(或地区)与另一国(或地区)间,通过一系列类似以物易物的协议,用商品或劳务来交换其他的商品或劳务。此种贸易方式的特点是:进口与出口相结合,双方均有进有出,互换货物,可以一种对一种、一种对多种或多种对多种,尽量做到互换的总额持平,不用外汇。

本章小节

　　本章对外汇市场的基本概况作了初步的介绍,外汇是外汇市场的工具,该市场的参与者是外汇银行、外汇经纪人、进出口商、其他外汇供求者和中央银行。然后简单介绍了世界重要的六大外汇市场的现况和各自的特色,使得对外汇市场的了解具体化和丰富化。外汇市场给参与者主要提供货币兑换、规避外汇风险和货币投机的功能,参与者可以通过使用即期外汇交易、远期外汇交易、掉期外汇交易、外汇期货交易和外汇期权交易这几种常用的外汇交易方式有效地规避外汇风险。根据对外汇市场的介绍和分析,归纳得出外汇市场所具有的"有市无场"、"全球一体化"、"币种集中"这三个重要特征。

　　国际贸易和国际投资是以外汇市场的存在为前提的,汇率的波动使得这些经济活动增加了很多风险,因此很多人都希望通过了解汇率的决定原理预测汇率的变化。根据分析价格、利率和投资者的心理这三个影响汇率的因素,介绍了几个经典的汇率决定理论即"一价定律"、"购买力平价理论"、"费雪效应"、"国际费雪效应"和"汇兑心理说"。而理论界对公司是否值得投资去预测汇率这个问题,产生了"效率市场学派"和"无效率市场学派"两个相对的学派。虽然就这个问题还没有定论,但是本章还是介绍了基本预测和技术预测两个主要的预测方法。

　　理想的外汇市场中所有的货币都应该是自由汇兑的,但是现实情况并非如此。出于各种原因,不少政府对其本国的货币还是实行外汇管制,只实现一定程度的自由兑换,以确保本国经济安全和平稳的发展。

复习思考题

　　1. 请区分和比较远期外汇交易、掉期外汇交易和外汇期货交易的异同点。
　　2. 影响汇率的因素除了价格、利率和投资者心理外,还有什么因素? 同时,请分析这些因素如何影响汇率。
　　3. 请简单阐述一价定律和购买力平价理论的内容。
　　4. 在美国和德国两个国家都可以买到苹果,假定同样的苹果在美国的售价为每千克2.2美元,而在德国的售价却是每千克2.5欧元。
　　(1) 按照购买力平价理论,美元和欧元的即期汇率是多少?
　　(2) 假定苹果在美国的价格上涨到每千克3.2美元,而德国的苹果价格上涨到每千克3.8欧元,美元对欧元的1年期的远期汇率是多少?
　　(3) 按照上面的(1)和(2)的回答,假定现在美国的利率是5%,你是否能够估计德国的利率是多少?
　　5. 你是赞同效率市场学派的看法还是无效率市场学派的看法? 讨论和分析基本预测法和技术预测法的优缺点。
　　6. 根据外汇管制的目的,考察我国外汇管制情况,请分析我国政府实施外汇管制的政策内容和具体原因。

章末案例

巴西结售汇制度的"放"与"持"

提起巴西,人们十有八九会想到热辣奔放的桑巴舞。然而,巴西有特点的地方不仅仅在于她的舞蹈,作为实施外汇管制的国家之一,巴西的结售汇制度也独具特色:一方面实行严格的结汇制度;另一方面又允许基于交易需求的自由兑换。2004年7月25日至8月7日,中国国家外汇管理局综合司巡视员刘光溪率团访问韩国和巴西,其间对巴西结售汇制度进行了考察。这里摘登该篇考察报告,以期为完善我国结售汇制度拓展思路。

一、结售汇制度的大框架

外汇账户的开立。巴西外汇管理法规定,除金融机构外,巴西境内的居民、非居民(公司、自然人)均不得在巴西的商业银行开立外汇账户和保留现汇。这一规定直到最近才有所松动。2004年8月初,巴西中央银行通过一项决定,允许非居民自然人在巴西境内开办个人外汇现钞账户。

经常项目的结售汇。巴西外汇管理法规定,金融机构经常项下的外汇收入勿需结汇,且金融机构均为外汇交易市场、外汇浮动交易市场的主体,可自由入市买卖外汇。而公司和个人的经常项下外汇收入则必须全额卖给商业银行,公司和个人不得保留任何外汇。公司和个人经常项下外汇支出,可直接向商业银行购汇支付。巴西的公司和个人的结汇和购汇均不需审批,但巴西外汇管理法规定,公司和个人所有的涉及外汇的交易,均需通过商业银行向巴西中央银行登记,登记的内容包括收汇人或购汇人的名称、地址,交易对方的名称、地址,交易的内容(出口或进口)等。该项登记即为结汇或购汇的依据。

资本项目的结售汇。巴西外资法规定,除投资限制性行业外,外国投资者勿须经过批准即可以在巴西登记设立企业。而巴西外汇管理法同时规定,外国投资者应向巴西中央银行登记其投资合同或巴西公司登记机关的公司备案证明,其投资资本金必须全额结汇。同时,巴西外汇管理法规定,巴西境内的公司可自由向境外银行借款,但必须在中央银行登记,借款须全额结汇。另外,外商投资企业利润的汇出、借款本息的偿还均可自由购汇支付。

二、管制与放开的二重奏

结汇管制。在巴西,除了银行和非银行金融机构可以持有现汇,以及持有外国护照的人可以携入不超过等值5 000美元的外币现钞外,其他任何机构和个人均不得持有现汇或现钞。这一法律规定排除了外币在巴西境内的流通,能够有效防止外资对巴西货币和经济的冲击。如近两年美元利率一直在1%左右徘徊,而巴西里奥的存贷款利率均在10%以上,但基本没有大规模的外国套利资金进入巴西。

购汇自由。巴西的外汇管制集中体现在结汇制度方面,对于购汇对外支付则基本没有限制。这一政策虽方便了企业和个人,但在经济陷入低谷时,容易导致资金的大量外流。正如巴西经济在经过20世纪60年代和70年代的高速发展而步入调整时,外资大量流出使巴西产生了80年代初的债务危机。自此之后,巴西经济20多年来一直徘徊不前,国内资金匮乏,利率高起。

实行浮动汇率。巴西是世界上采用浮动汇率的国家之一,汇率已完全市场化。巴西的外汇交易市场曾经划分为外汇交易市场和外汇浮动交易市场,且实行不同的汇率。但近年来这两个市场汇率已经一致,只是交易主体有所差异。不论在哪个市场,企业和个人在结汇及购汇时均可与外汇指定银行或交易对方协商具体的汇率水平。

中央银行退出市场交易。巴西的结售汇业务主要发生于外汇指定银行与企业、个人之间,中央银行只是作为市场的监管者而不参与交易。外汇指定银行也不能把外汇卖给中央银行,汇率风险由外汇的持有者——外汇指定银行和非银行金融机构承担。巴西中央银行增加外汇储备主要依靠发行外币债券来实现。正是由于这一原因,使巴西的外汇衍生工具交易非常发达,各外汇指定银行及非银行金融机构为了规避汇率风险及投机,大量买卖外汇衍生产品,在巴西形成了全球第二大外汇衍生产品的交易市场,每年的交易量达十几万亿美元。

有利于资金跨境流动监测。按照巴西的结售汇制度的要求,交易主体在结汇或购汇时均在中央银行登记每笔交易的具体情况,中央银行的电脑系统据此可以产生各种报表,使中央银行对资金的跨境流动、外债状况、基础货币投放等情况十分清楚,相关信息快捷及时,便于宏观政策的及时制定和实施。

三、经验与教训的思考

中央银行可以考虑退出银行间外汇交易市场。截至2004年年底,我国的外汇储备已达6 000多亿美元,远超出维护国际收支平衡所需。大量的储备增加了基础货币的投放,对宏观调控带来不利影响,同时中央银行承担着汇率风险,因此有必要对我国的结售汇制度进行改革。目前的形势对推出改革举措十分有利,因此中央银行可以考虑退出银行间外汇交易市场,而仅作为市场监管者存在。同时,放开银行结售汇周转头寸的限制,增加银行的外汇持有量,由银行承担汇率风险,由金融机构根据外汇市场的供求关系决定交易的汇率,从而形成人民币的真实汇率。这样做有利于中央银行的宏观调控,也有利于避免承担汇率风险。对外汇指定银行而言,也增加了外汇资产量,促使其提高运用外汇资产的能力。

发展中国家对资本项目的开放仍需慎重。巴西的债务危机及其后果与巴西资本项目的过早开放有着密切关系,其教训值得汲取。就我国目前的情况看,完全没有必要急于开放资本账户。一方面,近三年我国每年吸收的外国直接投资均在500亿美元左右,加上随着金融业的对外开放,外资银行的快速进入,对境内企业提供融资的金融机构越来越多,直接到境外融资的必要性不是太大;另一方面,从过去数年境内企业"走出去"的效果看,也并不理想,深圳对外投资盈利企业仅有不到1/3,因此也没有必要大肆鼓励企业"走出去"而白白浪费宝贵的外汇。

巴西外汇交易登记办法值得借鉴。巴西的外汇交易登记办法得到了世界银行的赞赏,也给笔者留下了深刻的印象,值得我们考虑是否借用。因为只要稍稍增加一点工作程序,如在结汇、售汇、外汇流进、流出时填制固定的表格,由外汇指定银行录入,传送至外汇局进行汇总,即可为我国跨境资金流动监测、结售汇统计带来很大便利,克服我国结售汇统计制度的缺陷,有利于我们及时了解情况,适时制定宏观调控政策。

资料来源:韩国、巴西世界银行项目考察团考察成果,考察团成员:刘光溪(团长)、刘斌、周济、谢月兰、王

蕾、陈中亮、王青、程清波(执笔人),《中国外汇管理》2005年第7期。

案例讨论题

1. 巴西结汇制度的最大特色是什么？巴西政府为什么实施此结汇制度？
2. 分析巴西结汇制度的利弊,请谈谈你对该种结汇制度的看法。你认为巴西是否适合这种汇率制度？
3. 根据上述巴西结汇制度的资料,阐述政府在巴西外汇市场的作用,你认为巴西政府的政策是否恰当？
4. 分析和比较中国的结汇制度,请指出我国的结汇制度哪些地方需要改进？同时说明这些改进措施的缘由和具体实施的内容。

参考文献

1. 李翀主编.国际金融市场.北京:清华大学出版社,2005
2. 闫冰编著.国际金融.北京:中国金融出版社,2004
3. 于润,张岭松.国际金融管理.南京:南京大学出版社,2003
4. 蓝发钦.国际金融.上海:立信会计出版社,2005
5. 史燕平主编.国际金融市场.北京:中国人民大学出版社,2004
6. 殷醒民.国际金融.北京:高等教育出版社,2004
7. 迈克尔·梅尔文.国际货币与金融.大连:东北财经大学出版社,2003

第八章　国际货币体系

第一节　国际货币体系概述

一、国际货币体系的含义

国际货币体系是对各国货币本位、汇率制度和国际收支调节方式等方面做的一系列制度安排的总和,包括为此所确定的原则、采取的措施和建立的组织机构等。它既包括有法律约束力的关于货币国际关系的规章和制度,也包括具有传统约束力的各国在实践中共同遵守的规则和做法,还包括在国际货币关系中起协调、监督作用的国际金融机构。

这一系列的制度安排是通过在国际范围内自发形成或以政府间协议的方式确立的,其主要涉及的内容如下:

(1) 国际货币本位的确定,即确定使用哪种货币作为国际货币,一国政府应持有何种国际货币或储备资产以满足国际支付和调节国际收支的需要,整个国际社会需要多少储备资产,新的储备资产如何供应与创造等。

(2) 汇率制度的确定,即一国货币与其他国家的货币之间的汇率如何确定,汇率波动的界限是多少,如何调整和维持汇率,能否自由兑换成支付货币,是采取固定汇率制度还是浮动汇率制度等。

(3) 国际收支的调节方式的确定,即当国际收支不平衡时,各国应采取什么方式进行调整,各国之间的政策措施如何互相协调。

(4) 国际结算的原则和制度的确定,即确定是实行管制的双边结算制度还是自由的多边结算制度,是定期集中清算还是立即现汇清算,货币能否兑换成其他任何国家的货币,黄金和外汇的流动和转移是否加以限制或只在一定范围内自由流动等。

二、国际货币体系的作用

一个理想的国际货币体系应该可以提供相对稳定的汇率机制,保持足够的国际清偿能力,保证国际收支失衡的调节,确保世界经济的稳定和各国经济的平衡发展。

(一) 提供相对稳定的汇率机制

如果汇率波动剧烈又频繁,会加大国际贸易和国际投资的外汇风险和交易成本,阻碍其发展。理想的国际货币体系是通过提供稳定的汇率机制,使国际贸易和国际投资的成本和收益核算更为方便,从而促使两者平滑又健康地发展。

(二) 保持国际清偿力的适量增加

理想的国际货币体系应该能保持国际清偿力的适量增长,即国际清偿力应保持与世界经济和贸易发展相当的增长速度,因为过慢的增长会导致世界经济和贸易的萎缩,而过快的增长会加剧世界性的通货膨胀和动摇持有国际储备资产的信心。所谓国际储备资产的信心就是指各国政府和私人都愿意继续持有国际储备资产，而不发生大规模的抛售国际储备资产的危机。

（三）为国际收支失衡提供有效的调节手段

世界各国尤其是发展中国家经常会出现国际收支严重失衡的困境，理想的国际货币体系不仅能提供各种有效的国际收支调节手段，而且能够使各国公平合理地承担国际收支失衡调节的责任，并使调节付出的代价最小。

（四）协调各国的经济政策

理想的国际货币体系应形成和建立有效的共同准则，并使各国国内的经济政策服从共同准则，同时能够加强各国之间的货币合作，从而为世界经济与金融秩序的稳定提供良好的外部环境。

三、国际货币体系的类型

国际货币体系的类型可以根据货币本位和汇率制度这两个重要的标准进行划分。

货币本位是国际货币体系的一个重要方面，涉及储备资产的性质，可以将国际货币体系划分为金本位制度、不兑换纸币本位制度和金汇兑本位制度。金本位制度，只以黄金作为国际货币本位，是一种纯粹的商品本位制度；不兑换纸币本位制度，是指只以外汇作为国际本位货币，而与黄金无任何联系的货币制度，是一种纯粹的信用本位制度；金汇兑本位制度，是同时以黄金和可兑换黄金的外汇作为国际本位货币，是一种混合本位制度。

汇率制度在国际货币体系中占据着中心位置，根据汇率制度可将国际货币体系划分为固定汇率制和浮动汇率制两种情况。其中，固定汇率制又可分为金银复本位制、金本位制和纸币本位制；浮动汇率制又可分为管理浮动汇率制和自由浮动汇率制。1999年，国际货币基金组织将国际货币体系划分为八种：① 无独立法定货币的汇率安排；② 货币局制度；③ 其他传统的固定钉住制；④ 水平调整钉住；⑤ 爬行钉住；⑥ 爬行带内浮动；⑦ 不事先公布干预方式的管理浮动；⑧ 单独浮动。

目前，按时间的先后，国际货币体系大体可以分为国际金本位制、布雷顿森林体系、牙买加体系三种。国际金本位制是一种以黄金为货币本位的固定汇率制，布雷顿森林体系是一种以美元为中心货币的固定汇率制，而牙买加体系则是一种储备货币多元化的浮动汇率制。其中，国际金本位制是通过经济发展自发形成的，而布雷顿森林体系和牙买加体系则是通过国际间协调而人为地在短期内建立起来的。

第二节 金本位制度

一、金本位制度的内容

金本位制度是以一定成色及重量的黄金作为货币金属进行流通的一种货币制度。金本位制的机理就是：每种货币都按照其黄金价值来定值，所有的货币都在固定汇率制下相互联系起来。例如，如果货币 A 的价值是 0.10 盎司黄金，而货币 B 的价值是 0.20 盎司黄金，那么 1 单位货币 B 的价值就是 1 单位货币 A 的两倍，于是货币 A 和货币 B 的汇率就是 1 单位货币 B/2 单位货币 A。当时，1 盎司黄金的价值等于 4.25 英镑，或等于 20.67 美元，所以英镑兑换成美元的汇率是1英镑/4.87美元。

金本位制度的主要内容如下：

(1) 用黄金来规定货币所代表的价值，每一货币单位都有法定的含金量，各国货币按其所含黄金的重量而有一定的比价。

(2) 金币可以自由铸造，任何人都可以按法定的含金量，自由地将金块交给国家造币厂铸造成金币，或以金币向造币厂换回相当的金块。

(3) 金币是无限法偿的货币，具有无限制支付手段的权利。

(4) 各国的货币储备是黄金，国际间结算也使用黄金，黄金可以自由输出或输入。

根据金本位制度的内容，它具有三个基本的特征：

(1) 自由铸造。由于金币可以自由铸造和熔化，就能使金币数量自发地满足流通的需要，保证了金币的币值与其所含黄金价值一致的。

(2) 自由兑换。由于金币可以自由兑换，各种价值符号就能稳定地代表一定数量的黄金进行流通，从而保证币值的稳定，不至于发生通货膨胀和货币贬值。

(3) 自由输出入。由于黄金可以在各国之间自由转移，就保证了外汇市场的相对稳定与国际金融市场的统一。

二、金本位制度的作用

金本位制度的内容决定它是一种相对稳定的货币制度，对各国的经济增长、国际贸易和国际投资的发展、国际收支的均衡起到了重要的促进作用，被称为资本主义世界的第一个"黄金时代"。

(一) 促进各国经济的增长

由于币值相对稳定，有助于商品在国内的流动和信用的扩大，同时生产成本就比较容易计算，生产的规模和固定投资的规模也不会因币值波动而大幅度变动，从而促进资本主义国家生产的增加和经济的增长。

(二) 推动国际贸易和国际投资的发展

在金本位制度中，各国货币之间的汇率相对稳定，从而不存在某种货币大幅度升值或贬值的汇率风险，这就保证对外贸易和对外信贷的安全，从而推动国际贸易和国际投资稳健地发展。

(三) 自动调节国际收支

由于黄金可以自由输出入，如果一国发生国际收支逆差的困境，外汇供不应求会造成本币汇率有贬值的压力，导致本国黄金外流，银行储备减少，从而会使本国货币的流通量缩减，国内物价水平下降；但是，本国商品又因此获得出口的竞争力，出口增加，国际收支也随之得到改善。若一国发生国际收支的顺差，就会发生相反的情况。这个调节机制看起来很简单，但对于当时的世界经济却起到了至关重要的作用。

(四) 协调各国经济的发展

在实行金本位制度的国家，把对外平衡即国际收支平衡和汇率稳定作为经济政策的首要目标，而把国内平衡即物价稳定、充分就业和经济发展放在次要的位置，服从对外平衡的需要，从而金本位制度使得主要的资本主义国家协调其经济政策，为各国的经济稳定发展提供良好的国际环境。

三、金本位制度的崩溃

在第一次世界大战爆发前的几年里,国际金本位制度已经出现了崩溃的迹象:世界黄金产量跟不上世界经济的增长,黄金大部分掌握在几个主要发达国家手中,各国银行券发行日益增多,黄金汇兑出现困难,同时黄金的输出入也受到越来越多的限制。1914年,当第一次世界大战爆发时,各参战国禁止黄金输出和中止银行券与黄金的兑换,使得国际金本位制度瓦解。

在第一次世界大战期间,大部分的参战国为了筹集巨额的军费,大量印制和发行了不能兑换的纸币。这些纸币后来大幅度地贬值,导致这些国家在战时和战后遭受了严重的通货膨胀,同时各主要货币之间的汇率也剧烈地变动,影响了当时世界经济的发展。1918年,第一次世界大战结束后,由于美国基本没经历通货膨胀,率先在1919年恢复了金本位制度,而后英国和法国分别在1925年和1928年相继恢复了之前的金本位制度。

1929年,美国证券市场发生危机,拉开了世界经济危机的序幕。1931年年初,大危机席卷欧洲大陆,因奥地利信用银行倒闭引发了德国大批银行连锁倒闭,德国政府最终禁止黄金输出,实行外汇管制,放弃了金本位制度。英国因战争损失和国际收支逆差,使得黄金储备大量下降,仅靠少量黄金维持金本位。由于德国和奥地利危机掀起抢购黄金浪潮和挤提英国黄金储备,迫使英国政府在1931年9月宣布英镑为不可兑换的货币,结束了英国恢复金本位的短暂历史,同英镑有联系的一些国家和地区也相继放弃了金本位制度。

由于英镑不再兑换黄金,市场的注意力就集中到美元上。1931年年末,挤兑美国黄金的风潮使美国黄金储备减少了15%,到1933年,美国被迫放弃金本位制度,把黄金集中于国库,以美元纸币进行流通。1936年,法国、荷兰、瑞士等国也放弃了金本位制度,至此整个国际金本位货币体系全面崩溃。

第三节 布雷顿森林体系

一、布雷顿森林体系的建立和内容

为了避免世界经济再出现两次世界大战之间的混乱局面,在1944年第二次世界大战末期,来自44个国家的300多位代表出席了在美国新罕布什尔州的布雷顿森林召开的国际货币金融会议,期望设计一个能促进充分就业和物价稳定并在没有国际贸易限制下使各国的国际收支平衡的新的国际货币体系,这就是著名的"布雷顿森林会议"。会议通过了以"怀特计划"为基础的《联合国货币金融会议最后议定书》以及《国际货币基金组织协定》和《国际复兴开发银行协定》两个附件,总称为《布雷顿森林协定》,由此新的国际货币体系确立了。

这个体系的主要内容可以概括为以下几个方面:

(一)建立国际金融机构

根据布雷顿森林会议达成的协议,建立了国际货币基金组织和国际复兴开发银行两个多边性的组织。其中,国际复兴开发银行的任务是促进整个世界经济的发展,而国际货币基金组织的主要任务是对各成员国的汇率政策进行监督,并为成员国提供融通资金,维护国际金融领域的基本秩序。国际货币基金组织为国际协商与合作提供了适当的场所,是布雷顿森林体系赖以维持的基本运行机构,也是第二次世界大战后国际货币体系的核心。

（二）确定以美元为中心的固定汇率制

布雷顿森林体系是以黄金—美元为基础的，实行黄金—美元本位制。这一体系确认了美元为最主要的国际储备货币，规定美元按1盎司黄金等于35美元与黄金保持固定比价，各成员国政府或中央银行可按这一比价随时用其持有的美元向美国兑换黄金。同时，其他国家货币确定自身的黄金价格，以此确定对美元的比价，并保持与美元可调整的固定汇率。布雷顿森林体系的这些内容被称为"双挂钩"和"一固定"，"双挂钩"是指美元与黄金挂钩，其他货币与美元挂钩，"一固定"是指波动幅度固定。

（三）取消外汇管制

在20世纪30年代，国际金本位制度崩溃之后，各国都采取严格的外汇管制措施，使当时国际间经济交流受到严重损害。为改变这一局面，《布雷顿森林协定》规定成员国不得限制经常项目的支付，不得采取歧视性的货币措施，要在兑换的基础上实行多边支付。截至2003年，国际货币基金组织187个成员国已有155个国家完全取消了经常项目的外汇管制。

二、布雷顿森林体系的特点和作用

（一）布雷顿森林体系的特点

布雷顿森林体系实质是一种固定汇率制度或钉住汇率制，主要有以下几个特点。

1. 黄金与美元并重

在布雷顿森林体系下，美元与黄金挂钩，为最重要的国际储备货币。由于美元可以兑换黄金并且使用时比黄金更为方便，所以它代替黄金执行国际货币的职能。在世界市场上，许多商品如石油、大豆等，都以美元计价；在国际贸易中，大部分交易也用美元结算；在外汇市场上，美元是主要的干预货币；在国际资本市场上，美元债券占大部分的发行债券；在各国中央银行，外汇储备也主要是美元。因此，布雷顿森林体系也是一种国际金汇兑本位制。

2. 可调整的平价

国际货币基金组织规定，各成员国汇率的变动不得超过平价的±1%，超过时各国的中央银行有义务在外汇市场进行美元或本币的买卖，以维持本币同美元的汇率稳定。但是若一国处于"根本不平衡"状态时，经过国际货币基金组织批准后，可以改变对美元的汇率，使成员国通过货币的升值或贬值，对经常项目进行调整，直到恢复国内外平衡水平。

3. 国际收支调节负担不对称

对美国而言，由于其货币是布雷顿森林体系中的关键货币，如果本国的国际收支出现不平衡，可以简单地通过增加美元短期债务等方式维持固定的汇率，不需对国内经济进行调整。而对其他国家而言，逆差国则需通过财政政策和货币政策调整国内经济，必将对本国经济带来一定程度的影响，顺差国可以将美元兑换成黄金或输出多余的美元资金。因此可以看到，调节国际收支的任务全部由逆差国承担，这势必又进一步加重逆差国政府和中央银行的负担。

（二）布雷顿森林体系的作用

布雷顿森林体系的重要作用有以下几个方面。

1. 推动国际贸易和国际投资的增长

在布雷顿森林体系下，实行可调整的固定汇率制，汇率波动受到严格约束，这样汇率就相对地稳定，为国际贸易和国际投资的发展提供了稳定的世界金融和经济的环境。第二次世界大战后，国际贸易和国际投资的增长大大超过了第二次世界大战前，而且也超过同期世界工业生产的增长速度。

2. 促进国际储备的增加

随着国际贸易快速增长,国际储备也不断增加。虽然布雷顿森林体系以黄金为基础,但是美元处于关键货币的地位,是最主要的一种国际储备货币,可作为黄金的补充。在第二次世界大战后,黄金产量严重不足,美元的供应弥补了国际清偿能力的不足,在一定程度上缓解了国际储备的短缺。

3. 加深和发展国际货币合作

布雷顿森林体系所建立的国际货币基金组织为国际金融领域的合作提供了场所,对建立多边支付体系方面起了一定的作用,特别是对成员国提供各种类型的短期和中期贷款,能暂时解决一些成员国因国际收支逆差导致的问题,有利于各国经济的健康发展和世界经济的稳定增长。

三、布雷顿森林体系的瓦解

美国耶鲁大学教授罗伯特·特里芬在20世纪50年代指出布雷顿森林体系的内生不稳定性和美元危机的必然性。美元在布雷顿森林体系中是关键货币,它的供应要适应世界经济和贸易发展的需要,但同时美元也是美国的本币,它的发行量受限于美国的货币政策和黄金储备。一方面,为了满足世界经济增长的需要,美元的供应必须不断增长,但是没有足够的黄金储备,使得美元以固定比价兑换黄金日益难以维持;另一方面,增加美元的供应量又会造成美国的通货膨胀,恶化出口商品的对外竞争力,使黄金储备进一步减少,因此美元处于一种两难状况,这就是著名的"特里芬难题"。布雷顿森林体系的根本缺陷就在于美元的双重身份和"双挂钩"制度,由此导致美元的可兑换性危机。

20世纪50年代以来先后爆发了4次美元危机,美元对其他主要国家货币贬值,各国纷纷放弃维持固定汇率而实行浮动汇率,布雷顿森林体系最终瓦解。

四、国际货币基金组织

根据布雷顿森林会议所签订的《国际货币基金组织协定》,国际货币基金组织在1945年正式成立,1947年开始运行,同年11月成为联合国独立经营国际金融业务的一个专门机构,总部设在华盛顿。我国是国际货币基金组织的创始成员国之一,并于1980年4月18日恢复在国际基金组织的合法地位。截至2003年年底,国际货币基金组织已有187个成员国,而且成员国的数量基本上每年都在增加。

(一)国际货币基金组织的宗旨

(1)为成员国在国际货币问题上进行磋商和协作提供一个常设机构,以此促进国际货币合作。

(2)促进国际贸易的扩大和平衡发展,并借此提高和保持高就业率和实际收入水平,开发所有成员国的生产性资源,以此作为经济政策的主要目标。

(3)促进汇率的稳定,保持成员国之间有条不紊的汇兑安排,以此避免竞争性的货币贬值。

(4)协助建立成员国之间经常性贸易的多边支付体系,取消妨碍国际贸易发展的外汇管制。

(5) 在临时性的基础上和具有充分保障的前提下,向成员国提供资金融通,以增强其信心,使它们在无需采取有损于本国和国际经济繁荣的措施的情况下,纠正本国的国际收支不平衡。

(6) 争取缩短国际收支不平衡的时间,减轻失衡的程度。

由此可知,国际货币基金组织的基本职能是维持汇率的稳定,通过向成员国提供短期资金协助解决国际收支的不平衡,消除外汇管制,促进国际货币合作。

(二) 国际货币基金组织的机构

国际货币基金组织的机构由理事会、执行董事会、临时委员会、发展委员会、总裁和若干业务职能机构组成。

理事会是国际货币基金组织的最高决策机构,由成员国选派理事和副理事各1名组成,任期5年,可连任,任免由成员国本国决定。理事通常是由各国财政部长或中央银行行长担任,副理事大都是各国外汇管理机构的负责人,副理事只有在理事缺席时才有投票权。理事会每年秋天举行一次年会,必要时召开特别会议,决定国际货币基金组织和国际货币体系的重大问题,如批准接纳新成员国、修改《国际货币基金组织协定》、调整基金份额、普遍调整成员国的货币平价、决定成员国退出基金组织以及决定其他有关国际货币体系的重大问题等。

国际货币基金组织负责处理日常业务的机构是执行董事会,由24名执行董事组成,这些执行董事不得兼任理事,由成员国或成员国集团任命或选举产生,任期2年。每名执行董事指派副执行董事1名,在董事缺席时代行职权。执行董事作为一个常设决策机构,通常每周召开几次会议,处理行政管理和政策业务等方面的事务,如定期向理事会提出年度报告、监督成员国的汇率政策、向成员国提供资金援助和讨论全球经济中的体系问题等。

在理事会和执行董事会之间还有两个机构:一个是国际货币与金融委员会,前身是"国际货币基金组织理事会关于国际货币体系的临时委员会",简称"临时委员会";另一个是"世界银行和国际货币基金组织理事会关于向发展中国家转移实际资源的部长级联合委员会",简称"发展委员会"。这两个委员会都是部长级委员会,国际货币与金融委员会由24位基金组织理事、部长或其他相应级别官员组成,所代表的选区与基金组织执行董事会相同,其职责包括:向执行董事会提供指导,就国际货币与金融体系的管理和调整以及修改《国际货币基金组织协定》的建议向理事会提供咨询并进行汇报;发展委员会也是由24位成员组成,就发展问题向世界银行和国际货币基金组织理事会提出建议并进行汇报。

国际货币基金组织设总裁1人,由执行董事会推选,兼任执行董事会主席,任期5年,可连选连任。总裁是执行董事会和国际货币基金组织工作人员的最高行政首脑,负责处理国际货币基金组织的日常业务工作。在通常情况下,总裁不参加执行董事会的投票,只有在赞成票和反对票数量相等时,可投决定性的一票。总裁可以出席理事会,但没有投票权。

(三) 国际货币基金组织的资金来源

国际货币基金组织的主要资金来源是成员国缴纳的份额、借款和营运收入。

份额是成员国参加国际货币基金组织时向其认缴的一定数额的款项,是国际货币基金组织最主要的资金来源。份额的性质相当于股份公司的入股金,一旦缴纳后就成为国际货币基金组织的财产,起着国际储备的作用。20世纪70年代中期以前,份额的25%以黄金缴纳,75%以本国货币支付;1976年《牙买加协议》生效后,用黄金缴纳的25%改用可兑换货币或特别提款权缴纳,其他部分仍用本币缴纳。

借款是国际货币基金组织的另一资金来源,是指国际货币基金组织通过协商向成员国政府和中央银行、国际清算银行或私人(如商业银行)借入的资金。借款在国际货币基金组织里同其他业务一样,也是以特别提款权计值。迄今为止,国际货币基金组织只借入官方的资金,大部分期限为4~7年,小部分为1~3年,平均5年左右。国际货币基金组织借款的最大特点就是贷款人除国际清算银行外,如果发生国际收支困难,可以提前收回贷款。因此,国际货币基金组织的借款具有很高的流动性,贷款国往往视这部分贷款为储备的一部分。

国际货币基金组织的营运收入主要包括两项:一是出售其持有的部分黄金所获得的收益,如1976年决定将其持有黄金的1/6按市价出售,将所得收入作为信托基金,用于向最贫困的成员国提供优惠信贷;二是国际货币基金组织发放贷款的利息收入,这也构成其资金来源的一部分。

(四)国际货币基金组织的主要作用

1. 汇率监督和政策协调

为保证国际货币体系的正常运作,保证有秩序的汇兑安排和汇率体系的稳定等,国际货币基金组织定期对成员国进行检查,并实行多边监督,强调对国际货币制度有重要影响的国家的政策协调和发展,并要求成员国在改变汇率政策时及时通知国际货币基金组织,使其能够及时进行监督和协调。同时,国际货币基金组织对成员国的财政政策和税收政策也进行监督,因为财政补贴和税收减免都可能导致汇率的变化。

2. 提供资金援助

根据《国际货币基金组织协定》,当成员国发生国际收支暂时性的不平衡时,国际货币基金组织向成员国提供短期信贷。国际货币基金组织的贷款提供给成员国的财政部、中央银行、外汇平准基金等政府机构,贷款限于贸易和非贸易的经常性支付,额度与成员国的份额成正比例。

国际货币基金组织贷款的主要种类有:普通贷款、出口波动补偿贷款、缓冲库存贷款、石油贷款、中期贷款、信托基金贷款和补充贷款。

五、世界银行

世界银行是国际复兴开发银行的简称,是1944年布雷顿森林会议后,根据《国际复兴开发银行协定》产生的国际性金融组织。世界银行成立于1945年12月,于1946年6月开始运行,1947年与国际货币基金组织同时成为联合国独立经营国际金融业务的一个专门机构,总部设在华盛顿,并在纽约、巴黎、日内瓦和东京等多地设有办事处。我国于1980年5月恢复了在世界银行的合法席位。

(一)世界银行的宗旨

(1)对用于生产目的投资提供便利,以协助成员国的复兴与开发,并鼓励不发达国家生产与资源的开发。

(2)通过保证或参与私人贷款和私人投资的方式,促进私人的对外投资。

(3)用鼓励国际投资以开发成员国生产资源的方法,促进国际贸易的长期均衡发展和维持国际收支平衡。

(4)在提供贷款保证时,应同其他方面的贷款配合。

可见,世界银行的主要任务是向成员国提供中长期的开发性贷款,资助其兴办特定的长期建设项目,促进第二次世界大战后经济的复兴,协助发展中国家发展生产,开发资源,从而起到配合国际货币基金组织的作用。

(二) 世界银行的组织机构

根据《布雷顿森林协定》,只有国际货币基金组织的成员国才能够申请加入世界银行,所以世界银行的组织机构与国际货币基金组织大体类似,由理事会、执行董事会、行长、副行长及若干的办事机构组成。

理事会是世界银行的最高决策机构,由每个成员国选派理事和副理事各1名组成,任期5年,可连任,任免由成员国本国决定。理事通常是由各国财政部长或中央银行行长担任,副理事只有在理事缺席时才有投票权。理事会每年举行一次年会,一般与国际货币基金组织的理事会联合举行,必要时可召开特别会议。理事会的主要职责是:批准接纳新成员国、增加或减少银行资本、停止成员国资格、决定世界银行净收益的分配、裁决执行董事会在解释银行协定方面发生的争执等。

负责处理世界银行日常业务的机构是执行董事会,行使由理事会赋予的职权,由22名执行董事组成,由成员国或成员国集团任命或选举产生,任期2年。每名执行董事指派副执行董事1名,在执行董事缺席时代行职权。执行董事作为一个常设决策机构,除召开常务会议和正式会议外,还根据业务需要随时召开临时会议。会议必须有占总投票权1/2以上的执行董事出席,才构成法定人数。

世界银行设行长1人,由执行董事会推选,兼任执行董事会主席,任期5年,可连选连任。行长是执行董事会和世界银行的最高行政首脑,负责领导银行的日常工作以及任免银行的高级职员和工作人员。在通常情况下,行长不参加执行董事会的投票,只有在赞成票和反对票数量相等时,可投决定性的一票。行长下设副行长若干人,协助行长工作。

世界银行的办事机构非常庞大,除在华盛顿设立总部外,还在许多成员国设立办事处、派出机构和常驻代表。总部是世界银行的执行机构,负责业务经营,在总部内按地区和专业设有50个局或相当于局的机构,分别由副行长领导。

(三) 世界银行的资金来源

世界银行的主要资金来源是成员国缴纳的银行股份、向国际金融市场的借款、转让银行债权和业务净收益,其中借款是世界银行最主要的资金来源。

根据规定,每个成员国均须认缴一定数额的银行股份,认缴股份的多少是根据该国经济和财政力量,并参照其在国际货币基金组织认缴份额,同世界银行协商,并经过理事会批准而确定。世界银行成立之初,成员国认缴的法定股金为100亿美元,分为100万股,每股10万美元,经过以后的多次调整和增资,法定认缴的股金不断扩大。

由于成员国实际缴纳的股金只是认缴的一部分,因此世界银行的实有资本是有限的,其资金主要来自于国际金融市场的借款。世界银行已经是各主要资本市场上的最大非居民借款人,其主要采用两种方式,在各国和国际金融市场发行债券筹措资金:一是直接向成员国政府、政府机构或中央银行发行中短期债券;二是通过投资银行、商业银行等中间包销商向私人投资市场发行债券,通过这种方式筹措的资金期限较长。世界银行所提供贷款的资金有70%左右是来自于债券发行筹措的,而且随着银行贷款业务的迅速发展,通过发行债券筹措的资金也不断增加。

从20世纪80年代以来,世界银行经常把一部分贷出款项的债权,有偿地转售给商业银行等私人投资者,这样可以提前收回一部分资金,并转为贷款的一个资金来源,以提高世界银行贷款资金的周转能力。

世界银行几乎每年都有巨额的业务净收益,但历年来都不分配给股东,除以赠款形式给国际开发协会和南非洲地区特别基金款项外,其余部分均留作本身的储备金,成为世界银行发放贷款的一个资金来源。

(四)世界银行的贷款业务

世界银行成立之初,主要向欧洲国家发放第二次世界大战后复兴经济贷款,同时也向发展中国家发放开发经济贷款。1948年以后,第二次世界大战后复兴主要依赖美国的"马歇尔计划"援助。此后,世界银行的主要业务转向亚、非、拉地区的发展中国家发放贷款,以促进这些地区的经济发展和生产力的提高。

世界银行贷款的条件是非常严格的,主要有以下内容:

(1) 世界银行的贷款对象只限于成员国的政府、政府机构或国营和私营企业。

(2) 贷款一般与世界银行审定、批准的特定项目相结合。

(3) 申请世界银行贷款的国家和项目,只有当世界银行确认它不能以合理的条件从其他渠道获得资金时,才考虑发放贷款,参加贷款或提供保证。

(4) 贷款必须专款专用,并接受世界银行的监督。

(5) 贷款一般是中长期贷款,期限在5年以上,最长的可达30年。贷款分批提供,只对已经提取的贷款部分收取利息,对未提取的部分则收取每年0.75%的手续费。贷款的利率从1976年7月起,实行浮动利率,随金融市场利率变化定期调整,基本按世界银行在金融市场借款的成本再加利息0.5%计算。

世界银行提供的贷款主要有:项目贷款、非项目贷款、联合贷款、结构调整贷款和"第三窗口"贷款。不同的贷款种类,所要经历的贷款程序也有所差异。但一般而言,世界银行首先对申请贷款国的经济结构现状和前景进行调查,以便确定贷款项目;然后派专家小组对已确定的项目进行项目评估;最后才举行贷款谈判,并签署借款协议、担保协议等有关法律文件。贷款发放以后,世界银行还对贷款项目进行监督,要求借款人在使用其贷款时,必须注意经济效益等。世界银行的贷款由于贷款条件严格、贷款利息相对较高,也被称为硬贷款。

第四节 牙买加体系

一、牙买加体系的建立与内容

布雷顿森林体系瓦解以后,国际金融形式更加动荡不安,全球性国际收支失衡严重,西方发达国家以及发达国家与发展中国家之间的矛盾日益激烈。于是,国际货币基金组织在1972年7月成立了"国际货币体系改革和有关问题委员会",专门研究建立新国际货币体系的问题。经过多次磋商和研究,最后于1976年1月在牙买加首都金斯敦召开的会议上,签署于1978年4月1日生效的《牙买加协议》。

《牙买加协议》涉及汇率制度、黄金、扩大对发展中国家的资金融通、增加国际货币基金组织及成员国的份额等问题,但是其核心的是汇率制度和黄金问题。《牙买加协议》的主要内容包括以下几个方面。

(一) 承认浮动汇率制

成员国可以根据自己的情况选择汇率制度,可以采取浮动汇率制度,也可以采取其他形式的固定汇率制度,但必须取得国际货币基金组织的同意。国际货币基金组织承认固定汇率制度和浮动汇率制度同时并存,但在汇率方面成员国要接受国际货币基金组织的指导和监督,以确保国际金融的稳定和避免操纵汇率来谋取不公平的竞争利益。在世界经济恢复稳定后,国际货币基金组织经过85%的总投票权通过,可以采取"稳定的但可调整的货币制度",即恢复固定汇率制度。

(二) 采取黄金非货币化

废除黄金条款,取消黄金官价,各成员国中央银行可按市价自由买卖黄金,国际货币基金组织不在黄金市场上干预金价。黄金与货币彻底脱钩,不再是平价的基础,同时取消成员国之间及成员国与国际货币基金组织之间以黄金清算债权债务的义务。

(三) 使特别提款权作为主要的国际储备资产

《牙买加协议》扩大了特别提款权的作用,在未来的货币体系中,应以特别提款权作为主要的储备资产,并作为各国货币定值的标准。国际货币基金组织账户中的所有资产都以特别提款权表示,成员国可用特别提款权来履行对国际货币基金组织的义务和获得国际货币基金组织的贷款,成员国之间也可以通过账户用特别提款权进行借贷。

(四) 扩大对发展中国家的资金融通

国际货币基金组织用在市场上出售黄金超过官价部分的收入建立"信托基金",向最穷困的发展中国家以优惠条件提供贷款或援助,帮助它们解决国际收支方面的困难。同时,扩大国际货币基金组织的信用贷款额度,其中普通贷款的额度由占成员国份额的100%增加到145%,并增加"出口波动补偿贷款"的比重,由占份额的50%上升到75%。

(五) 增加国际货币基金组织的份额

各成员国对国际货币基金组织缴纳的总份额,由原来的292亿特别提款权提高到390亿特别提款权,提高了33.6%。此外,各成员国所承担的基金份额有所调整,主要是石油输出国的比重由5%增加到10%,各发达国家的份额除联邦德国和日本略增以外,都有不同程度地下降,英国下降最多,这使得发达国家的投票权较发展中国家而言相对减少了。

二、牙买加体系的特点

(一) 储备货币的多样化

牙买加体系是以美元为中心的多元化国际储备体系。在这个体系中,黄金作为国际储备资产的地位不断下降,特别提款权的作用有限,美元仍占主导地位,但是美元本位制又难以维持,联邦德国马克、英镑和日元等储备地位不断加强。储备货币多元化的好处在于,改变了原先对美元的过分依赖,分散了汇率变动的风险,也促进了国际货币合作与协调。同时,也可以缓解国际清偿能力不足,克服以前美元作为唯一储备货币的"特里芬难题"效应。

(二) 汇率制度多样化

根据《牙买加协议》,国际货币基金组织成员国可自行选择汇率制度,因此各国汇率制度呈现多样化的现状。1999年,国际货币基金组织把成员国所实行的汇率安排分为8大类。截至2003年,国际货币基金组织的187个成员国实行的汇率安排如下:无独立法定货币的安排(41种货币)、货币局制度(7种货币)、其他传统的固定钉住制(42种货币)、水平调整钉住(5种货币)、爬行钉住(5种货币)、爬行带内浮动(5种货币)、不事先公布干预方式的管理浮动(46种货币)、单独浮动(36种货币)。

(三)国际收支调节手段多样化

在牙买加体系下,国际收支不平衡可以通过多种渠道进行调节,主要有汇率调节、利率调节、国际金融市场调节、国际金融机构调节、外汇储备调节等方式,多种调节手段还可以结合起来运用,在一定程度上克服布雷顿森林体系下调节机制失灵的困难,从而对世界经济的健康发展起到积极的作用。

三、固定汇率制度和浮动汇率制度的比较

固定汇率制度与浮动汇率制度孰优孰劣是国际金融领域中一个长期争论的话题,许多著名经济学家卷入这场争论中,如支持固定汇率制度的纳克斯、蒙代尔、金德尔伯格等,支持浮动汇率制度的弗里德曼、约翰逊、哈伯勒等。

(一)实行浮动汇率制度的理由

1. 货币政策自主权

在固定汇率制度下,当主要贸易伙伴国采取扩张性或紧缩性的货币政策引起该国国际收支出现逆差或顺差时,导致本国货币对该国货币有升值或贬值的压力,为维持汇率平价,本国相应地实行扩张性或紧缩性的货币政策,这种货币政策是被动实行的。在布雷顿森林体系下,除美国以外的其他国家几乎不可能用货币政策达到对内和对外平衡。

在浮动汇率制度下,货币政策可以从汇率政策的依附中解脱出来,让汇率自发调节实现外部平衡,货币政策可以与财政政策一起调节国内经济实现对内平衡。汇率在浮动汇率制度下是由外汇市场的供求关系决定的,如果购买力平价理论成立,那么一国可以将外国的通货膨胀隔绝在外,从而有利于本国国内的经济稳定和发展。

2. 国际收支的调节

在固定汇率制度下,国内经济目标服从国际收支平衡的目标。一国国际收支失衡时,就需要采用财政政策和货币政策加以调节,从而造成国内失业加重或物价的上升;当国内政策无法使国际收支调节到平衡时,在布雷顿森林体系下就只能向国际货币基金组织申请其货币贬值或升值。

在浮动汇率制度下,汇率是调节一国国际收支失衡的经济杠杆,当一国出现国际收支逆差或顺差时,该国货币在外汇市场上的供求就不平衡,导致本币汇率相应地上升或下跌,从而影响出口商品的价格,调节原不平衡的国际收支。在这段调节期间,不需要任何的政策和强制措施进行配合。

(二)实行固定汇率制度的理由

1. 货币纪律约束

中央银行在浮动汇率制度下,摆脱了维持固定汇率的责任后,就可能采用通货膨胀政策,最终推动通货膨胀的螺旋式上升。而在固定汇率制度下,如在布雷顿森林体系下,各国都有维持固定汇率平价的义务,促使这些国家的政府控制货币供应量增加的速度,避免它过快而引发通货膨胀。

2. 非稳定性的投机

浮动汇率制度下的汇率经常变动,不可避免地为国际游资创造了投机的机会。外汇投机

对国内货币市场的干扰比固定汇率制度更大,当某种货币有贬值趋势就会促使投机者纷纷抛售该种货币,加速货币贬值和扩大贬值的幅度。这种非稳定性投机导致汇率长期大幅度波动,扭曲进出口商品的价格,对各国的对内和对外平衡带来不利影响。而在固定汇率制度下,政府承诺维持汇率水平,改变投机者的预期,实现汇率的稳定,消除非稳定性投机的不良影响。

3. 汇率的不确定性

由于浮动汇率使国际相对价格不可预见,使从事国际贸易、国际信贷和国际投资等的涉外经济主体难以核算其成本和收益,而且贸易商和投资者为规避汇率风险所进行的交易无疑会增大费用,更何况许多经济活动是无法规避风险的。汇率的不确定性不利于国际贸易和国际投资的顺利进行,对世界经济产生不利影响。在固定汇率制度下,汇率比较稳定,成本和利润易于核算,可促进国际贸易和国际投资的发展。

4. 国际收支调节

浮动汇率制度的支持者认为,浮动汇率制度能自动地调节国际收支不平衡,而固定汇率制度的支持者则认为:导致汇率变动因素很多,汇率未必按照平衡国际收支所需的方向进行调整,同时汇率只能通过价格因素影响国际收支,而国际收支是多种因素共同决定的,光凭汇率的变动不能完全调整,另外,依靠汇率进行调整很可能招致通货膨胀。

综上所述,固定汇率制度和浮动汇率制度各有特点,都不是十全十美的。汇率制度的选择应根据各国不同的经济情况,如本国经济结构、地区经济合作、政策意图等具体分析后确定。

第五节 实际实施的汇率制度

在牙买加体系下,各国实施的汇率制度多样化。大体而言,发达国家多数采取单独浮动、欧元区国家采取单一货币浮动汇率制,也有些国家采取管理浮动汇率制;发展中国家多数采取钉住汇率制,主要是钉住美元、欧元、特别提款权或自选"一篮子"货币,还有些国家采取管理浮动汇率制,实行单独浮动的很少。本节具体介绍钉住汇率制、货币局制度和目标区三种汇率制度的内容。

一、钉住汇率制

钉住汇率制是指将本币钉住某种货币或合成货币制定汇率,汇率波动幅度为零或很小($<\pm 1\%$),本币与其他货币的汇率随所钉住货币汇率的变动而变化的汇率制度。一般而言,发展中国家大多数钉住美元,英联邦国家大多数钉住英镑,原法国殖民地的非洲国家钉住法国法郎,现钉住欧元,沙特阿拉伯等国家则主要钉住特别提款权。

实行钉住汇率制的主要优势有:

(1) 降低交易成本和汇率风险,促进国际贸易和国际投资;

(2) 投资者稳定的汇率预期会起到熨平汇率波动的作用;

(3) 利用钉住汇率制的传递效应可抑制通货膨胀;

(4) 促进与主要伙伴国之间的贸易往来,对贸易集中度高的国家尤其显著。

国际货币基金组织的研究报告表明,实行钉住汇率制的国家平均年通货膨胀率为 8%,而采用中间制度和浮动汇率制的国家平均年通货膨胀率分别为 14% 和 16%。由此可以证明钉住汇率制的确可减轻一国通货膨胀的压力。然而,大部分国家采用的是名义钉住汇率制,宁愿本国货币贬值也不愿采用紧缩性的货币政策。

二、货币局制度

货币局制度是指在法律中明确本国货币与某一外国可兑换货币保持固定的交换率,并且对本国货币的发行作特殊限制以保证履行这一法定义务的汇率制度。货币局制度通常要求货币发行必须以一定的(通常是百分之百)该外国货币作为准备金,并在货币流通中始终满足这一准备金的要求,以保证法律规定的固定汇率。这一制度的货币当局称为货币局,而不是中央银行;货币发行量取决于可用作准备金的外币数量,而不是听任货币当局的意愿或经济运行的实际状况。目前,实行货币局制度的有阿根廷、波黑、文莱、保加利亚、爱沙尼亚、立陶宛、吉布提、中国香港8个国家和地区。

中国香港的货币局制度实质上是美元汇兑本位制。1983年,中国香港对港币发行和汇率制度作出新的安排:发钞银行在增发港元的时候,必须要向外汇基金按1美元等于7.8港元缴纳等值的美元作为保证,以获取外汇基金无息的负债证明书,作为发钞的法定准备金。

港元在中国香港的外汇市场是公开浮动的,港币的汇率是由市场供给状况来决定的。法定汇率与市场汇率、固定汇率与浮动汇率并存,是中国香港货币局制度的最重要特色。一方面,外汇基金通过对发钞银行的汇率控制,维持着整个港币体系对美元的稳定比价;另一方面,通过银行与公开的市场行为和套利活动,使市场汇率在一定程度上反映现实的资金供求状况。

中国香港的货币局制度有两个内在的自我调节机制:① 美元流动均衡机制。就是当港元被抛售或资本流出导致美元减少时,由于美元减少,发钞银行不仅不能增发货币,还须向外汇基金交回负债证明书赎回美元,导致基础货币减少。由于货币的乘数效应,货币供应量将成倍减少。② 套利机制。中国香港的发钞银行由三家商业银行组成,商业银行具有追逐利润最大化的动机,假设美元汇率上升到1美元/7.9港元,所有发钞银行都会向外汇基金交回负债证明书,以1美元/7.8港元的汇率赎回美元,再以1美元/7.9美元的比价在市场上抛出,结果使美元供应增加和港元供应减少,促使美元汇率下降,港元汇率上升,最终导致市场汇率与官方汇率趋同。

货币局制度使美元汇率保持相对稳定,抑制通货膨胀,实现中国香港经济和金融稳定发展,有助于中国香港国际金融中心、国际贸易中心和国际航运中心地位的巩固和加强,但是货币局制度的缺陷也很明显,中国香港失去铸币税,而且丧失货币政策独立性,使中国香港的经济、利率和货币供应量过分依赖和受制于美国,从而严重削弱了调节本地区经济的能力,同时无法抵御恶性货币投机的攻击。

三、目标区:欧洲货币体系

欧元的诞生是20世纪国际金融领域最重要的事件之一,是欧洲货币一体化的必然结果。为了建立这个统一的货币,欧盟成员国需要实现同样的通货膨胀率和利率,欧洲货币体系就是实现这个目标的一个机制。

为了联合抵制美元汇率和利率波动对各国经济的冲击,到1977年年底,欧共体委员会主席詹金斯再次提出并敦促加快实现经济与货币同盟的目标。1978年4月,在哥本哈根召开的欧共同首脑会议上,联邦德国总理施密特和法国总统德斯坦共同提出了"欧洲货币体系"的计划,同年12月,欧共体各成员国首脑在布鲁塞尔通过了这一计划。1979年3月,欧洲货币体系正式实施。

欧洲货币体系主要有三个组成部分:欧洲货币单位、稳定汇率机制和欧洲货币合作基金。

(一)欧洲货币单位

欧洲货币单位被称为埃居,是由其他货币组成的一种"一篮子"货币。欧洲货币单位的价值是成员国货币的加权平均值,每种货币的权数则根据该国在欧共体内部贸易中所占的比重和该国的国民生产总值确定的。根据规定,权数每5年调整一次,但篮子中的任何一种货币的实际变化达到25%时,可随时进行调整。如1989年9月权数调整后,联邦德国马克在每一欧洲货币单位的比重是30.8%,法国法郎为19.3%,英镑为12.5%。欧洲货币单位的作用主要是以下三个方面:

(1)作为欧洲稳定汇率机制的标准。在平价网体系中,以欧洲货币单位为依据,确定成员国货币与欧洲货币单位的固定比价,然后再由这些比价套算出各成员国货币之间的比价。在货币篮体系中,欧洲货币单位则作为决定成员国货币汇率偏离中心汇率的参考指标。

(2)作为欧共体成员国之间的清算手段、信贷手段、储蓄手段、计价单位以及外汇市场的干预手段等等。当时它是仅次于美元和联邦德国马克的国际储备资产。

(3)作为国际金融市场的信贷、计价、清算、储藏等手段,如以欧洲货币单位为面值的国际债券,以欧洲货币单位为计值货币的旅行支票、支付凭证和有价证券等。

(二)稳定汇率机制

1979年3月,实行的欧洲货币体系是为了促进欧共体成员国之间的货币合作和汇率稳定,因此对欧洲汇率机制的安排是欧洲货币体系的核心组成部分。在该机制中,参加汇率机制的每个国家都确定本国货币同欧洲货币单位的固定比价,即确定一个中心汇率,并依据此中心汇率套算与其他参加国货币相互间的比价。

欧洲货币体系采用的是双重中心汇率制的汇率干预方法,即将平价网体系和货币篮体系结合在一起。

1. 平价网体系

参加汇率机制的各成员国相互之间的汇率以其与欧洲货币单位的中心汇率为基础,形成一个网状的平价体系,因而称之为平价网体系。该体制规定:各成员国货币的汇率波动只允许在中心汇率的±2.25%幅度内。一旦市场汇率超过波动幅度时,有关国家的货币当局应当立即进行干预。干预的方法有三种:① 有关国家的货币当局相互贷款进行干预,抛强币,买弱币。② 如果形势比较严重,干预效果不好,就需要在国内实行当地货币政策和财政政策,弱币国要提高利率紧缩银根,强币国则要降低利率放松银根。③ 如果上述方法仍然无效,则需要经欧共体调整中心汇率并修订双边平价网汇率。

2. 货币篮体系

它是指当某个成员国货币对欧洲货币单位的比价偏离了其法定的中心汇率幅度,达到其最大允许波动幅度的75%,即差界限时,该国中央银行就需采取措施进行干预。差异界限表现为一国货币汇率与其中心汇率所允许偏离的最大幅度,计算公式为$\pm 2.25\% \times 75\% \times (1-W)$,$W$为该货币占欧洲货币单位的比重。在欧洲货币体系中,成员国货币对欧洲货币单位平价的波动幅度,不仅要受平均水平的限制,而且要受其在欧洲货币单位中所占比重的影响。各国货币当局对市场进行干预时,可要求欧洲货币合作基金提供信贷支持,以提高其干预市场的能力。如果对外汇市场的干预和相关政策无效时,就必须对整个平价体系作调整。

(三)欧洲货币合作基金

欧洲货币合作基金是欧洲货币体系的基础。1973年4月,欧共体为了稳定汇率而建立欧洲货币合作基金,为成员国提供信贷、干预市场、稳定汇率和国际收支。由于基金数额有限,难以满足干预外汇市场的需要,在欧洲货币体系建立后,欧共体理事会决定继续运用原来的货币合作基金,并用两年时间将其扩建。欧洲货币合作基金集中各个成员国黄金储备的20%,以及美元和其他外汇储备的20%,作为共同基金,再加上与此等值的本国货币,总计约500亿欧洲货币单位。基金的信贷能量相对以前大大提高,在稳定市场汇率和平衡各国国际收支等方面起到巨大的作用。欧洲货币合作基金的信贷主要有三种:超短期互惠信贷、短期信贷和中期信贷。

欧洲货币体系的运行总的来说,还是比较成功的。首先,它促进了成员国货币间汇率的稳定,除了发生危机的特殊阶段,欧洲货币体系中心汇率的调整频率要远远低于联合浮动阶段,稳定汇率机制的作用为将来货币联盟实施不可调整的固定汇率制打下了基础。其次,汇率机制的稳定有利于成员国之间通货膨胀差异的缩小。欧洲货币体系成员国的通货膨胀率差异在1979年建立时达到10%,当时联邦德国通胀率为2.7%,爱尔兰则达到13%,意大利为12.1%;到了1998年,平均年通货膨胀率降到1.6%,成员国通货膨胀率差异则缩小到2%左右。稳定汇率机制也促进成员国贸易的增加和成员国之间经济政策的协调,进而推动成员国经济状况的改善。各成员国在1999年前的几年里,经济指标趋同方面有很大的进步,这就是最好的说明。最后,汇率机制的稳定扩大了欧洲货币单位在官方和私人领域的使用范围和程度,为最终发行单一货币的实现创造了条件。

欧洲货币体系的运行并不是一帆风顺的,在1992年9月,爆发的"9月危机"是欧洲货币体系建立以来最大的一次危机,使不少人对这个体系产生了质疑。20世纪90年代初,德国政府为两德统一和复兴原来的民主德国地区的经济,投入了大量资金,国内通货膨胀压力明显增加。从1991年起,德国为了压制通货膨胀,不顾其他国家反对开始调高本国的利率,形成了德国马克坚挺的局面,给其他国家带来很大的压力。当时欧洲货币体系的成员国面临两难的选择:若要维持本币与德国马克和欧洲货币单位的固定比价,维持稳定汇率机制,就必须也相应地调高本国利率;若要通过降低利率以此达到刺激本国经济的目标,就必然使本币对德国马克贬值。其中,英国英镑和意大利里拉受到了投机压力的轮番冲击,尽管两国政府回购英镑和里拉保护本国货币,但是没能抵住外汇市场的巨大压力,不得不"暂时"退出欧洲货币体系。"9月危机"的爆发表明:如果成员国不能在经济和货币政策上让渡更多的主权并进行有效的调节,稳定汇率机制是很难维系的;成员国之间在内外均衡问题上还依然存在较大的分歧;如何处理好一国内部均衡和外部均衡的关系,对促进欧洲货币一体化进程是至关重要的。

本章小结

理想的国际货币体系可以提供稳定的汇率机制,确保世界经济的稳定和各国经济的平衡发展。本章为了清楚地解释国际货币体系的运作过程,将其经历的金本位制度、布雷顿森林体系和牙买加体系从内容,作用和崩溃过程三个角度作了详细的分析。在布雷顿森林体系中所产生的国际货币基金组织和世界银行在全球经济中至今还发挥着重要的作用,对这两个组织的宗旨、机构、资金来源和作用的介绍,可以使读者更进一步地了解布雷顿森林体系的运作。

在当今运行的牙买加体系中一直存在着争论:固定汇率制度和浮动汇率制度孰优孰劣,本章中简单罗列了两方各自持有的理由。除了这两种汇率制度,实际上还存在着"钉住汇率制","货币局制度"和"目标区"等。欧洲货币体系是当今实施最成功的"目标区",欧元的诞生是该货币体系发展的必然结果,对其他地区的货币一体化有重要的借鉴作用。

复习思考题

1. 请比较金本位制度和布雷顿森林体系两者在内容上有何异同?同时分析两种货币体系的优缺点。
2. 金本位制度和布雷顿森林体系解体的根本原因分别是什么?
3. 试述国际货币基金组织和世界银行在当今国际货币体系中的作用。
4. 请分别阐述固定汇率制度和浮动汇率制度各自的优劣之处。
5. 目前各国实施哪些汇率制度?货币局汇率制度和目标区汇率制度有哪些异同?
6. 2005年7月21日起,中国实行了汇率改革,由传统的钉住美元改为以市场供求为基础、参考"一篮子"货币进行调节、有管理的浮动汇率制度。你认为中国的汇率改革有何必要性,以及对今后人民币的发展会产生何种影响。

章末案例

布雷顿森林机构在困顿中改革

布雷顿森林机构改革在日前刚刚闭幕的第七届20国集团(G20)财长和中央银行行长会议上取得了重大突破。会议发布的《关于布雷顿森林机构改革的联合声明》不仅会诊出了布雷顿森林机构的沉疴顽疾,同时还策划出了国际货币基金组织和世界银行两大机构改革的路线图。

风雨60年

60年前,44个国家的代表在布雷顿森林召开了关于如何建立国际金融体系的会议,并一致通过了《布雷顿森林协定》,布雷顿森林体系由此诞生。为了推进《布雷顿森林协定》,布雷顿森林体系建立了两大国际金融机构——国际货币基金组织(IMF)和国际复兴开发银行(世界银行)。国际货币基金组织负责向成员国提供短期资金,保障国际货币体系的稳定;世界银行则提供长期信贷来促进世界经济的复苏和发展。

布雷顿森林体系在20世纪70年代走向解体,不过,世界银行和国际货币基金组织仍被保留了下来。但自布雷顿森林机构成立以来,世界经济发生了巨大变化,许多新兴市场发展迅速,工业化国家一体化进程加深。布雷顿森林机构无论是在职能厘定、业务调整还是治理结构等方面都有改革的必要。

IMF:建构平衡与协调

确保国际货币体系的平衡与稳定是IMF的一项核心职能。虽然美元的中心地位随着布雷顿森林体系的解体被稀释,但以强势主权国家货币充当国际支付手段与储备手段却构成了如今国际货币体系的基本特征,由此出现了一系列失衡现象:主要国际储备货币之间的汇率频繁波动,增大了国际经济活动的交易成本;主要国际货币国家通过汇率调整,掌握着全球资源配置和国际竞争力调整的主动权;国际支付手段的供给由国际储备货币国家的货币政策和国际收支状况决定,发展中国家或国际支付手段不足(外汇短缺)或承受通货膨胀输入;铸币税收益的高度集中使收入再分配向主要国际储备货币国家倾斜。

面对以上情况,IMF几乎无能为力。因此,IMF的改革方向应当是在全球层次上重建货币供应和国际收支调节机制,发挥准中央银行的职能。

世界银行:强化融资与发展

发展的不平衡性是全球经济的重要特征。而且由于经济全球化的内在矛盾,这种不平衡无法通过市场力量自发得到纠正,而必须依靠全球层次上的资源转移机制。从这个意义上说,世界银行改革的本质是改革当前的国际发展援助机制,有效调整全球利益分配。但当前全球发展援助机制缺乏约束力和政治中立性,援助的实际效果大打折扣。

鉴于此,世界银行必须提高发展援助机制的约束性,支持低收入和中等收入国家成为全球发展融资相互促进的两个支柱,同时还要做到贷款与知识转移并重、优化资金投放权重。

治理结构:致力纠偏与洗牌

大量事实表明,布雷顿森林机构遭遇诟病的根本原因在于其决策机制的偏颇。基金的份额和投票权的分配是IMF与世界银行决策机制的基础,但现在,基础投票权已失去了其原来的职能,一国一票的原则已经彻底让位于一美元一票的原则。不仅如此,多年来,由于发达国家对两机构提出各种政策要求,两机构的业务运行成本一直在上升,从而导致两机构通过提高对借款国的贷款利率来支付上升的成本。因此,改变发达国家占绝对优势的决策机制,使发达国家和发展中国家在两机构决策机制中的地位大致平衡,是确保两机构依照专业准则履行发展职能的关键,也是两机构进行实质性改革的前提。

资料来源:《中国证券报》2005年10月20日。

案例讨论题

1. 请阐述国际货币基金组织在布雷顿森林体系中的地位和作用。
2. 比较国际货币基金组织,分析世界银行在过去的60年里为国际货币体现所作出的贡献。
3. 根据上述资料,说明国际货币基金组织和世界银行在文中提到的几次金融危机中实施了具体政策和所起的作用。
4. 讨论国际货币基金组织和世界银行以后的改革方向,请提出几个比较可行的改革措施。

参考文献

1. 殷醒民.国际金融.北京:高等教育出版社,2004

2. 韩文高主编. 世纪末金融风暴. 北京:经济日报出版社,2001
3. 沈国兵主编. 国际金融. 上海:上海财经大学出版社,2004
4. 于润,张岭松. 国际金融管理. 南京:南京大学出版社,2003
5. 汪争平. 国际金融管理. 北京:中国统计出版社,1998
6. 朱叶主编. 国际金融管理学. 上海:复旦大学出版社,2003

第九章　全球资本市场

第一节　全球资本市场的益处

在介绍全球资本市场之前,我们先来分析一下一般市场的构成和功能。然后在与国内资本市场比较的基础上,从借款者和投资者两个不同群体的角度,可以分析得出国际资本市场吸引众多市场参与者的魅力所在。

一、一般市场的构成和功能

资本市场又称为长期资金市场,是指经营1年以上中长期资金借贷和证券业务的金融市场。广义的资本市场包括债券市场、股票市场和中长期借贷市场。这三大市场以信用为基础,在企业的融资体系中既各自以其独有的特点发挥作用,又互相联系、互相补充,共同为资金需求者提供资源配置服务。狭义的资本市场一般指证券市场,包括股票市场和企业债券市场。

资金的借款者主要是企业、政府、银行和其他一些金融机构,它们通过借款、出售股票或债券来筹集长期资金。资本市场资金的供应者,即投资者,主要是储蓄银行、储蓄和贷款协会、保险公司、投资公司、信托公司、金融公司等金融机构,以及居民个人和各类基金等组织。连接这两个群体的就是做市商,包括直接或间接连接资金借款者和投资者的金融服务公司、商业银行和投资银行。商业银行起着间接连接两群体的功能:它们通过支付存款利息从各个公司和个人那里取得现金存款,然后以贷款利率(当然要高于存款利息率)为资金借款者提供资金,它们从两个利息率差额中赚取利润;而投资银行却起着直接连接两群体的作用,它们将投资者和借款者直接撮合在一起。

资本市场为借款者提供资金的方式主要有:债权融资和股权融资。

债权融资包括在债券市场发行债券筹集的资金和来自银行的中长期信贷公司。借款公司无论是否盈利或盈利多少,都必须根据债券协议或借款协议,在规定的时间偿还实现确定的贷款数额,包括贷款金额和贷款利息。当投资者在债券市场购买某家公司的债券后,他就有权在债券到期日从该公司获得固定数额的收入,以补偿其购买此债券的费用和债券持有期间资金的占用成本。每个国家对国内公司发行债券的规定不太相同,每个公司必须根据本国债券发行的规定在债券市场筹集资金。银行中长期信贷是一种无约束的贷款,具有金额大、期限长、利率浮动、需要担保等特点。利率根据市场行情和借款者的信誉而定。

股权融资就是借款公司向投资者出售股票以获得资金。股票是由股份有限公司发行的、由股东持有的、代表股东在股份公司中拥有的股权的凭证,是资本市场上无偿还期限的永久性有价证券。作为融资公司股票的持有者,有权参与公司重大问题的表决,分享公司的利润,同时承担与公司所有权相联系的最终风险。所以股息并不是事先确定的,而是由管理层在根据公司财务状况和盈利水平的基础上提出分配股息方案,再由公司股东大会通过,然后进行股息派发的。投资者购买股票既是为了股息收入,也是预期股票价格上升会获得利润。

二、全球资本市场的吸引力

(一)借款者的观点:较低的资金成本

资金成本是借入资金的价格,也就是借款者必须向投资者支付的收益率。在一个纯粹的国内市场中,投资者仅仅限制于本国的居民,这些居民所拥有的资金有限,无形中给借款者可获得的资金数额设定一个上限;而在全球资本市场,包含的投资者远远超过任何一国的居民,可以为借款者提供的资金自然也大幅度多于任何一个国内市场。相对于全球资本市场,国内市场的流动性不足就体现出来,直接表现为资金成本高于国际市场。在一个纯粹的国内市场中,为了吸引有限投资者的资金,借款者必须支付更高的成本;而在国际市场上,更广泛的投资者意味着借款者所付出的代价可以比较低。

(二)投资者的观点:分散投资组合

随着经济全球化的发展,金融资本的投资渠道、对象和范围被大大地拓宽了,投资者可以在全球几十个金融市场,上千品种的金融工具中进行投资组合,寻求获利机会,从而获得比国内资本市场更低的风险。

我们用具体的例子证明上述的结论。设有 A、B 两种股票,即使 B 的风险要比 A 大得多,包含部分 A 股票和部分 B 股票的投资组合的风险可能比仅投资于 A 股票的风险来得小。假设 A 股票分别有 50% 的可能性获得 10% 或 14% 的收益率,B 股票分别有 50% 的可能性获得 8% 或 16% 的收益率,并假设当 A 的收益率高时则 B 的收益率低,当 A 的收益率低时则 B 的收益率高,那么,当投资者把 2/3 资金投于 A,1/3 资金投于 B 时,他将肯定能获得 12% 的收益率[因为,当 A 的收益率高时,投资组合的平均收益率为 12%(2/3×14%+1/3×8%);当 A 的收益率低时,投资组合的平均收益率为 12%(2/3×10%+1/3×16%)]。也就是说,把一部分资金分散到即使是风险较大的 B 股票,整个投资的风险也可以减少。从投资分析的观点来看,个别股票价格的涨落并非十分重要,最重要的是投资组合收益率和风险的问题。换而言之,投资者是从个别股票收益率和风险如何影响到投资组合收益率和风险来作适当的投资分析。

西方的证券投资理论中区分了市场系统风险和非系统风险,给出了衡量市场风险的指标,深化了对证券投资风险形成机制的研究。当一个投资者在其持有的投资组合中增加股票的种类时,投资组合的风险就会下降,这是由于减少了市场非系统风险,即因公司的决策和管理人员在经营过程中出现失误,导致公司盈利减少甚至亏损的经营性风险;或因上市公司不能支付其债务的利息和本金,导致公司遭受法律压力而清盘破产的违约风险等等。由于这类风险具有随机的性质,因而可以通过投资多元化和投资组合方式予以清除。最初这种投资组合风险的下降是很迅速的,不久后下降的速度会减慢,然后逐渐接近于市场系统风险。市场系统风险是指因利率变动、经济周期、通货膨胀以及其他社会经济因素引起市场整体波动的风险。由于市场风险影响的是所有的公司,因此这类风险不能通过投资多元化和证券组合方式彻底清除。

通过国际性的分散投资组合,投资者就能够进一步降低风险水平,因为各国之间股票市场价格的变动不是完全相关的,也就是相关性较弱,使部分由国家政治经济因素引起的系统风险被分散。例如,一项研究观察了 3 个股票市场指数之间的相关性。标准普尔 500 指数

(S&P500)概括了美国主要股票的价格变动,摩根·士丹利的欧洲、澳大利亚和远东国际资本市场指数(EAFE)概括了其他发达国家的股票市场变动,第3个指数为国际金融公司全球新兴市场指数(IFC)则概括了"新兴"的发展中国家股票市场的变动。从1981年到1994年,S&P500和EAFE指数之间的相关系数是0.45,表明在此期间内只有大约20%的时间两者是同方向变动的(0.45×0.45=0.2025)。S&P500和IFC指数之间的相关系数更低,为0.32,表明在此期间两者只有略超过10%的时间是同方向变动的。另一项研究表明,在1970年至1996年间,美国股票市场与英国股票市场之间的相关系数是0.51,美国股票市场与法国股票市场的相关系数是0.44,美国股票市场与日本股票市场的相关系数是0.26。

不同国家股票市场变动之间相关性相对较低的原因主要有两个:第一,由于各国推行不同的宏观经济政策以及面对不同的经济问题,因此它们的股票市场反映了不同的市场力量,并能够按不同的方向变动。第二,不同的股票市场之间仍然或多或少地受到资本管制,虽然这种限制正在迅速减少。最普通的限制包括外国人能够拥有一家企业的股票数量的限制和一个国家的居民能在外国投资的能力限制。这些跨国资本流动的壁垒限制了资本在全世界自由流动,以寻求最高的经风险调整的收益率的能力。结果,任何时刻在某些市场的资本投资可能过多,而在其他市场则过少,这就在各股票市场之间产生收益率的差异。

值得争议的问题是:随着世界经济一体化的进展,不同市场间的相关性是否依然很低呢?毋庸置疑,就信息传递的便利程度和交易机制的国际化而言,世界各地的证券市场正在趋向于一个整体,但这不等于说各国或各地区的市场的变动就更加均质化,而只有后者才真正关系到对外证券投资风险分散的效果。美国股票组合同EAFE(欧洲、澳大利亚和远东)股票组合、同日本债券组合之间相关系数统计表明:从20世纪70年代到80年代,这两种相关性都无明显加强,虽然证券业微电子化和全球网络化在这20年中可谓突飞猛进。20年内的4个5年中美国股票组合同EAFE股票组合平均相关系数依次是0.59、0.34、0.46和0.44;同日本债券组合的相应的4个平均相关系数依次是0.12、0.27、0.25和0.26。更有甚者,1986年至1990年这些股市间的相关系数(0.11)竟然低于1971年至1975年的数值(0.59)。国际货币基金组织经济学家莫里斯·戈尔茨和迈克尔·马撒的关于这一问题的研究也得出了类似的结论。所以,国际性的分散化投资组合仍能降低投资风险。

如果不是由于现有的浮动汇率制度下汇率的猛烈波动,国际投资组合分散化的降低风险的作用将会更加显著。浮动汇率制度使得投资于外国资产又多了一个额外的风险因素。正如我们所反复强调的,不利的汇率变动能够将其本来有利可图的投资转化成为无利的投资。急剧的汇率波动产生的不确定性也许正成为阻碍国际资本市场迅速发展的刹车装置。

第二节 全球资本市场的发展

根据国际清算银行的数据,全球资本市场正在快速发展。到2002年年末,国际银行贷款存量从1990年的3.6万亿美元增加到了9.466万亿美元。未偿付的国际债券分别从1994年的6 200亿美元和1997年的3.515万亿美元上升到8.78万亿美元。国际股票发行在2000年达到高峰,超过了3 140亿美元,而1990年仅约180亿美元,1997年为900亿美元。2002年,国际股票发行下降到1 020亿美元,但这是全球股票市场在21世纪初总体疲软表现的结果,基本的长期趋势仍然是上升。

一、信息技术

金融服务业是信息密集型产业的典型代表。它吸收关于市场、风险、汇率、利率、资信等大量的信息,并且利用这些信息决定投资地点、借款费用、存款利率以及确定一系列金融资产,包括公司债券、股票、政府债券和外汇的价值和风险。

正由于如此之高的信息密集度,一些能够快速处理和传递信息的最新信息技术发明能在金融业得到推广和运用,并引起市场竞争环境和发展格局的重大变化。19世纪末20世纪初发明并应用的电报使投资者在几分钟之内可以接通遥远的交易所,由此打破了交易所的地区分割,导致金融市场的整合。新的通讯工具造成证券交易所过剩,例如,美国的证券交易所数量从19世纪的300家之多下降到今天的7家,同时,幸存的证券交易所其市场流动性和规模则不断跃上新的台阶。

20世纪90年代出现的以计算机网络和通讯技术为支撑的互联网,其商业化和社会化发展日新月异,把信息技术革命向纵深推进。现代信息技术革命大大提高了信息的收集、储存、处理和发布能力,成为金融性商品交易电子化的物质技术基础,这就推动了全球金融市场整合,各国证券市场的合并与结盟,从而促进全球资本市场一体化的发展;另外,互联网已日益成为资本市场运作的中枢神经系统,使得国际证券行业低成本电子网络交易开始替代传统的证券交易方式,全球各个主要市场紧密地联系起来,24小时全球网上电子交易成为现实,交易突破了时间和地域的限制。随着互联网的不断拓展和深入,可以预计,将来会有越来越多的股票和债券交易是通过互联网来完成的。

然而,信息技术发展推动的资本市场一体化也有不利的一面。一个金融中心出现的震荡能迅速扩展,影响到全世界。例如,1987年10月19日,著名的"黑色星期一",美国的股市崩溃,很快引发了全世界所有主要股票市场同样的崩溃,世界各地数以亿计的以美元标价的公司股票化为乌有。不过,大多数的市场参与者都认为,一体化的全球资本市场才是适应世界经济全球化发展的趋势,它所带来的利益远远大于潜在的损失。

二、放松管制

从历史上看,许多国际限制外国投资者大量购买本国企业债券和股票,为了限制资本外流。例如进入20世纪60年代,美国经济实力不断下降,国际收支出现持续性的巨额逆差,大量的美元流向海外,美国政府为了缓和国际收支逆差和稳定汇率,被迫采取一系列措施以限制资本外流。70年代,这些资本管制使得英国等外国投资者很难购买美国的股票和债券。

20世纪80年代以来,为了增强金融机构的竞争能力和金融制度的活力,各国货币当局纷纷采取放松金融管制的措施,积极推动金融自由化。80年代后,金融自由化的现象尤为突出,主要表现有:

(1) 业务自由化,即取消或放宽对各类金融机构业务经营范围的限制,允许各类金融机构可以相互交叉,允许商业银行等金融机构可以自由设立分行或附属机构,可以持有或兼并其他种类的金融机构,从而组成混合经营的金融联合体等。

(2) 价格自由化,即取消各类金融机构的存放款利率限制,放开汇率,取消证券交易中的固定佣金制度,让金融商品价格发挥市场调节作用。

(3) 市场自由化,包括两方面:一是放开国内资本市场,放宽外国资本、外国金融机构进入本国市场的限制，同时放宽本国资本、本国金融机构进入外国金融市场的限制。即允许外国银行在本国自由设立分支机构，放宽外国银行的业务经营范围，取消外国居民在本国金融市场筹集资金的限制等。二是放开国内证券市场，允许商业银行等金融机构以及外国金融机构持有本国债券，并可以自由进入证券交易市场。这些措施旨在促进本国证券交易市场的国际化。

始于20世纪70年代末和80年代初，美国政府为了增强美国银行的国际竞争力，提高美国的国际金融地位，开始放松之前的管制措施，如1980年，华尔街首先打破经纪人的传统地位，大大降低中小投资者进入国际金融市场的市场壁垒；1982年，开始允许非银行金融机构或其附属机构经营几乎所有的金融业务，允许银行通过其持股公司跨州兼并破产的储蓄机构。一系列放松措施实施后，使得外资银行可以进入美国的资本市场以及允许国内的银行拓展海外业务。

最突出的政策变革发生在1986年，英国政府对金融市场采取重大改革措施，即所谓的"大爆炸"，进一步促使金融自由化。其政策主要包括：准许银行收购证券公司；准许银行大规模采取电脑化；伦敦证券交易所取消最低手续费限制，取消经济商和批发商的区别等。

随着日本经济的突飞猛进，国内资金日益充裕，日本加快了金融自由化和国际化进程，1986年12月，日本开设了东京离岸金融市场，规模迅速扩大。日本凭借雄厚的经济实力，使东京一举成为继纽约、伦敦之后的具有国内市场、在岸市场和离岸市场三种功能的世界第三大国际金融市场。在法国，1987年的"小爆炸"使得法国的股票市场逐步向国外的机构和国外、国内的银行开放。在德国，根据互惠协议，现在允许外资银行放贷和管理国外的欧元发行。

国际金融市场的自由化为各国金融业务、金融工具和金融市场的创新提供了宽松的环境，扩大了各国的金融对外开放程度，金融服务贸易壁垒的减少为金融机构跨国经营提供了便利，有利于金融资源的合理流动和配置，提高了资源的运营效率，促进了全球资本市场的迅速发展。

三、全球资本市场的风险

在国内金融监管薄弱、防范和化解金融风险能力还不足以对抗国际游资冲击的情况下，如果盲目地开放本国资本市场，放任巨额资本的自由出入，并对国际资本的期限结构不进行适当的和有效的控制，一旦国际或国内金融市场出现突发事件，便容易引起大量资本的抽逃。这不仅会影响到有关国家的国内经济，影响其国内货币政策的执行，而且还会增加汇率的波动幅度和助长外汇市场上的投机行为，增大国际投资和全球资本市场的风险。

哈佛大学的经济学家马丁·菲尔德斯坦认为，大多数的国际性资本流动是在追求短期收益，一旦情况发生变化，这些资本就会迅速流入或流出。他区分了短期资本即"游资"和支持长期跨国资本流动的"耐心货币"，并且他用大量的统计数据证明耐心货币是非常稀少的，因为它的所有者和管理者由于获得外国投资信息相对短缺而将大部分的资金保留在国内。根据马丁·菲尔德斯坦的观点，只要投资者对外国资产有更充分的信息，全球资本市场的运作效率就会提高，就不容易受短期的投资性资本影响。

第三节 欧洲货币市场

欧洲货币又称为境外货币，是指在货币发行国境外流通或虽在货币发行国境内流通但不受货币所在国管辖的各种货币的总和。"欧洲"一词最初是实指,现在已超出地理意义上的范围,而是指"境外"、"离岸"的意思,现在持续使用"欧洲"只是表明了这个市场的欧洲起源,如欧洲英镑是指英国以外银行存贷的英镑,欧洲日元是指在日本境外流通的日元。欧洲美元是最先出现的一种欧洲货币,现约占所有欧洲货币总量的1/3。

离岸金融市场是指经营境外货币存储和贷放的市场,是新型的国际金融市场。所有的离岸金融市场联结成整体,就是通常所说的欧洲货币市场。欧洲货币市场是以欧洲银行为中介,在非居民与非居民之间从事欧洲货币业务的市场,是国际金融市场的核心。欧洲货币市场产生于欧洲,但并不仅限于欧洲,现已扩展到亚洲、美洲,例如日本、加拿大、新加坡、中国香港、巴拿马等离岸金融中心也经营欧洲货币的借贷业务。

欧洲货币市场的核心是欧洲银行,它是经营欧洲货币业务的所有银行的总称。欧洲银行通常是大型的国际性银行,除了经营欧洲货币业务以外,也经营国内银行业务。因此,欧洲银行确切地说是大商业银行中经营欧洲货币业务的部门、分行等的总称。

一、欧洲货币市场的起源和发展

欧洲货币市场发端于20世纪50年代的欧洲美元市场,欧洲美元市场的出现最早归功于前苏联。在20世纪的东西方冷战时期,前苏联和部分东欧国家鉴于美国在朝鲜战争中冻结中国在美国的全部资产,担心自己在美国的美元资金也会被冻结,于是将这部分资金转移到在伦敦开办的欧洲国家商业银行,在伦敦的莫斯科国民银行和在法国巴黎开设的北欧商业银行等欧洲各国的大商业银行。而当时的英国政府正需要大量的资金用于恢复英镑的国际地位和支持国内经济的发展,所以准许伦敦的各大商业银行接受境外的美元存款和办理美元的接待业务。由此,欧洲货币市场开始出现,当时的伦敦是欧洲货币业务量最大的国际金融中心。

在欧洲货币市场产生的初期,它的规模并不大。1956年,埃及战争使英国的军费开支大幅度增加,国际收支出现了较大的逆差,1957年,英镑危机随之爆发,英格兰银行为了保卫英镑,宣布把利率提高到7%,同时加强外汇管制,禁止国内的商业银行用英镑对战前英镑区以外的居民之间的贸易和投资进行融资,但对发放美元贷款不加限制。因此,英国的各大商业银行为了逃避外汇管制,开始系统地经营美元的存贷款业务。因此,欧洲美元市场在英国得到大规模的发展。

从1958年起,西欧的一些国家随着外汇储备的增加逐渐放松了外汇管制,到1958年年底基本取消了外汇管制,恢复货币的自由兑换和资本的自由流动。由于非居民外币存款的干预取消,并且免交存款准备金,投资者便可自由地转移资金,使得欧洲货币市场得到迅速发展。

1958年以后,美国的国际收支逆差急剧严重,导致美元不断外流,大部分美元资金积存在欧洲国家的商业银行,为欧洲美元市场提供了大量的资金。美国政府为了限制资金过度外流,被迫采取一系列限制措施。1963年,美国政府实行"利息平衡税",规定美国居民购买外国有价证券所获得的高于本国证券利息的差额必须作为税款缴纳,这实际上限制了外国人在美国发行证券。这一措施导致美国银行将其所持有的大量资金转移到设在欧洲的分行以避税。1965年,美国政府为改善国际收支状况,实施了"自愿限制对外贷款计划",限制本国银行对外贷款,同时要求本国的跨国公司自愿限制对外直接投资的规模。1968年,这些自愿限制变成了法定规则,使外国居民在美国的筹资活动受到严重影响,于是他们转向欧洲美元市场,同时美国跨国公司也把欧洲美元市场作为筹资重点以支持其国外分公司的经营活动。美国采取的这些限制性措施对欧洲美元市场的发展起了巨大的推动作用,而且为欧洲美元提供了中长期信贷的资金来源。

20世纪70年代,石油输出国组织,即欧佩克,在两次石油危机期间,从石油价格大幅度的提高中得到巨额的"石油美元"。这些国家担心美国政府冻结它们的资产,不敢将自己的石油美元存入美国的银行或其在欧洲的分行,同时出于盈利的目的,将巨额的美元资金存放在欧洲银行,为欧洲美元市场提供了雄厚的资金供给。

虽然上述事件促使了欧洲货币市场的产生和不断发展,但并不能完全解释这个现象。因为欧洲货币市场本身所具有的金融优势才是其产生和发展的关键因素。

二、欧洲货币市场的吸引力

与传统国际金融市场最大的区别就是欧洲货币市场基本摆脱各国金融当局的干预,该市场的信贷活动独立于市场所在国政策制度之外,也不受货币发行国金融当局的控制和影响。比如,设在西欧各国的欧洲美元市场,就不受美国政府有关银行法令的约束,同时西欧各国政府对这些市场也基本上不加管制。

欧洲货币市场受到的管制较少,其所隐含的风险必然大于国内的货币市场,因此欧洲银行对这类风险进行补偿就必须向存者支付相对较高的存款利率,向贷款者收取相对较低的贷款利率。美国的存款利差超过欧洲银行的存款利差,欧洲银行能提供比美国银行更低的美元贷款利率和更高的美元存款利率。对于追求利润最大化的经济人,这样的欧洲货币市场无疑有非常强大的吸引力。

在一般国家的国内金融市场上,商业银行会受到存款准备金制度以及利率等方面的限制。如20世纪70年代中期之前,美国联邦储备委员会针对国内商业银行吸收存款制定相关条例,分别规定对储蓄存款要提取一定比例的存款准备金和活期存款不付利息,定期存款利息有上限。其中,存款准备金就是商业银行每次收到一笔存款时,就按存款准备金率从这笔款项中提取后,存入到国内中央银行中的无息账户作为法定准备金,以此保证当大量存款者在同一时间提现时有足够的流动资金供给。这些措施无疑增加商业银行的营运成本。而欧洲银行在欧洲货币市场运作时则无上述的管制,享有比较多的自由,相对成本较低,因此能提供更具有竞争力的利率。

例如,假设纽约的一家银行须缴纳的法定存款准备金的比率为10%。根据这一要求,如果这家银行接受了100美元的存款,它最多只能借出其中的90美元,必须将余下的10美元存入联邦储备银行的无息账户。假设这家银行每100美元存款的年经营成本是1美元,并对贷款收取10%的利息。纽约的银行能够向存款者提供的抵补成本之后的最高年利率为8%。因此,银行向100美元的存款者支付8美元(0.08×100),可用于贷款的部分获利9美元(0.10×90),恰好抵补了它的经营成本。

相反,一家欧洲银行能够在弥补成本之后为美元存款提供更高的利率。欧洲银行在美元存款方面没有准备金要求,能够将全部的100美元存款用于贷款。因此,在10%的贷款利率上它能够盈利10美元(0.10×100)。如果这家欧洲银行的经营成本和纽约的银行相同(每100美元存款的经营成本为1美元),它能够向存款者支付9%的利息率,比纽约的银行支付的利息率整整高出一个百分点,并照样能够抵补其成本。也就是说,它能够向存款者支付 9 美元(0.09×100),从借款人手中接受 10 美元,仍留有 1 美元来抵补经营成本。另一个选择是,这家欧洲银行可以向存款者支付 8.5% 的利率(仍然高于纽约的银行支付的利率),向借款者收取 9.5%(仍然低于纽约的银行收取的费用),并能够更好地抵补经营成本。因此,这家欧洲银行与纽约的银行相比,在存款利率和贷款利率方面都拥有比较优势。

欧洲货币市场总体而言是一个批发市场,大部分是银行间的业务,单项交易数额很大,一般少则数万美元,多则可达到数亿甚至数十亿美元,因此手续费和其他各项服务性费用成本较低。同时,借贷的币种多样化,基本上包括了所有主要资本主义国家的货币,而且规模之大是一般国际金融市场无法比拟的。欧洲货币市场上的借贷关系为非居民之间的关系,主要的贷款客户是跨国银行、政府机构、国际组织和跨国公司等,信誉很好,贷款的风险较低。

三、欧洲货币市场的缺陷

欧洲货币市场的缺陷主要有以下两个方面:

(1) 欧洲货币市场较之一般的国内货币市场所受到的管制较少,这是其本身所具有的优势,但也因此成为缺陷。由于受到政府的监管,受到如存款准备金等一系列措施的限制,国内银行倒闭的可能性是微乎其微,人们对其银行存款的变现性是非常有信心的。中国就是最好的一个例子,我们从未担心国内哪家大的商业银行会倒闭,自己的银行存款会因此而无法提取。接受国内较低存款利率可视为对确保银行不倒闭付出的代价,所以不少存款者愿意付出这种代价,将款项存放在本国的商业银行,以此获得收回存款的保障。

(2) 从欧洲货币市场借入的外币贷款可能会给贷款公司带来不必的外汇风险。例如,假设一家美国公司利用欧洲货币市场借入欧洲英镑,也许是因为其对欧洲英镑贷款支付的利息率比美元更低。然而,假设后来英镑对美元汇率出现上升。这就会提高偿还欧洲英镑贷款的美元成本和提高由此带来的该公司的资金成本。这种可能性可以利用远期外汇市场来消除,但是远期外汇市场并不能提供完全的保证。

第四节 全球债券市场

20 世纪 80 年代后半期以来,随着世界经济发生了结构性变化,国际金融业同样产生了急剧的变化,许多新的业务在国际金融市场中不断出现。其中,国际债券市场的发展是一个重大的变化。从 1984 年,国际债券净发行额首次与国际银行净贷款额持平之后,国际债券的发行额不断上升,同时国际债券市场也迅猛地发展起来,成为国际资本市场的主角。

一、国际债券市场

国际债券市场是指筹资者在国际金融市场上发行国际债券来筹集资金,以及从事国际债券买卖业务的市场。目前,世界上主要的国际债券市场是伦敦市场、纽约市场、东京市场、法兰克福市场、瑞士市场、卢森堡市场和新加坡市场等。

国际债券是国际债券市场的交易工具,是指筹资者为筹措和融通资金,在国外金融市场上发行,以外币计值,由外国或国际金融机构承销的债券。国际债券的发行者主要有各国政府、金融机构、工商企业以及国际金融机构等;投资者主要有人寿保险公司、年金基金、信托公司、投资公司、储蓄机构、政府和个人等。国际债券的发行和交易,既可用来平衡发行国的国际收支,也可以为发行国政府或工商企业提供从事开发和生产的资金。

二、国际债券的种类

(一)国际债券按照是否以发行地所在国货币计值分类

1. 外国债券

外国债券是筹资者在外国金融市场上,通过所在国金融机构发行的以发行地所在国货币计值的证券,它可以看作是本国债券向国外金融市场的扩展。外国债券的发行者和发行地分属不同国家,但计值货币和发行地同属一个国家。例如,1982年,中国国际信托投资公司在日本东京发行的100亿日元债券就是外国债券。著名的外国债券有:扬基债券,即外国人在美国发行的美元债券;武士债券,即外国人在日本发行的日元债券;猛犬债券,即外国人在英国发行的英镑债券。发行外国债券必须得到发行所在国政权管理机构的同意,并受到所在国金融法令的制约,外国债券的发行和担保由发行所在国的证券机构承担,并在该国的主要市场上进行销售。

2. 欧洲债券

欧洲债券与传统的外国债券不同,属于境外债券,是指筹资者在一个或几个国外金融市场上发行,以发行所在国以外的货币计值,由国际银行集团承销的债券。例如,英国公司在美国以外的其他国家发行的以美元计值的债券,该债券不是由美国国内的金融机构承销,而是由英国、法国、德国等商业银行以及美国商业银行海外分行等所组成的银行集团承销。欧洲债券的发行人、发行地和计值货币分别属于三个不同的国家。以美元计值的欧洲债券称为欧洲美元债券,是20世纪60年代最早出现的欧洲债券,其他还有以英镑、日元、瑞士法郎分别计值的欧洲英镑债券、欧洲日元债券、欧洲法郎债券。欧洲债券的发行既不受债券发行国金融监管部门的管制,也不受筹资国金融监管的限制,发行手续相对简便,通常采用不记名的方式,费用低廉,所以目前的发行量已超过外国债券的发行量。

外国债券和欧洲债券的本质差异:外国债券要受限于发行国和所在国金融监管当局,并接受金融法规的约束;而欧洲债券则不受发行国和所在国金融监管当局的限制,无需接受金融法规的约束,具有相对较大的自由。总的来说,两种债券的差别表面是计值货币的不同,实质上是是否受限于法律、法规约束的问题。

(二)国际债券按其发行的条件不同分类

1. 固定利率债券

固定利率债券,又称普通债券,是指债券的利率在整个偿还期内固定不变,它是一种传统的债券。固定利率债券通常以年为计息期,一般1年支付一次利息,期限一般在3~7年。由于利率是固定的,发行者的筹资成本和投资者收益都可以事先预计,不确定性小,所以其发行量一直居国际债券发行量的首位。但是当利率不断发生急剧变化时,债券发行者和投资者都要承担市场利率波动的风险,固定利率债券对投资者的吸引力就会减小,其发行量就会受到影响。

2. 浮动利率债券

浮动利率债券,是20世纪80年代出现的新品种,利率不固定,随着短期存款利率的变动而作定期调整,通常是每3个月或6个月按伦敦银行同业拆放利率或其他公认的利率基准调整一次。浮动利率债券为中长期债券,实际期限在 5～15 年之间,但有的期限更长,甚至还出现没有最终期限的永久性浮动利率债券。大多数浮动利率债券在进入市场一段时间后,由发行者用借新还旧的方法提前赎回,而且这类债券大多数以美元计值,也有以英镑、特别提款权和欧洲货币计值的。

3. 零息债券

零息债券,是指不附带息票的债券,都以折价方式发行,到期按面值偿还,面值与发行价的差额就是投资者的收益。如果期限长,零息债券出售时的折扣就大,到期时有很大的增值,对于那些不对资本增值收入征税的国家的投资者有很大的吸引力。

4. 可转换债券

可转换债券,综合了债券和股票的特点,向债券持有者提供了一种选择权利,使之可以在未来某个时间或时期根据事先确定的条件把债券转换成发行公司的普通股票或其他可转让流通的金融工具。此种债券的利率要低于其他固定利率债券,因为持有者获得了上述的选择权。

5. 附有认购权的债券

附有认购权的债券,是作为可转换债券的一种竞争物出现在国际债券市场上的。它具体是指债券持有者拥有一种权利,可以在一定时期内根据协定的条件选择购买一定数量的证券。实际上,附有认购权的债券类似于一份对有关资产的买入期权。此债券的利率稍低,有效期通常是 1 年,但期限幅度可在 6 个月至 5 年之间,附有认购权的债券与可转换债券都属于权益债券,但与可转换债券不同的是,附有的认购权可与债券分开,在市场上单独出售。附有认购权的债券使债券持有者的损失有限,而且在投资价值上升时却能获得更高的收益,因此这种债券发行者实际上是向投资者提供了一种可用于证券组合管理和投机的工具,这也给发行者在发行此证券时获得更好的市场条件。

除了上述五种债券外,还有合成债券、双重货币债券、延期付款债券、商品指数债券、垃圾债券等,国际债券市场的活力就在于创新,随着经济的不断发展,其金融工具也不断地推陈出新。

三、欧洲债券市场的吸引力

欧洲债券市场是欧洲货币市场的延伸,在欧洲货币市场不能筹措数额大且其期限长的资金时才发展起来的。从某种意义上而言,欧洲债券市场是一个与当地金融市场并行的金融市场,而且也是外汇市场的一个组成部分。外币债券的交易往往与外汇交易相联系,否则这些外币债券交易是无法进行的。目前,欧洲债券市场已成为国际证券市场的主要内容,卢森堡是欧洲债券市场的中心。

欧洲债券市场的出现是应经济发展的要求与政府金融管制的矛盾而产生的。菲利浦公司于 1949 年和 1951 年在荷兰发行的两笔美元证券是世界上最早发行的欧洲债券。具有典型的现代欧洲债券市场的形成则是在 1963 年意大利国营控股公司 IRI 发行的债券。该笔债券面值为 250 美元,总值 1 500 万美元,年息 5.5%,到期日是 1972 年至 1978 年之间,由伦敦的瓦堡投资银行牵头组织另外三家银行一起负责债权的销售,采用不记名的方式,同时在伦敦和卢森堡证券交易所上市。

欧洲债券最初主要以美元计值,发行地主要是欧洲的一些国家。20 世纪 70 年代以后,随着美元的汇率波动幅度的增大,以联邦德国马克、瑞士法郎、日元和英镑等为计值货币的欧洲债券开始增多,还出现了以特别提款权和欧洲货币单位为面值的欧洲债券,使欧洲美元债券的比重大幅度下降。同时,发行地也突破欧洲的地域向世界扩展,在亚太、北美和拉美等地区发行的欧洲债券日益增多。

(一)欧洲债券市场吸引筹资者的原因

欧洲债券市场如此受欢迎,对筹资者最大的吸引力就在于其发行债券的成本较低,主要有以下原因。

1. 政府管制较松

欧洲债券市场不受任何国家金融法令和税收条例等的管制,欧洲债券的发行完全自由,无须官方批准,不需要在任何监督机关登记注册,又无数额限制和利率管制,还可以选择多种计值货币,因此发行成本大大降低。欧洲债券的发行是由国际银行集团承担,银行集团由各主要金融中心信誉卓著的跨国金融机构组成,影响面大,一般不受任何一国的政府限制,手续简便,发行费用无疑较低。欧洲债券的发行费用大约是该债券面值的2.5%,利息成本也较低。

2. 信息披露要求少

欧洲债券市场对信息披露的要求与大部分国家国内债券市场相比,明显宽松。欧洲债券的发行没有信息披露的要求,这与国际银行集团进行债券的承销有密切的联系。例如,如果一家企业希望在美国国内发行以美元计值的债券,它必须首先满足证券交易委员会的信息披露要求。这家企业必须披露关于它的经营活动、高层经理人员的薪水和其他补贴、高层经理人员的股票交易等等情况的详细信息。除此之外,发行企业必须递交符合美国会计准则的财务报表。对于非美国的企业来讲,重新做一份与美国的会计准则相一致的财务报表是非常费时且成本很高的事。因此,许多企业发行欧洲债券,包括以美元计值的欧洲债券,其成本要比在美国境内发行美元计值的债券更低。

3. 税收优惠

1984年之前,发行欧洲债券的美国公司在向外国投资者支付利息时,需要代扣最高为30%的所得税。这就阻碍了外国投资者持有美国公司发行的债券。当时许多国家也实行了同样的税收法规,限制了对欧洲债券的市场需求。1984年,美国的法令得到了修改,免除了持有美国公司发行的债券的外国投资者任何代扣的税赋。结果美国公司第一次发现直接向外国人发售欧洲债券也是可行的。美国法令的取消使得其他国家的政府,包括法国、德国和日本的政府也放宽了类似的税收法规,避免资金从本国市场流出,结果引起了希望能够利用这种税收优势的投资者对欧洲债券需求的猛增。

(二)欧洲债券市场吸引投资者的原因

欧洲债券市场吸引投资者的原因有以下几点。

1. 税收优惠和不记名方式

欧洲债券的利息收入通常免交所得税,这就意味着投资者的收益相对增加,这也为筹资者提供了良好的市场条件。另外,欧洲债券是以不记名的方式发行,并且可以委托外国机构保存,便于保密,从而可使债券持有者逃避国内所得税。

2. 安全性

欧洲债券市场的主要筹资者为大型跨国公司、各国政府和国际组织。它们一般具有很高的资信等级,对投资者而言是比较安全可靠的。

3. 流动性

欧洲债券有很强的流动性,因为该市场有一个富有活力的二级市场,可使债券持有者非常容易地转让债券,提前获得资金。同时,欧洲债券市场的大部分金融机构在场外交易中,也都愿意为它们自己或代表它们的客户进行欧洲债券的买卖。

第五节 全球股票市场

全球股票市场是指居民和非居民之间或非居民与非居民之间,按照市场机制从事股票发行和交易的场所或营运网络。具体地说,从股票发行者的角度看,全球股票市场是由交易市场所在国的非居民公司发行股票所形成的市场;从股票投资者的角度看,全球股票市场还是一个包括大量非居民投资者参与投资和买卖的股票市场。

国际股票投资的发展带来的最明显的后果就是公司所有权的国际化,这是由于股票投资主体和交易主体的国际性决定的。股票投资和交易主体的国际性表现在两个方面:一方面表现为一些国家允许外国投资者直接参与本国股票市场的交易,其比较典型的代表是英国在 1986 年实施的被称为"大爆炸"的伦敦股票交易所规定与实务改革,其中主要变化就是允许国外的银行、非银行金融机构及证券交易商可以直接进入英国股市进行交易,而一些新兴市场国家则是通过实施 QFII 制度,借助引进合格境外机构投资者的方式,间接实现了本国股票市场的对外开放。总之,就是允许外国投资者投资本国股票市场。另一方面表现为允许本国投资者买卖在国外市场交易的股票。虽然现在仍然将某些公司称为美国公司、英国公司或日本公司等,这主要是由于这些公司的大多数股东拥有这些国家的国籍,但是情况在不断变化,每个国的居民正在购买越来越多的国际股票,使得不少跨国公司向"即将没有国际的公司"发展。

与全球债券市场相比,全球股票市场的发展比较缓慢。全球国际股票发行额在整个资本市场资金来源中所占比例远远小于全球债券市场。但由于国际股票的高度流动性及股票市场价格的高度波动性,加上 20 世纪 70 年代后期,各国逐步取消有关资本国际流动的限制,各国股票市场的国际化步伐加快,跨国股票投资也迅速增加。进入 20 世纪 90 年代以来,全球股票市场得到了迅速发展,1993 年年末,全世界国际股票净发行额为 1 592 亿美元,几乎是 1986 年的 10 倍,到如今全球股票市场已成为重要的国际融资场所。

第六节 外汇风险和资金成本

外汇风险,也称汇率风险,是指经济主体在参与国际经济活动中,其以外币计价的资产(债权、权益)或负债(债务、义务),因汇率波动而引起的以本币衡量的价值上涨或下跌的可能性。如果一个经济主体对这种可能性不采取任何措施,而是听任这种可能性完全由市场汇率的变化而决定,则实际的结果导致出现两种情况:风险损失或风险报酬。

外汇风险的风险损失是指由于汇率的变化而给外汇资产所有者造成的资产缩水或负有外汇债务的债务人在偿还债务时支出增加。外汇风险的风险报酬是指由于汇率变动而给外汇资产所有者造成的资产升水或负有外汇债务的债务人在偿还债务时支出减少。例如,当外汇汇率下降时,外汇债务的债务人用于偿还债务的支出就会减少,也正是由于风险报酬的存在,所以在经济活动中有些经济主体愿意承担外汇风险。然而从总体上看,风险损失和风险报酬是不对称的,风险损失的不确定性比风险报酬对经济主体的干扰更大。

现在用一家韩国公司在1997年至1998年亚洲金融危机中所受到的外汇风险来说明汇率的不利变动会大大提高债务的成本。例如,有一家韩国企业希望借入期限为1年的10亿韩元贷款为一个资本投资项目融资。这家公司能够从韩国的银行按10%的利率借到这笔款项,在年终连本带息一起偿还,共计11亿韩元;这家公司还可以以6%的年利率向国际银行借入美元,按当时1美元=1000韩元的汇率,该公司可以借入100万美元,总贷款成本为106万美元,即10.6亿韩元。通过借入美元贷款,该公司可以降低4%的资金成本,即4000万韩元。然而这个降低资金成本的假设是建立在韩元对美元汇率保持不变的基础上。在亚洲金融危机中,这1年韩元对美元的汇率急剧下跌,年末汇率为1美元=1500韩元。此家公司在年末仍然不得不支付国际银行106万美元,但是按照年末汇率必须支付15.9亿韩元。韩元汇率下跌的后果,就是借入美元的成本由6%剧增到59%,企业的资金成本暴增。虽然这个例子比较极端,但在亚洲金融危机这个比较不正常的时期里,韩国等东南亚国家确实有许多企业发生这样的状况。

任何一家公司在全球资本市场中筹集资金时,必须权衡低利率带来的收益和由于汇率的不利变动引起实际资金成本增加带来的风险之间的关系。筹资分散化是防范外汇风险、降低资金成本的一种基本策略,公司从不同的资本市场以多种货币形式获得借贷资金。通过这种多渠道、多货币的筹资,可分散汇率和利率变化的风险。比如,以美元、日元、欧元等多种货币筹资,由于这些货币比价互有升降,就可以减少或抵销汇率变动带来的风险。

本 章 小 结

本章从一般资本开始,通过对一般资本市场的介绍,引出了全球资本市场的概念,并分析了全球资本市场相对于一般资本市场的优势,即提供了更大规模的资金供应量,降低了借贷者的资金成本等。然后,更详细地考察了国际资本市场的发展历程,探讨信息技术和各国的放松管制对国际资本市场获得迅速发展的重要影响,同时客观地分析全球资本市场成长过程中相关的宏观经济风险。

全球资本市场的三个重要组成部分分别是欧洲货币市场、全球债券市场和全球股票市场。本章从市场的发展、吸引力和缺陷三个角度,详细地介绍了前两个市场。欧洲货币市场基本摆脱各国金融当局的约束,这是与传统国际金融市场相比最大的区别点,也正由于这点,欧洲货币市场表现得异常活跃。在全球债券市场中,欧洲债券市场则是欧洲货币市场的延伸,同样受到筹资者的欢迎。虽然全球股票市场的发展没有全球债券市场发展迅速,但由于国际资本流动限制的放开,各国股票市场的国际化加快,跨国的股票投资也日益显示出其重要的融资作用。最后,还介绍了全球资本市场所引出的外汇风险和资本成本的一些基本概念。

复 习 思 考 题

1. 相对于国内资本市场,国际资本市场的优势是什么?
2. 请阐述近年来全球资本市场迅速发展的原因。

3. 什么是欧洲货币？欧洲货币市场又是指什么？它存在着哪些优势和缺陷？
4. 全球债券市场有哪些类型？并简单介绍其内容。
5. 假设你是一名国内企业的管理者，当面临着国内资本市场流动性不足的限制，为了企业更好地发展，你在国际资本市场筹集资本时会采取哪些方式？并比较各个方式的利弊。

章末案例

美国证券市场

美国的证券市场，按照是否在交易大厅内进行有组织的竞价交易，分为交易所和场外交易两个类别。交易所又分为全国性和地方性两种。场外交易又叫柜台交易（简称OTC），没有固定的交易场所，是那些达不到在交易所挂牌交易标准的公司股票，在店头柜台进行交易流通。现在OTC市场也分为全国性市场和"柜台交易公告栏"（简称OTCBB）以及粉红单市场（Pink Sheets）等。

证券交易所是证券市场按照传统的交易方式发展而来的，交易者在交易大厅内采取竞价方式，面对面进行交易的证券交易场所，是一种拍卖市场（Auction Market）。柜台交易市场则是一种经纪人市场（Dealer's Market）。在这里交易的股票由"做市商"（Market Maker）分别报出买价和卖价，投资者都是在与"做市商"进行交易，做市商靠买卖差价赚钱。美国1968年建立起了全国联网的柜台间市场自动报价系统，从而取代了过去那种分散的、缺乏透明度的柜台交易，并将该系统命名为"全国证券经纪商协会自动报价系统"（简称NASDAQ），也就是常说的"纳斯达克"。纳斯达克本身是一个无形的（没有固定的交易大厅）市场，不叫交易所，其交易也没有竞价过程，每个做市商在电子报价系统上都各自报出自己所做市的每支股票的买价和卖价，再由电子系统形成最优成交价报出。

美国的证券市场按照其上市发行标准高低及其交易量大小等综合因素通常划分为四个层次：

第一层次是以纽约股票交易所（简称NYSE）和美国股票交易所（简称AMEX）为代表的全国性证券交易所；其维持着较高的上市条件，相当于我国的证券市场中的"主板市场"。第二层次是纳斯达克股票市场，其上市条件相对宽松，通常称为"二板市场"，其实现在的纳斯达克股票市场与建立之初有了很大变化，其上市公司的规模、素质、交易量和市值总值及其对美国经济发展的重要性已可与纽约证券交易所媲美，已成为美国的主流证券市场之一，其开放程度和国际性更高于其他证券市场。纳斯达克又依公司规模等条件分为两部分：一部分由纳斯达克中最优秀的公司组成，成为"纳斯达克全国市场"，英特尔、DELL、雅虎、微软等著名公司都在该市场挂牌交易。其余的公司则在"纳斯达克小型资本市场"上挂牌交易。第三层次是地方性的证券交易所。其上市标准、交易品种都具有各自的特点。按地域分布有6家，分别是芝加哥股票交易所，太平洋交易所，费城股票交易所，波士顿股票交易所，辛辛那提股票交易所和国际证券交易所。另外包括电子交易市场（ECNs）在内的另类交易系统（ATS）也属该层次。第四个层次是交易未上市股票的OTC市场，包括OTCBB、粉红单以及地方性的柜台交易市场。由此可以看出，第一、第三层次为交易所性质；而第二、第四层次为场外交易市场。下表为美国主要的几家证券交易所。

美国主要的几家证券交易所

交易所名称	交易品种及数量	成立时间	会员组成
纽约股票交易所(NYSE)	股票	1792年	1 366个席位(1953年至今)
美国股票交易所(AMEX)	股票、期权、ETFs, HOLDRS以及结构化产品	1953年	834个常规会员 30个期权主要会员以及10个有限交易执照
芝加哥股票交易所(Chicago Stock Exchange)	股票(3 500多种)	1882年5月15日	450名会员
太平洋交易所(Pacific Exchange)	股票、债券、认股权证、ADRs、期权(共2 600多种)	1882年	551名
费城股票交易所(Philadelphia Stock Exchange)	2 000只股票、1 500种股票期权、22种指数期权、货币期货	1790年,费城(美国第一家股票交易所)	N/A
波士顿股票交易所(Boston Stock Exchange)	股票、期权(共2 000多种)	1825年(近170年历史)	200名
辛辛那提股票交易所(National Stock Exchange)	股票	1885年	42名
国际证券交易所(International Securities Exchange)	股票期权和指数期权(世界最大)	2000年5月26日	154名

资料来源:李冀峰、郎莹梅著:《国外资本市场系列介绍之一:美国的证券市场》,《产权导刊》2005年第9期。

案例讨论题

1. 为什么美国证券市场要划分为四个层次?有何利弊?这四个层次在美国证券市场及国际证券市场起了什么作用?

2. 研究美国证券市场中本国企业的参与情况,谈谈这些企业对该市场的贡献,进而分析美国证券的制度和结构的利弊。

3. 根据案例资料,对比和分析我国证券市场的现行结构和运行情况,提出可行的改善建议。

参考文献

1. 周骏,张中华,刘惠好主编.资本市场与实体经济.北京:中国金融出版社,2003
2. 闫冰.国际金融.北京:中国金融出版社,2004
3. 蓝发钦.国际金融.上海:立信会计出版社,2005
4. 查尔斯·W·L·希尔.国际商务.北京:中国人民大学出版社,2002
5. 殷醒民.国际金融.北京:高等教育出版社,2004
6. 沈国兵主编.国际金融.上海:上海财经大学出版社,2004
7. 迈克尔·梅尔文.国际货币与金融.大连:东北财经大学出版社,2003

第十章 国际企业的战略

第一节 国际企业的基本竞争战略

一、战略与企业

战略一词原用于军事,意为指导战争全局的计划和谋略,现在此词也被人们用于军事以外的其他领域,如经济发展、社会发展、科技发展、教育发展等都可与战略一词相联系,意指某个方面或某个领域的长期规划和策略。企业的战略是指企业为了在市场竞争中获得胜利和成功而制定的企业长期发展计划和策略。它表现为管理人员为企业的发展方向和经营范围所制定的规划和策略。对多数企业而言,企业战略最显然的目标是长期盈利能力的最大化。当企业的产品或服务的出售价格大于生产该产品的成本则盈利,即获得利润。由此可见,企业的利润取决于两个基本条件,产品的出售价格,即用户对企业产品或服务所评估的价值量(用户对企业产品价值评估的高低决定了企业能出售的价格)和产品的生产成本。两者的差可以用来衡量企业创造的价值。因此,企业要创造更多的价值,获得更大的利润,可以采用以下两种方式:或通过降低成本,或借助更佳的设计增加产品功能、保证更好的质量,使产品更具特色和吸引力,消费者自然愿意支付更高的价格来购买它。

我们把企业发展过程中强调降低生产成本的方式称之为低成本战略,而把强调增加产品特点和吸引力的方式称之为差异化战略。迈克尔·波特认为低成本和差异化是企业创造价值以及在一个产业中获得竞争优势的两个基本战略。根据迈克尔·波特的理论,卓越的盈利能力来自那些能够创造卓越价值的企业,而创造卓越价值的企业并不一定是那些同行业内成本结构最低的企业或是产品在消费者心中最具价值的企业,而是要求这个企业的产品价值和成本之间的差额一定大于同行业中其他任何竞争企业。因此,企业如何选择自己的发展战略很重要。

二、国际企业的基本战略

基本战略是指企业为获得和保持竞争优势而采取的基本策略。竞争优势是指企业为吸引并保持目标客户所具有的超过其他竞争对手的能力。下面我们分别介绍企业获得竞争优势的两个基本战略。

(一)低成本战略

低成本战略又称成本领先战略。采用低成本战略的公司生产或提供与其他竞争者一样的产品和服务,但是却使用比其竞争对手更有效的生产方法,即在保证产品质量前提下降低了成本。

实现成本领先战略的具体措施有:采用更廉价的原材料与劳动力,采用更高效率的设备,积极降低研发、服务、推销与广告等方面的成本,采用更有效的交货方式等。

1. 低成本战略的优势

(1) 设置进入障碍。当企业处于规模经济和成本优势的地位上时,可以为其产品制定较低的价格,为行业的潜在进入者设置了较高的进入障碍,从而减少了自己可能的竞争对手。

(2) 抵挡住现有竞争对手的对抗。由于企业拥有成本优势,这使它能有更大的力量去与自己的竞争对手对抗,并在激烈的市场竞争中有更多的生存机会。在市场前景看好时企业能获得较大的利润;在市场行情一般,竞争对手只能保本而不能获得利润的情况下,自己仍能获利;即使在市场很不景气,其他企业已难以生存了,自己仍有生存的空间。

(3) 更灵活应对购买商与供应商的价格。在面对强有力的购买商要求降低产品价格的压力时拥有低成本地位的企业在进行交易时有更大的主动权,可以比较从容地与购买商讨价还价,毕竟自己在最后仍然可以使用降价手段。而面对强有力的供应商抬高企业所需资源的价格时,处于低成本地位的企业同样可以有更多的灵活性来解决困境,因为低成本战略使它有能力消化原料涨价的因素。

(4) 降低替代品的威胁。在与替代品竞争时,低成本的企业往往比本行业中的其他企业处于更有利的地位,它可以利用价格低的优势稳定自己原有的顾客,降低或缓解替代品的威胁。

2. 低成本战略的风险

(1) 低成本战略通常需要利用规模经济效应,使大规模生产的技术不断进步,而行业内生产技术的变化或新技术的出现,又可能使得企业过去用于扩大生产规模的设备投资变成无效的资源。

(2) 竞争对手如果通过模仿或购买更先进的生产设备,有可能使得它们的产品成本更低,以更低的成本参与竞争,这样,原先低成本的企业就会丧失成本领先地位。

(3) 采用成本领先战略的企业若将其力量过于集中在降低产品成本上,就有可能使它们丧失了预见产品的市场变化的能力。成本领先战略的最危险之处在于,企业可能会发现,自己所生产的产品即使价格低廉,却不为顾客欣赏和需要。

因此,企业在实施低成本战略时,一定要考虑技术革新与技术进步的影响,注意竞争对手的战略与市场的变化。

(二) 差异化战略

差异化战略是企业使自己的产品或服务明显区别于竞争对手的产品或服务,创造出与众不同的特点,这些特点可以是超常的产品质量、独特的产品特性或者高质量的服务等。例如,IBM公司不仅通过提供高质量、高性能的产品,而且通过提供超级的售后服务在计算机市场上进行世界范围的竞争。实行差异化战略可以使顾客对企业的品牌产生偏好与忠诚,不惜支付昂贵的价格,相应地,企业获得高额利润。例如,法国路易·威登箱包世界驰名,其选材做工也并不比同类产品高明多少,但其价格却是同等产品的几十倍,正是由于它包含的独特的法兰西文化与至尊品位,令消费者趋之若鹜。

一般来说,制造差异化产品和提供差异化服务一样,需要企业投入更昂贵的劳动和高质量的原材料,或者为了让消费者了解它们产品或服务的特殊价值,企业必须在营销方面投入大量的资金。因此,为了补偿这些额外的成本,要获取高利润率,实施差异化战略的企业必然要制定更高的价格。

1. 差异化战略的三个层次

(1) 功能差异化。顾客购买产品,首先是对产品功能的需求,如产品的使用功能、质量可靠程度、适用性等。企业如果能够凭借自己的科技优势研制出十分新颖独特,顾客满意的产品,就能在市场中赢得顾客,在市场竞争中取胜。

(2) 外观差异化。顾客接触产品,首先接触的是产品的外观,包括外形设计、包装款式、色彩等方面。外观有特色的产品往往能给顾客良好的第一印象,进而激起顾客的消费欲望。在某些耐用消费品和日用消费品以及办公用品、家居装饰等领域,产品的外观尤其重要。

(3) 服务差异化。顾客购买产品,在许多情况下最关心的是产品提供的服务会如何。服务是企业产品的延伸,包括送货上门、安装调试、售后服务等。企业向顾客提供的产品,应该是包括以上服务的完整的产品。服务内容和形式的创新常常是吸引消费者的关键。

2. 差异化战略的益处

(1) 从容应对竞争对手。企业为特定消费群研制出差异化产品或服务,这种差异化常常是其竞争对手无法模仿的。这些特定顾客可能会对这些差异化产品产生依赖。于是,即使产品或服务的价格发生变化,顾客仍然会购买他们所喜爱和依赖的这些产品,不大可能转而购买其他产品或服务。这样,差异化战略可为企业在同行业竞争中形成一个隔离地带,避免竞争对手的侵害。

(2) 顾客对产品的信赖和忠实形成了强有力的行业进入障碍。如果行业有新的加入者参与竞争,它必须扭转顾客对原产品的信赖和克服原产品的独特性的影响,这就大大增加了新加入者进入该行业的难度。

(3) 企业通过差异化战略,使得购买者缺乏与之可比较的产品选择,降低购买者对价格的敏感度,即购买者对该差异化的产品的需求价格弹性会变得比较小。另外,通过产品差异化提高了购买者的转换成本,如果购买者打算换一种产品,很可能会连带着要换其所使用的其他产品,这就使购买者认识到,换一种产品是一件涉及面很广的事,从而削弱购买者的讨价还价能力。

(4) 更容易对付替代品的竞争。企业通过差异化战略建立起顾客对本产品的信赖,就压缩了替代品的市场空间,使得替代产品无法在性能上与自己竞争。

3. 差异化战略的风险

(1) 实行差异化战略的企业,必然要有较多的设计和研究开发投资,或者选用高档原材料等,其开发成本和生产成本必然很高。如果采取差异化战略的产品成本与追求成本领先战略的竞争者的产品成本差距过大,而两者具有一定的替代性的话,可能会使购买者宁愿牺牲差异化产品的性能、质量、服务和形象,而去追求价廉物美的替代品。

(2) 某些行业,由于技术进步,行业制造技术比较成熟,产品的质量比较稳定可靠,或者市场转向生产标准化产品时,顾客就可能逐渐忽视产品或服务的差异化而偏好低成本的产品。

(3) 随着企业所处行业的发展进入成熟期,差异化产品的优点也很可能为竞争对手所模仿,削弱产品的优势。因此,企业必须花相当的精力和财力去维护自己的知识产权,有时候这种努力并不一定能成功。

(三) 基本战略的选择

企业应如何选择适合自身的基本战略是一个至关重要的问题。总的来说,企业应当根据自身和市场的具体情况出发来选择其基本战略。对于如何选择基本战略问题,霍尔在1980年

10月发表的《关于在逆境中争取生存的战略》一文中,通过对美国实际情况的分析,得出了一些重要的结论。霍尔从美国的8个产业中选择了64个大型企业,研究分析了它们的基本竞争战略和各自在产业中竞争地位的变化。这8个产业是钢铁、橡胶、重型卡车、建筑机械、汽车、大型家用电器、啤酒酿造、烟草。这些产业在20世纪70年代曾一度陷于困境,不少企业出现很大亏损,有些企业濒临倒闭。但是,其中有少数企业取得了可与其他产业中经营优良的企业相当的佳绩。霍尔在深入研究了这些继续保持繁荣的企业战略之后,得出如下结论:这些成功的企业有一个共同特点,就是在成本领先与差异化两者之中取得了某一方面的竞争优势地位。也就是说,它们在成本领先(价格)与差异化(质量)两者之中选择一个方面,全力以赴,直到全面胜利,避免同时追赶两个目标,造成资源分散。企业或者是致力于降低成本,利用价格优势,增加销售额,扩大市场占有率以获得较高利润;或者是大力推进差异化,在本行业中提供技术水平最高、质量最好的产品或最佳的服务。例如:在钢铁业,茵兰德公司采取成本领先战略,而国际公司采取差异化战略;在家用电器行业,采用成本领先战略的瓦尔普尔公司和采用差异化战略的美塔公司都获得了成功。

从理论上来说,不能同时追求成本领先战略和差异化战略,这是由两种不同战略所要求的条件所决定的。采用成本领先战略的企业就应该在所有的生产环节都实行彻底的合理化,除成本控制外,最重要的是讲求产品的大批量,以充分利用大机器生产标准的产品。相反,采用差异化战略的企业必须有特别的工艺、设备与技术。同时为了使用户了解本企业产品的这种"差异",或者让本来是使用标准产品的用户转而使用自己的差异化产品,在这些用户心目中建立起"差异"的形象,就应当使用较大的市场推销力量,促使企业在销售方面要组织耗资巨大的广告宣传和产品推销运动。这一切决定了产品差异化战略必然与成本领先战略发生矛盾冲突。理论上来说,同时追求这两个目标的企业往往在竞争中失败。

然而,在实践中,也有在两个方面都取得了成功的企业。例如在霍尔的案例中,经营建筑机械的卡特皮勒公司既在生产方面取得了成功降低成本的优势,又在流通与服务方面取得了差异化的优势。又如美国烟业的菲力浦·莫里斯公司,依靠高度自动化的生产设备,取得了世上生产成本最低的好成绩,又在商标、促销方面投入巨资,在差异化方面也取得了很大的成功。

因此,可以得出结论:在成本领先和差异化两方面选择其一并不是绝对的原则。在具体选择时,企业可以考虑下面的几种组合:在不同的产品线上采取不同的战略。如奔驰公司在轿车线上采取差异化战略,而在卡车线上采取成本领先战略。在价值链的不同活动上采取不同的战略。如可以在生产环节上采取成本领先战略,而在销售和售后服务上采取差异化战略。在不同时期可以采取不同的战略。如行业处于投入期和成长期时,可以采用成本领先战略;而行业处于成熟期时,则采用差异化战略。

企业基本战略的选择还需考虑下列一些因素:

(1)企业所面临的市场的经济状况。经济高度发达的社会与经济相对落后的社会,人们的需求肯定是不同的。在经济较发达地区,人们收入相对较高,购买产品追求的是个性化,此时成本领先战略就在很大程度上失去了意义,差异化战略更有效。相反,在人均收入比较低、经济比较落后的地区,则应重视成本领先战略以刺激需求。

(2)企业自身的生产与营销能力。一般来说,如果企业的生产能力较强而营销能力较差,则可考虑运用成本领先战略;相反,如果企业营销能力强而生产能力相对较弱,则可考虑运用差异化战略;如果企业的生产与营销能力都很强,则可考虑在生产上采取成本领先战略,而在销售上采取差异化战略。

(3) 企业产品的市场寿命周期。通常在产品的投入期或成长期,为了抢占市场份额和防止潜在竞争者的进入,可采用成本领先战略,以刺激需求,而到了产品的成熟期与衰退期,其消费需求呈多样化、复杂化与个性化,这时企业应采取差异化战略。

(4) 企业的产品类别。不同的产品需求对价格、质量、服务等方面有不同的敏感性。一般来说,如钢材、标准机械等标准品,在保证基本质量的前提下,价格将成为竞争中最重要的因素,企业应采取成本领先战略;而广大消费者所需要的日用商品,绝大多数都是依靠广告宣传、产品包装及价格等吸引消费者,特别是耐用品与奢侈品,企业应尽量使产品在性能和服务、营销等方面采取差异化战略。

下面是一家国际企业在战略选择方面的成功例子。

Clear Vision 公司是一家制造与分销眼镜的公司。该公司由大卫·格拉斯曼于 20 世纪 70 年代创立,该公司现在每年的总收入超过 1 亿美元。Clear Vision 公司规模不大,也算不上大公司,但却是一家国际企业,其生产经营点横跨三个大陆,顾客遍及全球。Clear Vision 公司的跨国经营始于 80 年代早期,当时的美国作为制造基地成本变得非常昂贵。低价的进口品充斥美国的眼镜市场,Clear Vision 公司意识到除非它也开始进口,否则将难以生存。一开始该公司从独立的海外制造商,主要在中国香港买进,但是该公司对这些供应商的质量和交货期并不满意。随着 Clear Vision 公司进口量的增加,格拉斯曼决定在海外设立自己的制造厂,这是确保质量和准时交货的最佳办法。因此,Clear Vision 公司找了一个中国合伙人,并与其在中国香港共同开设了一家制造厂,由 Clear Vision 公司持有多数股份。之所以选址中国香港是综合考虑了当地劳动成本低、有熟练的技工以及中国香港的税额优惠等因素。当时公司的目标是降低制造成本。但是,若干年后随着中国香港工业化的发展以及劳工日益短缺抬高了工资率,以至于中国香港不再是一个低劳动力成本的地区了。为此,大卫·格拉斯曼及中国合作伙伴把部分制造活动转移到中国内地的一个工厂,以利用那里较低的工资率。其目标还是降低生产成本。这家工厂制造的眼镜架零件运往中国香港的工厂作最后装配,然后再分销至南北美洲市场。现在中国香港的工厂有 80 名员工,中国内地工厂约有 300~400 名员工。

同时,Clear Vision 公司在时尚设计及高品质上享有声誉的外国眼镜公司中寻找投资机会。其目标不在于降低成本,而是开发一系列与众不同的标有"设计师"名字的高档眼镜。Clear Vision 公司自身缺少设计能力来支持这些产品,但大卫·格拉斯曼知道某些外国制造商有这方面的能力。结果,Clear Vision 公司在日本、法国和意大利的工厂作了投资,并分别持有了股份。现在这些工厂为 Clear Vision 公司的 Status Eye 分部供应眼镜,该分部营销高价位的名牌眼镜。

可见,Clear Vision 公司的战略既包括了降低其创造价值成本的行动,也包括了通过差异化战略增加产品价值的行动,其总目标始终是为 Clear Vision 公司获得卓越的创造价值的能力,提高盈利。

三、国际企业的竞争战略

国际企业与一般企业一样,在经营中除了运用上述基本战略以外,对于处于不同竞争地位的企业,企业会采用一些被称为竞争战略的行动。竞争战略分为进攻性和防御性两种。

采取进攻性战略的企业是希望主动打击与自己争夺市场的竞争对手,如一家采取进攻性战略的企业可能会突然降低产品的价格,或者增加产品的特性和服务来打击对手。采取防御性战略的企业则会尽力回击对手的进攻性战略,比如面对对手的突然降价行动,该企业采取的对策可以是提高分销商获得的折扣,以防止顾客转向购买竞争对手的产品。

一般来说,对处于较强竞争地位的企业而言,既要巩固自己现有的竞争优势,又要防御来自较弱竞争地位的企业的进攻;对于处于较弱竞争地位的企业来说,既要巧妙地向市场领导者发起进攻,又要避免来自市场领导者的报复。因此,无论是处于有利地位还是不利地位的企业,都需要同时用到进攻性战略和防御性战略,最成功的竞争战略就是把进攻与防御两方面结合起来。

(一) 进攻性战略

1. 进攻性战略的实施条件

企业对市场领导者实施进攻性战略,会带有一定的风险性,因为这类企业往往在许多方面具有优势,如产品知名度、生产规模化、多年累积的经验及与原材料供应商和产品分销商建立起来的各种联系,对其发起进攻容易招致强有力的报复。因此,企业要想成功地实施进攻性战略需要具备以下两个条件:

(1) 拥有一种持久的竞争优势。作为挑战者,企业必须拥有一种超过市场领先者的明显的、持久的竞争优势才有可能成功实施进攻性战略;这种优势可以是成本上的优势,也可以是差异化的能力:企业可以靠低成本获得竞争优势,也可以通过别具一格的产品或服务而获利。

(2) 没有明显的竞争劣势。挑战者除了拥有一种竞争优势以外,相对于市场领导者,它必须没有明显的劣势。如果挑战者采用差异化战略,它必须能够部分地抵消领导者由于规模、经验或其他原因而具有的成本优势。因为如果挑战者无法保持自己的成本与领导者接近,领导者必然会利用自身的成本优势来抵消挑战者的差异化优势。另外,如果挑战者以低成本战略进行进攻,它必须同时为顾客提供一个满意的产品或服务,否则领先者往往有能力通过微利来抵消挑战者的价格差。

挑战者满足了这两个条件,并不一定能保证进攻性战略的成功,还要视领导者的具体情况而定:如果领导者的竞争优势不明显,那么挑战者就可以较容易地赢得成本或差异化的优势。另外,如果领导者在成本领先或差异化方面保持巨大的优势时,挑战者必须作出战略创新,如开发新的价值链。例如,当长虹彩电在国内占据领导者地位时,一些后起之秀并不正面去与它挑战,而是别出心裁,像康佳走向农村市场,乐华追求数字化的高科技含量。

2. 进攻性战略的类型

企业实施进攻性战略的形式主要包括正面进攻和侧面进攻。对于处于国际市场的跨国企业而言,还有两种操作方式,先发战略和收购。现分述如下:

(1) 正面进攻。正面进攻指企业利用自己的全部资源从正面向竞争对手的强项发起进攻。例如,我国彩电业的价格大战、可口可乐与百事可乐的广告大战等。企业采用正面进攻的主要原因有两个:一是充分发挥自己的优势来获取市场份额;二是可削弱竞争对手的优势。企业若要获得成功,必须具有足够的资源和实力,即具有一定的资源优势、成本优势或产品差异化优势。企业采取正面进攻的方式多种多样,包括:降价销售,增加新的特性,进行与对手产品质量对比的广告宣传等。其中,较为常见的一种方法是在取得成本优势的前提下以更低的价格提供同样质量的产品,这是一种强有力的进攻性手段。如果竞争对手无法降价,它将失去市场。这种方法是否增加企业利润,取决于企业能否通过销量的增加弥补因降价而失去的利润。

(2) 侧面进攻。企业采用这种战略的原因是力图避免与对手直接竞争,而是寻求对手的薄弱环节进攻,这些薄弱环节可能是竞争对手忽视或者服务不到位的市场(国际竞争中,意味着被竞争对手忽视的国家)或顾客群;竞争对手忽视产品性能的某些潜在趋势;竞争对手忽视的产品细分类别等。

一般来说,在竞争对手忽视的地方采取进攻,相对于正面挑战竞争对手的强项来说,更有取得成功的希望。特别是在竞争对手没有充分防范的情况下,常能出奇制胜。

(3) 先发战略。这种战略就是首先获取某种优势地位,如得到最好的原材料供应商,购买最好的地块,或争取到最好的顾客等。例如,国际企业可以采用全球战略,在世界各地寻找最好的原材料和生产基地。这样就能先于竞争对手建立起自己的竞争优势。

(4) 收购。这是指利用竞争对手的困难将其收购过来,或兼并过来。这可能是打败竞争对手的最有效的竞争战略,因为竞争对手被收购不存在了。就国际企业而言,收购其他国家的企业除了可以提高本企业总体业绩外,还可以扩大其在海外市场的份额,提高国际企业在被收购企业国家市场中的地位。

(二) 防御性竞争战略

在任何一个竞争性产业中,任何企业都预期会受到来自竞争对手的攻击,为抵御这些进攻,企业通常采用防御性竞争战略,试图通过各种各样防范措施,把挑战者的进攻引向威胁较小的方面,减轻攻击的强度或者通过影响竞争对手的决策过程,使挑战者认为,对该企业发动进攻不会有太大的好处。防御性战略本质上不是想增加企业的竞争优势,而是想使其优势得到维护或者保持得更久。由于挑战者发起进攻的特点随时间改变,因而在防御过程的不同阶段也应采取不同的防御战略。例如,企业可以与最好的供应商签订排他性的合同,从而切断竞争对手从该供应商获取原材料的渠道。企业还可以按照与竞争对手的低价相匹配的价格向市场投入新产品。企业还可以与大分销商签订排他性的协定,或者提供更好的售后服务。企业还可以通过公开宣布愿意接受挑战,使竞争者意识到采取进攻行为的代价与风险,达到抵御潜在的竞争者的目的。除了上述的防御性措施,还有一种较为积极的防御战略——以攻为守,即企业在发现竞争对手的进攻企图后,先于对手采取行动,挫败其进攻计划。采取这种先发制人的防御方式能够最有效地避免攻击。在国际市场上,国际企业广泛运用这种战略,通过对竞争者母国市场的攻击,当竞争者被迫去保护母国既有市场时,企业达到了抽取竞争者的资源,削弱其攻势的目的。例如,柯达公司在防御富士公司时就采用了这种战略,当时,富士公司在美国市场攻击柯达公司,柯达公司则通过在日本争夺市场来抵御富士公司的进攻。固特异轮胎公司也运用相同的战略来抵御米其林公司对它的攻击,当时,米其林公司在美国以低价攻击固特异公司,固特异公司则通过在欧洲攻击米其林公司来防御。

第二节 国际企业的经营战略选择

同国内企业一样,国际企业也采用低成本战略与差异化战略这样一些基本战略,为成功地与竞争对手竞争,国际企业还采用进攻性与防御性战略。在具体制定战略时,国际企业管理者也利用与许多国内企业相同的工具。这些都是传统的战略问题。国际企业与国内企业不同的是,除了以上传统的战略问题之外,国际企业的管理者还必须面临与战略相关的其他问题。

一、全球性扩张的作用

(一) 区位经济

国际企业通过全球性扩张,通过把企业的价值创造活动分散到全球最有效率的地区去可以提高其盈利能力,例如,Clear Vision 公司将工厂从高成本的美国本土转移到成本较低的地区,先是中国香港后为中国内地;同时,Clear Vision 公司又把一些设计活动转到了欧洲,这是因为 Clear Vision 公司认为中国是全球生产制造作业的最佳地区,而从事设计活动的最有效率的是欧洲的法国和意大利。这样做的结果是 Clear Vision 公司通过全球构筑公司价值创造活动,同时实现了降低成本结构和提供差异化产品的目的。这是纯国内企业所做不到的。

在全球大市场中,各个国家的经济、政治、文化、法律等都是各不相同的,这些差异可能会提高企业的经营成本也可能降低其成本。国际贸易理论认为,由于要素成本的差异,某些国家可能在生产某些产品方面具有优势,这意味着如果贸易壁垒和运输成本许可,国际企业应将其从事的各项价值创造活动在全球范围内配置,即放到经济、政治、文化、法律条件及相对的要素成本最有助于这项活动的地区,这样才能获得最大的价值创造能力。

企业采取这一战略就能实现所谓的区位经济。从理论上讲,一个企业通过在全球构筑一个价值创造活动的网络,把不同的价值创造活动分散到全球不同的区域,能更好地提供差异化产品或者降低成本。但是,在现实企业经营中,贸易壁垒与运输成本的因素往往不能忽视。美国的一些企业正在把他们的生产基地从亚洲转向墨西哥,就是由于墨西哥距离美国本土较近,节约了大量的运输成本。此外,还必须考虑的因素是当地政治与经济风险,对于政局不稳定或者经济政策不明朗的国家,企业一般不应考虑将价值创造活动置于那一区位。

(二) 规模经济

许多研究表明,一种产品每当其产量翻番时,它的单位产品生产成本将随之下降。在飞机工业中,人们发现每当飞机机架的产量增加一倍,其单位成本下降为原先的 80%。导致这一现象的因素有两个,首先,是由于劳工与管理人员的熟能生巧,提高了劳动生产率与管理效率,降低生产成本;其次,也是更重要的原因就是由于产生了规模经济。所谓规模经济就是通过大量生产某产品,使得单位产品的成本下降。

由于国际市场比国内市场要大得多,因而比起仅为单一的国内市场生产的国内企业,国际企业通过把产品销往全世界能更快地提高生产量,降低分摊成本。此外,国际企业由于资金雄厚,更有条件添置日益专业化的设备,聘请更加专业化的员工,提高生产效率。因为设备精良、生产效率高、产量高、销量大,国际企业更容易进入一个规模经济的良性循环。如果再结合区位经济,把生产基地放到全球的最佳区位,国际企业的成本优势将更明显。

(三) 利用企业核心竞争力

核心竞争力是指企业具有的竞争对手难以匹敌的产品与技术,核心竞争力或者可以降低企业创造价值的成本,或者可以创造出竞争对手无法模仿的差异化产品,或者两者都能兼顾,提高企业的盈利能力。例如,丰田公司在汽车生产上具有核心竞争力,它能以比其他企业更低的交货成本生产出设计精良的高质量汽车。

很多国际企业在开拓海外市场时,都是借助母公司的核心竞争力。当母公司的产品或技术非常独特,在国外市场上很少有强劲的对手拥有类似技术或产品时,母公司就想方设法利用这种独特的产品到海外寻求更大的市场。总部设在美国的音乐电视网络拥有其独特的制作音乐和传递音乐及相关的技能,并利用该技能打败了缺乏该技能的欧洲本土竞争者,从而占领了当地市场。

这里所讨论的企业的核心竞争力,并不只是国际企业的专利,还包括国际企业的子公司自己开发出来的有价值的新技术、新产品。当国际企业业务开展成熟后,就会在海外市场建立子公司,形成全球经营网络。各地的子公司在经营过程中都可能有创新,如果将这些子公司的有价值的创新加以转移到国际企业全球网络中,都可能创造更大的价值。例如,惠普公司新加坡营运点由于其员工通过改进产品设计发现了降低成本的好方法而备受总公司的关注,总公司已决定将许多喷墨打印机的设计和生产转移到新加坡营运点,并将之视为有关生产和产品设计的新技术的重要来源地,这些新开发的技术也将被应用于惠普公司全球营运网。

值得注意的一点是,创造新技术也有一定的风险性,并不是所有的新技术都会增加价值。因此,各地员工积极获取新技术需要国际企业的鼓励,国际企业可以相应建立一个激励机制,并且一旦哪家子公司提出了有价值的创新必须及时确认,并尽可能在企业全球网络内部进行转移,为企业赢得更大的利润。

二、国际企业面临的双重压力

国际企业在全球市场上竞争,通常面临着来自市场的两种压力。一方面,企业要尽可能降低成本;另一方面,企业还要不断调整产品与营销策略以适应不同地区市场的多样化需求。降低成本方面:企业的目标是将其单位产品成本最小化,这就需要企业在全球寻找最有利的低成本区域进行生产活动,或者通过统一生产标准化的产品以降低成本。地区适应性:全球化经营必然要求企业根据不同地区消费者兴趣与喜好提供差异化的产品与服务,企业将无法进行标准化生产,甚至还涉及大量的重复建设,结果是使产品的成本升高。两者的矛盾对于企业经营者来讲是一个极大的挑战。

(一) 降低成本的压力

在竞争激烈的全球市场,国际企业常常面临着降低成本的压力。这个压力要求一个企业努力降低其创造价值的成本,通过在全球选择最佳地区,大量生产标准化产品,以实现区位经济和规模经济。在非价格要素难以有实质性的差异且价格是主要竞争手段的行业,如生产性货物类(农产品、矿产品、大批量的化学品以及石油、钢铁、糖类等产品),企业面临的降低成本的压力最明显。此外,由于不同国家的消费者在某些产品如个人电脑、液晶显示屏、PDA等方面的兴趣与偏好上有趋同的趋势,且这类产业技术趋于成熟,因此这类企业的降低成本的压力也越来越明显。近年来,世界贸易与投资环境的自由化加剧了国际竞争,大环境的变化通常也会增加成本压力。

(二) 企业面临的地区适应压力

国际企业拓展海外市场时,面临地区适应压力是必然的,在前面的章节已经探讨过各国间经济、政治、文化、法律环境等的差异,这里主要从各国消费者在兴趣与偏好上的差异、基础设施与传统实践的差异、分销渠道差异及东道国政府的要求几方面进行简要分析:

1. 消费者在兴趣与偏好上的差异

国际企业面临的是比国内市场大得多的全球市场。各国的历史或文化等诸多因素造成了各国消费者在兴趣与偏好上有很大的差异。因此,国际企业为了迎合当地消费者,必须对产品本身或者营销策略进行针对性改变,必要的时候跨国公司应将生产与营销职能授权给当地子公司。

20世纪80年代和90年代早期,汽车工业中曾有人构想制造一款"世界车",作为全世界通用的基本交通工具,由通用、福特和丰田等全球企业在集中产地统一生产供应,全球范围内将实现巨大的规模经济。然而事实上该构想在消费者中却屡遭碰壁,最终失败。不同汽车市场的消费者有不同的兴趣和偏好,并且要求拥有不同型号的汽车。例如,北美国家消费者对小卡车有着强烈的需求,特别是西南地区,许多家庭选择在购买第二辆或第三辆汽车时首选小卡车。相反,在欧洲国家,小卡车只能纯粹作为客货两用的运输车辆,个人很少购买。

2. 基础设施与传统实践的差异

这一点是针对产品的具体设计。各国在基础设施上存有差异,企业必须针对具体情况定制产品。例如,各地区的家用电压各不相同,北美国家家电系统的用电电压为110伏特,而一些欧洲国家标准则为240伏特,中国为220伏特,因此家电产品生产企业必须针对不同的地区专门进行改制。不同国家的传统实践也常常各不相同,企业必须了解这些差异,生产不同的产品才能满足不同国家消费者的需求。

3. 分销渠道差异

跨国企业的营销策略可能会根据各国分销渠道的差异作出调整,因此,必须对各地子公司赋予营销职能的权限。例如,在药品行业,英国和日本的分销系统与美国的系统差别很大,英国和日本当地医生不会接受或赞同美国式的高压销售手段,因此,医药公司在英国和日本必须采取有别于美国的营销策略,如采用软推销代替硬推销。

4. 东道国政府的要求

各国政府对于在本国投资的跨国企业往往会提出经济或政治方面的要求,企业因此必须就此作出一定程度的地区调整。医药公司就是这方面的典型例子。由于多数国家的政府机构控制了绝大部分的医疗保健预算,于是对跨国医药公司的地区适应性就会提出较高要求。医药公司在制造和营销药品的方面都需要符合当地要求,包括地方卫生部门的检测、登记注册程序以及定价限制。地方保护主义、扶植民族经济以及地方性的管制措施(如要求产品制造中必须达到一定比例的国产化)等都要求跨国企业的生产应当本土化。

从中可以知道,国际企业必须针对各国具体情况定制产品,这意味着一个企业不可能通过在一个最有效率的低成本地区生产制造标准化产品而在全球范围内营销。正如前文所提到,汽车制造商已发现欧洲和北美洲的消费者所偏好的汽车类型是不同的,企业必须将生产的产品按各地标准进行改制。因此,各大汽车企业必须在上述各地区建立设计和生产场所,以便更好地满足当地需求。这必然限制了企业标准化生产以降低成本的能力。此外,全球企业的核心竞争力或者子公司自主开发的创新技术在全球推广时,也必须根据当地的条件进行适应性调整。

三、国际企业的经营战略选择

面临双重压力的国际企业,通常面临全球—当地的两难选择。一方面,存在着针对地区调适的压力,如果企业针对所有的海外市场的独特需求提供差异化产品,这被称为当地反应方案;另一方面,针对降低成本提高效率的压力,公司要尽可能在每个国家采用标准化的产品、促销与分销手段,以便降低成本,如果企业倾向于这种选择,被称为全球一体化方案。

无论是当地反应方案还是全球一体化方案,都不能简单地说哪个更好。企业必须根据实际情况谨慎选择,下面介绍四种广义的国际企业经营战略:国际战略、多国战略、全球战略和跨国战略。

(一)国际战略

采用国际战略的企业通过将母公司具有价值的产品与技术转移到国外市场,创造新价值,从而获取更多的利润。这种战略的基础在于母公司具有雄厚的创新技术实力,而且国外市场的竞争者不具有相同的技术与产品。大部分采用该战略的企业都努力转移在母国生产出来的差异化产品到海外市场中去以创造新价值,而将产品的开发职能留在母国,同时会在每个有主要业务的东道国建立制造和营销的职能部门,允许采取一些本土化的产品和营销策略,但通常此类策略受到企业总部的紧密控制。

这种战略的核心内容是确定如何在母公司的技术创新和开发能力上建立起强有力的竞争优势,在产品周期的哪个阶段通过跨国经营方式把技术、产品或设备转移到国外,转移到哪些国家更有利于跨国经营的发展,采用什么形式实现这种技术转移。采用此类策略的企业有宝洁公司、微软公司等。例如,宝洁公司过去在美国以外的主要市场都设有工厂,包括英、德、中、日等,然而这些工厂只生产由母公司开发出的差别化产品,而且根据美国公司开发出的产品进行营销。又如,微软公司的产品和新设计都在华盛顿州的雷德蒙德总部内,大多数的电脑编码也是在那里编写,可是微软公司也允许各国子公司制定自己的分销策略,并且就产品的某些方面作适当改造,如语言和字母系统等。

如果一家企业拥有在国外市场具有竞争优势的核心能力,并且在国外市场面临的降低成本和地区适应的压力相对较小,那么就十分适合采取国际战略。但是这一战略并不适合面临地区适应压力较大的企业,当地区调适压力很高时,企业采取国际战略将不敌那些根据地区具体情况设计特定产品与特定营销策略的企业。此外,成本压力高的企业也不适宜采用这一战略,因为企业在国外各个东道国都设立生产基地,形成重复建设,提高企业经营成本。

(二)多国战略

和实施国际战略的企业一样,实施多国战略的企业也将在母国开发出的技术与产品转移到国外市场,但是,与实施国际战略的企业不同的是,实施多国策略的企业根据不同国家的不同市场,积极调整所提供的产品和营销策略,以更能满足当地市场的需要。采用这种战略的企业追寻的是地区适应最大化,把侧重点放在各地区的差异上,通过提高对各国的经营环境和市场需求的适应能力,扩大在国外市场的占有率和销售收入。企业跨国经营活动的开展在很大程度上依赖于各东道国子公司的适应能力、创新能力和市场开拓能力。因此,这种战略的核心内容是确定各东道国市场的需求特征,生产什么样的产品才能满足当地市场的需求,怎样从组织结构、决策机制、人力资源、经营方式等方面提高子公司对当地经营环境的适应能力。这类企业往往会在各国市场中都建立起一整套包括生产、营销及研究与开发的职能部门,因此,它们通常难以通过生产标准化产品来实现利润最大化。许多实施多国战略的企业都拥有一个高成本构成,它们在利用企业内部的核心能力方面往往也不甚理想。

在企业面临较高地区适应压力,降低成本压力相对低时,采取多国战略最有效。这一战略不适合成本压力大的行业,因为重复建造生产基地必定带来的是高成本构成。此战略的另一个不足之处是过于本土化使得实施多国战略的企业的各国子公司倾向于各自为政,最终容易发展成母公司指挥不动子公司,出现不能将开发出的技术与产品向子公司转移的情况。

(三) 全球战略

全球战略是向全世界的市场推销标准化的产品或服务,并在相对较有利的国家集中进行生产、营销和研究与开发活动,由此形成经验曲线和规模经济的效益,以获得利润。采用这种战略的企业所使用的是低成本战略,企业不会根据地区条件而改变其供应的产品和营销策略。企业依靠大规模生产降低单位产品成本和提高产品质量并在全球销售标准化的产品,以获取最大的效益。

实行全球战略,前提是存在全球市场,并能开发和生产出能满足全球性市场需求的全球产品。全球战略的核心内容是确定什么样的产品是全球产品,怎样在全球范围内合理配置有限生产资源,实现全球产品的大规模生产经营,如何通过集权管理和决策,有效协调和控制全球范围内的生产活动,从而提高全球性经营效率。

当成本降低的压力强烈而地区适应压力最小时,采取这种战略是合理的;该战略的一个缺点就是缺乏地区适应能力,因此在要求产品因地制宜的市场上,这种战略显然不合适。越来越多的工业品行业采取这种战略,例如在半导体行业,全球标准为标准化产品创造了巨大的需求空间,因此,众多半导体行业公司如英特尔、摩托罗拉等公司都采取全球战略。但是由于消费品如食品加工市场中标准化产品市场很小,此种战略并不合适。

(四) 跨国战略

跨国战略是要在激烈的全球竞争中,形成以经验为基础的成本效益和区位效益,在企业中转移核心竞争力,同时根据当地市场作出调适。在现代跨国企业中,核心能力并不只在母国企业才存在,有价值的技术与产品可能在公司世界范围内的任何子公司研发出来。因此,有价值的技术与产品转移的方向绝不应只是单向的,即从母公司流向外国的子公司,如国际战略企业那样,相反,它们也可以从子公司开发出来流回母公司,并流向其他外国子公司,这是一个全球学习的过程。追求跨国战略的企业总是试图同时达到产品低成本和差异化两种优势。

该战略实施起来绝非易事。企业通常在面临巨大的地区适应压力和成本压力的情况下才会实施该战略。地区适应压力与成本降低压力对企业提出了矛盾的要求,要适应地方要求将会抬高产品成本,企业应该如何在两者之间平衡,有效地实施跨国战略呢?瑞典的宜家公司是个很好的例子。宜家公司为了降低成本方面的压力,投资一些规模较大的零件组建工厂并将这些工厂设在比较有利的位置以满足规模生产的目的。同时,宜家公司还在全球许多主要的市场设立零件集中化制造与组装工厂,并在这些地方投入专门工作人员,依照不同地区需求,随时改进产品,以尽可能地差异化自己的产品来适应不同地区调适的压力。

该战略实施的障碍还表现在企业常常由于组织问题而执行困难。该战略看似是综合了前三种战略的最有效的战略,其实事实并非如此。在不同的产业不同的全球市场中,企业面临的地区调适压力和成本压力是不同的,因此并非所有的企业都必须选择跨国战略,例如,在前文涉及的半导体工业以及其他工业品市场中,地区调适的压力几乎为零,而竞争纯粹是成本上的,这类企业采取全球战略显然是合适的。另外,在某些消费品市场,如汽车、家电行业,企业则需要采用跨国战略。因此,企业应根据自己的特点及行业的环境,选择合适的国际化战略。

本 章 小 结

本章首先论述的是国际企业与一般企业类似的传统的战略问题。一开始提出了企业战略的定义,即管理人员为达成企业长期的和总的目标所采取的行动。对多数企业而言,最显然的目标是长期盈利能力的最大化。企业要获得更大的利润,可以采用以下两种方式:或通过降低成本,或借助更佳的设计增加产品功能、保证更好的质量,使产品更具特色和吸引力,消费者自然愿意支付更高的价格去购买它。这也是企业获得竞争优势的两个基本战略——低成本战略和差异化战略。本章分别分析了两种基本战略的优势与风险,指出了企业应视具体情形选择合适的战略,接着论述了国际企业的进攻性和防御性两种竞争战略。

其次集中论述国际企业的经营战略选择。介绍国际企业通过全球性扩张实现区位经济和规模经济,降低产品的成本获得竞争优势,或者利用企业的核心竞争力开拓海外市场。接着讲叙了国际企业面临的双重压力。

最后介绍了四种广义的国际企业经营战略:国际战略、多国战略、全球战略和跨国战略。

复习思考题

1. 企业的低成本战略和差异化战略分别有哪些优缺点?
2. 企业在选择基本战略时应注意哪些方面的因素?
3. 处于不同地位的企业应如何实施竞争战略?
4. 企业如何通过全球性扩张盈利?
5. 企业应如何应对所面临的全球——当地两难困境?
6. 国际企业有哪四种经营战略?分别在什么情形下实施最合适?

章末案例

音乐电视网的全球扩张战略

音乐电视网已成了全球化的一种象征。总部设在美国的音乐电视网(简称 MTV 网)成立于 1981 年,自 1987 年开通了 MTV 网欧洲台后,就在北美洲以外进行了扩展。现在的 MTV 网为媒体跨国集团 Viacom 公司所拥有,包括另外两个兄弟频道 Nickelodeon 和 VH1,一个专为第二次世界大战后生育高峰年代中所生的那一代人所设的音乐台。2002 年,在其年收益 30 多亿美元的基础上产生的营运利润超过了 14 亿美元。自从 1987 年起,MTV 网已成了世界上普及面最广的有线节目。至 2003 年 3 月,MTV 网已有 30 个频道,清晰的信号被输送至 166 个国家和地区,总计为 4 亿 1 千 3 百万户家庭。虽然美国的家庭用户仍领先于其他各国,为 8 千 5 百万户,但增长最快的却在其他地方,特别是亚洲,那里 35 岁以下的人口几乎占该地区 30 亿人口的 2/3,中产阶级的人口正在迅速扩张,而且拥有电视的家庭也普及得很快。MTV 网认为,每天的每一秒钟,全世界约有 2 百万人在观看 MTV 节目,而大多数的观众都在美国之外。

尽管 MTV 网在国际上取得了成功,但是它的全球扩张在开始时并非一帆风顺。1987 年,它在欧洲播放的几乎是清一色的由讲英语的美国流行歌曲的播放员编制的节目,MTV 网的美国经理人员天真地认为欧洲人会趋之若鹜地欢迎美国节目,但是欧洲的观众除了对一些全球超级明星,当时如麦当娜和迈克尔·杰克逊等能得到他们认同外,他们的情趣是出人意料地本土化。在德国流行的东西到了英国可能并不受欢迎。许多在美国大红大紫的音乐场景在欧洲却遭冷遇。MTV 网的结果亦同样如此。当地大量的模仿作品，换上单个国家本土的音乐场景的播放站如雨后春笋般地在欧洲大量涌现。它们从 MTV 网抢走了观众和广告客户。正如 MTV 网的董事长汤姆·弗雷斯顿解释说，"对于究竟什么能联系观众，以及把他们一起吸引过来，我们了解得还很肤浅。因此我们的进展并不顺利。"

1995 年，MTV 网改变了它的策略，它对西欧不同地区作了不同的馈入。现在共分为 8 类：英国和爱尔兰为一类；德国、奥地利、瑞士为一类；斯堪的那维亚为一类；意大利、法国、西班牙、荷兰各为一类；再有其他国家，包括比利时和希腊为另一类。MTV 网在世界其他地方采取了同样的本土化策略。例如，在亚洲对印度它有一个英—印频道；对中国和中国台湾地区有一个普通话播送的节目；在韩国用韩文播送；在印度尼西亚用印尼官方语；在日本用日语等等。数字和卫星技术使得节目本土化更为价廉和更加方便。MTV 网现在能从一个卫星收发器中同时发出多个馈入信号。

当 MTV 网在对这些不同的馈入信号实施创新控制的同时，一方面，使所有这些频道保持了一种类似的既令人熟悉而又异常兴奋的形象，即有一种在美国身临其境聆听音乐观看电视的感觉；另一方面，又增加了当今本土的内容。现在每当 MTV 网新开张一个地方播放站，最初它是先从世界其他地方调入外派人员，把公司的文化和经营原则作一个"基因移植"；但是，一旦这些东西被确立后，MTV 网就会换上当地的雇员而把外来人员调走。其理念是"深入本土人的人心"并制作出他们喜闻乐见的节目。虽然节目的 60% 仍为美国的原创，一些名曲诸如"真实的世界"在不同的国家都有相同的版本，然而增加本土节目的分量已成共识。在意大利即将推出的"音乐炊事房"把音乐和烹调结合了起来。在巴西的"性文化"旋律节目则以一群年轻人探讨性问题为特色。在印度的频道中由当地流行歌曲播放员用"印度英语"（在城市教育中学到的带有很浓的印度地方口音的英语）主持播出了 21 种本土秀；其他流行节目有"MTV 板球之道"很适合这一地方，因为当地国民热爱板球运动；"MTV 家庭影院"则以印度的一些影星为偶像（除好莱坞外，印度也拥有一个庞大的电影产业）以及"MTV Bakra"，该是模仿"美国电视节目"的。

在不同的频道播出的音乐录像节目显然都作了类似的本土化改造，尽管有些音乐巨星受到全球青睐，但在多数市场上 70% 的录像内容现在都为本土的。这对所谓流行文化正在越来越变得全球化和更为趋同的观念无疑是当头一棒。威廉·罗迪观察到，"人们在文化和音乐上都深深扎根于家乡世系，全部节目本土化才是世界的一种趋势。真正的世界巨星是不多的。"每当有些音乐爱好真的跨越了国界，MTV 网却发现这常常是以难以预测方式出现的。现在日本的流行歌曲在中国台湾风靡一时，而灵歌和街舞却在韩国成为时尚。

推动本土化对 MTV 网获益颇大，它把观众从当地的模仿者手中夺了回来。在印度其收视率从 1996 年本土化运动开始至 2000 年，提高了 700% 以上。本土化必然也促使 MTV 网获得了更多的各种重要的广告收入。在欧洲，MTV 网的广告收入在 1995 年至 2002 年间增长 60%。整个泛欧的广告市场价值正好为 2 亿美元，而跨越欧洲的整个本土广告市场要大得多，其价值为 120 亿美元。MTV 网现在从欧洲本土的广告收入中得到了 70% 的份额，在世界其他地方也被证明有同样的趋势。

资料来源：查尔斯·W·L·希尔：《国际商务》，中国人民大学出版社 2005 年版。

案例讨论题

1. MTV网最初的全球扩张战略是怎样的？后来作了如何的调整？
2. MTV网是如何在全球标准化与本土化之间找到平衡的？

参考文献

1. 王革非.战略管理方法.北京:经济管理出版社,2002
2. 丁宁主编.企业战略管理.北京:清华大学出版社,2005
3. 解培才.企业战略管理.上海:上海人民出版社,2001
4. 宋云.企业战略管理.北京:首都经济贸易大学出版社,2003
5. 王迎军,柳茂平主编.战略管理.天津:南开大学出版社,2003
6. 胡建绩,陆雄文.企业经营战略管理.上海:复旦大学出版社,2004
7. 约翰·B·库伦.跨国管理——战略要径.赵树峰译.北京:机械工业出版社,2003
8. 梁能.国际商务.上海:上海人民出版社,1999

第十一章 国际企业组织管理

第一节 组织构架

对于一些企业而言,将自己的产品运到国外就是其国际经营的全部内容,它们的产品在海外市场上由其他企业进行销售。随着企业海外市场的不断拓展,企业便会对原先的战略加以思考,考虑其战略在销售过程中能否发挥更积极的作用;当企业所处的环境发生变化时,企业也会考虑改变组织管理方式以提高效率。在这些情况下,企业的组织构架都可能发生变化。

组织构架包括正式组织结构、控制系统与奖励、流程、组织文化和人员,如图11-1所示,这些相互作用的因素构成了企业组织的全部。

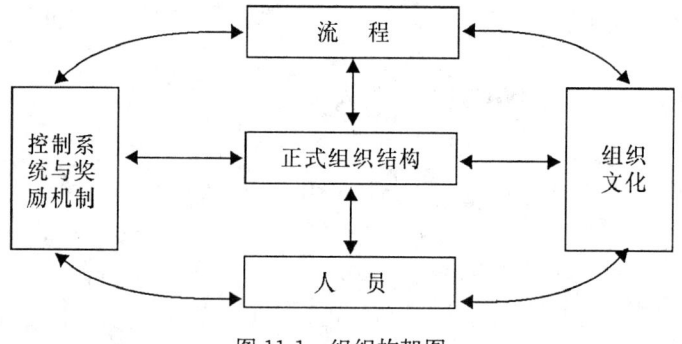

图 11-1 组织构架图

正式组织结构是组织构架的主体,有着三项职能:一是将组织划分成若干的子单位,如给企业划分各产品分部、地区分部和职能分部;二是落实各项决策职责,如决定是集权还是分权;三是建立行之有效的整合机制从而很好地协调各子单位的行为,如建立跨职能的团队和负责全体产品经营的管理班子。

控制系统与奖励是一个过程,它包括三个步骤:① 建立标准;② 将绩效与标准进行比较;③ 纠正偏差。控制系统是一种尺度,用以衡量和比较各子单位的绩效,同时也是一种标准,用以判断相应管理人员的经营能力。奖励是奖赏有效管理行为的一种手段。奖励往往与绩效紧密联系着,例如,对某部门是奖是罚,主要取决于该部门的绩效,某地区分部经理的奖惩与公司在该地区的经营业绩密切相关。

流程是指组织中制定决策和开展工作的方式。例如,实施采购计划的过程,如何将资源分配到各个部门,如何制定奖罚措施以提高员工的工作积极性。在此需要指出的是,虽然流程也涉及决策层面,但这有别于组织结构中决策责任的落实。例如,人力资源部部长对招聘工作有着决定权,但其采用的工作流程往往会包含其他部门负责人的意见和建议。

组织文化是组织成员共同享有的道德准则和价值体系。正如社会有其自己的文化,不同的社会有着不同的文化,组织也有自己的文化,且不同组织的文化各不相同。组织是由个人组成的社会,组织成员们来到这里完成某项任务,而他们自身都具有各自独特的文化背景,这使得组织文化的形成具有一定的难度。但组织文化的培养是至关重要的,因为它会影响到组织的形象、效率和绩效。

人员,不仅指组织的正式员工,还包括组织用其他形式使用的人员。

正如图11-1的组织构架图所示,组织构架的各个组成部分(正式组织结构、控制系统与奖励、流程、组织文化和人员)是密切联系着的,而不是相互分离、相互独立的。例如,控制系统与奖励可以促进或阻碍正式组织结构的正常运作,提高或降低正式组织结构的效率,同时正式组织结构又可以促进或阻碍合理设立控制系统与奖励机制;组织人员可以增强或削弱组织文化,而组织文化也可以反过来端正或扭曲组织成员的道德准则及价值体系。鉴于这些密切的关系,有些企业会通过创建组织文化来整合其组织结构,同时还会通过雇用合适人员来加强自己的组织文化。企业想要取得成功,达到最高绩效,就必须使其组织构架的各个组成部分满足内部一致性。

虽然,内部不一致客观存在,在任何一个组织中,组织构架的各部分之间或多或少的存在着不一致,组织构架的设计要达到完美是非常困难的,但通过精心的设计使得内部不一致达到最小是完全可能的。下面就以某国际企业为例,对上述问题进行简要说明。假设某国际企业在亚洲地区的运行构造如图11-2所示。

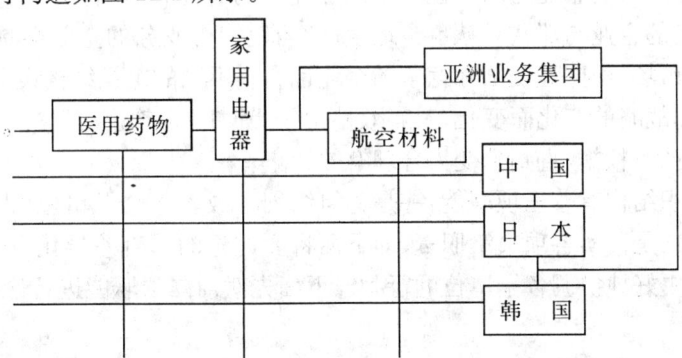

图11-2 某国际企业运行构造图

如图11-2所示,某国际企业在亚洲有若干家子公司,在中国有一家子公司,在日本有一家子公司,在韩国等国家也有子公司;同时该企业也有许多亚洲产品分部,一家生产医用药物,一家生产家用电器,一家生产航空材料等等,各子公司和亚洲产品分部都是向亚洲业务集团汇报。进一步假设,在上述结构中,利润额是各地区子单位的绩效评估标准,而各产品分部拥有与产品相关的许多决策权。

在上述组织构造中,亚洲各国子公司的利润额很大程度上取决于制造成本和新产品的开发,然而各国子公司的管理人员并不负责营销、销售和分销等重要职能,因为这些职能归各产品分部。因而,一旦某产品分部的负责人工作不力将会导致相关子公司的利润额下降,从而会损害到各国子公司负责人的个人利益。另外,当某个子公司的利润额下降时,各地区子公司的负责人可以将责任推给产品分部的负责人,说是与己无关。毫无疑问,在这种构架下,正式组织结构与控制系统很不和谐,充满着潜在的冲突和矛盾,这对企业的运营、发展来说是很不利的。如果在此结构中,改用生产成本作为评估各产品分部绩效的标准,则可以刺激分部负责人积极降低成本,切实提高各子公司的赢利能力。或者改用整个亚洲业务集团的利润额作为各产品分部和各地区子单位负责人共同的绩效评估标准,则所有的负责人都会努力去提高自己所在部门的赢利能力,进而提高整个业务集团的利润额。

这里要指出的是,企业要取得高绩效,就必须符合组织构架各组成部分的内部一致性要求。反过来,企业实现了内部一致,是否就一定能够取得高绩效呢?回答是否定的,内部一致性是企业取得高绩效的必要条件,而不是充分条件。要想取得高绩效,企业还必须使其组织构架与企业战略和外界竞争环境相一致。当企业的战略发生变化时,企业必须调整其组织构架来增强竞争力、提高绩效;当企业的外部环境发生了改变,其竞争条件发生变化时,企业必须及时调整其战略,从而转变自己的组织构架,使得组织构架、企业战略和外界竞争环境在新的状态下再次实现一致,以便实现长期的高绩效。

第二节 组织结构

没有合理的组织结构,国际企业就无法有效地实行其战略。战略仅仅是制定好的计划和方案,这些计划、方案的有效实施必须依托于行之有效的组织结构。国际企业在决定组织结构安排时会面临多种选择,不同的战略、不同的环境都会导致企业选择不同的组织结构。例如,刚刚开始进行国际经营的企业与那些适应了国际经营的企业将具有不同的组织结构;从事全球生产和销售业务的企业与那些只从事当地生产、当地销售业务的企业会具有不同的组织结构;面临不同国际市场、不同程度国际竞争的企业也会有不同的组织结构设置。国际企业的组织结构会随环境和战略的变化而变化,其有效性会经受时间的考验,当被证明是低效、不合理时,它将被进行改革和精简,直到它变为合理有效为止。

前面提到,组织结构有着三项职能:一是将组织划分成若干个子单位,也就是下面将要介绍的水平差异化;二是落实各项决策职责,即下面将要讨论的垂直差异化;三是建立行之有效的整合机制,从而更好地协调各子单位的行为。下面先对前二项职能进行论述,第三项职能将在下一节中论述。

一、水平差异化

水平差异化,也就是进行组织结构设计,企业把其自身划分成若干个运营子单位。各国际企业根据各自业务运营的需要来划分子单位,划分方式千变万化,不尽相同,其中最多的是以职能、区位或产品类型作为划分基础,有些企业只以其中的一种准则来划分,而有些企业则综合使用多种准则来设置复杂的组织结构。下面将对国际企业广泛采用的一些组织结构进行较为详细的探讨。

(一)早期的组织结构

对于刚刚开展国际经营业务的企业来说,其海外经营活动只是企业国内业务活动在国外的延伸。企业的经营重点仍然集中在本国市场,相应地国际经营只是次要的业务。国际交易按"有一笔做一笔"的方式进行,并不会考虑设立独立的部门来集中开展国际业务。在这种情况下,国际销售只被看作是对国内业务及赢利的补充。

然而,随着国际业务的不断增加,国际企业不得不采取措施以便从组织上适应这一变化。措施之一是由市场营销部门来负责国际销售业务,由该部门来从事所有的海外经营工作。如果海外销售业务足够多,则可以适当安排一些销售人员专门从事海外营销工作。这种方式的优点是,企业可以培养出掌握海外销售知识和技能的营销人才。另一种措施是建立出口部门。该出口部门可以直接向首席执行官负责,也可以向营销业务领域中的一个子部门负责,如图11-3 所示。

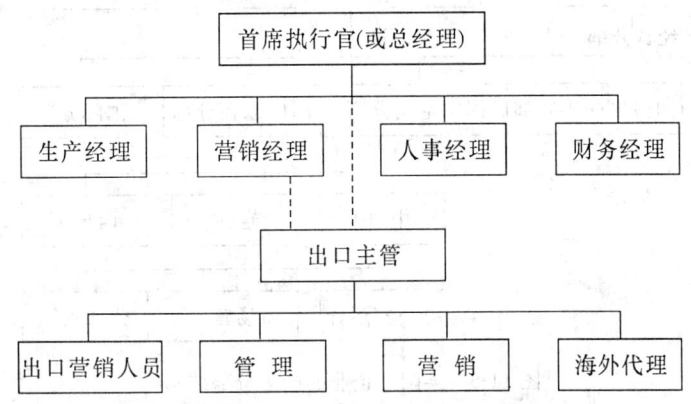

图 11-3　某国际企业的一个出口部门结构

图 11-3 中,如果出口部门独立于市场营销部门,即出口部门直接向首席执行官(CEO)负责,那么它或者由主要从事国际业务的国际企业内部营销人员组成,或者由国际企业外的出口管理企业经营,国际企业可以雇用这类专业企业来进行国际销售。但无论采用哪种方法,国际企业扩大国际经营的计划必须保证出口部门是一个完整的市场营销部门,而不仅仅是一个销售组织。

第三种措施是利用海外的子公司,如图 11-4 所示。

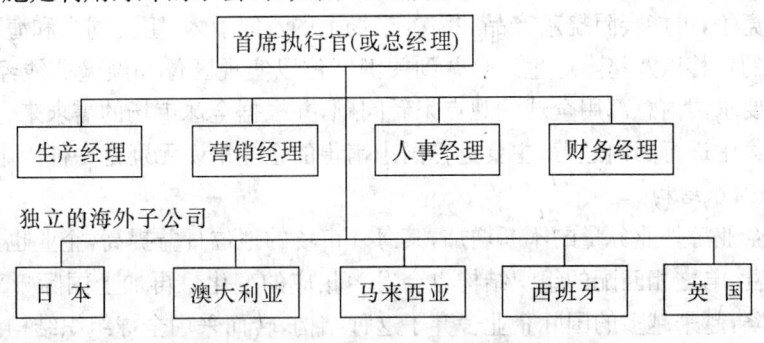

图 11-4　某国际企业的子公司结构

采取这种措施往往是在不同的地区建立独立企业的结果。这些企业的领导被授予很大的自主权并直接向总公司的首席执行官(或总经理)负责。只要在海外(日本、澳大利亚、马来西亚、英国和西班牙等地)的子公司能实现足够的赢利,它们就能在不受企业国内总部干涉的情况下发挥能动性,自由经营。

随着国际企业不断地拓展国际市场,出口部门和子公司这两种结构会逐渐被弃用,或为其他结构所补充,因为它们慢慢地无法满足变化着的组织战略需求。

(二) 国际分部结构

采取国际分部结构(又称国际分公司结构)的国际企业往往对所有国际经营实行集中化管理,如图 11-5 所示。

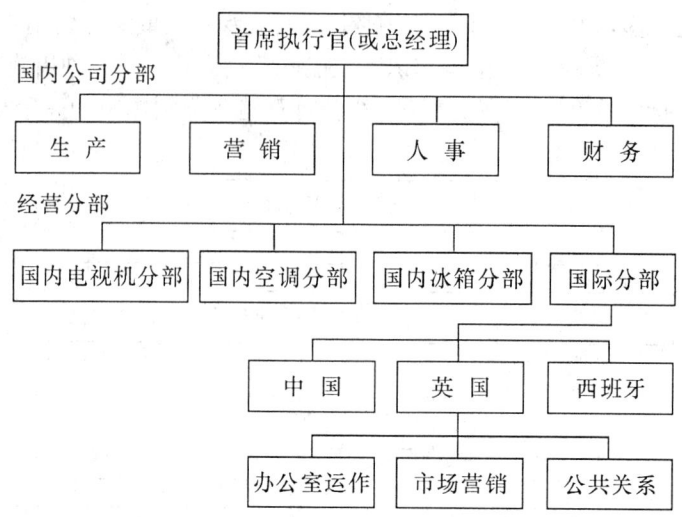

图 11-5 某国际企业的国际分部结构

不管国际企业在国内的组织结构如何,其在海外的国际分部往往按地理区位来进行设置。国际分部结构具有若干优越性:首先,国际分部结构减少了首席执行官同时管理海外经营与国内经营的负担。其次,国际分部结构提高了海外企业相对于国内分公司的地位,所有与国际经营相关的信息、职权和决策都集中于国际分部,从而使海外分部得以统管所有的国际商务活动。再次,国际分部结构还有利于国际企业培养具有国际商务经验的业务骨干。

鉴于以上所述的优越性,国际分部结构已被广大国际企业广泛采用。然而,国际分部结构也有着一些明显的缺点。例如,国际分部结构将经营分为国内和国际两个部分,会使两者之间出现不必要的竞争,可能会阻挠新产品在海外市场上的及时引入、阻挠国内和海外营运点之间核心竞争能力的转移以及将全球生产合并到关键区位以实现区位和经验曲线经济。另外,国际分部结构还要求国内总部用全球的观点来看问题,并根据全球市场的需求来合理配置资源。而这对于曾经集中进行国内经营、主要进行国内销售的企业来说无疑是一件困难的事情。

(三) 全球组织结构

随着国际企业海外业务量的不断增加,其海外市场的地位日益提高,企业也会越来越倾向于进行全球经营,与之相匹配的组织结构也会发生相应的变化。再加上国际分部结构存在着一些明显的缺陷,越来越多的国际企业舍弃了这种结构,转而采用全球组织结构。全球组织结构有着五种基本的类型:① 全球产品结构;② 全球地区结构;③ 全球职能结构;④ 全球混合结构;⑤ 全球矩阵结构。下面对这五种类型进行逐一介绍。

1. 全球产品结构

产品多样化,且有国内产品分部的国际企业往往会采用全球产品结构。在全球产品结构中,国内分部负责某一组产品在全球范围内的经营业务。图 11-6 就描述了一个全球产品结构。

在全球产品结构中,各个产品分部负责本部门产品在全球的销售。如图 11-6 中的产品分部 C,它的北美集团负责在北美洲国家从事营销活动。图中的其他三个区域(亚洲、欧洲和大洋洲)也有区域集团负责经营活动。与 C 产品相关的生产、营销、人事和财务活动都在各地区负责人的控制之下。

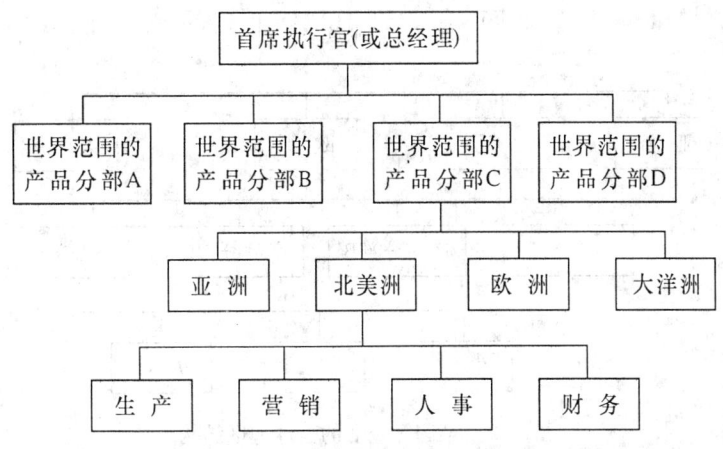

图 11-6　某国际企业的全球产品结构

在全球产品结构下,国际企业为每条产品线预先设定一个投资收益率,然后以该投资收益率作为评估产品线绩效的标准。每条产品线都像一个独立的企业一样经营,各分部的经理(负责人)具有很大的自主经营决策权。只要该产品分部能够达到预定的投资回报,通常可以不受国内总部的干涉。支持全球产品结构的人认为,在全球产品结构下,如果国际企业生产多种类的产品,便可以使各主要产品分部按照用户特定需求而进行重点经营,能够更好地满足客户多样化的需求;全球产品结构有利于培养精通某一产品线的有经验的业务精英;全球产品结构还有利于企业建立和维护产品开发人员与用户的联系;全球产品结构有助于提供一种组织环境,使得易于将价值创造活动集中在关键地区,从而实现区位和经验曲线经济。此外,全球产品结构还有助于实现核心竞争力在各分部之间的转移,使得新产品能够及时上市。反对这种全球产品结构的人则认为,全球产品结构会导致各分部基础设施和人员的重复设置,提高国际企业的运营成本;畅销的产品往往受到特别的关注,而那些需要特殊管理和促销的产品往往会被忽视,导致远期利益的损失;在全球产品结构下,产品分部的高效运行要求管理者掌握自己产品的全球需求,然而由于信息的不对称,绝大多数的管理者对国内市场颇为了解,但对国际市场知之甚少。从而需要花费一定的时间来培养这类管理人才;并且难以协调各产品分部之间的活动。产品分部 A 可能将某种零件的制造分包给一家美国企业,而产品分部 B 则可能向一家加拿大企业转包生产。若这两个分部能够进行协调,将两者的任务委托给同一家企业,则可以减少企业的总体成本支出;不同产品线之间缺乏合作会导致低效率,因为每个分部都可能拥有对其他分部有利用价值的信息,却往往不能分享。

2. 全球地区结构

处于成熟产业,产品非多样化,而国内组织结构以职能为基础的国际企业往往乐于采用全球地区结构。在全球地区结构中,主要的经营权被授予各地区的区域经理。图 11-7 就描述了一家国际企业的全球地区结构。

在全球地区结构中,各地区分部在这一区域内履行所有的业务职能,包括生产、营销、人事和财务。全球地区结构和全球产品结构有一些结构上的类似,但两者的经营方式却是不同的。在全球产品结构中,每个分部负责自己所管产品在全球范围内的经营业务;而在全球地区结构中,每条产品线的经营业务都被归属到各个地区分部。例如图 11-7 中负责欧洲业务的区域经理,将对在欧洲经营的各条产品线的业务负责。

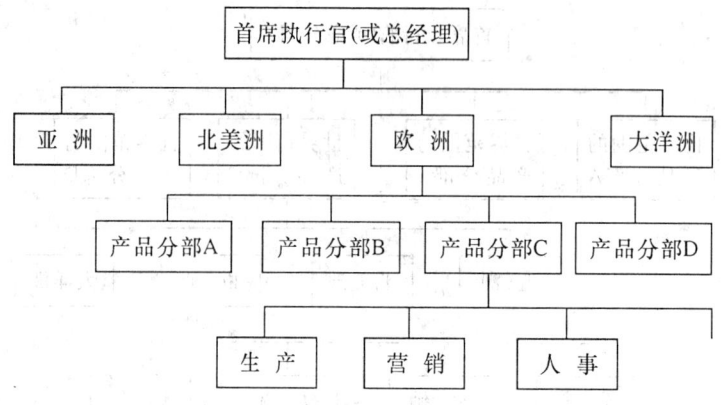

图 11-7 某国际企业的全球地区结构

在全球地区结构中,地区分部经理有权根据当地消费者的偏好和法律法规迅速作出决策,因而国际企业会有更多的地区敏感性。换言之,全球地区结构有助于提高地区适应能力,有利于国际企业积累满足特定地区客户需求的经验,并为国际企业创造强大的竞争优势,有助于国际企业在特定区域范围内实现规模经济。在全球地区结构下,国际企业还可以避免从国外进口商品而发生较高的运输费用。

如果某种产品在某个国家十分畅销,拥有产品分部结构的公司很可能不对产品作任何改进便向全球销售该产品。而地区结构所遵循的却是与此相反的原则,即产品必须经过改进以适应某特定地区消费者的偏好。"地区中心"原则凌驾于"产品中心"原则之上,由区域经理掌握决定权。这种组织结构的另一个缺点是因为重置设施而加大成本支出。每个分部都有自己的功能领域并同时负责生产、营销、人事等业务职能。采用全球地区结构的公司还会发现,难以根据总体战略计划来协调各地区分部的行为,从而无法实现部门间的协同效应。最后,由于每个分部都强调适合该地区消费者的特殊需求,要求对新产品进行必要的改进以更好地适应本地区的市场需求,依赖研究与开发而生存的公司会发现,其所研制开发出来的新产品往往不能为各地区分部很快地接受。有关研究显示,比起提供新的、未经认可的产品来,各地区的分部经理更乐意销售那些已经为本地市场所认可的老产品。这种态度会对国际企业的发展构成很大的潜在威胁,因为绝大多数产品的生命周期相当短,不能及时导入新产品会给企业带来较大的经营损失。

3. 全球职能结构

全球职能结构是围绕企业的基本业务而设置的组织结构。例如,在生产企业中,生产、营销、人事和财务是关系企业生存的四大职能,图 11-8 就描述了一家国际企业的全球职能结构。

全球职能结构往往被那些产品品种少、全球覆盖范围已趋于稳定、对产品的需求已不受竞争影响的公司所采用。在此结构下,国际企业在国内和国外的所有生产业务都由生产经理负责,相应地,国内外所有的销售活动由营销经理负责。

全球职能结构的主要优点是,它可以让较少的管理者有效地控制分布广泛的企业组织;避免了设施的重复设置从而降低成本构成;使结构有着严密、集中化的控制。

全球职能结构的主要缺点是,各大业务职能机构独立运作,各业务领域之间很难协调,国际企业的产品品种越多,这种问题就越严重;在全球职能结构下,经营权没有下放到基层,多数责任归属于首席执行官,导致首席执行官责任过重而下层管理人员的能动性无法被激发出来。

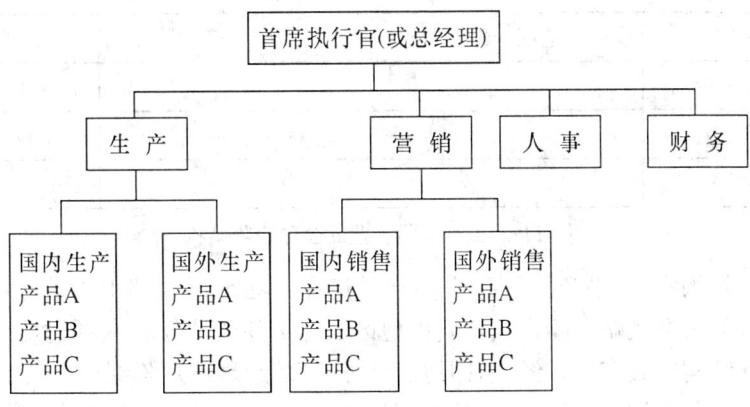

图 11-8　某国际企业的全球职能结构

有关研究显示,全球职能结构主要为那些需要进行大量投资的原材料开采公司所采用,而其他类型的公司则很少采用全球职能结构。

4. 全球混合结构

全球混合结构是一种以最能满足企业需求的方式将各种组织结构进行组合的混合式组织设计,图 11-9 就提供了一家国际企业的全球混合结构的例子。

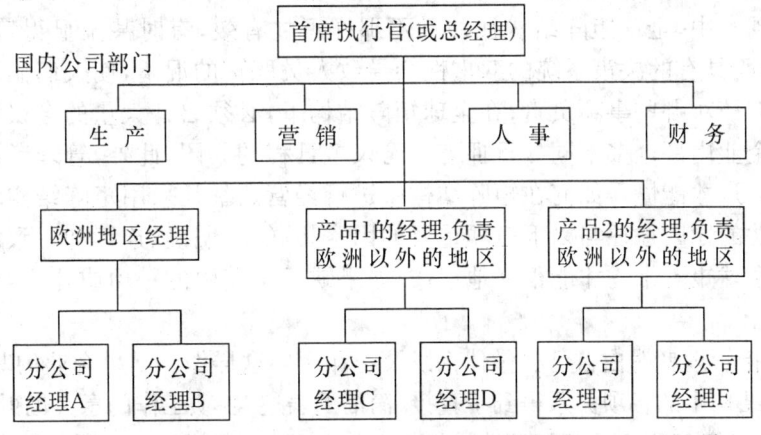

图 11-9　某国际企业的全球职能结构

有时候全球混合结构只是一种临时的组织形式,企业更倾向于在一二年后转而采用更为一般的组织结构(全球产品结构、全球地区结构或全球职能结构)。全球混合结构的优越性在于,它可以帮助国际企业设置出最能满足自己需求的特殊的组织结构。但全球混合结构存在着很大的不确定性,并且它不同于国际企业以往所采用的任何形式的组织结构方式,以致使有关管理者难以利用其进行有效的经营活动。此外,全球混合结构还可能在信息的流动、沟通等环节出现问题,造成不同部门各行其是的情况。因而在决定是否采用全球混合结构时,国际企业必须谨慎行事,在充分考虑其优点和缺点的基础上,综合自己的经营状况和目标来作出取舍。

5. 全球矩阵结构

全球矩阵结构综合使用两种组织结构,如职能结构与产品结构相混合,或地区结构与产品结构相混合。全球矩阵结构有利于树立以全球为中心的经营管理理念。图 11-10 就描述了一家国际企业的全球矩阵结构。

	地区分部 1	地区分部 2	地区分部 3
产品分部 A			
产品分部 B			
产品分部 C			

图 11-10　某国际企业的全球矩阵结构

在全球矩阵结构中,如果产品分部 A 生产的产品要在地区分部 1 内进行销售,那么地区分部 1 中所推行的市场策略和经营战略要由地区分部 1 和产品分部 A 通过协商共同决定。

在全球矩阵结构中具有三类经理,即地区经理、产品经理和矩阵经理。其中地区经理负责本地区市场中心业务的经营,确定企业所有产品在本地区的销售、经营方案。产品经理负责协调企业的经营活动,确保特定业务或产品分部实现赢利。矩阵经理则有着两个上司,他得同时向地区经理和产品经理负责。

除了上述的二维矩阵结构,还可以设计出三维、四维等多维的全球矩阵结构,这些结构能使管理者从多角度来综合考虑其多个业务领域。

许多人认为,这种具有双重决策职能的组织结构能够较好地克服产品结构和地区结构的缺陷,从而能同时实现企业追求地区调适、核心竞争力转移、区位和经验曲线经济的目标。然而,在现实中,全球矩阵结构往往并不那样行之有效,有时甚至显得笨拙而官僚化。这种组织结构所具有的决策系统的双重性会导致人员职责的混淆,使人们搞不清自己应该做什么,自己应该对哪些事项负责;在全球矩阵结构下,必须召开大量的会议和进行大量的讨论,以协调企业内部众多不同的且拥有自己议事日程的集团;此外,管理者必须花费较长的时间进行学习,才能懂得如何在矩阵结构中进行经营。举凡采用矩阵结构取得成功的国际企业,其成功的原因往往与以下三项重要的因素相联系:明确、连续和一致。只有具备了这三项因素,全球矩阵结构才能很好地运作,如果缺乏了其中的一项或几项,全球矩阵结构往往就会无效。

"明确"是指管理者明白自己在做什么以及为什么要这样做。如果企业的基本目标明确,如果企业组织结构中的各项关系得到了直接、简洁的表述,各项工作的意义也得到了很好的解释,就可以说企业已经实现了"明确"性。日本电气公司(NEC)是一个很好的例子。这家日本巨型国际企业决定实现计算机与通信一体化,并将此作为业务工作的中心。公司将这一信息明确传达给公司职员,以至于使公司中的每一个人都知道本公司要做什么。该公司的竞争者如美国电话电报公司曾实行了同样的战略,然而却未能做到将自己要做的事情明确化。其结果是,日本电气公司在开拓计算机和通信市场方面取得了更大的成功。

"连续"是指不间断地致力于某种业务。通用电气公司在巴西的子公司提供的案例说明了缺乏连续性将会造成危害。该公司曾于 20 世纪 60 年代生产电视机,但在 70 年代,它被要求转向生产大型家电设备。之后,总公司又要求其集中生产厨房用具。至此,该公司在巴西电器产品市场中的所有特许经营关系已经不复存在。

"一致"是指企业的所有部门相互协调地开展经营活动。这往往反映出企业各业务单位的经理能否为共同的目标而努力工作。例如,飞利浦公司曾经推出过 V2000 系列摄像机的国际经营战略。而该公司的美国分公司不支持这一做法,它认为自己的产品很难与松下公司的 VHS 系统和索尼公司的 BETA 系统进行竞争。正因为如此,飞利浦公司最终也未能以足够的信心向松下公司和索尼公司在摄像机市场的统治地位进行挑战。

全球矩阵结构确实是一种十分复杂的组织结构,国际企业只有实现了明确性、连续性和一致性才可能取得较好的运作效果、取得较高的绩效。

(四)组织结构的设计

国际企业在设计其组织结构时,通常需要考虑五个关键变量。在某些场合,其中的某个变量会压过其他变量而起决定性作用,这时公司的组织结构将根据这一变量而设计。但在大多数场合,组织结构必须要根据3~4个相互作用的变量而设置。以下是五个关键变量。

1. 国际企业要评价国际经营在当前和今后几年内的相对重要性

如果国际企业目前有4%的业务是对海外进行的,且由一个出口部门来负责海外的销售业务,那么这种组织结构在当前来说也许是能够适应当前业务需要了。但如果国际企业预计对外销售在今后几年中将增长到销售总额的30%,那么国际企业应该考虑采用国际分部结构或某种全球组织结构。

2. 国际企业考虑其以往从事国际经营的历史和经验

如果国际企业只开展了少量的海外业务,它便可能选择容易理解和控制的简单的组织结构;如果国际企业已有多年的海外营销经验,它将可能拥有能在更为复杂的组织结构中工作的有经验的管理者,因此它就可能采用全球混合结构或矩阵结构。

3. 国际企业需要考虑自己的业务及产品战略

如果国际企业只生产少数几种产品而且无需使产品适应国外消费者的特殊口味,那么全球职能结构便会成为最佳选择;但如果产品必须被改进以适应特定地区的市场需求,那么全球产品结构更为有效;如果国际企业要在多个不同的区域从事经营活动,那么全球地区结构便成为上上之选。

4. 国际企业需要考虑的经营方针

如果国际企业要快速扩张并做好承担风险的准备,那么其采用的组织结构就会不同于那些打算缓慢扩张且不愿意承担经营风险的企业。类似地,企业总部要对海外经营保持严格控制的国际企业,与那些给予区域分公司充分自主权、鼓励它们进行自主决策的国际企业会采用不同的组织结构。

5. 国际企业设计组织结构时要考虑到企业适应组织变化的能力

国际企业随着其海外销售量的不断增加,会不断调整其组织结构。例如,当国际企业规模还比较小的时候,国内分部会居于主导地位,而随着国际经营的逐渐增加,国内分部的负责人不得不放弃一些自己的权力,其对国际企业整体经营的影响力也会不断地下降。如果他们不能或者不愿意这么做,国际企业的组织结构就会受到影响。再如,负责国际经营的经理开始获得更大的权力,并且需要对国际企业的海外经营进行调整时,他们适应组织变革的愿望就会影响到企业的组织结构。

二、垂直差异化:集权与分权

(一)集权与分权的优劣

谁拥有对重要问题的最终决策权?如果国内公司总部拥有这种决策权,那便是集权;如果分公司拥有很多这样的重要决策权,那么就是分权。是集权好,还是分权好呢?事实上,两者各有所长,因而有人提倡集权,有人则赞成分权。

1. 提倡集权的理由

提倡集权的理由主要有四条:第一,通过集权,各部门之间的业务可以得到有效地协调。例如,有一家公司在中国生产零部件,而在墨西哥进行装配,这时就需要公司总部来协调这两地的进度,保证每批零部件能够顺利地从生产厂流入装配厂。第二,通过集权,能较好地保证决策与组织目标达到一致。若把决策权下放到下层管理者,他们所作的决策就可能有悖于高层的管理目标。第三,通过集权将决策权集中于某人或者某些人,使高层管理者容易采取有效措施进行重大组织变革。第四,通过集权,可以避免组织中各子单位之间一些重复、多余的活动。例如,为了使研究与开发工作不产生重复,许多国际企业往往把研究开发职能集中在一二个最合适的地方。

2. 赞成分权的理由

赞成分权的理由主要有四条:第一,当对决策采取集权时,拥有决策权的高层责任较重,容易产生失误。分权则可以将一些较次要的决策权下放给下层管理者,使得高层能够将更多的精力放在解决关键问题上。第二,有关研究表明,分权易于激发人的工作积极性。行为科学家们一致认为,当人们在工作中具有更多的自主权时,他们将乐意为工作付出更多的精力。第三,比起集权,分权更具灵活性,更能对外界变化迅速作出反应。采用分权决策时,人们能够作出更好的决策,更好地解决具体问题,因为决策者更接近问题所在地。第四,分权结构还能够加强整个企业的控制力。分权结构下,子单位的管理者拥有一定的自主权,要对其所在单位的业绩负责,他们的决策职责越重,就越难推托相应的责任。

(二) 集权和分权的选择

具体选择集权还是分权并不是绝对的,这由决策的类型、国际企业的战略以及其他因素等综合决定。

1. 决策的类型

有关企业的整个战略目标、重要的财务支出、财务目标等诸如此类的决策权往往集中在企业的国内总部;经营决策权,诸如生产、营销、研究与开发及人力资源管理,则既可能集中,也可能下放,即既可集权,又可分权。

2. 国际企业的战略

实行全球战略的国际企业通常会将某些经营决策权集中在高层。因为奉行全球战略的企业需要抉择如何在全球开展各种业务经营活动,以便实现区位和经验曲线经济,企业总部需要作出把研究与开发、生产、营销等部门设在何处的决定。此外,企业总部还需要协调那些分布在全球范围内的生产经营点,使它们有助于全球战略的实施。

实行多国战略的国际企业通常乐于采用分权的结构。奉行多国战略的企业注重地区的适应能力,企业总部往往把较多的精力放在核心竞争力的控制之上,而把许多经营决策权力下放到国外的子公司,国外的子公司有着较大的经营决策自主权。

实行国际战略的国际企业一般也采用分权的结构。如微软公司属于采用国际战略的国际企业,它把产品开发活动(其核心竞争力所在)集中在华盛顿州的雷德蒙德总部,而把大量其他的经营决策权下放到各国的子公司。从而,当产品在总部进行研究与开发时,海外的子公司负责人能够充分利用自己的营销自主权,制定出适合特定市场的经营策略,更好地将产品导入市场。

实行跨国战略的国际企业其情况就相当复杂了。实行跨国战略的国际企业一方面为了实现区位和经验曲线经济,必须对全球生产中心进行集中控制(就像实施全球战略的国际企业一样);另一方面为了提高自身的地区调适能力,又必须把许多的经营决策权力下放到国外的各子公司。因而,在实施跨国战略的国际企业中,有些决策相对的集中,而有些则相对的分散。

3. 其他因素

国际经营中有利于集权和分权的因素如表 11-1 所示。

表 11-1

国际经营中有利于集权和分权的因素

适合于集权式的因素	适合于分权式的因素
大型企业	小型企业
大规模的投资	中、小规模的投资
国际企业的相对重要单位	国际企业的相对不重要单位
激烈的竞争环境	环境稳定
生产批量与单位成本高度相关	生产批量与单位成本相关性低
高技术	中、低技术
产品多样化程度低	产品多样化程度高
各产品线的类型相似	各产品线的类型相异
各业务单位间依赖程度高	各业务单位间依赖程度低
东道国缺少有能力的管理者	东道国有很多高能力管理者
国际商务经验丰富	国际商务经验少
国内总部与海外子公司相距较近	国内总部与海外子公司相距较远

此外,有关的调查研究显示,国际企业子公司的决策制定随着国家和文化的不同而不同。例如,在英国企业中盛行分权式决策制定方式。很多高层管理者不懂得诸如财务预算和成本控制这类技术问题,因此他们会将处理这类问题的权力下放给中层的管理者,而自己则集中精力处理企业的战略问题。日本企业则采用分权与集权相结合的决策方式。他们大量采用集体决策的方式,在这种制度中,企业的任何程序、规定、策略甚至战略的变化都是由与这些变化直接相关的人发起。改革方案在经过各层次管理人员自下而上逐级仔细审查后,由最高管理层作出决策,而且对决策的接受或拒绝都必须通过各个管理层的一致同意。法国和德国的企业则更倾向于采用相当集权的决策方式。法国企业的高层经理愿意保持对公司的严格控制,他们比其英国同行下放的决策权力要少。德国企业中等级分明,最为重要的决策一般都由企业最高领导层作出。与此同时,最高管理层对于将要在基层讨论的问题保持相当大的权威。因此高层管理人员既实现了分权化管理,又实现了集权化管理。美国的企业往往也倾向于采用相当集权的方式来管理其海外的经营业务。

随着国际企业不断努力追求规模经济、降低成本构成和达到更高的经营效率,集权这一决策管理方式已逐渐成为一种流行的趋势。就连诸如瑞典这种历来重视人们工作生活质量的国家,其企业也慢慢采用起更加集权化的决策管理方式,因为"人道主义的经营"并不总是有效的。20世纪末沃尔沃公司在乌德瓦拉新建的一家生产厂的经营经历就很好地说明了这一点。20世纪末,沃尔沃公司的乌德瓦拉工厂中工人的工作效率比起世界各地其他汽车厂中的工人要低很多。无独有偶,由于不能达到国际级的生产效率,萨伯公司和通用公司在瑞典马尔默共同建立的汽车组装厂于1991年宣布倒闭。高度的分权式管理与标准化组装线的集权式管理相比,其在生产效率方面根本就没有什么优势可言。

第三节 整合机制

前面论述了企业把其自身划分为若干个运营子单位(水平差异化)的问题。如果缺乏合作,各子单位之间可能会发生冲突从而降低企业的绩效。因而企业必须对子单位进行必要的协调来保证其良好地运行。现在就来探讨对各子单位进行协调的方法。

在企业垂直差异化中讲到的集权就是协调子单位的一种方法。但是,集权的协调能力十分有限,当协调任务较为复杂时,尤其是当企业的子单位结构庞杂、产品种类繁多、地理位置分散时,掌握经营决策权的高层可能会力不从心,不堪重负。在此情形下,企业可以通过正式和非正式的整合机制来进行协调。

一、子单位协作的障碍

不同的任务会导致不同的行为,由于各个子单位负责人的任务不一样,必然会导致各子单位产生不同的行为,进而发生冲突。例如,生产经理通常只关心生产问题,如生产能力的利用、生产成本的控制和产品质量的控制等;营销经理通常只关心营销工作,如渠道、推销、促销等。这些差异会阻碍子单位经理之间的沟通,从而影响子单位间的合作。

各子单位追求不同的目标,而为了实现各自的目标其负责人就会采取不同的行为措施,从而阻碍子单位相互合作。例如,国际企业的产品分部经理往往追求标准化生产和规模经济,从而实现低成本生产;而国外的地区分部经理则往往致力于将产品特殊化,使产品更好地满足特定市场的需求,从而提高产品在该地区的市场占有率。

任何企业都普遍存在着以上所述的协调上的障碍,而对于子单位结构庞大的国际企业来说,这方面的问题尤为严重。

二、正式整合机制

当协调的要求不高时,通过简单的直接联系或设置联络员角色就能达到整合子单位的目的;协调要求稍高时,可以组建一个专门的团队来进行协调整合工作;当协调的要求极高时,还可以采用矩阵结构来实现整体协调。总之,协调的需求程度不同,正式整合机制的复杂程度也不同。协调的需求越高,正式整合机制的复杂程度就越高;协调的需求越低,正式整合机制的复杂程度就越低,如图11-11所示。

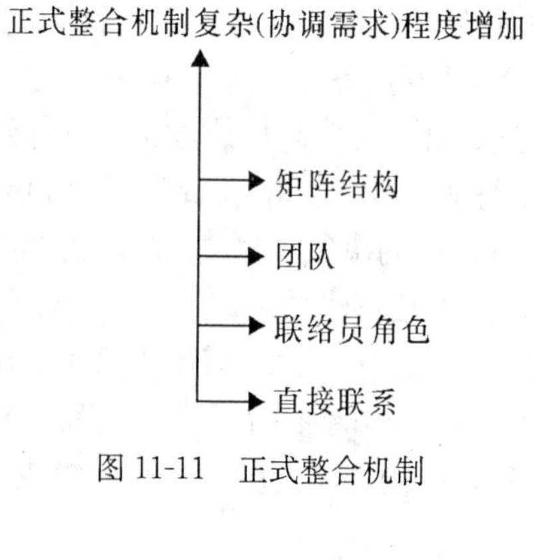

```
正式整合机制复杂(协调需求)程度增加
        ↑
        ├──→ 矩阵结构
        ├──→ 团队
        ├──→ 联络员角色
        └──→ 直接联系
```

图11-11 正式整合机制

公司最简单的正式整合机制是子单位经理之间的直接联系。在遇到共同关注的问题时，各子单位的经理能通过直接联系来磋商。然而，这种机制往往作用不大，有些问题通常不能通过协商得以解决。

设置联络员角色是比直接联系稍微复杂一点的正式整合方式。在此方式下，各子单位都特设一名联络员来处理与其他子单位的交流、沟通工作，以达到整合协调的目的。这些联络员角色的存在增强了各子单位之间的联系，有利于增强子单位之间的合作。

当整合的要求较高，以致联络员角色无法满足需求时，公司可以采用更为复杂的整合方式，组建一个专门的团队来开展协调工作。团队成员由需要取得协作的子单位中的人员组成。这些团队通常负责协调新产品的开发与上市。新产品开发与上市小组的人员通常来自研究开发部、生产部和营销部，各部门的协作有利于开发出既满足消费者需求，成本又合理的产品。

当整合的需求更高时，公司还可以采用矩阵结构来协调各子单位的行为。矩阵结构中的所有职能都被视为整合职能，可以促使子单位间达到最大的整体协调。前面讲到的基于地区结构和产品结构的全球矩阵结构中，产品分部和地区分部间就达到了高度的整合与协作。

为了实现更高的整合目标，有些企业还会采用更为复杂的三维矩阵结构。三维矩阵结构可以由世界地区分部、世界产品分部和职能分部三部分构成，各分部都直接向国内总部负责。例如道氏化学公司在20世纪90年代就采用过三维矩阵结构。当时每个经理同时归属于三个部门，例如，驻亚洲分部电子产品的销售经理既是公司亚洲分部的成员，又是电子产品部的成员，同时还是营销职能部的成员。这种三维矩阵结构不仅有助于提高地区调适能力，取得区位和经验曲线经济，而且由于企业的核心竞争力往往存在于诸如研究开发与营销等职能部门之中，此结构还有利于企业核心竞争力的转移。但是有利亦有弊，矩阵结构容易产生官僚化，缺少灵活性，还会导致较多的冲突。正因为正式整合机制存在着局限性，企业通常需要非正式整合机制来支持整合协调工作的正常运作。

三、非正式整合机制

为了减轻或避免正式整合机制（特别是矩阵结构）产生的问题，协作要求高的企业还会采用管理网络这一非正式整合机制。管理网络，依托于提倡团队配合和跨部门合作的组织文化，为企业中各经理进行相互间的非正式联络提供了一个平台。管理网络在国际企业中通常被当作知识流动的非官方渠道。要建立一个管理网络，必须使不同地区的各个经理相互联系，至少是实现间接的彼此联系。图11-12所示的是一个国际企业中7位经理间简单的管理网络。

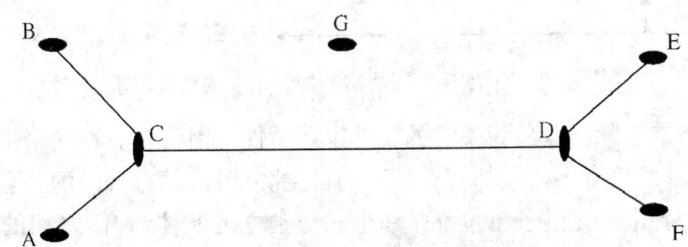

图11-12　7位经理间简单的管理网络

图11-12中，经理A、B、C相互认识，经理D、E、F相互认识，经理C、D也相互认识。虽然经理B并不认识经理F，但他们可以通过共同的熟人（经理C和D）进行联系。因而，除了经理

G外,经理 A、B、C、D、E、F 都是该管理网络的组成部分。

假设经理 B 是亚洲地区的营销经理,他需要解决一个技术问题以更好地为该地区的一个重要客户服务。又假设经理 F 是欧洲的一位产品研究开发经理,他有能力帮助经理 B 解决相关的技术问题。此时,经理 B 可以将他的困难告诉自己认识的关系网络的组成成员(包括经理 C),向他们询问是否有人能够解决这一难题;经理 C 又会就此难题向其认识的经理 D 求助;经理 D 又会去向所认识的经理 F 请教;最后经理 F 会将问题的解决方案通过此网络传递到经理 B。然而,只有当网络中包含较多的成员时,它才能有效地运作。若经理 G 遇到了经理 B 同样的问题,他就无法通过非正式整合机制来得到解决方案,而只能通过正式的机制来解决问题。管理网络中包含的经理数目越多,网络就越有效。

建立公司管理网络的技术主要有两种:信息系统和管理人员发展规划。电脑和互联网为公司的非正式信息系统网络提供了物质基础。分散在全球的经理们能很方便地通过电子邮件、网络会议和高速数据系统来认识对方。公司的管理人员发展规划也可以用来建立管理网络,例如,可以让经理们经常在各不同子单位的岗位上轮换工作,便于他们建立自己的非正式关系网,也可以设立管理培训项目把各子单位的经理召集在一起,使他们彼此认识。

光靠管理网络还不一定能够达到整合协调的目标,特别是当子公司的经理坚持追求的目标与公司整体目标不一致时,国际企业还需要一个强大的组织文化来促进团队合作。在强大的组织文化影响下,经理们会暂时放下局部利益,从事能够使整个国际企业获利的工作。

四、国际企业战略与整合协调需求

国际企业的战略不同,对于整合协调的需求也不一样。实施多国战略的国际企业对整合协调的要求最低,接着是实施国际战略的国际企业,然后是实施全球战略的国际企业,而实施跨国战略的国际企业对整合协调的要求最高(见图11-13)。

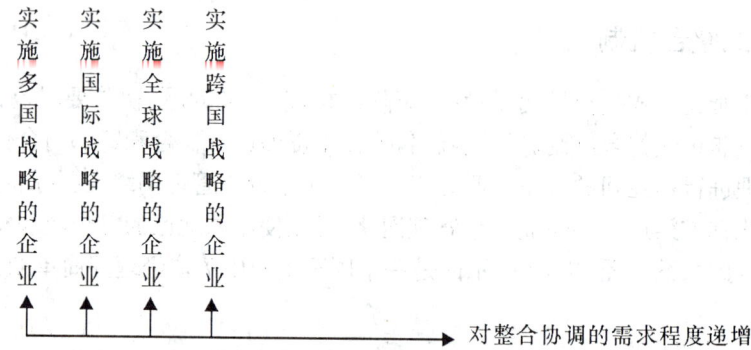

图 11-13 实施不同战略的国际企业的整合需求

实施多国战略的国际企业最为关注的是地区调适性。因为企业在一个世界范围的地区结构上运作,每一地区的负责人往往都有着较大的自主决策权,都有自己的一套相对独立的价值创造职能。正因为各个地区的子单位都是一个相对独立的实体,它们之间的协调需求得以最小化。

实施国际战略的国际企业,试着在国内总部和外国子公司之间转移核心竞争力从而获取利益,它们对子单位之间的协调需求较高,因为技术与产品在国内、国外的转移必须通过协调来有效地施行。

实施全球战略的国际企业,通过取得区位和经验曲线经济来实现利润。通常它们为了取得区位和经验曲线经济,把价值创造活动分布到全球范围内的各个分支点上。这种全球范围的生产经营必须通过协调来确保投入能平稳地流向价值链,半成品平稳地通过价值链,最后变成成品,再平稳地流向世界各地,从而保证企业高效率地运营。

实施跨国战略的国际企业,通过追求区位调适、区位和经验曲线经济以及子单位之间核心竞争力的转移来实现盈利目的,因而对协调的需求最高。实施跨国战略的国际企业既要像实施国际战略的国际企业那样,通过协调在各子单位之间转移核心竞争力,又要像实施全球战略的国际企业那样,通过协调来保证产品平稳地流通于全球价值链。此外,为了使产品较好地为特定区域市场所接受,实施跨国战略的国际企业还要求海外的子单位和各种价值创造活动之间进行相互协调。

第四节 控 制 系 统

企业领导的主要任务就是控制各子单位,使它们的行动与企业的整体战略和财务目标相一致。控制是保证使所有事项都按计划进行的过程。这一过程包括三个步骤:① 建立标准;② 将绩效与标准进行比较;③ 纠正偏差。一般情况下,公司的控制系统至少应包括目标控制子系统、边界控制子系统、文化控制子系统和决策控制子系统等四个子系统。

一、目标控制子系统

国际企业要创造出最大化的价值,就要求国际企业能产生一种控制力或压力,使国际企业各层次的人都服务于这个目标,防止偏离这个目标的事件发生。实现这一要求的手段是建立目标控制子系统。目标控制子系统应能按国际企业内各责任中心制定相应的责任目标,按责任目标规定的确认记录实际完成情况,分析、评价和报告与预计目标的偏差,以提出奖惩的办法和标准。因此,该子系统能帮助国际企业管理人员检测企业经营不正常的信息,特别是获得企业内各职员、各部门和各生产设备的利用状况等与企业战略性重要目标偏离的有关信息。通过偏差信息的反馈,使关键性的指标处于预先规定的范围内,做到与预定目标能较好地匹配。但是目标控制子系统不足以保证控制的有效性。事实上,该子系统产生的压力会导致控制的失效,甚至产生危机。例如,若用每小时的销售额来衡量某销售部门(或人员)的工作业绩时,就会对该部门产生反向的压力。如果没有相应的反向控制,该部门的管理人员就可以通过少报销售人员的上班时间,以提高每小时的销售量。尽管国际企业总经理可以建立严厉的业绩管理目标,但部门经理面对这些目标的压力,就可能编制虚假的数据,甚至制造虚假的财务数据以增加他们报告的业绩。这些虚假的业绩报告,严重时会使企业的管理控制完全失去效力。有人说可以立即解雇这些作虚假报告的部门经理,但问题是对解雇部门经理后的企业组织机构进行重整、调整和恢复机构的活力必然要花费成本,有时甚至要花费很大的成本。因此国际企业的目标控制子系统需要与其他控制子系统协调运作。

二、边界控制子系统

边界控制子系统的作用是告诫国际企业各层次人员不该做什么,做了不该做的事情会受到何种处罚等,以规范个人的行为。国际企业在建立该系统确定不许从事的活动时,内容不能空洞,应具体列出哪些经营活动(或项目上)是没有效益的,哪些经营活动是应该避免的,从事了不该从事的活动应受到何种处罚等,并及时通知国际企业的各级管理人员。例如国际企业为保护其信誉不受损害,就应在国际企业的行为规范中禁止个人在某些行业,如娱乐业或赌博业中发展客户关系,禁止以中间人的方式从事国际企业高级管理人员认为有害于国际企业诚信的行为。在建立该子系统时,应特别注意有些行为是决不能容忍的,例如虚报开支达一定数额的管理人员将被开除,表面上看对这种行为的处理是严厉些,但这种惩罚的目的是告诉国际企业所有的职员和管理人员,践踏国际企业的伦理边界的行为,其性质是严重的,是不可容忍的。由于市场的复杂多变性,国际企业管理人员应对边界控制子系统所列出的限制性经营活动,根据在市场中是否表现出竞争力而及时进行调整。但在现实中,大多数国际企业在制定许多行为规范时,常在问题或危机发生后才制定出来,这就使边界控制子系统失去了事前规范的作用。因此,有效的管理人员应能预见未来有损于国际企业利益的不可避免的诱惑力和压力,以提前清晰地制定出从事国际企业重要经营活动时应遵循的规则。随着国际企业的发展,机构的增多,管理上越来越分散,管理失控的风险越来越大。在子单位众多的企业,尤其是子单位结构庞大的国际企业中,国际企业管理人员必须采用各种有效的措施以确保边界控制子系统制定的规则得到及时的传递和准确的理解。

三、文化控制子系统

一般的人都具有创造价值的潜力。但要发挥出这种创造价值的潜力需要有价值观和信念,需要知道哪些工作能为国际企业创造价值?怎样才能为国际企业创造价值?这就要求国际企业建立文化控制子系统,用以提供创造价值的信念、方式和方法等,让全体员工懂得国际企业的文化,并把其注意力集中到国际企业的准则和价值观上来。文化控制子系统首先应树立国际企业的基本价值观体系,同时应设计出为履行这一价值观体系所需的工作步骤、工作方式和解决问题的方法等。文化控制子系统形成以后,国际企业员工会自行控制其行为来为国际企业创造价值,减少直接监控的需要。当企业文化很强时,自我控制甚至能减少其他控制子系统。麦当劳公司是积极宣传其组织准则和价值观的典范,它将其特许经营者和供应商转变成为合伙人,并强调对它们的长期承诺。这种承诺不是单纯的公共关系,它有行动支援。当麦当劳公司的特许经营者和供应商需要资金和管理协助时,麦当劳公司总是乐意帮助它们。作为回报,特许经营者和供应商们融入了麦当劳公司的企业文化,努力协助麦当劳公司获得成功。

四、决策控制子系统

国际企业的运行,可能随时遇到风险和失败,因而必须要有正确的决策作保证。这就要求建立一个决策控制子系统,收集信息,分析趋势,利用机会,避免风险,以作出正确的经营决策,特别是具有战略性的决策。决策控制子系统应具备的基本特征是:所提供的信息主要涉及市场竞争信息;所提供的信息主要集中在变化的、与公司决策有关的潜在战略性信息;所提供信息应足够地重要以致能随时提醒国际企业内各级管理人员的注意;所提供的信息应易于理解,便于国际企业决策时引用。例如,该子系统应能向管理当局提供前几周所完成的工作业绩和未来几周可能面临的问题,并指出哪些信息对国际企业的战略性决策是重要的,然后高级管理人员和关键性的下属机构一起讨论、分析和解释这些数据,找出未来的挑战和机遇。围绕该子系统提供的信息,应反复讨论这样的问题:自上次的预测以来,已发生了哪些改变?为什么会发生这些变化？对此打算采用什么措施？对这些问题的讨论,总会产生一些新的思想、新的行动方案和新的战略决策。此外,国际企业管理当局为充分利用该系统提供的信息,可以每月定期研讨相关行业和竞争对手引入新技术后对本企业可能产生的影响,以及应采用的相应策略,以避免企业决策失误或错误。在决策控制子系统中,信息反馈是必不可缺的,因此国际企业应建立信息反馈系统,及时反馈市场信息,特别是要加强对一些不确定问题的监视,以减少决策的不确定性。

第五节 奖励机制

一、奖励机制概述

奖励是指用各种有效的方法去调动员工的积极性和创造性。奖励通常和用于目标控制的绩效标准紧密相关。例如,制定与赢利能力相关联的目标,用来衡量某一子单位的经营业绩。在合理的奖励机制下,为了获得超额完成目标任务后的奖赏（物质报酬或精神报酬）,员工们会通过勤奋地工作来努力超越目标。许多企业都希望实施有效的奖励政策,来激发员工工作的积极性,从而提高整个企业的效率。可以说,奖励机制运用得好坏在一定程度上是决定企业兴衰的重要因素,因而如何运用好奖励机制也就成为各个企业面临的一个十分重要的问题。

（一）奖励形式应具有针对性,能够满足员工的需求

对奖励的需求使员工产生了动机,行为是动机的表现和结果。也就是说,是否对员工产生了激励,取决于奖励政策是否能满足员工的需求。要做到这一点,首先就要了解员工的需求。在需求理论中,最著名的是美国心理学家马斯洛提出的需求层次理论。该理论运用到管理上,就是要求管理者要考虑员工不同层次的需求,并为每一层次的需求设计相应的奖励措施。而且管理者还要考虑每个员工特殊的需求,要了解员工现在哪一层次的需求占主导地位,从而相应地为该层次需求的满足提供条件。具体来说,从纵向上看,不同层次的员工（知识层次、薪酬层次）处于不同的需求状态,如对于薪酬较低的员工,则要侧重满足他们的生理需求和安全需求（即提高他们的生存水平）;对薪酬较高的员工,更需满足他们的尊重需求和自我实现的需求。从横向上看,对于同等层次的员工,由于他们的个性和生活环境不同,他们的需求侧重也有不同,如有些员工很看中物质待遇,有些员工则喜欢娱乐和消遣,还有些员工以钻研某项技术为乐,工作需求强烈。员工的需求是复杂和多样的,企业的激励方式应该因时而变,因人而异,更有针对性,才能更具成效。

（二）物质与精神兼顾,实施全面薪酬奖励机制

"全面薪酬战略"是目前发达国家普遍推行的一种薪酬支付方式,也是基于员工各方面需求而制定的一种比较科学的奖励机制。它将薪酬分为"外在"的和"内在"的两大类,两者的组合,被称之为"全面薪酬"。"外在"的奖励主要是指为受聘者提供的可量化的货币性价值。比如,岗位工资、奖金等短期奖励薪酬,股票期权等长期奖励薪酬,失业保险金、医疗保险等货币性的福利以及公司支付的其他各种货币性的开支。"内在"的激励则是指那些给员工提供的不能以量化的货币形式表现的各种奖励价值。比如,对工作的满意度、为完成工作而提供的各种顺手的工具、培训的机会、提高个人名望的机会、吸引人的公司文化、相互配合的工作环境以及公司对个人的表彰、谢意等等。

(三) 不同子单位经理之间互相配合

国际企业经营的成功通常要求不同子单位经理之间进行密切配合。比如，有些国际企业以矩阵结构来运作，在某国（或地区）的子公司可能负责该国（或地区）的市场与营销，而一个产品分部则可能负责产品的开发与生产。该企业想要获得成功，这些不同部门的经理必须相互紧密配合。鼓励这些经理们合作的一种方法是，把奖励与组织内部更高层次的业绩表现相结合。这样，下属某国（或地区）子公司的经理和全球产品分部的经理取得的奖金，就将与整个企业的获利能力挂钩。许多国际企业把一部分奖励与子单位经理或员工的表现联系起来；另一部分与整个企业的业绩或其他更高层的组织单元表现相结合，其目的是为了激励员工们努力工作来提高子单位的绩效，并与其他部门保持紧密合作。

(四) 奖励机制要适应不同国家的制度与文化差异

国际企业所用的奖励机制，通常需适应不同国家的制度与文化差异。在一个国家适用的奖励机制在其他国家则不一定适用，甚至还不允许使用。林肯电气公司就提供了一个很好的例子。林肯电气公司是一家在全球市场上生产（电）弧焊设备的领先企业，它推行的是计件生产，其员工们没有基本工资，他们根据生产的计件数量而得到报酬。由于计件生产与美国的个人主义文化相容，林肯电气公司的这种机制在美国运作得很好。但是由于不同制度和文化的影响，这种机制在国外很难得到推广。在有些国家，计件生产被视为迫使工人愈发辛苦劳作的剥削报酬机制；在另一些国家，如德国，计件生产则是非法的。

二、国际企业战略、控制系统和奖励机制

在讨论战略、控制系统和奖励机制之间的关系之前，先要了解一个概念——绩效模糊。当子单位的业绩不尽如人意而其原因又模糊不清时，就产生了绩效模糊的问题。当国际企业各子单位之间存在较高的依赖性，其中某一子单位的业绩并不完全取决于其自身的经营，其业绩还部分取决于其他子单位的运营状况，此时绩效模糊的问题尤为严重。例如，有一家从事国际经营的企业，它在欧洲销售的产品由东亚的生产部门提供。当企业在欧洲的销售部门业绩不佳时，销售部门负责人会推脱说这并非自己经营不力，而是东亚生产部门提供的产品质量上有问题，从而导致了较差的销售业绩；而东亚的生产部门负责人则会辩解本部门生产的产品没有任何问题，完全符合要求，将产品在欧洲地区销售业绩不理想的责任归于该地区销售部门营销策略的失误。这样，企业在短时间内很难判定谁对谁错，不知道哪一方说的是实话，从而就没办法较好地评估这两个子单位的工作绩效。若企业要弄清事实真相，就得广泛收集相关信息，进行调查和确定，从而耗费大量的时间、财力和物力，加大企业的控制成本。

假如在各个区域的子单位能够有充分的自主权，能够相对独立地进行产品的研究开发、生产和营销，那么一旦欧洲地区的销售业绩不佳，欧洲子公司的经理就无以推托，东亚地区出现经营问题时，东亚子公司的经理也难辞其咎，无法再将责任推卸给他人。

因而，企业各子单位之间的相互依赖程度越高，绩效模糊的问题就越严重，企业为此而付出的控制成本相应地也越高；子单位之间的相互依赖程度越低，产生绩效模糊的可能性就越小，相关的控制成本也就越低。

三、战略、相互依赖性、绩效模糊和控制成本

实施多国战略的国际企业，其分布在各地区的各子公司都是相对独立的实体，它们能够根

据当地特定的需求自主开发、生产和销售产品,其经营业绩比较容易进行评估。因而,在实施多国战略的国际企业中,很少产生绩效模糊的问题。

实施国际战略的国际企业,主要通过在各子单位之间转移核心竞争力来实现利润,对各子单位之间的协作要求较高,从而提高了子单位之间的相互依赖性,相应地就可能会出现绩效模糊问题。

实施全球战略的国际企业,通过建立遍布全球的价值创造活动网,来追求区位和经验曲线经济,依靠各子单位之间的紧密合作来赢利。因而实施全球战略的国际企业各子单位之间存在着较高的相互依赖性,国际企业内绩效模糊的程度也就很高。例如,实施全球战略的国际企业某种产品在某区域的销售业绩受到另一地区该产品生产状况的影响,从而无法明确地判定各地分部的绩效。

实施跨国战略的国际企业的绩效模糊程度最高。实施跨国战略的国际企业既要求在各子单位之间转移核心竞争力,又要求能够形成全球性的价值创造活动网,因而会同时遇到实施国际战略的国际企业和实施全球战略的国际企业所面临的所有绩效模糊问题。实施跨国战略的国际企业各子单位之间的相互依赖程度最高,它们的经营绩效也最难进行评估。因而实施跨国战略的国际企业用来对各子单位进行监督和管理的控制成本也是最高的。

战略、相互依赖性、绩效模糊和控制成本四者之间的关系如表11-2所示。

表11-2

四种国际企业经营战略的相互依赖性、绩效模糊性和控制成本

战　　略	相互依赖性	绩效模糊	控制成本
多国战略	低	低	低
国际战略	中等	中等	中等
全球战略	高	高	高
跨国战略	很高	很高	很高

由上面的分析可知,在实施全球战略的国际企业和实施跨国战略的国际企业中,出现绩效模糊问题的可能性很大。大量的模糊业绩必然会降低目标控制子系统的作用,因而实行这两种战略的国际企业通常要强调文化控制,通过鼓励员工们融入企业的价值观体系,去处理好各子单位之间的合作问题。实施文化控制是实施全球战略和实施跨国战略取得成功的先决条件,这样能够减少或避免子单位之间的纠纷,协调各子单位的行为,从而降低控制成本。至于奖励机制,正如前面所指出的,如果把奖励机制和较高层次的某些方面联系起来,就能减少各子单位之间的冲突,不同子单位之间开展合作的可能性会大大增加。

第六节　流　　程

流程是组织内部进行决策和工作的方式,是将输入转化为输出的一系列活动。国际企业所从事的几乎所有活动都包括一个流程。不管国际企业规模的大小,它每天都通过成千上万的流程创造产品和服务。企业流程有很多种类,包括生产、交易、销售和招聘等各种流程。生产流程是指依靠机器生产,对原材料进行物理加工,并把最终产品交付外部用户的过程。交易流程则为生产流程提供支持,或者也可以作为一个独立、单一的流程而存在,例如订购原材料、整理工资单或处理客户订单等。

企业是一个从投入到产出的转换系统,它将多种输入转换为输出,如将原材料、半成品等经过生产转换成对顾客有价值的产品或服务。这种转变过程实际上就是一个大的流程。因此加强对国际企业流程管理的原因主要有以下两点:

(1) 国际企业的产品或服务要通过流程来实现。流程控制是国际企业整体功能中最重要的部分,因为只有抓好每一个细节,才能取得良好的结果。在流程管理中,只有每位员工和每个部门都尽职尽责,国际企业才会有较好的经济效益。因此,国际企业必须将着眼点放在流程管理上。流程是连接企业生产和客户需求的纽带,流程的输出来自于客户的需求和国际企业的目标,人、资金和材料等方面的输入通过某些步骤转化为输出。低成本输入,高质量输出,需要通过一系列的流程来实现,如果没有流程,材料永远无法成为产品。

(2) 流程控制的好坏直接影响着产品或服务的质量。产品或服务需要通过一系列的流程来实现,国际企业产品或服务的优劣差异体现在顾客的满意度上。通常各国际企业的流程都有所差别,造成的结果可能完全不同。成功的国际企业,其赢得顾客好评的原因往往就是对细节问题的重视。细节问题一点儿也不能马虎,其产品的合格率或服务的满意度自然要比一般的国际企业好得多。因此,流程控制的好坏是衡量国际企业管理水平的一个最佳的标准。关注细节,流程控制得好的国际企业,其管理水平一般也必然比较高。

国际企业需要管理的流程很多,包括销售、采购、研发、制造、服务、人力资源和财务等各种流程。如何改进这些流程,使得这些流程更有效率,是一个值得研究的课题。流程改进分为五个主要步骤:

(1) 定义核心业务流程。国际企业要定义核心业务流程,并且要使之标准化。粗放型管理的国际企业在很大程度上是一家人治的企业,国际企业的运作过度地依赖于领导者的个人能力。国外的国际企业如通用电气公司在韦尔奇离职后,由于有基础流程作为保障,因此公司能依旧照常运作。而国内的很多企业由于没有定义核心业务流程,无法做到这一点。因此,企业必须对核心业务流程进行有效的定义,形成标准化的文件。如果没有形成文件,一个过程只能停留在某个人的记忆水平上,经验教训没有积累和分享,国际企业很有可能一遍又一遍不断地重复着同样的错误。

(2) 衡量。流程改进的第二个阶段是衡量阶段。在第一个阶段中,将核心业务流程定义清楚,形成了标准化的文件。但是流程的好坏和运作情况需要通过测量的结果来检验,要用量化的方法去测量流程的状况。

(3) 分析。得出流程运行情况的测量结果后,应对结果进行认真的分析,找到影响流程的根本原因,从而确定流程进一步改进的方向。例如,如果制造流程的分析结果不理想,那么国际企业流程改进的方向就应首先集中在制造流程上。

(4) 实施改进。改进的目的是为供需双方提供更多的利益。改进既要考虑企业自身的利益,又要满足顾客的利益。改进的结果必须使活动和过程的效益和效率都得到很大提高。改进的性质是创造性的,以创造性的思维方式或措施,使流程获得有益的改变。只有流程经过定义、测量、分析后,才能更有效地进行改进。许多企业试图在前三个步骤没有完成的状况下就贸然地实施改进,这样做是不可取的。即使能取得一时的成绩,但过后势必又会回到原来的状态。

(5) 控制。控制就是按照事先规定的控制计划和依据既定的标准对流程进行连续监控,随时发现和评价偏差,及时地采取纠正措施,消除偶发性缺陷,使流程恢复到正常状态。例如,质量控制的任务是维持规定的质量水平。

在国际商务背景下,有关流程管理的以下两个基本点显得尤为重要:

首先,在国际企业中,许多流程不仅跨越组织界限,而且还跨越国家界限。设计一个新产品可能需要美国子公司的研发人员、中国子公司的生产人员、欧洲子公司的市场人员共同合作。如果使用该流程的企业创造一种不同子单位和国家之间相互合作的企业文化,设立奖励机制来明确褒奖这种合作,并用正式和非正式的整合机制来促进合作,那么成功的几率会大大提高。

其次,国际企业应该认识到,可以带来竞争优势的新的流程能够在组织内部全球经营网络的任何地方建立起来并创造出价值。一个地区分部针对某地区特殊状况开发出的新流程,对于国际企业在其他区域的分部可能也有价值。比如,惠普公司在日本的子公司 Yokogwa Hewlett-Packard(YHP)由于受日本当地重视品质的影响,在 20 世纪 70 年代就建立了全面质量管理的流程。随后,这一流程在惠普公司的全球经营范围内被广泛利用,并极大地提高了整个公司的业绩。

第七节 组 织 文 化

组织文化是指组织成员的共同价值观体系,它使组织独具特色,区别于其他组织。它是组织中成员的一种共同认知,能够强烈地影响组织成员的态度和行为。它往往是该组织所特有的,在较长的一段时间里处于比较稳定的状态;它确定了该组织的风气和人们的行为准则,也影响到计划、组织、用人、领导和控制等各个管理职能的实施方式。

任何组织都有自己的文化,尤其是企业组织,人们常把企业的组织文化称作企业文化或公司文化。世界上优秀的国际企业都有自己良好的企业文化,例如,IBM 公司的宗旨是:"以人为核心,并向用户提供最优质的服务";美国通用电气公司的口号是:"我们最重要的产品是进步"等等。优秀的组织文化反映和代表了推动组织发展的整体精神、共同的价值观、合乎时代的道德和追求发展的文化修养。

企业文化的内容大致可以概括为四个方面:① 企业哲学。企业哲学是对一个企业的共同价值观、最高目标的理论概括。它是企业精神、企业形象、企业规范的理论基石,是企业活动的基本指导原则。日本企业称之为"经营理念"。例如,索尼公司的企业哲学是:"索尼是开拓者,永远向着未知的世界探索"。② 企业精神。企业精神是企业文化的思想核心,是凝聚全体职工的主要精神力量。它需要长期的培养过程。好的企业精神必须既有丰富的思想内容,又有言简意赅、醒目易懂的表达形式。有的企业把企业精神概括为一些精炼的条文,如松下电器公司的企业精神被概括为 7 条:"工业报国,光明正大,团结一致,奋斗向上,礼貌谦让,适应形势,感恩报德";让每个职工铭记心中,成为凝聚职工的重要力量。③ 企业形象。企业形象是企业文化个性化的表现,如该企业是倾向于守成,还是追求创新?是领导独裁型,还是职工民主型?是以商品廉价占领市场,还是以商品优质赢得人心?这都会在社会上留下该企业的独特形象。好的企业形象至少应具备三个特征:鲜明的企业个性;重视对社会的责任;关心和尊重职工,重视企业内部的民主管理。④ 企业规范。企业规范是指企业职工的行为规范,它是企业内每个成员都必须遵照执行的行动准则,如果谁违背了这些准则,便会受到集体舆论的谴责和唾弃,或者受到批评和处分。

企业文化通常靠许多不同的机制得以维持。这些机制包括:① 企业的聘用和升迁制度;② 奖励策略;③ 社会化过程;④ 沟通策略。其目的在于确保公司雇用的员工与公司有着相同的价值观。例如,林肯电气公司要求自己的员工具备很强的独立性,因为只有这样的员工才符合公司个体化的文化氛围。为了加强企业的价值观,国际企业还会提升那些行为符合国际企业核心价值观的员工,设定与国际企业的价值观相关联的功过评估制度,以此来强化国际企业的文化。例如,林肯电气公司会通过奖赏那些生产效率高的员工来强调公司的生产率要求。

在一个强势文化中,几乎所有的员工都有相对一致的准则和价值观体系,而这套准则和价值观对企业的日常经营有着重要影响。具有类似价值观的新员工会产生归属感,并很快地融入到企业中,而那些不符合企业价值观的员工,会因为压力过大而自行选择离开。在这样的强势文化中,如果企业某一高层管理人员的行为偏离了企业的准则和价值观体系,他不但会受到上级的批评,还会受到下层员工的指正。有强势文化的企业,在外人眼中,通常有一套鲜明而独特的办事风格。

然而,具有强势文化不一定是好事,因为强势文化不一定能够为企业带来高绩效。有研究表明,通用公司的"强势文化"就妨碍了底层员工的积极主动性和冒险创新性。另外,一个强势文化可能在一段时期内对企业有利,而在另一段时期内会阻碍企业的发展。IBM 公司的经历就提供了一个很好的例子。在 20 世纪 70 年代和 80 年代早期,IBM 公司经营得非常好。一些业内人士将 IBM 公司的成功归功于公司注重共识的强势文化,他们认为由于 IBM 公司经常对新技术进行大额的投资,采取达成共识的决策过程是十分必要的。然而到了 80 年代末和 90 年代,这种决策过程反而成了阻碍 IBM 公司发展的软肋。此时 IBM 公司需要的是快速决策和冒险创新精神,而这又是以达成共识为基础的决策过程所不允许的。于是 IBM 公司只能眼睁睁地看着自己被微软公司这样当时规模还很小的公司击败。

因而,国际企业要取得长期的高绩效,不仅需要有合理的强势文化,而且它的文化必须要有一定的灵活性。换句话说,国际企业的文化必须和企业的整个架构、战略以及当时的竞争环境相符,只有这样才能取得高绩效。林肯电气公司就是一个很好的证明。它处在一个竞争性很强的行业,实现成本最小化是取得成功的一个关键因素。林肯电气公司所倡导的组织文化和奖励机制鼓励员工们追求更高的生产率,以使生产成本降到最低。

组织文化是社会文化影响、渗透的产物,是以社会文化发展为基础的。不同社会、不同民族的组织文化,都具有各自鲜明的特色。例如,美国、日本、西欧和中国的企业文化就呈现出不同的特点。因而国际企业在从事国际经营时应当充分注重各地独特的社会文化和当地企业的自身文化,采取适当的措施来使本企业的组织文化在国外子公司能顺利地繁殖和成长。

一种能够给国内母公司带来高效益的组织文化不一定就适用于国外的分公司,林肯电气公司的扩展经历就提供了一个很好的例子。林肯电气公司的文化确实帮助美国母公司取得了很好的经营业绩,但这种与美国个人主义文化相容的组织文化很难在国外的子公司广泛推行。一些林肯电气公司欧洲分部的经理和员工因这种美国式文化与他们自己的准则和价值观相悖而不愿意接受。另外，一些林肯电气公司并购的国外公司本身就有着很强的组织文化。这些都使林肯电气公司很难在美国之外的子公司倡导国内总部的组织文化。这样一来，林肯电气公司在力图将自己的文化移植到国外子公司的过程中不得不面对以下两个问题：如何说服各子公司的员工认可本公司的文化；如何改造那些海外子公司原有的组织文化。不仅林肯电气公司如此，大多数要在国外子公司推行国内总部组织文化的国际企业都面临着类似的问题。解决这类问题的方法主要有三种：

（1）建立新的子公司，而不是实行并购并改变原有的企业文化。因为比起改变既有的企业文化，有时建立一套新的组织文化显得更为容易。

（2）花费大量的时间和精力在国外子公司倡导国内总部的文化。国际企业可以通过招聘具有与企业类似价值观的员工、组织专门的交流和培训、派遣总部资深员工到海外子公司协作工作等方式，将总部的企业文化移植到国外分部。

（3）将公司总部的组织文化稍作改变使海外子公司能够更好地适应东道国的文化。

国际企业在各国子公司采用共同组织文化的需求随着企业战略的不同而不同。一种共有的强势文化可以减少子公司在运营过程中产生的分歧和矛盾，加强它们相互间的合作，统一它们的经营目标，产生较高的绩效。一般来说，由于实施多国战略的企业在国外的各子公司都是相对独立的实体，它们对采用共同组织文化的要求最低；实施全球战略的企业和实施国际战略的企业，对其国外子公司采用共同组织文化的要求较高；实施跨国战略的企业，对其国外子公司采用共同组织文化的要求最高。

第八节 战略与组织构架

一、战略与组织构架

前面详细考察了组织构架。在论述组织构架的各个组成部分时，直接或间接地谈到了它们与企业战略（多国战略、国际战略、全球战略和跨国战略）之间的关系，现在对这些关系作一个汇总，如表11-3所示。

表11-3

战略与组织构架各相关元素之间的关系

组织结构与控制	战略类型			
	多国战略	国际战略	全球战略	跨国战略
垂直差异化	分散	核心竞争力集中；其他分散	某些集中	集中与分散相结合
水平差异化	全球地区结构	全球产品结构	全球产品结构	全球矩阵结构
协调需求	低	中等	高	很高
整合机制	无	少	多	很多
绩效模糊	低	中等	高	很高
文化控制的需要	低	中等	高	很高

(一) 多国战略与组织构架

实施多国战略的国际企业(简称多国战略公司),非常关注地区调适,因而比较乐于采用将经营决策权下放到各子单位的全球地区结构。多国战略公司让各地区分部拥有较大的自主经营权,从而更好地满足分部所在地区市场的特殊需求。每个地区的子单位都是一个相对独立的实体,子单位之间的协调需求很低,因而对整合的需求也不迫切,进而对共同流程和组织文化的需求也很低。正因为各个子单位相对独立,相互依赖性很小,各子单位的绩效很容易进行评估,绩效模糊问题在多国战略公司中很少存在。多国战略公司中目标控制系统能够良好地运作,相关的控制成本很低,其奖励机制也可以与各子单位的经营业绩相联系。

(二) 国际战略与组织构架

实施国际战略的国际企业(简称国际战略公司),通过核心竞争力在企业内部各子单位之间的转移来获利。如果产品的品种较多,国际战略公司往往会采用全球产品结构。国际战略公司国内总部通常集中控制那些具有核心竞争力的资源,这些资源通常来自产品的研究与开发部门和营销等职能部门,而将其他的非核心竞争力资源下放给各子单位。

国际战略公司的协调需求中等,主要反映在国际战略公司核心竞争力的转移需求上。因而,尽管国际战略公司会使用一些整合机制来促进核心竞争力的转移,但是其整合的要求并不是很高。国际战略公司各子单位之间相互依赖性较小,因而出现绩效模糊的可能性较小,国际战略公司付出的控制成本也不是很大。国际战略公司对各子单位拥有共同组织文化和流程的需求不大。其奖励机制通常是针对子单位层面的绩效而设计的。

(三) 全球战略与组织构架

实施全球战略的国际企业(简称全球战略公司),通常追求区位和经验曲线经济来实现赢利。大多数全球战略公司都拥有多样化的产品,因而跟国际战略公司一样乐于采用全球产品结构。全球战略公司总部往往会保留许多经营决策权,以协调全球战略公司分散在全球范围内的价值创造活动网络。因而,比起多国战略公司和国际战略公司来,全球战略公司更加集权。

为了确保全球价值创造网络正常运作,产生较高的绩效,全球战略公司必须对各子单位的活动进行协调,有着较高的整合需求。全球战略公司通常会同时使用正式和非正式的整合机制来整合子单位的行为;全球战略公司也很注重强势组织文化的建设,力图通过文化控制来促进各子单位之间的协调与合作;此外,全球战略公司通常还设置与公司绩效相挂钩的奖励机制,鼓励不同部门的员工进行合作,以提高整个公司的绩效。正因为各子单位之间有着很大的协作性和相互依赖性,全球战略公司绩效模糊问题相当严重,为此付出的控制成本也相当大。

(四) 跨国战略与组织构架

实施跨国战略的国际企业(简称跨国战略公司),同时追求地区调适、核心竞争力的内部转移、区位和经验曲线经济。跨国战略公司通常采用全球矩阵结构,其中的产品分部和地区分部都有着很大的影响力。一方面,为了实现核心竞争力在企业内部的转移,为了协调遍布全球的价值创造网络,跨国公司会把某些关键的经营决策权集中在总部高层;另一方面,为了实现地区调适,更好地满足各个特定市场上的特殊需求,公司又会适当地下放部分的经营决策权给各地区子单位的负责人。

由于既要转移核心竞争力,又要实现区位和经验曲线经济,跨国战略公司对各子单位之间的协作要求比国际战略公司和全球战略公司都要高,相应的整合需求也更高。跨国战略公司通常会综合使用正式和非正式的整合机制,包括正式的矩阵结构和非正式的管理网络。由于跨国战略公司各子单位之间的相互依赖程度很高,跨国战略公司中的绩效模糊十分显著。跨国战略公司会花费很高的控制成本去培养强势的组织文化,建立有效的奖励机制,以此来促进各子单位之间的协作。

二、环境、战略与组织构架

国际企业要获得成功,必须满足以下两个条件:① 企业所实施的战略要与竞争环境相一致。在某些时候、某种环境下,多国战略可能是最有效的,但在某些时候、另一种环境下,多国战略则可能是无效的,甚至会阻碍企业的发展。此外,在某些行业,或许国际战略是最好的,但在另一些行业可能全球战略才是上选之策;② 企业的组织构架要必须与企业战略一致。一旦组织构架与企业战略不相适应,企业的经营就会遇到问题。

要使国际企业取得好的绩效,就必须使企业的组织构架、战略和经营环境相一致。荷兰的飞利浦公司为三者适应的必要性提供了一个例证。以前,飞利浦公司一直采用多国战略的经营模式,经营决策权大量下放给国外的子公司。传统上,电子市场被较高的贸易壁垒所分割,因此与多国战略相一致的组织构架是合理的。但是,到了20世纪80年代中期,飞利浦公司所在行业的竞争环境发生了变化,贸易壁垒不断减少,生产技术不断提高,实施低成本全球战略的日本竞争者不断涌现。所有的这些变化要求飞利浦公司放弃已过时的多国战略,飞利浦公司也认识到了这一点,并转向全球战略。然而,飞利浦公司的组织构架没有发生变化,只是名义上采用了以全球产品分部和地区分部为基础的全球矩阵结构,各国的子公司仍然掌握着大部分的经营决策权,各产品分部只是充当顾问的角色。结果,导致飞利浦公司的组织构架无法与全球战略相适应,使得飞利浦公司一直遭受经营亏损。直到90年代初,经历了4年之久的痛苦转变后,飞利浦公司终于将部分经营决策权转移给产品分部。到了90年代中期,飞利浦公司组织构架、战略与竞争环境相一致的努力终于取得了回报,飞利浦公司的财务状况开始出现了好转。

第九节 组织变革

当国际企业的组织构架不再与战略和经营环境相适应时,企业就要实行合理的组织变革,使组织构架、战略和经营环境重新达到一致。企业组织变革是适应外部环境变化而进行的,以改善和提高组织效能为根本目的的管理活动。

对于企业组织变革的必要性,有这样一种流行的认识:企业要么实施变革,要么就会灭亡。然而事实并非总是如此,有些企业进行了变革,反而加快了灭亡。这就涉及组织变革模式的选择问题。这里将比较两种典型的组织变革模式:激进式变革和渐进式变革。激进式变革力求在短时间内,对企业组织进行大幅度的全面调整,以求彻底打破原来的组织模式并迅速建立目标状态的组织模式。渐进式变革则是通过对组织进行小幅度的局部调整,力求通过一个渐进的过程,实现现有组织模式向目标状态组织模式的转变。

激进式变革能够以较快的速度达到目标,因为这种变革模式对组织进行的调整是大幅度的、全面的,所以变革过程就会较快;与此同时,快速调整会导致组织的平稳性差,严重的时候会导致组织崩溃。这就是为什么许多企业的组织变革反而加速了企业灭亡的原因。与此相反,渐进式变革依靠持续的、小幅度的变革来达到目的,但波动次数多,变革持续的时间长,这样有利于维持组织的稳定性。两种模式各有利弊,也都有着丰富的实践,企业应当根据自身组织的承受能力来选择企业组织变革模式。

激进式变革的一个典型实践是"全员下岗、竞争上岗"。为了克服组织保守,一些企业在组织变革中采取全员下岗,继而再竞争上岗的变革方式。这种方式有些极端,但其中体现了深刻的系统思维。稳定性对于企业组织至关重要,但是当企业由于领导超前意识差、员工安于现状而陷于超稳定结构时,企业组织将趋于僵化、保守,会影响企业组织的发展。此时,小扰动不足以打破原先的状态,也就很难达到目标状态。"不过正不足以矫枉",只有通过全员下岗,粉碎长期形成的关系网和利益格局,才能彻底打破原先的状态。进一步再通过竞争上岗,激发企业员工的工作热情和对企业的关心,只要竞争是公平、公正、公开的,就有助于形成新的吸引因素,把企业组织引向新的稳定状态。此类变革如能成功,其成果具有彻底性。在这个过程中关键是建立新的吸引因素,如新的经营目标、新的市场定位、新的激励约束机制等等。如果打破原有组织的稳定性之后,不能尽快建立新的吸引因素,那么组织将陷于混乱甚至毁灭。而且应当意识到变革只是手段,提高组织效能才是目的。如果为了变革而变革,那么会影响组织功能的正常发挥。

渐进式变革则是通过局部的修补和调整来实现组织变革。美国一家飞机制造公司原有产品仅包括四种类型的直升机。每一种直升机都有专门的用途。从技术上来看,没有任何两种飞机是完全相同的,即产品间的差异化程度大,标准化程度低。在激烈的市场竞争条件下,原有的生产方式不利于实现规模经济。为了赢得竞争优势,该公司决定变革组织模式。其具体措施是对各部门进行调整组合。首先,由原来各种机型的设计人员共同设计一种基本机型,使之能够与各种附件(如:枪、炸弹发射器、电子控制装置等等)灵活组合,以满足不同客户的需求。然后将各分厂拥有批量生产经验的员工集中起来从事基本机型的生产。原来从事各类机型特殊部件生产的员工,根据新的设计仍旧进行各种附件的专业化生产。这样,通过内部调整,满足了市场的多样化需求。这种变革方式对组织产生的震动较小,而且可以经常性地、局部地进行调整,直至达到目的状态。这种变革方式的不利之处在于容易产生路径依赖,导致企业组织长期不能摆脱旧机制的束缚。

比较企业组织变革的两种典型模式,企业在实践中应当加以综合利用。在企业内外部环境发生重大变化时,企业有必要采取激进式组织变革以适应环境的变化,但是激进式变革不宜过于频繁,否则会影响企业组织的稳定性,甚至导致组织的毁灭;因而在两次激进式变革之间,在更长的时间里,组织应当进行渐进式变革。

本 章 小 结

为了探索有关国际企业组织管理的问题,本章先是深入地介绍了组织构架及一些相关的概念,接着更为详细地探讨组织构架的各个组成部分,即组织结构、整合机制、控制系统、奖励机制、流程和组织文化。然后,又分析和阐述了能使组织构架与战略及竞争环境相一致的方法,以使国际企业取得更好的绩效。一个国际企业要取得成功、实现自己的盈利能力,必须满足三个条件:一是国际企业组织构架的不同因素必须符合内部一致性。例如国际企业所采用的奖励机制和国际企业的组织文化应相辅相成,采用的控制系统和奖励机制要与国际企业的组织结构相吻合。二是国际企业的组织构架要与国际企业所采取的战略相一致。例如当国际企业采取多国战略时应当采用分权的组织结构以更好地满足各个群体的需求,当国际企业采取全球战略时则更适宜采用集权管理。如果在既定战略下组织结构设置不当,就会使国际企业在竞争中处于不利地位,影响国际企业的业务发展。三是国际企业的战略必须与企业所面临的竞争环境相一致,从而组织构架、战略和企业面临的竞争环境必须一致。例如在贸易壁垒繁多、成本压力低而地区调试压力高的环境下,国际企业适宜采取多国战略以取得较好的绩效,相应的国际企业采用分权的组织结构显得更为明智;在贸易壁垒少、成本压力高和地区调试压力低的环境下,全球战略和部分集权的组织结构更能为国际企业带来高效率、好业绩。

当环境和战略发生变化时,企业及时进行组织变革十分重要,因此本章最后对组织变革进行了简要的论述。

复习思考题

1. 什么是组织结构?它有哪些内容?
2. 国际企业的组织结构有哪些表现形式?请予以简述。
3. 国际企业应该如何实行垂直差异化?
4. 什么是整合机制?国际企业应当如何来建立整合机制?
5. 简述国际企业战略、控制系统和奖励机制之间的关系。
6. 简述国际企业战略与组织构架之间的关系。

章末案例

壳牌公司的组织变革

壳牌公司是世界上最大的非国营石油公司,其业务遍布世界130多个国家,2002年收入达2350亿美元。自20世纪50年代到1994年,壳牌公司一直以矩阵结构运营,该结构由专长组织结构设计的麦肯锡管理咨询公司为其制定的。在此矩阵结构下,每个营运公司的主管要向两名上司汇报。一个上司负责营运公司所在的地理区域或国家,而另一个上司则负责营运公司所从事的经济业务(壳牌公司的业务包括石油勘探和生产、石油产品,化工、天然气和煤炭)。因此,举例来说,澳大利亚壳牌化工公司的负责人既要向澳大利亚壳牌公司的上司汇报,也要向驻在伦敦的壳牌公司整个化工部的上司汇报。两个上司在组织中具有同等的影响力和地位。

这种矩阵结构在壳牌公司有两个十分显著的效果。首先,每个营运公司要满足两个上司,因此决策通常采取达成共识的方法。国家(或区域)经理和业务分部经理的不同看法通过辩论来解决。虽然,这个流程既慢又不灵活,但在石油业看来却很好,因为石油业的大部分重大决策都是涉及大笔资金开销的长期决策,不同观点间的辩论可以分清问题的正反两面,而不是阻碍决策。其次,由于决策过程缓慢,只有最重要的决策才需要通过这种流程(如重大的新资本投资)。结果是各营运公司的负责人享有充分的经营自主权。这种分权有助于壳牌公司灵活应对当地政府管制、竞争环境和消费者嗜好的不同。例如,壳牌澳大利亚化工公司的负责人可以自主决定澳洲市场的价格和市场战略。只有当壳牌公司想进行重大资本投资,比如建造一所新的化工厂,才需启用"创建共识"决策系统。

这个矩阵结构看似十分理想,但壳牌公司在1995年宣布了撤销矩阵结构的激进的计划。管理高层给出的主要理由是石油需求长期低迷,油价持续疲软,这给壳牌公司的利润带来很大压力。虽然壳牌公司历来位于世界最赚钱石油公司的行列,但在20世90年代初壳牌公司的相对业绩开始下滑。而同时其他石油公司,诸如埃克森公司,通过大幅度削减间接费用成本,把生产集中在高效地区,使其能更快适应全球性的石油低价。这些公司所谓的集中生产,就是让较少数量的大型冶炼厂满足全球市场需求,关闭小型工厂。相反,壳牌公司仍然由一个庞大的总部来协调壳牌公司内部的矩阵结构,以及各个营运公司大量重复建设的石油、化工冶炼厂之间的关系。每家营运公司通常都有满足各自市场需求的生产设备。

1995年,壳牌公司的管理高层意识到,降低营运成本需要大幅削减总部办公室的间接费用,如果恰当的话,去除各国营运公司不必要的重复设备。为实现这些目标,高层领导决定按产品大类对公司进行重组。现在壳牌公司有五个全球主要的产品分部——勘探与生产、石油产品、化工产品、天然气、煤炭。每个营运公司向最相关的全球分部汇报。这样,澳大利亚化工公司现在直接向全球化工分部汇报。这样做可以增加全球化工分部的权力,使该分部可以去掉各国营运公司不必要的重复设备。最终,生产可以集中在规模更大的工厂,使其服务于整个地区,而不是单个国家。这样,壳牌公司可以实现更大的规模经济。国家(或区域)经理仍然存在,但他们的角色和职责有所减弱。现在他们的主要任务是协调同一国家(或区域)不同营运公司之间的关系,以及协调与当地政府之间的关系。营运公司负责人向全球分部领导汇报的责任是直接的,而向所在国的经理汇报的责任是间接的。比如,这些变革使得壳牌澳大利亚化工公司总经理对于壳牌澳大利亚化工公司主要资本投资的决策能力大大减弱。此外,简化的汇报体系不再需要一个庞大的总部办公室机构,壳牌公司的伦敦总部办公室精简人员1 170名,使壳牌公司的成本有所下降。

资料来源:Sources:"Shell on the Rocks,"The Economist,June 24,1995;D. Lascelles,"Barons Swept out of Fiefdoms," Financial Times, March 30, 1995; R. Corzine, "Shell Discovers Time and Tide Wait for No Man,", Financial Times, March 10, 1998; R. Corzine, "Oiling the Group's Wheels of Change", April 1, 1998。

案例讨论题

1. 1995年以前,壳牌公司一直采用矩阵结构,这种结构有何特征?
2. 为什么1995年壳牌公司要宣布撤销矩阵结构?其深层原因是什么?
3. 1995年以后,壳牌公司采用了什么组织结构形式?其有什么特点?
4. 从此案例中,我们能得到哪些启示?

参考文献

1. 蒋志青.企业组织结构设计与管理.北京:电子工业出版社,2004
2. 中国集团公司促进会.母子公司关系研究——企业集团的组织结构和管理控制.北京:中国财政经济出版社,2004

3. 切恩科塔,罗恩凯尼恩,莫菲特. International Business:Fourth Edition. 北京:机械工业出版社,1998

4. 艾伦·M·鲁格曼,理查德·M·霍杰茨. 国际商务. 北京:经济科学出版社,1999

5. 詹姆斯·H·塔加特,迈克尔·C·麦克德莫特. 国际商务. 北京:中国人民大学出版社,1997

6. 薛求知,刘子馨主编. 国际商务管理. 上海:复旦大学出版社,2002

第十二章 企业进入国际市场的方式和战略联盟

第一节 企业进入国际市场的方式

无论企业选择何种国际经营战略,在进入国际市场时,企业还必须确定选择怎样的方式进入。例如,企业的管理者必须决定,是否在本国生产然后销往国际市场？或者还是应在目标市场建立自己的生产工厂？企业必须结合本企业的全球发展战略以及自身拥有的资源条件,针对不同的目标市场国家综合考虑、科学决策。

从经济学的角度看,企业进入国外市场仅有两条道路：

第一,在目标市场国家以外的地区生产产品向目标市场国家出口。

第二,向目标市场国家输送技术、资金、工艺及建立子单位,直接地或者采用联合方式运用当地的资源(特别是劳动力资源)生产产品并在当地销售。

从经营管理的角度看,上述两条道路可以分成几种对国际化经营企业具有不同成本和利益的进入方式。这些进入方式可分为下列三大类：出口进入方式,合同进入方式和投资进入方式。下面将逐一介绍三种方式。

一、出口进入方式

出口是向国际市场销售产品的最简单的方式。尽管简单,它也是一种重要的进入方式,对于小企业而言,出口经常是惟一可利用的方式。此外,即使像波音公司这样大规模的国际企业也利用出口作为主要方式,它每年一半以上的收益来自出口。还有一些企业利用出口作为最初的进入战略,在企业业务开展顺利后转而采用其他战略。荷兰喜力酒业公司就是一个比较典型的例子。它初期是通过出口来实现进入一个新的国际市场的目的；然后,许可当地的一家啤酒企业生产它的产品；最后,再收购相同的或其他类型的啤酒企业。

(一)间接出口与直接出口

出口包括间接出口和直接出口两种形式。间接出口是众多企业对国际市场进行探索、实验并逐步获得国际市场营销经验的重要步骤,也是企业国际化经营的初步准备阶段；而直接出口才是企业开始真正走向国际市场的标志。

1. 间接出口

间接出口是所有进入国际市场方式中风险最低的一种。在间接出口情况下,企业或者支付佣金,请国内出口代理商提供进入特定国际市场的现成渠道,或者直接将产品销售给出口中间商,由它们向国外市场销售。间接出口的特点是经营国际化与企业国际化的分离,即企业的产品走出了国界而企业的营销活动却几乎完全在国内进行。

间接出口既不要求新增投资,也不牵涉国际市场营销的其他活动以及汇率和政治风险等。

从很多方面看,间接出口与向国内其他用户销售产品没有什么不同。间接出口进行得好可以使企业以很低的投入有效地增加企业的产出,但是企业通过间接出口方式来学习了解国际市场的潜力也很低,无法控制海外营销活动。间接出口的关键是寻找理想的国内出口中间商。好的出口中间商能让企业的产品以较低的管理和资金成本迅速进入国际市场。

2. 直接出口

直接出口是指企业担负了国内代理商或者出口商的工作,通过直接联系国外销售代理、国外分销商或国外零售商将产品销到海外。直接出口与间接出口的区别是:企业与国外企业直接接触,参与到国际市场营销活动中,直接出口是企业开始真正进入国际市场的标志。通常直接出口在到达最终用户前至少需要一家中介公司。然而,也有些公司通过目录销售直接接触到国外消费者,如 L. L. Beans 户外服装、Austad 高尔夫器材以及国内消费者熟悉的戴尔电脑。直接出口的关键是建立自己的海外销售网络。直接出口是企业真正迈入国际化的标志。

(二) 出口的利弊分析

出口显著的优点体现在不在目标市场国家设立制造工厂,节省了巨大成本;同时产品销往更大的国际市场有助于企业提高产量,获得规模效应从而降低单位成本。出口也有很多缺点:首先,如果国外有更有利的生产产品的地区,如果企业仍在母国生产显然不利于发挥区位经济;其次,母国生产、国外销售可能涉及高额运输费用,尤其是大宗商品。再次,东道国关税壁垒的威胁使出口这种形式风险很大。东道国为保护本国相关产业的发展,很可能对进口商品征收重税,企业解决的办法就是在东道国当地开设工厂。最后,企业拓展国际市场时除非自己在海外建立全资子公司,否则如果将产品的营销、分销权交给目标市场国家的企业代理,可能达不到预期的结果,因为代理商可能还销售其他系列产品,或者其他企业的同类产品。

二、合同进入方式

合同进入方式是一个国际化经营的企业与目标市场国家企业之间在转让技术、工艺等方面订立的合作合同。合同进入方式主要输出的是技术和工艺。以下是主要的合同进入方式。

(一) 许可证贸易

许可证贸易指企业即许可方在规定的某一特定时期内,将自己的无形资产(包括专利、发明、配方、程序、设计、版权和注册商标等)提供给国外企业即接受方,同时接受方支付许可方一定的许可使用费。商标、商品名、著作权、设计、专利、商业秘密和专有技术都可能以不同的"混合物"形式出现在待许可的"包"中。许可证贸易主要用于制造企业。

在以下几种情形下,许可证贸易的优势是很明显的:

(1) 企业无力承担开发一个外国市场所必需的开发费用和风险。

(2) 目标国市场存在技术壁垒,限制进口或海外直接投资,或者存在政治不稳定因素。

(3) 企业拥有一些有商用价值的无形资产,同时自身不愿意开发某些应用领域。例如美国电话电报公司(AT&T)的贝尔实验室在 20 世纪 50 年代首先发明了晶体管电路,但是公司却没有生产晶体管,而是将技术提供给其他企业,如德州仪器公司等。

但是许可证贸易也有缺点,其中最大的缺点就是将无形资产提供给外国企业面临很大的风险。这些企业拥有的专利、技术、商标、版权等往往是自身竞争优势的基础,如果提供给外国企业,很容易丧失竞争优势,制造潜在的竞争对手。如果要减少风险,企业可以采用在签订合同时要求与对方互换专有技术的方法,即对方除了支付使用费外,还要同时拿出有价值的技术授权给自己。此外,还可以采用在技术许可的同时,双方共同投资新建一家合资企业,双方拥有了共同利益,可以增加合作成功的几率。例如,施乐公司在将复印技术转让给富士公司时,就通过建立了一家富士—施乐合资企业,降低了富士公司在获得技术后与施乐公司直接竞争的风险。

(二) 特许经营

特许经营是许可经营的派生品。特许经营中许可的是一个企业模式,特许方不但向接受方出售无形资产,而且坚持要求接受方严格遵守企业经营的规则,也就是说在特许经营的形式下,许可方授予某个个人或企业在指定地域内、特定时间内,以约定的方式从事经营的权利。接受方通常根据收入的一定百分比支付特许使用费,因此,特许经营中许可方会经常帮助接受方经营业务以求得更好的经营成果。

特许经营有不同的形式,其中工作特许、投资特许和经营模式特许最为常见。麦当劳公司就是企业利用特许经营战略而成长的例子。麦当劳公司对接受方如何经营餐厅有着非常严格的规定,包括对菜单、烹饪方法、雇员政策和餐厅的设计与布局等。麦当劳公司还为它的特许接受方组织供应链以及提供管理培训和资金资助。

特许经营的主要优点在于,企业能够迅速进入数个国际市场,比自主经营更快地在更广阔的范围内开展业务。这是由于特许经营中接受方对当地情况十分了解,并且在特许经营模式下经营积极性得到较大激发。特许经营模式还能使企业能够以最低的资金进行这样的扩张。同时,一个前景良好的特许经营会吸引很多跃跃欲试的参与经营者。

从许可方的角度来看,特许经营的主要风险在于特许经营可能给企业品牌名称带来不利影响。特许经营合同的基础就是企业的品牌向消费者传递了有关企业产品质量的信息。一旦国外的特许接受方达不到所要求的质量,就会产生问题,低质量的结果不仅仅导致在某一特定国外市场销售额的减少,而且会累及企业全球名声的败坏。例如,一个在上海希尔顿饭店登记住宿的顾客毫无疑问地要求得到他在纽约所能得到的同样的房间、食物与服务,因为希尔顿的名字本身就是同样产品质量的保证。如果顾客在中国香港的希尔顿饭店有了一次极糟的经历后,他可能再也不会去其他的希尔顿饭店,而且还会劝说他身边的人不再前往。而且,企业经常由于与它的国外许可接受方之间距离遥远或者数量庞大,很难发现质量问题。例如麦当劳公司有 1 万家特许经营店,这就使得质量控制十分困难。有效地解决这个问题的方法就是在企业扩张的每个国家建立分支机构(独资或者合资都可以),全面负责在该国或该地区建立经营点的一切事宜。麦当劳公司、肯德基公司、希尔顿饭店都采用这样的办法确保品牌质量。

此外,特许经营方式的局限性还在于,这种方式一般只适用于零售业、快餐业、饮料业、服务业等相对容易生产和经营的行业,而那些资本密集型、技术密集型行业则不适宜采用这种进入方式;特许经营对许可方来说利润有限,所以企业往往把它作为一种过渡方式,待积累经验后再向直接投资方式转移。

(三) 交钥匙工程

交钥匙工程是指国际企业与其他国家客户签订合同,利用先进的生产性技术承包当地的建设工程,获得巨大经济回报,并同意在合同到期时保证工程顺利运转,并将全面经营权移交给东道国客户,这就是所谓的交钥匙工程。交钥匙工程在化工、医药、炼油、基础建设等行业比较普遍,因为此类行业一般都需要复杂且昂贵的生产技术。

在东道国政府限制海外直接投资时,这种方式尤为有用。例如许多产油国的政府为了建设本国的炼油工业,纷纷限制外资直接进入采油和提炼部门,但是由于自身缺乏这方面的技术必须寻求海外合作者。拥有采炼专有技术的企业便利用机会通过交钥匙工程进入该国市场,获得经济回报。交钥匙工程由于持续时间相对较短,因此比对外直接投资风险要低。但是,由于交钥匙工程出售的是专有技术,无形中便树立了新的竞争对手,还有丧失竞争优势的风险。

三、投资进入方式

投资进入方式标志着国际化经营的最高阶段。国际化经营的企业在对外投资中可以部分或全部拥有另一国企业的某项经营。全世界对外直接投资的趋势正在迅速升温。

按所有权和管理控制范围划分,投资进入方式可分为两种:一种是母公司和当地企业共同拥有所有权和控股权的合资企业;另一种是母公司拥有完全的所有权和控制权的独资企业。对这两种形式分述如下。

(一) 合资企业

合资企业是由两个或两个以上的独立企业共同出资而成立的企业。典型的合资企业通常是双方各持有50%的股份,共同组成管理团队,经营权共享。也有些企业为了获得更大的控制权而持有多数股份。

1. 合资企业的优点

对于海外直接投资者而言,合资企业的优势主要表现在:

(1) 由于东道国企业的参与,企业可以获得有关东道国文化、语言、营销等方面的知识,减少因东道国政策发生变化带来的风险。

(2) 企业可以与东道国企业分担开发成本,共担风险。

(3) 在许多国家,出于政治上的考虑,合资企业往往是惟一可行的进入模式。

2. 合资企业的缺点

尽管合资企业有时是惟一可行的进入模式,它还是存在诸多弊端,主要表现为:

(1) 由于双方的背景、兴趣、动机等各不相同,对合资企业的经营目标的选择也不同,此外,由于文化、习惯等方面的差异,在管理方法上也容易产生分歧,这些都会给双方合作带来障碍。

(2) 对海外投资者而言,技术控制权有可能会拱手让给合伙人,其全球战略也往往难以得到很好的落实。

(3) 发展中国家作为东道国而言,由于经验和技术水平方面均与国际企业有较大差距,因而容易受控于国际企业,有时甚至遭受意外损失。

由此可见,合资企业的好处往往比较直接、明显,而且近在眼前,而合资经营的困难和问题则比较间接和隐蔽。有关调查发现,发达国家之间的合资经营企业的失败率高达50%以上,在发达国家与发展中国家之间这一比例更高。

(二) 全资子公司

企业要在海外建立全资子公司,这代表着更大的投入与承诺程度,并且比其他市场进入模式要求更多的资源投入。要在一个外国市场中建立一家全资子公司可以通过两种方式:建立绿地企业和并购现有企业。

1. 全资子公司的优点

从世界范围看,全资子公司数量很大,特别是在西方发达国家中,由外国投资者建立的企业中,全资子公司占较大比重。全资子公司之所以为投资者和东道国所普遍接受,是因为它具有其他方式没有的相对优势。

(1) 对于外国投资者而言,全资子公司具有以下优势:① 投资者对子公司有完全的决定权和控制权,在经营管理上能完全按照自己的意志和目标进行;② 对于拥有核心技术能力的企业而言,有利于技术与经营方针的保密,可以降低失去这种优势的风险;③ 可以独享全部经营利润。

(2) 对于东道国而言,只要独资企业管理得法,也可以获得很多好处,比如有利于汲取先进技术,提高国内劳动生产率;有利于培养人才,特别是技术、管理方面的高层次人才;还可以带动同行业企业,配套原材料工业、相关服务业的发展。

2. 全资子公司的缺点

建立全资子公司是所有进入国际市场的方式中需要投资规模与费用最高的,企业必须独自承担海外经营的全部成本和风险;此外,企业如果新建绿地企业,它必须独自面对在一系列全新的文化中经营的问题;如果并购一家东道国现有的企业,又面临着融合不同的企业文化所带来的问题。

3. 全资子公司的两种方式

(1) 绿地企业。绿地企业是指国际企业在东道国投资设立一家新的工厂或者某种实业投资。优势是明显的,企业不仅可以完全按照自己的愿望决定公司的规模、经营项目和经营范围等,而且对许多国际企业来说,从无到有构建企业文化、设立规章制度等比在现有并购企业中作改动容易得多。例如,美国焊接产品制造商林肯电气公司于20世纪80年代中期开始向海外扩张,主要通过并购、收购欧洲的焊接产品公司。但是林肯电气公司在美国的竞争优势主要在于它强势的组织文化以及鼓励员工想尽一切办法提高生产率的独特的激励制度。但在经历了痛苦的磨合后,林肯电气公司发现,它几乎不可能把它的组织文化和激励制度移植到被购企业中来,被购企业有着自身的组织文化和激励制度。结果,林肯电气公司在90年代中期改变了进入战略,开始通过投资绿地企业,白手起家建立经营点来进入外国市场。尽管这种方式要花费更多时间,但是林肯电气公司发现,它能比并购现有企业获得更长期的回报。此外,许多电子行业的国际企业,例如,苹果公司、王安公司、英特尔公司以及数字计算机公司也都采取了这种选择。

但是由于绿地企业建设速度慢,周期长,相应承担的各方面风险都高于并购现有企业,因此较之并购现有企业,绿地企业具有更大的不确定性。

(2) 并购现有企业。并购是指国际企业通过购买东道国现有企业而在东道国建立起自己的国际独资企业的行为。国际企业不仅在发达工业国家间进行,而且在对发展中国家或地区进行直接投资时也广泛地采用并购方式。并购涉及的领域也相当广泛,包括汽车工业、电信业、制造业、金融业、高科技产业等。并购的优点有:第一,可以迅速地取得成效。由于多数情形下,国际企业所并购的企业要么处在困境中,要么急于获得海外资金的注入,从而使国际企业可以以低于绿地企业的价格购得该企业;而且实施并购是在目标市场建立大规模设施的最快途径。第二,可以利用东道国企业现有的资源,不但包括有形的,如销售渠道与市场基础,迅速获得市场份额,并把国际企业其他子公司的产品引入该市场,迅速扩大企业规模和产品种类;而且还包括无形的,像管理人员对该国商务环境等的认识,这可以降低由于不了解当地文化导致出错的风险。

尽管并购有诸多优点,许多企业也的确偏好并购,但并购的成功率却不像想象的好。根据很多研究机构的调查,许多并购并不能为公司新增价值,有些甚至造成公司资产贬值。分析其原因,主要有:① 并购者付出高出被并购企业实际市场价值和潜在能力的费用,这可能是因为企业过高估计并购后产生的效应,另外,海外收购方经常要比国内买家支付更高的买价;② 由于并购者并不十分了解目标企业的民族文化与经营体制,导致并购前未能审查出潜在的问题;③ 实施并购后,由于文化与民族背景的差异造成的企业文化上的隔阂使企业管理在短时内遭遇困难。国际企业并购当地企业后往往要引入自己的管理模式,会与原企业的企业文化发生碰撞与冲突,可能造成管理人员的大量流失,这对并购企业是实质性的损害。

第二节 国际战略联盟

战略联盟的概念首先由美国 DEC 公司总裁简·霍普罗德和管理学家罗杰·内格尔提出。国际战略联盟是指两个或两个以上国际企业之间,为了某一特定的目标通过一定的方式所形成的合作协议。国际战略联盟使得国际企业能够获得那些在竞争市场上不能稳定获取的资产和能力。所获得的资产可以是有形资产,也可以是无形资产。通过合资来获得复杂的技术或者产品开发能力就是获得有形资产,与当地企业结成全球性联盟以提高企业在当地市场上的威望,所获得的就是无形资产。

一、为什么企业寻求国际战略联盟

建立国际战略联盟的企业绝大多数是出于考虑到不同的企业具有不同方面的优势,彼此联合起来就可以带来更大的竞争优势。归纳起来,国际企业建立国际战略联盟的主要动因包括几个方面。

(一)开拓国际市场

国际企业的首要目标就是向国外市场渗透,而建立国际战略联盟是开拓国际市场的有效方法之一,因此,开拓市场这个动因是最普遍的。事实也证明,形成联盟的许多企业的动机就是利用当地伙伴对当地市场的知识。例如美国摩托罗拉公司与日本东芝电器公司建立战略联盟,就是为了使自己的产品能更大规模地进入日本市场。

(二)共担风险

出于这种动机形成联盟的企业多出现在新技术新项目的开发领域中。由于开发新一代技术和产品意味着巨额的投资和巨大的风险,一旦项目失败可能是任何一家企业所无力承担的,于是企业倾向于加入战略联盟。

国际企业通过建立国际战略联盟,共同支付技术开发费用,共同承担开发风险,最后共同享有技术开发成果。如:波音公司与日本企业联盟制造 767 宽体商用喷气式飞机,波音公司的主要意图是寻求分担飞机开发所需要的近 20 亿美元的巨额费用。

(三)优势互补、技术共享

并非所有的企业拥有相同的技术优势,战略联盟可使各企业的技术及资产形成互补的优势,而所形成的综合技术和资产是任何单独一家企业所不能够拥有或开发出来的,通过联合,各企业就能以更快的速度和更高的质量向市场推出更先进的产品。以法国的辛普森公司和日本的JVC公司共同生产录像机所形成的战略联盟为例,辛普森公司与JVC公司两者之间实质上是在互换技能。因为辛普森公司需要产品技术和制造技术,而JVC公司需要知道如何在分散的欧洲市场上销售录像机产品。而日本东芝公司和韩国三星公司也是利用这种战略来增强各自的竞争优势的。

(四) 规模经济

通过两个或两个以上的企业联合,汇集资源,可以达到某一领域的最有效经营规模,帮助小企业成功地与大型国际企业竞争。例如,联合组成商用飞机制造商空中客车公司的一些欧洲公司中,没有一家能单独出资开发一家能与波音公司竞争所需规模的飞机制造公司。此外,大型企业也通过与其他企业联手合作,通过规模经济降低成本,提高生产效率。例如福特公司利用尼桑公司的设计生产前轮驱动的微型客车,通过与尼桑公司分担福特公司在俄亥俄州Avon Lake的组装厂的成本,不仅以较低的成本获得了设计,还能以通过其他方式难以取得的低成本进行生产。

(五) 低成本原材料和劳动力

对于合作双方分别来自发达国家与发展中国家的联盟往往有双重动机。来自发展中国家的企业寻求的是发达国家企业的技术、专利和资本投资,而发达国家企业更看重的是发展中国家企业的比较优势,如低廉的原材料与劳动力。通常这类联盟采用合资企业的方式,如许多美国和日本的企业看中东南亚国家廉价的劳动力,在那里建立合资企业。美国与欧洲众多企业纷纷到俄罗斯建立合资企业开发石油矿产,就是由于俄罗斯拥有丰富的未开发的石油与矿产储备。

(六) 有利竞争

传统的企业竞争方式就是采取一切可能的手段,击败竞争对手,把它们逐出市场,因此企业的成功是以竞争对手的失败和消失为基础,"有你无我,势不两立"是市场通行的竞争规则。战略联盟的出现使传统的竞争方式有了一个根本的变化,即企业为了自身的生存和成功,需要与竞争对手进行合作,即为竞争而合作,靠合作来竞争。

日本东芝公司的战略联盟就是一个很好的例证。东芝公司通过战略联盟成为一个世界上独一无二的竞争者,不仅帮助它渡过了日本经济严重萧条的时期,而且使之得到了世界上最重要最有希望的先进技术。与美国摩托罗拉公司的合资,使之成为世界第一号的大规模记忆芯片的生产者。在IBM公司的帮助下,成为世界第二大彩色平面显示器供应商。此外,核动力发电设备、电脑、传真机、复印机以及其他各种高级半导体、充电电池、医疗设备和家用电器等产品都是通过战略联盟而获得的。

二、如何建立有效的国际战略联盟

尽管国际战略联盟的优越性不容置疑,但是,它们具有内在的不稳定性,给管理运营带来巨大的挑战。麦金西咨询公司对49家战略联盟追踪调查的结果显示,有1/3的战略联盟因未达到合伙人预期的目的而失败。高比例的失败率告诉我们,战略联盟具有风险性。下面将从选择合作伙伴、确定联盟类型以及构建联盟等几方面阐述如何建立有效的国际战略联盟。

（一）选择合作伙伴——最重要的选择

选择合适的同盟者是国际战略联盟能成功运作的一个关键。选择一个合适的同盟者有以下参照标准。

1. 有助于企业实现它的战略目标

在组成国际战略联盟之前，潜在的合作者必须充分了解对方在合作项目上的战略目标，即在短期和长期内分别期望从联盟中达到什么目标。合作双方之间可以具有相同的战略目标，如共同开发新技术，共担风险，共享成果。如果合作伙伴具有本企业所缺乏的有价值的能力，也就是说，双方具有互补的目标也是有利的。例如，一家美国企业或日本企业可能拥有对一家发展中国家企业具有吸引力的先进的生产技术，而这家发展中国家企业可能占有当地市场很大的份额，并且能对合作伙伴提供通畅的销售渠道。这样的两家企业结成国际战略联盟就有利于双方达成各自互补的战略目标——美国或日本公司希望扩大当地的市场份额，而发展中国家的企业期望得到对方先进的制造工艺与技术。

2. 合作伙伴具有相当的管理风格

很多国际战略联盟的失败与建立联盟后的协调有关，因为国际战略联盟的管理者来自不同国家的不同企业，有着不同的文化背景和企业文化。由于组织或文化上的差异，又会导致会计政策、人力资源管理政策、财务政策等可能全都不同，这些差异都会在联盟成立后影响联盟的正常运转，因此，在国际战略联盟正式成立以前，双方必须就共同满意的管理风格、经营政策达成共识。一个管理风格不同导致失败的例子是GEC公司与西门子公司联盟的垮台。专家认为，西门子公司是一家工程公司，其价值观与德国企业文化的许多价值观一致，但是GEC公司是一个财务公司，双方管理者不能和谐共处是导致联盟失败的原因。

3. 合作伙伴不会为了自身目的而机会主义地利用联盟，即联盟的企业获得了合作伙伴的技术，却对联盟本身贡献甚少

这条标准源于罗伯特·赖克(Robert Reich)和埃里克·曼金(Eric Mankin)关于战略联盟的评论。他们认为战略联盟为竞争对手获得新技术提供了一条低成本的路径。他们认为日本在机器工具与半导体行业的成功主要基于通过战略联盟而获得的美国技术。美国企业通过战略联盟获得日本的市场，取得的只是短期利润。从长远看来，美国企业将面临被"蛀空"的危险——失去竞争优势。他们的观点似乎太绝对化，但是从这个角度看，与拥有"公平游戏"的名声的企业形成联盟更有利于联盟的长远发展。例如，拥有几百家战略联盟的IBM公司就拥有一个好搭档的名声，它不会允许公司为了自身利益而去损毁其他联盟成员的利益；同时，像索尼公司、东芝公司和富士公司这样的日本企业也拥有长久的与非日本企业联盟的历史，它们也不太可能机会主义地利用合作伙伴。

要选择一个合适满意的合作伙伴，企业还必须对潜在的联盟候选者进行综合性调研。如尽可能地收集有关潜在候选者的相关公开信息，从拥有相关信息的第三方收集数据与资料，其中包括与这些企业已经联盟的企业、与它们有过业务往来的金融机构以及曾经的员工的情况等。在正式联盟前，企业还应与潜在伙伴的管理人员进行面对面的沟通与洽谈，确保双方合作的正确性。

（二）确定联盟类型

国际战略联盟主要有两种类型：国际合作联盟和国际合资企业。国际合作联盟通常被简称为ICA，国际合作联盟可以是正式的，也可以是非正式的。国际合资企业通常被简称为

IJV，指两个或两个以上的企业拥有股权。表12-1概括了这些联盟之间的主要差别。

表12-1

国际战略联盟的类型与特征

联盟类型	非正式的国际合作联盟	正式的国际合作联盟	国际合资企业
参与程度	参与范围和时间有限，结合便利	较深入地参与，要求交换所有者企业的知识和资源	最深入地参与，要求交换财务，所有者企业的知识和管理资源
解散难易	易解散，任何一方都可以轻易解决	较难解散，由于合同约束了企业的法律责任和作出的承诺	很难解散，由于企业投入了大量资源并对独立的法律实体有所有权
对竞争者情况的掌握	通常竞争对手不清楚	通过商业出版物中的声明对竞争者有一定了解，但细节是保密的	由于合资企业是一个独立的法律实体，因此双方情况都很清楚
是否要合同	否	是	是
法律实体	无	无	是，独立的企业

1. 国际合作联盟

非正式的国际合作联盟是由两个或两个以上国家的企业之间形成的不具有法律约束力的合作协议。企业一般利用这种非正式的协议来检验伙伴在正式的协议下合作的能力，如果它不能有效地进行，任何一方都可以随时终止该联盟。例如，当地企业可以通过非正式的协议帮助营销外国企业的产品以换取该产品排他性的分销权。非正式的国际合作联盟双方都享受不到正式合同的法律保护，因此管理者通常不愿意在非正式的国际合作联盟中过多地交换资源，如产权信息，公司特殊的制造工艺等都属于对联盟伙伴保密的信息。

在正式的国际合作联盟中，由于企业之间达成具有法律效力的正式协议，故这种联盟比非正式的国际合作联盟更牢固。在正式的国际合作联盟中，协议中往往明确规定双方对联盟贡献的资源，企业为了获取所需信息，必须对联盟伙伴共享自身拥有的对对方有价值的东西，包括管理者、技术人员、制造设备、信息或者资金等。这种正式的国际合作联盟在某些高技术产业中十分普遍，因为该类产业研究与开发的高成本与高风险是任何一家企业无力独自承担的。如半导体工业生产驱动计算机和提供存储记忆的芯片，这是一个发展迅速的行业，意味着企业必须不断创新。由于联盟企业能够共享人才、分散风险以及大大加快产品从研究设计到投入市场的速度，所以，国际战略联盟在该行业是十分流行的。如IBM公司、东芝公司和西门子公司当年为生产下一代芯片，共同签订了一项为期8年，投资10亿美元的协议，聚集了来自三个国家的200名工程师共同研发。三星电子公司为了在欧洲、亚洲等地建造芯片制造厂广泛寻求合作伙伴，已经与日本NEC公司签订了一项芯片采购协议。

2. 国际合资企业

国际合资企业是由来自不同国家的两家或两家以上的母公司共同拥有的独立的法律实体，母公司在合资企业中拥有股权。一般而言，两家公司合资最为普遍，多个公司组成的国际合资企业一般称为财团，例如，空中客车公司就是由欧洲数个公司组成的财团，包括法国的Aérospatiale公司、德国的Messerschmitt Bölkow Blöhm公司、英国的Aerospace公司和西班牙的Construcciones Aeronáuticas公司。在国际合资企业中，有以下几点值得注意：① 合资企业中的各公司不一定持有对等的股权,经常有一方持有少数股权。某些国家的法律要求当地企业必须持有多数股权地位,这意味着两家公司组成的合资企业中外国公司拥有的股权最多不超过49%;② 合资企业中的股权不是一成不变的,公司可以增加或减少它的所有权比例。有些国家的法律也有关于限期外国公司必须让出所有股权的规定。但大多数情形下,公司增加或减少其所有权主要取决于合资企业的绩效或者公司自身的战略目标;③ 合资企业中所有权的认定取决于公司对联盟的贡献大小,合作伙伴可能以资金的形式入股,也可能以其他会给联盟带来经济利益的技术、工艺入股,无论何种形式都构成公司对联盟的贡献。在一家合资企业中,两家公司各拥有其50%股权,但可能一家公司只提供技术,另一家公司则提供所有的资金。

国际战略联盟还有一种类似合资企业变异的形式,即股权参与,联盟伙伴并不成立新的法律实体,而是一家国际企业在其他企业中占有少数股权,其战略目的在于确保供应商的能力和建立非正式的工作关系,也就是说合伙人继续以独立的实体而经营,但各自都能享受到对方优势所提供的好处。例如美国福特公司拥有日本马自达公司25%的股权,结果在小型汽车的设计与生产上得到马自达公司的大力支持,而马自达公司也依靠福特公司进入国际市场。

联盟形式多样,从灵活的、非正式的、需要投资最少的国际合作联盟的形式,到受到法律保护、协议约束的、需要大量资金技术投入的国际合资企业的形式。形式的选择最终取决于公司的战略意图、公司提供产品的性质、所处产业的性质以及公司拥有资源甚至所在国家的要求。

(三) 构建联盟

选定了合作伙伴、确定了联盟类型后,就有必要协商并签署协议,构建联盟了。联盟协议是将合作双方约束在一起,共同达成战略目标的法律性文件,所有条款都需要具有技术与谈判经验的谈判小组共同完成。

(1) 对于不想转移的关键性技术,联盟应设法增加转移难度,如企业封锁自身核心的敏感性的技术,防止它们泄露给其他参与方。在波音公司与日本企业联盟生产767飞机时,波音公司就对日本企业封锁了研究、设计和营销这些它视为会影响其竞争地位的主要功能,而只允许日方参与生产制造过程。

(2) 将防范措施写入联盟协议中,规范合作双方的行动。例如,TRW公司与日本汽车零部件大供应商之间有三个战略联盟以生产安全带、发动机阀门和驾驶盘齿轮,专供设在美国的由日本人拥有的汽车装配厂使用。TRW公司为保护自己,防止该日本企业与自己争夺北美市场,专门在每一个联盟合约中都有相关条款规定,禁止日本企业与TRW公司竞争为美国汽车公司提供零部件。

(3) 为保证双方平等得益,联盟双方可以事先同意交换对方所渴望得到的技术或工艺,这可以通过交叉授权合同实现。如摩托罗拉公司与东芝公司之间的联盟,摩托罗拉公司把它的一些微处理器技术授权给东芝公司,同时,东芝公司也将一些储存器技术转让给了摩托罗拉公司。

(4) 为获得联盟伙伴的可靠的承诺,可以采用较稳定的联盟方式如设立合资企业的方式。施乐公司与富士公司之间为亚洲市场建立复印机的长期联盟就是最好的例子。富士公司最初只想与施乐公司通过非正式的合同或技术授权安排得到施乐公司的复印机技术,但是施乐公司坚持与富士公司以各出资 50%的形式,共同投资建立一个企业以服务于日本和东亚。耗资巨大的合资企业使富士公司从一开始就很认真地投入运作,以期早日得到回报。施乐公司正是通过国际合资企业的形式确保了合作伙伴对联盟承诺的可靠性。

此外,还需提出的一点就是,企业构建了战略联盟后,要通过战略联盟获得最大的收益还需要在战略联盟中向联盟伙伴学习。一个企业在战略联盟中获益的决定因素之一是其向联盟伙伴学习的能力。在战略联盟中,不应只是付出,而应当学习联盟伙伴的长处,并将这种长处结合到自己的企业中去。例如,日本企业在与西方许多企业形成战略联盟后,都作出很大的努力去学习联盟伙伴的长处,结果是日本企业在联盟之后变得越来越具有竞争力,而西方国家的企业很少向它们的日本伙伴学习,它们往往只把联盟看成是一种分担成本、共担风险的工具,而日本企业将联盟看成是了解竞争对手竞争秘诀的绝好机会。通用公司与丰田公司 1985 年为生产雪佛兰·诺娃(Chevrolet Nova)建立了一个各拥有 50%股权的正式的合资企业——新联合汽车制造公司(New United Motor Manufacturing,Inc.),丰田公司在联盟后很快了解了美国企业的供应和运输以及如何管理美国工人的经验,并很快于 1988 年在肯塔基州的乔治镇开设了自己的工厂。相反,通用公司从联盟中得到的仅仅是一种新产品——雪佛兰·诺娃,原因是通用公司的管理人员在得到了日本企业的知识经验后,未能及时在通用公司内部推广,这些管理人员就被分散到通用公司下属不同的分支机构中去了。

本 章 小 结

本章主要内容是企业进入国际市场的方式和战略联盟。无论企业选择何种跨国经营战略,在进入国际市场时,企业还必须确定选择怎样的方式进入。

首先,主要讨论企业进入国际市场的几种主要方式,包括出口进入方式,合同进入方式和投资进入方式。出口是向国际市场销售产品的最简单的方式。尽管简单,它也是一种重要的进入方式,包括间接出口和直接出口两种形式。间接出口是许多企业对国际市场进行探索、实验并逐步获得国际市场营销经验的重要步骤,也是企业国际化经营的初步准备阶段;而直接出口才是企业开始真正走向国际市场的标志。合同进入方式是一个国际化经营的企业与目标市场国家企业之间在转让技术、工艺等方面订立的合作合同。主要的合同进入方式有许可证贸易、特许经营和交钥匙工程等。许可证贸易主要用于制造企业。特许经营中许可的是一个企业模式,特许方不但向接受方出售无形资产,而且坚持要求接受方严格遵守企业经营的规则。特许经营一般只适用于零售业、快餐业、饮料业、服务业等相对容易生产和经营的行业。交钥匙工程在化工、医药、炼油、基础建设等需要昂贵复杂技术的行业比较普遍。所谓的交钥匙工程,是国际企业与其他国家签订合同,利用先进的生产性技术承包当地的建设工程,获得巨大经济回报,并同意在合同到期时保证工程顺利运转,并将全面经营权移交给东道国客户。投资进入方式标志着国际化经营的最高阶段。投资方既可以选择与东道国企业建立合资企业,也可以通过建立绿地企业或并购现有企业两种方式建立全资子公司。

其次,介绍了国际战略联盟。国际战略联盟也是企业进入国际市场的一种方式,它的重要性日益明显。国际企业建立国际战略联盟有很多动机,包括开拓国际市场、风险共担、技术共享、为获得规模经济或者低成本原材料等。尽管国际战略联盟的优越性不容置疑,但是,它们具有内在的不稳定性,给管理运营带来巨大的挑战。因此,重点从选择合作伙伴、确定联盟类型以及构建联盟等方面阐述如何建立有效的国际战略联盟。

复习思考题

1. 合同进入方式具体有哪几种形式？
2. 如何确定公司进入国际市场的合适方式？
3. 国际战略联盟的形式有哪些？
4. 分别找一个成功的和失败的企业建立国际战略联盟的案例，分析它们建立国际战略联盟的动机及成功和失败的原因。

章末案例

福特公司的全球战略

美国福特公司很早就进入了国际汽车行业的激烈竞争中，今天已是世界上最大的国际企业之一。

一、国际化经营的状况

自从福特公司1909年在加拿大设立分公司，1911年在英国设立分公司以来，便开始对国外进行大量的直接投资。福特公司的战略包括寻找在国际上有竞争力的国家，在这些国家设立生产厂并打入国际市场。福特欧洲公司于1976年成立，包括了在西班牙、英国和德国的生产厂。其他工厂设在澳大利亚、亚洲、加拿大和拉丁美洲。

福特公司倾向于在国外投资是基于面对竞争对手如通用公司和欧洲汽车公司在技术上的竞争。1988年，福特公司在西欧获得了史无前例的16亿美元收益，相当于1986年在当地收入的3倍。如下表所示，福特公司在全球战略上取得了巨大的成功。

福特公司在小汽车和卡车上的国际市场份额

国家或地区	英国	德国	墨西哥	加拿大	澳大利亚
份额（%）	26.5	10.1	15.2	19.7	28.1
国家或地区	阿根廷	巴西	其他欧洲市场	其他拉丁美洲市场	其他市场
份额（%）	14.3	20.8	7.6	7.6	3.4

二、国际化经营的障碍

考虑到福特公司在国际化经营过程中克服的各种各样的障碍，应当说福特公司在国外的成功是相当不易的，而且福特公司还要根据当地政府的要求来不断地调整战略。例如，英国具有保守倾向的政府就曾试图实施反接管障碍法来阻止福特公司1989年对美洲豹公司的兼并。

在南非面对人权问题上，福特放弃了它的子公司——南非汽车公司。它采取了如下措施：

用其所有权的24%为3 800名员工设立了信托基金,并把其余的股权转让给了南非最大的矿产和工业巨头——英美公司。和其他的国际企业一样,福特公司也面临着诸如体现在工作价值上的文化差异问题。

尽管一些国家实施关税和配额,但福特公司的竞争力使得它成功地进入了全球的市场。然而,一些因素如外国的利率、税收、汇率等仍然限制福特公司海外业务的发展。美国跨国公司在国外的经营都受到了税率的限制,并因不断改变的税制体系而受到阻挠。

三、福特公司的"优秀中心"全球战略

1987年,福特公司把它在国内外的汽车公司联合起来实施一项新的全球战略。在全球战略的指导下,福特公司制定了一个名为"优秀中心"的计划。这个计划的提出是为了避免重复建设和充分利用福特公司在全球的工程中心。在这些中心工作的工程师参与全球每个系列的车型设计。通过其设立的全球工程系统——全球工程释放系统(WERS),福特公司完成了全球的网络联结。例如,这个系统使得一个在德国的工程师可以和一个在美国或英国的工程师在网上联系,并可以使计算机的数据传到世界上的任一地方。

福特公司的目标是利用规模经济来开发一个强大的世界范围的分销系统。为在全球市场中取得低成本领先的地位,"优秀中心"计划和广泛产品线的全球战略是相当一致的。

四、福特公司的合资企业、国外生产和许可经营

福特公司还从事其他的业务活动,如合资企业、在国外生产和许可经营。像许多其他的跨国公司一样,福特公司也和外国公司合资,以补偿地理上的空缺、填补市场空隙和生产大众车型如Escort。例如,福特公司拥有马自达公司25%的股权,与日产公司、日本主要的玻璃生产厂家——中央玻璃公司、韩国的起亚公司等合资,还在与南美的大众公司创办合资企业。

此外,福特公司还在国外建立生产厂,如西班牙、英国、巴西和墨西哥等。最后,福特公司和澳大利亚的Orbital Engine公司签订许可协定,为未来的小型车提供澳大利亚型号的两冲程发动机,这种发动机在除草机和早期的Saabs车上很有名气。

五、福特公司在美洲豹公司上的战略

福特公司在欧洲市场上很长一段时间唱着主角。福特公司在普通车型上同欧洲的一些大公司如大众公司和菲亚特公司展开着强有力的竞争。现在,福特公司准备在豪华车中参与竞争。福特公司认为豪华车市场的销量将会由每年的230万辆增至20世纪90年代中期的350万辆。这项预测显示出欧美豪华车市场将会比普通车市场具有更高的增长率。

福特公司的目标是进入豪华车市场。福特公司为达到目标选择了兼并具有高知名度且已经建成了的英国豪华车制造商。1987年,福特公司购买了Aston Martin Lagonda公司75%的股份,1989年兼并了美洲豹公司(Jaguar PLC)。

福特公司对美洲豹公司的兼并在汽车工业界引起了一系列的疑问和猜测。福特公司对美洲豹公司的目标是扩大生产和加速它的车型开发能力。福特公司要同宝马车和奔驰车竞争。为完成这一目标,福特公司需要投入比它花25亿多美元去收购美洲豹公司还要多的资金,因为美洲豹公司需要新车型和工厂投资。下表列出了美洲豹公司的实际成本估算。

美洲豹公司真正的成本估算

	百万美元
购买价(每股 14.25 美元)	2 600
新工厂和工具	650
新型车开发费用	400
26 亿美元的机会成本	1 200
总成本	4 850
减估算的 5 年净收益	500
5 年的总成本	4 350

有三个原因可帮助解释福特公司兼并美洲豹公司的战略：第一，美洲豹公司能加强福特公司在全球范围内的触角，并且填补在高档车上的空白；第二，1992 年欧共体贸易壁垒的降低使福特公司在豪华车上有了不可忽视的成长机会；第三，兼并美洲豹公司使福特公司可以应对日本豪华车的威胁。起初美洲豹公司在技术和质量控制上落后于日本和德国，但福特公司看重的是它的形象。美洲豹公司创出了自己的牌子，使消费者愿意花 6 万美元去购买它。

资料来源：http://www 2.22u.edu.cn/classware/zlgl/anli/al.htm。

案例讨论题

1. 从福特公司的案例中你得到什么启示？
2. 你认为福特公司追求的是哪种战略？

参考文献

1. 约翰·B·库伦.跨国管理——战略要径.北京：机械工业出版社，2003
2. 丁宁主编.企业战略管理.北京：清华大学出版社，北京交通大学出版社，2005
3. 王方华，吕巍主编.企业战略管理.上海：复旦大学出版社，2002

第十三章 进出口与对等贸易

第一节 国际货物买卖合同

企业可以通过进出口贸易的方式来降低成本支出,扩展国际业务,达到增加盈利的目的。只要能够掌握相关的业务操作,不论是大企业还是小企业都能利用进出口来获得更多的利润。要想掌握进出口的操作技巧,从事进出口业务,必须先了解国际货物买卖合同,因为所有的进出口贸易都是以国际货物买卖合同为中心进行的。

一、定义

不同国家的当事人之间订立的有关货物的进口或出口合同统称国际货物买卖合同或国际货物销售合同。它是交易当事人双方就各项交易条件进行洽商,并达成一致的结果。

二、有效成立的条件

国际货物买卖合同的有效成立必须具备以下条件:

(1) 当事人双方应具有法律行为的资格和能力。例如,若是自然人,必须是公民。未成年人对达成合同可以不负法律责任;精神病患者和醉汉在发病期间和神志不清时达成的合同,也可免去合同的法律责任。若是法人,则行为人应是企业的全权代表。

(2) 应是当事人双方在自愿基础上的意思一致。签订国际货物买卖合同是买卖双方的法律行为,不是单方面的行为,所以,只有双方当事人的意思表示一致,合同才能成立。如果当事人一方用诈骗、威胁或暴力等行为使另一方被迫达成合同,则在法律上是无效的。

(3) 必须互为有偿。国际货物买卖合同是双务合同,是互为有偿的,买卖双方都拥有权利,又都承担义务。

(4) 合同的标的和内容必须合法。例如,货物应是政府允许出口或进口的商品,货款和外汇的收付必须符合国家的有关规定。

(5) 按照我国法律规定,国际货物买卖合同必须采用书面形式。

三、基本内容

国际货物买卖合同是调整买卖双方权利和义务的法律文件,其内容一般包括三部分:

(1) 约首。这是指合同的序言部分,其中包括合同的名称、订约双方当事人的名称和地址(要求写明全称)。另外,在合同序言部分常常写明双方订立合同的意愿和执行合同的意愿以及执行合同的保证等内容。

(2) 本文。这是合同的主体部分,具体列明各项交易的条件或条款,通常有品名、品质、规格、数量、单价、包装、交货时间与地点、运输与保险条件、支付方式以及商品检验、异议与索赔、不可抗力和仲裁等条款。这些条款体现了双方当事人的权利和义务,为避免签订合同后买卖双方发生争执,应把这些条款规定得准确、详细和严密。

(3) 约尾。这是合同本文后的结尾部分,在该部分一般列明合同的份数、使用的文字及其效力、订约的时间和地点及生效的时间。

第二节 进口的一般程序

一、进口前的准备

(一) 进口商品审批

绝大部分的进口货物都须经过有关政府部门的审查批准。进口商品的单位根据国家的进口计划或经省、自治区、直辖市政府主管部门批准的进口计划提出订货申请书。

(二) 进口商品市场的调查和选择

进口商品市场的调查和选择主要是指通过多种渠道,广泛了解国外欲购商品市场的供销状况、价格动态和各国有关的进出口政策、法规措施和贸易习惯做法。根据进口商品的不同规格、不同技术条件、不同供应地区,进行分析比较,在贯彻国别地区的政策前提下,结合我方的购买意图,尽量安排在产品对路、货源充足、价格较低的地区市场进行采购。市场的调查研究包括许多方面:

(1) 进口商品调研。根据我方的经济实力和现有的技术水平,了解国外产品的技术先进程度、工艺程度和使用效能,以便货比三家,进口我方最需要的、商品质量相对较好、技术水平相对较高的商品。

(2) 国际市场价格调研。国际市场价格经常因为经济周期、通货膨胀、垄断与竞争、投机活动等多种因素影响变幻不定,并且各个国家和地区的同类商品由于自然、技术条件、成本、贸易政策不同等原因价格也不一致。这就要求我方对上述以及其他影响进口商品价格的诸因素进行详细分析,选择在价格最有利的国际市场采购商品。

(3) 国际市场供求关系的调研。由于商品产地、生产周期、产品销售周期、消费习惯和水平因素的影响,国际市场上我方欲购商品的供给与需求状况也在不断变化。为保障我方进口货源充足和其他有利条件,有必要对世界各地的进口市场的供求状况作详细研究,以便作出最有利的抉择。

(4) 在选择进口商品市场时,进口商品国家的相关贸易政策和法规也不容忽视。比如该国鼓励、限制商品出口的政策,海关税收,数量配额等。国家的政治局势动荡与否也值得关注。

(5) 进口商品在注重经济效果的同时,还要贯彻国别政策。凡是能从发展中国家买到同等条件的商品,应优先从这些国家购买。如果我方有贸易顺差,则更应安排对该国家的进口。有时商品进口市场的选择,也从政治上考虑,密切配合外交活动。

总之,进口商品的市场调查是多方面、全方位的综合研究,选择好进口商品市场也是商品进口经营方案的重要内容。

(三) 选择交易对象

在进口商品时,寻找和了解贸易伙伴的途径或渠道是很多的。例如,通过本国驻外商务机构、领事馆以及中央银行或其他外商银行的介绍;通过国际友好组织、各国的商业或工业民间组织以及国内外的国际咨询公司进行了解咨询;从国内外报章、杂志上的广告或企业名录、厂商年鉴中了解和物色潜在客户;另外还可通过举办各种展销会、广交会、小交会、博览会以结识客户。不过通过这些途径得到的信息都较为泛泛。为了对客户有进一步深入了解,可从以下几个方面对客户的资信进行调查分析:

（1）支付能力。主要是考察客户的注册资本额、营业额、潜在资本、资本负债和借贷能力等,以了解其财力状况如何。

（2）经营能力。分析了解客户的供销渠道、联系网络、贸易关系、经营做法等经营活动能力的大小。

（3）经营作风。主要是指企业的商业信誉、商业道德、服务态度、公共关系水平等是否良好。

（4）经营范围。包括企业经营的商品品种、业务范围以及是否与本国做过交易,客户背景等。

选择贸易伙伴直接关系着进口交易的得失与成败,是交易前准备工作中至关重要的环节。进口企业应通过各种途径从各个方面对客户进行全面了解,从而选择最合适、成交可能性最大的客户。

（四）制定进口商品经营方案

除了安排好采购市场和选择好交易对象之外,还要制定进口商品经营方案。在方案中还要对订购商品的数量、时间、价格、贸易方式和交易条件等作出妥善合理的安排,以作为对外交易洽谈和进口的重要依据。

订购的数量和时间安排,要根据用货单位的需要,洞察国外市场波动,防止采购时间、数量过度集中以致外商提高价格或提出其他苛刻条件等,争取在保证满足国内需要的前提下,在最有利的时机成交适当的数量。价格往往是买卖双方争论的焦点。如我方出价过低,不利于成交,完不成采购任务;出价过高,又将浪费国家外汇,甚至影响经济效益或亏损。因此在对国际市场价格作出详细调查的基础上,参照近期进口成交价,拟定出价格掌握幅度,并不宜过早透露给外商。

进口业务除采用单进的贸易方式外,还应针对不同的商品特点、交易地区、交易对象,灵活多样地采取招标、易货、补偿贸易、三来业务和技术贸易等多种方式;交易条件的制定,比如品质、运输、保险、商检,以及价格上的佣金、折扣等内容,也要在处理时机动灵活,以便既利于进口成交,又维护了我方利益。

（五）报批用汇计划

进口商品所用的一切外汇均须按一定程序向主管部门申请批准用汇计划。进口商品经政府批准,列入政府进口计划的,一般由中央向地方拨给外汇;地方进口商品使用的外汇来源主要有中央分配的、经中央批准的专项外汇和周转外汇。

（六）申领进口许可证

政府规定统一管理的进口商品和国际市场竞争性强的商品,以及中央各部门进口的许可证商品,由中央相关部门发证,其余授权地方相关部门发证。对进口商品实施许可证制是国家管理进出口贸易的一种重要行政手段。对于国家规定必须申领进口许可证的商品,进口单位必须于办妥进口商品的审批和申请外汇手续后,填制进口许可证申请表,连同有关应提交文件,向发证部门申领进口许可证。

二、进口交易的磋商

进口交易的磋商是签订和履行进口合同的基础,是国际购买货物交易程序不可缺少的重要组成部分。进口交易的磋商包括磋商的方式、内容和程序三个方面。

(一)磋商的方式

(1)书面洽谈方式,如采用信件、电报、电传、传真等通讯方式来洽谈交易。

(2)口头洽谈方式,如请外商来国内面谈或参加商品交易会、展览会、国际博览会等,另外还包括双方通过国际长途电话进行的交易磋商。

(3)行为表示的方式,如在拍卖市场上的拍卖、购进活动等。

(二)磋商的内容

进口交易磋商的内容,主要是就购进某种商品的各项交易条件,如商品的品质、数量、包装、价格、装运、支付、索赔、仲裁等进行协商。

(三)磋商的程序

进口交易磋商的一般程序包括:询盘、发盘、还盘和接受四个环节。其中发盘和接受是达成交易的必备环节和法律步骤。

1. 询盘

询盘是交易的一方口头或书面向另一方询问买或卖某种商品或某几种商品的各项交易条件。询盘对询盘人没有约束力,但企业在进行询盘时仍要注意策略。一是询盘的对象既不能过窄,也不能过宽。过窄不利于了解国外市场情况,过宽则会引起市场价格波动。二是询盘的内容既要能使客户进行工作,提供报盘资料,又要防止过早透露采购数量、价格等意图,被客户摸到底细。在书面洽谈的交易方式中,询盘还应注明编号以加速国外复电、复函的传递,并说明应报商品的种类和价格条件,并且对于商品品种、规格、型号、技术要求务尽其详,以免进口商品不符合要求。

2. 发盘

发盘是指交易的一方向另一方提出购买或出售某种商品的各项交易条件,并表示愿意按这些条件与对方达成交易、订立合同的行为。根据《联合国国际货物销售合同公约》(以下简称《公约》)的解释,构成一项发盘应具备以下四个条件:

(1)向一个或一个以上的特定人发出。比如出口商为招揽用货单位而向一些国外客户寄发的商品目录、报价单、价目表或刊登的商品广告等,都不是发盘。因为广告的对象是广大社会公众,商品目录、报价单和价目表是普遍发给为数众多的客户,这些都不属于特定的人。

(2)表明发盘人的订约意图和受其约束。这是指发盘人向受盘人表示,在得到有效接受时,双方即可按发盘的内容订立合同。发盘中通常都规定有效期,作为发盘人受约束和受盘人接受的有效时限。在有效期内,一般不得反悔或更改发盘条件。但发盘亦可因撤回而阻止未能生效或因拒绝、还盘、撤销、法律实施、过期等失效。

(3)内容必须十分确定。发盘内容应该是完整的、明确的和终局的。"完整"是指货物的各种主要交易条件完备,一般来说,一项发盘只要列明货物、数量和价格三项条件即可被认为其内容是完整的;"明确"是指主要交易条件不能用含糊不清、模棱两可的词句;"终局"是指发盘人只能按发盘条件与受盘人订立合同,而无其他保留或限制性条款。

(4)传达到受盘人。发盘无论是口头的还是书面的,只有被传达到受盘人时才生效,这是

《公约》和各国法律的普遍要求。

3. 还盘

还盘是指受盘人收到发盘后,对发盘的内容不同意或不完全同意而提出修改或变更的表示。为了进一步洽商交易,受盘人向发盘人提出修改建议或新的限制性条件的口头或书面表示。在我国的进口业务中,我方一经还盘,原发盘即失去效力,发盘人不再受其约束,一项还盘等于是受盘人向原发盘人提出的一项新的发盘。

还盘可以是还价,也可以是改变其他交易条件,如改变支付条件、改变贸易术语、提高佣金和折扣等,使各种交易条件对我方更有利。

4. 接受

接受是指受盘人无条件地同意发盘人在发盘中提出的各项交易条件,并同意按照这些条件订立合同的一种肯定表示。这在我国法律上称为承诺。根据《公约》的规定,一项有效的接受必须具备下列条件:

(1) 接受必须由受盘人作出。

(2) 接受的内容必须与发盘相符。按照法律原则,接受是无条件地同意发盘中交易条件。但根据《公约》精神,一些非实质性的变更,"除非发盘人在不过分迟延的时间内以口头或书面的通知反对",仍构成有效接受。

(3) 接受必须以一定的方式表示出来;《公约》规定:"受盘人声明或做出其行为表示同意一项发盘,即为接受;沉默或不行为本身不等于接受。"

(4) 接受通知必须在发盘有效期内送达发盘人。在进口业务中,如果对方发盘中的条件比较合理,且对我方较为有利,就要在有效的期限内发出接受的通知,以便正式签订书面合同。

第三节 出口的一般程序

一、出口前的准备

出口交易前的准备工作,主要包括对国际市场进行调查研究、制定商品的经营方案、落实货源,或者制定出口商品的生产计划、进行广告宣传、选定客户并与之建立关系等。

(一) 对国际市场进行调查研究

对国际市场进行调查研究、分析和对其发展趋势进行预测,是开展出口业务前应当做好的工作。只有做好了这项工作,企业才能做到知己知彼,掌握主动,作出正确的经营决策。对国际市场的调查研究,可分为对进口国别地区的调查研究、对商品市场的调查研究和对交易对象的调查研究三个方面。

(二) 制定出口商品经营方案或价格方案

出口企业在对国际市场调查研究的基础上,一般均应对所经营的出口商品制定出口商品经营方案。出口商品经营方案是根据国家的方针政策和本企业的经营意图对该出口商品在一定时期内所作出的全面业务安排。而对于某些一时难以全面掌握、不易制定经营方案的新小商品,可暂定价格方案。价格方案的内容一般比较简单,局限于成本核算和出口定价。

(三) 落实货源、制定出口商品生产计划

在制定出口商品经营方案或价格方案的同时,应按不同商品的具体情况和特点,及时根据经营方案,与生产、供货部门落实货源收购、调运或制定出口商品生产计划。

(四) 广告宣传

广告宣传工作是出口经营方案的重要内容,原则上应按原定的方案有计划、有步骤地进行。在做广告宣传前,应先有明确的目标,才能做到有的放矢。广告宣传的内容要针对不同市场和商品的特点,采用相应的方式与手段,要注意效果和体现出口国的风格。

(五) 选定客户和建立业务关系

在对交易对象进行调查的基础上,选择资信情况良好、经营能力较强的客户,通过采取主动发函、发电文和参观访问等方式进行初步联系,并与之建立起业务关系。在建立业务关系之初,为简化今后实际交易磋商的内容,可先与客户交换可适用于双方日后所有交易的"一般交易条件"并取得协议。

二、出口交易磋商和合同订立

出口企业在与选定的海外客户建立业务关系后,即可就出口交易的具体内容与对方进行实质性的谈判,即进行交易磋商。磋商的主要内容是买卖货物的各种条件。磋商既可通过交换书信、数据电文(包括电报、电传、传真、电子数据交换和电子邮件)等书面形式进行,也可以通过电话、面谈的口头形式进行。交易磋商一般要经过询盘、发盘、还盘、接受等环节,但是达成交易、订立合同的基本程序是:一方向另一方发盘和另一方对发盘的接受。除另有约定外,国际货物买卖合同于对发盘的接受生效时即告订立。然而在实际业务中,为了明确责任,便于履行,当事人双方通常要签署一份具有一定格式的书面合同。

三、出口合同的履行

(一) 备妥货物

根据出口合同规定按时、按质、按量准备好货物。在备货过程中,还应按照有关法律和行政法规报请主管机构检验或检疫,或自行安排检验,在取得检验或检疫合格证书,或自行检验符合要求以后,才能装运出口。

(二) 落实信用证

落实信用证包括催证、审证和修改信用证,如外国客户未能按合同规定及时开来信用证或在其他需要的情况下,出口企业应向外国客户催促开立信用证。在收到对方开来的信用证后,还得仔细地检查信用证的内容是否与事前商定的内容一致,若有不符,则要通知对方修改信用证,直到我方可以接受为止。

(三) 安排装运

收到信用证审核无误后应当立即办理发货装运手续。在办妥托运手续,明确载货工具后,必须及时办理运输保险,然后向海关办理出口报关手续。经海关查验放行后,将货物交由承运人接管或者装上指定的载货工具,并向承运人取得相关的运输单据。货物装运后,出口企业应立即将装运情况通知买方,以便买方准备接收货物和支付货款。对于由买方负责货物运输保险的交易,发出装运通知的时间还应适当提前通知对方,以便买方有足够的时间办理保险手续。

（四）制单结汇

货物装运后，应缮制和备妥有关单据，包括商业发票、运输单据和保险单等主要单据以及其他的单据。备妥单据后，即可向有关银行交单，收取货款，最后按照国家外汇管理规定进行外币的兑换。

第四节 常用的进出口单据与凭证

一、汇票

汇票（Bill of Exchange, Draft）是由一人向另一人签发的要求在见票时或在指定的或可以确定的将来时间向特定的人或其持票人无条件支付一定金额的书面命令。

按照是否附有单据，汇票可分为光票和跟单汇票。在国际贸易的货款结算中，绝大多数使用跟单汇票（即附有提单等货运单据的汇票）。在缮制汇票时应注意以下几个问题：

（1）必须列明出票根据，在信用证收付方式下，须说明是根据哪家银行在何日开立的哪一份信用证出具的。

（2）在信用证方式下，应按信用证的规定填写付款人；在托收方式下，付款人的名称一般应为进口方。

（3）在信用证方式下的汇票受款人通常应为议付行；在托收方式下的受款人应为托收行。

（4）汇票一般开具一式两份，两份具有同等效力，任何一份付讫，另一份自动失效，即"付一不付二"。

二、提单

提单（Bill of Lading, B/L）是由船长或船公司或其代理人签发的，证明已收到特定货物，允诺将货物运至特定目的地，并交付给收货人的凭证。提单是代表货物所有权的凭证，因而也是卖方提供的各项单据中最重要的一种，所以在制作提单时须注意提单的各项内容（如提单的种类、收货人、货物的名称和件数、目的港、有关收取运费的记载、提单的份数等）一定要与信用证相符。

三、保险单和保险凭证

保险单（Insurance Policy）和保险凭证（Insurance Certificate）是保险人（即保险公司）与被保险人（即投保人，一般为进出口商）之间订立的保险合同，当被保险货物遭受保险合同责任范围内的损失时，它们是被保险人索赔、保险人理赔的依据。

保险单（俗称"大保单"），是一种正规的保险合同，它一般包括下列内容：被保险人的名称、被保险货物的名称、数量或重量、唛头、运输工具的种类和名称、承保险别、起讫地点、保险期限和保险金额，还列有保险人的责任范围以及保险人与被保险人各自的权利、义务等方面的详细条款。保险凭证（俗称"小保单"），是一种简化的保险合同，除对保险人和被保险人的权利、义务等方面的详细条款不予载明外，其余的内容与保险单相同，并且与保险单有同等的效力。但在实际业务中，我国保险公司大都签发保险单，较少使用保险凭证。

四、商业发票

商业发票（Commercial Invoice）简称发票。它是出口企业开立的凭此向买方收款的发货价目清单,是供买卖双方凭此发货、收货、记账、收付货款和报关纳税的依据。发票并无统一格式,但其内容大致相同,主要包括:发票编号、开立日期、有关出口合同号码、信用证号码、收货人名称地址、运输标志和商品的名称、规格、数量、包装方法、单价、总值以及装运地、目的地等。发票内容必须符合买卖合同规定,在采用信用证付款方式时,则应与信用证的规定严格相符,绝不能有丝毫差异。另外,发票必须有发货人的正式签字方为有效。

五、产地证明书

产地证明书(Certificate of Origin)是一种证明货物原产地或制造地的证件,主要用途是提供给进口国海关凭此确定货物的生产国别,从而核定进口货物应征收的税率,有的国家限制从某些国家或地区进口货物,也要求以产地证明书来证明货物的来源。产地证明书一般由出口地公证行或工商团体签发。

六、检验证书

检验证书(Certificate of Inspection)是分别用以证明货物的品质、数量、重量及卫生条件。在我国,这类证明一般由中国进出口商品检验局出具,如合同或信用证无特别规定,也可区分不同情况,由进出口公司或生产企业出具,但应注意证书的名称及所列项目或检验结果,应与合同及信用证规定相同。

七、包装单和重量单

包装单(Packing List)和重量单(Weight Memo)是商业发票的补充单据。包装单主要用于工业品,对每件包装内的货物名称、规格、花色等逐一作详细说明,以便进口地的海关检验和进口商核对。重量单多用于以重量计价的初级产品,载明每件商品的重量,有的还分别列明每件商品毛重、净重,其作用与包装单相同。

八、普惠制单据

普惠制是工业发达国家对来自发展中国家的某些产品,特别是工业制成品和半制成品给予的一种普遍的关税减免优惠制度。普惠制单据(Generalized System of Preferences,GSP)是证明能享受普惠制的一种凭据。

第五节 贸易术语

贸易术语,是国际贸易中习惯采用的,用简明的语言来概括说明买卖双方在货物交接方面的权利与义务,其主要内容是规定买卖双方在货物交接方面的责任、风险和费用的划分。贸易条件是在长期的贸易实践中形成的。

一、有关国际惯例

在相当长的时间内,国际上没有形成对各种贸易条件的统一解释。后来,国际商会、国际法协会和美国一些著名商业团体经过长期的努力,分别制定了解释国际贸易条件的规则,这些规则在国际上被广泛采用,因而形成为一般的国际贸易惯例。有关贸易术语的国际惯例主要有以下三种。

(一)《1932年华沙—牛津规则》

该规则是国际法协会专门为解释 CIF 合同而制定的,它对于 CIF 合同的性质、买卖双方所承担的风险、责任和费用的划分以及所有权转移的方式等问题都作了比较详细的解释。该规则在总则中说明,这一规则供交易双方自愿采用,凡明示采用该规则者,合同当事人的权利和义务均应援引本规则的规定办理。经双方当事人明示协议,可以对该规则的任何一条进行变更、修改或增添。如果该规则与合同发生矛盾,应以合同为准。

(二)《1941年美国对外贸易定义修正本》

该修正本是由美国9个商业团体制定的,所解释的贸易术语共有6种。该修正本在序言中明确指出,本修正本的定义并无法律的约束力,除非有专门的立法规定或为法院判决所认可,为使其对有关当事人产生法律上的约束力,建议买卖双方接受本修正本的定义作为买卖合同的一个组成部分。该修正本的定义在美洲国家采用较多。

(三)《2000年国际贸易术语解释通则》

它是国际商会为了统一对各种贸易术语的解释而制定的。最早的《国际贸易术语解释通则》产生于1936年,国际商会先后于1953年、1967年、1976年、1980年、1990年进行过5次修改。现行的《2000年国际贸易术语解释通则》是国际商会根据20世纪80年代中科学技术和运输方式等方面的发展变化,在原《国际贸易术语解释通则》的基础上修订而成的。该通则共解释了13种贸易术语,其重要特点是在某种贸易条件下都规定了卖方可售电子单证代替传统购纸单据。

二、13种贸易术语

(一)工厂交货(EXW)

本术语英文为"EX Works(…named place)",即"工厂交货(……指定地点)"。它指卖方负有在其所在地即车间、工厂、仓库等地备妥的货物交付给买方的责任,但通常不负责将货物装上买方准备的车辆上或办理货物出关。买方承担自卖方的所在地将货物运至预期的目的地的全部费用和风险。

(二)货交承运人(FCA)

本术语英文为"Free Carrier(…named place)",即"货物交承运人(……指定地点)"。它指卖方应负责将其移交的货物,办理出关后,在指定的地点交付给买方指定的承运人照管。根据商业惯例,当卖方被要求与承运人通过签订合同进行协作时,在买方承担风险和费用的情况下,卖方可以照此办理。本术语适用于任何运输方式。

(三)船边交货(FAS)

本术语英文为"Free Alongside Ship(…named port of shipment)"即"船边交货(……指定装运港)"。它指卖方在指定的装运港码头或驳船上把货物交至船边,从这时起买方须承担货物灭失或损坏的全部费用和风险,另外买方须办理出关手续。本术语适用于海运或内河运输。

(四)装运港船上交货(FOB)

本术语英文为"Free on Board(…named port of shipment)",即"船上交货(……指定装运港)"。它指卖方在指定的装运港把货物送过船舷后交付,货过船舷后买方须承担货物的全部费用、风险、灭失或损坏,另外要求卖方办理货物的出关手续。本术语适用于海运或内河运输。

(五) 成本加运费 (CFR)

本术语英文为"Cost and Freight(…named port of shipment)",即"成本加运费(……指定目的港)"。它指卖方必须支付把货物运至指定目的港所需的开支和运费,但货物在指定港越过船舷后,货物的风险、灭失或损坏以及发生事故后造成的额外开支就由卖方转向买方负担。另外要求卖方办理货物的出关手续。本术语适用于海运或内河运输。

(六) 成本、保险费加运费 (CIF)

本术语英文为"Cost, Insurance and Freight(…named port of shipment)",即"成本、保险费加运费(……指定目的港)"。它指卖方除负有与"成本加运费"术语相同的义务外,卖方还须办理货物在运输途中应由买方承担购货物灭失或损坏的海运保险并支付保险费。本术语适用于海运或内河运输。

(七) 运费付至 (CPT)

本术语英文为"Carriage Paid to(…named place of destination)",即"运费付至(……指定目的地)"。它指卖方支付货物运至指定目的地的运费。关于货物灭失或损坏的风险以及货物交至承运人后发生事件所产生的任何额外费用,自货物已交付给承运人照管之时起,从卖方转由买方承担。另外,卖方须办理货物出关手续。本术语适用于各种运输方式,包括多式联运。

(八) 运费及保险费付至 (CIP)

本术语英文为"Carriage and Insurance Paid to(…named place of destination)",即"运费及保险费付至(……指定目的地)。"它指卖方除负有与"运费付至(……指定目的地)"术语相同的义务外,卖方还须办理货物在运输途中应由买方承担的货物灭失或损坏风险的货运保险并支付保险费。本术语适用于任何运输方式。

(九) 边境交货 (DAF)

本术语英文为"Delivered at Frontier(…named place)",即"边境交货(……指定地点)"。它指卖方承担如下义务,将备妥的货物运至边境上的指定地点,办理货物出关手续,在毗邻国家关境前交货,本术语主要适用于通过铁路或公路运输的货物,也可用于其他运输方式。

(十) 目的港船上交货 (DES)

本术语英文为"Delivered Ex Ship(…named port of destination)",即"目的港船上交货(……指定目的港)"。它指卖方履行如下义务,把备妥的货物,在指定目的港的船上不办理货物进关手续的情况下,交给买方,卖方须承担包括货物运至指定目的港的所有费用与风险。本术语只适用于海运或内河运输。

(十一) 目的港码头交货 (DEQ)

本术语英文为"Delivered Ex Quay(Duty Paid)(…named port of destination)",即"目的港码头交货(关税已付)(……指定目的港)"。它指卖方履行如下义务,将其备好的货物,在指定目的港的码头,办理进关手续后,交付给买方,而且卖方须承担所有风险和费用,包括关税、税捐和其他交货中出现的费用。本术语适用于海运或内河运输。

(十二) 未完税交货 (DDU)

本术语英文为"Delivered Duty Unpaid(…named place of destination)",即"未完税交货(……指定目的地)"。它指卖方将备好的货物,在进口国指定的地点交付,而且须承担货物运至指定地点的一切费用和风险(不包括关税、税捐及进口时应支付的其他费用),另外须承担办理海关手续的费用和风险。买方须承担因未能及时办理货物进关手续而引起的额外费用和风险。本术语适用于各种运输方式。

(十三)完税后交货(DDP)

本术语英文为"Delivered Duty Paid(…named place of destination)",即"完税后交货(……指定目的地)"。它指卖方将备好的货物在进口国指定地点交付,而且承担将货物运至指定地点的一切费用和风险,并办理进关手续。本术语可适用于各种运输方式。

第六节 国际结算

在对外贸易中,收取货款是卖方的主要权利,而支付货款则是买方的基本义务。目前,在进出口业务中所使用的货款收付方式多种多样,主要有汇付、托收和信用证三种方式,另外还有银行保证书(函)、国际贸易证书、外币现钞等方式。

一、汇付

汇付(Remittance)是指进口方将货款交由银行汇给出口方的国际结算方式,根据不同的汇款方法可分为信汇、电汇和票汇。汇付业务涉及的当事人有四个:付款人(汇款人)(Remitter)、收款人(Payee/Beneficiary)、汇出行(Remitting Bank)和汇入行(Paying Bank)。

(一)信汇(Mail Transfer,M/T)

信汇是指进口方将货款交给本地银行,请该行用信件委托出口方所在地的分行或代理行付款给出口方。

(二)电汇(Telegraphic Transfer,T/T)

电汇是指进口方请求本地银行用电传、电报、SWIFT等电讯手段委托出口方所在地的分行或代理行付款给出口方。

(三)票汇(Demand Draft,D/D)

票汇是指进口方向本地银行购买银行汇票,自行寄给出口方,出口方凭此汇票向汇票上指定的银行取款。

在国际贸易中,汇付属于商业信用,它取决于一方对另一方的信任,是进行资金融通的一种方式。在这种方式中,提供信用的一方所承担的风险很大,所以在实践中,除对本企业的联号或分支机构和个别极可靠的客户用以预付货款或货到付款外,主要用于定金、货款尾数及佣金的支付。

二、托收

托收(Collection)是出口方委托银行向进口方收款的一种方法,是指由接到委托指示的银行处理金融单据和/或商业单据以便取得承兑或付款,或凭承兑或付款交出商业单据,或凭其他条件交出单据。托收方式的基本当事人有四个,即委托人、托收行、代收行和付款人。

按汇票是否有单据托收分为光票托收和跟单托收两种。光票托收是指金融单据不附带商业单据的托收,即仅把金融单据委托银行代为收款。跟单托收是指金融单据附带商业单据或不用金融单据的商业单据的托收。在跟单托收方式下,出口商和进口商可以采用出口押汇和凭信托收据借单方式向银行获得融通资金。

托收方式与汇付方式一样,也属商业信用性质。出口商委托银行收取的货款,能否收到,全靠进口商的信用。而且,由于货物已经先期运出,一旦遭到拒付,就会使出口商陷入极为被动的境地。

托收方式给出口商带来极大的风险,但这种方式对于进口商来说则是极为有利的。因为进口商不需要预垫资金,或仅需垫付较短时间的资金。以托收方式进行结算,能够调动进口商的经营积极性,提高交易商品在国际市场上的竞争能力,从而使出口商达到扩大销售的目的。在对外贸易中,托收方式经常被用作一种非价格竞争的手段。

三、信用证

信用证(Letter of Credit,L/C)支付方式是指在国际贸易中,开证银行根据进口方的请求和指示,授权出口方凭所提交的符合信用证规定的单据和开立以该行或其指定的银行为付款人的不超过规定金额的汇票向其收款,并保证向出口方或其指定人按信用证规定进行支付。信用证支付方式的最基本的当事人有:开证申请人(进口方)、开证行(进口地银行)和受益人(出口方)。

信用证支付方式的一般程序是:

(1) 开证人按照合同规定向当地银行提出申请,并提供若干押金或其他担保,要求开证行向受益人开出信用证。

(2) 开证行将信用证寄给出口人所在地的代理银行(通知行)。

(3) 通知行将信用证转递或通知受益人。

(4) 受益人经审查信用证认可后,即可按规定条件发货;受益人发货后,备妥信用证规定的货运单据,开具汇票,在信用证有效期内送当地的议付行议付。

(5) 议付行经与信用证核对,确认汇票与单据符合信用证规定后,按汇票所开金额,扣除若干利息或手续费,将款垫付给受益人。

(6) 议付行将汇票、货运单据等寄开证行索偿。

(7) 开证行经审核单据无误后,付款给议付行。

(8) 开证行在办理转账或汇款给议付行的同时,通知开证人付款,赎回单据。

在对外贸易中,存在着买卖双方互不信任的矛盾,出口方担心先将货运单据交给进口方而收不到货款,进口方担心先将货款支付给出口方而收不到代表货物所有权的单据。建立在商业信用基础上的汇付和托收方式,不能适应国际贸易发展的需要,于是便出现了银行保证付款的信用证结算方式。它的性质属于银行信用,基本解决了进出口双方互不信任的矛盾,同时便利了进出口方向银行融通资金,可加快它们的资金周转。

因此,信用证支付方式在实践中日益被广泛使用,成为当今国际贸易结算中的一种最重要的支付方式。

四、银行保证书(函)

银行保证书(函)(Banker's Letter of Guarantee,L/G)是指银行应申请人的请求,向第三方(受益人)开立的一种书面信用担保凭证,银行对申请人的债务或履行的义务,承担赔偿责任。

在进出口业务中有时由于交货时间较长,或交货条件比较复杂,难以用信用证进行结算,而且当事人的一方对于另一方所作出履行合同的承诺又感到不够安全时,可要求对方提供银行保证书。银行保证书用途可分为用于进出口贸易的和用于投标的两种。

五、国际贸易证书

国际贸易证书(International Trading Certificate,IFC)是由出口商于收到外汇货款后签发给国外进口商,并由出口国著名银行认证过的一种证书,可由出口国中央银行或其指定机构签字核准,同意持证人有权向出口国返销一定金额属规定的大类范围内的回头货。这种证书可通过背书转让给第三者,证书受让人可以凭此向原发证的出口国出售回头货。国际贸易证书出现于20世纪80年代,由于有国家机关及银行的保证,所以大大有利于对等贸易的开展。

六、外币现钞

现代对外贸易中以现金结算货款是极个别的,而且一般限于小量的货款。在使用外币现钞结算时,有三种情况:① 使用卖方所在国的货币;② 使用买方所在国的货币;③ 使用第三国的货币。在具体选用哪国(地区)货币时,主要应考虑货币的可兑换性和稳定性。

第七节 对等贸易

对等贸易又称返销贸易、互抵贸易或反向贸易。对等贸易的形成,经历了漫长的历程,但至今还没有一个统一的解释,对等贸易的概念仍然是模糊不清的。然而,可以肯定,对等贸易是一种既买又卖、买卖互为条件的外贸方式。有些国家的政府可能会限制本国的货币兑换以保持足够的外汇储备用来偿还国际债务以及购买关键性的进口物资,这对出口商来说是个不小的难题,因为很少有出口商愿意接受以不可兑换货币支付的货款。此时,对等贸易能提供解决难题的一种方法。对等贸易的原则是当货物不能用货币支付时,就采取一些商品交换另一些商品的形式。对等贸易买卖的"商品"除有形的财产货物以外,也可包括劳务、专有技术和工业产权等无形财产。例如,沙特阿拉伯政府同意向波音公司购买10架747飞机,但要以原油交换,原油以低于国际石油标价的10%作价。又如,委内瑞拉政府与卡特彼勒公司谈成了一份合同。其内容是,委内瑞拉用35万吨铁矿交换卡特彼勒公司的挖土机设备。

一、对等贸易的类型

对等贸易可以运用在各种交易中,其基本形式可以归纳为以下几种。

(一)易货贸易

易货贸易是在买卖双方之间进行的货物或劳务等值或基本等值的直接交换,不涉及现金的收付。通过易货贸易,交易双方可以在不增加外汇支出的情况下,以商品和/或劳务换回本国所需的各种物资,从而促进本国经济的发展和改善本国的贸易平衡状态。在采用易货贸易方式交易时,买卖双方当事人以一份易货合同,确定交易商品的价值以及作为交换的商品或劳务的种类、规格、数量等内容。为了减少交易商品以及用于交换的商品和劳务的价格可能的波动所造成的影响,一般的易货贸易均为一次性交易,并且合同履约期较短。

(二)互购贸易

互购贸易也被称为对购贸易或平行交易,是最简单、最常用的对等贸易形式。互购贸易是一种现汇交易,指一方向另一方出口商品和/或劳务的同时,承担以所得款项的一部分或全部向对方购买一定数量或金额的商品和/或劳务的义务。在互购协定下,交易双方一般要签订两份相互独立的合同。第一份合同,也就是基础合同或主合同,规定出口方出口商品的质量、数量等有关内容。第二份合同则主要规定出口方购买对等贸易商品的义务。这两份合同由互购协定书联结起来。互购协定往往作为一揽子协定的一部分,并且常常与贷款协定、援助计划和部分现金支付方式相结合使用。

(三) 补偿贸易

补偿贸易,又称回购贸易,是在信贷基础上进行的,是指提供机械设备或交钥匙工厂的出口方,接受进口一方以该机械设备或工厂所生产的产品支付部分或全部价款的做法。回购方式做法比较简单,而且有利于企业的成本核算,使用较为广泛。所回购的商品一般在卖方所在市场销售或用于制成品的生产,卖方对回购产品的质量也较为关心和重视。但是,由于回购商品要等进口的机器设备安装投产后才能进行,交易期限往往较长,有时会长达5~10年,甚至还会更长。

(四) 抵销贸易

抵销是指一方在进口诸如国防、航空或宇航、计算机、信息交流等设备时,以先期向另一方或出口方提供的某种商品或劳务、资金等抵销一定比例进口价款的做法。抵销方式可以是为生产该设备而提供的零部件、投入的资金、所转让的技术以及技术培训、项目研究开发等。从出口商的角度来说,这种方式比直接的互购协议更具吸引力,因为它赋予了出口商在回购产品的选择上以更大的灵活性。抵销贸易自20世纪80年代以来开始盛行,在发达国家之间,以及发达国家与发展中国家的军火交易或大型设备交易中常被采用。

二、对等贸易的利弊

(一) 对等贸易的优点

(1) 能够为进出口交易提供一种融资方式。当一个国家很难为进口筹措所需的外汇时,如没有其他方式可选择时,对等贸易就成了开展交易的唯一选择。此外,由于对等贸易能够给国际企业带来更多的进出口机会,有些企业在可以进行现金交易的情况下也会选择对等贸易。

(2) 有时候,对等贸易是由政府强制要求的。当一家企业向某个国家或地区出口巨额的产品或服务时,该国的政府往往会提出开展对等贸易的要求。例如,作为获得印度航空公司订单的交换,波音公司被强制要求购买印度公司所生产的一些零部件,如飞机机座等。对于像波音公司这样的厂商,对等贸易正如一种战略武器,可以用来增强自己的竞争优势。

(二) 对等贸易的不足

(1) 在对等贸易情况下可能存在不对路的商品或劣质产品的交换,以致企业无法处置商品或者处置商品后发现无利可图,甚至发生亏损。例如,几年前,一家美国公司通过对等贸易从匈牙利进口的电视机50%都存在缺陷而无法销售,以致蒙受巨大损失。

(2) 即使收到了合适的高质商品,企业仍然需要耗费一定的时间和精力去妥善地处理它们,有时还须在企业内部专门设立一个贸易部门来安排和管理对等贸易,既费时又费钱。

一般情况下,除非别无选择,中小型企业在出口过程中会尽可能地避免对等贸易这种交易方式,因为它们不具备能够有效处理对等贸易下所接受的货物的能力;而有些多元化经营的大型企业则往往乐于采用对等贸易来开展其出口业务,因为一方面对等贸易可以给企业带来更多的出口机会;另一方面这些大企业很容易通过其遍布全球的业务网络来处理对等贸易下所接受的货物。例如,日本大型贸易企业之一的三井商社就十分擅长于开展对等贸易。该公司的贸易部门在全球有着120家子公司,几乎遍布制造业和服务业的所有部门,很容易处理对等贸易中所获的商品,并能从中获取利润。

本章小结

  本章先是介绍了国际货物买卖合同和进出口的主要业务程序,接着分别论述了进出口业务中较为常见的单据和凭证、贸易术语以及支付方式,最后,讲述了对等贸易。

  随着经济区域化、经济全球化的发展,国家之间的联系更加紧密,国家间的进出口也更加的频繁。然而,进出口对许多企业来说仍然是个挑战。在两个不同国家的企业开展进出口业务,其风险肯定要比在同一个国家进行的国内贸易要大得多。两个当事企业所在国家拥有不同的法律和文化、漫长的货物运输路线、冗长的业务周期等因素,都会使一些想通过进出口赢利的企业望而止步。

  因而从事进出口业务的企业必须掌握进口、出口的业务程序,了解与进出口有关的贸易术语、单据与凭证,熟练运用各种支付方式,争取将进出口风险降到最低。企业向货币疲软的国家出口商品时,往往会出现支付问题,这时就需要用到对等贸易。对等贸易是一种用商品和劳务代替货币进行支付的贸易方式,其优点和缺点共存,国际企业应当根据自身的实际情况予以灵活应用。一般说来,比起中小企业来,大型企业更加乐于采用对等贸易这种特殊的交易方式。

复习思考题

1. 订立国际货物买卖合同时,需要注意哪些问题?
2. 开展进出口业务之前应该做些什么准备工作?
3. 进出口贸易中常用的单证有哪些?
4. 进出口贸易中常用的贸易术语有哪些?这些术语各有什么含义?
5. 进出口贸易中常用的支付方式有哪些?其中哪些支付方式使用了银行信用?
6. 对等贸易有哪些优点?有哪些不足?面对对等贸易,国际企业应当如何进行取舍?

章末案例

阿特斯气象监测器公司

  阿特斯气象监测器公司(Artais Weather Check)是俄亥俄州的一个小公司。它专为小型机场生产自动气象观测系统,即AWOS。阿特斯自动气象观测系统能自动记录跑道上诸如风速、风向及气温等数据,并把这些数据转换为声音信息传递给飞行员。在美国除了阿特斯气象监测器公司外,仅有三家公司得到美国联邦航空局(US Federal Administration,FAA)的批准,可生产此种设备,而阿特斯气象监测器公司就占据了美国市场份额的80%以上。

  阿特斯气象监测器公司虽然在美国占有垄断性的市场份额,但它每年800万美元的销售收入中绝大部分来自海外市场。在美国,自动气象观测系统的市场需求很小。安装自动气象观测系统需4.5万美元至6万美元的费用。虽然全国拥有18 000家公共的及私人的飞机场，那些大型机场拥有不分昼夜的人工气象观测者，而多数小机场又支付不起这笔安装费用。因此，美国的自动气象观测系统的市场需求增长前景似乎很有限，每年大约75台。

阿特斯气象监测器公司为了不断增加销售收入，越来越重视出口销售。起初出口销售增长缓慢，或许是由于其管理层几乎没有国际经验，了解国外市场和出口运行机制就花去了好几年的时间。而现在，出口已猛增至约占公司总收入的2/3。但是，为了获得海外订单，阿特斯气象监测器公司不得不应付许多在国内从未遇到过的挑战。

首先遇到的是公司的知名度。虽然阿特斯气象监测器公司在美国的知名度很高，但它发现自己在海外的知名度几乎为零。另一个问题是面临的补贴竞争。在一些国外市场上，阿特斯气象监测器公司的主要竞争者得到政府补贴以保护就业。阿特斯气象监测器公司还发现必须根据海外市场的需要定做其产品。例如，为了在埃及销售产品，系统必须重新调试，使气象信息既能用英文又能用阿拉伯文显示。国外用户还要求能在当地购买到零部件，阿特斯气象监测器公司员工能为其安装系统并提供现场培训。所有这些都增加了公司的经营成本。

有些交易成功与否受政治因素的影响也很大。例如，有一次在罗马尼亚，阿特斯气象监测器公司历尽千辛万苦争取达成一笔交易，但就在即将成功的时候，这笔交易泡汤了，一个德国竞争者得到了这笔订单。根据一些当地人介绍，罗马尼亚政府正热切希望同欧盟发展贸易关系，因此将订单给了阿特斯气象监测器公司的德国竞争对手，以此讨好欧盟中最强大的成员国德国。阿特斯气象监测器公司还有几次输掉投标是因为它不愿接受新兴市场国家的货币作为支付工具，而是倾向于使用美元。

尽管面临着以上问题，阿特斯气象监测器公司仍然向中国、厄瓜多尔、沙特阿拉伯及埃及的许多机场销售了自动气象观测系统。阿特斯气象监测器公司发现这些海外销售合同比它的国内业务更有利可图，因为这些海外销售合同能使公司从零部件、安装费、培训费中获得额外利润。对自动气象观测系统中的基本产品，其海外合同额在20万美元至200万美元之间，而在美国的合同额只有4.5万美元至6万美元。在这个成功的基础上，阿特斯气象监测器公司推出了一套用来监测低空风切力的新系统。新系统每套成本35万美元，是专门为美国以外的市场设计的。据公司代表说，阿特斯气象监测器公司不考虑美国市场，是因为要满足美国联邦航空局的诸多规定需要大量的成本和时间。根据美国联邦航空局的标准生产的自动气象观测系统，每套成本可能高达100万美元，这超出了许多国外用户的购买力。新系统的最初两笔业务销往沙特阿拉伯，阿特斯气象监测器公司认为监测低空风切力系统的年销售额最终将会占公司销售总额的20%，这将全部来自海外，另外，公司相信其主打产品——自动气象观测系统的大部分销售收入仍将继续来自海外。

资料来源：查尔斯·W·L·希尔等：《国际商务：全球市场竞争（第三版）》，中国人民大学出版社2002年版。

案例讨论题

1. 阿特斯气象监测器公司已经在美国占据了垄断性的市场份额，为什么还要积极开拓国际市场？

2. 阿特斯气象监测器公司在开拓海外市场的过程中，可能会遇到哪些困难？它应当如何应对?

3. 阿特斯气象监测器公司将中国、厄瓜多尔等一些发展中国家作为主要的目标市场,这种做法明智吗? 为什么?

4. 阿特斯气象监测器公司这样的小公司在开展进出口业务时,应当注意些什么? 如何才能将经营风险降到最低?

参考文献

1. 王亚星.国际贸易理论与政策.北京:中国人民大学出版社,2005
2. 张祥.新经济与国际经济贸易.北京:中国对外经济贸易出版社,2001
3. 贾金思主编.国际贸易通论.北京:中国人民大学出版社,2004
4. 罗明,寿康主编.进出口贸易.北京:科学出版社,2004
5. 柳博.进出口业务知识.广州:华南理工大学出版社,2003

第十四章 国际企业的生产与原材料管理

第一节 生产与原材料管理的战略目标

生产和原材料管理并不是两项相互独立的价值创造活动,它们之间存在着紧密的联系,因为一家企业高效率的生产有赖于持续、稳定的原材料供应,而原材料供应又是原材料管理的一项重要内容。

国际企业的生产和原材料管理有着许多的战略目标,而降低成本和提高质量是其中的两大共同目标。将各项生产活动安排到合适的地点,从而能以较高的效率来开展每一项活动,进而达到降低运营成本的目标;有效地管理全球供应链,使得供需较好地达到一致,减少系统中的存货,节省企业投入到存货上的营运成本,改善企业的成本结构,达到降低成本的目的。至于提高产品质量的目标,则可以通过减少或消除原材料供应和生产过程中的次品来实现。

事实上,降低成本和提高质量这两个目标并不是彼此独立的,如图 14-1 所示,注重提高产品质量的企业往往也会降低其运营成本。

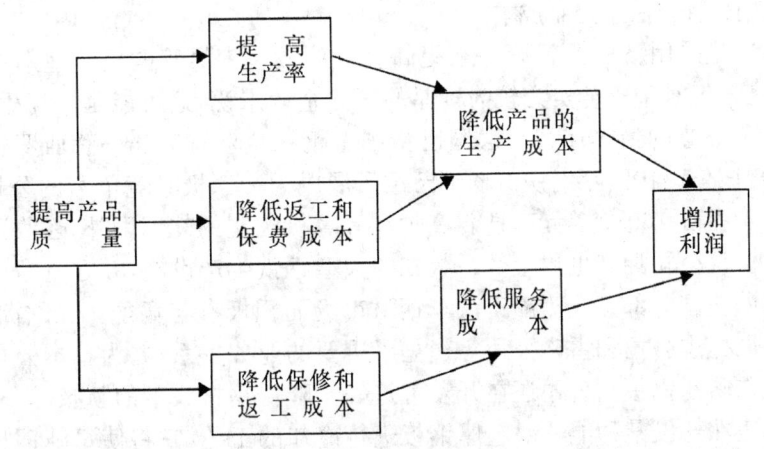

图 14-1 质量和成本的关系

加强质量控制可以在三个方面降低成本:① 加强质量控制能够减少或避免将时间花在那些不适销的劣质产品的生产上,可以大幅提高生产效率,导致相应单位成本的下降;② 在严格的质量控制下,次品率的下降可以降低相关返工率和报废率,进而节省返工和报废成本;③ 次品数量的减少,可以降低相关的保修成本。

国际标准的逐步提高使人们对产品质量的重要性给予更多的关注。例如在欧洲,如果一家公司想要获准进入欧盟市场,它的产品质量必须符合欧盟相关的 ISO 质量认证标准。虽然 ISO 系列的认证过程对许多公司来说略显官僚主义,相应的成本也较高,但它确实能够使管理层将注意力集中在提高产品和工序的质量上。

在国际商务中,除了降低成本和提高质量,适应各地区市场的需求和对客户需求变化作出迅速反应,也是生产和原材料管理的两个较为重要的目标。首先,生产和原材料管理必须满足各个地区市场的需求。各地区市场的需求会体现出来源于各地客户兴趣与偏好、基础设施及销售渠道等方面的差异,这些需求需要公司通过生产管理和供应链的协调来予以满足。例如,公司可以在靠近地区市场的地方开展相应的生产活动,也可以根据各地市场上客户的具体需要订制产品。其次,生产和原材料管理要及时适应客户的需求变化。当客户的需求发生较大的转变时,能够最快地适应需求变化,在第一时间作出相应调整的企业将在竞争中处于有利地位,而合理、有效地开展生产和原材料管理活动,则有助于提高企业在这方面能力,能够使企业在竞争中占上风。例如,利用互联网进行订货和采购可以使供需在一定程度上保持一致,更快、更好地满足客户需求,像美国的戴尔公司就做到了这一点。

第二节 国际企业的生产

在生产产品和提供相应服务的过程中,国际企业将面对多方面的问题,它们包括成本、产品质量和生产系统。

一、成本

前面讲到,降低成本是企业生产活动的战略目标之一。只有合理地控制好成本,企业才能在经营中获利,在激烈的市场竞争中立于不败之地。为了实现低成本目标,国际企业通常会在生产过程中利用各种方法来控制成本。

第一种方法是采用新机器新设备来提高生产的效率。尽管购买这些新的生产设施会导致巨额的支出,但对于资金实力较为雄厚的国际企业来说,这可能是提高生产效率、降低成本以保持竞争优势的最佳途径。法国巨型国有钢铁企业犹齐诺—萨西罗公司提供了一个很好的例子,该公司在国际钢铁市场中已经发展成为一家极具竞争力的公司。犹齐诺—萨西罗公司除了投资 160 亿美元建造新高炉和计算机控制的轧钢厂外,还收购了一些德国和美国的工厂。该公司拥有世界上数一数二的大型钢铁生产设施,并在竞争中利用了这一优势。该公司的美国分部正在为赢得汽车钢材市场而积极参与竞争。在欧洲,犹齐诺—萨西罗公司已经同标志公司和雷诺公司等建立了重要的业务关系,并为日本公司在英国的工厂提供特种工艺防锈钢板。公司还在开发可进一步降低钢材成本的新技术。例如,该公司的不锈钢分部正在开发某种能够对超厚钢板进行冷却的工艺,它将使每吨钢材的生产成本降低 130 美元左右。

第二种方法是利用廉价的劳动力资源。发展中国家的工资水平远低于发达国家,因而国际企业往往会将一些劳动密集型产品的生产安排在发展中国家或其邻近地区进行,以便利用当地廉价的劳动力来达到降低成本的目的。产生于墨美边界的边境产业便是一个很好的例子。为了利用墨西哥低价的劳动力,数百家美国公司在那儿投资建厂,其中包括 TRW 公司,该公司在那里的工厂生产汽车安全带;还有马特尔公司,该公司在那里的工厂生产芭比娃娃房子和迪斯尼婴儿奶嘴。

第三种方法是开发可降低成本的新的生产方法。例如,在美国,公司一般在新产品被开发出之后再计算销售价格。如果认为价格太高,那么或者对产品进行重新设计,或者接受更低的利润率。日本公司则首先确定产品的目标成本,然后再进行设计、制作和采购定价工作。所有这些方面的工作人员都要致力于以预定价格推出产品。这种独特的成本管理系统帮助日本公司更大幅度地削减了成本,增强了竞争力。

第四种方法是不以单个产品为基础,而是将单个产品作为一组相关产品的一部分来进行产品定价。例如,一家饮料公司不是评价开发某种新饮料所需要的费用,而是考察整个饮料产品线的成本与收入。可口可乐公司在日本的经营就是一例。在日本,每年都有1 000多种新的软饮料、果汁饮料和冷咖啡饮料被推入市场,其中90%会遭遇失败,但是这并没有阻止可口可乐公司每月向市场引入一个新产品的行动。从会计成本的角度看,这并不是一种有利可图的明智做法,但正如可口可乐公司一位经理所说的:"我们知道这些产品中有些只能生存一二个月,但是我们的竞争者在卖这些产品,我们不得不生产它们。"

二、产品质量

与降低成本一样,提高质量也是生产的战略目标之一。生产高质量的产品,一方面可以降低成本(如前面所述);另一方面能够较好地满足客户需求,树立企业的良好形象,提高企业的市场竞争力。因而,几十年来产品质量一直是衡量商业成功的重要标准。汽车工业能够很好的说明这一点。日本公司通过"改善(Kaizen)"或连续改进的方法占据了很大的市场份额。丰田汽车公司就是一个很好的例子。该公司曾经连续不断地努力降低成本,提高绩效。公司实现这一目标的途径之一是投入巨额的研究与开发费用。另一个重要的成功因素是保证产品所有零部件和整体质量的精心设计、施工和工艺安排。近些年,美国汽车制造商(尤其是福特公司)也通过成功改进产品质量而获取了市场份额。欧洲汽车制造商也意识到了问题的严重性,对产品质量予以高度重视。

企业通常采用全面质量管理(Total Quality Management,TQM)来达到提高产品质量的目的。TQM方案把提高企业的产品和服务质量作为重点,建议管理应创造一种环境,在这样的环境中,员工们敢于反映问题并提出改进建议。他们还提出工作标准不应仅仅定义成数量或定额,也应包括一些与质量有关的指标;管理部门有责任培训员工掌握新技能以跟上工作环境发生的变化;企业的所有员工都应当承担提高产品质量的义务。

近年来,许多公司又采用了继TQM之后的六个西格玛(6Σ)方案。6Σ是一项旨在全公司范围内减少次品、提高生产率、消除浪费和削减成本的统计理念。6Σ计划已经被诸如摩托罗拉公司、通用电气公司等一些大公司所采用。在6Σ下,生产过程99.99966%的正确,每百万单位产品中仅有3.4个次品。尽管要达到如此完美的高质量的程度几乎是不可能的,一些大公司仍然以6Σ质量为奋斗目标。

三、生产系统

生产系统是指以创造价值为目的的一组相关活动。在生产过程中,这一系统包括地理位置、工厂布局和物资管理。

(一)地理位置

地理位置是十分重要的因素,因为它对生产和销售都会产生重要影响。许多国际企业都已经发现,各个国家的政府(国家政府或地方政府)均愿意提供减免税收和其他形式的金融优惠待遇以鼓励外商来本国投资建厂。与地理位置有关的其他一些考虑因素包括劳动力的充裕程度、成本、原材料、能源供给条件、东道国的政治局势、经济发展态势以及运输和通信系统的发展状况。许多国际供应商会在靠近其主要用户的地方建立生产工厂。例如,福特公司在西欧建立了一体化的生产网络,而福特公司的供应商们作为这一生产网络的一个组成部分而保持着与该公司的业务关系。

(二) 工厂布局

工厂的布局也很重要,因为它会影响企业的生产效率。例如,绝大多数汽车制造厂实行的生产线布局是让工人站在工位上,而让被组装的汽车在工位前流动通过,工人则在工位上进行安装收音机、空调机和内装饰等作业。而在其他一些制造工厂,一些在全球具有竞争力的公司采用更有效率的 U 型单位(U-shaped-cell)流水线。国际著名的生产制造专家舍恩伯格(Schonberger)就指出,U 型生产线设计可以使一个人关照几个工位,进而加快上料和残次品再加工速度,提高生产效率。

(三) 物资管理

物资管理指精心计划物资存储的时间、地点和数量以便保证达到最高的生产效率。这一管理活动部分是通过精心的供应链管理而实现的,部分则是由生产布局所决定的。例如,通用电气公司采用了可以显示生产某种产品每一细小步骤的工艺图。利用该图,公司得以对生产运作中的每一个步骤进行研究,进而确定哪些环节是多余的、哪些环节可以进行精简。结果,公司的某些生产环节将工作时间减少了 50% 以上,大幅度提高了相关生产的效率。

第三节 国外工厂的战略地位

国际企业通常选择合适的地理位置来安排生产活动,利用当地各种有利条件来降低成本,提高企业的整体运营利润。因而,企业往往会在国外(特别是发展中国家)建立生产工厂,运用工厂所在地的优势资源(如廉价劳动力、丰富能源等)来达到低成本、高效益的目的。这些工厂在企业的整个运营体系中起多大作用? 其战略地位如何? 这是国际企业所必须思考的。

国外工厂的战略地位是随着时间的推移而逐渐改变的。刚开始,许多国外工厂建立在劳动成本低的地方。它们的典型战略作用是以尽可能低的成本生产劳动密集型产品。例如,从 20 世纪 70 年代开始,很多生产计算机和电信设备的美国公司在东南亚设立工厂,以最低的成本生产电子元件,如电路板和半导体等。它们把工厂设在马来西亚、泰国和新加坡等国家,因为这些国家都提供了低劳动成本、重组的基础设施、优惠的税收和贸易制度。起初,这些工厂生产的元件是在别处设计的,组装也是在其他国家进行的。随着时间的推移,一些工厂的战略作用发生了变化,它们慢慢变成了全球市场上重要的设计和装配中心。

国外工厂战略地位的提升,主要是由于很多国外工厂自身的能力提高了。这种自身能力提高的原因有两个。首先,来自总公司改善工厂的成本结构的要求或根据特定地区消费者的需要定做产品的压力会引发一系列变化,最终导致工厂的新能力的产生。例如,为了满足总公司降低成本的要求,惠普公司新加坡工厂的工程师建议重新设计产品,以便以更低的成本进行生产。这导致新加坡工厂成为一个设计中心。由于这个中心被证明是物有所值的,惠普公司的管理层慢慢意识到在不同地方同时开展设计和生产业务的重要性,并逐渐将更多的设计任务转移给新加坡工厂。此外,新加坡工厂最终成为专门为亚洲客户定做产品的设计中心。这样,绝大部分产品由靠近亚洲市场的工程师来设计,比起在大洋彼岸的西方工程师来,他们能够更好地了解亚洲市场的需求,能够开发出更适合于亚洲市场的产品。其次,工厂所在国先进生产要素的日益丰富也会提高国外工厂的战略地位。以前被认为是经济落后的国家,曾经由于缺乏先进的基础设施而无法从事尖端的设计和生产活动,经过多年的快速经济发展,它们的通信和交通基础设施及国民的受教育水平都有了很大的提高。这些国家的工厂得以更大程度地发挥其战略作用。

由于这些发展和变化,很多国际企业正在摆脱那种仅仅将海外工厂视为低成本制造基地的体制,并转而把国外工厂看作是分布全球的中心系统。在这一模式中,国外工厂起着十分重要的作用,它们被用来设计和生产那些服务于重要国家或地区甚至全球市场的产品。

国外工厂能够随着时间的推移而提升自身的能力,对国际企业的经理来说,应当清楚认识到这一点。经理们不应把国外工厂仅仅看作血汗工厂,在那里利用不熟练的劳动力大量生产低成本、低技术含量的产品;而是应该把这些工厂看作潜在的中心系统,鼓励各地区负责人努力提高当地工厂创造价值的能力,从而提高它们在公司体系中的战略地位。

一旦国外工厂建立起来了,有价值的知识和技能也积累起来了,不应仅仅因为诸如工资率等一些基本变量的变化就把设计和生产业务转移到别的地方进行。例如,惠普公司始终将工厂设在新加坡,在新加坡工人工资率上升的过程中,并没有将生产转移到越南、中国等地。因为惠普公司认为新加坡工厂已经积累起了很多知识和技能,其价值完全可以弥补工资率上升带来的损失。

第四节 自制和外包

国际企业最复杂、最重要的商业决策之一就是如何从外部供应商那里获得所需的零部件、工序和服务(外包)。这一决策会影响运营中的每一道工序,并覆盖每一个领域:仓储、分销、运输、生产、装配、销售、人力资源、设计、工程、采购甚至是相关服务领域。自制所有这些作业成本太高而且难以控制,存在很大的困难,实施部分业务的外包是十分必要的。但是如果自制或外包的决策错误,将适合自己经营的业务外包出去,则可能导致严重的后果,使企业遭受巨大的损失。例如,在 20 世纪 50 年代美国电视商向亚洲供应商外包电视零部件的决定使得亚洲电子工业获取了这一技术领域的立足点。技术的转移使得一些供应商成为主要的竞争对手,抢占了许多美国市场,把最先发展这项技术的美国生产商挤出了市场。因而,在作自制或外包决策时,企业必须慎之又慎,要采取合理的步骤,权衡考虑战略、成本等多方面的因素,选择对企业最为有利的自制或外包方案。

自制或外包决策一般可以通过以下步骤来作出:① 评估技术和需求趋势;② 评估战略合作和核心竞争力;③ 进行自制或外包的成本分析;④ 考虑非成本因素并达成一致意见。

一、评估技术和需求趋势

在评估技术和需求趋势方面,作自制或外包决策的负责人应当仔细考虑以下几个因素。

(一) 新产品的完善

自制或外包决策通常是在新产品的完善初期中开始的。因为产品、服务、装配或零部件还没有设计出来,可能只有很少的信息资源可为作决策提供参考。正在构思中的商品可能代表还不熟知的技术或工序。在此情况下,除非正在考虑的技术涉及核心竞争力,实施外包很可能成为首选的决策。

(二) 战略完善

自制或外包决策也可能被商业战略完善过程所影响。公司的高层经理也许会认为资源获取形式的改变是必要的。例如,在20世纪90年代,通用电气公司的首席执行官杰克·韦尔奇(Jack Welch),确定了一个基本政策:某一产业中不处于第一或第二的事业部就会被通用电气公司放弃(即使这些企业中有很多在当时还是赢利的),而如今,通用电气公司在它所涉及的工业领域中都是赢利的。

(三) 企业和社会的绩效

自制或外包决策还取决于外部供应商能否满足企业的要求。如果一个供应商被证明没有能力或者不愿意提供某些零部件或服务,或者表现出不愿意继续完善,那么企业就必须在自己生产这些零部件和寻找其他的供应商之间进行选择。同样,当企业的绩效不能满足要求,那么企业就会面临寻求有能力的供应商还是花时间、资源来提升企业能力的选择。

(四) 需求变化

由技术创新引起的销售需求或市场经济的改变会导致市场的重大转型,这种转型常常需要重新审视获取资源的优先途径。如果一种产品或服务的需求急剧下降,有可能需要改变从内部获得资源生产产品的方式,而从外部获取资源并充分利用外包的实物资产和智力资本。特定类型的供应商会专注于少量的产品或者与其他买方一起合作实现经济效益。当需求上升时,为实现规模经济而自制零部件或服务便成为吸引企业的决策。

(五) 技术生命周期的转型

改变技术同样会影响自制或外包决策。技术生命周期是指特定的技术在其过时之前所持续的时间。例如,奔腾Ⅲ处理器取代奔腾Ⅱ处理器,奔腾Ⅳ处理器又取代奔腾Ⅲ处理器。如果一项技术比较成熟或稳定,那么这项技术的生命周期就会持续比较长的时间。在此情况下,对这项技术的投资将会取得较长时间的回报,比较适宜自制。而如果技术的更新换代很快,外包将是明智的选择,它能够将风险转移到专门从事技术开发的社会机构,同时能够更好地控制内部风险。

对零部件和物料以前生命周期的仔细分析,可以使国际企业对潜在的技术生命周期有所认识;另外,在许多企业,产品设计者密切关注着零部件技术的发展,并经常与零部件设计者们进行反馈和交流,也有助于企业获得零部件和物料潜在生命周期的信息。

二、评估战略合作和核心竞争力

这一步骤是需要对作自制或外包决策时公司的长期战略以及公司的核心竞争力进行详细评估,以及在实物产品的情况下,评估制造产品的工序技术成熟度。

(一) 战略合作

当评估影响自制或外包决策的市场和技术的主要趋势时,负责部门必须和其他部门紧密互动并注意它们的职能战略,如图14-2所示,一个战略合作规划过程必须考虑特定业务单位战略的规划以及制造/运营、技术/工程和战略资源的规划。

战略合作要求自制或外包决策必须确保主要增值职能的战略之间紧密地配合,如果每一个领域都有自己的规划并且相互之间互不协调,那么要建立一个完整的战略就很困难。例如,一个企业追求的是与掌握关键技术的供应商发展联盟关系,而市场上的主要客户希望它们采纳完全不同的技术,这时就会产生不良战略合作问题。

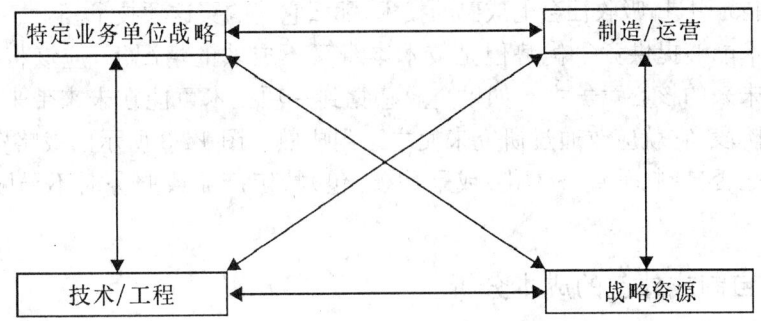

图 14-2　贯穿企业的战略合作规划

(二) 核心竞争力

负责作出自制或外包决策的经理或部门必须了解企业真实的核心竞争力,并确定获取的产品或服务是不是核心竞争力所必需的。一项和企业核心竞争力密切相关的关键产品或服务更有可能反映在自制决定而不是外包。例如,波音公司就商用喷气式飞机的自制或外包决策进行细致研究后,决定外包一些零部件的生产但由自己来设计和进行最终的整机装配。波音公司的基本理由就是波音公司在大型系统综合方面拥有核心竞争力,在此环节上波音公司能取得长期的优势。企业核心竞争力的外包以及自制那些并不适合制造的产品都会导致灾难性的后果。

(三) 技术成熟度

在这一步骤中,最终的自制或外包的考虑包括工序技术分析。韦尔奇和内亚克在他们的战略资源模型(见图 14-3)中勾画出根据竞争程度(弱、中等、强)如何感知工序能力的 3 段分析方法,涉及工序的阶段或成熟度(初现、成长、成熟)和获取竞争优势的工序技术的重要性(现在很小、现在很大、将来很大)。

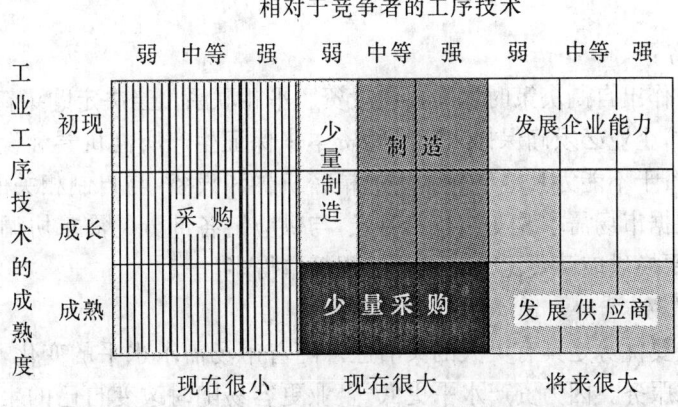

图 14-3　战略获取资源模型

在这个模型里有几种可能的结果。如果由技术所提供的竞争优势很小,那么采购(外包)可以使公司通过高附加值的活动来支持自身的能力。"少量采购(外包)"的情形包括提供重要竞争优势的成熟的但是更适合应用于其他产业的技术。如果技术的认可在经济上是可行的，且企业证明有能力引进、吸收社会上成熟的技术，那么它将购买这项技术。

在一项技术能够提供竞争优势但是技术本身又不成熟的情况下，应该将技术内部化。使它能够成为未来的核心竞争力。如果企业感觉到一项技术可能在未来带来优势，但是仍处于初现萌芽阶段，它就应改通过研究来使之达到成熟。图 14-3 所示的战略资源模型允许分析者在决策是否自制（垂直一体化）或采购（外包）特定产品或服务时不局限于自制或外包的成本。

三、进行自制或外包的成本分析

在某些方面，自制或外包决策的经济效果类似于资本预算问题。由自制向外包转变时，企业不仅必须考虑如采购价格、直接人工和设施费用等明显的成本，还须估计由转换带来的额外成本。这些成本包括闲置的设备、失业、潜在的工会干扰以及其他难以预料的因素，都要从转换带来的收益中减掉。例如，如果由内部制造转型为外部供应商供应的成本是 50 万美元，而由此带来的收益是每年 25 万美元，那么转型的成本将在 2 年后收回。

四、考虑非成本因素并达成一致意见

在作自制或外包决策时，决策的制定者还须考虑许多非成本因素。只有这样才能达成平衡并勾画出自制或外包的优势和劣势。

（一）自制的优势

自制（垂直一体化）有着很多优势。首先，应该考虑采购控制者希望利用技术转移的程度，如果对高度控制极度渴望以至于专利设计或工序不能未经许可就被使用，那么公司会倾向于采用自制（垂直一体化）而不是外包。实行垂直一体化的公司可以通过更多的可控生产因素来增加每一步工序的可视性，进而改进相邻工序的时间安排，提高赢利能力。其次，自制可以在内部经济提供更高效率的情况下产生更低的成本，企业还可以把固定成本分摊在更多的产品上。

（二）自制的劣势

自制的劣势与作出自制决策时所需要的投资水平相联系。当决定购买新机器或设备需要较高水平的投资时，企业必须确保投入充足的资本来保证生产所需机器和设备的购置。另一个劣势是，如果投资于不能为其他产品利用的精密机器和设备，与自制相关的风险就会上升。还有当企业努力根据市场需求改变产品的时候，与供应链各部分的需求协调是一件很复杂的事情。相对而言，更换供应商要比改变企业流程简单得多。

（三）外包的优势

外包的一个主要优势是具有更大的灵活性。随着市场需求水平的变化，外包方能够更加容易地改变产品或服务。因为资产水平更低，企业更容易随时改变自己的生产资源。由于供应商预测机器和设备投资固有的不确定性，外包方将承担更低的投资风险。同样是因为有着更少的机器和设备的前期投资，外包可以增加现金流量。通过合同制造商，戴尔公司在 20 世纪 90 年代中期仅仅以 6 000 万美元的固定资产维持了每年 30 亿美元的营业额。这使得戴尔公司转过来以大大高于同业投资水平的资金进行投资。企业可以通过将某些生产转移给具有更高效率的供应商来降低成本，也可以向其他国家或地区转包某些生产活动，通过抵销贸易的

方式来开拓自己的业务。

（四）外包的劣势

如果企业选择了错误的供应商让其提供外包的产品或服务,那将是十分危险的。供应商的能力可能被错估,其工序技术也许已经过时了,或者供应商的绩效不能满足外包企业的预期或需要。如果外包企业错信供应商已经掌握所需的工序技术的承诺并委托它供应零部件或服务,那么当外包企业发现供应商没有能力生产该产品或提供相关服务时,最终产品市场往往已经被竞争对手占领了。

实施外包,同样存在失去控制能力的问题。外包企业可能察觉已经失去了对所购产品或服务的质量、可得性、商业机密或者绩效进行监督和管理的能力,因为供应商并不是在外包企业的直接管理下生产。苹果公司提供了这方面风险的一个例子。在20世纪90年代中期对Macintosh计算机新生产线需求激增的时候,苹果公司拥有超过10亿美元的订单。苹果公司不能够及时生产出包括调制解调器和定制的微晶片等关键零部件的能力,导致了产品需求无法得到满足。零部件短缺的发生是因为绝大部分零部件得定制设计并且外包于一家供应商。由于管理者没能准确地预测到销售量的增长(实际增长率是25%而不是预期的15%),苹果公司疏远了那些不愿等候的客户,导致许多客户不再等候Macintosh操作系统而转向使用微软公司的Windows95操作系统。在此情况下,虽然外包产生了利润,但是导致了严重的控制能力短缺和市场份额的丧失。

总之,想要降低成本、提高利润,国际企业必须从自身的实际情况出发,按照以上四个步骤,考虑好方方面面的因素,权衡自制与外包的利益得失,作出正确的自制或外包决策。

第五节　全球供应链管理

原材料管理包含了一系列必要的活动:使材料到达生产设施所在地,经过制造过程,通过分配系统到达最终的用户。在国际商务中,原材料管理有着管理全球供应链的功能。通过有效的原材料管理来降低成本的潜力是巨大的。

一、创造精益供应链

精益供应链(又称JIT系统)在国际企业的原材料管理活动中发挥着重要作用,该系统的基本理念是使原材料刚好及时到达,而不是提前到达制造场所参与生产过程,从而节省存货投资成本。JIT系统由JIT采购、JIT运输和JIT生产三部分构成。

（一）JIT采购

JIT采购(即时采购)的运行是精益供应链的第一个主要内容。一个JIT采购意味着从供应商那里频繁收到物料以满足即时需求。下面的几个特点定义了一个真正的JIT采购:

(1) 买方和卖方都承诺零缺陷。
(2) 按照严格的质量、送货绩效标准进行多批次小批量的送货。
(3) 更紧密甚至是合作的买方卖方关系。
(4) 定期向供应商递交一个稳定的生产计划。
(5) 扩大供应链中各成员之间的信息共享。

(6) 具有与供应商进行电子数据交换的能力。

JIT 采购不单单是一系列技术,而且是一门不允许高存货水平、不完美质量、买卖双方之间其他形式的低效率或浪费的运营理念。JIT 采购还要求企业在业务实施方面有显著的改变,它不是一时的努力目标或短期项目,而是一个持续的供应链改进过程。一个真正的 JIT 采购要求买方和供应商在文化观念以及员工的思想方面都要有改变。而且,JIT 采购的意思并不是将存货推给供应商,JIT 采购需要合作、协调以及信息共享,以此消除整个供应链中的存货。

(二) JIT 运输

JIT 运输是精益供应链的另一项重要内容,指的是货物在买方和卖方之间的高效移动。这包括小批量多批次的直接将货物运到买方需要的地方。JIT 运输依靠企业所有或企业租借的车辆,在一个闭合回路中根据事先规定的且可重复的进度表进行装货和送货——该闭合回路就是一个系统,将货物从供应商运到买方企业,然后带着退回的物料从卖方企业回到供应商那里。设计一个 JIT 运输通常有以下几个步骤:

(1) 改变组织结构:在按照 JIT 运输的要求进行组织改变的情况下,可能要建立跨部门团队来管理这种向 JIT 运输的转变。

(2) 减少承运上的数目:减少承运商的数目,甚至是每个地区一个承运商。

(3) 采用长期合同:同承送商商定一个长期的协议以便建立一个稳定的专业运输网络。

(4) 建立电子化的链接:在供应商和承运商之间建立电子化的链接,从而双方可以对货物在整个网络中的移动进行协调和控制。

(5) 应用一个闭合系统:按照事先的安排来装运来自供应商和卖方企业的全部货物。使用可回收的集装箱以避免包装浪费。

(6) 有效地处理物料:使用巧妙的物料处理技术或先进的处理设备。

JIT 运输的特点是,具有一定的革新性,能进一步消除供应链中的浪费,降低企业的成本。首先,JIT 运输使用了特殊的运输车,易于装载或卸载数量较小的货物,这种牛体积较小,效率更高。第二,JIT 运输扩大了集装箱的用途,可以降低相关的包装成本。第三,JIT 运输在生产工厂内建立了即时使用门,可以将货物送到离物料所需地最近的地方,从而避免进行过多的物料处理和运送。

(三) JIT 生产

JIT 生产涉及获取原材料和半成品,以及将它们加工成满足客户订购需求的产成品。狭义上的 JIT 系统往往只注意 JIT 生产,忽视 JIT 采购和 JIT 运输的重要性,然而一个真正的精益供应链要求同时具备三个方面。JIT 生产通常包括下列内容:

(1) 统一的工作量和标准的时间安排。

(2) 设备调整期的缩短。

(3) 具有可视性信号存货拉动系统。

(4) 设施布局的改变。

(5) 全面持续的质量改进。

(6) 标准化的物料处理及集装箱。

(7) 产品及程序的简化。

(8) 全面的、预防性的维修。

(9) 灵活的用人制度使协作更加方便。
(10) 适当的绩效考评制度。

较为理想的情况是，买方企业的供应商们也能够参与到精益供应链的JIT生产实践中来，与购买方一起致力于减少存货、降低相关的经营成本。

二、运用信息技术和互联网

网络信息系统在现代原材料管理中发挥着重要作用。通过跟踪物料在全球范围流动直到装配厂的整个过程，信息系统使企业能够根据预计的元器件到达时间制定出最佳的生产进度。通过精确地确定零部件在供应链中的位置，良好的信息系统可以在需要时将关键元件拉出正常的供应链使之流向工厂以加速生产。

许多国际企业使用电子数据交换（EDI）来协调原材料流入制造过程以及经过制造过程到达客户的流程。EDI是一种通信标准，产生于20世纪80年代中后期，对跨企业、跨地域的进行的业务文件和信息的电子交换提供支持，其目的在于通过简化传统信息通信流程使其更有竞争力。EDI系统通常包括以下要素：

(1) 标准形式（EDI标准）：包括网络用户认可的格式和语法的基本规则。
(2) 转换能力（EDI软件）：将企业独特的数据库信息转换为用于传输的EDI标准形式。
(3) 邮件服务（EDI网络）：通常以直接的网络形式或第三方提供者的形式进行文件传输。这种增值网（VAN）成为系统的媒介"邮局"。

在正常状态下，公司进行EDI交易的过程将会按照下列方式进行：

(1) 买方企业的计算机系统使用条码扫描等技术，对于购入物料的存货状态进行实时监控。
(2) 应当依据事先规定的再订货标准确定应该订购更多的某项物料时，应用程序会通知转换软件。
(3) 按照提前商定的全部数量生成和发放EDI采购订单，并将采购订单发送给供应商。
(4) 供应商的计算机接到订单，EDI软件将订单转换为供应商的信息形式。
(5) 自动生成确认订单接受的有效回执，并将其回复给买方企业。
(6) 当创建原始EDI采购订单的时候，可能会发生大量额外的电子交易。桥梁性软件将相关数据传送至买方企业的可支付账户、买方企业的接受文件、供应商的仓库以及供应商的发票文件。
(7) 一旦供应商仓库或工厂下达订单，便会生成发料通知单，将其传送给买方企业。发料通知单可能需要托运人手工输入一些数据。
(8) 一旦接受到物料，运输通知单被电子录入到接收文件中。
(9) 接收通知通过桥梁性软件传送到可支付账户和供应商的发票应用软件，于是发票被生成并传送到买方企业。
(10) 一旦买方企业的计算机接收到发票，发票将被转换为买方企业的数据格式，发票、接收通知和采购订单都进行电子调整。
(11) 电子生成支付授权书，并通过电子方式支付应付账款，接收程序表明公开的接收过程，付款以电子形式从买方银行传送至卖方银行。
(12) 电子汇款通知单和收据都被传送到供应商，这一信息将被转换进入应收账户，同时买方企业履行付款业务。

在此过程中,很少使用手工输入,而在传统的信息流程中,每一个步骤都需要由员工来完成书面工作。由此可见,EDI 节省了大量的时间和书面工作,也减少了犯错的机会,不再存在邮件或实体传送的延误,同时还降低了工资成本,能够更好地为企业管理分散在各地的供应链。

尽管增值网有助于 EDI 的普及使用,但是 EDI 仍然需要企业大量投资来实施这项技术。EDI 技术需要对特定用途的较为昂贵的硬件设施进行投资,而这些特定用途的特定设施一般不具备多种用途。这使得许多供应商,尤其是较小的供应商很难确定其在 EDI 技术方面的投资,它们承受着来自不同企业的需求,而这些企业又采用着不同的 EDI 系统。另外,EDI 也不能被看作"交互"的通信模式。因为每传送一次信息,都意味着一个决策已经被制定:下达定购一定数量产品的订单、完成未来需求的预测,以及制定交货提前期等。

近年来,互联网的出现进一步改善了企业与企业之间的信息系统。如图 14-4 所示,互联网通过一个虚拟专用网络(VPN)促进了供应链中各环节之间的协调与合作。

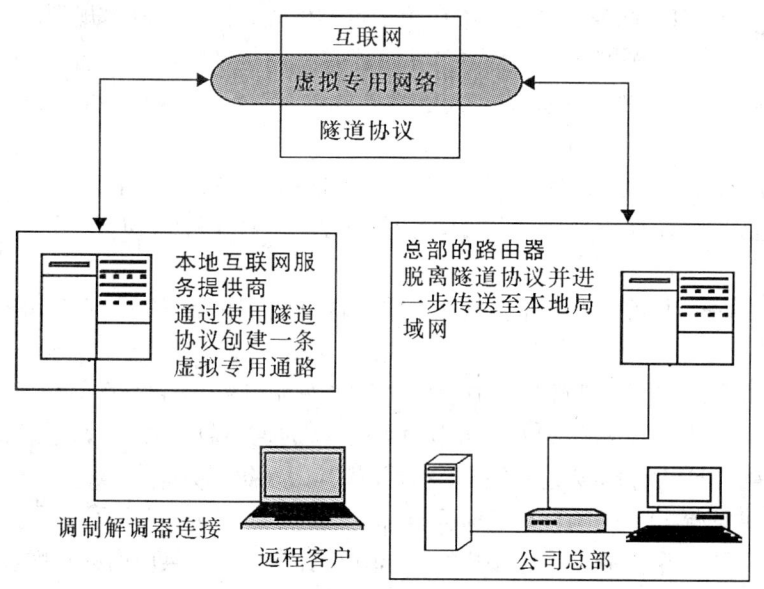

图 14-4 互联网电子数据交换与虚拟专用网络

虚拟专用网络和增值网相似,但是它属于第三方网站或服务器,不需要由买方企业和供应商进行大量投资。该网络对硬件设施的要求也不高,企业只要拥有一台计算机、一个调制解调器,以及相关软件就可以与大量的客户进行联系。此外,企业可以利用 T1 线路来传输大量的数据。T1 线路是一种高速光缆网络,它使用户上网的响应速度更快,使买方企业和供应商真正的互动、合作,通过双向沟通来进行联合决策。

互联网等新技术的运用,有效地降低了供应链管理的成本,使原材料管理变得更加简单。如今,并不那么昂贵的更容易安装和管理的网络系统在全球供应链管理软件市场上占据了主导地位,这些网络系统正在迅速改善对分散在全球的供应链的管理,即使是小公司也能够达到供需之间更好的平衡,从而减少系统中的存货投资并获得相关的经济收益。

第六节 衡量和评价供应链的绩效

供应链的绩效衡量和评价系统代表了一种正式的监控和评价供应链绩效的系统方法,在当今国际企业的原材料管理中起着相当重要的作用。

一、衡量绩效的原因

(一)更好地支持决策制定

绩效衡量活动使得绩效和成果更具可见性,公司能够据此制定更好的决策。如果不清楚哪些领域的绩效达不到标准,开发绩效改善计划将是十分困难的。衡量标准提供了一定时间供应链各环节绩效的追踪记录并直接支持管理层的决策机制,有助于原材料管理活动的顺利进行。

(二)促进沟通

绩效衡量活动可以使供应链成员之间更好地进行沟通,包括在各部门内部、在各部门之间、与供应商之间的交流,促进供应链各环节之间的协调与配合。例如,为了开展好物料供应活动,企业采购部门必须与相关供应商清楚地沟通绩效期望。

(三)提供绩效反馈

绩效衡量活动提供了绩效反馈的机会,可以在绩效衡量过程中防止或改正可能出现的问题,使买方企业和相关供应商为满足绩效而付出努力,保证供应链正常运行。

(四)激励和指导行为

绩效衡量活动可以激励和引导员工的行为向企业所要求的结果方向发展,有助于调动供应链成员的积极性,从而提高整个原材料管理活动的效率。

二、开发供应链的绩效衡量和评价系统

有效衡量和评价系统的开发由一系列的活动构成,包括确定需要衡量的绩效类型,开发具体的绩效衡量标准,为每一项衡量建立绩效标准,细节定案以及实施并审核绩效和评价标准系统。

(一)确定需要衡量的绩效类型

现实中存在着数以百计的供应链绩效衡量标准,大致可以分为价格绩效、成本效用、管理和控制、一般效率、物料状况和控制、供应商绩效等好多类。开发过程的第一步就是需要确定企业所需要衡量的绩效类型,这也是在开发具体的绩效标准之前的关键一步。在这一阶段,管理层不关心具体的绩效标准,而是关注如何选择与供应链的目标和任务相结合的绩效类型。

(二)开发具体的绩效衡量标准

一旦管理层确定了所需衡量的绩效类型,对具体的绩效衡量标准的开发就开始了。成功的供应链绩效衡量标准有以下特点:

(1)客观性:每一项标准应尽可能的客观,衡量体系应当依赖于量化的数据而不是主观感觉或评价。

(2)清晰:员工必须理解绩效标准的要求以便引导绩效按要求的方向发展并使误解最

化。企业中的所有人员都必须清楚每一项绩效标准的含义,认同与绩效标准相关的绩效目标并懂得如何完成这些标准。

(3) 使用准确和可获得数据:运用准确和可获得的数据可以很好地定义标准。如果一项标准要求的数据信息很难生成或不可靠,持续地运用该标准所产生的利润会下降。

(4) 创造性:对绩效评价系统的一种错误理解是,系统应该衡量每一项可能的活动。在这种误解下,标准会抑制个体的创造性。因而,好的绩效评价系统不会太过紧密地进行行为控制,留给个体一定的创造空间。

(5) 支持组织目标:好的绩效评价系统会与组织目标直接相关,支持有关部门做好管理工作。

(6) 联合参与:联合参与意味着负责每一项任务的员工都参与到开发或建立绩效标准的任务之中。

(7) 动态:动态系统是负责人进行定期回顾,确定现存的标准是否支持供应链各环节的目标和任务,以及是否需要更新的一种系统。

(8) 不可操纵:不可操纵的标准意味着相关人员不能影响绩效结果,这是责任和诚信问题。在理想的情况下,负责绩效衡量的人员不能根据自己的意愿向汇报系统提供数据,衡量结果应该是对实际活动或绩效结果的真实反映。

(三) 为每一项衡量建立绩效标准

为每一项衡量建立绩效标准是十分重要的。绩效标准必须是现实的,即是具有挑战性但又可以通过艰苦努力来实现的。标准不能过于简单,以至于不用付出什么努力;也不能过于困难,以至于打消员工实现标准的积极性。标准还必须反映企业竞争环境的现实,那些在内部具有挑战性但不能反映竞争环境的标准算不上是好标准。

建立绩效标准时,企业通常用三种标准:历史数据、内部比较和外部分析。

(1) 历史数据:这是运用某一活动的历史数据作为建立正式绩效标准的基础。企业经常运用绩效改善目标对历史绩效进行修正以获得当前的标准。供应链负责人经常在与效率相关的标准上参考历史数据。

(2) 内部比较:企业在部门和业务单位之间进行企业内部的比较。内部最优绩效水平成为整个企业范围内的绩效标准。有多个业务单位的企业经常会跨越不同绩效类别进行内部绩效比较和划分等级。

(3) 外部分析:这是要求审视竞争者或领先企业的实践和绩效标准,进行详细具体的外部评价。

(四) 细节定案

这一阶段要求管理层考虑以下问题:绩效汇报频率、系统使用人员的受教育水平以及如何利用系统输出结果。

(1) 绩效汇报频率。完善的评价系统会提供有规律的绩效汇报结果。具体的汇报频率可以根据评价内容的不同而不同,有关负责人必须确定什么样的汇报频率对各种评价更有效。比如对入库运输状况的评价必须是频繁的(每天或实时汇报),对所有供应商绩效的总评价只需要每周或者每月汇报。

(2) 系统使用人员的受教育水平。企业必须对员工和供应商就如何使用绩效评价系统进行培训。每个参与系统的使用人员必须明白自己在系统中的责任和义务,以及如何利用系统的输出结果来提高绩效。

（3）利用系统输出结果。供应链的管理负责人能够以不同的方式运用绩效评价系统。有的负责人利用系统输出结果来直接评价员工或供应商的绩效。相关负责人也可以使用系统来跟踪观察供应链某个环节的经营效率，或者利用系统输出结果来识别绩效水平更高的供应商，以便将来建立业务关系。企业负责人应当根据企业自身的情况，认真考虑如何才能很好地利用系统输出结果。

（五）实施并审核绩效和评价标准系统

所有的系统都有一个执行的阶段，这个阶段包括进行试验以确保系统按照计划实施。对评价系统和每一种绩效方法，企业都必须定期回顾，过时的或者不合适的系统比没有正式系统的危害更大。

本 章 小 结

为了了解国际企业的生产和原材料管理活动，本章先是论述了国际企业生产和原材料管理的战略目标，随后对生产和原材料管理两项活动分别进行了讨论。

生产不仅是一个生产实物商品的过程，还是一个提供服务的过程（本章主要讨论的是实物产品的生产），而原材料管理是对物质材料通过供应链的整个管理过程。生产和原材料管理在国际经营中主要战略目标有四个：降低成本、提高质量、适应各地区市场需求和对客户需求变化的迅速反应。

在生产方面，考察在国际企业生产过程中一些备受关注的问题，包括成本问题、质量问题等。另外，将国外工厂的战略地位问题单独列出进行了讨论。因为，为了更好地安排生产任务，降低整体经营成本，国际企业必须对国外工厂予以重视，正确评估国外各生产工厂的战略地位，将最合适的生产任务分配给最合适的国外工厂。

在原材料管理方面，探讨了自制或外包的选择性问题和供应链的协调管理问题。全部自制的成本太高而且难以控制，实施部分业务的外包是十分必要的。但是如果自制或外包的决策错误，则可能导致严重的后果，使企业遭受巨大的损失。因而，在作自制或外包决策时，企业必须采取合理的步骤，权衡考虑战略、成本等多方面的因素，选择对企业最为有利的方案。原材料管理包含了一系列的活动，使材料到达生产设施所在地，经过制造过程，然后通过分配系统到达最终的用户。精益供应链系统和网络信息系统在当前国际企业的原材料管理中发挥着重要作用。由于原材料管理状况的好坏，具体表现为供应链绩效的高低，而要评价供应链绩效的高低，企业必须先建立一个绩效评价系统。因而本章最后还对供应链绩效衡量和评价系统的开发作了简要介绍。

复 习 思 考 题

1. 国际企业生产和原材料管理的主要战略目标有哪些？
2. 国际企业在生产过程中通常会遇到哪些问题？
3. 国际企业国外工厂的战略地位发生了什么变化？为什么会发生这种变化？
4. 应当如何来作出自制或外包决策？

5. 精益供应链系统在原材料管理活动中的优势和劣势各是什么？
6. 如何对供应链的绩效进行衡量和评估？

章末案例

利丰公司

  1906年成立于中国香港的利丰公司是当今发展中国家或地区中最大的跨国贸易公司之一，2002年销售额达40亿美元左右。该公司由创建者维克多·冯(Victor Fung)的孙子经营。利丰公司并不自视为传统的贸易公司。维克多·冯宁可把自己看作为大约350个客户进行供应链管理的专家，向它们提供原材料供应上方便的一站式采购、质量保证、出口单证工作以及装运工作。这些客户多种多样，包括服装零售商和家电产品公司，其中近75%是美国客户。利丰公司从客户那里接受订单，然后通过分布于40个国家的7 000个独立的供应商网络进行筛选，找到合适的生产企业，以最吸引人的成本和质量为客户生产产品。为了达到这个目标，利丰公司经常要打破供应链，根据其对劳动力成本、贸易壁垒、运输成本等因素的评估，将不同的生产活动分散于不同国家的厂商。然后利丰协调整个过程，管理物流，安排装运成品给相应的客户。利丰公司采用的方法是，不拥有自己的生产设施而是"逛商店"。

  它的有代表性的客户是利米特公司，一家大型的美国服装零售连锁店。利米特公司将它许多生产和物流职能转移给利丰公司。这个过程是这样开始的：利米特公司先把下个时装季节的设计草稿交给利丰公司，利丰公司接受基本的产品构想，然后研究市场，找到正确的纱线、染料、纽扣等的种类，将它们组合成产品原型供利米特公司检查。一旦利米特公司确定了产品原型，它将向利丰公司下订单，要求5个星期之内交货。订单在手，利丰公司根据不同厂商的生产能力和成本，将整个生产工序的不同环节分配给它们。例如，利丰公司可能会决定从一家韩国公司购买纱线，而在中国台湾纺织和印染。于是利丰公司将安排纱线从韩国装船运至中国台湾。日本的拉链和纽扣可能最好，但它们大部分产自中国。所以利丰公司回去找YKK公司（一个日本大的拉链生产商），从它的中国工厂订购合适的拉链。接着，由于出口配额和劳动力成本的限制，利丰公司会决定泰国是制作最后成衣的最佳地点，所以一切部件都会运往泰国。此外，由于利米特公司像许多零售客户一样，需要快速交货，利丰会把这批订单分配给泰国的5家工厂。自收到订单5个星期后，一件标有"泰国制造"的产品，实际上是全球产品就产生了。

  利丰公司将自己视为介于发达国家和发展中国家制造商之间的价值增值的中介。其核心技能是协调全球分散的制造过程以低成本快速将产品送达客户的能力。例如，当提到生产公文包，利丰公司在印度购买皮革，装船运至韩国鞣制，然后送达中国使用日本生产的金属装置进行最后装配。类似的，在中国组装的会说话的玩偶中，有中国台湾产的音频半导体，穿的是韩国产的运动装。

  为了更好地服务于客户，利丰公司下设许多小型的以客户为中心的部门。有一个主题商店部，服务于华纳兄弟公司、雨林咖啡公司等少数客户；一个部门专门为利米特公司服务；还有一个部门专门服务于一家名叫金伯瑞的美国童装店。走进其中一个部门，如金伯瑞部，你会发现这里40名左右的员工，每一个都全身心地致力于满足金伯瑞店的需要。在每台桌子上都有一台计算机,内有直接连接到金伯瑞店的软件。员工被组成为各专门小组,涉及设计、技术支持、销售、原料采购、质量保证及运输等领域。这些小组与利丰公司在不同国家分支机构的专职人员有直接的电子联系,这些国家都是金伯瑞店采购量很大的国家,如中国、印尼和菲律宾等。

利丰公司在与客户创建实施互联网联系方面是领先的。同时,利丰公司目前并不将其网络系统与成千上万的为它生产产品的制造商连接在一起,部分原因是在中国、菲律宾、孟加拉国和其他亚洲国家这样的地方,通信系统不够先进。利丰公司依靠个人访问、电话、传真、快递来与它们保持联系。然而,制造商没有连接到利丰公司的系统的另一个原因是,利丰公司希望自己的员工保证原材料已经送达,生产已经调度好,货运已经安排好。所以,这样就使得利丰公司的职员不得不到生产现场去看查,以保证制造商遵守客户在劳工待遇方面的标准。鉴于所有这些原因,维克多·冯认为,互联网连接整个供应链是不可能的。

资料来源:Sources:J. Maggretta,"Fast, Global, and Entrepreneurial: Supply Chain Management Hong Kong Style," Harvard Business Review, September-October 1998; J. Ridding, "A Multinational Trading Group with Chinese characteristics," Financial Times, November 7, 1997; J. Ridding, "The Family in the Frame," Financial Times, October 28, 1996; and J. Lo, "Second Half Doubts Shadow Li & Fung Strength in Interims," South China Morning Post, August 27, 1998.

案例讨论题

1. 维克多·冯为什么把自己看作是进行供应链管理的专家?
2. 接到订单以后,利丰公司通过分布于40多个国家的7000个独立的网络进行筛选,找到合适的企业进行生产,它这种做法的战略目标是什么?
3. 利丰公司并不将其网络系统与成千上万的为它生产产品的制造商连接起来,这种做法正确吗?为什么?
4. 利丰公司是如何进行供应链管理的?其采取的措施有何利弊?

参考文献

1. 埃米·朱克曼. 供应链管理. 北京:华夏出版社,2004
2. 夏春玉主编. 物流与供应链管理. 大连:东北财经大学出版社,2004
3. 利丰研究中心. 供应链管理:香港利丰集团的实践. 北京:中国人民大学出版社,2000
4. 莱丝·R·德利贝. 国际商务. 北京:人民邮电出版社,2002
5. 查尔斯·W·L·希尔. 国际商务. 北京:中国人民大学出版社,2005

第十五章 全球营销与研发

第一节 市场全球化及其细分

一、市场和品牌的全球化

随着全球经济一体化,市场和品牌全球化的趋势呈现出一种不可阻挡的趋势。西奥多·莱维特在《哈佛商业评论》上发表的一篇文章中提出了他的观点:"技术使得通信、交通和出游变得平民化,其结果就产生了这样一个商业现实——出现了标准化消费品的全球化市场,其规模之大,从前是难以想象的"。"已经习以为常的国别或地区差异从此消失……市场的全球化近在咫尺。至此,原来多国化的商业世界走到了尽头"。"从商业来看,许多产品,如麦当劳从香榭丽舍到银座,可口可乐在巴林,百事可乐在莫斯科,摇滚乐、希腊色拉、好莱坞电影、露华浓化妆品、索尼电视机及李维牛仔裤在各地受到欢迎,没有比这些更能证明上述观点的了"。

西奥多·莱维特的观点是有一些事实能够佐证的,比如音乐电视(MTV)和美国有线等全球化的节目,以及这些媒体在塑造世界性文化方面所体现出来的巨大能量。但是,目前普遍认为他的观点有些夸大,在许多消费品和工业品市场上,市场的全球化似乎只是例外现象而没有绝对化。在西奥多·莱维特的文章中将麦当劳公司的食品作为全球销售标准化食品的典范,但是实际上麦当劳公司在各国也是根据消费者的偏好来调整它们的食谱的。

所以,无论将来是否会出现全球消费者品味和偏好的趋同,就目前而言,各国存在的文化和经济差异阻碍了全球消费者品位和偏好的趋同发展。还有,贸易壁垒、产品和技术标准方面存在的差异也削弱了国际企业在全球销售标准化产品的能力。

二、全球市场细分

全球市场细分这个概念是由市场学专家温德尔·史密斯(Wendell Smith)在20世纪50年代中提出来的,它是指企业在调查研究的基础上,按照一定的标准把整个市场划分为若干个小市场,然后从中选择自己的营销对象和营销重点。因此,也有人把它看作是"识别可能具有相似消费行为的同质潜在消费者群体的过程(不论它们是国家群体还是个体消费者群体)"。很早就有人进行关于全球市场细分的研究,现在,当人们开始对世界市场进行细分时,大多都是以一个或一个以上的关键标准,比如人口统计数据(包括国民收入和人口总数)、消费心态(价值观、态度和生活方式)、行为特征和利益取向来划分市场的。同样,也可按环境条件(如以某一行业存在或缺少相关政府法规为条件)分别组合不同国家的市场,以建立不同的群组。

(一)区域细分

区域细分是一种最简单的划分方法,就是按照地理区域或行政区域进行划分,如大洲、国家、地区、省市等等。经常说的美洲市场、中国市场,或者在国内说的华北市场、上海市场就是按照这一标准来进行划分的。由于各个地区自然条件不同,人的消费观念和习惯都不同,所以企业在制定营销策略时就必须考虑到各个地区的不同情况,各有侧重。比如,达美乐公司在中国推出了"宫爆鸡丁比萨饼",肯德基公司在中国推出了"北京肉卷",就是为了迎合中国人的消费偏好。

(二) 人口细分

人口细分是基于可测量的人口特征进行的,如年龄、性别、收入、受教育程度和职业等。

对大多数消费品和工业品来说,国民收入是惟一最重要的细分变量和现实市场潜力的指标。人均年收入在世界各个国家和地区之间差别很大,传统的人口细分方式通常是将国家分为高收入、中收入、低收入三类。

许多国际企业认识到,当产品的价格低到一定程度时(如香烟、软饮料和某些包装类商品),人口就成为一个比收入更重要的变量。由此,拥有13亿人口的中国和拥有10亿人口的印度对于生产某些产品的国际企业或许就是最具魅力的市场。

年龄是另外一个有用的人口统计变量。一个基于人口细分的全球子市场就是全球的少年市场(12~19岁的年轻人)。由于他们都对时尚、音乐和年轻化的生活方式感兴趣,这些身处各国的少年所表现的消费行为具有显著的一致性。年轻的消费者们可能尚未适应各自本土文化的准则,这一事实与共有的需求、欲望和幻想(如对品牌、新奇事物、娱乐、时尚和突出形象的产品的向往)使企业能够以统一的营销方案投放全球少年子市场。这个子市场无论是在规模上还是在数以十亿计的购买方面都是十分诱人。以可口可乐公司、贝纳通公司、索尼公司为代表的一些公司就是在追逐这样一个全球少年子市场。

另一个全球性子市场是被称为精英的一群人——青壮年中较为阔绰的消费者,他们已经周游世界,有钱购买那些具有独特形象的高档商品。这个子市场的需求和欲望遍及各种商品:耐用消费品、非耐用消费品和金融服务。

(三) 心理细分

心理细分包括通过态度、价值观和生活方式将人们分群。这方面的数据来自一些调查问卷,这些问卷要求被调查者对一系列语句表示自己在多大程度上同意或不同意。随着收入的提高和产品的多样化,个性化的需求不断增长。所以,按照心理细分市场具有重大的价值。

德国的运动汽车制造商保时捷公司发现它的全球销售量从1986年的50 000辆下降到1993年的14 000辆后,便开始从消费心态学的角度去寻求答案。它的美国子公司,北美保时捷轿车公司对自己的典型客户已经有了一个清晰的人口统计情况轮廓:这些顾客为40多岁,年薪超过200 000美元,大学毕业,男性。一项消费心态研究表明,除人口统计数据外,保时捷汽车的买主还可分为五种明显的类型(见表15-1)。保时捷公司正利用这种数据针对每一种类型制定广告策略。其结果令人大感鼓舞,保时捷公司在美国的销售额于1994年增长了近50%。

(四) 行为细分

行为细分专注于人们是否购买和使用某产品,以及使用的频率和数量如何。消费者可以按照使用率分类,比如,大量、中量、少量和非用户。还可以按使用者现状把消费者划分为潜在用户、非用户、过去的用户、常用户、初始用户和竞争品牌用户。

表 15-1

保时捷公司对美国消费者的心理细分

类　别	所占比例(%)	特　征　描　述
顶尖人物	27	精力旺盛,雄心勃勃,关注权利和控制感,希望被人注意
精英人物	24	老派的阔佬;认为一辆车也仅仅是一辆车而已,并不是个人性格的延伸
骄傲的主顾	23	认为拥有最重要;一辆车是一件战利品,是对辛苦工作的回报;是否被注意无关紧要
讲究享受者	17	周游世界的喷气式飞机阶层,追逐新奇;汽车能增加兴奋感
幻想者	9	认为汽车代表着某种形式的消遣;不关心在别人心目中是什么形象,甚至可能因为拥有一辆车而有一点负疚感

资料来源:Alex Taylor Ⅲ,"Porsche Slices Up Its Buyers,"Fortune(Jan. 16,1995),p. 24。

1993 年,经营丹碧斯卫生棉条的丹碧兰公司在北美、东欧、中欧、拉美和环太平洋地区掀起了一场耗资 2 000 万美元的全球广告大战。这一战役具有与使用率和使用者现状直接相关的两项战略目的。一则广告向妇女们显示新的使用方法和更换次数,包括妇科专家关于卫生棉条可以保证安全使用一整夜的说法。这一创作诉求点反映了一项调查的结果,即 2/3 的卫生棉条使用者都不在夜里使用。另一有创意性的广告画面表现的是时髦女郎们嘲笑丹碧兰公司所不生产的卫生巾。在使用卫生棉条不如美国多的海外市场向非用户推销时,这条信息特别有效。

不论采取怎样的细分方法,公司一定要进行有效的市场细分。而一个有效的市场细分就应该达到五个方面的标准,即界限明确、规模客观、反应敏感、通道顺畅和量力而行。

第二节　不同国家对产品特性要求的差异

一、产品的分类

关于产品的定义有很多种,比如可以用有形的物理特性来定义。那么,一辆自行车可以说成是两个轮子的,不锈钢的,重 20 千克的物体。但是,显然这些物理属性不足以说明产品所能提供的效用。所以,一个产品可被定义为购买者和使用者所得到的物理的、心理的、服务上和象征性特征的集合体。

如同产品的定义一样,产品也有许多的分类方法,比如以使用者为基础分为工业品和消费品。但是,在全球营销中我们更愿意用这样的分类方式来对产品进行分类,即在当地——国际——全球的发展连续体中分别有当地产品、国际产品、全球产品和全球品牌。

(一) 当地产品

顾名思义,这是一种在特定公司背景下,被认为只有在某单个国家或地区市场中有销售能力的产品。有时,当地产品会在某一全球企业要迎合一个特定市场需求或偏好时出现。麦当劳公司和肯德基公司在这方面可以说是做得非常突出。在中国市场,它们为了迎合中国人的口味,就特意出售一些有中国特色的食品,比如早餐时卖的粥。但是,当地产品会给企业带来很大的机会成本。首先,单独的某个国家业务不能提供发展和使用企业总部在营销、开发和产品方面全球性杠杆的机会;其次,当地产品不可能允许企业将取自一个市场的经验用于其他市场;最后,从单一产品地区获得的专门管理技术无法进行转移,从当地销售产品中获得经验的经理们只能在销售该产品的市场使用所获经验。正是由于这些原因,纯粹的当地产品在与具有国际经销或全球营销潜力的产品相比时,不那么有吸引力了。

(二) 国际产品

这是指具备向几个国家市场拓展的产品。工业产品特别能发展为国际产品,这是因为相对于消费品来说它们对环境的要求不是那么敏感,所以,工业品生产商应该重视产品拓展的可能性。

(三) 全球产品和全球品牌

全球产品是以满足全球市场需要为目标的产品。一个全球品牌如同一个国家或地区的品牌一样,是消费者所相信和理解的某个象征。全球品牌在世界市场上有着较高的认知度。

二、产品的特性要求

在不同的国家由于不同的风俗习惯、偏好等原因,所以对于产品的特性要求也是不同的。因此产品的设计是全球营销的关键因素。产品在设计时应该考虑到以下四个因素:偏好、成本、法律法规和兼容性。

(一) 偏好

世界各地对颜色和味道等方面的偏好差异是非常明显而重要的。营销人员忽视偏好很容易使他们的产品在国际市场上出现滞销。有一个鲜明的例子,在20世纪60年代,意大利的好利获得公司因其用于评奖的现代打字机的设计而在欧洲获得了相当的成功;这种打字机还被陈列在纽约的现代艺术博物馆。尽管大获赞扬,好利获得公司的设计并没有在美国商业取得成功。这是因为美国消费者需要的是一种重而大的打字机,而这种打字机按照欧洲的设计标准是"丑陋的"。美国消费者将体积和重量作为判断质量的标准,所以好利获得公司被迫在美国更改其用于评奖的设计。

(二) 成本

成本应该是在产品设计决策时必须着重考虑的因素。当然,生产产品的实际成本将会产生一个成本下限。其他与设计相关的成本也必须加以考虑。修理服务在世界不同的地方成本不同,它将会影响到产品的设计。通过对比英国和美国采取的不同的飞机设计方式,从中可以看出成本是影响到产品设计的一个重要因素。英国的飞机是将发动机装在机翼内,由此可以降低风阻力,从而节省燃油。但是它不像发动机在外部那样容易被触及,从而增加了维修和维护时间。而美国刚好相反。这两种设计方式都是合理的,产生不同的主要原因是英国考虑到了修理发动机引起的相对较低的劳动力成本,而美国则考虑到修理发动机导致的较高的劳动力成本。

(三) 法律法规

众所周知,各国的法律法规差异很大,这些差异对公司产品的出口会有巨大的影响。如果企业在产品设计、包装等各个方面不考虑该国的法律法规,就很容易触犯该国的法律法规从而导致营销失败。这也是大家熟知的"技术壁垒"。这一点在欧洲尤其突出,比如欧盟环保标准,它就要求出口给欧盟各国的产品都不得含有它所列的有毒化学物质。另外,在欧盟,各个行业还有不同的行业标准。所以,当企业产品出口到欧洲时,产品就必须符合欧盟法律法规,否则

(四)兼容性

最后,企业要考虑产品和其使用环境的兼容性。比如产品使用手册的翻译虽然简单,但若翻译不好,就很可能影响产品在当地的销售。同样,电力系统中电压变动范围是50～230伏特,所以任何使用电的产品在设计时就应该考虑产品使用国的电力系统兼容问题。比如,中国的民用电压是220伏特,而日本的民用电压却是110伏特。倘若不考虑这个因素,中国的电器产品就无法直接在日本使用,自然在日本市场也没有销售的可能性了。除了电以外,还有其他一些原因导致各地产品的不兼容。再如,当今世界上有三种不同的电视、广播和摄像制式:美国是NTSC制式,法国的SECAM制式和德国的PAL制式。针对全球市场的企业设计了"全制式"电视机和录像机,让使用者很方便地仅仅通过拨动一个键在各个不同制式之间进行转换。总之,在进行全球营销时,一定要考虑产品的当地兼容性。

第三节 全球营销中的分销策略

分销策略也称营销策略,就是选择使用何种方法将产品送至顾客的手中。分销策略中最重要的是分销渠道的确定,是企业面临的复杂而富有挑战性的决策之一。不同的分销渠道会给企业带来不同的销售和成本水平,从而影响企业销售组合的其他方面。

一、分销渠道的类型

根据不同的标准可把分销渠道分为不同的类型。

按照商品在流通过程中是否经过中间商转卖来分类,可以分为直接渠道和间接渠道。直接渠道是产品直接销售给最终消费者和用户,产销之间没有中间商的介入,是一种两者直接接触的商品销售渠道类型。采用这种类型的具体形式有:工业产品的销售人员直接向消费者和用户推销产品;前店后厂销售产品;在农村集市贸易上,农副产品生产中直接销售产品等等。间接渠道是利用中间商销售,商品生产者不直接面向消费者,而是经过中间商向消费者提供产品的分销类型。采用这种中间商介入的具体形式有:经过零售商而不经过批发商;经过零售商又经过批发商;经过零售商、批发商和代理商。在成熟的市场经济条件中,这是一个重要的分销形式。

根据产品从生产者到消费者之间的环节多少,可以将分销渠道分为长渠道和短渠道。经过两个或两个以上的流通环节,把产品销售给消费者的分销渠道是长渠道,一般有以下几种形式:生产者——批发商——零售商——消费者;生产者——代理商——零售商——消费者;生产者——产地批发商——销地批发商——零售商——消费者。没有经过或只经过一个中间环节,把商品销售给消费者的分销渠道称为短渠道,有如下的形式:生产者——消费者;生产者——零售商(代理商)——消费者。

根据渠道的宽度可以将分销渠道分为宽渠道和窄渠道。分销渠道的"宽度",就是渠道每个层次选用的同种类型中间商数目的多少。"宽度"有两个或两个以上中间商的分销渠道称为宽渠道。该类型渠道的范围比较广泛,通常用于一般产品的销售,又适用于技术型产品的销售:既可以采用批发商,又可以采用零售商;还可以采用代理商、经销商,以尽可能多地销售其产品。生产者只选用一个中间商来销售自己的产品,就成为窄渠道,它销售范围比较狭窄,适用于一些专门技术性强,而且生产批量小的产品销售。生产者一般都是选用熟练掌握这种产品技术性能的中间商独家经销。

不同的分销渠道具有各自的优点和缺点,生产企业应该根据自己所面对的市场和自身产品的特点来选择最适合自己产品的分销方式。

二、分销渠道选择的限制因素

分销渠道的总体目标是为顾客创造效用。而形成符合企业整体目标的国际分销渠道的过程受几个因素的限制:顾客特征、产品特征、中间商特征和环境特征。

(一) 顾客特征

顾客特征对于渠道设计有重要的影响。顾客数量、地理分布、收入、选购习惯和对不同的销售方法的不同反应等都因国家而异。所以,这就要求企业做不同的渠道安排。总体而言,不论市场发展处于什么阶段,对中间商的需要随顾客数量的增加而增加;反之,对中间商的需要随顾客数量的减少而减少。

(二) 产品特征

某些产品特征,如标准化程度、易腐性、体积大小、需要的服务和单价等,对渠道设计和营销战略选择有重大影响。如单价高的产品通常由制造商本身的销售队伍销售,因为这一"昂贵"的分销方式的销售成本只占总售价的一小部分。另外,这些产品的高额成本通常与产品的复杂程度有关,或与必须详细解释的产品特征有关,而这些由自己的销售队伍来解释最为有效。标准化程度不同,体积大小不同,商品是否易腐,同样也都对分销渠道的选择产生影响。这里就不一一说明了。

(三) 中间商特征

分销战略必须认识现有中间商的特征。中间商做生意的目的是使自己的利润最大化而不是使制造商的利润最大化,它们总是尽可能向制造商订购好卖的产品以避免销售那些需要下工夫推销的产品。这就为那些依靠新产品打入市场的制造商带来了严重阻碍。为了解决这个问题,制造商会建立一个昂贵的直接分销组织以获取一定的市场份额。当最终获得目标市场的一定份额后,它们可能会放弃直接分销系统而采取成本更低的中间商系统。另一个办法是制造商可以依赖分销商的分销队伍,方法是给分销商指定的销售代表补贴费用。

(四) 环境特征

环境的一般特征是渠道设计的一个主要考虑因素。由于国际经济、社会、政治的环境千变万化,所以,有必要给驻各国的经营管理层或代理商以很大程度的自主权。一项对处于不同发展阶段国家的食品分销情况的比较,揭示了一国的渠道是如何反映内在的市场状况并作出反应的。在美国,高收入、大容量冰箱、私家车等因素使超市和自助一站式的食品店成为基本的食品零售点。超市因其高效率,可以以低于肉食店和其他传统的全面服务性食品店的价格满足食物采购人的需求。所以在美国,数千家商店在过去的几年中消失了。行业观察者们预计,这种食品杂货店越来越少的趋势在各国将以不同的比率在未来的几年里继续下去。

三、分销商的选择和管理

商品分销渠道是由不同类型的分销商构成的,它们各自发挥着特定的功能。为寻找好的分销商,企业可以从各国相应部门提供的名单着手;或者到有关国家去,与本企业所销售产品的最终用户谈话,找出他们偏爱的分销商及其原因。如果是消费品,去寻找消费者购买同类产品的商店并了解其中的原因,这样会有其中几家商店突现出来。然后再找其中最适合的一家分销商来签约。在签约之前,要确定负责销售本企业产品的分销商能够将产品有效销售出去作为其奋斗的目标。这是一个成功的分销商与无用的分销商之间的关键差别。同时,要求分销商必须将产品销售成功并赚到钱。另外,在任何情况下,产品的设计和定价必须使其在目标市场上具有竞争力。分销商可以在此过程中发挥辅助作用,如提供有关消费者欲望和竞争态势的信息,以及促销其所代理的商品。

保持较好的分销商的惟一途径是和分销商一起工作,以保证分销商正在通过这个产品赚钱。如果某个分销商做不出成果,明智的做法就是中止协议,另外再找一家。很少有企业能把一个中等水平的分销商转变成高效的业务代表。因此,在与分销商签订的协议中,最重要的两个条款就是关于业绩和解除合同的条款。要确保这两条写得很清楚,易于执行,并便于在必要的时候中止协议。当然,中止与分销商的协议往往代价昂贵,甚至不太可能。但是,如果分销商的业绩差,就必须重新整顿或者被取代,不然很难取得成功。

第四节 全球营销中的沟通策略

沟通策略是营销组合中一个十分重要的内容。如果产品只具有良好的品质、完美的包装、适中的价格以及顺畅的渠道,并不能完全保证营销活动的成功;在商品种类繁多、竞争激烈的现代市场经济条件下,产品再好,如果不为人知,那么也只能束之高阁。因此,企业必须采取各种有效的措施来促进商品的销售,使消费者认知商品并作出购买决策。沟通策略包括四个方面,分别是广告、人员推销、公共关系和营业推广。

一、广告

(一)广告的分类

广告被定义为任何经大众媒体传播,有人赞助和支付的信息。广告已成为企业营销中的一个重要手段。现在,用铺天盖地来形容广告在我们的现实生活中的情形一点也不过分。随着经济的发展、竞争的激化、消费生活的丰富,广告显示出多样化,广告可以根据不同的标准进行不同的分类。

根据媒介不同的自然属性,广告可分为:

(1)印刷品广告。包括报纸广告、杂志广告、招贴广告、传单广告、产品目录样本等印刷品。

(2)电波广告。主要有电视广告、广播广告。

(3)交通工具广告。主要指在公共汽车、火车、轮船、飞机等公共交通工具上所进行的广告。

(4)珍惜品广告。主要指在有一定保留价值或玩赏价值的物品上进行的广告。

其他常见的还有电话广告、邮寄广告、路牌广告、霓虹灯广告、橱窗广告、包装广告、气球广告等。

按照广告的目的,广告可分为:

(1)开拓性广告。在产品生命周期的引入期,企业需要引起对新产品的需求、开拓市场,广告的目的是告知消费者,突出新产品的优点,促使消费者尝试。

(2) 竞争性广告。在产品生命周期的成长期和成熟期,竞争产品出现,为了进一步扩大市场占有率,广告的目的放在促使消费者对本企业产品的明确选择上,这时往往把广告的重点放在品质、价格、服务等的宣传上。

(3) 维持性广告。在生命周期的衰退期,企业要千方百计防止销售出现大幅度滑坡,广告的目的是尽量延长衰退期,维持一定的销售额,提醒消费者不要忘记这种产品。

(二) 广告媒体的选择

广告媒体是指用以刊登、播发广告,在广告者与广告对象之间起桥梁作用的一切物质手段,包括印刷媒介、户外媒介、交流媒介、电器媒介、电波媒介等等。各种媒介都会对消费者购买产品产生重要的影响。广告活动成功的首要前提是选择恰当的媒体,至于实际上选择什么样的媒体就要考虑以下这些因素:

(1) 各种媒体不同的特性。比如报纸,就具有时效性强,较有弹性,成本较低,对当地市场覆盖面广;但其缺点是延续时间短,读者传阅少,表现力差。杂志具有宣传对象明确、读者群稳定、持续时间长、表现力强等优点,同时也有灵活性差、传播速度慢、不及时、覆盖率低等缺点。对于其他的媒体,像广播、电视、POP广告、户外广告等等企业也要分别了解它们的优缺点,选择合适的媒体类型。

(2) 产品性质和特点。不同类型的商品有不同的消费者和销售特点,因而不同的广告表现要求选用不同适应性的媒体。如妇女服装适合刊登在彩色的生活杂志上,而技术性的产品则宜于刊登在专业性的杂志上。

(3) 目标对象的媒体接触习惯。比如,妇女用品广告刊登在妇女杂志上,或选用大多数妇女爱看的电视节目做媒介。对青少年顾客来说,电视广告和体育节目的结合最为适宜。

除了以上所说的三点,还应该考虑信息类型、广告成本等因素。它们都会对广告媒体的选择产生重大的影响。

(三) 广告设计

在全球营销中,广告设计最重要的是到底采用全球标准还是各国多样化的格式。广告标准化强调在所有的市场上广告方式都要统一,实行标准化;而多样化则强调各地市场的特殊性,应针对不同国家或地区设计不同的广告。对于这两个极端,富有经验的企业都应该意识到,这个问题应取决于购买动机的类型,而不是地理的因素。如果不同市场的人在购买相同产品时处于不同的动机,则应针对不同的动机设计不同的方案。许多企业将标准化和多样化结合起来,采取模式化广告战略。这种战略要求广告设计在世界各地都采用统一的模式。但在具体运用时允许某种程度的变化。母公司设计和勾勒出广告活动的轮廓,要求子公司采用其基本主题,但允许子公司根据实际情况创造性地表现出这个主题。

二、人员推销

通过人员推销,可以劝说顾客购买产品并真正了解客户对产品的需要,在推销人员的本国市场让推销人员与顾客建立联系。但是,当买卖双方来自不同的国家和文化背景,全球营销具有更强的挑战性。在全球工业品市场,面对面的人员推销非常重要。

人员推销的过程一般分为以下几个阶段:市场探查、事前联系、解决问题、接近、介绍演示、应对异议、成交和事后跟踪。各个阶段的相对重要性会随国家的不同而异。在推销活动中,普遍存在一个基本原则:推销从被拒绝时开始。各国的推销人员都应该将"坚忍不拔"当作推销成功的必要条件。市场探查是确定对象的过程;解决问题涉及理解顾客的需要和公司产品匹配之处,并准备一套介绍产品的方案;而接近和介绍演示包括买卖双方一次或多次的面谈。在全球营销活动中,推销人员有必要了解文化规范和适度的社交礼仪。销售培训中必须培养推销人员应对反对意见。在成功克服反对意见后,推销进入成交阶段,询问订货要求。最后一步就是跟踪消费者,以确保消费者对所购买产品是满意的。这最后一步也是至关重要的。

三、公共关系

在公共关系方面,企业可以借助新闻报道或其他无偿的沟通形式来培养与企业内外支持者的良好信誉和互相理解。任何企业都应该充分发挥公共人员的作用,使他们成为沟通企业与员工、工会、股东、顾客、传媒、政府和供应商等之间关系的桥梁。担负国际责任的公关专业人员要和传媒保持联系,他们不只是企业的代言人,还应该与公众保持一致和理解,创造信任与和谐的气氛,说服和影响公众舆论,预见冲突,解决争议。各国的公共关系实践可能受其文化传统、社会和政治背景以及经济环境的影响,如发达国家和发展中国家就有许多差别。发达国家里传播的重要工具可能是大众传媒和书面文字;但是在某些贫穷的发展中国家,可能敲锣打鼓、沿街叫卖,利用集市广场等公共场所是比较好的传播方法。

一个在公关实践中具有母国中心倾向的企业会将本国的公关活动延伸到东道国。这种做法的理由是任何地方的人被激励和被说服的方式多半相同。显然,这种做法没有考虑文化等方面的差异。在公关方面采取多国中心方式的企业给予东道国的公关人员更大的余地,便于将当地的习俗融入其公关工作。虽然这种方式的优势能够对当地情况作出及时反应,但它缺乏全球性的沟通和协调,也可能会导致公关灾难。

在企业出现问题时,企业对公关的威力和重要性有深刻的了解。当灾难袭来时,企业或行业经常发现自己被推入公众关注的焦点。其间,企业对沟通问题的处理具有重大的意义。企业最好作出直率和直接的反应,即让公众放心,并给传媒提供准确的信息。

四、营业推广

营业推广是以消费者和零售商为对象的。对消费者而言,推广活动旨在诱导他们试用或直接购买新的商品,吸引消费者到商店里去;对零售商来说,推广活动旨在鼓励它们陈列本企业的产品,吸引它们积极进货和推销。随着市场竞争的日益激烈,营业推广的使用越来越受到企业的重视,其支出费用的增长率已经超过了广告。营业推广能够起到使消费者将兴趣转化为行动的作用,带动新产品的销售或扩大老产品的市场。它主要有两方面的显著作用:加强沟通,通过各种形式使消费者尤其潜在消费者尝试产品的实际效用,从而了解产品;激励购买,通过价格上的让利或样品的赠送使消费者或零售商得到实惠,从而促成购买和连续购买。

营业推广的形式多种多样,各有其特点和使用范围,企业选择何种形式要依据目标市场和营销策略来确定。

(1) 免费样品。企业或经销商向消费者提供免费试用产品,以激发顾客的兴趣和建立顾客的信心。样品可派人逐户赠送、邮寄赠送、店面分送、附在其他产品上或在公司广告上发布消息:"函索即寄"字样。样品既可当场使用,也可让顾客带回家试用。

(2) 包换包退。企业或经销商向顾客承诺:于购后某一段时间内,顾客若不满意,可要求全额或部分退回现金或更换商品,这样有助于消除顾客可能陷入商家圈套的顾虑。

(3) 折价赠券。企业或经销商向消费者赠送一张有价值的证明,用以充抵一定数额的价款,也称代金券,实际上相当于有选择的价格折扣,即仅持有该赠券的消费者才能获得特定商品的价格折扣。

(4) 经销折让。短期性的减价活动,目的是刺激经销商增加销售数量或经销新的商品。在厂商出现库存积压或急于回收资金时,厂商以降价的方式刺激原有的经销商购买更多的产品;在新品上市时,这种方法通常用于鼓励经销商决定进货或补偿其拒绝经销其他商品导致的损失。

(5) 推销竞赛。厂商给予经销商或其推销员一定的金额,作为预支的推销开支。这种方式会给厂商带来一定的风险,除非对于大额的推销项目或建立了充分的信任关系。

(6) 奖金。在固定薪酬之外,视推销员的努力程度和工作业绩给予额外的现金奖励。

(7) 佣金。根据销售业绩给予推销员提成,提成的基础既可以是推销额,也可以是净利润。

第五节 全球营销策略的定价策略

定价策略是指企业为了实现营销目标为产品确定的价值系统,是营销组合的重要组成部分。在营销组合中,价格可以说是影响销售收入的重要因素,并且也是营销组合中最灵活的因素,需要随着企业经营状况和市场竞争的变化而不断调整。

一、影响定价的因素

(一) 成本因素

产品成本包括产品的生产成本和营销成本。生产成本主要包括原材料成本、生产线国内工人和管理人员的工资与奖金以及厂房、设备的投资费用;营销成本包括流转税、分销成本、融资和风险成本、关税和出口退税等。

分销渠道过长,众多中间商层层加成,尤其是在缺乏统一的加成标准的情况下,企业往往难以把握生产成本和最终市场价格之间的幅度。此外,如果产品的销售周期过长,通货膨胀、汇率变动、资金呆滞等因素就会对成本产生不利的影响,这些因素构成了融资和风险成本。

在理想的市场经济条件下,商品的价格由其边际成本决定,因为该价格可能使企业的利润实现最大化。然而现实情况下,企业制定价格的过程中产品成本因素所占的比重正在逐渐下降。

(二) 需求因素及需求的价格弹性

一般而言,需求和价格是成反比关系的。通过市场实验,不但可以了解价格与需求的关系,而且往往可以反映该产品与替代品和互补品之间的互相关系。有关实验表明,产品价格的上升和下降引起的本产品和同类产品的需求量的变动往往是不成比例的。

需求的价格弹性对于定价也是一个很重要的因素,它表明了需求和价格之间的相互关系。在一个给定的国家,某一产品的需求弹性是由一系列因素决定的,其中收入水平和竞争条件是两个最重要的因素。收入水平低的国家商品的需求价格弹性大。收入有限的消费者对价格的波动往往比较敏感,他们的可支配收入少,因此对价格比较关注。而竞争条件比较激烈的市场,商品的需求弹性也比较大,这是因为市场上存在的竞争者越多,消费者的议价能力就越强,消费者更有可能从报价最低的公司那里购买产品。在这种情况下,如果一家企业把价格提到其他企业的价格之上,消费者就会转向竞争者的产品。当企业面对的竞争对手较少时,情况刚好相反。当竞争者数量有限,消费者的议价能力较弱,价格也就不能成为一种重要的竞争武器了。因此,与竞争激烈的国家相比,在一个竞争有限的国家,企业可以把产品价格定得高一些。

(三) 政府管制和补贴

如果政府限制了企业管理层调整价格的自由,利润的获得显然很难保证。在一定的条件下,政府行为对于企业下属机构的获利能力是一种真正的威胁。如果一国正经历严重的金融困难并处于金融危机之中(例如,无法遏制的通货膨胀部分地导致了外汇短缺),政府官员们就面临采取某种行动的压力。多年来,巴西就是处于这种情况。有时候,政府只是采取权宜之计解决危机,而不是下工夫查明通货膨胀和外汇短缺深层次的原因。这些权宜之计可能包括实施广泛的或选择性的价格管制。当实施选择性价格管制时,外国企业比当地企业更容易受到管制的伤害。如果政府决策受控于当地企业,外来者又无法对政府决策施加政治影响,情况尤其会这样。政府管制也会以要求进口商预存现金的形式出现,为获取进口,企业必须在特定时期内以无息存款的形式让政府占用资金。这种要求明显地刺激企业尽可能降低产品价格;价格越低,被要求的存款越少。影响定价决策的其他政府要求还有对利润转移出国条件进行限制的利润转移规定。

政府补贴也可迫使企业从战略的角度来获取资源以使价格具有竞争力。在欧洲,政府对农业部门的补贴给美国加工食品分销商造成了困难,使它们的产品出口到欧盟时价格缺乏竞争力。

二、定价策略

企业在制定价格时必须首要考虑四个因素,即成本、需求、竞争以及自身的销售战略。根据不同的定价基础,指导企业定价的策略可以区分为三大类别:成本导向定价策略、需求导向定价策略和竞争导向定价策略。

(一) 成本导向定价策略

成本是企业维持生存的基本尺度,主要包括固定成本和可变成本。成本导向定价策略是指以成本作为参照系进行定价,其中包括盈亏平衡定价法、蚀本定价法和成本加成定价法。

在谈及成本时,企业通常考虑的是本企业的经营成本。由于成本是企业的可控因素,在正常情况下是刚性的,企业能够掌握明确的底线,因此在定价时无需过多地考虑外部因素,主要从自身出发,所以决策速度很快。但是,企业应当知道,成本导向的另一层面是市场平均成本,即同行业的平均经营成本或竞争性产品的平均成本。如企业自身成本低于平均成本,则可将同行业的平均成本作为定价的参考系,扩大利润空间。相反,即使定价低于自身成本,企业也未必有竞争力。由此可见,以市场平均成本作为定价策略更具有实际意义。

(二) 需求导向定价策略

许多时候,尤其是对于非生活必需品,消费者的需求很大程度上受到心理感受和主观价值判断的影响,其购买决策并非完全依赖客观而理性的标准。需求导向定价策略就是根据消费者的主观因素,将其主观需求作为参照系进行定价,是一种积极、动态的定价方法,主要有心理定价法和意识价值定价法两种方法。

(三) 竞争导向定价策略

该定价策略是以满足竞争的需要为目的，企业将价格作为应对竞争的武器，因此企业制定和调整价格主要是以竞争对手的价格水平为参照。在此策略的指导下，具体的定价方法有随行就市、低价竞销、高价脱俗、密封投标等等。

三、定价战略

定价战略是指基于企业本身的发展战略和市场战略进行定价的指导思想，而不单纯以成本需求和竞争为参照，主要包括统一定价、差别定价和国际转移定价三种定价战略。全球营销要面对不同的市场，包括不同国别的国外市场、不同区域的国内市场、同一区域的细分市场。另外，有些国际企业还实行全球生产，不仅要考虑出口定价还要考虑国际定价策略。为此，企业结合内外部条件，制定相应的定价战略是很有必要的。

(一) 统一定价战略

统一定价战略，顾名思义，是指企业不分市场、销售对象、采购数量、销售实绩以及产品生命周期等差别性因素及其变化，均采取统一的价格条件，即使涉及其他国家的市场，也是以汇率比价直接折算定价。统一定价有利于企业和产品树立统一的形象，能够给客户以童叟无欺的感觉，也有利于企业总部对整个营销活动的控制。就产品本身而言，这种定价方法对于大众化的产品比较适宜。

(二) 差别定价战略

差别定价战略与统一定价战略刚好相反，是指企业针对不同的市场、销售对象、采购数量、销售时机以及产品的生命周期等一种或几种因素及其变化，采取不同的定价。

在实行差别定价时，必须满足两个基本的前提条件：

(1) 企业能够按照一定的标准将市场区分开来，细分后的子市场各自具有显著的特征。

(2) 企业能够将实行差别定价的不同细分市场之间的客户隔离开来。否则，高价细分市场的客户就可能因价格的差异从低价市场上购买同一种产品，不同地区的中间商更有可能进行串货，这样就违反了企业差别定价的初衷。

实行差别定价后的总体收益要高于统一定价的收益。但因为针对不同的细分市场实行不同的价格，往往需要不同的营销组合予以配合，这就意味着营销费用的增加。在实行差别定价后，不能引起客户的反感和敌意，还必须考虑法律规定。严重的价格歧视往往是反垄断法打击的对象。

(三) 国际转移定价战略

国际转移定价战略是指国际企业的母公司和国外子公司之间，或各国子公司之间转移产品和劳务时采用的定价方法。当今国际贸易中有很大一部分是国际企业的内部交易，但由于现代国际企业一般都实行分权管理，独立核算，母公司及各国的子公司是不同的利润中心，为了评估各自的经营状况，也必须为了这种内部交易制定价格，这就是国际转移价格。

许多公司都使转移价格偏离正常的市场价格，把国际转移定价当作国际企业实现利润最大化的一种手段，具体的一些做法如下：

(1) 当产品从甲国向乙国转移时，如乙国关税较高，并且属于从价税，那么国际企业将转移价格定得很低，以减少应缴纳的税金。

(2) 如果某国征收的所得税很高,把向该国转移的产品价格定得高些;而在产品转移出该国时,把转移价格定得低些,这样就可降低国际企业在该国的利润,从而减少在该国应缴纳的所得税。

(3) 如果某国实行外汇管制,对外国子公司的利润汇出实行严格限制或征税,则国际企业在向该国的子公司转移产品时,可将价格定得高些;产品从该国转出时,将价格定得低些,以减少在该国的利润,避免利润汇出时的麻烦,也可少纳税。

国际企业人为地操纵转移价格,有利于国际企业的整体利益,却损害了某些东道国的利益。因此,许多国家的政府作出严格规定,要求国际企业在制定转移价格时遵守公平交易的原则,使转移价格符合市场价格。国际企业在制定转移价格时,一定要遵守有关国家在这方面的规定,避免招致东道国政府的制裁。

第六节 国际营销组合的设计

营销组合的概念是由哈佛大学的尼尔·伯登(Neil Borden)于1964年出版的《营销组合的概念》一书中正式提出的,将产品计划、定价、品牌决策等等12种要素纳入到营销组合的概念中。后来,杰里米·麦卡锡(Jerome McCarthy)对这些元素进行了归纳,总结出广为人知的4个要素,即产品(Product)、渠道(Place)、价格(Price)和促销(Promotion)。前面已就这些内容作了简要的介绍。那么,在选定了目标市场之后,企业应该如何考虑这些要素,将其组合起来,制定相关的营销策略。

不同国家在文化、经济、竞争环境、产品和技术标准、分销体系、政府法律法规等方面存在着差异,所以企业在选定目标市场之后,就要对产品的特性、分销策略、沟通策略以及定价策略几个方面进行调整,制定不同的营销组合以实现其营销目标。

当然,也不能一味地追求营销策略的差异性,因为这必然会导致企业营销成本的增加。在营销组合中,一个或几个要素通常也存在着标准化的可能性。各个企业会发现因为全球广告标准化或者产品某一特性的标准化会给企业带来降低成本的好处,也会发现根据各地差异来修改分销和定价策略能增加企业的销售业绩。由此可以看到,对营销组合中的某些要素进行标准化而对另外一些要素根据不同国家市场的情况分别定制,是非常明智的营销方法。英国嘉士多公司在这方面是值得大家借鉴的。

嘉士多公司是英国化工、石油和天然气公司伯默嘉士多公司的润滑油分公司,它在全球销售标准化的产品——润滑油。嘉士多公司在欧美自助润滑油市场占据15%的份额,其产品主要是针对那些对发动机爱护有加的车主。在欧美,它通过赞助一级方程车大赛和美国印地赛车系列花巨资做广告,以及在电视和汽车杂志上做广告。

而在越南,因为汽车不普及,嘉士多公司就将产品瞄准摩托车车主,同样也是将目标锁定在对摩托车非常爱护的车主,培养用户对品牌的忠诚度。它们相信,当汽车普及开来,这些车主同样也会选择嘉士多牌润滑油。之前在泰国市场它们就是先针对摩托车车主,从而在迅速成长的泰国汽车市场上占据了很大的市场份额。但在越南,它们也不是通过电视广告或者杂志来宣传产品的(因为这两种传媒在越南很少),而是通过广泛使用张贴广告、汽车粘纸,在无处不在的路边修车铺以及机车清洗店竖立招牌,并且创作了越南语琅琅上口的广告口号,从而使得产品形象深深烙在用户的心中。除此之外,嘉士多在越南还制定了特殊的定价制度以及分销策略。这些针对越南市场定制的营销组合使得嘉士多公司在越南市场上取得了巨大的成功。

第七节 国际企业新产品开发

科学技术的进步推动着整个世界经济的不断发展，从而使人们消费需求的范围越来越广，层次越来越高。消费需求的变化，要求企业不断推出适销的新产品，给企业注入新的活力。

一、新产品的含义

新产品是一个相对的概念，它是从市场经营的角度，相对于老产品而提出来的。所谓新产品就是在结构、性能、材料或技术特征的某个或某些方面比老产品有改进或创新，在一定的市场范围内初次出现的产品。新产品主要有以下几种类型：

(1) 全新产品，即产品在性能、技术等方面是前所未有的创造性的产品。这种新产品属于世界性新产品，应申请专利，提高国家和企业在国际市场中的声誉。

(2) 更新换代型产品，即部分采用新原理、新元件、新技术而开发的新产品，如黑白电视机→彩色电视机→液晶彩色电视机。

(3) 改进型新产品，即在原产品基础上，对产品的功能、规格、式样等方面进行改进的新产品，如从普通收录机到微型高档收录机就是一例。这种新产品是小改小革，但却能适应市场需要。

(4) 企业经营的产品，对目标市场来说是新产品。这种产品往往带有浓厚的地方特色和传统风味。

二、影响新产品开发、推广、普及的相关因素

新产品的开发、推广与普及不可能是一帆风顺的，它受到以下因素的影响。

(一) 市场的因素

细分化的市场。由于竞争的激烈，产品的差异化也在迅速发展，各企业不能不把新产品的目标市场确定在较小的细分市场上，这可能影响新产品的推广面及销售额、利润额。

社会和政府的限制。由于这些限制，企业不能不重视产品对消费者安全和生态平衡、环境保护的影响，从而限制了某些新产品构思，或加大了新产品开发的成本；某些产品，如医药产品、香烟等的宣传手法也常受到管制或限制，影响了市场拓展。当然，从政府或社会角度看，这些限制是必要的。

产品生命周期缩短。由于消费潮流变化及技术进步速度的加快，竞争也日趋激烈，因而产品更新更为频繁，新产品生命周期也在缩短，这迫使企业不得不进一步加紧研制、开发新产品，使这一工作成为经常性的工作，并且应力争迅速研制和推出，争取捷足先登，方能更有利于竞争和相对延长产品生命周期，但迅速开发的要求对企业来说也增加了压力和困难。

(二) 企业的因素

在一些领域内新产品构思的缺乏。尤其是技术含量高的产品，要在原产品基础上取得新的创新、突破，其开发的思路不易拓宽。

研究开发成本上升,资金紧缺。在同样存在多种投资机会的情况下,企业对风险大的投资(包括一些新产品开发投资)的顾虑也有所加大。

宣传方式能否为目标市场顾客所接受。企业的宣传手法、采用的媒介等等,应该考虑与其宣传的目的和效果相适应。倘若宣传方式不当,不仅可能收效不多或成为无效宣传,甚至有时还会产生逆反效果,例如一种奶粉的宣传过分强调其营养可媲美母乳,就导致了社会上提倡母乳喂养的人士的批评,指出这是一种不科学的、并会误导消费者的宣传方式。

(三)产品的因素

新产品的相对优点。它指一种新产品与它所替代的老产品或与之竞争的产品相比较的优点。这既要求新产品确实有优点,又要求这种优点能让消费者感受到和愿意接受。消费者感受到的相对优点越少,产品被市场接受的过程就越长。

新产品的相容性。它指新产品与现行价值观、消费行为模式是否相容。消费方式、消费观念的形成有一个过程,它受历史的传统的影响较深,不易改变。因此,如果产品与现有社会文化、消费行为相悖或差异过大,也使它不易打开销路。

新产品的配套条件。它指新产品在购买和使用中的配套产品和服务的供应状况。例如,配套产品供应是否健全,产品中某些易损件、消耗品能否随时方便地购得,维修服务条件如何等。

三、开发新产品的程序

新产品的开发一般经历以下阶段。

(一)新产品构思

新产品构思来源于多方面:消费者、经销人员、新产品开发机构、竞争企业产品、科学家、高层管理者等等。

从市场营销的观念出发,消费者需求是新产品构思的起点。企业应当有计划、有目的地通过对消费者的调查分析来了解消费者的基本要求。通过向消费者询问现行产品的缺陷是产生新产品构思的有效方法。经销人员因经常接触消费者,比较了解消费者的需求状况和消费者对产品的不满程度。有时,他们也能提出一些有价值的建议。对竞争企业的密切关注,有利于新产品的构思。对有关销售渠道人员的调查,能了解掌握竞争企业产品的优缺点。对竞争企业产品的详细分析,也能帮助企业改进自己的产品。对于高科技企业来说,如何依靠企业内外科学家来构思新产品相当重要。企业高层领导全面掌握有关市场动向、企业实力的信息,结合发展战略,他们往往可以提出对企业发展带有重大意义的新产品构思。

企业新产品开发机构的工作人员是产生新产品构思的中坚力量,上述各种人员的新构思,只有被这些工作人员所接受、理解,才能成为有效的新产品构思。但是,专业工作人员也会产生盲点现象,固执地排斥任何与他们的设想不合的有价值的新构思。如何通过一些有效的方法,使专业人员摆脱盲点是企业新产品开发机构的一项基本工作。

(二)构思筛选

大量的新产品构思,是成功地开发新产品的基础。而对众多的构思,受资源、精力等限制,企业只能对数量有限的一部分构思详加考虑。为此,就要对新产品的构思进行筛选。筛选的目的是尽可能早地发现没有价值的构思,以减少新产品开发成本,缩短开发周期。所以筛选的方法一般采取分级评分法,也就是首先确定对有关构思进行评分的重要因素,对它们规定权数,然后从每一因素出发对各个构思进行评分,将其得分与有关权数相乘后汇总,得出每一构思的总评分,最后按分数多少来进行筛选。

(三) 新产品概念的形成

产品构思只是企业对新产品的设想,为了保证企业开发的新产品确实能满足消费者的需求,将产品构思发展成新产品概念是必不可少的重要一步。新产品概念是消费者对产品的期望。

从产品构思向产品概念的转化是抽象概念向具体概念的转化过程。一个产品构思可以转化成几个新产品概念。开发人员就要对这些新产品概念分别进行研究、选择、改良。在明确了新产品概念后,开发人员还要将新产品进行定位,了解该产品的市场竞争状况,看它上市后会遇到哪些竞争对手,是否需要再进行改进。

(四) 商业分析

商业分析实际上在新产品开发过程中要多次进行。当新产品概念已经形成,产品定位工作也已完成,在此基础上,新产品开发部门应对新产品的销货量进行测算。此外还需估算成本值,确定预期的盈亏平衡点、投资报酬以及未来的营销成本等。商业分析实际上是确定新产品的商业价值。

(五) 新产品设计

商业分析后,新产品概念要转化为实体产品。在这一阶段,往往需要大量的投资,消耗大量的人力和时间。实体样品的生产必须经过设计、试验、再设计、再试验的反复过程。定型的产品样品还需经过功能测试和消费者测试,了解新产品的性能、消费者的接受程度等等。最后,决定新产品的品牌、包装、营销方案。

(六) 试销

试销是将产品投放到具有代表性的市场进行销售,以了解消费者对新产品的反映态度,进一步估计市场。通过试销,企业可获取大量的信息,如新产品的目标市场情况、营销方案的合理性、产品设计、包装方面的缺陷、新产品销售趋势等。利用这些信息,企业可进一步完善产品,选择更好的营销方案,保证大规模销售的成功。也有相当比例的产品在试销过程中发现具有严重缺陷而中止开发,这可以避免企业遭受更大的损失。

(七) 商业化

通过试销,最高管理层已掌握了足够多的信息,产品也已进一步完善。企业最后需慎重地决定产品的商业化问题,即确定产品的生产规模,决定产品的投放时间、投放区域、投放的目标市场、投放的方式。这是新产品开发的最后一个阶段。如在这一阶段,新产品遭到失败,不仅前六个阶段的努力付诸东流,且企业蒙受重大损失。新产品投放市场的时刻,常常也就是企业在市场上进行殊死决战的关键时刻。

四、产品开发的困境及一些措施

虽然能够开发新产品的企业可以取得巨大的回报,但是,新产品开发的失败率很高。一项对16家分别从事化工、医药、石油、电子行业产品开发的企业的研究报告表明,只有约20%的研发项目最终成功转化为商业产品或工艺。新产品的失败率如此之高,原因是多方面的。有的是因为所开发的技术市场需求有限,有的是未能把技术转化为商业成果,有的是因为制造的成本太高。要避免这些失败,就必须坚持跨部门的紧密配合和统筹考虑新产品开发的三个职能——研发、营销和生产。三者之间的紧密配合可以有助于企业做到:新产品开发立项受到市场需求的驱动;开发的新产品制造方便;开发费用受到控制;新产品上市时间力求最短。

另外,在进行新产品开发时,成立一个有研发、营销和生产三部门组成的跨部门开发小组也能够有效地避免开发新产品的失败。小组的目标是要完成产品开发项目,从最初的概念设计直到新产品的商业化。小组必须具备以下特征才能很好地完成任务:小组必须有一个"重量级"的人物来领导,他能够保障小组开发所需的各种资源,协调好小组成员的不同观点,捍卫小组的利益;各个部门都要派遣至少一名成员,该成员在专业技术、组织内威望、承担责任的意愿等方面都要符合要求;要尽可能在一处工作以营造一种亲密感和方便沟通;必须有明确的计划和目标,特别是要有重要的阶段性开发目标和预算;制定自己的沟通及冲突解决程序。

本 章 小 结

本章主要介绍国际企业在全球营销方面的一些问题,首先讨论了市场的全球化以及细分问题;然后,又具体分析了市场营销组合的四个要素:产品特性、分销策略、沟通策略以及定价策略。营销组合就是公司能够向目标市场提供的一组选择。许多企业就是根据不同国家的文化、经济发展、分销渠道、产品标准等的不同而选择不同的营销组合。最后,讨论了企业如何进行新产品的开发以及它对企业研发功能所具有的意义。

复 习 思 考 题

1. 简述市场细分的不同标准及其应用环境。
2. 企业应该从哪几个方面考虑各国消费者对产品特性要求的差异?
3. 有人认为中间商不创造价值,它们盘剥制造商的利润,所以企业应该彻底摆脱中间商,而尽量和最终用户建立直接的交易关系,请谈谈你的见解。
4. 沟通策略包含哪几个方面? 它们具体有哪些作用?
5. 请分别介绍三种定价策略。
6. 中国企业应该如何加强技术开发,开创自己的国际品牌?

章 末 案 例

可口可乐公司在中国的营销

自从1975年可口可乐公司进入中国以来,中国已经发展成为可口可乐公司的一个巨大市场。公司如今在中国拥有31个灌装工厂、3万名员工。到2002年年底,中国的可口可乐年消费额增长了14%,成为可口可乐公司第六大市场。可口可乐公司的目标是期望中国在10年内成为可口可乐公司的最大海外市场,并认为中国极有可能超过美国的消费量而成为世界上最大的市场。由于中国拥有四倍于美国的人口,即使中国的人均消费量不如美国人多,这个目标看来也能实现。目前,可口可乐在美国的人均消费量是每年425听8盎司装可口可乐,而中国约为9听左右。

为实现中国市场的目标,可口可乐公司已投身于一场积极营销战。可口可乐公司得助于中国人对外国品牌的认可,尽管印度约有36%的消费者投票抵制美货,印尼也有19%,但在中国只有13%。可口可乐公司创建营销额的最大障碍不是品牌认可度或品牌认知度,而是分销问题。中国国内13亿人中约有一半买不到可口可乐。在中国,可口可乐的销售几乎一半来自少数的大城市和省会城市,这些城市的人口只占总人口的8%。对中国来说,要成为可口可乐最大的市场,必须改变这种情况。

大城市占主导地位有充分的理由。包括法国家乐福公司和美国沃尔玛公司在内的大超市连锁的爆炸式发展,正在创造现代零售环境的方式,在这一环境中像可口可乐这样的品牌茁壮成长。在中国其他的地方,小商店和当地超市并不普及。到这些商店通常需要在不平的土路上行走几个小时,这就提出了物流方面的一大挑战,而且那些能够把产品运到小地方的企业发现它们是和当地品牌争货架,相对于大城市,这些品牌更容易扎根于中国的农村地区。尽管可口可乐在中国的大城市拥有可乐类饮料市场55%的份额,但在小城镇的市场份额降至34%。

在培育销售额的战役中,可口可乐公司的主要武器是市场信息。20世纪90年代中期,可口可乐公司还几乎不知道在哪里有什么人在饮用它的产品。卡车会在灌瓶机外排队集中运货,但可口可乐公司不知道这些产品在哪里被喝掉。在过去几年中,可口可乐公司一直在试图将每个可能会有汽水售出的超市、饭店、小商店或市场小摊在地图上标出。可口可乐公司拥有1万个销售代表,他们经常会走访无数的小地方,通常是骑自行车或步行,以确保有足够的库存并记录已售出的产品。然后,所有这些信息被输入数据库,向可口可乐公司提供最为准确的中国消费情况报告。数据有助于琢磨销售点和分销策略,从而提高销售量。为帮助当地经销商,可口可乐公司会购买需要的资产来建立分销系统——从送货所需的摩托三轮车到小型冷冻设备——并且后来逐渐使经销商拥有这些资产。然后可口可乐公司还将向经销商提供所需的市场信息,以确保任何一家销售点不会出现缺货。

除了分销,另外一个提高销售量的阻碍是定价。运输成本意味着可口可乐在中国最穷的地方是最贵的。为降低价格,可口可乐公司开始在接近农村消费者的地方开设灌装厂,并使用循环包装。为贯彻这一战略,2002年可口可乐公司在中国内地新建了两个灌装工厂。

资料来源:中国贸易经济信息网。

案例讨论题

1. 可口可乐公司在中国市场上,就分销系统与发达国家相比有了哪些变化?
2. 为了降低成本,可口可乐公司又做了哪些不同于发达国家的改变?
3. 从本案例中,我们可以得到怎样的启示?

参考文献

1. 金润圭.市场营销.北京:高等教育出版社,2004
2. 刘宝成.现代营销学.北京:对外经济贸易大学出版社,2004
3. 沃伦·J·基根,马克·C·格林.全球营销原理.北京:中国人民大学出版社,2002

第十六章 国际企业的人力资源管理

第一节 人力资源管理及其战略作用

一、定义及其职能

人力资源,一般认为是指能够投入经济和社会发展活动的具有智力和体力劳动能力的人们的总和,或指这种能力的综合。而人力资源管理则是那些用来提供和协调组织中的人力资源的活动,它研究的是组织中调整人与人的关系、协调人与事的配合、调动人的积极性以及实现组织与个人目标的理论、方法、工具和技术。

关于人力资源管理,许多学者从不同的角度进行概括,其中比较有影响的观点认为,人力资源管理大体包括六种主要职能,它们分别是:

(1) 人力资源规划、招募和选择,主要包括:进行工作分析以确定组织内的特定工作具体要求;预测组织为实现其目标对所需人力资源的要求;制定和实施满足这些要求的计划;招募组织为实现其目标所需要的人力资源;选择和雇佣填补组织内具体职位的人力资源。

(2) 人力资源开发,主要包括:员工上岗引导和培训;设计和实施组织成长方案;在组织内部建立有效的工作团队;设计员工个人绩效评估系统;帮助员工制定职业生涯规划。

(3) 薪酬和福利,主要包括:设计和实施针对员工的薪酬和福利制度;确保薪酬和福利的公正和一致。

(4) 安全和健康,主要包括:设计和实施确保员工安全和健康的方案;对自身存在影响工作绩效问题的员工进行帮助。

(5) 劳资关系,主要包括:在组织和工会之间起到调节人的作用;设计惩罚和抱怨处理系统。

(6) 人力资源研究,主要包括:建立人力资源信息库;设计和实施员工沟通系统。

人力资源管理的任何一项活动都不是凭空进行的,由于它们具有重要的战略意义,因此以上的职能都和企业战略紧密相连。通过影响企业人力资源的个性、发展、素质和生产率,人力资源管理能够帮助企业达成其基本战略目标,即提高职工工作业绩和劳动效率、降低劳动成本,以及通过更好地满足客户需求而增值。

对于在不同规模的企业中履行人力资源管理职能的人的要求是不同的。在小型组织中,绝大多数人力资源管理职能都是由运营经理来履行的,他们在处理正常的管理活动的同时来履行该职能。在一些中型甚至一些大型组织中则使用人力资源专员。人力资源专员把自己的绝大部分时间用在人力资源问题上,但并不专门从事人力资源管理的任何专门领域的研究。而在通常的大型企业中,尤其是那些国际企业,都有负责行使人力资源职能的人力资源部门。除了一个或更多的人力资源专员外,部门里通常还配备人力资源专家。

二、战略作用

一项大型的扩展性理论研究表明,企业的高获利性取决于人力资源的实施和其战略之间的高度融合性。良好的人力资源管理是在全球经济中维持高生产率和竞争优势的持久的源泉。由此可以看到,人力资源管理在当代企业中的地位越来越高,作用越来越大,人力资源已经成为了企业最重要的资源。目前,各大企业已经取得了一致认同,提高企业未来竞争力的关键是提高组织中人的能力和才干。而如何吸纳和保留有能力和有才干的员工和管理人员则取决于企业的人力资源管理水平。

如前所述,人力资源管理包括员工上岗引导和培训,设计和实施针对员工的薪酬和福利制度,组织和工会之间起到调节人的作用等等关系到员工切身利益的事情,这些能够帮助员工提高技能、改善工作积极性的行为是影响员工工作业绩的重要因素。通过人力资源管理,可以大幅度提高员工的业绩,提高产品的质量,使得企业的经济效益能够得到根本的改观。

人力资源管理除了对企业的业绩产生影响外,对公司的战略也会产生重大影响。当企业战略明确了发展方向后,各种资源的配备就显得十分重要,而人力资源的准备又显得尤为突出。一般来说,企业可以通过外部招聘和内部培养来实现人力资源的配备。根据企业的战略目标,首先通过人力资源规划对未来的人力资源需求作出预测,然后再依据这种预测通过招聘录用或者培训开发来进行人力资源的储备,从而为企业战略的实现奠定坚实的人力资源基础。这就是需要人力资源管理部门来完成的工作。

资源准备只是企业战略实现的外部条件,它还需要得到全体员工的认同。只有员工把企业的战略目标内化为自己的个人目标和行为准则后,企业战略目标的实现才具有内在动力。因此,将企业的战略目标传递给每个员工并得到他们的认同也是很重要的。这个过程也许要人力资源管理实践的支持。企业可以通过培训来给员工灌输自己的战略意图,提高员工的思想认识,把员工的行为统一到战略目标上来。现代的培训理念也正朝着这个方向发展,培训内容的设计除了知识技能外,还有思想、观念等等。

第二节　国际企业的人力配备政策

一、人力配备政策及其分类

人力配备政策就是为企业各个职位配置合适雇员的原则和方法。一方面,人力配备政策是根据特定的工作岗位来选择具有相应技能的人员;另一方面,人员配备政策也是发展、促进企业文化的手段。企业文化是指存在于组织中的同一规范和价值体系,强有力的企业文化能够帮助一个企业追求其战略目标。

国际企业的人力配备政策不同于纯粹国内企业的人力配备政策。国际企业的人力配备政策重点在于对外派人员如何进行招聘选拔。研究发现,国际企业中存在着以下三种人员配备政策,分别是以一国为中心的人力配备政策、以多国为中心的人力配备政策和以全球为中心的人力配备政策。下面将分别介绍这三种人员配备政策。

(一) 以一国为中心的人力配备政策

以一国为中心的人力配备政策又称为以民族为中心的人力配备政策,它是指所有重要的管理职务都是由母国公司所在国公民来担任。这种做法曾经非常普遍，如宝洁公司、飞利浦公司、松下公司等一些公司都是曾采用这种策略的国际企业。现在，这种人员配备政策主要为亚洲，尤其是韩国、日本以及我国台湾地区的国际企业采用，比如东芝公司、松下公司、三星公司等。

国际企业采用这种人力配备政策主要出于以下三点原因。首先，企业可能认为东道国缺乏担任高级管理职务的合格人员，特别是当企业在发展中国家开展经营时，尤其能够听到这种说法。其次，如果企业试图通过把母公司的核心优势转移到国外子公司来创造价值，它就会认为把母公司中了解这种核心优势的人员转移到国外子公司是达到这一目的的最佳方式。关于企业核心优势的知识属于"默示性"知识，难以清晰地表达出来，大多数是只可意会，不可言传的。这就像一本游泳手册教不会游泳，任何人想要学习游泳只有通过在水中学习游泳一样，通过实践才能学到。企业在管理或营销方面的优势也是不可能仅仅通过书面指示或口头命令就能传递到子公司的。关于企业核心优势的了解只能通过长期的经验积累才能获得，而且存在于国内经理的头脑中，他们必须亲自展示或者操作才能让国外经理们懂得，这样就产生了向海外输出管理人员的必要性。最后，企业认为以一国为中心的人力配备政策是保持企业统一文化的最好手段。很多的日本公司就是这样的想法，所以他们喜欢让外派经理领导海外公司。至今宝洁公司也是喜欢让在美国任职多年并已融入到公司文化中的美国人去海外子公司担任重要的职位。他们这么做就是为了使得公司能够保持一致的文化。

虽然有上述依据，但是以一国为中心的人力配备政策在目前已经在大多数的国际企业中被逐渐淘汰了。这是因为这种政策有三大缺陷：第一，这种政策限制了东道国员工的发展机会，会引起不满、低生产率和高离职率。如果外派经理的报酬远远高于东道国的经理，上述问题就会更加严重。第二，这种政策容易导致"文化近视"，即企业不理解母国和东道国的文化差异。文化差异要求子公司采取和母公司不同的经营管理方式。由于外来经理需要一段时间才能适应这种差异，因此有可能在此期间犯下严重错误。宝洁公司就曾经在海外市场发生过几起这样的事件，作为对这些失误的纠正，现在宝洁公司聘用了更多的东道国人员担任国外子公司的高级管理职务。第三，由于外派人员在生活、文化以及法律方面的不适应，不愿意长期在国外工作，所以企业也很难说服优秀的员工到海外任职。

(二) 以多国为中心的人力配备政策

以多国为中心的人力配备政策又称为以多元为中心的人力配备政策，它是指子公司管理层由东道国人员担任，但母国人员占据了公司总部的关键职位。采用该方式的一个优点是使企业"文化近视"的可能性减少，外派经理犯的文化误解方面的错误在东道国经理身上可以避免。另外一个优点是降低了成本，省去了用在外派经理身上的高昂花费。

但是，以多国为中心的人力配备政策也有自己的缺点。一是东道国职员获得国外经验的机会很少，通常在担任了子公司的高级职务后难以在本国以外的高级职位发展，因此很难进一步发展，于是会产生不满情绪。更重要的是，东道国经理和母公司所在国经理之间会由于语言障碍、文化差异和对各自国家的忠诚而产生隔阂，导致企业总部和子公司之间缺乏交流和整体性，只有名义上的联系，结果企业变成一个由各个独立分支机构组成的"子公司联盟"，这样在这个联盟内很难协调，难以传递企业总部的核心优势，经验曲线经济和区位经济发挥不出来。因此，这种政策就只能对采取多国战略的企业有效，对采取其他战略的企业都不可能适合。此外，还可能造成企业内部的惰性，"子公司联盟"模式一旦形成就很难被改变。例如，联合利华公司在采用这种政策数年后,发现公司很难完成从多国战略到跨国战略的转移,各个外国子公司变成了准自治的机构,具有很强的东道国形象,这些"小诸侯集团"努力阻止公司总部给予它们的种种限制。

(三) 以全球为中心的人力配备政策

以全球为中心的人力配备政策又称为以地理为中心的人力配备政策,就是在整个组织内挑选最为合适的人担任重要职务,而不考虑国籍因素。这一政策有许多优点。首先,它使企业能最有效地利用自己的人力资源;其次,也是最重要的是,它能使企业建立一个国际管理班子,班子成员在不同国家工作都像在自己国家一样驾轻就熟,这是走向一个强大统一的企业文化和构建非正式管理网络的关键步骤;最后,由于管理者队伍由多国组成,能够减轻"文化近视"并提高对地方需求的反应能力。所以,以全球为中心的人力配备政策是最具有吸引力的人力配备政策。

当然,和上面两个政策一样,它也有自身的不足和缺陷。第一,东道国大多希望外国子公司聘用本国公民,为此,它们常常在移民法中规定,要求当东道国公民有掌握必要技术的充足人选时,外国公民必须聘用东道国公民;第二,以全球为中心的人力配备政策实行起来费用昂贵,管理人员在国与国之间的调动会增加大量的培训费用和重新安置费用;第三,被置于"国际跑道"的外派经理获得的丰厚收入会在企业内部引起不满和怨恨。表 16-1 列举了三种人力配备政策的优劣。

表 16-1

三种人力配备政策的优劣

人员安置方法	使用人员	适用战略	优　　点	缺　　点
一国为中心	本国外派人员为主	国际战略	克服东道国管理者缺乏的不足,建立统一的企业文化,传递企业的核心优势	在东道国产生反感情绪,可能导致"文化近视"
多国为中心	东道国人员为主	多国战略	避免"文化近视",节省费用	职员发展受到限制,总部和子公司产生隔阂,容易引起子公司自治
全球为中心	本国、东道国和第三国人员共同组成	全球战略和跨国战略	高效使用人力资源,建立国际管理班子和强大文化,减轻"文化近视"并提高反应能力	受到各国移民政策限制,实施费用昂贵,收入不平衡引起不满

从表 16-1 的归纳中可以看到,以一国为中心的人力配备政策适用于国际战略,以多国为中心的人力配备政策适用于多国战略,而以全球为中心的人力配备政策适用于全球战略或跨国战略。

二、外派人员的挑选

在上面所说的三种人力配备政策中,多次提到了外派人员。在这里,外派人员主要指在企业母国工作的人派往其他国家工作。在现实中,外派人员问题正在成为国际企业日益严重的问题,原因是外派人员的高失败率,也就是企业通常所称的"外派失败"。外派失败的主要情况包括提前回国或者辞职。造成外派失败的原因有很多,但是有研究表明,其中最主要的原因是经理人员与配偶无法适应新环境以及其他家庭问题。据统计,外派人员的离职率大约是国内管理层离职率的两倍。而每次的外派失败给母公司带来的损失也是巨大的。据估计,它所带来的损失是外派人员在本国的年收入加上再安置成本的3倍。此外,"外派失败"还会影响士气,给其他雇员带来打击,使国际企业的战略目标不能预期实现甚至不能实现。由此可见,外派人员的选拔对国际企业非常重要,一定要尽量降低外派人员选拔的失误率和减少损失。

关于外派人员的选拔,由于其特殊性,需要制定有别于选拔本国工作员工的、正确的选拔标准。外派人员的选拔标准是用于确定最合适于海外任职人员的标准。国际企业对于这项选拔可能会有一个长长的标准清单。但是,最重要的标准是以下几项:适应能力、独立工作能力、健康及家庭状况、年龄、经验和教育。

门登霍尔与奥德欧在为降低外派失败率而改善挑选程序的研究中归纳出四种可预测国外任职成功的因素:自我倾向、他人倾向、感知能力以及文化难度。

(1) 自我倾向。这一因素可强化外派人员的自尊、自信与健康心态。拥有这一因素的外派人员更易于在国外任职成功。这是因为这类人能够调整他们在饮食、运动及音乐方面的兴趣,拥有工作以外的业余爱好,并能在技术上胜任。

(2) 他人倾向。这一因素可加强外派人员与东道国人员相互交往的能力。与东道国人员相互交往越有效,外派人员就越有可能成功。这里有两点非常重要:关系发展和沟通意愿。关系发展是指与东道国人员发展长期友好关系的能力。沟通意愿是指外派经理能够愿意使用东道国语言。尽管流利的语言对外派经理很有帮助,但是表达沟通意愿并不一定需要流利的语言,重要的是作出使用语言的努力。这种姿态会赢得东道国员工的极大合作。

(3) 感知能力。这一因素是指理解他国人员行为原因的能力,也就是移情能力。这对外派经理管理东道国员工非常重要。缺乏这一能力的外派经理容易将国外员工当成母国员工对待,就可能导致严重的管理难题,甚至会受到重大挫折。适应性强的外派人员在描述东道国员工的行为时不会带有判定和评价的色彩,并且其本人愿意根据文化环境的要求灵活地调整他们的管理风格。

(4) 文化难度。这一因素是指东道国文化和接受任命的外派人员自我调整适应特定职位的程度之间的关系。由于有的国家文化不是大家所熟悉的,或是不为其他国家所接受的,在这样的国家任职尤其困难。比如,许多美国人认为英国的文化和美国的有许多相同点,因而在英国任职相对容易,但是在非西方文化的地区任职就比较困难。

研究者认为,前三个因素可用标准的心理学测试来评估,第四个因素可以通过文化比较来评估。他们主张在为国外职位挑选经理人员时,除了国内表现,还应考虑上述四个因素。

第三节 国际企业经营人员的培训和管理

一、国际企业经营人员的培训

在对外派人员进行选拔之后,但外派人员并不能直接就到国外任职,还需要对其进行必要的培训,使其能够胜任特定的工作,降低"外派失败"的可能性。在上面的分析中,我们知道外派失败最主要的两个原因是外派经理和配偶不能适应外国环境与外派人员自己不能适应外国环境,通过对他们的培训可以有效地降低外派失败率。

（一）外派人员培训的种类

对外派人员的培训，一般包括文化培训、语言培训和实践培训。

1. 文化培训

文化培训旨在培养外派人员对东道国文化的理解，使他们更易于在情感上与当地文化相通，以便更好地和东道国人民相处。高明的文化技巧和社交技巧一样，可以通过学习获得，使人们即使不了解某种特定文化的详细情况，也能够从容对待。这些文化技巧包括：设身处地地理解他国人民的需要和差异，体现出对他国文化的认同；避免根据自己的价值标准去判断他国人民的行为；通过自己的言谈举止表现出对他国人民及其文化的尊重和兴趣等等。企业应该对外派人员进行东道国文化、历史、政治、经济、宗教以及社会和商务惯例的培训。考虑到配偶的适应性问题，也应该让配偶或整个家庭参与文化培训。

2. 语言培训

语言培训就是让外派人员进行东道国语言和英语的学习。英语作为全球商务语言，可以在世界范围内做生意。但是仅仅依赖英语就会影响外派人员和非英语的东道国人员的交流和沟通。所以，外派人员在任职前接受东道国语言的培训，不仅能提高工作效率，而且还可以增进对当地文化的理解，加强和当地人民的交流，改善与当地用户、供应商和同行等的商务关系，并在东道国树立良好的企业形象。外派人员即使对东道国语言不流利，也应该尽量保持愿意使用东道国语言的姿态，这样就能够获得东道国人员的好感。

3. 实践培训

实践培训就是帮助外派经理及其家庭轻松自如地应付东道国的日常生活。日常习惯确立越早，外派人员及其家庭适应新环境的成功率就越高。外派经理的一个最大需要是有一个由朋友组成的关系网络。在有外派团体的地方，企业应使新的外派家庭尽快融入这个团体。外派团体可以成为有效的支持和信息来源，在帮助新的外派家庭适应外国文化方面有很大的价值。

（二）国际企业经营人员培训中应注意的问题

其实在经济全球化的时代，仅仅注意对外派人员的这种跨文化培训往往是不够的，其他员工同样会接触许多来自其他文化的人，同样需要对不同的文化具有敏感性，也就是说他们同样需要这种国际人力资源培训。在国际人力资源培训与开发的实际操作中，应该注意以下问题。

首先，应该认识到，文化培训不是一时一地的一次性的培训，而是一个过程。为此，需要培养员工终生学习的观念。现在知识的更新越来越快，没有这种不断学习、不断汲取的精神，很难迎接新的挑战。因此，没有任何人可以抗拒学习培训，没有任何企业经营管理者和企业家可以不重视学习培训。

其次，应该认识到，培训的目的不仅仅在于改变员工的技术、态度、知识，开发员工的潜能，使其能力达到公司的需求，而且需要为员工提供职业安全，提升其就业能力。培训不仅仅为员工提供一种工作安全，还要为员工提供一种职业安全。职业安全是培养员工一种职业能力，让员工开阔视野，具备一种可持续的工作能力，即使公司倒闭或业务萎缩裁减部门，员工同样可以在别处找到工作，这是一种职业安全感。它不是让企业为员工承担职业风险或机会成本，而是促进企业与员工的共同成长和谋求企业更长远的可持续发展。

最后，现在的培训方式与过去不同，不再是训导式的灌输，而是要求更有效、更节约成本的培训。比如通过一个项目，由导师带领，通过工作提高员工的技术。还有工作轮换、代理职务、易地派遣、学校教育、外部培训及内部培训等等。

二、外派人员归国后的妥善安排

企业外派人员在国外工作期满后回到企业总部的过程也需要给予重视。虽然大多数企业都有人员外派计划,但是很少有企业制定有关外派人员回国事宜的全面安排的政策。关于外派经理培训和发展的一个非常重要却被常常忽视的环节,就是做好他们返回原机构的准备。通常,回国的外派经理们没有机会向其他业绩卓著、同样准备进入国际职业岗位的经理介绍自己的经历和经验,而是面对另一种情景:公司领导不了解在过去几年里他们做了什么,也不知道怎样运用他们在国外的新知识,甚至对他们并不在意的组织,随便他们自己找一些事情做或为他们安排一些闲职,丝毫用不到他们的国外技能,也无法很好地利用企业在他们身上的投资。

根据一项外派人员归国的研究,在接受调查的外派人员中,60%~70%的人对他们回国后所从事的工作一无所知;60%的人认为他们的组织对其归国问题、对其新角色、对其将来在企业的职业发展态度不明;77%的人回国后在母国担任的职位低于其国际任命时的职位;而且有15%的外派人员在回国1年后离开其企业,40%的人在3年内离开其企业。

外派人员回国后士气低落和人员日益流失的原因有很多,一些抱怨来自上述的工作问题,一些抱怨则与家庭有关。一些外派人员回国后发现,尽管在国外工作报酬提高了,净收入并没有增加,而且由于驻外期间通货膨胀的影响,他们已经无力购买出国时卖掉的同样的房子。用来吸引外派人员出国任职的"辛劳补贴计划"也造成了他们回国后的再适应问题:这些津贴通常使得外派人员及其家属在国外时可以维持一种比国内水平高得多的生活,而期满回国后,由于原有的补贴大部分取消,他们不得不适应大大下降了的国内生活。家庭问题带来的不满虽然会给外派人员带来一定的压力,但远远没有上面谈到的工作问题那么严重。许多外派人员回国后都感到前程无望,这是他们返国后辞职的主要原因。而解决这一问题的关键是良好的人力资源规划。人力资源管理部门不但要为其外派人员制定良好的筛选程序和培训计划,也必须为外派人员的归国问题制定合理的规划,应该为他们物质的和专业的前景变换做准备,并利用他们在国外获得的知识和经验。

三、外派人员的管理发展规划及战略

管理发展规划就是对外派经理人员进行不断管理培训,并让他们在企业内部轮换担任不同的工作来获取各种经验,以此来提高管理人员的总体技能水平。其目的在于提高企业总的生产率和管理资源的整体效率和质量。

管理发展已经被越来越多的国际企业看作一项战略工具,特别是现在实施跨国战略的企业越来越多的情况下,这一工具的使用更显重要。这是因为实施跨国战略的企业需要牢固统一的企业文化以及非正式的管理网络来进行协调和控制。另外,国际企业经理人员需要具备觉察地区调节压力的能力,需要了解东道国的文化。

管理发展规划能帮助新的经理人员更好地融入企业的行为规范与价值系统,从而使建立统一的企业文化比较容易。内部培训课程和外在的强化互动培训能助长团队精神——经验共享、非正式的关系网络、公司语言或术语等,这些同样对技术能力的发展也是有帮助的。这些培训活动通常还包括可促进感情联络的唱歌、野餐和体育活动等等。在这些活动中大家都穿企业统一的制服,所有的这些行为的目的都是要强化经理人员对企业的认同。

在延展期内将经理人员集中起来,为帮助企业建立起非正式的关系网络,可使他们在不同国家轮换担任不同的工作。这个关系网能够被用作是组织内部交换知识的渠道,尤其是交换那些可以提高工作业绩的知识。例如,爱立信公司各单位之间的合作对爱立信公司极其重要,特别是专有技术和核心竞争力从母公司到国外子公司的转移,从国外子公司到母公司的转移,以及不同的子公司之间的转移,大量在爱立信公司的总部和子公司之间来回转移以促进彼此的合作。爱立信公司每隔1~2年就会将50~100名工程师和经理人员在不同的单位之间进行调动,这有助于建立人际交往的关系网络。这一政策对稳固公司共同文化和协调公司分散在全球的子公司都非常有效。

第四节 对外派经理人员的业绩评估

业绩评估是对员工在一个既定时期内对公司的贡献作出评价的过程。业绩评估一般需要明确五个问题,即考核的目的、考核的标准、考核的方法、评价者的选择和考核的周期。员工业绩评价体系的设计和实施必须与考核的目的相一致。不同的考核目的需要不同的考核标准、评价者和评价方法。在国际人力资源管理中,业绩评估具有一定的特殊性。对于外派经理人员的业绩评估就是一个非常棘手的问题,因为不可避免的偏见会给客观评价带来困难。

一、业绩评估中存在的问题

一般来说,外派经理人员的工作业绩是由两部分人来评价的:东道国子公司的经理和母国母公司的经理,但是这两大评价外派经理人员业绩的主体都会受偏见的影响,对外派经理人员不能作出公正的评价。东道国子公司经理很可能被他们自己的见解和预期的文化框架所影响。人力资源管理专家门登霍尔与奥德欧提到了一位美国经理在印度子公司工作时引进参与决策的机制,但是随后这位经理就被东道国经理反面评价,因为在印度严格的社会等级观念下,经理人员是专家,不应该向下级征求意见。这位美国经理的做法被东道国人员视为不了解自己的工作以及不能胜任的表现。

母国母公司的经理当然也不能给予外派经理人员适当的评价,原因有二:其一,距离比较远,不能了解外派经理人员具体的工作情况;其二,母国母公司经理自身缺乏国外工作的经验。这样,母国母公司的经理在给外派经理人员进行业绩评价时难免会有偏见,他们评价外派经理人员业绩时只能依赖一些硬性的指标,比如子公司的产量、销售额、盈利率和市场占有率等等。但这些数据并不能充分反映外派经理人员的业绩,因为这些硬性数据很可能受到外派经理人员能力以外的其他因素的影响,比如汇率的负面波动以及东道国经济的低迷,而且这些数据也无法考虑许多同样很重要但是无形的软性指标,如外派经理人员的跨国文化意识、和当地雇员的高效配合、在东道国建立的众多关系以及为公司树立的良好形象等更具有战略意义的内容。

由于这些偏见,许多外派经理人员表示总公司的管理层对他们的业绩评估有失公允,他们的工作经验、工作能力和工作价值没有得到应有的承认,国外任职是一件吃力不讨好的事情,对于他们的前程没有任何的帮助,这使得很多母国员工在接受任命和驻外工作上没有积极性。在一项对美国跨国公司经理人员的研究中,被调查的56%的经理表明国外任职对于他们的事业没有什么帮助甚至是有害的。

二、业绩评估的指导原则

虽然在对外派经理人员进行业绩评估难免会产生偏见,但是可以通过一些办法来减少在业绩评估过程中的偏见,给予外派经理人员一个相对比较公正的评价。大多数的外派经理人员都觉得东道国子公司经理的评估应该比母公司的经理的评估重要得多,这是因为东道国子公司经理与外派经理人员接触时间多,能够亲眼看到外派经理人员的工作情况,而且了解东道国的情况,对外派经理人员的工作内容、难度和取得的业绩更有切身体会。这样,由东道国子公司经理来给予外派经理人员软性指标方面的评价最为合适,这些指标反映了外派经理人员工作业绩中非常重要的一面。特别是东道国子公司经理人员和外派经理人员国籍相同时,更加会因为没有文化偏见而让这种评价更为准确。实际上,母国母公司经理人员也是在收到了东道国经理人员的评价内容后才写业绩评估的。

在实际工作中,如果让东道国子公司经理人员参与母国母公司人力资源部门的业绩评估有困难的时候,母国母公司可以让曾到相同地点任职的母公司员工参与评价。这也能极大地增加了解和减少偏见的影响。

最后,当企业政策要求由东道国子公司经理人员作业绩评估时,母国母公司经理人员应该在当地经理人员完成正式的评估报告之前与其进行商讨。这可使得母国母公司经理人员有机会平衡可能由于文化误解而造成的带有敌意的评估,有助于双方交换信息和消除文化误解。

三、对外派经理人员的激励和控制

由于跨国公司面对不同的文化、不同的员工,并且不同的员工具有不同的人生观,并且总是和不同的客户打交道,因此对国外员工的激励特别复杂。另外,无论在哪个国家工作,外派经理人员都需要很高的工作热情,这不仅仅因为国外市场开拓工作一般来说比较繁重,要四处奔走体力消耗大,更重要的是他们每天还要面对新的挑战和精神压力。驻外工作总是艰苦而充满竞争,需要不断地调动他们的积极性,使他们以最佳状态投入工作。

当前,主要的激励方式是通过薪酬制度。但是,由于文化上的差异会对员工的工作动机造成影响,因而激励制度还要考虑国家之间的差别。比如,在美国效果显著的个人激励措施在日本根本行不通,这是因为日本重视集体精神,实行终身雇用制,他们最大的满足是在于与集体中的其他成员友好相处。

除了报酬外,有效的沟通也是保持士气高昂的重要手段。一方面,外派经理人员需要母国母公司对他们的工作感兴趣;另一方面,他们也想了解母国母公司和国内各方面的情况。消除外派经理人员担心会被母公司遗忘的顾虑也是人力资源管理部门的一个重要责任。保持沟通的有效途径之一是在总部高层为外派经理人员指定一个联络人员,随时向他们通告母公司和母国的重大事件。

提升和晋级对外派经理人员的激励作用也是不容忽视的,因此企业应该让雇员清楚个人在企业内部发展的种种机会和可能性。在真正进行全球化经营的企业里,外籍员工同样有晋升到高层的机会,这样的前景会调动企业相当一部分员工的积极性。

此外,为国外子公司和外派经理人员个人制定适当的工作目标并使母公司、子公司和员工个人的目标保持协调一致,以企业的远景和员工在企业发展中的作用作为员工个人的激励,对于保持员工良好的工作状态有很大的帮助。

在对外派经理人员进行激励的同时,不应该忘了对他们进行控制,以使他们能够完成企业的战略目标。对他们的控制,应该从两个方面入手,也就是上文所说的对外派经理人员业绩评价的硬性指标和软性指标。对于硬性指标,可以将实际数字和历史数据或定额相比较。而对于软性指标,则进行密切地观察,考虑客户、同事和主管人员几个方面的意见。主要控制工具还有企业文化约束。向海外子公司的人员灌输企业认同的文化、价值观念,用文化来约束外派经理人员的行为,这也是企业控制外派经理人员的重要方法。

第五节 外派人员的薪酬政策

一、薪酬的基本概念

首先,先来了解一下关于酬薪的基本概念。美国薪酬管理专家麦科维奇(George Milkovich)认为:薪酬是指员工从企业所得到的金钱和各种形式的服务和福利,它作为企业给员工的劳动回报的一部分是劳动者应得的劳动报酬。企业员工的全部劳动报酬收入不仅限于货币收入,而且包括非货币收入。薪酬包括外在报酬与内在报酬两个方面。

外在报酬是指员工因受到雇用而获得的各种形式的收入,包括工资、绩效工资、短期奖励、股票期权等长期奖励、津贴以及各种非货币形式的福利、服务和员工保护等。在外在报酬中,可以按给付形式分为直接薪酬和间接薪酬。直接薪酬是指以法定的货币形式直接支付该劳动者本人的报酬,包括基本工资、绩效工资、奖金或奖励和津贴。间接薪酬是不直接支付给劳动者本人并具有一定公益性的报酬,包括福利、服务和员工保护等内容。

内在报酬是指企业为员工提供比较多的学习机会、挑战性工作、职业安全感,以及员工通过自己努力工作而受到晋升、受到表扬或受到认可和组织的重视。

现在,员工薪酬已经成为国际人力资源管理中的一个重要方面。良好而有效的薪酬政策有助于提高员工的工作满意度和工作绩效,进而提高企业的竞争力,推动企业的发展。而外派人员的薪酬政策很可能是国际人力资源管理的主要问题。所以,研究外派人员的薪酬政策对于一个企业来说是十分重要的。

二、薪酬的国别差异

在国际企业中,经常会出现各种薪酬问题。例如,由于员工类型的多样性而引起的不同的薪酬待遇问题,国别差异引起的薪酬货币购买力问题,以及文化差异引起的薪酬福利或激励问题等等。薪酬专业人员需要知道东道国员工、第三国员工和外派人员之间的区别,这些区别需要在酬薪上有所体现。同时,对于各国的生活水平或生活方式、通货膨胀与货币稳定性甚至法律以及人际关系水平而体现的货币购买力,也需要在薪酬体系中有所顾及。就国别差异来讲,在不同的国家里同级经理的薪酬存在很大的差异,即使在发达国家之间,各国的企业总经理之间的薪酬水平也是有很大差距的,比如美国的总经理平均薪酬是与其同级别的英国总经理的两倍,日本总经理与美国同行之间的差距就更大了。

各国在员工薪酬方面的巨大差异使得国际企业的酬薪政策变得尤为复杂。企业在给身处不同国家的经理支付报酬时,是按照母国的标准、东道国的标准还是该企业在全球的平均标准?在实施以一国为中心或以多国为中心的人力配备政策的企业中,这样的疑惑就不会存在了。这是因为在实施以一国为中心的人力配备政策的企业中,这个问题就变成了如何向母国的外派人员支付报酬;而在实施以多国为中心的人力配备政策的企业中,经理人员在各国子公司之间没有相互流动,而可以按照国别标准支付。如果日本经理和英国经理根本不会在一起工作,但是却给予相同的工资,显然是没有必要的。但是,在实施以全球为中心的人力配备政策的企业中,这却是一个非常难以回答的问题。以全球为中心的人力配备政策是与跨国战略相一致的,需要建立一支由不同国籍人员组成的国际经理的核心队伍。这支队伍中的所有经理是否应该得到相同的薪酬和奖金呢?假设以母国的水平作为依据制定薪酬标准,如果母国的母公司水平普遍偏高,对很多国际企业而言,这种做法既不经济,而且可能是一种浪费;反过来,如果母国的工资水平偏低,那么用这种方式进行国际扩张将招募不到合适的人才。另外,如果国际企业不能拉齐工资水平,从事相同工作却得到较低报酬的员工就会产生不满。

三、外派人员薪酬的特点

由于其特殊性,外派人员的薪酬有着不同于国内企业或者国内员工的酬薪,它的具体特点如下。

（一）薪酬水平偏高

由于国际企业需要给外派人员提供各种各样的福利和各类服务,所以,一般外派人员的薪酬水平偏高。由于各国的福利计划通常不一样,外派人员除了享受东道国国内的福利外,还可能要求继续享有母国的福利,以便为日后回国做准备。外派人员在两国之间的活动需要很大数额的额外补贴。通常,很多国际企业在制定这些福利措施的时候会非常具体,以使员工认识到企业对他们的关心。例如在一项搬家补助当中详细地列出了很多条目:外派人员房屋出售或出租后,其离国前的临时住所;外派人员及其家属到国外的交通费;驻外家庭在旅途中的合理费用;寻找合适的住房或等候家庭用品托运的临时住所等等。这些细致的项目是母公司的薪酬管理人员需要完成的工作。

（二）标准比较复杂

对外派人员薪酬的制定有许多的标准,包括以本国为基础、以所在国为基础、以总部为基础和以全球为基础这四种确定方式。

（三）外派人员绩效薪酬目前尚无足够的研究

目前对外派人员的绩效薪酬管理的出发点基本停留在"维持员工基本生活需要"上,目前在许多企业用的"平衡表法"就是从降低成本的角度对待薪酬的,而对于薪酬在激励出国工作方面的作用缺乏讨论。但是一个明显的事实是,外在薪酬在外派人员身上所起的作用越来越小了,而内在薪酬的作用越来越大了。也就是说,外派人员更需要组织对自己工作、家庭和职业生涯的关注和支持。所以事实上,对外派人员而言,福利比高薪更加有效,所在国的支持又比福利与高薪有效。如今能够想到的对外派人员的激励仅仅包括"驻外津贴,困难补助和流动津贴",显然这只是一些"保健薪酬",与公司业绩的完成并无多大关系。

四、外派人员的薪酬支付

在目前大多数的国际企业中,对于外派人员的薪酬采用"平衡表法"。这一方法将国家间的购买力均等化,从而让员工能够在国外任职时享受到与母国一样的生活标准。此外,在这种方法下,任何地区间生活质量的差别可以通过物质激励手段得以补偿。典型的外派人员薪酬体系包括基本工资、国外服务奖金、各种形式的补贴、差别纳税以及福利。

基本工资是员工在国内得到的现金报酬。基本工资一般被作为计算奖金和福利的基础。外派人员的基本工资通常与其在母国类似职位的基本工资水平相同,以其母国货币或当地货币进行支付。

国外服务奖金是外派人员由于其在本国以外的地方工作而得到的额外报酬,是激励员工接受国外任命的手段。外派人员必须生活在远离家庭和朋友的异国他乡,必须应付新的文化和语言,必须适应新的工作习惯和做法。这些不适应可以通过国外服务奖金得到一定的补偿。多数的国外服务奖金额基本是税后基本工资的10%～30%。

补贴是外派人员薪酬中的另一个重要组成部分。在外派人员的报酬体系中通常有四种补贴形式:艰苦补贴、住房补贴、生活成本补贴以及教育补贴。当企业将外派人员派往那些医疗、学校、零售商店等基本设施与母国标准相比差别很大的艰苦地区任职时,通常会支付艰苦补贴。住房补贴一般是用以保证外派人员在国外能够支付与母国相同质量住房的费用。在住房昂贵的地区(如伦敦、东京),这类补贴会高达外派人员总体报酬的10%～30%。生活成本补贴保证外派人员的生活水平不低于母国标准。教育补贴用以确保外派人员子女能够接受充分的母国标准的学校教育。东道国的公共学校有时对外派人员的子女不合适,这种情况下他们需要进入私立学校就读。

企业还为外派人员提供税收保护和税收均等化的待遇。除非东道国与外派人员的母国间有互惠纳税协议,否则外派人员就必须同时向东道国政府和母国政府缴纳个人所得税。为了解决这个问题,大多数企业都实施"税收均等化计划"。该计划是企业在扣留外派人员相当于国内应缴纳的税收金额后,为外派人员缴纳其东道国应缴纳的所有税款。许多国际企业还实行"税收保护"法,即外派人员在东道国缴纳税款最多只能达到按照其国内报酬缴纳的税收标准。在这种情况下,如果国外纳税款少于国内税款,外派人员可得到这部分差额。

国际企业一般采用的方法是:先确定外派人员在国内工作时享受的基本工资和奖金等其他收入,之后按照这一收入计算税款,并将其同外派人员的国外收入应交税款进行比较。国外税款高出国内税款的部分由企业支付。

许多国际企业还要保证其外派人员在国外的医疗、养老金等福利与在母国时一致。对企业来说,这项花费成本也很大,因为许多福利在企业母国属于纳税可抵扣项目(如养老金和医疗福利),而在国外却不可抵减。

外派人员的薪酬除了通常使用的"平衡表法",还有一些其他的补充,如谈判工资。谈判工资在一些小企业里或者特殊员工身上也会有所应用。在国际企业里,谈判意味着员工和雇主之间达成一个工资和业绩之间的协议。这种协议相对来说,成本会比较高,对于雇主来说,员工可能完不成任务;对于外派人员来说,国外多变的环境会使他们有很多顾虑,这些顾虑要用很高的谈判工资来抵销。

第六节 国际企业的劳工关系

一、劳工关系概述

劳工关系也是人力资源管理部门的一个重要内容。在国际企业人力资源管理中劳工关系长期占有重要地位,许多重要的企业决策,如加薪、减薪、裁员等,都由代表职工利益的工会出面同企业管理者谈判。

劳工关系是指劳动者同用人单位在劳动过程中产生的社会关系,它主要涉及的内容包括劳动者同用人单位在劳动用工、工作时间、休息休假、劳动报酬、劳保福利、劳动培训以及裁员下岗等方面所形成的劳动关系。同时,它还涉及代表劳动者利益的工会在以上各个方面参与决策同用人单位所形成的劳工关系。在西方企业中,劳工关系更多地涉及作为劳动者代表的工会与企业管理阶层为消除两者之间的矛盾和分歧所进行的议价过程。

在市场经济体制下,劳工关系的主体通常由三方构成,分别为企业、劳动者和工会。对于前两者不再作说明。工会是代表劳动者的一个组织,是在长期的劳工运动中发展起来的。单个工人的力量往往比较薄弱,在同企业管理者或所有者的斗争中往往处于不利的地位。为了保障自己的权利与利益,这就要求劳动者联合起来成立工会,以一个集团的形式来平衡企业经营者的力量。

从战略角度来看,国际劳工关系的关键是劳工组织限制国际企业选择的程度。工会有一定的限制企业整合全球子公司的资源以实现经验曲线经济和区域经济的能力,阻碍企业实施跨国战略或全球战略。可以从通用公司的例子中看工会是如何限制企业决策的。在德国金属业工会的强烈要求下,通用公司不得不在德国进行巨额的投资,其投资金额与它在奥地利和西班牙的新投资额不相上下,以不是最有效的方式整合其子公司的代价向工会换取了和平。

二、工会的忧虑

工会通过与企业管理层进行集体的劳资谈判,来为其成员争取更有利的报酬、更稳定的工作保障以及更加优越的工作条件。工会的谈判能力主要来自于其通过罢工或其他抗议形式,如拒绝加班等,而形成破坏生产的威慑力。这种威慑常常是奏效的,因为企业管理层除了雇用工会的劳工,别无选择。

虽然工会拥有强大的谈判能力,控制着企业劳动者这个要素,但是在目前资源全球流动的情况下,它们也有许多的担忧。国内工会对国际企业主要的忧虑是:企业可通过将生产转移到其他国家的方法来反击工会的谈判能力。例如,福特公司曾经非常明确地威胁英国工会,除非英国工人放弃那些限制生产力的工作规则,否则就将生产转移到欧洲大陆的其他国家,显示出了福特公司在加薪谈判、削减罢工以及其他破坏生产形式方面的主动权。此外,工会还有一个忧虑:国际企业可能将高技术含量的工作保留在母国,而只是将那些低技能的工作转移到国外的工厂。如果真是这样的话,在经济条件允许的情况下,国际企业将生产在不同国家之间的转移就变得相对更加容易些。如此一来,工会的谈判能力再度被削弱了。最后,当国际企业试图引入母国的雇用惯例和契约协议时,工会也会产生忧虑。当这些做法与东道国不同时,工会担心这些变化会降低其影响力和权威。在日本的国际企业试图将其劳工关系的风格转移到其他国家时,这一忧虑就出现了。例如,大多数在美国的日本汽车工厂没有工会,这使得美国汽车工人联合会非常担忧,因为汽车行业的工会影响力正在不断减弱。

三、工会的策略

为了应对上文的三个担忧,工会分别采取三种方式来回应国际企业日益增强的谈判能力:建立国际劳工组织;游说国内立法机构对这些国际企业加以限制;通过联合国等机构获取国际企业的国际管理。然而,这些措施并没有取得显著的效果。

在20世纪60年代,国际劳工组织就建立了国际贸易秘书处,在某些特定行业为各国工会提供世界范围内的联系。其长远目标就是能够与国际企业进行跨国性的谈判。国际劳工组织认为,通过国际贸易秘书处在国际间协调各国工会,使它们能够获得全球范围内破坏生产的威慑力,以此来与国际企业抗衡。再次以上文提到的福特公司为例,假如欧洲各国工会都联合起来反对它,那么它将生产从英国转移到欧洲其他地区的计划就难以执行,从而威慑力自然也会下降。

但是,国际贸易秘书处并没有获得真正的成功。尽管各国工会希望相互合作,不过它们同时也相互竞争以吸引国际企业的投资,为其成员增加工作机会。比如汽车行业的工会为了其成员获得新的工作,就必然会想方设法吸引那些在为新工厂选址的汽车企业。比如日本尼桑公司选择将欧洲生产基地设在英国而非西班牙的原因之一就是英国工会作出的让步比西班牙工会更大。由此,各国工会之间的合作关系难以建立。

各国工会组织结构的不同也是一大障碍。各国的行业工会都是独立发展的,所以各国工会在诸多方面存在很大的差异,如工会的组织结构、意识形态以及集体谈判的性质。例如,英国、法国和意大利的许多工会由左翼社会主义者领导,他们是透过"阶级冲突"的镜片来看待集体谈判的。德国、荷兰、瑞士等国的许多工会正好相反,它们领袖的政治色彩则要温和得多。工会领袖意识形态上的差异使合作也不太容易。各国工会对其扮演的社会角色以及对国际企业所应采取的姿态也有着本质的不同,这就是意识形态差异的反映。

工会在促进国内和国际机构管制国际企业方面也收效甚微。经济合作与开发组织及国际劳工组织等国际组织为国际企业规定了劳工关系方面必须遵循的准则,但这些准则远远没有达到大多数工会期望的程度,也缺乏具体实施机制。许多研究人员都认为这些准则发挥的作用并不大。

四、劳工关系的处理

不同的国际企业在处理劳工关系的方式上有着显著的不同。最主要的区别在于企业中劳工关系活动集中与分散的程度。长期以来,由于各国之间的劳动法规、工会力量、集体谈判性质等各不相同,大多数的国际企业都将管理国际劳工关系的权力分配给国外子公司。这一方法往往也是很有效的,这是因为它们相信集中管理不可能解决在多个不同环境中的劳工关系。

虽然这种看法还存在,但是现在有了集中管理劳工关系的趋势,这一倾向反映出国际企业正力图使其全球运作合理化。各行各业日益激烈的竞争压力使得成本控制对企业变得异常重要。由于劳动力成本占企业总成本的比例非常大,许多企业开始在与工会谈判中运用转移生产这一威慑武器来改变工作规则,限制工资增长。由于这种生产转移涉及新投资的进入与工厂关闭问题,谈判策略中需要总部管理层的涉入,因此,劳工关系中的集中程度呈上升的趋势。

此外,人们越来越意识到工厂中工作的组织方式可成为竞争优势的主要来源。例如,日本汽车制造商的竞争优势很多来自于其工厂中自主管理小组、工作轮换和交叉培训等的应用。为在国外工厂中获得相同的效果,日本企业在国外工厂复制它们的工作实践。但这常常会与当地工会认可的传统工作方法直接冲突,并会因此而受到当地工会的制裁。所以,许多日本企业的总部直接与当地工会进行谈判,在投资实施前先与工会在工作规则的改变上达成协议。如日产公司决定在英国北部投资前,已经取得了英国工会同意改变传统工作方式的承诺。从本质上来讲,实施这种战略需要对劳工关系部门进行集中控制。

本章小结

本章主要介绍了国际企业管理的另一个重要方面:国际企业人力资源管理。人力资源管理的任何一项活动都不是凭空进行的,对企业有着极其重要的战略意义。首先介绍了人力资源管理的概念、具体职能,以及对企业的战略作用。接着探讨了人力资源管理的四个主要任务:人力配备政策、培训管理及发展、业绩评估和薪酬政策,并指出了每一个任务的战略意义。其中介绍了三种人力配备政策,以及由此而产生的外派人员的选拔、培训管理、业绩评估和薪酬等一系列内容。最后,讨论了国际企业的劳工关系以及国际企业劳工关系的处理方式等。

复习思考题

1. 试述人力资源管理的定义和职能。
2. 人力配备政策有哪几种方式？请介绍各自的优缺点。
3. 外派人员挑选应该遵循哪些标准？
4. 如何来评估外派人员的工作业绩？
5. 介绍外派人员薪酬的特点以及它的构成。
6. 应如何认识国际企业中的劳工关系？

章末案例

LFC 公司面临的难题

LFC 公司是 A 国一家著名的国际企业。LFC 公司主要进行石油勘探、采油、输送原油和天然气,生产、运输、销售石油和石油化工产品以及其他金属矿产石。总公司下属的生产设国内和国际两个部。国际部目前已有四十多个海外子公司,有 7 000 多名员工,其中 95%是第三国员工和东道国员工。为了进一步拓展产品市场,同时也因为国际国内市场的激烈竞争,LFC 公司决定在东南亚的 C 国设立分厂。选择在 C 国设厂的原因为:一是由于东南亚在 21 世纪新一轮经济发展中所处的重要战略地位;二是 C 国政局稳定,政府将重点放在经济上,对引进外资制定了一系列的优惠政策;三是 C 国的劳动力比较廉价。

经过两年的筹备工作,新的分厂如期投入运营。分厂中所有中层以上的管理人员,包括总经理罗伯特都是总公司派出的员工。操作工人和基层管理人员则是从 C 国招聘的,在招聘操作工人时,分厂强调的标准是技术能力,若有相关的工作经验,则考虑优先录用。这些工人后来经过一番技术方面的培训,很快适应了工作的要求。在招聘基层管理人员时,除了基本的管理能力外,公司着重考察的是应聘者的语言能力。

最初的两年过去了,分厂的运作一切正常,投入的资金开始取得回报,员工依然保持着很高的工作积极性,员工的流动率几乎为零。由于总公司比较注重海外子公司的本土化进程,因此,在日常的管理活动中,就比较注重培养和锻炼有发展潜力的员工。两年后,除了总经理罗伯特以外,当初从母国总公司派来的管理人员中有一半已经由C国分厂员工担任。

但是两年后,情况发生了变化。首先是一名刚升任生产部经理的管理人员辞职,随后,他原先的几名下属也联名要求辞职。后来,罗伯特发现,这些人其实都是被他们的竞争对手在当地新设的分厂挖过去的。接着情况变得越来越糟糕,不断有员工要求辞职,人员的流动率也从原先的0上升为10%。罗伯特认为这些员工的跳槽是因为薪酬的原因。但是他后来发现这些跳槽的员工工资并没有增加,在有些福利待遇方面甚至还下降了。这究竟是怎么回事?罗伯特百思不得其解。

经过深入地调查,罗伯特最终发现问题的症结还是薪酬上。所不同的是跳槽的员工所不满意的并不是薪酬的多少,而是LFC公司在海外子公司中对于外派管理人员和东道国员工所提供的酬薪差别太大。LFC公司为了调动外派管理人员到经济相对不发达的发展中国家任职的积极性,采用"本国标准"的方法确立外派管理人员的薪酬。因此在分厂中像罗伯特这些外派管理人员,他们享有优厚的薪酬福利待遇:国内的工资照发,同时还有国外的工资补贴、地区补贴(这是根据国外工作地区艰苦条件的不同,所发给的补贴,平均数额为年薪的10%),此外,这些外派管理人员还可以享受每年一次的休假,LFC公司负责负担其在国外的住房和医疗费用,享受LFC公司提供的安家费、子女教育费、租赁或购买汽车费用等。相反,分厂中的C国员工的薪酬和福利则是根据当地的工资水平和消费水平制定的,由于C国是发展中国家,无疑东道国员工与母国外派管理人员之间的薪酬福利差距非常巨大。

随着越来越多的C国员工晋升为管理人员,他们发现与总公司外派管理人员薪酬福利之间的差距依然存在,这对于C国员工的工作积极性不能不说是严重的打击。他们觉得这非常不公平,作为分厂的管理人员,他们一样全力以赴地工作,一样地尽心尽责,从管理的才能来看,他们也不比那些外派管理人员逊色多少,但是所获得的薪酬福利差距却是这么大。相反,LFC公司的竞争对手制定薪酬的政策是根据东道国的标准,即外派管理人员的工资按照东道国的工资行情来制定,外派管理人员因外派工作所造成的收入上的损失则会在他们回国后的福利待遇中得到补偿。如此一来,外派管理人员和东道国员工之间在薪酬上的巨大差距就不存在,东道国员工也不会产生不公平的感觉。

资料来源:黄维德、董临萍:《人力资源管理》,高等教育出版社2000年版。

案例讨论题

1. 请分析LFC公司的人力配备政策,并说明该人力配备政策的优缺点。
2. 请分析LFC公司C国分厂的员工为何有很高的流动率,之前两年为何没有出现这种情况?
3. LFC公司应采取何种政策来面对这么高的员工流动率。

参考文献

1. 何娟.人力资源管理.天津:天津大学出版社,2000
2. 黄维德,董临萍.人力资源管理.北京:高等教育出版社,2000
3. 劳埃德·拜厄斯等.人力资源管理.第6版.北京:华夏出版社,2002

第十七章　国际会计

第一节　国际会计概述

一、国际会计的产生与发展

会计作为一种通用的商业语言,从它的产生开始就具有国际性质,对会计史的研究表明,会计的历史背景在某种性质上就是一部具有国际特色的历史。大多数会计学家认为近代会计的诞生地是意大利。复式记账法最早发源于公元15世纪前后的意大利沿海城市,经过一定的演变过程,复式记账法相继传至英、法、德、美等国家,最终传播到世界各地。在17世纪至18世纪,由于英国在世界贸易中占统治地位,从而使英国成为向世界传播复式记账法和现代会计的主要国家。到了20世纪前50年,美国的经济实力迅速发展,其会计的影响力也超过了英国,这种新的经济形势使美国的会计很快在世界上流传开来。

20世纪60年代以来,随着国际经济、文化和技术交流的不断扩大,各国会计学者、投资者和企业管理人员对国外财务报告需要有更多的了解,一些专门致力于国际会计协调的全球性和地区性的会计组织相继建立,这些组织提供了大量的研究资料或调查报告,使得国际会计研究活动十分活跃。在这次研究活动的基础上,逐步发展形成了国际会计(International Accounting)这一会计学的分支学科。

国际会计形成与发展,概括起来有以下几个方面的原因。

(一)国际企业的发展

国际企业在国际经济中占有举足轻重的地位。目前,全世界总产出中,几乎有1/4是国际企业生产出来的。随着国际企业的出现和发展,在会计领域相应产生了一些新的问题:① 由于国际企业是在不同的国家中进行经营的,对于在不同国家领土上经营的母公司、子公司之间的业务往来的核算和财务报表的合并问题,就要求作出一定的规定,制定相应的规则。② 由于国际企业常会发生大量的国际经济业务,对这些业务的会计处理,也是会计领域的一个新课题。③ 国际企业需要不断对国外进行直接投资,或转换投资形式和投资方向,以实现它在全世界的最优资源配置模式。这就要求国际企业要有高度集中的决策管理体系,而这样的决策管理体系必须有经过比较、协调的各国财务信息来支持。这些问题,客观上都要求会计研究应当进入一个更广阔的国际领域。

(二)货币资本市场的国际化

世界范围内投资资金的短缺,国际资本市场的迅速发展,使得不仅是国际企业、即使是一般企业也向国际货币市场融通资金,使金融和证券市场进一步全球化,这种金融全球化在促进经济的国际化和在全球范围内优化资源配置方面具有重要的作用。为了使国际金融和证券市场正常运转,需要加强透明度,健全受托责任制度,需要披露充分而完善的信息,需要建立与完善审计制度和内部控制制度。同时,为了防范金融危机、金融风险,需要从全球范围和各个国家或地区采取各种措施加强金融监管,这就需要建立一套高质量的具有透明度的国际会计准则,大家共同遵守。这些要求进一步增加了国际会计的研究内容,也促进了国际会计的发展。

(三)国际商业活动的发展和地区性经济利益集团的兴起

各国之间贸易往来的不断增加,国际商业活动的不断发展,促进了巨额商品和资本在世界各国之间的自由流动。这些国际经济活动的发展,客观上产生了建立一套国际性的通用的会计语言,以便更好地满足交易各方交流财务信息的要求。

另外,由于某些地区性的经济利益集团的出现(如欧洲经济共同体),也要求至少在集团内部的成员国之间协调它们的会计制度和方法,使成员国之间的经济活动和业务往来能按照统一的方法和标准进行核算和比较。

(四)国际经济业务中的特殊会计处理

国际间的贸易、投资和工商业经济活动的发展带来了一系列需要从国际角度加以研究的特殊会计问题。比如,国际贸易、国际企业的经营等都会涉及两种或两种以上的不同货币,这就会在会计上产生不同币种之间的换算问题;母公司、子公司的合并财务报表以及对财务报表的一般购买力的调整,都牵涉到不同国家的会计制度和实务如何进行协调,以及不同国家的通货膨胀水平如何在会计报表上进行反映的问题。对国际经济业务中的某些问题,需要进行一些特殊的会计处理,对这些特殊问题的会计处理也构成国际会计的一个组成部分。对这些问题的研究,促进了国际会计的发展。

二、国际会计的研究对象与内容

总的来看,国际会计的研究对象是由于国际企业的出现和跨国经营行为的增加而产生的一些新的会计问题和要求。它的内容主要包括三个方面。

(一)跨国经营业务的会计与财务

国际会计的首要任务是要解决国际经济业务中涉及的有关会计与财务方面的问题。由于这在国际企业中是一个至关重要的问题,而且又频繁地发生,其中有相当大的一部分是有关母公司与国外子公司之间经济往来的会计处理问题,所以,它也被称为国际企业会计。

国际企业会计包括的内容很多,既包括有关业务的会计处理内容,又包括有关财务管理的内容。前者如外币交易的处理,外币换算会计,企业合并财务报表,通货膨胀会计等,后者如国际税收,转移价格以及对外投资的评估等等。

(二)比较会计

由于世界各国的政治、经济、法律、文化及地理环境各不相同,使各国的会计制度和会计方法也各不相同。同时,由于国际经济往来的不断增加,在客观上就产生了一种要求,即对各国不同的会计制度和方法进行描述和比较,使会计师和有关人员能够了解它们的差异从而能了解它们对财务报表的影响,以使他们从财务报表中得到正确的信息,作出正确的决策。这些内容,就是国际会计中比较会计部分的研究内容。

(三)国际会计准则的协调

目前,有些国家由官方制定会计准则,有些国家由会计民间团体制定会计准则,有的国家会计立法和会计准则并行。由于存在上述差异,导致各国编制的财务报表的内容存在很大的差别。这种情况对投资者、债权人、财务分析者以及国际企业来说,均对财务信息的理解、使用造成严重的障碍。因此,会计准则国际协调成为必要,协调的目标在于消除或减少各国会计准则之间的差别,从而使各国提供的财务信息在国际间具有可比性和共同性。目前,在国际范围内已建立了许多包括政府间的、民间的和地区性的协调组织,它们正在采取积极的措施来推进协调的进程。

由此可看出,国际会计这一学科包含着广泛的内容。而本章所涉及的只是其中的"国际企业会计"部分,比较会计与国际会计准则的协调,本章不涉及。

三、国际企业的会计与财务

世界各国由于政治、法律、经济和文化等背景不同,必然会导致会计、税务等制度的不同,所以,在海外经营的企业要面对各种不同的会计制度、规则和税法,这些差异不仅将对国际企业的会计核算产生直接影响,而且也将影响其财务行为和投资决策。所以,对于国际企业来说,对海外进行直接投资之前,了解当地的有关会计、税务等诸方面的法规是极其必要的。只有了解了不同会计制度和法规的差异,才能够在按照当地的会计法规进行会计核算的条件下,将国外投资的经营状况和财务记录准确地转化为用母公司所在国货币编制的财务报表,才能够使国际企业的会计核算方法与财务行为既符合各个东道国的要求,又能够为国际企业提供最大的整体利益。

国际企业的日常会计核算和财务管理会遇到一些特殊的问题。具体地说,包括下面一些主要内容:

(1)企业跨出国门进行经营,必然会涉及两种以上不同的货币。企业要从全球战略来安排投资、生产和销售,要将分散在世界各地的子公司形成一个整体,实行集中的管理体制,就必须要解决由于涉及不同的货币而带来的外币业务的处理,用外币编制的财务报表要按一定的程序和方法换算为用本国货币表示,以及反映国际企业作为一个整体的经营状况与财务成果的合并财务报表的编制等问题。

(2)国际企业经营所在的东道国不同,所面临的通货膨胀程度也就不同,如何采用一定的方法和程序在合并财务报表上反映出通货膨胀对企业经营的影响,可以说是国际企业会计所要解决的最棘手的问题之一。

(3)国际企业的业务活动,有很大一部分是在各个子公司之间进行的,因此,国际企业的内部管理在国际企业整个管理中占有极大的比重。其中,国际企业内部的转移价格的制定是一个很重要的内容。它是指在国际企业内部,在不同国家经营的子公司之间或母公司、子公司之间进行商品、劳务的转移时,其价格应当如何制定。

(4)由于各种因素相互影响、相互作用造成的各国货币币值的升降,在多数情况下都是不可预测或是不能精确预测的。所以,国际企业在不同国家经营的业务活动势必要承担由于不同货币币值变化、汇率变动而带来的风险。这就意味着国际企业的会计与财务部门必须要解决对外汇风险进行管理的问题。

(5)由于国际企业的经营范围跨出了国界,所以,国际企业的纳税范围也必然超出一个国家的范围。国际企业会计的任务之一,就是加强对国际税收相关内容的管理,从而帮助实现国际企业的利润最大化,或者促进国际企业某个具体目标的实现(如扩大国外市场占有率等)。

(6)国际企业的经营跨出了国界,也必然引起对其经营过程和经营结果进行审查和监督的不便,即带来有关国际审计所涉及的一些具体问题。

总之,会计作为收集信息、处理信息和反馈信息的完整系统,需要为企业的内部管理决策提供有效的建议和决策的基础,同时为外部有关利益集团(如股东、债权人和税务机关等)反映企业的真实的经营状况和财务成果。对于国际企业来说,这个过程显示了更大的复杂性,了解国际企业会计与财务方面的主要内容,就成为国际企业提高经营效率的重要前提之一。

第二节 外币报表折算

一、外币折算的必要性

(一)外币报表折算的含义

外币报表折算,是指从事跨国经营活动的企业,采用其功能货币来重新表述部分财务报表中按外币计量的资产、负债、收入和费用等项目的会计程序和方法。

外币折算就其实质而言,是一种计量单位的变换过程,即对既定价值的重新表述而不存在货币价值量的变化,因而,外币折算一般应遵循的原则为:只改变计量单位的符号,而不改变计量项目的属性。

(二)外币报表折算的必要性

1. 编制合并会计报表的需要

为了全面、综合地反映国际企业整体的财务状况、经营成果及其变动情况,每个会计期末都需将国外子公司的财务报表与母公司的财务报表进行合并,以编制整个国际企业的合并会计报表。而会计报表的合并必须建立在单一的货币计量单位的基础之上,因此,除非母公司和子公司的会计报表是按同一货币表述的,否则就必须将外币报表重新表述(折算)为母公司的报告货币报表。

2. 汇总报告国际分支机构业务的需要

各分支机构是国际企业的组成部分,分支机构的业务通常由国际企业总部来周密地计划、管理和控制。通过财务报表折算,国际企业可以汇总报告国际各分支机构业务的进展情况,从而便于国际企业总部及时发现问题,尽快采取措施,充分发挥国际企业总部的组织和协调功能,以实现对其国外经营机构进行管理的目的。

3. 进行国际融资的需要

随着国际投资业务的不断扩大,设在一个国家独立经营的企业,日益需要把会计信息传送到其他现在的和可能的国际投资人和债权人之手。当某个企业想在国外发行股票、债券,即希望在国际金融和证券市场上筹资时,尤其需要公布在计量单位上统一的财务报表,以便国外的投资者了解企业的财务信息,从而作出投资决策。

二、外币报表折算的主要会计问题

外币折算中存在的种种难题,在于汇率处于波动之中,起伏不定,难以估计。由于汇率的不稳定,给外币报表折算带来的问题主要有两个。

(一)外币报表折算的汇率选择

在将以外币表示的财务报表项目折算为母公司的编报货币时,应选用哪一个汇率或哪几个汇率进行折算,是外币报表折算首先要解决的会计问题。

由于汇率不断变动,在报表折算时,也存在着历史汇率、现行汇率和平均汇率的差异。历史汇率是资产负债表项目发生时的汇率的递延形成的。现行汇率是资产负债表编制日的汇率。对财务报表来说,由于报表中不同的项目对汇率波动的反应是不相同的,因此,如何选用适当的折算汇率对报表中不同的项目进行折算,将是非常复杂的问题。比如对于资产负债表,哪些项目按报表编制日的汇率折算,哪些项目按初始交易日入账的汇率折算,折算汇率的不同选择就必然会出现不同的折算结果。因此,折算汇率的选择就成为外币报表折算方法的重要方面和区别所在。

(二)外币报表折算损益的处理

如前所述,汇率变动使得同样一个财务报表项目,由于折算汇率与原入账汇率不同而产生折算差额,且这一差额的大小与折算汇率的选择密切相关。比如在外币贬值的情况下,外币资产就会面临折算调整的损失;当外币升值时,则会产生折算利得。负债与资产的情况刚好相反,当外币贬值时,有折算利得;反之,有折算损失。但无论怎样,因报表折算产生的利得或损失,若不加以调整,就可能出现折算后的不平衡,从而有违报表的编制原理。因此,应如何处理外币报表折算所形成的利得或损失,是外币报表折算的一个关键性问题。

三、外币报表折算的基本方法

(一)现行汇率法

现行汇率法(Current Rate Method),又称期末汇率法(Closing Rate Method)或单一汇率法(Single Rate Method)。现行汇率法是外币折算方法中最简单的一种方法,也是最早使用的一种方法。[①] 在这种方法下,外币资产负债表中的所有资产负债都统一按照期末的现行汇率进行折算,只有公司的股本(实收资本)项目,按股份发行时日或投入资本当日的历史汇率折算,留存收益项目则为轧算的平衡数。外币损益表中的收入和费用,应按照确认这些项目时日的现行汇率折算,但为了简便起见,基于收入和费用交易是大量的,通常按照当期的加权平均汇率或简单平均汇率折算。

现行汇率方法的理论依据是子公司观点,即把国外子公司视为一个高度独立的实体。在大多数情况下,国外子公司实际上是高度自治的,有关资产的取得和持有、经营活动等方面的决策都是由当地董事会作出的,控股公司只关注其净投资额。以现行汇率进行折算不但保持了作为国外实体的子公司的外币报表所表述的财务结果和比率关系,同时揭示了汇率变动对母公司在国外子公司的投资净额的影响。单一的现行汇率不改变报表性质,只改变表述形式,折算只是一个"翻译"过程,恰好符合子公司观点。

现行汇率法是一种最简单的折算方法,它实际上是对所有的外币财务报表项目都乘上一个常数。正因为是所有项目都乘以一常数,所以在折算后仍保持了原外币财务报表的比例关系,有利于对国外子公司的财务状况和经营业绩作出正确的考核和评价。

现行汇率法带来的主要问题是:假设以子公司所在东道国的当地货币表述的资产和负债项目,都将承受外汇风险,这在目前世界各国还通行以历史成本为会计计量模式的情况下,显然是不合理的。例如,以现行汇率来折算一项历史成本金额,得出的结果就既不像历史成本,

---

[①] 1891年,H·A·X·拉姆在《会计师》杂志第4期上的撰文《英国公司报表中货币波动的处理》表明,英国会计师早在19世纪就对国外分支机构按现行汇率法进行外币折算。

也不像现行市价。因而,从交易发生时日资产和负债项目的计量属性这个角度而言,现行汇率法也没有充足的概念上的依据。

现行汇率法也是目前比较流行的折算方法,例如,美国、英国、加拿大等其最新的有关外币折算的准则公告都建议视不同情况分别采用时态法和现行汇率法。国际会计准则委员会第21号国际会计准则也有类似的建议。目前,流行现行汇率法的国家或地区还有:法国、德国、荷兰、丹麦、爱尔兰、瑞士、挪威、希腊、澳大利亚、新加坡、印度、马来西亚、斐济、哥伦比亚、巴拉圭、肯尼亚、博茨瓦纳、塞内加尔、津巴布韦等。

(二) 区分流动与非流动项目法

鉴于现行汇率法的不足,人们便着力探求新的方法。1911年L·R·迪克西在其《高级会计》一书中,首先提出了区分流动与非流动项目法(Current-noncurrent Method)。美国会计师协会(AIA)在1931年、美国注册会计师协会(AICPA)在1934年和1939年都分别在其研究公告中提出并推荐区分流动与非流动项目法。

在区分流动与非流动项目法下,在折算国外主体的资产负债表时,首先将该资产负债表项目区分为流动性项目与非流动性项目,然后对它们分别使用现行汇率和历史汇率进行折算。其中:流动性项目包括流动资产项目和流动负债项目①,对于流动性项目均按报表日的现行汇率进行折算;非流动性项目包括非流动性资产项目和长期负债项目,对于非流动性项目则按资产取得当日以及负债成立或发生当日的实际汇率(历史汇率)进行折算;为了保持资本的需要,对实收资本项目应按取得资本时日的历史汇率进行折算;留存收益则为轧算的平衡数字。对于收益表项目,除折旧费和摊销费应按取得有关资产时日的历史汇率折算外,对于所有费用项目和收入项目,由于费用和收入交易是大量的,可以按整个报告期间的加权平均汇率折算。

区分流动与非流动项目法的理论依据是:非流动资产在短期内不会转变为现金,所以它们不受现行汇率变动的影响。也就是说,现行汇率的变动在当期主要影响流动资产和流动负债。当国外子公司的流动资产超过流动负债时,若汇率上涨就会获得折算利得,若汇率下跌则会形成折算损失;相反,当国外子公司的流动负债超过流动资产时,若汇率上涨,就会形成折算损失,若汇率下跌,则能获得折算利得。

区分流动与非流动项目法的最大优点是:简便。但是,它缺乏概念依据,也就是说,区分流动与非流动资产和负债的定义不能说明为什么这种分类方案将决定在折算程序中应采用什么汇率。按期末现行汇率折算流动资产,就意味着现金和应收账款以及存货都同样承受汇率风险,在对按历史成本计价的存货来说是不恰当的。比如说,子公司所在国的当地货币对母公司本国货币的汇率下跌了,但随着货币贬值后当地物价上涨,存货的价值是不会受通货贬值的影响的,因此,它应该按取得时日的历史汇率折算,即存货的本国货币等值既不会因此上升,也不会因此下跌。只有按当地货币的固定金额表述的现金和应收款,才会随通货贬值的,因而要按期末现行汇率折算。另外,按历史汇率折算属于非流动负债的长期负债,则由于按当地货币表述的金额是固定的,从而抹煞了它将承受的汇率变动的影响。

在第一次世界大战期间及其后,出于各国货币币值的不稳定、金本位制的放弃及通货膨胀

---

① 流动资产是指在1年以内或正常经营周期内耗用、变现或转变为其他资产或售出的一切资产;流动负债则是指在1年以内或正常经营周期内需偿付的各种债务。

等因素,使得现行汇率法的缺点更加突出并进而为其推行带来了困难。因此,区分流动与非流动项目法就成为 20 世纪 30 年代至 60 年代的一种非常流行的方法。

现在,在世界范围内,区分流动与非流动项目法只有少数国家和地区采用,它们是:新西兰、巴基斯坦、伊朗、南非、赞比亚、萨尔瓦多等。

（三）区分货币与非货币项目法

鉴于区分流动与非流动项目法的不足,美国密执安大学 S·R·赫普华斯教授在其 1956 年出版的《国外业务报告》一书中首先提出了区分货币与非货币项目法(Monetary-nonmonetary Method)。

在货币与非货币项目法下,将资产负债表中的项目划分为货币性项目和非货币性项目两大类,并采用不同的汇率对它们进行折算。货币性项目,是指企业拥有的货币资金和将以固定或可确定的金额收到或支付的资产或负债,货币性项目包括货币性资产和货币性负债。以货币形态存在的各项资产,如现金、银行存款、应收账款和应收票据等金额固定的长短期债权等均属于货币性资产;以货币形态存在的各项负债,如应付账款、应付票据、短期借款、长期借款等金额固定的长短期债务等均属于货币性负债。除货币性项目以外的资产、负债项目都是非货币性项目如存货、固定资产、长期投资、无形资产等。对于货币性项目按报表日的现行汇率折算,对于非货币性项目和所有者权益项目按历史汇率折算。

对于收益表项目,其折算程序是和区分流动与非流动项目法类同的。即:除折旧费和摊销费应按取得有关资产时日的历史汇率折算外,所有费用项目和收入项目都按整个报告期间的加权平均汇率折算,销货成本则是按"期初存货＋本期购货－期末存货"的计算确定的。由于存货是按历史汇率折算的,折算本期购货成本的汇率是不同购货时日的汇率的加权平均数,所以,销货成本也是按历史汇率折算的。在所有资产负债表项目和收益表项目的折算过程中形成的折算损益,一般不予递延,而计入当期的合并收益。

区分货币与非货币项目法的理论依据是:由于货币性资产和负债所代表的是在未来一定时期收到或付出一笔固定的外币金额的权利或义务,其本国等量货币折合成外币的金额只是由于汇率的变化而变化,所以应按现行汇率折算,而对非货币性项目应按历史汇率折算。

虽然区分货币与非货币项目法克服了区分流动与非流动项目法在对以外币历史成本表述的存货与长期债务等项目的折算上的缺陷,将折算汇率的选择与汇率变动对企业资产和负债的影响联系在一起,从而使折算结果在一定程度上及时地反映了汇率变动对整个报告主体的影响。但它仍然没有超越对资产和负债项目进行某种分类组合的框框,而决定资产和负债项目在报表中如何分类的特性,不一定与选用适当的折算汇率有关,更何况外币报表折算涉及的是会计计量问题而不是分类问题,区分货币性与非货币性项目法也未能触及外币折算问题的实质。比如非货币性资产项目在按历史成本计价时,选用历史汇率将其外币价值折合为本国货币等值是合适的,但在按现行成本计价时就不合适了。所以,仅仅依据资产、负债项目的货币性与非货币性作为选用现行汇率和历史汇率的标准仍有缺陷。对此,美国财务会计准则委员会在第 8 号财务会计准则公告《外币交易会计与外币财务报表折算》中就曾指出:"单单从区分货币性与非货币性项目中,不可能推导出折算的全面原则。在不同的情况下,非货币性资产和负债是根据不同的基础(例如历史价格或现行价格)计量的,都按照历史汇率折算不一定总是合适的。如果该项目是按历史成本表述的,按历史汇率折算非货币性项目能得出合理的结果;然而,如果它是按照外币的现行市价表述的,那就不可能得出合理的结果了。"

目前,外币报表折算仍采用区分货币与非货币项目法的国家或地区有瑞典、芬兰、菲律宾、韩国、尼加拉瓜、危地马拉、洪都拉斯、哥斯达黎加等。

(四) 时态法

针对区分货币与非货币项目法的缺陷,美国会计学家 L·洛伦森(Leonard Lorrenson)在1972年发表的《按美元报告美国公司的国外经营活动》一文中,首先提出了外币折算的时态法(Temporal Method)。时态法又称时间度量法,是指依据资产和负债项目的计价时间,分别按历史汇率或现行汇率对资产和负债进行折算的方法。

在时态法下,由于现金总是按资产负债表日持有的金额计量,应收和应付项目(包括流动与非流动项目)则是按资产负债表日可望在未来收回或偿付的货币金额计量的,这是货币性资产和货币性负债项目的属性,因此,对现金、应收及应付项目都按照资产负债表日的现行汇率折算。对于非货币性资产和非货币性负债项目在历史成本计量属性下,是按取得或承担时的货币价格计量的,应按历史汇率折算;在现行成本计量属性下,则是按照它们在资产负债表日的市价(现行重置价格或可变现净值)计量的,必须按照现行汇率折算。对于所有者权益项目、子公司的实收资本按其历史汇率折算,其他项目除未分配利润项目外也按历史汇率折算,未分配利润则为折算的倒轧数。损益表中收入和费用项目则应按照交易发生时的实际汇率折算,折旧费与摊销费按取得有关固定资产或无形资产时的历史汇率折算,其他收入和费用项目一般按报告期平均汇率进行折算。

时态法的理论依据是:外币折算只是一个计量变换程序,是对既定价值的重新表述,外币报表折算只能改变计量的单位,而不能改变计量项目的属性。既然这样,就需要根据折算项目的计量属性来选择所适合的折算汇率。由于现金是按照资产负债表日所拥有的金额计量的,应收和应付款项是按照资产负债表日可望在未来收回或偿还的金额列示的,这也是货币性资产和货币性负债项目的属性,因此所有这些项目都应该按照现行汇率进行折算。对于非货币性资产和非货币性负债项目,在历史成本计量模式下,应按照其发生日的历史汇率折算;在现行成本计量模式下,应按照发生日的现行汇率进行折算。

目前,采用时态法的国家或地区主要有美国、加拿大、英国、巴拿马、奥地利、阿根廷、秘鲁、委内瑞拉、玻利维亚、厄瓜多尔、牙买加等。

在以上四种方法中,不同的报表项目所选择的不同汇率如表17-1所示。

表 17-1

外币折算方法的比较

项 目	现行汇率法	流动与非流动项目法	货币与非货币项目法	时 态 法
现金	C	C	C	C
应收账款	C	C	C	C
存货(按成本)	C	C	H	H
(按市价)	C	C	H	C
投资(按成本)	C	H	H	H
(按市价)	C	H	H	C
固定资产	C	H	H	H

(续表)

项　　目	现行汇率法	流动与非流动项目法	货币与非货币项目法	时　态　法
无形资产	C	H	H	H
应付账款	C	C	C	C
长期负债	C	H	C	C
实收资本	H	H	H	H
留存收益	*	*	*	*

注：C为现行汇率；H为历史汇率；*为轧算的平衡数。

四、外币报表折算损益的会计处理

采用不同的方法会得到不同的外币折算损益。与外币交易折算损益类似，国际上目前有三种不同的处理方法。

（一）计入本期损益表

将本期发生的报表折算损益以"折算损益"项目列示于损益表内，并合并反映在资产负债表的"留存收益"项目之中。主张将外币折算损益计入本期损益表的，认为汇率变动是不可掩盖的客观事实。汇率变动已引起资产和负债折算后价值的改变，于是使资产净值发生变动，这必然会使企业收益额受到影响。但是，不可否认，在通货膨胀情况下，大幅度的汇率变动所造成的大量外币折算损益若计入当期损益，会使损益表中难以反映出企业的正常经营成果，因为此时损益表中的企业收益额同时反映了企业经营和汇率变动两个因素的影响。

（二）采用递延处理方法

将报表折算损益以单独项目列示于资产负债表的股东权益中，作为累计递延处理。主张这种做法的人认为，外币折算损益不仅是母公司以本国货币重计国外子公司账项时所发生的未实现损益，而且也是账面上的损益。这种损益并没有真正以当地的现金来实现，或可以用于进行再投资或汇回本国。另外，汇率变化无常，本期表现外币折算收益，到下期则可能转变为外币折算损失；或在汇率大幅度变动而引起巨额折算损益时，如果将其计入当期损益表，必然会使会计报表的使用者产生一定的误解。此外，这种做法，也不利于保持子公司会计报表有关项目的原有比例关系，不利于进行财务比率的分析对比。

但是，递延外币折算损益又掩盖了汇率变动的真实情况，同时，会计上的递延方法，还常被认为是人为的，并且可能引起误解。特别是遵循稳健性原则的国家，其企业会计通常是立即确认外币折算损失，而将折算收益递延至以后的会计期，从而遭致批评。

（三）直接计作股东产权的变动

美国第52号财务会计准则允许按现行汇率折算的公司，其外币折算损益可以直接列入资产负债表的股东产权项目下，而不反映于损益表。其理由是国外子公司尚未变卖，其外币折算损益并没有实现。这种会计方法使物价或汇率变动因素不影响会计报表上所反映的本期收益。然而，有人认为这种会计处理方法并不符合收益的总括观念。总括观念要求在损益表内应包括一切非正常和非营业性损益项目。

总之，究竟采用哪种方法好，包括外币报表折算方法的选用，尚无定论。

五、外币报表折算举例

下面用例子解析外币报表折算方法:假设我国某公司在美国设有一家子公司(A公司),该公司 2004 年度的资产负债表与收益及留存收益表如表 17-2 和表 17-3 所示。

表 17-2

资产负债表
2004 年 12 月 31 日   单位:美元

资产		负债及所有者权益	
现金	6 800	应付账款	48 300
应收账款	31 700	长期负债	37 000
存货	27 500	实收资本	115 200
固定资产(净值)	158 000	留存收益	23 500
合计	224 000	合计	224 000

表 17-3

收益及留存收益表
2004 年(截至 12 月 31 日)   单位:美元

销售收入	187 000
销售成本	108 600
管理费用	23 400
税前收益	55 000
所得税	16 500
净收益	38 500
留存收益(年初)	0
合计	38 500
股利分配	15 000
留存收益(年末)	23 500

与本例有关的汇率资料为:① 2004 年 12 月 31 日的现行汇率为 US$1/RMB 8.30;② 2004 年度的平均汇率为 US$1/RMB 8.20;③ 2004 年第四季度的平均汇率为 US$1/RMB 8.25;④ 2003 年 12 月 31 日的现行汇率为 US$1/RMB 8.20;⑤ 2003 年第四季度的平均汇率为 US$1/RMB 8.15;⑥ 股票发行日的汇率为 US$1/RMB 8.10;⑦ 股利支付日的汇率为 US$1/RMB 8.25 ⑧ 固定资产购置日的汇率为 US$1/RMB 8.15;⑨ 长期负债发生日的汇率为 US$1/RMB 8.20。

另外,据估计每年年末存货为第四季度购入,并且已知 2003 年年末存货 31 500 美元,存货计价采用先进先出法。

(一)按现行汇率法进行外币报表折算

1. 将 A 公司以美元表示的资产负债表折算成以人民币表示的报表

资产负债表内所有资产和负债项目按编表日的现行汇率折算,实收资本按历史汇率折算,留存收益的金额从收益及留存收益表转来,折算损益按递延处理,并以"折算调整额"项目单独列示。折算后的资产负债表如表 17-4 所示。

表 17-4

资 产 负 债 表
2004 年 12 月 31 日　　　　　　　　　　　　　　　单位:人民币(元)

资　　产		负债及所有者权益	
现金	56 440(6 800×8.30)	应付账款	400 890(48 300×8.30)
应收账款	263 110(31 700×8.30)	长期负债	307 100(37 000×8.30)
存货	228 250(27 500×8.30)	实收资本	933 120(115 200×8.10)
固定资产(净值)	1 311 400(158 000×8.30)	留存收益	191 950
		折算调整额	26 140
合　　计	1 859 200	合　　计	1 859 200

2. 将 A 公司以美元表示的收益及留存收益表折算成以人民币表示的报表

销售收入、费用项目按年平均汇率折算,股利分配按股利支付日的汇率折算。折算后的收益及留存收益表如表 17-5 所示。

表 17-5

收益及留存收益表
2004 年(截至 12 月 31 日)　　　　　　　　　　　　单位:人民币(元)

销售收入	1 533 400(187 000×8.20)
销售成本	890 520(108 600×8.20)
管理费用	191 880(23 400×8.20)
税前收益	451 000(55 000×8.20)
所得税	135 300(16 500×8.20)
净收益	315 700(38 500×8.20)
留存收益(年初)	0
合计	315 700(38 500×8.20)
股利分配	123 750(15 000×8.25)
留存收益(年末)	191 950

(二)按流动与非流动项目法进行外币报表折算

1. 将 A 公司以美元表示的资产负债表折算成以人民币表示的报表

资产负债表中所有的流动性资产和负债项目均按编表日的现行汇率折算,其他项目按历史汇率折算。年末留存收益根据"资产=负债+所有者权益"平衡关系倒轧算得。折算后的结果如表 17-6 所示。

表 17-6

资产负债表

2004 年 12 月 31 日　　　　　　　　　　　　　　　　单位：人民币（元）

资　产		负债及所有者权益	
现金	56 440（6 800×8.30）	应付账款	400 890（48 300×8.30）
应收账款	263 110（31 700×8.30）	长期负债	303 400（37 000×8.20）
存货	228 250（27 500×8.30）	实收资本	933 120（115 200×8.10）
固定资产（净值）	1 287 700（158 000×8.15）	留存收益	198 090
合　计	1 835 500	合　计	1 835 500

2. 将 A 公司以美元表示的收益及留存收益表折算成以人民币表示的报表

首先计算出 A 公司以美元表示的购货成本，然后再进行折算。由"销售成本＝期初存货＋本期购货－期末存货"推出：

$$本期购货＝销售成本＋期末存货－期初存货$$
$$＝108\,600＋27\,500－31\,500＝104\,600（美元）$$

在流动与非流动项目法下，存货按编表日现行汇率折算，因此得出：

$$销售成本＝本期购货＋期初存货－期末存货$$
$$＝104\,600×8.20＋31\,500×8.20－27\,500×8.30$$
$$＝857\,720＋258\,300－228\,250＝887\,770（元）$$

销售收入、费用项目按年平均汇率折算，股利分配按股利支付日的汇率折算。留存收益的金额从资产负债表中转来。折算后的收益及留存收益表如表 17-7 所示。

表 17-7

收益及留存收益表

2004 年（截至 12 月 31 日）　　　　　　　　　　　　单位：人民币（元）

销售收入	1 533 400（187 000×8.20）
销售成本	887 770
管理费用	191 880（23 400×8.20）
折算损益（净收益）	3 390（倒轧）
税前收益	457 140（倒轧）
所得税	135 300（16 500×8.20）
净收益	321 840（倒轧）
留存收益（年初）	0
合计	321 840（倒轧）
股利分配	123 750（15 000×8.25）
留存收益（年末）	198 090

第三节 合并会计报表

一、企业合并与合并会计报表

（一）企业合并及其种类

国际会计准则委员会1993年修订的国际会计准则第22号《企业合并》对企业合并的定义是："企业合并是指通过一个企业与另一个企业的联合和获得对另一个企业的净资产的控制和经营权，而将各自独立的企业组成一个经济实体。"从财务会计的角度看，企业合并的方式主要分为三种：吸收合并、创立合并和控股合并。

1. 吸收合并

吸收合并也称兼并，是指两家或两家以上的企业，合并成为一个企业，其中一家企业保留法人资格，其他企业的法人资格随着合并而消失的合并方式。吸收合并的具体办法可以由继续存在公司以现金购买，或发行股票和签发出资证明书的形式换取不复存在的被合并的公司全部净资产并承担其全部债务。吸收合并后，被并企业清算解散，合并企业接管了被并企业全部资产和债务。为此，合并企业扩大了业务和经营规模，并仍然是一个单一的法律主体和会计主体。

2. 创立合并

创立合并也称新设合并，是指两家或两家以上的企业协议合并共同组成一家新企业，新企业成立后，参与合并方全部丧失其法律地位的合并方式。参与合并者将在合并后被取消法人资格、被解散，其资产与债务都由新成立的企业拥有与承担。因此，创立合并将引起清算会计问题和成立时的新建账册及会计处理问题。

3. 控股合并

控股合并是指一家企业购入或取得另一家企业多数有表决权的股份，或能左右另一家企业的重要经营决策与财务决策的合并方式。在控股合并情况下，控股公司与被控股公司的法人资格均存在，各自都是独立的法律主体，各自从事其生产经营活动，分别编制自身的会计报表。当一个公司拥有另一个或几个公司50％以上或全部有表决权的股份时，前者为后者的母公司（Parent Corporation），或控股公司（Holding Corporation），后者为前者的子公司（Subsidiary Corporation）或附属公司（Affiliated Corporation）。

以上三种合并方式中，吸收合并和创立合并的结果都仅存在一个会计主体，其合并后的会计处理与报表编制与一般企业相同，不存在合并会计报表的编制问题。而控股合并则不同，在控股合并后，企业集团内部却存在两个或两个以上的会计主体，这时就需要进行合并会计报表的编制。

（二）合并会计报表的范围

控股合并需要编制合并会计报表，但控股有一个标准的确定问题，即确认哪些被投资企业可以作为子公司纳入合并范围。一般的规则是，一个公司直接或间接地拥有另一个公司发行在外的有表决权股票的50％以上，这时就表明存在合并的条件。因此，51％就成了大多数情况下确定合并范围的一个数量下限。

虽然51％的最低数量标准已成为大多数国家的法定要求，但是，在实际确定子公司时，各国都必须考虑许多具体的条件和其他问题。比如债券持有者权力的扩大、法律的规定以及协议或合同的效力等因素。如果说可转换债券只是对公司的潜在控制权的话,那么规定有权任命公司董事的债券就构成了对公司现实的控制。有时一个公司对另一个公司的控制是基于合同或协议而不是基于股份掌握的多少。凡此种种都说明,在一个国家确认子公司不一定存在一个单一的统一数量标准。

中国《合并会计报表暂行规定》对合并范围的原则性规定,凡是能够为母公司所控制的被投资企业都属于其合并范围。根据这一规定,合并范围具体包括以下几种情形。

1. 母公司拥有其半数以上权益性资本的被投资企业

权益性资本是指对企业有投票权,能够据此参与企业经营管理决策的资本,如股份制企业中的普通股,有限责任公司中的投资者出资额等。拥有被投资企业半数以上权益性资本,具体有以下三种情况:

(1) 直接控股,即母公司直接拥有被投资企业半数以上权益性资本。如 A 公司直接拥有 B 公司发行的普通股总数的 60%。

(2) 间接控股,即母公司间接拥有半数以上权益性资本。间接拥有半数以上权益性资本,是指通过子公司而对子公司的子公司拥有半数以上权益性资本。例如,A 公司拥有 B 公司 80%的股份,而 B 公司又拥有 C 公司 75%的股份。在这种情况下,A 公司作为母公司通过其子公司 B 公司,间接拥有和控制 C 公司 60%的股份,从而 C 公司也是 A 公司的子公司,A 公司编制合并会计报表时,也应当将 C 公司纳入其合并范围。

(3) 交叉控股,即母公司以直接和间接方式合计拥有或控制半数以上权益性资本。例如,A 公司拥有 B 公司 80%的股份,拥有 C 公司 30%的股份;B 公司拥有 C 公司 40%的股份。在这种情况下,B 公司为 A 公司的子公司,A 公司通过子公司 B 公司间接拥有和控制 C 公司 40%的股份,与直接拥有 30%的股份合计,A 公司共拥有和控制 C 公司 70%的股份,从而 C 公司属于 A 公司的子公司,A 公司编制合并会计报表时,也应当将 C 公司纳入其合并范围。

2. 被母公司控制的其他被投资企业

母公司在通过直接和间接方式没有拥有和控制被投资企业半数以上权益性资本的情况下,如果母公司通过其他方式对被投资企业的经营活动能够实施控制时,这些被母公司控制的被投资企业也应作为子公司纳入其合并范围。一般认为母公司与被投资企业之间存在如下情况之一者,就应当将其视为母公司的子公司,纳入合并范围:① 通过与该被投资企业的其他投资者之间的协议,持有该被投资企业半数以上表决权;② 根据章程或协议,有权控制企业的财务和经营政策;③ 有权任免公司董事会等类似权力机构的多数成员;④ 在公司董事会或类似权力机构会议上有半数以上投票权。

需要注意的是,被投资企业虽然其半数以上的权益性资本为母公司所拥有,属于母公司的子公司,但由于一些特殊的原因,母公司并不能有效地对其实施控制,或者对其控制权受到限制。对于这些子公司,可以将其不纳入合并会计报表的合并范围。可以不纳入合并范围的子公司有:① 已准备关停并转的子公司;② 按照破产程序,已宣告被清理整顿的子公司;③ 已宣告破产的子公司;④ 准备近期售出而短期持有其半数以上权益性资本的子公司;⑤ 非持续经营的所有者权益为负数的子公司;⑥ 受所在国外汇管制及其他管制,资金调度受到限制的境外子公司。

二、合并会计报表的基本理论

现代会计理论认为,会计报表的主要目标是为其使用者提供检验企业经营管理者受托经济责任(Accountability)完成情况或对经济决策有用的信息。会计报表通常主要为股东提供有用信息,但合并会计报表所要服务的主要使用者——股东,既包括来自于母公司的股东,又包括来自于子公司的股东,而子公司的股东既包括拥有子公司多数股权的母公司的股东,也包括子公司的少数股东。合并会计报表究竟主要为母公司股东服务,还是为集团所涉及的全部股东服务,对这一问题的不同回答形成了母公司理论与实体理论以及作为两种理论的折中——修正的母公司理论。

(一)母公司理论

母公司理论(Parent Company Theory)认为,合并会计报表只不过是母公司会计报表的延伸,所以,合并会计报表应主要为母公司股东的利益服务,应主要或侧重反映母公司股东对合并主体资产的要求权、对合并主体损益及其分配情况的份额以及相关的现金流转情况。

在母公司理论下,合并股东权益是关于母公司股东的权益,由母公司自身的股东权益和母公司在子公司股东权益中的份额两部分组成,从而,在合并资产负债表上,子公司股东权益的少数股权部分即少数股权应以单独项目反映在合并负债之中。其依据是,从法律形式看,子公司的少数股东也是股东,但事实上,少数股东只不过是合并主体的一种特殊的债权人。这种特殊性主要表现在,在正常情况下,它们既不能对母公司也不能对子公司的经营决策与理财决策行使股权意义上的控制,在这一意义上,少数股东与债权人没有什么区别;但是,当对子公司净收益的分享或净损失的分担、对子公司净资产的分享或净负债的分担时,少数股东所获得的收益或分担的损失等又具有不确定性,对子公司的责任则以投入的资本为准。显然,在合并资产负债表中,将少数股东与多数股东(母公司股东)同等看待不太合适,因而可以将"少数股权"以单独的项目在合并负债中揭示。

在母公司理论下,企业集团应从主要服务于母公司股东利益的角度来编制合并损益表、合并留存收益表和合并现金流量表。其中,合并损益表是关于母公司净损益形成情况的报表,由于母公司净损益包括母公司自身形成的净损益与子公司净损益中属于母公司的份额,因而子公司净损益中属于少数股东的部分,应以单独项目"少数股东损益"列示在合并费用中。与之相对应,合并留存收益表是关于母公司净收益分配情况的报表,也就是说,子公司净收益中属于少数股东部分的分配情况,不应在合并留存收益表中体现。

在母公司理论下,母公司以其现金等资产、债券或部分普通股获取对子公司的控股权,那么,在编制股权取得日的合并资产负债表时,应对子公司净资产中的母公司部分按公允价值计量,而对属于少数股东的部分仍按原账面价值计价,即合并商誉只归属于母公司股东。在母公司理论下,集团内发生的未实现损益也只抵销属于母公司的部分。

(二)实体理论

实体理论(Entity Theory)认为,合并会计报表应主要为集团所有股东的利益服务;在集团内无论是母公司股东还是子公司的少数股东,都是集团的股东,应平等地对待它们。因而,应以单独项目"少数股权"反映在合并资产负债表的合并股东权益中;同样,在合并损益表中,也应以单独项目将"少数股东损益"反映在合并净收益中;合并留存收益表就是关于集团全体股东净收益分配情况的报表。

在实体理论下,若母公司以其现金等资产、债券甚至普通股购买子公司的控股权时,应按购买日的公允价值来计量子公司当时的全部净资产,从而合并商誉应归属集团的全体股东。在实体理论下,集团内发生的未实现损益应予以全部抵销。

(三) 修正的母公司理论

修正的母公司理论(Modified Parent Company Theory)认为,母公司理论过分强调了少数股东在股东性质上的特殊性,将其严格地与母公司股东区别开来,忽视了其与母公司股东的共同性;实体理论恰好反母公司理论而行之。所以,上述两种理论都有其片面性,应予以折中,从而形成了修正的母公司理论。该理论认为,应将"少数股权"以单独项目反映在合并负债之后,合并股东权益之前;应当按母公司理论编制合并损益表与合并留存收益表;对集团内发生的未实现损益应予以全部抵销;当母公司以购买方式获取对子公司的控股权时,应按母公司理论处理。

三、会计报表合并的账务处理方法

母公司在合并时,采用什么方法编制合并会计报表,要依据其在合并时的具体情况而定,可以分别采用购买法和权益集合法。

(一) 购买法

购买法,指母公司采用购入一般资产的方法,购买子公司的股权。母公司可以使用现金、债券等自己的资产购买子公司的股份作为长期投资,所购买的股份必须占其全部股份的50%以上,通过多数股份的所有权,控制子公司的经营管理。

采用购买法会计的主要特点是,其购买价格(取得成本)是按子公司的现时市价计量的,即按购买日期的公平价值对经查属实的子公司的资产和负债改记账面金额。所以可能高于或低于子公司净资产的账面价值。由于在一般情况下,子公司净资产的账面价值是按历史成本计价的,因而买价通常是高于净资产的账面价值。买价高于子公司账面净资产价值的部分,应先按公平市价调整有关资产项目的价值,确认资产增值,而后再确认购买过程中形成的商誉。资产增值额和商誉在未来期间摊销。

(二) 权益集合法

权益集合法,又称联营法,指母公司以本公司的普通股股票,换取子公司50%以上的普通股权,把母公司和子公司的股权集合起来。通常的做法是:母公司先用现金购回本公司发行的股票作为库存股份,而后用以交换子公司的股份,子公司原来的股东仍然是股东,原来的企业管理人员仍然负责经营管理。

采用权益集合法会计的主要特点是,母公司和子公司的净资产按各自的账面价值简单合并。由于母公司对子公司的投资是按子公司净资产账面价值计量的,而不是像购买法那样按当前的公平市价计量,因而权益集合法不会形成新的计价基础,不存在商誉和资产增值问题。

由于在一般情况下,子公司净资产的账面价值总会低于当前的公平市价,如果在企业合并时应用权益集合法,母公司对子公司的投资是按照较低的子公司净资产账面价值计量的,而不是像购买法那样要按照较高的公平市价计量,在企业合并以后,就可能立即得出较高的报告收益(只是由于合并而不是由于合并后的经营成果)。因此,为了防止对权益集合法的滥用,美国注册会计师协会会计原则委员会于1970年发布了第16号意见书《企业合并》,取代过去发布的所有关于企业合并的准则文告。

在第 16 号意见书中,对用权益集合法的条件作了严格的规定,列举了 12 个条件,只有完全符合这 12 个条件,才能使用权益集合法。现把它引述如下:

(1) 在提出合并计划前的两年内,参与合并的每一个企业必须是自主的,不是另一家公司的子公司或分部。但是这并不排除在前两年内新创建的公司,除非它是一家不自主的公司的部分或全部继承者。

(2) 在提出至完成合并计划的时日,参与合并的公司以公司间投资形式持有的任何参与合并的公司外发的有表决权普通股,不能超过该公司外发股份的 10%,除非所持有的股份是用来交换为执行合并计划而发行的股份的。换言之,参与合并的每一家公司必须独立于其他参与合并的公司。

(3) 合并必须在一次交易中实现,或是按照具体的计划在合并计划提出后一年内完成。

(4) 继续存在的公司(或最终形成的母公司)只能发行与其外发的大多数表决权普通股具有同等权利的普通股,来交换其他(参与合并)的公司在合并计划完成时日"几乎全部的"外发有表决权普通股。第 16 号意见书对于确定是否满足交换"几乎全部的"有表决权普通股的要求,具体规定了一套详细的程序。要求的实质在于:继续存在的公司或(发行股份的)母公司必须用所发行的有表决权普通股(在提出和完成合并计划时日之间)交换参与合并的公司外发的 90% 或以上的普通股。

(5) 每一家参与合并的公司必须基本上保持有表决权普通股的同等股权;也就是说,任何公司不能出于对合并施加影响的意图,而通过交换、收回或分派给股东等方式来改变这些有表决权普通股的股权。

(6) 参与合并的公司只能为了企业合并以外的目的来重新取得有表决权普通股的股份;在提出合并计划的时日以后,任何公司都不能重新取得超过正常股数的股份。

(7) 为实现合并交换股份的结果,必须使参与合并的同一公司内各股东对其他股东的股权比例保持不变。

(8) 在合并形成的公司内,股东必须能行使普通股股份的表决权;不能使用诸如委托表决权的机制来剥夺或限制普通股股东行使其表决权。

(9) 在计划完成之日,合并必须结束,计划中不能附有关于发给证券或其他补偿的悬而未决的规定。因此,合并形成的公司不能同意在或有条件下对参与合并的公司的前股东增发股份或给予其他补偿。

(10) 合并形成的公司不能直接或间接同意去收回或重新取得为实现合并而发行的全部或一部分普通股。

(11) 合并形成的公司不能作出使参与合并的公司的前股东受益的其他财务安排,例如,用为合并而发行的股票作为借款的担保。

(12) 合并形成的公司在合并后两年内不能作出处置参与合并的公司的大部分资产的打算,除非是为了消除重复的设施或过剩的生产能力,以及按照分离的公司在正常的经营过程中必须加以处置的那些资产。

在上述的 12 个条件中,第(4)条当然是决定权益集合法的实质性条件;第(1)条、第(2)条涉及参与合并的公司的地位;第(5)条、第(7)条体现了有关企业合并的早期准则文告中所提出的股东股权的连续性原则;第(10)条、第(12)条在于防止为预先安排好的目的通过收回或重新取得为合并而发行的股票或处置账面估价较低的子公司资产而去谋利;其余各条则主要在阻止权益集合法的滥用。

权益集合法只是美国处理企业合并的独特的会计方法,目前,在应用中已经受到严格的限制。

四、合并会计报表的编制程序

为使合并会计报表所反映的数据可靠、可比、相关,在编制合并会计报表之前应首先满足两个基本条件:① 统一会计期间。即所用母公司、子公司的个别会计报表一般应在同一日期编制,若有差异,相差不得超过 3 个月。② 统一会计政策。即各个公司对相同经济业务的处理要按统一的会计政策进行。通常,在编制合并会计报表时,以母公司的会计政策为标准,对子公司的会计报表数额进行适当的调整。

根据国际会计准则第 27 号《合并会计报表和对子公司投资的会计》的建议,反映企业集团财务资料的合并会计报表可按以下步骤编制:

(1) 抵销母公司对各个子公司投资的账面金额和各子公司产权中属于母公司的部分。

(2) 抵销集团内部企业之间往来账户的余额和内部的往来交易,如应收、应付、销售、费用和股利等项目。

(3) 抵销包含在存货和固定资产结存金额中,由集团内部交易而产生的未实现利润和亏损。

(4) 合并编报的子公司的报告净收益和净资产中,少数股权要确定,以计算出属于母公司股东的净收益和净资产金额。净资产中属于少数股权的部分包括原企业进行合并日的金额以及合并日后股东权益发生变动金额中属于少数股权的部分。

合并会计报表的编制,通常是在合并工作底稿上进行。合并程序中所需进行的调整和抵销等,均通过合并工作底稿计算。合并工作底稿格式如表 17-8 所示。

表 17-8

合并工作底稿

项 目	母公司	子公司	抵 销 分 录		合 并 数
			借 方	贷 方	

五、股权取得日合并会计报表的编制

股权取得日合并会计报表是指母公司在取得子公司控制性股权时,为了反映整个企业集团合并日的财务状况而编制的会计报表。由于在股权取得日,除发生母公司对子公司的投资业务外,尚未发生其他集团内部往来业务,因此,股权取得日的合并会计报表仅有合并资产负债表。股权取得日合并会计报表的编制存在不同的处理方法,即购买法和权益集合法,下面通过实例对购买法下的合并会计报表的编制进行介绍。

A 公司(母公司)在购买 B 公司(子公司)80%的股权以前,双方的个别资产负债表如表 17-9 和表 17-10 所示。

表17-9

A公司资产负债表

2003年12月31日　　　　　　　　　　　　　　　　　单位：万美元

资　　产		负债及所有者权益	
现金	250	应付账款	280
应收账款	180	长期负债	170
存货	360	普通股	1 000
固定资产(净值)	960	留存收益	300
合　计	1 750	合　计	1 750

表17-10

B公司资产负债表

2003年12月31日　　　　　　　　　　　　　　　　　单位：万美元

资　　产		负债及所有者权益	
现金	82	应付账款	31
应收账款	84	长期负债	84
存货	46	实收资本	200
固定资产(净值)	123	留存收益	20
合　计	335	合　计	335

假设2004年1月1日A公司用现金200万美元购买B公司80%的股权,购买日B公司的存货公平市价为58万美元,固定资产净值的公平市价为138万美元,其余资产和负债项目的账面价值与公平市价基本相等,固定资产剩余使用年限为10年,商誉在20年内摊销。

购买完成时,A公司应编制如下长期投资的会计分录(单位：万美元)：

借：对B公司股权投资　　　　　　　　　　　　　　　　　　　　　200
　　贷：现金　　　　　　　　　　　　　　　　　　　　　　　　　　200

A公司的资产负债表中的有关资产项目也发生相应的变动(见表17-11),而B公司的资产负债表则不受影响。

表17-11

A公司资产负债表

2004年1月1日　　　　　　　　　　　　　　　　　　单位：万美元

资　　产		负债及所有者权益	
现金	50	应付账款	280
应收账款	180	长期负债	170
存货	360	普通股	1 000
固定资产(净值)	960	留存收益	300
对B公司股权投资	200		
合　计	1 750	合　计	1 750

(1) 调整 B 公司存货和固定资产的增值,确认商誉。在母公司理论下,按股权比例确认资产的增值,因此有:

$$存货的增值=(58-46)\times 80\%=9.6(万美元)$$

$$固定资产的增值=(138-123)\times 80\%=12(万美元)$$

B 公司的净资产的公平市价为 197.6 万美元[(180+40)×80%+9.6+12],A 公司之所以愿意付出比 B 公司更高的价格,是因为 B 公司有一定的商誉存在。商誉按下式得出:

$$商誉=200-[(180+40)\times 80\%+9.6+12]=2.4(万美元)$$

在确认商誉的同时,编制如下调整分录(单位:万美元):

借:存货	9.6
固定资产(净值)	12.0
商誉	2.4
贷:对 B 公司股权投资	24.0

(2) 计算少数股权。在母公司理论下,少数股权按子公司净资产账面价值的少数股权比例计算。

$$少数股权=(180+40)\times 20\%=44(万美元)$$

(3) 消除母公司对子公司的股权投资账户,消除子公司的股权账户,记录少数股权。根据以上计算,编制如下消除分录(单位:万美元):

借:普通股	180
留存收益	40
贷:对 B 公司股权投资	176
少数股权	44

根据以上调整分录和消除分录,编制合并工作底稿如表 17-12 所示。

表 17-12

A 公司、B 公司合并工作底稿

2004 年 1 月 1 日　　　　　　　　　　　　　　　　　　　单位:万美元

	个别资产负债表		调整和消除		合并资产负债表
	A 公司	B 公司	借方	贷方	
现金	50	82			132
应收账款	180	84			264
存货	360	46	9.6		415.6
固定资产(净值)	960	123	12		1 095
对 B 公司股权投资	200	—		24 176	—
商誉			2.4		2.4
资产合计	1 750	335	24	200	1 909

(续表)

	个别资产负债表		调整和消除		合并资产负债表
	A公司	B公司	借方	贷方	
应付账款	280	31			311
长期负债	170	84			254
少数股权	—	—		44	44
普通股	1 000	200	200		1 000
留存收益	300	20	20		300
负债及所有者权益合计	1 750	335	220	44	1 909

（4）编制合并资产负债表。根据合并工作底稿，编制 AB 集团的合并资产负债表如表 17-13 所示。

表 17-13

A公司（母公司）合并资产负债表

2005 年 1 月 1 日　　　　　　　　　　　　单位：万美元

资　　产		负债及所有者权益	
现金	132	应付账款	311
应收账款	264	长期负债	254
存货	415.6	少数股权	44
固定资产（净值）	1 095	普通股	1 000
商誉	2.4	留存收益	300
合　　计	1 909	合　　计	1 909

六、股权取得日后合并会计报表的编制

在股权取得日后的每一会计年度，母公司都应编制合并资产负债表、合并收益及留存收益表和合并现金流量表。

股权取得日后合并会计报表的编制程序与股权取得日合并会计报表的编制程序大致相同，不过在股权取得日后合并会计报表的编制时，还包括以下内容：① 消除母公司对子公司的投资及其取得的投资收益；② 摊销由企业合并日采用购买法产生的商誉和资产的增值（贬值）；③ 消除母公司、子公司间发生的交易及引起的未实现利润（亏损）。

下面就购买法下股权取得日后合并资产负债表和合并收益及留存收益表的编制予以举例说明。

2004 年 1 月 1 日，A 公司用现金 1 200 万美元购买 B 公司 80% 的股权。购买日 A 公司和 B 公司的普通股股本分别是 6 000 万美元和 1 000 万美元，留存收益分别是 1 250 万美元和 200 万美元。合并日 B 公司的存货、设备、土地、应付公司债分别增值 40 万美元、100 万美元、120 万美元、60 万美元。本年度子公司存货全部售出，存货增值年内全部摊销，子公司固定资产采用直线法计提折旧，设备尚可使用 10 年，应付公司债 8 年后到期，商誉在 20 年内摊销。2004

年 A 公司和 B 公司之间还发生以下内部交易业务：

(1) 2004 年 12 月 31 日，A 公司对 B 公司的应付账款余额为 30 万美元；

(2) 2004 年内 A 公司出售 200 万美元的甲商品给 B 公司，毛利润率为 40%，B 公司的期末存货中还有从 A 公司购入的甲商品 40 万美元；

(3) 2004 年内 B 公司出售 80 万美元的乙商品给 A 公司，毛利润率为 30%，A 公司的期末存货中有从 B 公司购入的乙商品 20 万美元；

(4) 2004 年 A 公司向 B 公司收取专利权使用费 80 万美元；

(5) A 公司与 B 公司分别宣布发放股利 800 万美元和 100 万美元。

2004 年 12 月 31 日，A 公司和 B 公司的个别资产负债表和收益表分别如表 17-14 和表 17-15 所示。

表 17-14

A 公司、B 公司个别资产负债表

2004 年 12 月 31 日　　　　　　　　　　　　　单位：万美元

	A 公司	B 公司
现金	240	80
应收账款	360	160
存货	820	300
对 B 公司投资	1 290	
设备(净值)	5 640	1 280
土地	3 000	800
资产合计	11 350	2 620
应付账款	840	510
应付公司债	2 400	750
普通股	6 000	1 000
留存收益	2 110	360
负债及所有者权益合计	11 350	2 620

表 17-15

A 公司、B 公司个别收益表

2004 年 12 月 31 日　　　　　　　　　　　　　单位：万美元

	A 公司	B 公司
销售收入	4 400	1 760
专利权收入	220	
其他公司收益	75	
长期投资收益(B 公司)	174	
收入合计	4 869	1 760

(续表)

	A 公 司	B 公 司
销售成本	2 640	1 232
折旧费用	520	120
商誉摊销费	4	
专利权费用		80
其他支出	45	68
净收益	1 660	260

说明：(1) A 公司用权益集合法反映对 B 公司的投资；

(2) 合并会计报表采用购买法下的母公司理论；

(3) 设每年 12 月 31 日为编报日。

1. 对 A 公司从合并日到报表编制日的有关会计分录进行分析

以下对 A 公司从合并日到报表编制日的有关会计分录进行分析，以说明其报表上"对 B 公司股权投资"、"长期投资收益(B 公司)"和"留存收益"项目具体数额的形成过程。

企业合并日，记录"对 B 公司股权投资"，编制会计分录如下(单位：万美元)：

借：对 B 公司股权投资　　　　　　　　　　　　　　　　　　　　1 200
　　贷：现金　　　　　　　　　　　　　　　　　　　　　　　　　　　1 200

按权益集合法确认 B 公司净收益中属于 A 公司的部分 208 万美元(260×80%)，编制会计分录如下(单位：万美元)：

借：对 B 公司股权投资　　　　　　　　　　　　　　　　　　　　208
　　贷：长期投资收益　　　　　　　　　　　　　　　　　　　　　　208

收到 B 公司现金股利时，按权益集合法编制会计分录如下(单位：万美元)：

借：现金　　　　　　　　　　　　　　　　　　　　　　　　　　　80
　　贷：对 B 公司股权投资　　　　　　　　　　　　　　　　　　　　80

对购买日确认的资产增值和商誉按 A 公司所承担的份额进行摊销。

购买日 A 公司对 B 公司净资产增值所占金额＝(40＋100＋120－60)×80%＝160(万美元)

购买日确认的商誉＝1 200－(1 000＋200)×80%－160＝80(万美元)

对购买日确认的净资产增值和商誉进行摊销。

净资产增值摊销额＝40×80%＋(100×80%)÷10－(60×80%)÷8＝34(万美元)

根据以上计算，编制摊销分录如下(单位：万美元)：

借：长期投资收益　　　　　　　　　　　　　　　　　　　　　　　34
　　贷：对 B 公司股权投资　　　　　　　　　　　　　　　　　　　　34

本期商誉的摊销额＝80÷20＝4(万美元)

根据以上计算，编制摊销分录如下(单位：万美元)：

借：商誉摊销费　　　　　　　　　　　　　　　　　　　　　　　　　　　4
　　贷：对B公司股权投资　　　　　　　　　　　　　　　　　　　　　　　　4

在编制上述会计分录后，2004年12月31日有关项目数额如下：

（1）"对B公司的股权投资"项目金额＝1 200＋208－80－34－4＝1 290（万美元）。

（2）"长期投资收益（B公司）"项目金额＝208－34＝174（万美元）。

（3）根据"期末留存收益＝期初留存收益＋本期净收益－现金股利"，得出：

$$A公司的留存收益＝1 250＋1 660－800＝2 110（万美元）$$

$$B公司的留存收益＝200＋260－100＝360（万美元）$$

2. 编制合并会计报表的调整和抵销分录

（1）对净资产增值和商誉的摊销金额及未摊销金额编制调整分录。对应由A公司承担的金额进行逐项分析后再统一编制调整分录。在A公司承担的B公司存货、土地、设备、应付公司债增值中，存货增值额32万美元全部摊入本期的销售成本；设备增值额80万美元中，摊入折旧费用8万美元，还剩72万美元；土地增值额96万美元，不作摊销；应付公司债增值额48万美元中，有6万美元摊入其他费用，还剩42万美元未摊销。这样，可编制会计分录如下（单位：万美元）：

① 借：销售成本　　　　　　　　　　　　　　　　　　　　　　　　　　　32
　　　　折旧费用　　　　　　　　　　　　　　　　　　　　　　　　　　　　8
　　　　固定资产（净值）　　　　　　　　　　　　　　　　　　　　　　　　72
　　　　土地　　　　　　　　　　　　　　　　　　　　　　　　　　　　　　96
　　　　商誉　　　　　　　　　　　　　　　　　　　　　　　　　　　　　　76
　　　贷：对B公司股权投资　　　　　　　　　　　　　　　　　　　　　　236
　　　　　应付公司债　　　　　　　　　　　　　　　　　　　　　　　　　　42
　　　　　其他费用　　　　　　　　　　　　　　　　　　　　　　　　　　　　6

（2）消除A公司、B公司间的股利收入，同时少数股东收到的现金股利应冲销"少数股权"。编制抵销分录如下（单位：万美元）：

② 借：对B公司股权投资　　　　　　　　　　　　　　　　　　　　　　　80
　　　　少数股权　　　　　　　　　　　　　　　　　　　　　　　　　　　　20
　　　贷：现金股利　　　　　　　　　　　　　　　　　　　　　　　　　　100

（3）抵销A公司对B公司的股权投资和B公司股东权益中属于A公司的部分，并确认少数股权。编制抵销分录如下（单位：万美元）：

③ 借：普通股　　　　　　　　　　　　　　　　　　　　　　　　　　　1 000
　　　　留存收益　　　　　　　　　　　　　　　　　　　　　　　　　　　200
　　　　长期投资收益　　　　　　　　　　　　　　　　　　　　　　　　　174
　　　　少数股权应享有的收益　　　　　　　　　　　　　　　（260×80%）52
　　　贷：对B公司股权投资　　　　　　　　（1 000×80%＋200×80%＋174）1 134
　　　　　少数股权　　　　　　　　　　　　　（1 000×20%＋200×20%＋52）292

（4）消除A公司、B公司之间的内部交易及其未实现利润。编制抵销分录如下（单位：万美元)：

④ 借：销售收入　　　　　　　　　　　　　　　　　　　　　200
　　贷：销售成本　　　　　　　　　　　　　　　　　　　　　　　200

⑤ 借：销售成本　　　　　　　　　　　　　　　　　　　(40×40%)16
　　贷：存货　　　　　　　　　　　　　　　　　　　　　　　　　16

⑥ 借：销售收入　　　　　　　　　　　　　　　　　　　　　　80
　　贷：销售成本　　　　　　　　　　　　　　　　　　　　　　　80

⑦ 借：销售成本　　　　　　　　　　　　　　　　　　　　　　4.8
　　　少数股权　　　　　　　　　　　　　　　　　　　　　　　1.2
　　贷：存货　　　　　　　　　　　　　　　　　　　　　(20×30%)6.0

(5) 抵销 A、B 公司间应收、应付账款和专利使用费。编制抵销分录如下（单位：万美元）：

⑧ 借：应付账款　　　　　　　　　　　　　　　　　　　　　　30
　　贷：应收账款　　　　　　　　　　　　　　　　　　　　　　　30

⑨ 借：专利权收入　　　　　　　　　　　　　　　　　　　　　80
　　贷：专利权费用　　　　　　　　　　　　　　　　　　　　　　80

3. 编制合并会计报表工作底稿

根据 A 公司、B 公司 2005 年 12 月 31 日个别工作底稿和上述调整抵销分录，编制合并会计报表工作底稿如表 17-16 所示。

表 17-16

A 公司、B 公司合并工作底稿

2004 年（截至 2004 年 12 月 31 日）　　　　　　　　　　　单位：万美元

	个别收益及留存收益表		调整与抵销分录		合并数
	A 公司	B 公司	借　方	贷　方	
销售收入	4 400	1 760	④　200 ⑥　　80		5 880
专利权收入	220		⑨　　80		140
其他公司收益	75				75
长期投资收益(B 公司)	174		③　174		
收入总额	4 869	1 760	534		6 095
销售成本	2 640	1 232	①　　32 ⑤　　16 ⑦　　4.8	④　200 ⑥　　80	3 644.8
折旧费用	520	120	①　　　8		648
商誉摊销费	4				4

(续表)

	个别收益及留存收益表		调整与抵销分录		合并数
	A公司	B公司	借方	贷方	
专利权费用		80		⑨ 80	
其他费用	45	68		① 6	107
少数股权应享有的收益			③ 52		52
成本及费用合计	3 209	1 500	112.8	366	4 455.8
净收益	1 660	260	646.8	366	1 639.2
加：期初留存收益	1 250	200	③ 200		1 250
减：现金股利	800	100		② 100	800
期末留存收益	2 110	360	846.8	466	2 089.2
	个别资产负债表		调整与抵销分录		合并数
	A公司	B公司	借方	贷方	
现金	240	80			320
应收账款	360	160		⑧ 30	490
存货	820	300		⑤ 16 ⑦ 6	1 098
对B公司股权投资	1 290	—	② 80	① 236 ③ 1 134	—
设备（净值）	5 640	1 280	① 72		6 992
土地	3 000	800	① 96		3 896
商誉			① 76		76
资产合计	11 350	2 620	324	1 422	12 872
应付账款	840	510	⑧ 30		1 320
应付公司债	2 400	750		① 42	3 192
少数股权			② 20 ⑦ 1.2	③ 292	270.8
普通股	6 000	1 000	③ 1 000		6 000
留存收益	2 110	360	846.8	466	2 089.2
负债及权益合计	11 350	2 620	1 898	800	12 872

4. 编制合并会计报表

最后,根据 A 公司、B 公司的合并会计报表工作底稿分别编制出 2004 年 A 公司(母公司)的合并收益及留存收益表(如表 17-17 所示)和合并资产负债表(如表 17-18 所示)。

表 17-17

A 公司(母公司)合并收益及留存收益表

2004 年(截至 12 月 31 日)　　　　　　　　　　　单位:万美元

销售收入	5 880
专利权收入	140
其他公司收益	75
收入合计	6 095
销售成本	3 644.8
折旧费用	648
商誉摊销费	4
其他费用	107
少数股权应享有的收益	52
成本及费用合计	4 455.8
净收益	1 639.2
加:期初留存收益	1 250
减:现金股利	800
期末留存收益	2 089.2

表 17-18

A 公司(母公司)合并资产负债表

2004 年 12 月 31 日　　　　　　　　　　　单位:万美元

资产		负债及所有者权益	
现金	320	应付账款	1 320
应收账款	490	应付公司债	3 192
存货	1 098	少数股权	270.8
设备(净值)	6 992	普通股	6 000
土地	3 896	留存收益	2 089.2
商誉	76		
合计	12 872	合计	12 872

本章小结

国际会计既是财务会计在国际范围内的发展,又是管理会计在国际化经营中的运用,它的产生和发展是国际企业的兴起、国际市场的发展等的必然结果。

外币报表折算的主要会计问题集中在折算汇率的选择和折算损益的处理上。由于对外币报表折算的本质的认识存在差异,在当今会计实务中存在四种不同的外币报表折算方法:现行汇率法、区分流动与非流动项目法、区分货币与非货币项目法、时态法。

企业合并包括吸收合并、创立合并和控股合并,其中只有控股合并才涉及合并会计报表问题。关于编制合并会计报表的观点有:母公司理论、实体理论和修正的母公司理论。企业合并的会计方法有购买法和权益集合法,而后者在应用中受到严格的限制。股权取得日只需编制合并资产负债表,股权取得日后合并会计报表的编制包括合并资产负债表、合并收益及留存收益表和合并现金流量表。

复习思考题

1. 国际会计是如何形成和发展的?
2. 什么是外币报表折算?为何要进行外币报表折算?
3. 外币报表折算的会计方法有哪几种?试比较它们的异同。
4. 什么是企业合并?企业合并包括哪几种形式?
5. 试述母公司理论和实体理论的核心内容。

章末案例

外币报表折算实务操作

1. 资料:我国某公司在美国设有一家子公司(A公司),该公司2004年度的资产负债表与收益及留存收益表如表1和表2所示。

表1

资产负债表

2004年12月31日 单位:美元

资产		负债及所有者权益	
现金	6 800	应付账款	48 300
应收账款	31 700	长期负债	37 000
存货	27 500	实收资本	115 200
固定资产(净值)	158 000	留存收益	23 500
合计	224 000	合计	224 000

表 2

收益及留存收益表
2004 年(截至 12 月 31 日)　　　　　　　　　　　　　　　　单位：美元

项目	金额
销售收入	187 000
销售成本	108 600
管理费用	23 400
税前收益	55 000
所得税	16 500
净收益	38 500
留存收益(年初)	0
合计	38 500
股利分配	15 000
留存收益(年末)	23 500

有关的汇率资料如下：① 2004 年 12 月 31 日的现行汇率为 US＄1/RMB 8.30；② 2004 年度的平均汇率为 US＄1/RMB 8.20；③ 2004 年第四季度的平均汇率为 US＄1/RMB 8.25；④ 2003 年 12 月 31 日的现行汇率为 US＄1/RMB 8.20；⑤ 2003 年第四季度的平均汇率为 US＄1/RMB 8.15；⑥ 股票发行日的汇率为 US＄1/RMB 8.10；⑦ 股利支付日的汇率为 US＄1/RMB 8.25；⑧ 固定资产购置日的汇率为 US＄1/RMB 8.15；⑨ 长期负债发生日的汇率为 US＄1/RMB 8.20。

另外,据估计每年年末存货为第四季度购入,并且已知 2003 年年末存货 31 500 美元,存货计价采用先进先出法。

2. 具体操作：根据以上资料,按货币与非货币项目法、时态法分别进行外币报表折算。

参考文献

1. 王新建. 国际会计. 上海:上海财经大学出版社,2004
2. 郝振平. 国际会计. 第二版. 上海：立信会计出版社,2004
3. 刘华海,李金兰等. 国际会计. 北京:经济科学出版社,2004

第十八章 国际企业财务管理

第一节 国际财务管理概述

一、国际财务管理的概念及其特点

国际财务管理是指从企业的全球整体利益出发,对资金的筹措、调拨、运用以及外汇风险等财务问题所进行的规划、协调、组织和控制等一系列活动。国际财务管理包括中长期融资管理、国际营运资金管理、国际转移定价与税收管理以及外汇风险管理等内容。国际财务管理具有以下三个特点。

(一)资金流动的国际性

生产经营的国际化使得国际企业的资金以多种货币形式存在,并在国际间流动。因此国际财务管理必须努力避免资金流动中的外汇风险、各国资金管理政策以及通货膨胀给企业带来的财务风险,同时通过在全球范围内合理地配置资金,以取得更大的经济效益。

(二)资金筹集和融通的多样性

国际企业由于其体制上的便利,可以利用各种方式在国际上广开融资渠道,在全球范围内统一筹集和融通资金,并且根据国际企业的全球性经济目标和各国的资金、外汇、税收管理上的差异与特点,制定相应的财务政策,选择适当的时间、地点和方式融通资金。

(三)财务收益的整体性

国际财务管理不同于国内财务管理的最大特点在于,国际财务管理不贪图一时一地的局部利益,决策的出发点是整体利益的最大化。本着这一根本原则,国际企业可以通过制定适当的价格策略、机构设置策略等,调节公司内部的成本、利润,从而达到转移资金、降低税负总量、避免外汇风险等一系列财务目标,以实现企业整体财务收益的最大化。

二、国际财务管理的目标

国际财务管理职能有如下三个基本目标。

(一)降低资金成本,提高使用效益

国际企业的体系与经营活动分布在不同财务环境下的国家里,因此,国际企业应该充分利用这一在不同国家从事经营活动的有利条件,因势利导、趋利避害,多渠道、多方面地筹集经营所需的资金,扩大资金来源,以获得额外的财务利益与效益,降低资金的财务成本,并达到财务上的规模经济,提高资金的使用效益。

由于国际资本市场是不完全的,各国政府为达到自己的目的会以各种各样的理由对市场进行"宏观掌控",而一些社会、经济、技术等方面的因素也会使国际资本市场有着广泛的差异性。各资本市场的这些差异特点,为国际企业开发融资渠道和利用差异降低融资成本提供了机遇。对于国际财务管理来说,首先应能在减少企业局部与整体税负上作出更多的努力。例如,债务利息具有税省作用,而股息则不行,而本金汇回可以免交预扣税。因此对子公司筹资来说,母公司以贷款的方式比股权方式有税收上的优势。由于不少国家对汇出的股息和利息要交预扣税,因此国际企业可以在一些不征或少征预扣税的国家如卢森堡、巴哈马、瑞士、安的列斯群岛等设立筹资基地,或建立财务子公司,以满足国际企业的融资需要。

许多国家出于鼓励本国产品出口、优化产业结构、扩大劳动就业、增加对基础设施的投资、发展新兴工业等目的,会制定一些优惠政策,如贴息、长期贷款、优惠地价、重大项目扶持、减免所得税、加速折旧、对生产出口产品的原料进口和机器设备进口免征关税等。这些也是国际企业可以充分利用的降低投资成本的途径。

(二)适应各国各地区财务环境的约束与特点

跨国经营需要将资金在东道国与母国或第三国之间进行汇寄转移,以满足不同经营地的资金需求。由于不同国家对资金的跨越国界的流动有着不同的限制与管理要求,尤其是对利润资金的汇出。因此,国际财务管理必须了解并适应各国不同的财务管理要求、汇寄政策和约束,尽可能减少资金跨国流动的障碍与困难,并努力降低资金的流转成本。国际企业可以扩大融资渠道,争取资金来源多样化,以减少一地财务环境上的约束而造成融资的障碍。

(三)保护资产与收入的价值

跨国经营要遭遇货币贬值或升值的风险,受到各国不同的通货膨胀率的直接影响。因此,国际财务管理应力求避免或减少由于各国币值变动所带来的影响与损失,保护经营资产与经营收入的价值,不至于由于财务上的风险而使经营利益受到侵蚀。因此,国际财务管理要利用各种手段降低外汇风险,减轻外汇风险对财务上的影响。

国际财务管理的三个基本目标贯穿于整体财务活动中。由于直接涉及资金的运用与效益,国际企业一般对国际财务管理都给予较高的重视,实行强有力的指导与掌握。

三、国际财务决策权的配置

(一)集权与分权

国际企业财务管理决策权的配置依决策权集中程度的不同而有三种选择,即集权,分权和部分集权部分分权。

1. 由国际企业总部对财务实行集中控制与管理方式

在这种组织形式与管理方式中,国外子公司被视为国内子公司的国际延伸,国际企业总部设立强有力的财务职能机构,由副总经理负责,全权管理国际企业在国际经营中的财务政策、资金融通、外汇管理、投资建设审查、核定、预算与控制等重大财务决策,并指导日常的财务管理活动。在这种集中管理的组织形式下,海外附属机构一般不再设立具有决策权的财务部门,由总部直接管理财务决策。

集权财务管理的优点在于:① 国际企业总部可以集中优秀的理财专家进行专业化理财管理,提高国际企业理财水平。特别是历史悠久的大国际企业,总部都有优秀的财务专家,决策集中能在更大的范围内和更大的程度上利用他们的才智。② 获取资金调度和运用中的规模经济效益。集中管理可以在全球范围内寻求低成本的资金来源,并通过各种内部转移渠道分配各分支机构所需资金,从而降低资金成本。③ 在各单位之间调剂资金余缺、优化资金配置、保证资金供应,同时可以加强对全球生产经营的控制。④ 灵活调整整个公司的外币种类和结构,在国际金融市场上进行外汇买卖和保值交易,提高抵御外汇风险的能力。⑤ 集中管理有利于公司的税收管理。母公司综合考虑各子公司所在国的税收环境,统一规划公司的税收策略,可以使整个公司的税负降至最低。

集权财务管理的缺点体现在以下几个方面:① 在一定程度上削弱了子公司经理的生产经营自主权,容易挫伤他们的积极性,甚至可能由此丧失许多财务机会。② 集中管理是以公司整体利益为目标,它往往与具体子公司的直接利益发生冲突,容易损害公司外部的利益主体——当地居民和当地持股人的利益,招致他们的反对。③ 集中决策与管理使企业总部能更加方便地采用转移价格等手段抽调子公司的生产要素、产品和利润,逃避有关东道国的关税和所得税,规避当地政府政策法规的限制,会造成东道国政府与本企业甚至本国的摩擦。④ 扭曲各子公司的经营实绩,不利于母公司考核各子公司的真实财务业绩。⑤ 由于国际企业规模庞大,在世界各地建立了许多分支机构或子公司,而各分支机构或子公司遇到的问题也不一样,因而集中管理使各分支机构或子公司的财务活动十分困难。

2. 多中心的分权式财务管理

分权财务管理的理论基础是多中心经营战略:决策权分散给子公司,母公司起控股公司的作用,限于不同战略经营单位经营组合分析,各单位绩效考核建立在条件相似单位之间的比较上。每个子公司的财务报告都同时根据东道国和母国的公认会计准则而作出。除了新项目和融资决策之外,其他决策也分散化。

分权财务管理的优缺点与集权财务管理正好相反,可以充分调动各子公司的积极性,处理好与当地利益主体的关系。但分权模式常常削弱母公司的权力,易产生各部门之间的冲突,推行全球化易受到阻力,不利于实现国际企业的整体财务效益。因此,公司的高层领导人一般不喜欢权力的分散。

3. 部分集权部分分权的财务管理

为了集集权与分权财务管理之长,避两者之短,一些国际企业采取部分集权部分分权的财务管理模式:重要决策集中,其他决策分散;对某些国家的子公司实行财务集中,对另一些国家的子公司实行财务分权。这种模式的主要理论基础是地域中心哲学:分权的利益取决于子公司的特点与区位。如果一个子公司的管理者自主性和能力强,分权是有利的。在这样的地方,可建立控股公司并实行多中心管理。相反,如果子公司管理者能力有限,就强化控制。

(二) 集权与分权的选择

如何选择财务管理上的职权分配形式,将有一个权衡利弊的过程,主要考虑以下几个方面因素。

1. 国际企业的规模与国际化程度

对于小型国际企业,或者在国际化经营的初级阶段,总部缺乏足够的资金来源与财务专家,除了给予总体上的一些指导与管理外,把决策权下放到子公司,实行分权式的财务管理体制。海外子公司在财务上相对独立,主要由自身财务部门进行财务管理。

随着国外经营的增长,国际企业已发展到中型规模,母公司机构的经理人员了解到国内与国际两方面的区别,认识到总部密切财务管理已日显重要。这时,亦有了较强的经济实力和较多的财务专家,能够依靠财务上的规模经济来获得企业整体上的最大收益,或者企业通过财务上的集权式管理,能得到较多的利益,这常使企业采取集权式的财务管理制度,企业总部对指导与管理国外经营的财务工作,作出大部分重要的财务决策,向子公司发出更多的指令,并通过信息交流和规定的报告程序,来统一管理和协调海外各子公司的财务活动。由于中型企业的规模不十分庞大,也使得集权式管理模式的缺点不十分突出。

当国际企业发展到了第三阶段——成为大型国际企业以后,总部的管理层面临两难境地:一方面,大型企业由于产品线多,品种繁杂,跨国经营程度高,经营环境比较复杂,因此需要总部加强对海外财务决策的控制;另一方面,由于子公司增长所引起的财务选择权不断增多,这使得总部中心工作部门已无力对每项财务和交易都单独作出决策。在这种情况下,总部常倾向于在总部直接指导下的分权式财务管理,由总部颁发财务管理规则,详细规定各个项目下各级的权限标准,如贷款额度、企业间往来支付的标准、管理费标准等,各层在相应的权限范围内行事。必要时可建立地区性的财务中心。各子公司在总部的指导下充分发挥海外经营的特点,适应当地财务环境,在满足母公司整体利益的前提下,根据当地特点作出财务决策,负责日常经营性财务管理工作。

2. 股权结构与技术水平

在一般情况下,国际企业财务管理决策权的集中度与其对海外子公司的控制度成正向关系。如果国际企业的海外子公司大多是独资经营,那么,国际企业在财务集权管理与分权管理的选择上就有很大的回旋余地,而由于集权更有利于国际企业的全盘财务调度,故通常选择相对集中的财务管理。相反,如果国际企业的海外子公司大多是合资经营,限于合伙人的利益与要求,其财务管理会相对分散。

技术要求高的国际企业,总部大多把主要精力集中在技术开发而不是财务管理上,以便通过不断的技术创新和新产品推出来加强垄断优势,并通过技术来控制海外子公司,因而倾向于分权型财务管理。相反,技术要求低的国际企业,产品和工艺已成熟,企业的竞争优势主要不是来自于技术,而在于生产标准化以降低成本,需要重视财务管理,因而倾向于财权集中。

3. 企业文化

国际企业财务管理的集权与分权在一定程度上受企业传统的影响。欧洲的国际企业因其传统的母公司与子公司的"母女关系",财务管理集中度较高。据调查,大约有85%的欧洲国际企业是由母公司的总部统一管理和协调海内外财务活动的,而美国国际企业股权结构分散,在管理上强调子公司的积极性,大多不直接对海外子公司的财务活动实行集中管理,而是通过间接指导和干预的方法来影响海外子公司的财务管理。

4. 竞争状况

随着国际竞争的加剧,对当地目标市场和东道国经营环境的变化作出迅速反应已成为国际企业成功的关键之一。这要求子公司有更多的经营自主权,包括更多的财务管理决策权。另外,随着生产经营国际化的发展,集中财务管理决策的利益也很明显。因此,国际企业一般在资金返回、转移价格制定、授权费、管理费和涉及企业整体利益的财务决策方面趋于集中管理,而在其他财务管理方面趋于分散化。

不同的财务组织结构和财务决策表示了国际企业在实现全球经营目的和达成财务职能目标上的通盘考虑,也反映了企业在优化职能机构系统,适应外部环境要求和企业发展需求等方面所作出的安排。随着国际企业组织与管理的发展和深化,国际财务管理的组织形式也会有新的变化与发展。

四、利润中心选择的考虑

国际企业的利润中心选择是企业国际财务管理战略的一个重要方面。一般而论,当前国际企业可以选择的利润中心形式有三种:一是以母公司作为利润中心;二是以母公司和各子公司分别作为利润中心;三是选择其中的某些机构作为利润中心。

从外部因素来说,理想的企业利润中心地点的选择应该是在税负最低、外汇稳定、货币和证券可按预定的汇率自由流转,或兑换成母国货币或其他所希望的货币的地方。另外,利润中心地还应该能很好地运用转移价格,以实现企业整体利润的最大化。

考虑到跨国经营的特殊性,利润中心的选择其首要的因素不是核算的需要,而是基于财务活动优化的要求。例如,国际企业能利用利润中心对中心外的经营业务进行融资,而这种活动不能受到诸如双重课税,对股息、利息、费用流动的限制或预扣税征缴,或者对投资的限制和政治障碍等影响。可见,利润中心地的选择应该没有或很少有这些方面的限制与障碍,否则就会侵蚀企业已取得的利润或限制利润中心的其他功能。

国际企业资金通道是多样的,特别是利润,可以是直接以利润的形式流动,也可以是从一个企业以成本形式流向另一个企业。成本项目一般有销售佣金、合同服务费(如技术转移、管理咨询、分销渠道等)、工资、购货补贴、特许费等等。但这些成本转移会受到税收、外汇管制以及其他一些因素的限制,所以国际企业在选择利润中心时,必须考虑能规避这些限制的地方。

第二节 国际融资管理

一、国际融资的战略

国际融资是指任何形式的跨国界的资金筹集活动。一个国际企业的筹资活动可以不局限于国内金融市场,有多种国际融资渠道可供选择,因而如何在世界范围内筹集低成本资金,以降低其运营成本,提高企业的盈利能力和竞争能力,有着十分重要的意义。此外,融资结构的合理与否也将直接影响国际企业的融资风险和后续融资能力,对企业未来发展有着重要的影响。

二、国际融资来源

与纯粹国内企业相比,国际企业筹集资金有更多来源可供选择,具体包括以下几个方面。

(一)国际企业内部

国际企业内部的资金是国际资金融通的重要来源,包括母公司与子公司之间相互提供资金以及子公司之间相互提供资金两种方式。母公司与子公司之间相互提供资金的方式又可分为:母公司向子公司提供的资金与子公司向母公司上缴或提供的资金两种方式。子公司之间相互提供资金的方式有多种,既可以是各子公司互相购买对方的有价证券,也可以是子公司相互间收支款的双边或多边冲销,以及具有商业交易活动的各子公司间,根据各自的资金需求和利率的变化,利用商业信用对应付款进行的提前或延后支付。这种提前与延后付款客观上对各子公司起到了融通资金的作用。

（二）国际企业母国

国际企业母国是国际企业重要的资金来源，一般包括向母国银行和金融机构贷款，在母国资本市场发行有价证券融资，以及向母国政府财政金融部门借款这三种形式。其中从母国各类银行和金融机构取得的贷款是最主要的部分。

（三）东道国

与在母国融资类似，国际企业可以向东道国的金融机构贷款，也可以向金融市场发行有价证券来融资，还可以向东道国政府申请优惠贷款。

（四）国际资本市场

国际资本市场是指国际企业向除母国和东道国以外的第三国银行借款或在第三国资本市场进行证券融资，也可以向国际资本市场融资，或从国际金融机构如世界银行集团、国际货币基金组织以及亚洲开发银行等筹集所需资金。其中，向第三国银行借款一般表现为国际企业的子公司在向第三国购买产品时，要求其提供出口信贷。

资金筹集的渠道越多，国际企业的财务管理就越复杂。因此，国际企业一般都希望海外子公司不要过多地依赖母公司资助，而是能自立成长，尽可能地利用本身经营而产生的现金流量，其次是在东道国当地筹资，最后才是国外筹资。

三、国际融资方式的选择

（一）股权融资

国际企业的绝大部分股权资本来自于本国的投资者，但国际企业还可以利用其他方式向世界各地的投资者销售股票，扩大资本来源。国际企业可以直接到外国股票交易所挂牌上市销售其股票。另外，国际企业还可以利用较大规模的国际股票分销业务，首先由投资银行等金融机构承购新发行的股票，然后通过广泛的通信网络、承购辛迪加或销售集团，向世界各地的投资者分销。

（二）债券融资

正如国内公司一样，国际企业可以通过在其本国市场上发行债券得到长期资金，此外，国际企业还可以在国际债券市场发行债券得到长期资金。国际债券一般划分为外国债券和欧洲债券。

由于发行外国债券要跨越国界，既要受本国外汇管理法规的约束，又要得到市场所在国的批准，在法律手续上比较繁琐。

欧洲债券在债券标价货币之外的国家出售，它一般同时在两个或两个以上国家的境外市场上发行，且不在任何特定的资本市场注册，由国际辛迪加包销。它作为一种吸引长期资金的手段非常流行。欧洲债券的种类很多，有固定利率债券、浮动利率债券、可转换债券及多种货币债券等等，它可以给筹资者更多选择，而且因为欧洲债券市场是一个境外市场，不受各国金融政策、法令的约束，对发行债券的审批手续、资料提供、评级条件的掌握不如其他债券市场严格，所以对借款人有很大吸引力。

（三）贷款融资

贷款按照来源地可以分为国内贷款和国外贷款，国内贷款主要是国际企业母公司从当地获得的贷款，国外贷款则是从国际金融市场上获得的贷款。欧洲货币市场是国际金融市场的核心，在欧洲货币市场上，资金供应比较充足，而且贷款的种类多，方式也比较灵活，是很好的筹资场所。

(四) 其他融资方式

相比于国内企业,国际企业还有一些特殊的融资方式,如国际贸易融资、出口信用保险、国际项目融资及国际融资租赁等。

1. 国际贸易融资

国际贸易融资实际上是进出口厂商之间提供的一种商业信用。从出口商出售货物到进口商支付货款存在时间和空间的差距,无论是出口厂商或进口厂商,还是进出口双方都需要取得对方或第三方提供的信用,以利于资金的周转。

国际贸易融资的方式有赊销、承兑交单、付款交单、信用证和预付款五种主要的方式。值得指出的是,由于利益是对立的,进出口双方总是极力地选择对自己有利的支付方式与信用贷款。双方通常是在一般惯例的基础上,通过谈判达成协议。

2. 出口信用保险

为了鼓励出口,一些国家成立了政府机构或准政府机构,承保本国出口厂商以信用出售商品、到期收不回货款的风险。例如,英国早在1919年就成立了出口信用保证部,为企业提供出口信用保险,以促进英国的出口。在美国,出口信用保险是由对外信用保险协会承担的。由于有了出口信用保险,美国的商业银行常常愿意对购买美国商品和劳务的外国买主提供中长期贷款。美国的进出口银行也能为这些货款的偿还提供担保,而且本身也向外国进口厂商提供直接贷款,鼓励它们从美国购买。

3. 国际项目融资

从事矿产、能源开发、交通运输、电力、通信和水利等工程建设的国际企业经常会遇到需要巨额资金投入的大型投资项目。由于这类项目的规模和所需资本巨大,主办企业甚至连政府也难以独立承担这些项目的投资风险,传统的融资方式因条件限制已不能满足这些项目的融资要求,因此项目融资就应运而生。项目融资不同于一般的融资方式之处在于,为资助该项目的贷款将由该项目的收入来偿还。因为项目融资的风险很大,所以一般采用银团贷款的方式。

4. 国际融资租赁

国际融资租赁是由国内融资租赁发展起来的,目的是为企业提供固定资产的融资。国际企业采用国际融资租赁的方式,可以获得两个好处:一是降低了政治风险,在一个政治环境不稳定的国家投资时,租赁设备比直接购买设备的风险要低。二是减少纳税。前面讨论过转移定价的好处,当设在高税率国家的子公司需要某项设备时,母公司可以采用高租金的形式向该子公司租赁设备,以达到降低整个公司纳税的目的。

第三节 营运资金管理

营运资金也称流动资金,是指企业为了日常经营的需要,占用在短期资产上的资金,主要包括现金、应收账款、存货和短期证券。营运资金管理是国际企业财务管理一项十分重要的内容,其目标是合理配置和有效使用资金,以减少资金成本,在全球范围内实现利润最大化。

一、全球现金管理

(一) 现金管理目标

现金是企业正常运转的"润滑剂"。如果公司缺乏足够的现金,它可能面临周转不灵的威胁。但是,如果公司持有过量的现金,它又将为此付出昂贵的成本,因为现金是一种无法产生盈利的资产。因此,国际企业的现金管理的目标在于:一是迅速有效地将分散于各国(或各地)的资金集中起来,以便进行有效的控制与使用;二是将企业的现金余额降低到足以维持企业正常营运的最低水平,将闲置的资金作有利的投资,以获取利息收入。要达到以上目标,需做好下面的工作:

(1) 现金计划和预算。即对国外子公司或分支机构的现金头寸进行分析和预测,编制每一期间的现金预算表,对未来一定时期内的现金流入和现金流出进行规划。

(2) 确定企业总体最优现金结余水平,即确定企业正常经营所需的最低现金余额。

(3) 制定加速现金流入和延缓现金流出的方法。

(4) 进行短期投资组合管理,即将暂时闲置的现金做短期投资,管理的任务在于选择合适的货币市场投资工具。

(二) 现金管理的方法和技术

1. 集中管理

国际企业现金管理一般实行集中管理,即各海外子公司平时只需保留日常经营所需的最低现金余额,其余部分均转移到总公司的专门管理机构,一般是设立现金管理中心(资金总库)进行统一调度和运用。实行现金集中管理的优点是:

(1) 由于现金管理中心一般位于国际金融中心,故对国际金融市场上各种货币的汇率走向与利率、各个金融市场的操作程序与方法等非常熟悉,有利于安排最佳的现金组合方式。

(2) 由高度专业化的现金管理中心实行集中管理,有利于提高管理效率,便于集中信息和统筹运用资金。

(3) 现金管理中心全面掌握各子公司所需资金的动态情况,能确定各子公司应付各种情况所需的现金余额,从而将企业总体所必须持有的现金余额保持在尽可能低的水平,有利于减轻利息负担(见表18-1)。

表18-1

资金的分散管理和集中管理

单位:美元

子公司	分散管理			集中管理		
	平均需求 E	标准差 σ	$E+3\sigma$	平均需求 E	标准差 σ	$E+3\sigma$
英国子公司	10 000	1 000	13 000	10 000		
德国子公司	6 000	2 000	12 000	6 000	3 741.657	
法国子公司	12 000	3 000	21 000	12 000		
合计	28 000	6 000	46 000	28 000		39 224.971

从表18-1中可看出,在资金分散管理的情况下,营运资金占用量达46 000美元,才能满足公司99%的资金需求,①在集中管理的情况下,只需39 225美元,节约6 775美元。②

---

① 根据正态分布的性质,当现金总持有量同日均现金需求量的差额等于3σ时,即可有99.87%的概率保证不会发生现金短缺,亦即现金短缺的可能性只有1‰左右。

② 在资金集中管理的情况下,资金需求的标准差为$\sigma=\sqrt{1\,000^2+2\,000^2+3\,000^2}=3\,741.657$(美元)。

（4）减少在国外暴露的总资产，从而可以减少东道国发生政治风险或外汇管制时遭受损失的可能性。

（5）现金管理中心熟悉各个市场的资金成本情况，因而知道在现金不足时应从何处借款最有利，在现金过剩时应将现金投放何处。

（6）给国际企业利用转移定价机制增加总体盈利提供方便，有利于企业全球战略的设计与实施。

资金管理中心通常设在主要的国际金融中心，如伦敦、纽约、苏黎世、东京等。国际避税地，如巴哈马、百慕大等也常为国际企业所青睐。此外，像卢森堡、列支敦士登等实行税收优惠的国家也被作为资金管理中心的设立地点。这些国家和地区的共同特点是：政治经济稳定，国际通讯发达，货币可自由兑换，法律程序清晰，且有免税港。

当母公司选定某金融中心作为资金管理中心，并选择某大银行作为中心银行后，各子公司的指定银行便与中心银行发生联系，多余的资金转入中心银行由资金管理中心统一管理。

2. 净额支付

国际企业内部——子公司与子公司之间、子公司与母公司之间经常会有业务往来，如购买或出售原料、零部件半成品或制成品等，由此构成相互间的应收、应付款项。

为降低企业的收付款项（资金转移规模），国际企业采用净额支付法（Payme Ntnetting）。现在，支付净额的方法日益普及。它的主要优点如下：第一，减少了子公司之间跨国经济业务的数量，从而降低了资金转移的总体管理成本；第二，由于交易不经常发生，它降低了对外币兑换的需求，从而降低了与外币兑换有关的交易成本；第三，支付净额的过程要求对子公司间交易活动的信息进行严密控制，因而各子公司会更加协调努力以正确报告和处理它们的多种账目；第四，由于只在每个期末支付现金净额，而不是在期内支付每笔现金，从而使对资金流量的预测更为容易。改进了的资金流量预测对筹资和投资决策将有很大的帮助。净额支付又可以分为双边净额支付和多边净额支付两种类型。

（1）双边净额支付。双边净额支付（Bilateral Netting）是指母公司和子公司之间或者两个子公司之间的账款抵销关系，双边净额支付是净额支付中的最简单情形。例如，德国的子公司欠英国的子公司5万美元，而同时英国子公司也欠德国子公司4万美元，则经过双边抵销，德国子公司只需向英国子公司支付1万美元即可，节省了8万美元的转移费用。

（2）多边净额支付。多边净额支付（Multilateral Netting）是指多家子公司之间进行相互交易的账款抵销结算，多边净额支付是双边净额支付的扩展。对大多数大型国际企业来说，多边净额支付制度对于有效降低管理成本和货币兑换成本是必要的。这种制度通常是集中形式的，以便合并所有需要的信息。根据合并的资金流量信息，可以确定对每一单位（子公司或其他单位）的净资金流量头寸。集中小组甚至可以保持多种货币储备，以使期末的净额支付在不发生大量交易成本的情况下得以完成。

由于外汇管制的存在，多边净额支付可能有一些局限性。虽然主要发达国家基本上不对净额支付实施类似的管理，但是其他一些国家却存在这种管制，如众多的发展中国家就禁止净额支付。因而，在全球拥有子公司的国际企业，可能仅在一些子公司间实施多边净额支付制度。但从上面可以看出，净额支付制度显然有助于降低管理和交易成本。

3. 再开票中心

为了便于组织净额结算，也为了把利润转移到低税地或免税地，许多国际企业成立再开票中心(Reinvoicing Center)来处理企业内部交易。再开票中心是国际企业的一个资金经营子公司,通常不与所在国市场发生交易,只在各子公司之间进行商品贸易时,扮演转账的角色。具体做法如图 18-1 所示,生产型子公司与销售型子公司达成协议之后,名义上把货物卖给再开票中心,后者再转售(一般以稍高的价格)给销售子公司。但实际上货物是直接由卖方子公司运到买方子公司的,并不经过再开票中心,因此,再开票中心处理的是文件而不是实际货物。

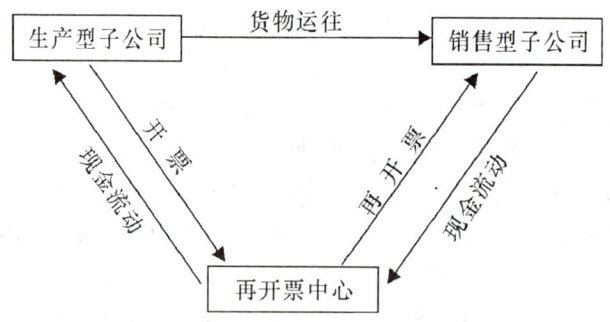

图 18-1 再开票中心的作用①

再开票中心通常设立在税率较低的国家,比如瑞士、巴拿马等,这些国家和地区被称为避税港。再开票中心具有以下作用:首先,再开票中心把有关子公司的利润转移到低税国家(地区),因此再开票中心可使国际企业有可能获得更多的税后利润。其次,再开票中心的设立为国际企业内部的净额结算提供了便利。最后,再开票中心通过集中交易,可以迅速发现需要现金支持的子公司,并以提前或延迟的方法为该子公司融通资金。

二、应收账款管理

应收款是指应向有关组织和个人收取的款项。国际企业的应收款主要在两种不同类型的交易过程中产生:一是与独立于企业的经济组织和个人之间的买卖;二是与企业内部各成员单位之间的买卖。在不同交易过程中发生的应收款项具有不同的特点和经济影响。

应收账款是指需要一定时间才能收回的货款。应收账款一般应及时收回,否则就意味着利息损失,甚至会危及账款的收回。国际企业的应收账款有两种类型:一是企业外部的应收账款,反映的是公司与客户之间的债权关系;二是企业内部的应收账款。

（一）国际企业外部应收账款的管理

国际企业为了开拓海外市场,吸引客户,增加竞争力,常用赊销手段促销,由此产生了延期支付的问题。因此,国际企业在赊销增多的情况下,要加强对赊销的控制,一般要制定合理的信用政策,确定信用标准、信用条件和收款方法。信用政策的修改,也需要在对各种方案的成本和收益分析的基础上审慎进行。具体地,对由赊销产生的延期支付,应收账款的管理应注意:

(1) 计价货币。在国际贸易中,计价货币可以在出口国货币、进口国货币或第三国货币中选择。一般地,出口方应尽量争取以硬货币计价,当然进口方也必然要求以软货币支付货款。因而最终实际成交货币是双方权衡的结果,如果是以软货币计价的,出口方可争取价格、付款

---

① 吴从生、郭振游:《国际财务管理》,对外经济贸易大学出版社 1997 年版。

条件等方面的有利条件。

（2）付款条件。如果应收账款是以软货币计价，付款期要尽量缩短，以便尽早收回货款，以免应收账款贬值；应收账款以硬货币计价时，付款期限可稍延长一些。

（3）风险防范。包括选择资信可靠的客户，对信誉好、支付能力强的客户可给予赊销；控制赊销额度，如分批供货，分批付款；鼓励赊购者提前付款，如采取付款折扣、逾期付款加收利息等；加强对货款的回收，如派出专人定期收取货款；采取福费廷交易(Forfaiting)、保付代理(Factoring)等保险措施。

（二）国际企业内部应收账款管理

国际企业内部应收账款作为整个国际企业财务体系的一个组成部分，其管理并不反映企业的商业信用政策，而是与现金管理的原则一致，是作为调控内部资金的手段，以实现企业全球财务资源的最优配置。国际企业内部应收账款的管理采取的主要方式有提前与延后支付，即国际企业根据内部资金优化配置的需要，作出企业内部的应收账款在信用到期之前支付或是在信用到期之后支付的安排。如母公司在信用到期前急需这笔资金，子公司须提前支付；如子公司在信用到期之后仍需要这笔资金周转，则子公司可延后支付。其目的是协调母公司、子公司之间的资金流动，减少企业整体的资金成本和外汇风险。

国际企业内部应收账款管理的另一种方式是在国际避税地设立再开票中心，该中心并不发生实质性交易行为，而是在各子公司之间进行商品贸易时，负责处理合同和资金，进行内部转账。具体做法是通过提前或延后支付在国际企业内部进行资金融通，调剂余缺；或通过内部转移定价把有关子公司的部分利润转移至低税国或免税国；或在汇总的基础上为双边与多边冲销提供便利，以减少实际支付的发生。

第四节　国际企业资金内部转移机制

国际企业与国内企业相比，一个显著特征是能够通过内部转移机制在各个分支机构间移动资金或利润。这种能力对于国际企业而言是一个潜在的大优势。国际企业内部的金融交易起源于产品、服务、技术以及资本的内部转移，这些产品与要素包括中间产品、制成品到无形商品，如管理技术、商标、专利等。

从表面看来，国际企业国际资金调配与国内企业集团内各单位之间资金调配一样，只是调配范围超了国界，但仔细分析会看出，国际企业之所以必须利用其内部财务系统进行资金转移，是因为各国税收体系相差甚远，且进行国际资金转移时涉及因市场的不完全性所带来的高成本与障碍。此外，政府对资本市场的干预还会扭曲当地资金价格，这些因素都使得国际企业必须建立资金内部转移机制，合理使用资金，提高资金的使用效率。

一、转移价格

转移价格，又称调拨价格、转让价格，是指国际企业内部贸易时所采用的价格，即在国际企业内部母公司与子公司、子公司与子公司之间进行商品、劳务和技术交易时所采用的价格。20世纪70年代以来，国际企业内部贸易日趋扩大，已成为当今国际贸易中的一个突出现象，据估计，当前全球贸易中有1/3属于国际企业的内部贸易，全球的技术转让费用有80%左右发生在国际企业内部，而这些内部贸易的完成都应用了转移价格这一策略。

（一）转移价格动机

内部转移价格的最大特征是在一定程度上不受市场供求关系的影响，也不是买卖双方在公开市场按照"独立竞争"的原则确定的价格，而是以国际企业全球战略目标和谋求整体利润最大化为目标，由国际企业高层管理、决策人员确定的，它成为达到各种目的的一种有效工具。具体来说，国际企业制定转移价格的动机主要表现在以下几个方面。

1. 减轻和逃避税负

减轻和逃避所得税。由于各国的税率不同，税制也有差别，而且有低税区和免税区的存在，国际企业可以利用分布在各国的子公司，通过转移定价，人为地调整母公司与子公司的利润，从而达到减少的整体所得税目的。具体有两种做法：一是利用不同国家（地区）税率上的差异。处于高税率国家（地区）子公司或母公司在向处在低税率国家的子公司或母公司出售商品和劳务时，采用低的转移价格；反之，处在低税率国家的子公司向处于高税率国家的子公司出售商品时则采用高的转移价格。这样利润便从高税率国家转移到了低税率国家，使整个公司减少了税负。二是利用"避税港"，即低税区或免税区。在避税港，外国公司纳税税率极低或根本无需纳税，当地政府对国际企业的管理和监督较为宽松。国际企业只需在避税港设立象征性的子公司，通过转移价格将设在其他国家的子公司的资金和利润转移到避税港，就可达到逃避纳税的目的。

2. 减轻关税

在一般情况下，国际企业对设在高关税国家的子公司，以低的转移价格出售商品，降低子公司的进口额，以降低从价关税。如果东道国实施进口配额，国际企业利用低的转移价格可使进口商进口更多的商品。另外，国际企业利用转移价格还可以取得关税同盟或有关协定（如《洛美协定》）的优惠规定。例如，欧洲自由贸易区规定：如果商品是在贸易区外生产的，由一成员国运往另一成员国时，需缴纳关税。但如果该商品的价值一半以上是在自由贸易区内成员国增值的，则在自由贸易区内运销可以免交关税。假定现在有一家国际企业要把一批半成品运往其设在该自由贸易区某成员国的子公司，制成成品后在自由贸易区内销售，该国际企业就可以采用低的转移价格，人为压低半成品售价，使产成品的价值一半以上在自由贸易区成员国内增值，这样，该商品运销到自由贸易区其他成员国时就不用交关税了。

显然，在减少关税负担方面，只有偏低的转移价格才能达到目的，而在企业所得税方面，根据环境的不同，可采用比正常价格偏低或偏高的水平。因此，所得税最小化和关税最小化有时会发生矛盾，这时需要权衡两者利弊大小。

3. 避免风险

（1）逃避外汇风险。为避免汇率波动的风险，国际企业通过转移价格，在企业内部支付时间上作变动和调整，采用提前支付款项或推迟支付款项，以避免或减少外汇风险。如预期子公司所处东道国货币将贬值，就指示子公司在当地增加借款，并通过转移价格对母公司或地处货币坚挺国的子公司提前付款；反之，则对子公司推迟付款，以此达到避免或降低汇率风险的目的。此外，国际企业通过转移价格等待有利的时机付款，还可以利用分布在各国的子公司在汇率波动时获得最大利润。

（2）逃避政治风险。如果国际企业子公司所在地存在着政治动荡的风险，那么它应尽可能快地将资本转移出去。这时，国际企业可以利用转移价格，通过对子公司进行原料、产品等高进低出的措施，或向子公司收取各种名目的高价技术转让费、管理费、专利授权费等转移价格手段来抽逃资金。

4. 绕过东道国的各种管制措施

(1) 绕过东道国的外汇管制。多数发展中国家为了保持国际收支平衡,都对外汇的自由流动加以严格限制,但是对国际贸易中的外汇支付限制措施相对较松。国际企业可以利用转移价格,以贸易支付的形式绕过外汇管制,调出红利。

(2) 绕过东道国的资金管制。为了避免国际企业把大量资金抽回,许多东道国都对外国资本及利润汇回母国有时间上、金额上或税收上的限制,但对贷款和利息的汇出无限制。国际企业可以利用高转移价格向东道国子公司发货,将资本由子公司调回母公司。国际企业还可以利用高利贷款的方式,由子公司支付高额利息的途径将资金抽回。

(3) 绕过东道国的价格管制。许多东道国政府为限制国际企业在当地的经济活动,保护本国市场、维护本国居民的合法权益,实行市场价格控制政策,并制定了反倾销法和反垄断法。国际企业为了逃避这些管制,常常采用转移价格来对付。例如,为了避免东道国倾销的指控,国际企业可以通过转移价格提高成本,从而提高产品的价格。为了不违反反垄断法,国际企业可以通过低的转移价格来降低生产成本,控制产品的价格。

5. 获得竞争优势

(1) 扶持新设子公司。国际企业在国外设立一个新的子公司时,母公司除了凭借其资金和技术的实力,从资金和技术上提供有力的支持外,还可以让新建的子公司享受低进高出的转移价格。通过这种补贴,帮助子公司迅速打开局面,站稳脚跟,并树立良好的财务形象,有利于其在当地获得融资机会。

(2) 争夺和控制市场。子公司在开拓市场时常会遇到激烈的竞争,国际企业可以通过发挥优势,集中财力、物力和人力,以低的转移价格向子公司供货。使子公司以低成本为后盾维持低价竞销,最终击败竞争者占领市场。同时,利用转移价格降低东道国子公司的高额利润,可以起到避免潜在竞争者介入的目的。

6. 其他动机

除了上面所述目的外,国际企业为了从合资企业中得到更多的利益;为了避免子公司利润过高而招致东道国政府要求重新谈判,工会要求提高工资、福利待遇;为了向子公司分摊管理费或研究与开发费用等,均可通过转移价格来实现。

(二) 内部转移价格的制定

1. 制定转移价格的决策机制

通常,转移定价的决策机制有三种类型:一是以母公司为中心,实行高度集权的"本国中心"机制。即由母公司经理人员综合考虑各方面因素,统一制定对整个企业最有利的转移价格;二是以海外子公司为中心,实行分散管理的"多元中心"机制,由各子公司经理人员根据所面临的实际情况,确定适当的转移价格;三是集中与分散相结合的"全球中心"机制,即由企业内部利益相关各方共同决议最佳的转移价格。在实践中,大多数国际企业都实行高度集权的"本国中心"机制,以便在较高层次上充分发挥转移价格的作用。

2. 确定内部转移价格的方法

使用转移定价的资产归纳起来可以分为两类:一类是有形资产,如机器设备、原材料、半成品、零部件等;另一类是无形资产,如专利技术、管理费、贷款利息、商标等。

(1) 有形资产转移价格的确定。对有形资产的内部转移价格,主要存在两种确定方法,即以内部成本为基础的定价法和以外部市场价格为基础的定价法。

以内部成本为基础的转移价格,一般采用标准成本的资料。标准成本事先确定,有比较科学的依据,优于实际成本。但在没有标准成本资料时,亦可以用实际成本作为定价基础,通常的做法是在这个成本数额上加上一定百分比的利润。内部成本定价法的优点是成本资料容易获得,确定转移价格比较容易;便于税务机关检查,企业有据可查;有利于减少关联企业间的矛盾。并且这种定价方法具有灵活性。但是成本定价法对市场竞争条件和供求状况缺乏考虑。

以外部市场价格为基础的转移价格,即以一种近似于正常交易的、讨价还价的、公开的市场价格为基础。这种定价方法能反映作为独立经营实体的经营效益,有利于母公司对子公司的业绩评价。市场价格定价法比较公平合理,受到一定的偏爱。但在具体实务中,内部贸易有很大一部分是半成品、零部件和劳务,尤其是在垂直一体化的国际企业中,很多半成品和零部件都是特定的,很难有公开的市场价格作为依据,所以这部分中间产品的内部贸易一般采用成本加成的计算方法作为定价基础。

从实际情况看,在一家国际企业里,关联企业之间的转移价格视不同业务和不同需要而采用不同的定价方法。根据美国工业发展局调查表明,有 2/3 的国际企业采用以成本为基础的转移定价,而这 2/3 的国际企业中又有一半以上的国际企业同时使用以市场价格为基础的转移定价。

(2)无形资产转移价格的确定。无形资产中采用转移定价的最大部分是技术内部转让,即技术使用费的确定。由于世界技术市场相当不完全,相对来说很少能够通过公开的渠道得到技术价格的信息。加上技术的特点,作为技术本身及其成本具有很大的不确定性,客观上比一般商品难以计价。在技术转让中,技术的价格主要由技术转让所形成的直接费用、研究与开发费用的补偿、市场机会损失的补偿、需要获得高额利润、技术所处不同成熟阶段以及技术市场的垄断性等因素确定。技术价格的这些特点,为国际企业操纵技术转移价格提供了特殊方便。

国际企业内部交易中的商品与服务的定价是各种管理项目中最为敏感的项目之一。每个政府通常认为国际企业采用转移价格有损于它的国家,因此,许多母国或东道国的政府都已经设立了监督机构来管理国际企业的转移价格策略。

二、国际企业内部贷款

为国外营运提供资金以及在国际间移动资金的一种主要方式是从事国际企业内部的借贷活动,即公司内部贷款。这些贷款的使用与偿付是国际企业可利用的惟一合法的转移机制。但只有存在以下几种市场失效性时,公司内部贷款才有更大作用:① 限制当地市场利率的信用限额;② 货币管制;③ 不同国家间存在差别税率。

尽管存在各种类型的国际企业内部贷款,但目前最重要的方法则是直接贷款、背对背贷款、平行贷款与货币互换。直接贷款是信用从母公司到子公司或一家子公司到另一家子公司的直接延伸,而其余类型则需要一个中介。

(一)直接贷款

提供直接贷款是子公司取得融资的一种常见方式,然而,贷款的数额与时限常常受到官方外汇管制的限制。此外,贷款的利率也要求在某一预定范围内,一般说来,贷方政府为了取得税收及收支平衡要求国际企业内部贷款利率设得尽可能高。而借方政府出于类似动机则要求较低利率。在确定这种贷款的成本时应考虑贷方资金的机会成本、利率、税率、货币管制、贷款的计价货币以及贷款期限内预期的汇率波动。

(二) 背对背贷款

背对背贷款,又称银行对开贷款或连环融资,是指在没有对外投资限制和外汇管制情况下,由两个国际企业相互提供各自本币贷款,贷款后再由对方母公司将贷款资金转贷给驻本国的对方子公司使用的一种贷款形式。这种做法可以避免由于汇率变化而造成的损失,也常常用于向处于高利率国家或存在资本市场管制国家,特别是有货币管制的风险以及对于某一金融机构贷款适于多种税率的区域的国际企业子公司提供融资。

背对背贷款的具体做法见图 18-2,在美国的母公司想给设在英国的子公司投资,而英国母公司也想给其设在美国的子公司投资,双方母公司按当时的即期汇率分别等值地贷款自己的本币给对方,然后美国母公司再对其设在英国的子公司进行英镑贷款,英国母公司对其设在美国的子公司进行美元贷款。这样,即可避免外汇风险,又可绕开资本市场管制。

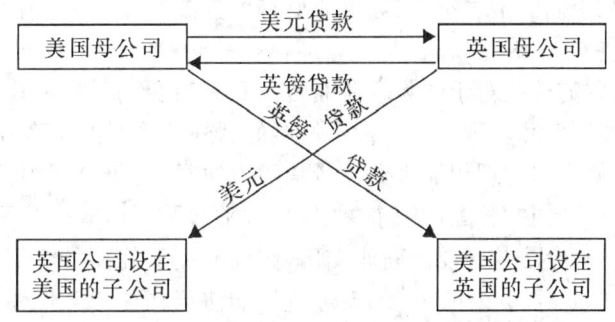

图 18-2 背对背贷款

(三) 平行贷款

平行贷款是指两个国际企业达成协议,同意在某一段时间内各自向对方设在本国的子公司提供金额相等的本国货币贷款,待期满后,再由对方子公司归还本金(具体做法见图 18-3)。平行贷款在贷款前必须先由双方的母公司为自己的子公司提供偿还担保。实际贷款时不同货币间贷款额的等值计算,是以外汇市场上即期汇率为参考的。归还贷款时,必须附加利息,利率水平由双方依据两国资金成本的差异协商确定。

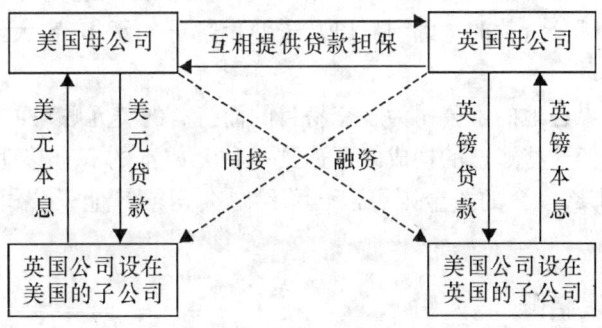

图 18-3 平行贷款

由于平行贷款中两笔贷款资金没有跨越国界,无需取得东道国外汇管理部门的批准,因而平行贷款常被国际企业用来向设在利率水平高、资本流动受限制、有外汇管制或歧视性税收制度的国家里的子公司进行融资。

（四）货币互换

货币互换是指两个地处不同国家的当事人之间所进行的等值数量的两种货币的交换，并在未来某个商定的日期再加以换回的一种交易。货币互换最大的作用是在筹措到外币资金的同时，又能避免外汇交易风险和折算风险。

货币互换交易往往是建立在并非由市场所决定的汇率的基础之上的。它与平行贷款和背对背贷款很相似，无本质上的区别，只是其更加简易可行，互换的期限更长（有的甚至在10年以上），互换的范围更大。另外，货币互换交易并不出现在双方当事人的资产负债表上，不会使包括利息收支在内的企业盈亏账户失真。

三、费用与特许使用费

许多东道国政府常常愿意国际企业子公司支付获得工业专有技术的报酬，却限制利润的汇出，所以在确实存在限制的国家里，国际企业更有可能被允许汇回转让技术知识的费用而不是股利的支付。

无形要素使用费用的征收对于国际企业而言一直有着更为重要的作用。根据一项调查，特许使用费、许可证使用费和管理费是三种常使用的从外汇管制国家移出资金的方式。

制定费用与特许使用费的理想征收数额最常用方法是，由母公司根据子公司的收入和资产以及母公司支出在子公司的分配比例来决定，它常常涉及与所有子公司签订相同的许可证协议，使得这些费用变为合法与必要的商业支出，因而有助于克服外汇管制。典型地说，政府对于提前制定的，并规定了稳定、可预计的现金流量的协议往往十分偏爱，任何在许可证支付费与服务费上交方面发生的改变都可能引起监查。由于这一原因，国际企业常常设法避免在汇款政策上的突然改变。然而，在存在外汇管制或具有较大税收优势的地区，许多国际企业首先制定较高水平的费用与特许使用费，而后再维持稳定的汇款政策。

四、补偿性余额的转移

与公司内部贷款相关的机制是利用补偿性余额来达到部分资金的转移。当一家美国银行向一家公司提供贷款时，是按照贷款的金额计息的，因此需要在银行存款中保持一特殊的补偿性余额量。而这与其他国家银行的做法大不相同，它们往往是以透支为基础向公司提供贷款，公司只需支付使用那部分贷款的全部利息以及未使用部分的承担费，大约是每年未使用账户额的0.5%。

国际企业遍布世界各地的子公司为了交易目的而持有的美元账户可以被用于满足补偿性余额的要求。通过改变这些账户的构成即可达到一种无成本的资金移动。比如：如果子公司A增加了银行存款，那么多余的资金则可以转移给母公司或其他子公司，从而相应地减少了补偿性余额的要求。

五、提前与延迟结账

提前或延迟结账是最受国际企业欢迎的国际资金内部转移手段。所谓提前结账就是在应收或应付账款到期之前结账；所谓延迟结账则是将应收或应付账款推延到到期日之后结账。提前与延迟结账是对收付单位之间信用条件的改变，为国际企业有效转移内部资金提供了很大的灵活性。

提前与延迟结账的利用价值取决于该笔资金对收款单位和付款单位的机会成本,有剩余资金的子公司收到账款时,可按当地的通行贷款利率将额外资金进行投资;如果需要流动资本,收到的账款则减少按借款利率从外部借款。对付款单位而言,如果有剩余资金,则失去本可按贷款利率投资的资金;如果资金短缺,得按借款利率借入资金。如果仅仅是为了解决资金融通问题,国际企业则通过计算比较确定,是外部筹资合算,还是调整内部单位之间的应收应付账款的期限来转移资金合算。

在实际操作中,母公司需了解有关国家是否存在对提前或延迟结账的限制,还要准确掌握下列信息:公司内部应收和应付账款情况、外汇管制规定、有关税法、子公司流动资金头寸与需求情况、各单位资金来源与可供性、当地的借贷利率、预期币值变化以及远期汇率等。

第五节 外汇风险管理

1973年2月,布雷顿森林体系崩溃,西方各国相继以浮动汇率制取代了固定汇率制,世界主要货币的汇率受各国经济、政治等各种因素的影响,经常大幅频繁波动。国际经营作为一种跨国经济行为,必然要涉及不同货币的兑换问题,不可避免地要面临由于外汇汇率变化而引起的外汇风险,因此外汇风险管理成为国际财务管理的重要内容。

一、外汇风险的概念及其类型

所谓外汇风险,也称外汇暴露(Exchange Exposure),是指一个经济实体或个人的债权、债务在以外币计价时,由于外汇汇率的波动引起其价值变化而蒙受损失或丧失预期收益的可能性。也就是汇率波动对企业的获利能力、账面价值以及市场竞争地位等方面造成不利影响的可能性。外汇风险是由汇率波动造成的,汇率波动对国际企业的国际财务管理所产生的影响,按其性质,可分为三种类型。

(一) 交易风险

交易风险,是指企业因进行交易取得外币债权或承担外币债务以后,由于汇率发生波动,交易发生日的汇率与结算日的汇率不一致,而引起债权、债务变化所造成的损益。对交易风险的管理是国际财务管理的重要内容。交易风险的特点是受险的内容在汇率变化以前就已确定,但是受险的方向和程度要在汇率发生实际变化以后才知道。

例如,某英国公司销售一批货物给美国进口商,30天后美国进口商付货款160 000美元。签订合约时,即期汇率为1英镑/1.60美元。英国公司期望30天后可按目前汇率1英镑/1.60美元收取100 000英镑(160 000÷1.60)。如果在30天内发生汇率变化,英国公司就面临交易风险。假设30天后,若汇率上扬至1英镑/1.80美元,则英国公司收到的货款仅为88 889英镑(160 000÷1.80),比期望收入减少11 111英镑(100 000−88 889);反之,若30天后,汇率下调到1英镑/1.40美元,则英国公司收到114 286英镑(160 000÷1.40)的销售收入,比预期收入增加14 286英镑(114 286−100 000)。可见,交易风险既可能发生汇兑损失,也可能发生汇兑收益。

(二) 会计风险

会计风险,也称转换风险或折算风险,是指企业在进行会计处理和进行外币债权、债务结算时,将外币折算为本币过程中因汇率的变化而引起的账面损益的差异。国际企业为了编制统一的会计报表,全面反映和评价其经营成果,必须将其子公司所涉及的不同货币单位都折算成母公司所在国的货币单位来合并编制。由于编表日的汇率与入账日的汇率不一定一致,必然会造成海外企业资产负债值在母公司会计账面上的损益变化。这种损益是过去已经发生的事实,只是在汇率变动后在跨国合并财务报表时才显现出来。

例如,美国某国际企业在英国的一家子公司其账面上资产价值为5 000万英镑,按当时汇率1英镑/1.83美元,反映在美国母公司合并会计报表中,该子公司资产价值为9 150万美元(5 000×1.83)。1年后,英镑贬值,汇率变成为1英镑/1.65美元,此时美国母公司会计账簿上该英国子公司的资产价值降为8 250万美元(5 000×1.65),发生了900万美元(9 150—8 250)的折算损失。

一般来说,国际企业在海外的分公司或子公司面临的折算风险比较复杂。一方面,海外分支机构在以东道国货币入账和编制资产负债表时,需要将所使用外币转换成东道国的货币;另一方面,它们在向总公司或母公司呈报资产负债表时,又要将东道国的货币折算为总公司或母公司所在国的货币。然而,由于资产负债表上不同项目的性质各异,人们对不同项目是否都面临折算风险的看法又不一致,由此而产生了不同的折算方法,即本书第十七章中所述的现行汇率法、区分流动与非流动项目法、区分货币与非货币项目法和时态法等四种折算方法。

由于国际金融市场汇率变动异常频繁,由汇率变动而造成的会计风险极其普遍,这时虽然并未发生资产与负债的真实增减,但外币折算的损益对国际企业财务业绩的表现有很大影响,相当程度上也影响着股东和金融机构对国际企业会计报表的评价。因此,对会计风险的管理是国际财务管理的又一重要内容。

(三)经济风险

经济风险也称经营风险,是指由于汇率变动引起国际企业的经营环境发生变化,导致业务现金流可能发生变更而产生经济损益的风险。经济风险存在于跨国经营的各个方面,因为汇率变动意味着各国同种商品之间的比价和一国不同商品之间的比价都要发生变化,这种价格体系的变化,会改变国内市场及国际市场上的生产条件和需求结构,从而影响国际企业的经营活动。

例如,某子公司所在地货币对母国货币贬值,则这种贬值对母公司业务现金流的影响可以从以下两个方面分析。

(1)销售收入的变化。贬值后,子公司的销售收入取决于贬值后销售量的变化、定价策略以及贬值前的竞争激烈程度。如果贬值前子公司的产品内销于东道国市场且没有进口替代品与之竞争。则贬值后,子公司的产品在东道国市场的售价没有改变,以东道国货币计价的销售收入保持不变但折算成母公司货币计价的销售收入下降,使母公司的业务现金流减少,其减少的幅度等于货币贬值的幅度;如果贬值前子公司的产品内销于东道国市场且该市场还存在激烈的进口替代品的竞争。则贬值后,其进口替代品价格上涨,削弱了进口替代品的竞争实力。相比子公司产品价格相对下降,其在国内市场上销售额上升,销售收入的增长幅度还取决于国内市场对该产品的需求弹性。但销售收入的增长可以部分抵销由于货币贬值而使母公司业务现金流减少的影响;如果假定贬值前子公司产品全部出口,则贬值后,该产品在国际市场上价格相对下降,销售量增加,但销售收入的增长幅度还取决于国际市场上对该产品的需求弹性和国际市场上该产品竞争的激烈程度。

(2) 生产成本的变化。子公司所在地货币贬值,则子公司生产产品的成本变动可通过三种情况分析:其一,子公司在东道国境内购入的投入品成本可能会因为东道国货币贬值而上升,但上升的幅度不会超过货币贬值幅度,因而对母公司的业务现金流的影响不大。其二,由于东道国货币贬值,使得子公司进口投入品成本上升,其上升幅度等于货币贬值的幅度。当进口投入品比例较高且替代性较差,会引起生产成本的大幅上升,对母公司的业务现金流影响较大。其三,随着生产成本的上升,则子公司的行政管理费用和对流动资金的需求也有所增加,使母公司的业务现金流轻微下降。

与前两种风险相比,经济风险考虑的是汇率发生变化以后相当长时期内对企业的经营效果和投资收益的总体影响,所以它比交易风险和会计风险的影响更为重要,对经济风险的管理是国际财务管理的重要组成部分。但由于经济风险主要来源于那些未能预料的汇率变化,对其管理很大程度上依赖于经济分析和汇率预测的结果,因而具有一定的主观性。

二、外汇风险管理

(一) 交易风险管理

1. 利用远期外汇期货市场套期保值

国际企业在国际购销业务活动中,从签约到清算债权债务,通常要间隔 30~90 天,大型设备的支付期将会更长。企业可以利用远期外汇市场套期保值,针对每一笔以外币计价的应收和应付账款,根据收(付)的时间和金额,卖出(买入)相同币种、相同交割、相同金额的一笔远期外汇,从而将汇率变动造成的损失以套期交易成本的方式固定下来。

2. 利用货币市场套期保值

国际企业在货币市场上,针对每一笔外币计价的应收和应付账款,根据收(付)的时间和金额,通过借贷款创造出相同币种、相同期限、相同金额的应付和应收账款。这样无论 6 个月后汇率如何变动,由于该企业在货币市场采取套期保值措施,将支付成本固定下来从而避免了由于汇率变动所带来的风险。

3. 提前或推迟支付保值

在对汇率变动进行正确预测的基础上,采取提前或推迟支付手段,可以规避外汇风险。具体来说,当预测本币汇率要上升,尽快收回外币债权和其他应收款推迟支付外币债务和其他应付款;反之则相反操作。这种做法一般用于国际企业内部,即母公司与子公司、子公司与子公司之间,因为采取提前或推迟支付手段来规避风险等于将外汇风险转嫁给交易对方,必受到对方的抵制,目的不易达到。

4. 平行贷款保值

指两个不同母国的国际企业之间,分别向对方的子公司提供当地货币贷款。双方贷款按约定的期限用当地货币偿还,并按预先达成的贷款利率分别向对方支付利息。

5. 选择计价货币保值

在对汇率进行预测的基础上,合理选择软币、硬币。所谓硬币是指汇率坚挺且有升值趋势的货币,所谓软币是指汇率疲软且有贬值趋势的货币。一般地说,在国际经济活动中,当对方国家货币是软币时,从对方国家进口商品应尽量争取使用对方货币结算,向对方国家出口商品应尽量争取使用本国货币或硬币结算。当对方国家货币是硬币时,从对方国家进口商品应争取使用本国货币或软币结算,向对方国家出口商品应尽量使用对方货币结算。

(二) 会计风险管理

会计风险的防范通常主要是使用资产负债表保值的方法。其基本的原则就是使资产负债表上的风险资产和风险负债的数额相等,这样汇率变动时对风险资产和风险负债的影响将相互抵销。实行资产负债表保值一般要做到以下几点:

首先要清楚资产负债表中各账户上各种外币的规模并算出折算风险头寸的大小(风险资产与风险负债之差);然后根据折算风险头寸大小、性质确定风险资产和风险负债的调整方向,如果以某种外币表示的风险资产大于风险负债,则需要减少风险资产或增加风险负债或双管齐下;反之,如果以某种外币表示的风险资产小于风险负债则需要增加风险资产或减少风险负债或双管齐下;最后在明确调整方向和规模后,要进一步确定对哪些账户进行调整,这是实施资产负债表保值的困难之处,因为有些账户的调整可能会带来相对于其他账户调整更大的收益性、流动性等损失。因此,通过资产负债表保值而减少或消除折算风险可能会以经济效益的牺牲为代价,需要对具体情况进行分析和权衡,尽量使调整的综合成本最小。

例如,英国一家国际企业在美国设有一家子公司,在该子公司的资产负债表上有60万美元的净资产,按当时的汇率1英镑/1.50美元折合成公司母国的货币为40万英镑。现如果英国母公司预期汇率将变为1英镑/1.60美元,则其在美国的子公司将会产生2.50万英镑的折算风险。为了避免这个折算风险,最简单的办法就是母公司先将60万美元兑换成英镑或其他将要升值的货币,从而保持美元资产与美元负债的余额相等。

折算风险也可以通过风险对冲,如组对法和平衡法以及进行远期外汇交易法来防范,但是无论采取哪种措施来防范折算风险,都有可能同时增加交易风险。也就是说,在实际的外汇风险管理中,交易风险的防范要求与折算风险的防范要求会发生冲突。例如对国际企业来说最简单的防范折算风险的方法是国外分支机构用母国货币进行日常核算,但这样虽然避免了折算风险,却使交易风险大大增加,因为分支机构日常使用足东道国货币。

(三) 经济风险管理

经济风险防范的目的是为了减少由于汇率的意外变动而给企业的业务现金流造成的损失。杰克魁(L. L. Jacque)指出,防范经济风险的最佳管理模式,是通过调整销售收入和投入品的币种组合,使得未来销售收入的变化与投入品成本变化两者可以相互抵销。防范经济风险的对策主要有以下三种。

1. 分散化经营战略

在这种战略指导下,国际企业将经营业务深入到各个不同国家和不相联的各个行业中,通过分散化经营降低汇率变动所带来的经济损失,使整个国际企业业务现金流的波动较小。因为汇率变动会使母公司下的部分子公司在生产和销售上的不利影响部分地抵销其他子公司在生产和销售上的有利影响,从而降低对整个国际企业经营活动的影响。这种战略的理论依据是一种货币升值带来的收益可以部分弥补另一种货币贬值所带来的损失。

2. 营销管理战略

在这种战略指导下,国际企业的做法是:当子公司所在国货币贬值时,母公司指令子公司可通过扩大销售额或提高产品定价来增加销售收入,部分抵销由于子公司所在国货币贬值而使母公司业务现金流减少的损失。

在国际市场上,子公司所在地货币贬值,会使子公司产品在国际市场上的价格相对下降,使子公司在定价策略上有了较大的灵活性和在出口市场上有了较强的竞争实力。例如，出口市场上某种产品的需求缺乏弹性，则子公司可以提高出口产品的价格（以子公司所在地货币计），直到与贬值幅度相等，销售收入的增长（以子公司所在地货币计）可以弥补母公司业务现金流的减少；反之，若该产品在出口市场上需求富有弹性，则可维持原有定价，扩大出口市场的占有额，增加销售收入。

在东道国市场上，如果贬值前不存在强有力的进口品与之相竞争，则最佳策略是维持产品价格不变，使损失降至最低。若存在强有力的进口产品与之相竞争，则子公司所在地货币贬值，对进口产品不利，子公司可以根据东道国市场对产品需求弹性的大小，决定其是提高产品价格还是维持产品价格不变，扩大销售额，增加子公司的销售收入。

3. 生产管理战略

在这种战略指导下，当子公司所在地货币贬值时，母公司应安排子公司用国内投入品替代成本上涨的进口投入品，从而维持其生产成本的原有水平。例如，20世纪70年代初，随着美元的大幅度贬值，美国福特公司增加国内投资生产引擎等投入品，减少从英国和德国的引擎进口。当子公司所在地货币升值时，子公司产品在国际出口市场上价格相对上升，引起销售额的下降，导致销售收入减少。母公司应安排子公司增加具有高附加值的新产品的生产，促进产品的升级换代及提高制造差别产品的能力，维持子公司产品在国际市场上的份额，从而抵销因货币升值而使出口收入下降的损失；或通过增加进口投入品的比例或转向生产成本更低的国家或地区进行投资，以降低生产成本，获得较高收入。

本 章 小 结

国际财务管理是指从企业的全球整体利益出发，对资金的筹措、调拨、运用、外汇风险等财务问题所进行的规划、协调、组织和控制等一系列活动。国际财务管理有如下三个基本目标：① 降低资金成本，提高使用效益；② 适应各国各地区财务环境的约束与特点；③ 保护资产与收入的价值。国际企业财务管理决策权的配置依决策权集中程度的不同而有三种选择，即集权、分权、部分集权与部分分权。

国际融资的目标是在充分考虑外汇风险和政治风险的基础上，以最低成本满足母公司和子公司的资金需求。国际融资的资金来源包括：国际企业内部、国际企业母国、东道国和国际资本市场；可采用的融资方式有：股权融资、债券融资、贷款融资和其他融资方式。

营运资金管理是国际企业财务管理一项十分重要的内容，包括全球现金管理、应收账款管理等内容，其目标是合理配置和有效使用资金，以减少资金成本，在全球范围内实现利润最大化。

与国内企业相比，国际企业的一个显著优势是可以通过其内部转移机制在各个分支机构间转移资金或利润。内部的财务联系和外部市场的不完全分别是国际企业进行内部资金调配的基础和外部原因。国际企业进行内部资金调配的手段和方法主要有：转移价格、国际企业内部贷款、费用与特许使用费、提前与延迟结账、再开票中心等。

国际经营作为一种跨国经济行为，必然要涉及不同货币的兑换问题，不可避免地要面临由于外汇汇率变化而引起的外汇风险，因此外汇风险管理成为国际财务管理的重要内容。外汇风险包括交易风险、会计风险和经济风险，三种外汇风险的性质不同，对国际企业国际经营产生的影响不同,需采取不同的管理策略。

复习思考题

1. 国际财务管理的目标是什么?
2. 国际财务管理可采取哪几种形式?试分析其优缺点。
3. 国际企业国际融资的资金来源有哪些?可采用哪些融资方式?
4. 国际企业内部资金调配的手段和方法有哪些?
5. 什么是外汇风险?外汇风险有哪几种类型?
6. 外汇交易风险的管理方法通常有哪些?

章末案例

"亏损经营"与"转移定价"——透析外资企业的"亏损经营"

一、从"和路雪"现象说起

和路雪公司是全球冰淇淋市场第一大生产商,也是中国冰淇淋市场第一品牌。有资料显示:1994年,和路雪公司进入中国市场,自1996年开始其市场份额便逐年增长。1996年为18%,1997年升至29%,1998年达到31%,特别是1999年,在经济紧缩和冰淇淋市场低迷(总体下降8%)的情况下,和路雪公司产品在中国的10个城市的销量及市场份额都明显上升,总体增长达11%(其中京、沪两地销量平均上升了50%),市场份额达到了36%,跟主要竞争对手明显地拉开了距离。

但是,就是这样一个和路雪公司,"成立9年来从来没有赚过一分钱,每一年都是巨额亏损"!1993年年底,和路雪公司成立时注册资本是1.8亿美元,现在账面上的净资产居然只剩下了区区3 000万美元。也就是说,和路雪公司9年来已经亏损了1.5亿美元,折合人民币12亿元左右!和路雪公司的巨额亏损与国内后来居上的伊利公司形成巨大的反差。伊利公司在2000年的销售额只有6亿多元,但赢利已经有好几千万元。更触目惊心的是,有报道说,在华的外商直接投资企业有60%自称是亏损的。而在2002年9月23日,世界著名管理顾问——科尔尼公司公布,据其最新的外国直接投资信心指数调查结果显示,中国首次超过美国成为最有吸引力的外资目的国。该调查显示,去年几乎所有国家的投资吸引力都呈下降趋势,只有中国仍保持强劲的增长。越来越多的投资者被中国市场所吸引,并对中国的经济前景持更加乐观的态度。这两者似乎有些矛盾?

二、如何解释"和路雪"现象

有一条线索是和路雪公司为实现终端垄断而投入市场的那6万台进口冰柜。有报道透露,这些冰柜全部都是从欧洲进口,每台的单价大约在人民币6 000元左右,仅此一项沉淀的投资就达3.6亿元人民币之巨,而这些冰柜的价格是国内同类产品的3倍以上。如此大的价差不得不让我们怀疑其中的猫腻。像和路雪公司的6万台进口冰柜,就是典型的加大成本的行为。冰柜这种产品在国内很普通,价格又比欧洲低得多,和路雪公司显然选择了价格较高的成本物资,这符合它的全球战略目标和谋求最大利润的目的。

和路雪公司的巨额亏损,只是我国庞大的外商投资企业亏损中的冰山之一角。目前,采用"转移定价"在我国国际企业中已经比较普遍。据国内学者的研究,在我国投资的国际企业60%～70%都程度不同地存在"转移定价"行为。除了避税目的,"转移定价"还是国际企业逃避外汇风险、对付被投资国外汇管制的主要手段。

"转移定价"是企业进行跨国经营时所采取的一种策略,又称转移价格、调拨价格或者内部价格等。它是指在国际企业内部,母公司与子公司之间、子公司与子公司之间等相互约定的出口与采购商品、劳务和技术时所采用的内部交易价格。转移定价并非根据国际市场上的供求情况制定,而是根据国际企业的全球战略和整体利益人为制定的。

它主要包括以下两个部分的内容:一是有形产品的"转移定价",如公司内部相互提供设备、零配件等的价格;二是无形产品的"转移定价",如子公司向母公司支付商标授权费、技术使用费等。据美国学者对 164 家美国国际企业的调查表明,在企业内部市场的交易中,采取正常交易价格(与企业外部市场的交易价格相同)的只占 35%,而采用非市场价格的"转移定价"是国际企业所普遍采用的方法。

企业内部市场是"转移定价"产生的物质基础。市场有企业外部市场(即传统意义上的市场)和企业内部市场之分。由于企业外部市场的不完全性,包括政府对贸易的干预和限制,市场信息交流的不完全,缺乏合理的资产和技术定价机制等等,都会导致市场联系的时滞,中间产品供应不稳定等一系列结果。因此,通过传统的企业外部市场进行交易,会引致许多附加成本,如寻找合适的贸易价格的成本、双方讨价还价的签约成本、与接受合同有关的风险成本、违约的损失成本、贸易保护、知识产权等。

由于各个国家、地区在经济环境、政治环境,特别是在税制、外汇管制等方面存在着明显的不同,因此,作为国际企业实行跨国经营和实现其全球战略目标的主要手段,"转移定价"策略可以起到如下三大作用:

一是"瞒天过海"——转移资金。目前,许多国家在国内资金和外汇相对短缺的情况下,为了达到维护汇率稳定等目的,大都采取一些限制资金转移的措施,对外资企业内部调拨资金,特别是对外国资本和利润的汇出等,都作了许多限制性规定。而实施"转移定价"策略,可以回避目前各国普遍存在的外汇管制的问题。

二是"偷梁换柱"——调整利润。利用"转移定价"策略,通过利润的转移,可以达到调整账面利润的目的。而不同国家在税收(主要是所得税)方面的规定是不同的,企业可以利用这种差异而牟利。同时,通过"转移定价",可以降低子公司的账面利润,掩盖实际业绩,从而侵吞东道国的应得利益。

三是"为虎作伥"——争夺市场。国际企业可以凭借整个企业雄厚的资金实力,运用"转移定价"策略——一方面,"低价"向子公司供应原料、零部件、产品和劳务等,以降低子公司的生产成本,使其拥有价格优势;另一方面,也可以"高价"买进子公司的产品和服务,从而帮助子公司争夺和控制市场。这种"为虎作伥"的策略,在子公司新建时,或者在子公司面临激烈的竞争时,都将发挥很大的作用。

资料来源:刘先华、沈琦:《"亏损经营"与"转移定价"——透析外资企业的"亏损经营"》,《企业管理》2003年第3期。

案例讨论题

1. 该如何解释"和路雪"现象呢?
2. 转移定价产生的原因是什么?
3. 对外资企业来说,转移定价有何作用?
4. 我们应如何采取有效措施限制外商投资企业的虚假亏损现象?

参考文献

1. 梁能.国际商务.上海:上海人民出版社,1999
2. 王新建.国际会计.上海:上海财经大学出版社,2004
3. 杨德新.跨国经营与国际企业.北京:中国统计出版社,1996
4. 张纪康.国际企业与直接投资.上海:复旦大学出版社,2004
5. 林康.国际企业与跨国经营.北京:对外经济贸易大学出版社,2000